STALINGRAD

Theodor Plievier

STALINGRAD

Herausgegeben
und mit einem Nachwort von
Hans-Harald Müller

BECHTERMÜNZ
VERLAG

Genehmigte Lizenzausgabe für
Weltbild Verlag GmbH, Augsburg 1998

Umschlaggestaltung: ARTELIER für Grafik & Werbung, München
Umschlagmotiv: Zug deutscher Kriegsgefangener
am Tag der Kapitulation der deutschen Truppen
am 31.1.1943 in Stalingrad/AKG, Berlin
Gesamtherstellung: Clausen & Bosse, Leck
Printed in Germany
ISBN 3-8289-0275-8

Ein Generalstabsoffizier aus der deutschen Stalingrad-Armee hat das Wort:

»Meine Herren!

Im Auftrage gleichgesinnter Offiziere aus dem Kriegsgefangenenlager Nr. 97 habe ich die Ehre, Ihnen die Einstellung dieser Offiziere, die ›Stalingrad‹ als erschütterndstes Geschehen miterlebt und als notwendige Folge einer *gewissenlosen* Kriegführung erkannt haben, darzulegen.

– ›Stalingrad‹ wird einmal in der Kriegsgeschichte als Musterbeispiel dafür dienen, wie militärischer Dilettantismus und schonungslose Gewaltherrschaft eine Schlacht zum entscheidenden Wendepunkt eines Krieges werden ließen und damit ein tapferes Volk dem sicheren Untergang zuführten. Ein ewig unbefriedigter Ehrgeiz hat Hitler dazu gebracht, die Kriegführung selbst in die Hand zu nehmen und den Personenkreis um sich dahin zu ändern, daß nur solche Generalstäbler um ihn sind, die nicht Zirkel und Rechenkunst als Grundlage der Kriegführung anerkennen, sondern hingeworfene Entscheidungen bevorzugen. Trotzdem aber mußte auch der Feldherr Hitler eine Rechnung aufstellen. Und die Gleichung, die er sich ausrechnete, setzte er von vornherein auf Sieg und Vernichtung des Gegners. Nun weiß ja jeder, daß es in einer Gleichung konstante und veränderliche Größen gibt. In der Kriegführung sind die konstanten Größen die Fragen der Reserven, des Nachschubs an Waffen, Munition und Verpflegung, die vor Beginn einer Offensive mit Zirkel und Rechenschieber genau beantwortet werden müssen. Die Variablen aber sind Lage, Verfassung der Truppe, die Stärke des Gegners. Für die Beurteilung der veränderlichen Größen muß dem Feldherrn die Gabe gegeben sein. Die Konstanten jedoch liegen fest und dürfen nicht willkürlich und laienhaft erkannt sein, sonst kann die Gleichung nicht aufgehen und aus Sieg wird Niederlage.

– Gestatten Sie mir eine kurze Analyse der konstanten Größen vor und während der Stalingrader Katastrophe. Die Angriffswellen der deutschen Truppen waren in Stalingrad durch die Sowjetarmee zum Halten gebracht. Im Süden war die Wolga erreicht. Im Norden tobte der Kampf um die Fabrikviertel. Auf der großen Generalstabskarte im Hauptquartier führte nur eine eingleisige Bahn in Richtung Stalingrad und diese brach auch noch vorzeitig vor dem Don ab. Eine einzige Brücke ermöglichte den Übergang über den Don. Der ganze Nachschub war angewiesen auf den Transport mit Lkw und Pferdefuhrwerken. Die Wegstrecke betrug bis 110 Kilometer und verlangte von Motor und Pferd Außergewöhnliches. Bei den Divisions-Verpflegungsämtern war Verpflegung nur für 8 bis 10 Tage vorhanden (Munition in Höhe der Erstausstattung). Auch bei einer Einbeziehung der Eisenbahnstrecke Rostow–Abganerowo im Süden war eindeutig zu errechnen, daß eine ausreichende Versorgung zweier Armeen, besonders kurz vor Eintritt der kalten Witterung, nicht mehr zu erreichen war. Dazu kam noch, daß die Kfz-Lage denkbar schlecht war, meistens aus Beute-Kfz französischer Herkunft bestehend. Insgesamt konnte man nur mit einer Einsatzbereitschaft von 30 Prozent des vorhandenen Kfz-Parks rechnen. Zu erklären ist dies durch die Schwierigkeiten der Ersatzteilbeschaffung von den bis über 200 Kilometer entfernt liegenden Versorgungsbasen, und durch den außerordentlich großen Zylinderverschleiß der Motoren infolge der Sandeinwirkung während des Sommerfeldzuges. Die Versorgung durch Pferde war nicht ausreichend. Die angefüllten Lager lagen weit von der Front entfernt und es mangelte an Transportmöglichkeiten.

– Wir erinnern uns an den 8. November, als Hitler sagte: ›Alles das, was uns im vorigen Jahr passierte, passiert uns diesmal nicht mehr.‹ Die Wirklichkeit bewies aber, daß trotz ernstester Mahnung seitens der Kommandostellen Winterkleidung und

Winterausrüstung nur in mangelhafter Menge, beziehungsweise überhaupt nicht geliefert worden war.
– 19. *November*: die Sowjetarmee ging zum Angriff über. Resultat: die Einkesselung der 6. Armee. Was war geschehen? Die Versorgungsbasen waren abgeschnitten, die Lager der Divisionen im Südteil vernichtet. Der geringe Betriebsstoffvorrat schränkte die Versorgung durch Kfz auf ein Minimum ein. Frost und Schnee erschwerten den Transport durch Pferde.
– Vom Hauptquartier kam die Zusicherung, daß die Lufttransportflotte täglich 300 t Versorgungsgüter einfliegen würde, was 150 Einflügen am Tage gleichkäme. In Wirklichkeit belief sich die Lieferung pro Tag zuerst auf 120 t gleich 60 Einflügen als Maximum.

Nüchterne Zahlen stehen sich gegenüber.
Pro Tag notwendig:

Munition	– 120 t;	angeliefert	–	40 t
Verpflegung	– 100 t;	angeliefert	–	35–40 t
Betriebsstoff	– 60 t;	angeliefert	–	10–20 t

Dies unter Zugrundelegung, daß Entsatz bevorstehe und der Fleischbedarf durch Schlachtung aus dem Pferdematerial gedeckt werde.
– 9. *Januar*: Der Tag des Ultimatums. Der Kessel war verengt worden. Kälte, Nebel und feindliche Abwehr erschwerten den Flugverkehr. Nur noch ein Drittel der bisher eingeflogenen Mengen konnte herbeigeschafft werden. Das bedeutete, daß statt 120 t nur 40 t pro Tag der Armee an Verpflegung, Munition, Betriebsstoff zur Verfügung standen, oder 12 Prozent der geforderten Mengen.
– 26. *Januar*: Der Ring schließt sich enger. Die letzten Anflugplätze sind in der Hand des Gegners. Die Versorgung kann nur noch durch Abwurf von Versorgungsbomben erfolgen. Das bedeutet, daß die Armee dem Hungertod ausgeliefert ist. Der Tag ist zu ersehen, wo wirklich die letzte Patrone verschossen sein wird. Diesen Tag genau zu errechnen, muß jedem Feldherrn möglich sein.
– Ich hoffe, durch Anführung der nüchternen Tatsachen und

wahren Zahlen den Beweis erbracht zu haben, daß Hitler sich niemals die Mühe gemacht haben kann, die konstanten Größen in der Rechnung auch nur oberflächlich zu berechnen, und daß die Gleichung, die Hitler gleich Sieg gesetzt hat, niemals zu lösen war. Ist es nur Dilettantismus, ist es sträflicher Leichtsinn, ist es brutales Befriedigungsbedürfnis eines ehrgeizigen Mannes gewesen, was zur Vernichtung einer ganzen Armee geführt hat – die Tatsache bleibt: es war ein Verbrechen an der deutschen Nation!

– Die moralische Verfassung des deutschen Stalingrader Soldaten, ob Mann oder Offizier, erbringt einen weiteren und den schlüssigsten Beweis, der je für ein solches Verbrechen geliefert wurde. Der Sommerfeldzug 1942 war zu Ende, und mit bangem Herzen, aber treu und tapfer, marschierte der deutsche Soldat in das weite fremde Land, gegen Osten, dem Winter entgegen. Er marschierte in blindem Vertrauen auf Hitler. Er nahm auch noch das Letzte auf sich und kämpfte selbst noch, als die Einkesselung Tatsache geworden war. Das Vertrauen, der Gehorsam, der Glaube an den Feldherrn Hitler war voll und ganz vorhanden. Dieser Mann aber wagte es, der deutschen Armee in Stalingrad, obwohl er wußte, daß die Opfer sinnlos geworden waren, mit kaltem Herzen zuzurufen: ›Haltet aus, ich werde alles tun, was in meiner Macht steht, um euch herauszuhauen!‹ Er wagte es, eine Armee in den sicheren Tod zu schicken. Und die Soldaten glaubten an Hitler, sie kämpften, sie froren, sie hungerten, sie rannten an, sie starben.

– Ich hätte heute einen Wunsch: euch an der Front und euch in der Heimat die traurigen Augen der Stalingradkämpfer zeigen zu können, als sie erkannten, daß ihr Vertrauen in frevelhafter Weise mißbraucht und zuschanden gemacht worden war.

– Ich wende mich an euch, Kriegsgefangene, an euch, Stalingradkämpfer, erinnert euch der letzten Stunden, erinnert euch an die Schwerverwundeten, die ihr zurückließt, erinnert euch an die verzweifelten Gesichter, an die Verzweifelnden am Wege, an die fragenden Blicke, die euch folgten!

Kriegsgefangene, Stalingradkämpfer! Vergeßt nicht, vergeßt nicht . . .«

Und da war Gnotke.

Es war ein Tag vor dem 19. November und August Gnotke hatte einen Spaten in der Hand. Acht Meter lang war die Grube und zwei breit und anderthalb tief, an welche Gnotke, Aslang, Hubbe, Dinger und Gimpf die letzte Hand gelegt hatten. Unteroffizier Gnotke, Feldwebel Aslang, die Gefreiten Hubbe und Dinger und der Soldat Gimpf unterschieden sich in nichts voneinander; sie trugen keine Schulterklappen und keinerlei Abzeichen, und ihre Hände und Gesichter waren ebenso wie die Uniformen, es schienen vor langer Zeit einmal Hände und Gesichter und Uniformen gewesen zu sein. Der letzte Spatenstich war gemacht. Hubbe und Dinger, Gnotke und Gimpf ergriffen je ein Traggestell. Ihre Bewegungen waren langsam, aber eine folgte der andern, kein Aufblicken und keine Pause. Nachdem sie die Spaten in den aufgeworfenen Erdhaufen gesteckt und die Traggestelle aufgenommen hatten, trotteten sie davon und sie verschwanden im Dunst. Es war in der Gegend östlich Kletskaja und innerhalb der Schleife, die der Don zwischen Kletskaja und Wertjatschi bildet und im Bereich der 376. Infanterie-Division. Linker Hand, das heißt im Westen, wälzte der Don seine eisgraue erste Winterdecke abwärts, und zur Rechten, das heißt jenseits der Donschleife und weiter an zwei Tagemärsche ostwärts, lag die Wolga und lag Stalingrad. Hier befand man sich an der am Donbogen angelehnten nördlichen Flanke der Stalingrader Front. Voraus und im Rücken, rechts und links, unter den Füßen und in der Luft, hier war Front.

Und so verlangte es der Armeebefehl für die Feldstrafgefangenen-Abteilungen: ›Die Strafverbüßung erfolgt unmittelbar in

der vorderen Linie. Der Strafvollzug besteht in der Ausführung beschwerlichster und gefahrvoller Arbeiten als Minenräumen, Leichenbestatten, Bauen von Knüppeldämmen, im Sumpf, usw. unter Feindwirkung, Artilleriefeuer etc. etc ...‹
In den Ausführungsbestimmungen heißt es:
›*Wehrsold*: wird gekürzt ausgezahlt. *Anzug*: zur Erschwerung der Fahnenflucht Uniform ohne Abzeichen. Hoheitszeichen, Spiegel, Schulterklappen sind zu entfernen. *Unterbringung*: soll schlechter sein als die der übrigen Truppe. *Briefverkehr*: unterliegt der Überwachung. Päckchen sind nicht auszuhändigen, sondern bei der abgebenden Einheit zu verwahren. *Außerdienstlicher Verkehr*: mit anderen Soldaten oder mit Zivilpersonen ist verboten. *Beleuchtung*: wird nicht zur Verfügung gestellt. *Vergünstigungen*: gewährt in besonderen Fällen der Führer der Abteilung.‹
Schon zehn Monate gehörte Gnotke dieser Truppe an, über deren Ursprung und Zusammensetzung es in einem Armeetagesbefehl heißt: ›Es ist bekannt, daß der Krieg die Soldaten verdirbt und die unausbleibliche Folge jedes Einsatzes ist die Auflockerung der Disziplin; und je länger der Einsatz dauert und um so härter die Inanspruchnahme, um so mehr macht sich das bemerkbar.‹ Den Unteroffizier Gnotke hatte der letzte Wintereinsatz und der Marsch auf Moskau ›verdorben‹, und ›Befehlsverweigerung vor versammelter Mannschaft‹, oder anders gesagt: sein früherer SA-Kamerad und Landsmann und derzeitiger Kompaniechef, Feldwebel Riederheim, hatte ihn hierher gebracht. Der Soldat Matthias Gimpf war auch eine ›unausbleibliche Folge‹ des letzten Winterfeldzuges. In einem Graben hinter der zugefrorenen Shisdra – es war ein Tag gewesen, an dem die Bäume vor Kälte krachten und der Wind feinen Pulverschnee ins Gesicht blies – hatte er mit zerrissenen Stiefeln und in dünnem Mantel gestanden, und wie alle andern hatte er, als der Regimentskommandeur vorn die Stellungen besichtigte, die Hände in den Taschen behalten; daraufhin vom Kommandeur angesprochen, war ein verständnisloses Lächeln seine Antwort gewesen; er hatte auch in diesem Moment die Hände noch nicht aus den Taschen genommen und nicht einmal ›die Hacken zusammengerissen‹,

wie der Adjutant feststellen mußte, und so hatte er geradezu ein Musterbeispiel für die ›sinkende Moral‹ der Truppe abgegeben und als solches hatte er dann auch zu dienen. Feldwebel Asmann war noch nicht lange bei der Abteilung, auch die beiden Gefreiten Hubbe und Dinger waren erst vor kurzem mit einem großen Transport aus Graudenz zur Auffüllung angekommen.

Gnotke und auch Gimpf gehörten vorher in den Bereich der 4. Panzerarmee und im Zuge dieser Armee waren sie über die Kursker Steppen gegangen, und während Pionierabteilungen Gassen in die Minenfelder brachen und den Weg frei machten, räumte diese ›Spreu‹ des vorangegangenen Winterfeldzuges, manchmal zusammengekoppelt mit örtlichen Einwohnern, Frauen und Halbwüchsigen, auch mit evakuierten Juden, aus Warschau, aus Budapest, aus Hamburg, die Minenfelder. Diese rechts und links der Durchbruchsstellen auf den Minenfeldern verbleibenden und vorwärtsgetriebenen und in die Lüfte gesprengten und immer wieder mit neuer ›Spreu‹, mit anderen Ortseinwohnern, anderen Juden angefüllten Abteilungen waren, ebenso wie die Panzerabteilungen und Voraustruppen und Grenadierregimenter, Teil der Armee und der nach Osten vordringenden Offensive.

Was Gnotke und Gimpf anbelangte, so waren sie mehr als einmal vom Luftdruck an den Boden geschmettert, die Knochen waren ihnen geprellt und die Haut zerschunden worden; es war vorgekommen, daß sie sich Fleischfetzen und Därme des Nachbarmannes, manchmal der Nachbarfrau, aus dem Gesicht hatten wischen müssen, aber sie selbst waren heil geblieben. Lag es nun daran, daß der Frontabschnitt, an dem sie sich befanden, von italienischen und ungarischen Truppen übernommen wurde, oder daran, daß die Südfront schon zu diesem Zeitpunkt den größeren Menschenhunger und auch größeren Bedarf an ›Menschenspreu‹ hatte, auf der Station Stary Oskol wurden beide, ein ganzer Waggon voll ihresgleichen, an ein auf dem Marsche befindliches Regiment angehängt, aber schon in Waluiki wieder ausgeladen. Wieder wurden sie einer Pionierabteilung zugeteilt und von neuem begann der Lauf über Minenfelder und das Wegräumen von Stacheldrahthin-

dernissen, während Artilleriegeschosse in ihren Reihen platzten, diesmal im Zuge der 6. Armee, auf der Donsteppe und tief in den Donbogen hinein. Matrosen aus Norwegen, Diebe an Heeresgut, nervenkranke Flieger, alte Troßfahrer, plötzlich in die Bresche geworfen und im Feuer der Schlacht moralisch zusammengebrochen, sie blieben hier auf der Strecke, die beiden Staubkörnchen Gnotke und Gimpf blieben auch dieses Mal heil.
Sie kamen zu einer andern Abteilung.
In der nördlichen Schleife des Donbogens lagen sie truppweise in Erdlöchern, und des Nachts bewegten sie sich gleich Gespenstern in der Flußniederung und fügten Knüppelteppiche aneinander. Wieder waren es Strapazierte und Entnervte des Krieges und Letzte zertrümmerter Regimenter, die hier – und nicht nur durch Artilleriebeschuß, auch durch Fieber, auch an Erschöpfung – zugrunde gingen. Es dauerte Wochen und hier zwischen Kletskaja und Wertjatschi hatte der deutsche Vormarsch sich festgelaufen. Bei Kletskaja hatte die Rote Armee einen Brückenkopf und eine Ausfallstellung für spätere Operationen herübergetrieben. Und während weiter südlich, bei Kalatsch über den Don hinüber, über die Don-Wolga-Steppe hinweg die 6. Armee vorrückte, bis sie nach Stalingrad gelangte und sich in dem Trümmerlabyrinth festlief, wurde hier schon weit länger auf der Stelle getreten und auf der Stelle gekämpft und an der Stelle gestorben. Kletskaja und dem russischen Brückenkopf bei Kletskaja, dieser schweren Flankenbedrohung der Stalingrader Nordostfront war eine große Truppenmasse entgegengestellt. Das 4. und 5. rumänische Korps lag dort. Dahinter das 48. deutsche Panzerkorps, die 14. und 23. Panzerdivision, noch eine zur Hälfte aus deutschen und zur Hälfte aus französischen Panzerbeständen zusammengekratzte rumänische Panzerdivision. Diesem Pfropfen an massierten Truppen entsprachen auch die Massigkeit der Kämpfe und die Menge der hier fallenden Opfer, auch in den benachbarten deutschen Infanteriedivisionen. Die immer aufs neue ausgelegten schwimmenden Knüppelteppiche und die von Pionieren gelegten Pontonbrücken wurden von der russischen Artillerie immer wieder zerhackt, und durch Wo-

chen trieben die Leichen deutscher Soldaten den Don stromabwärts. Auch auf der Steppe und dem Hügelgelände östlich und nordöstlich Kletskaja gab es viele Tote, und Gnotke und Gimpf wurden Leichenbestatter.
Bis zum Oktober hatten sie (mit Ausnahme derjenigen, die über die Verwundetensammelstellen nach hinten abgegangen waren) fast das ganze Bataillon, dem sie zugeteilt waren, einschließlich drei Kompanieführer und den Bataillonskommandeur begraben. Bataillonskommandeure erhalten Särge aus Brettern, die Kompaniechefs werden in ihre Zeltbahnen eingehüllt, Mannschaftsgrade in ihre Decken, das sind Anweisungen für Gräberoffiziere und das gab es auch vielleicht einmal, hier gab es das nicht. Auch Ehrensalven wurden, selbst wenn die Beisetzungen große waren und wenn halbe Kompanien bestattet wurden, hier nicht mehr gehört. Von Divisionspfarrern wurden vor Sanitätern, Troßleuten, Kfz-Fahrern, die zufällig des Weges zogen und herangeholt wurden, Gedächtnisreden gehalten. Dieser feierliche Teil der Leichenbestattung ging schon ohne die Mitwirkung eines Gimpf und Gnotke vonstatten, nur aus der Entfernung, wo sie eine neue und wo sie Grube nach Grube aushoben, waren sie, wenn sie einmal aufblickten, Zeuge davon.
So war es Oktober geworden und auch der Oktober war vergangen.
Jetzt war es November.
Schneeluft, die Erdkruste war hart, Spalten und Löcher waren schneeverweht, manche von dünnem Eis überzogen, aus der Niederung und vom Don her brauten wie aus einer riesigen Waschküche dichte Dunstmassen auf und überzogen das Gelände. Manchmal zuckte es in den oberen Dunstschichten auf wie Wetterleuchten. Danach war das Bellen eines Geschützes zu vernehmen, und irgendwo stand dann im Dunst aus Dreck und gefrorenen Erdbrocken und weichem Schnee eine Fontäne auf. Die Bunker- und Grabenbesatzungen hockten unter der Erde. Die Munitionsholer brachten im Morgengrauen die Munition heran, und die Essenholer gingen erst abends los. Kaum einer steckte am Tage seinen Kopf heraus.
Nur die Totenmänner gingen frei herum.

Mehr als sonst glichen sie an diesem Tage durch den Dunst ziehenden Schemen. Einer vorn, einer hinten, verschmolzen sie mit der beladenen Bahre zu einem einzigen. Der Nebel verzerrte die Dinge. Ein plötzlich auftauchender Mann zu Pferd sah aus, als ob er auf einem Hund ritte. Und Hubbe und Dinger mit ihrer Last in der Mitte, und Gnotke und Gimpf mit ihrer Last in der Mitte erinnerten mehr als an alles andere sonst an langsam treibende beladene Barken.

Die Grube, die von russischen Frauen und Greisen ausgehoben und von Aslang, Hubbe, Dinger, Gnotke und Gimpf erweitert worden war, hatte ein Sammelgrab werden und die während der letzten Tage verstreut und provisorisch eingegrabenen Toten, die jetzt wieder ausgegraben wurden, in einem Gemeinschaftsgrab aufnehmen sollen als eines der Denkmäler, welche Hitler sich auf seinem Weg nach Osten setzte. Aber ein von 28 Panzern und einem Infanteriebataillon zwei Tage vorher gegen die russischen Stellungen vorgetragener und abgeschlagener Angriff hatte die Disposition des Gräberoffiziers geändert, und die Grube hatte neben den eigenen wochenalten Toten nun auch die Toten der Panzerabteilung und des Sturmbataillons aufzunehmen. Und alles deutete darauf hin, daß es hier eine eilige Bestattung geben und daß eines der ›vergessenen Gräber‹ entstehen würde; nicht das erste seiner Art, und ihrer Rang- und Ehrenzeichen entkleidete Totenmänner waren auch in andern Fällen schon die einzigen und zufälligen ›Ehrenzeugen‹ dabei gewesen, wo sie für einen Moment am andern Grubenrand den Gräberoffizier und den überlasteten Divisionspfarrer hatten auftauchen und unhörbare und unverständliche Worte in den Dunst hinaus sprechen, und mit dem Gräberoffizier so schnell wie sie gekommen, wieder verschwinden sehen, ehe sie ihre Arbeit fortgesetzt und die Grube mit Erde bedeckt hatten. Und was die Leichenhülle, Decke und Zeltbahn, anbetraf – wo sollten bei einer Armee, die Mitte November schon eine erste Periode scharfen Frostes hinter sich hatte, und der die Winterausrüstung nur in unzureichenden Mengen beziehungsweise überhaupt nicht geliefert war, Zeltbahnen und Decken auch noch für die Toten herkommen? – eine Hülle

war nur vonnöten, wo Stücke aufzulesen waren, und auch dann nur vom Fundort bis zur Grube. Die gleiche durchblutete Zeltbahn hatte immer wieder zu dienen und nachts gab sie auf dem feuchten Boden die Schlafunterlage für die Leichenbestatter ab.
Hubbe und Dinger kamen zu dem Loch zurück, einer hüben, der andre drüben, setzten sie das Traggestell ab, kanteten es um und die Last fiel herunter und schlug unten auf wie ein gefüllter Sack – es war eine der wiederausgegrabenen, mit Decke und angefrorenem Lehm vermummten Gestalten. Hubbe und Dinger nahmen das Gestell wieder auf, ohne Pause und ohne Aufblicken ging es weiter, sie verschwanden wieder im Dunst. Und Gnotke und Gimpf kamen an und sie machten es ebenso. Und wenn es einer der toten Panzerfahrer oder Panzergrenadiere war, wurden Koppel und Lederzeug, auch der Inhalt aus den Taschen neben Feldwebel Aslang niedergelegt, der schweigend wie ein Pfahl an der Stelle stand und nach jedem Auftauchen Hubbes und Dingers oder Gnotkes und Gimpfs einen Strich auf ein Blatt Papier setzte und nach jedesmal vier Strichen einen Querstrich zog. Sie sprachen nicht miteinander, auch hier im Dunst nicht, wo sie doch jeder Beobachtung entzogen waren, das war schon anderes als die strikte Bestimmung; sie waren des Sprechens ebenso entwöhnt wie der Wärme und auch wie des Lichtes (sei es auch aus noch so trüber Quelle) in dem Erdloch, in dem sie die Nächte zubrachten. Als Gnotke und Gimpf den dritten oder vierten Gang machten, schlug in der Nähe ein Artilleriegeschoß ein. Sprengstücke heulten durch die Luft und Erdbrocken schlugen dumpf wieder an den Boden zurück; und wenn der Luftdruck sie auch kaum berührte, so zogen doch die dicken Schwaden des Explosionsrauches wie ein warmer Hauch an ihren Köpfen vorbei, ehe sie sich mit der weißen Nebelluft vermischten, und auch das schienen die beiden nicht zu beachten. Einer vorn, der andere hinten, so gingen sie weiter, entledigten sich ihrer Last, gingen wieder weg und kehrten wieder zurück. 16 Kubikmeter erschlagenen Menschenfleisches erwartete die Grube von ihnen. Und nicht alle Toten konnten sie im ganzen transportieren. Beispielsweise, wo der Gefechtsstand des

Sturmbataillons sich befunden hatte, waren im Umkreis Teile und rosiges Geschlinge von dem bereiften Buschwerk abzupflücken.
Einmal, eine Reihe von Tagen hindurch, waren auf Gnotke jene ›besonderen Vergünstigungen, die der Führer der Abteilung gewährt‹, entfallen. Er hatte damals, wie heute Aslang, nicht zu schleppen brauchen, sondern von morgens bis abends an der Grube gestanden und gesehen, wie sie sich allmählich mit erdigen Gestalten mit verzerrten Gesichtern, mit sinnlos aufgerissenen Augen, mit losgetrennten Beinen, Armen, halbierten Körpern, unkenntlichen Fleischstücken anfüllte.
›Liebster Sepp . . .‹ ›Mein lieber armer Karl . . .‹ ›Geliebtes Goldschatzel . . .‹ ›Lieber Sohn . . .‹ ›Lieber Bruder und Schwager . . .‹ ›Mein Liebling . . .‹ ›Mein lieber goldner Hansemann . . .‹ ›Mein über alles geliebter Matz . . .‹ – so stand es in den Briefen, die er entgegennahm und abends mit den andern aufgelesenen Habseligkeiten zusammenlegte und eine dazugehörige Liste mit Namen für den Gräberoffizier anfertigte. ›Geliebter Goldschatzel!‹ . . . ›Mein lieber Mann und Pappi!‹ Das waren Stimmen von einem fernen versunkenen Ufer und einen Gnotke konnten sie nicht erreichen. Er wußte allenfalls, daß jene, an die sie gerichtet waren – damals war es noch September und die Sonne glühte und die Erde war trocken – wie dürres Holz auf der Steppe gelegen hatten und wie dürres Holz zusammengetragen worden waren. Und er wußte, daß sie, als die Zeit weitergegangen war, wieder in ihrem Saft dagelegen hatten und um einiges schwerer gewesen waren; und daß sie später, als die Zeit noch weiter vorgeschritten war (es hatte schon Tage mit 25, auch mit 30 Grad Kälte gegeben), hart und schwer wie Steine auf dem Traggestell lagen und daß die zu auseinandergespreizten Andreaskreuzen oder in sitzenden Stellungen gefrorenen Figuren noch schwerer zu transportieren waren und auch unverhältnismäßig viel Raum im Erdloch beanspruchten.
›Geliebter Goldjunge . . .‹ und: ›Sieh Dich nur recht vor . . .‹ und: ›Melde Dich zu nichts, nirgends vordrängen . . .‹ und: ›Paß' auf, daß Du keine kalten Füße bekommst, Schuheinla-

gen mach aus Pappe . . .‹ und alles, was sonst da in den Briefen stand, konnte weder die ausgetrockneten Steppenleichen, noch die frischen Herbstleichen, noch die widerspenstigen Frostleichen betreffen, und war nichts als beziehungsloses und sinnloses und hilfloses Gestammel, und Gnotke wußte es wirklich besser. Was sonst noch in den Briefen stand, auch an Hoffnungen, an Perspektiven, an geographischen und kriegsgeographischen Randbemerkungen, an Gnotke ging es vorbei. Er befand sich an einem Punkt, wo es keine Hoffnung mehr gab.

›. . . warte mit Sehnsucht auf das Ende und mit noch größerer Sehnsucht auf den ersten Brief nach der Schlacht, damit ich Gewißheit habe, daß Du . . .‹ usw. Was könnte es für ein Ende sein und was für eine Schlacht, der ein erster Tag und ein erster Brief folgen könnte!

›. . . in den Kämpfen um Stalingrad ist leider noch immer kein Ende abzusehen. Mit der Einnahme dieser Stadt werden die Angriffskämpfe dieses Jahres einen gewissen Abschluß finden. Höchstens werden die Unternehmungen im Kaukasus fortgesetzt werden, falls es uns gelingt, noch rechtzeitig den Kluchow-, Mammissow- und Kreuz-Paß zu nehmen, denn südlich des Kaukasus ist eine Kriegführung auch im Winter möglich, und so wäre es zu machen, wenigstens noch die Ölfelder bei Baku zu nehmen.‹

›Immer noch geht das Ringen um Stalingrad. Heute wurde es wieder in der Wochenschau gezeigt. In mir ist alles gespannt, wann wird es fallen? Vielleicht kommt morgen zum Sonntag die Meldung, daß es ganz in unserer Hand ist!‹

Immer wieder ›Stalingrad‹, doch Gnotke sagte auch dieser stehend gewordene Begriff nichts. Seine Vergangenheit (er gab sich keine Rechenschaft darüber) war vor zehn Monaten abgerissen, und seine Gegenwart war ohne Umkreis, auch ohne geographischen Umkreis.

Nässe, Kälte, Sand. Löcher. Auch in den Nächten tropfte es, auch in den Nächten rieselte Sand ins Gesicht. An jenem Novembertag war es schon bald nach 3 Uhr nachmittags finster geworden. Wie eine nasse graue Flut hatte der Nebel sich über das System von Bunkern und Gräben und Laufgräben und

Stacheldrahtverhauen gelegt und alles unter sich zugedeckt; am düstersten war es in jenem nur notdürftig verdeckten Graben, in dem die Ausgestoßenen der Feldstrafgefangenen-Abteilung auf zusammengelesenem faulig gewordenem Schilf und auf leinenen Zeltbahnen und unter Bewachung aufgestellter Posten der Nacht und dem kommenden Tag entgegenstarrten.
Der kommende Tag war der 19. November.
Die Gegend war die bei Kletskaja mit der Front nach Norden. In der linken Flanke befand sich der russische Brückenkopf, dazwischen das sich weit ausdehnende Niemandsland, niedriges Gelände, bewachsen mit Gebüsch und bedeckt mit Tümpeln und kleinen Seen, versumpft und durchsetzt mit Treibsand. Und rechts entlang der Frontlinie bis zum östlichen Teil der Donschleife ein von Schluchten durchzogenes und von Hügeln bedecktes Gebiet, seit Wochen von der russischen Artillerie und von Infanterie umkämpft und mit teilweise gelungenen Einbrüchen, die seither von der deutschen Luftwaffe pausenlos bombardiert worden waren.
Als Gnotke anderntags aufwachte, hätte er die Tropfen zählen können, die von den Deckenbalken auf ihn herabfielen. Seine Nachbarn, durch die eingetretene Stille ebenfalls aus ihrem Dösen aufgefahren, auch der Posten mit Stahlhelm und aufgepflanztem Seitengewehr, der wie ein graues Monument den Eingang zur Höhle verstellte, taten es vielleicht. Gnotke zählte schon seit langem keine Tropfen mehr, doch die eingebrochene Stille empfand er wie alle andern, er spürte sie wie einer, der plötzlich das Ticken der Uhr im Zimmer nicht mehr hört.
Die Stille blieb und war noch da, als er vor Tagesanbruch sich mit den andern auf dem Weg zum Arbeitsplatz befand. Aslang und auch Hubbe und Dinger blickten sich, und nicht nur einmal, befremdet um, nach Norden hin, wo sonst die russischen Batterien tätig waren, und auch über das Sumpfgelände und in der Richtung zum Don und dem russischen Brückenkopf in den wallenden Nebel hinein, wo durch Wochen Knattern und fernes Kampfgetöse zu hören gewesen waren und wo dieselbe Stille lauerte, die wie ein alles verschlingendes Loch war.

Gnotke und Gimpf hatten schon das Traggestell aufgenommen und ihren gewöhnlichen Trott begonnen.
Und doch war alles ungewöhnlich.
Auch das, und es war wie ein Traum, es war sogar ein vollkommener, ein wirklicher Traum, der Gnotke, wie er da mit hängenden Armen in den milchigen Dunst hineinschritt, umspann. Aber was war das, wo kam das her, was brach da auf! Eine Hand, eine Frauenhand, schmale zerbrechliche Finger. Eine ruhende Gestalt, die Glieder, Gesicht, alles verhüllt, die Form nur zu ahnen wie bei einer halbverschütteten Soldatenleiche. Hier war die Hülle nicht Lehm und Erdreich, ein Gewölk aus weichen Decken. Und sie lag nicht allein da, sie lag bei einem andern. Und nur ihre Hand war nackt, diese Hand kannte er.
Aber was ...
Die Erde zittert. Ein unterirdisches Beben. Das schlottert herauf. Die Hand, wo kommt das her ... Die Erde, der Himmel! Der Himmel brennt, im Norden und auch über dem Don. Der Himmel über den Sümpfen und über der Donniederung ist nicht mehr weiße Milch, ist aufbrodelndes dickes Blut.
Artillerie.
Minenwerfer.
Brüllende Kanonen, Tausende Tonnen Pulver gehen in die Luft. Der Kalender zeigt den 19. November. Es dauert Stunden und sind nicht Stunden, es ist ein ausgespiener Brocken außerhalb der Zeit.

Am Morgen des 19. November durchbrachen die Sowjettruppen südlich und nordwestlich von Stalingrad nach intensiver Artillerievorbereitung die deutsche Front. Gnotke befand sich an der am Donbogen angelehnten nördlichen Flanke der deutschen Front, er stand genau in der nördlichen Bruchstelle. Den Marsch auf Moskau – Gnotke hatte ihn mitgemacht und unter dem Feuer der russischen Artillerie war er mit seinem Regiment an 100 Kilometer zurückgefallen. Gnotke hatte den Lauf über die Kursker Steppen und die Minenräumarbeit auf der Donsteppe hinter sich. Und alles, was sich seinen Augen an Feuerüberfällen, an Bombenschlägen, an Minenexplosio-

nen mitgeteilt, und was sein Trommelfell bis dahin aufgefangen hat, waren Stufen gewesen, und hier war die erstiegene Höhe oder – was dasselbe ist – der Absturz in die nicht mehr meßbare Tiefe.
Aber Gnotke war zu einem Wesen ohne Vorstellung geworden. Was er davon einmal besessen hatte, war ihm lange entfallen. Und was seither gewesen und seither sich vor seinen Augen abgespielt hat, was sein Ohr an Schreien und Erschütterungen berührt hatte, sein Bewußtsein hat es nicht treffen können. Einen solchen Wesenskern, in dem Verlangen, Wollen, Gefühle, Mitfühlen, in dem Liebe, in dem auch Furcht ihren Ursprung haben, gab es bei ihm nicht; der war bei ihm nicht mehr zu erreichen, darüber lag Erde, lag Schnee, lag vieles. Aber er hatte seine genau blickenden Augen behalten und sein Gehör war scharf geblieben, und wenn er sich den Fuß verstauchte, spürte er Schmerz, seine Sinnesorgane funktionierten und nahmen auf, nur sie gaben die Erscheinungen nicht weiter. Gnotke stellte keine Vergleiche mehr an, und er bezog nichts von der Umwelt mehr auf sich.
Aber er sah und hörte!
Er sah und hörte auch, was in dieser Stunde am Erdboden und in der Luft geschah und was ihn umbrauste. Daß aber diese Stunde keine Stunde mehr war und sich dem Zeitmaß und überhaupt jedem gedachten Maß entzog, das galt auch für ihn. Wo das Traggestell geblieben und welche Macht es seinen Händen entrissen, das hätte er nicht angeben können, ebensowenig wie er in eine Erdspalte zu liegen gekommen und wie und wann er zum Loch zurückgelangt war, um dort das Loch nicht mehr vorzufinden, sondern etwas anderes.
Er lag in der Erdspalte. Links begannen die sich zum Don hinziehenden Sümpfe und Treibsände, ein Gelände, das wegen des dicken Nebels, der wie blutiger Schaum aufwallte, nicht einzusehen war; aber unter der Nebel- und Schaumdecke heulte und pfiff es aus tausend aufgerissenen Mäulern. Voraus lagen die Linie der deutschen Bunker und die Batteriestellungen; darüber hinaus, unter Wolken und Rauchfetzen, waren russische Stellungen zu erkennen, aber nicht auf lange, sie hüllten sich in eine brodelnde Rauchbank, in der rostrote

Flecken aufglühten. Die roten Flecken dehnten sich aus, sie fraßen den Rauch, sie fransten den Himmel aus, sie erhoben sich zu einer Steilküste aus rotem Feuer. Die deutschen Batterien kämpften, sie feuerten heraus, was sie konnten. Es war aber nicht anders, als ob glühende Kohlenstücke in einen himmelhohen Steppenbrand hineingeworfen würden, und sie kämpften nicht lange.
Jenseits der deutschen Linie das Mündungsfeuer, die explodierenden Pulverladungen, die das Metall – die Granaten in flacher, die Minen in steiler Bahn – herüberschickten, und man sah es kommen und einschlagen und die Erde zerreißen. Wäre ein Wald voraus gewesen, hätten die Bäume sich wie Gräser unter den Streichen einer riesigen Sense umgelegt. Voraus war aber kein Wald, war flaches, baumloses Land, und das sah aus wie die Fläche eines Sees, über den ein Regenschauer hingeht und wo dicke Regentropfen aufprasseln. Und hier war es nicht Regen und aufprasselnder Wasserstaub, es war glühendes, in die Erde hineinfahrendes, zerreißendes Metall, und was aufprasselte, waren Sand- und Lehmschichten, und was zurückblieb, waren gähnend tiefe Trichter; und wo Schnee gelegen hatte und unter heißem Hauch die Grasnarbe hervortaute, war unter dem um sich fressenden braunen Brand gleich danach auch die Grasnarbe und die Humusdecke des Bodens verschwunden.
Die Mondlandschaft kam näher und erfaßte das Gelände, wo nicht nur Sand und Lehm war, wo unterirdische Gänge und Hohlräume und Bunker mit eingebauten Batterieständen und Granatwerfer- und Maschinengewehrnestern, wo Lager für die Munition, Gefechtsstände mit Kartentischen, wo Schlafräume und Wohnräume unter dicken Erdschichten eingebettet lagen und wo die zusammengepreßten deutschen Besatzungen – Auge am Richtglas, Hände am Abzugshebel, am Räderwerk von Schwenkvorrichtungen, Granaten, Kartuschen heranschleppend – in ihren Stellungen ausharrten und kämpften.
Aus den Rohren schossen Feuerblitze. Aus den Werfern stieg Granate um Granate. Brauner Rauch trieb über die Erdwälle. Wo MGs und Schützen zu feuern begannen, war es schon be-

ginnende Panik, denn für MG- und Schützenfeuer gab es keine erkennbaren Ziele.

In Frontbreite betrat der Tod die deutschen Stellungen.

Wehende Vorder- und Hintergründe von Qualm, von Staub, von Feuerschleim, himmelhoch aufquellend und wieder zusammenfallend. Ein feuerspeiender Berg, und man mußte wissen, daß es die schwere Batteriestellung war, die in Form eines auseinandertreibenden Dreiecks in die Luft flog, und daß die dunklen Flecke Metallbrocken, Geschützteile, die Leiber der Bedienungen waren. Aufschlotterndes schwarzes Gewölk. Wirbel. Trichter. Feuerblitze. Rauchballen. Zurückfallendes Gebälk, Stücke von Bunkerdecken. Ein aus dem Himmel fallendes Pferd, Beine und Hufe aufwärts. Ein Stacheldrahtverhau mit daranhängenden Pfählen kommt nieder wie ein großes Netz. Es war ein ganzes Infanterieregiment mit der zugeteilten Divisionsartillerie und ihrem Waffen- und Mannschaftsbestand, das in die Luft flog und auf die Erde zurückfiel und wieder erfaßt und abermals umgeschaufelt und zerpulvert wurde.

Und die aus einem verkohlten Kraterloch auffahrenden Gestalten, die wie dürre Blätter vor dem Wind über das Gelände fegten, übereinanderfielen, und liegenblieben oder wieder aufstanden und sich weiterschleppten, und wieder hinfielen und wieder weiterliefen, das war schon kein Teil eines Regiments mehr, das war ›Spreu‹. Und der lange Oberleutnant, der aus der Rauchzone herauskam und wie ein Betrunkener torkelte und gestikulierte und plötzlich in ein gellendes Gelächter ausbrach, war schon kein Zugführer einer Kompanie mehr, es war ein Wahnsinniger.

Der Artillerieangriff erreichte eine neue Phase.

Rechts und links, ringsumher fielen noch vereinzelte Streuschüsse und wühlten Trichter auf. Das massierte Feuer hatte sich erhoben. Es rauschte hoch oben in den Lüften – ein Katarakt, der über den Köpfen seinen Bogen schlug – und das aufwühlende, zerhackende, zermalmende Metall erfaßte die rückwärtigen Stellungen. Und noch etwas war an der linken Flanke unter der sich ausbreitenden dichten Nebeldecke in Vorbereitung. Die Rumänen, die den russischen Brückenkopf flankierten und auf dem Sumpfgelände in Stellungen lagen, waren geschlagen worden, und jetzt waren Tausende russischer Hände daran, kilometerlange Knüppelteppiche aufzurollen und über den Strom weg und über die Sümpfe und Treibsände (die anders Mann und Roß verschlungen hätten) auszulegen. Das war die Lage, als Gnotke auftaumelte, den Weg zurückging und an die Stelle gelangte, wo die Grube ausgehoben und fast bis zum Rand angefüllt worden war.

Die Grube war nicht mehr da, unmittelbar daneben war ein Trichter gerissen worden, so tief, daß eine Bauernhütte samt Dach darin hätte Platz finden können. Die sechzehn Kubikmeter Leichenmasse war in die Höhe gehoben worden, war wieder zurückgefallen und hing jetzt auf der einen Seite an der Trichterböschung und ragte in einem Haufen darüber hinaus. Und da (zuerst war es eine bekannte Gestalt, die ihn anzog) setzte Gnotke sich hin. Er hätte sich an den Boden des Trichters legen können, dort war Platz genug und dort hätte er auch einige Deckung gefunden. Gimpf, der immer bei ihm gewesen war, tat es jedenfalls. Doch wenn Gnotke überhaupt etwas dachte, kann es nur gewesen sein, daß er nicht so tief in der Erde liegen und daß er dem Himmel näher begraben sein wollte. Er setzte sich neben den mit Erdbrocken bestreuten Leichenhaufen, und der neben ihm saß, war Feldwebel Aslang. Feldwebel Aslang hatte ein völlig schwarzes Gesicht und bleckte die Zähne, so daß es aussah, als lachte er. Gnotke bemerkte es oder bemerkte es nicht, und ein toter Aslang war ihm eigentlich weit natürlicher als ein lebender, er fragte sich auch nicht, wo Hubbe und Dinger geblieben sein konnten. Verdreckt und beschmiert wie er dasaß und ohne sich zu regen mit weit offenen Augen in die Luft starrte, sah er gestorbener aus als der grinsende Aslang und der Haufen der ihn übertürmenden und in dramatischen Verzerrungen erstarrten Leichen.

So blieb Gnotke sitzen.

Der Haufen in seinem Rücken schützte ihn vor dem eisigen Wind, der von Osten aufsprang. Der Körper Aslangs, an den er sich anlehnte, teilte nach einer Weile keine Wärme mehr mit. Und Gnotke rückte zur Seite und lehnte sich an den hei-

ßen Leib eines Pferdes, das neben ihm niedergebrochen und verendet war. Sonst bewegte er sich nicht. Rauch und Nebel trieb vorbei und verengten das Gesichtsfeld. Das Tageslicht nahm ab und die Stunden waren überhaupt im Zwielicht geblieben. Die deutsche Front war durchbrochen. Die Reste der Truppen aus der vordersten Linie waren zersprengt oder flüchtend niedergehauen oder gefangengenommen worden. Durch die gerissene Bresche brachen in unaufhaltsamem Strom russische Infanterie- und Panzer- und Sturmverbände. Was in der Blickrichtung Gnotkes war, das sah er. Was rechts und links vorging, das sah er nicht. Denn was auch geschah, und ob die Raupenbänder eines Panzers hart neben ihm vorbeirasselten, ob Gewehrschüsse aufpeitschten, ob Säbelhiebe durch die Luft schnitten und wilde Schreie aufheulten, er drehte den Kopf nicht. Er sah Panzerkolonnen sich in der Kraterlandschaft bewegen und unter den treibenden Rauch- und Dunstfetzen sah er sie auf- und abtauchen wie Boote in einer bewegten See, er sah auch das weiße Mündungsfeuer ihrer Geschütze. Und er sah aus den Sümpfen dunkle Haufen heraufsteigen. Das waren die Rumänen, sie liefen um ihr Leben. Und in die flüchtenden Haufen sprengten sich Pferdeköpfe und Reiter ein, die Pferde drehten sich auf den Hinterbeinen herum und die Reiter schlugen und hackten um sich.
Der an der Trichterböschung aufgetürmte Leichenhaufen schien die Wasserscheide auf dem Gelände der aufgerissenen Front zu sein. Immer wieder zogen neue Abteilungen von Panzern vorbei und schwenkten hier auf einen neuen Kurs, nach Süden gegen Kalatsch. Und die vom Don heraufkommenden flüchtenden Haufen gelangten kaum über dieses Todesmal hinaus; hier im nahen und weiteren Umkreis wurden sie niedergesäbelt, und auch die russische Kavallerie schwenkte nach Süden, gegen Kalatsch. Aber dieser mit Erde verkrustete und einen süßlichen Geruch ausströmende Haufen zog niemandes Aufmerksamkeit an; und wenn ein Panzerfahrer ihn plötzlich vor sich hatte, dann lenkte er die Raupenbänder seines Fahrzeugs daran vorbei und auch die Kosaken ritten darum herum. Indirekt und auf unsichtbare Ziele wurde nicht mehr gefeuert. Dieser Leichenhügel und der dazugehö-

rige Gnotke aber waren kein Ziel, weder für ein Tankgeschoß noch für die Kugel aus einem Karabiner, noch für einen Säbelhieb.
So war es Abend geworden. Der aus Osten blasende Wind zerriß die Wolkendecke. Ein Stück frostigen Winterhimmels lag bloß und der Mond trat hervor. Es war wüstes Licht, das sich über das Land legte. Das Büschel eines halbmannshohen verholzten Steppenkrautes zog den Blick Gnotkes auf sich – das also war stehengeblieben. Ebenes Land, wieder eins dieser verholzten Steppenbüschel, ebenes weites Land, darüber weicher zerfahrener Schnee und das wüste Mondlicht, und es rauschte wie das Meer.
Aber es war die Leere, welche rauschte.

»Matthias!«
»Ja, August?«
Der auf der Pritsche ausgestreckt lag und die Bunkerdecke anstarrte, war Matthias Gimpf. Der vor ihm stand und eine Handvoll alter Tuchfetzen auf die Pritsche niederlegte, war August Gnotke. Gnotke zögerte noch einen Moment, als wollte er etwas sagen, dann wandte er sich von dem in Mütze, Mantel und Stiefel Daliegenden ab, knöpfte seinen Mantel zu, umwickelte sich Kopf, Ohren und Hals und verließ den Bunker.
Eine Stunde hatte er Posten zu stehen.
Zwei Stunden im Bunker, eine Stunde vorn im Graben, so war die Wacheinteilung, und Unteroffiziere standen auch mit. Gnotke hatte Spiegel und Achselklappen wieder, das war nicht so sehr bedeutungsvoll, sonst lief er verlumpt herum wie die andern, auch die Stiefel hatte er mit Lumpen umwickelt wie die andern; da machte eine Litze am Kragenaufschlag (er hatte die Litzen wieder annähen müssen) kaum einen Unterschied aus, auch der Dienst war für Unteroffiziere der gleiche wie für Mannschaften.
Nachdem Gnotke sich in jener Nacht nach Osten gewendet und zu andern versprengten deutschen Truppen gelangt war, hatte er wieder Waffen in die Hände bekommen. Und mit den Trümmern der 376., der 44., der 384. Infanteriedivision, der

14. Panzerdivision, die sich in der Schleife zwischen Don und Don, das heißt zwischen Kletskaja und Wertjatschi, hinter Tage und manchmal auch nur Stunden haltenden Riegelstellungen absetzten und bei Wertjatschi in östlicher Richtung über den Don hinübergingen, gelangte auch Gnotke auf das andere Donufer, und in der Gegend von Wertjatschi mit einem neu aufgestellten Regiment (aus Kanonieren, deren Kanonen, und Panzerfahrern, deren Panzer auf der andern Seite liegengeblieben waren, aufgestellt und zusammengewürfelt aus Westfalen und Süddeutschen, auch Sudetendeutsche und Österreicher waren da) hatte er zum erstenmal wieder mit anderen Soldaten in einem Bunker Stellung bezogen. Darüber war der November und auch der Dezember vergangen. Auch jenes Regiment existierte nicht mehr; jene Bunkerbesatzung jedenfalls existierte nicht mehr, und die ganze Reihe der Bunker und eilends errichteten Befestigungen von Psokorewka, Peskowatka, Wertjatschi hatten aufgegeben werden müssen. Der Kessel hatte sich noch mehr verengt und Gnotke war noch weiter nach Osten gelangt.
Es war Januar geworden und der eisgraue Dunst kam jetzt nicht mehr vom Don, sondern von der Wolga her. Wenn aber der Wind sein Spiel mit den Wolkenfetzen aufgab und sich flach an die Erde legte, dann kam er nicht nur aus Osten, dann kam er von allen Seiten und fegte den Steppenboden blank und trieb körniggefrorenen Schnee ins Gesicht. Auch an diesem Tage war der Boden bloßgefegt und grau von Frost. Aller Schnee, der gelegen hatte, war in der Luft und zog in schnurgerader Bahn vorbei. Und im Schneetreiben hing ein matter, weißer Ball – der einzig sichtbare feste Punkt in der unaufhaltsamen strömenden Bewegung – das war die Sonne.
Neben Gnotke tauchte ein Gesicht auf. Bläuliche Lippen, eine große Nase, über der Nase zwei Brillengläser. Es war der Posten vom andern Ende des Grabens.
»Ach, ein Hunger, die Suppe heute wieder ...«
Gnotke suchte die Augen hinter den Brillengläsern. Und an den Augen sah er, was kommen mußte und daß es unabänderlich war, wenn nicht in dieser Stunde, würde es in der nächsten geschehen. Der vor ihm mit krumm zusammengezogenen

Schultern stand, war einmal Zeichenlehrer und wird niemals mehr Zeichenlehrer sein.
»Ich habe die Erbsen in der Suppe gezählt, vierzehn Stück, das andere reines Wasser. Haben sie denn keine Pferde mehr?«
Gnotke blickte ihm gerade in die Augen.
»Und die verdammten Läuse, hier draußen geht's. Nur in die Wärme darf man nicht kommen.« Eigentlich wollte er etwas anderes sagen.
»Bist du auch so müde?«
»Ja«, sagte Gnotke.
Sie standen nebeneinander und blickten in den vorbeiziehenden grauen Luftstrom hinaus, der Schnee zog flach über den Boden hin. Gesicht und Augen hatten beide in Erdhöhe, und der Ausblick, der sich ihnen bot, war von einem Gitterwerk vereister, in die Erdlücke gesteckter Zweige zerteilt.
»Das ist noch besser als nachts. Dabei kann kein Mensch die Augen offenhalten, heute muß es glücken!« Das war ein Vorschlag und der Lehrer erwartete eine Antwort. Aber Gnotke starrte weiter in das Schneetreiben hinaus. Nach einer Weile spürte er, daß der andere sich umdrehte und an seinen Platz zurückging.
Der Leichenaugust (so nannten sie Gnotke in der Kompanie) wollte also nicht mitmachen! Der Lehrer starrte jetzt durch sein eigenes Guckloch. Nicht mehr mit aufmerksamem Blick wie noch vor Tagen, als er noch die Ruhe aufgebracht hatte, mit einem langen ebenen Strich und einem Vordergrundgekritzel das Vorfeld auf ein Stück Papier zu zeichnen –: dieses wüste Feld mit dem hochaufgetriebenen Pferdekadaver in der Mitte, den jetzt sein ganzes Denken umkreiste.
Nach einer Weile bemerkte Gnotke, daß der Lehrer seinen Posten verlassen hatte. Er erblickte ihn außerhalb des Grabens, den Leib an den Boden gepreßt und sich Zoll um Zoll vorschiebend.
Gnotke wußte, was kommen würde.
Vor vierzehn Tagen hatten die in der Nachbarschaft liegenden Pioniere einen mageren Gaul aufgejagt. Unglücklicherweise war das flüchtende Tier zwischen beide Linien gelaufen, wo es durch einen Schuß von der andern Seite tot hingestreckt

worden war. Da lag der Kadaver noch, hoch aufgetrieben und grau bereift, wie ein Berg lag er da. Neben diesem grauen Hügel, bei klarem Wetter war es zu sehen, gab es jetzt noch drei dunkle Flecke. Es waren zwei von den Pionieren, die ihre Beute nicht hatten fahrenlassen wollen, und der dritte war ein Mann der eigenen Kompanie, der sich hinausgewagt und den ebenfalls die Kugel eines russischen Scharfschützen dort erreicht hatte.

Jetzt war der Lehrer unterwegs.

Gnotke hatte ihm in die Augen gesehen und gewußt, daß es heute oder morgen um ihn getan sein würde. Er hatte auch damals, als er im November in der Gegend von Wertjatschi zum erstenmal wieder in einem richtigen Bunker mit Soldaten zusammengelegen und in Gesichter geblickt und Augen gesehen und Reden gehört hatte, die Unabänderlichkeit eines Schicksals vorausgepürt. Damals hätte er – und anders, als man annehmen sollte – wenn es angegangen wäre, die Ausgestoßenheit eines Erdloches wieder aufgesucht. Der tägliche Umgang mit Leichen war ihm erträglicher erschienen. Die zeigten ihre klaffenden Wunden, ihre verglasten Augen, ihre Eingeweide, einer grinste auch mal wie Feldwebel Aslang, aber sie redeten nicht und sie erhofften nichts mehr.

Jene im Bunker aber ...

Da war ein Junge aus Ottakring, hatte schon eine spitze Nase und war eigentlich schon ganz ›fertig‹ und setzte alle seine Hoffnung auf ein Weihnachtspaket und redete von Striezel und Zuckerl und Gebäck und Seefisch mit Salat, und Gnotke hatte zugehört und sich vergeblich bemüht, die Vorstellung, die sich ihm mit der spitzen Nase und dem täglich mehr verfallenden Gesicht verband, zu verscheuchen. Und da war ein Bauer aus Ostermiething, der schluckte alle Pillen, die er bekommen und die er von andren einhandeln konnte, und wurde seine Scheißerei doch nicht los; dabei hatte er nichts als seine Äcker in Ostermiething und die Pferde dort im Kopf; und ob sie trächtig sind oder ob die Paula oder die Miezl etwa leer geblieben ist, verlangte ihn zu wissen. Auch hinter diesem Bauern, der an nichts als an Äcker und Vieh und daran dachte, wer wohl jetzt das Futter schneiden und das Wasser in den

Stall tragen wird, hatte Gnotke schon die aufgetane Grube gesehen. Er hatte aber noch zu erleben, wie der Junge aus Ottakring schon keine Striezel und keine Zuckerl, sondern nur noch ein halbes Kommißbrot zum Weihnachtsfest wünschte, und auch das nicht erhielt. Und den Bauern aus Ostermiething, der zäh um den Preis für jede Pille gefeilscht hatte, hat er so weit verfallen sehen, daß er sich eines Tages auf seiner Pritsche aufrichtete und einen Brief schrieb, der niemals abgeschickt werden konnte, in dem es hieß: ›Liebe Eltern und Geschwister! Zahlt mir zwei heilige Messen, damit ich halbwegs gut rauskomme. Mir kommt's aufs Geld dafür gar nicht an ...‹ Und da war ein anderer, ein Soldat aus Billerbeck in Westfalen, trübsinnig geworden in Gedanken an seine Braut, die sich mit einem Franzosen eingelassen und ihm geschrieben hatte: ›Acht Mädchen sitzen hier dafür, alle Eltern und Männer haben verziehen; sie müßten doch, sagen sie, ohnehin genug durchmachen, nur ich habe niemanden, ich bin so unglücklich, ich muß immer an die Muttel und an Dich denken ...‹ Und ein anderer, ein Buchhalter aus Durlach in Baden, ärgerte sich gelb, weil er in seinem Heimatort bei der Wohnungsverteilung übergangen worden war und ein Mitarbeiter der DAF mit zwei Kindern eine dreiräumige, und ein anderer Bekannter und noch einer ebenfalls dreiräumige, und eine Frau Dr. ohne Kinder (und eigentlich eine SS-Dirne und nur damit sie näher bei der SS-Kaserne wohnt, wie er versicherte) sogar eine vierräumige – und er selbst als alter PG überhaupt keine Wohnung erhalten hatte, weil sein Kreisleiter und Kreisobmann und die Beamten im Wohnungsamt korrupte Schweine seien. Und ein andrer, Bauer und Sklavenhalter aus Hohengüstrow in Mecklenburg, hatte Ärger nicht mit den Beamten des Wohnungsamtes, sondern mit den Beamten der Verteilungsstelle für ›Ostarbeiter‹, die ihm, oder seiner Frau, die in seiner Abwesenheit die Wirtschaft führte, die Arbeitskräfte nicht so schnell nachlieferte, wie sie in seiner Wirtschaft wegstarben, und für den festgesetzten Preis, bis 40 RM für die Frau und bis 55 RM für den Mann, gaben sie sie auch nicht her, da mußte noch ›geschmiert‹ werden, mit Eier und Butter oder Speck. (›Noch dazu für Zivilrussen, ein elendes Volk, ver-

laust und mehr krank als gesund!‹ erklärte er.) Besonderen Ärger hatte seine Frau mit einer Irma gehabt (›ein ganz gemeines Ding und dazu dickfellig!‹). Mit zwei Polen hatte sie sich eingelassen. Und nachdem es herauskam, war die Irma und waren auch die Polen weggeholt worden. (›Der Wachtmeister hat sie geholt. Die beiden Polen sind wohl erhängt worden. Ich glaube im Wald. Und sie waren doch schon so schön eingewirtschaftet!‹) Dieser mecklenburgische Bauer, wie ihn Gnotke da vor sich gehabt hatte, hatte an seinen Kleidern den Dreck von Wochen gehabt. An seinem Hemd und seinen Unterhosen war nichts Weißes mehr gewesen, die Strümpfe in seinen Stiefeln nur noch Fetzen. Er war 36 Jahre alt, seine hohlen Wangen waren mit grauen Stoppeln bedeckt.
Elendes Volk, dreckig und verlaust, mehr krank als gesund!
Es paßte auch auf den Bauern aus Hohengüstrow, auch auf den aus Ostermiething, auch auf den Buchhalter aus Durlach, auf den Soldaten aus Billerbeck und auf alle. Und sie wußten es nicht, daß sie tiefer gesunken und niedriger im Preis standen wie der war, den der eine und andere und manche unter ihnen für Polen und Russen und Angehörige noch anderer Völker für ganz angemessen hielten. Gnotke allerdings hatte einmal – das war vor langer Zeit und in Juchnow gewesen – sich geäußert und gesagt: ›Zwischen hier und Moskau, da habe ich sie wie Spatzen im Schnee liegen sehen, so zahlreich sind wir und so billig sind wir geworden!‹ Dort im Bunker bei Sapadnowka hatte Gnotke nicht mehr daran gedacht, und er hatte auch nicht gewußt, weshalb er immer wieder die Gesichter der andern anstarren mußte und was es auf diesen Gesichtern eigentlich war, das er zu erkennen trachtete.
Auf den Gesichtern war nicht nur Stumpfsinn, Gelbsucht, in den Augen glänzte nicht nur der Hunger und nicht nur das ausbrechende Fieber. In der Donschleife bei Kletskaja war es gewesen am Rande eines wüsten Gräberfeldes mit Tausenden gleichartigen Kreuzen, da hatte Gnotke in den feuchten Nebelschichten einmal den Mond gesehen, ein riesenroter runder Mond war es gewesen. Dieser im Dunst glühende rote Mond – in den Augen des Knaben aus Ottakring hatte Gnotke, und in den Augen des Hohengüstrowers und des

Ostermiethingers und Durlachers und Billerbeckers und auch in den Augen des Lehrers aus Zwischenahn am Zwischenahner Meer, der sich jetzt auf dem Wege zu dem Pferdekadaver befand, hatte Gnotke einen Abschein desselben roten Mondes gesehen, und zuzeiten hatte er auch jenes Lachen hinter den Horizonten gehört.

Sie ließen alles liegen und stehn.
Ihre Frauen heulen.
Ihre Kinder heulen.
Sie haben sich auf und davon gemacht.
Eine graue Spur ließen sie zurück in der Nacht.
Ihre Spur ging verloren auf weitem Meer.
Zerflatternde Segel,
Leere Räume,
Brodelnde Träume.
Hinter dem roten Mond jagen sie her.

Und sie hatten Worte dafür und bestimmte Vorstellungen davon, denn sie waren keine vorstellungslosen Wesen, wie Gnotke es geworden war. Der sterbende Ottakringer hatte sich deutlich darüber ausgesprochen, und ein bescheidenes Häusle, ein Kaffee- und Gasthaus etwa für Fuhrleute und Schiffer mit Ausblick auf die Wolga und einem ewigen ›Tischlein-deck-dich‹, auf dem Gansbraten und Goulasch und Backhendl und Gselchtes mit Knödeln und Krapfen, Strudel und Guglhupf kein Ende mehr nehmen würden, wollte er erobern. Ein Sudetendeutscher, der Sohn eines Spediteurs aus Bemsdorf, der zu Hause den großen Dreiachser seines Vaters gefahren hatte, träumte mit knurrendem Magen und mit Frostbeulen an Händen und Füßen einen wilden Traum von einer großen Überlandspedition, von der Wolga bis zum Dnjepr. Ein Landsmann von ihm, ein Klempner aus Perchnitz, war ›bescheidener‹ und wollte die Strohdächer zwischen Don und Wolga abschaffen und, mit 100 bis 120 Gesellen etwa, einen Dachdeckerbetrieb aufmachen. Ein großer rothaariger Unteroffizier, Erich Urbas aus Leipzig (einer der wenigen, die aus dem Bunker bei Wertjatschi in die neue Stellung gelangt waren), hatte dem allgemeinen Schweifen einen besonderen Ausdruck gegeben, als er, noch Unteroffizier beim Troß, die Donbrücke überquerte und der dort auf einer Tafel angebrachten Anschrift ›Kalatsch am Don‹ mit Pinsel und Farbe hinzufügte: ›3200 Kilometer bis Leipzig‹, ein sonderbarer Triumph, und wenn der wahren Entfernung an 1000 Kilometer zugelegt waren, so war es ein nur um so echterer Ausdruck für das sinnlose Schweifen ins Maßlose. Der marode Hohengüstrower indessen hatte nicht den Drang in die Ferne; er seinerseits aber hoffte, daß nach dem ›Sieg‹ viele Mecklenburger die Ukraine und Donsteppe besiedeln und er sich dann in Hohengüstrow ausdehnen, wo es ihm an ukrainischen und donischen und wolgaländischen Arbeitskräften niemals mehr mangeln würde.

Sie hatten Worte für ihren Wahnwitz, und die wurden ihnen durch Radio und Presse und von der Frontzeitung und in Kompaniebelehrungen fertig in den Mund gelegt. Und Worte und Wünsche und Begierden, alle Wege ihres Denkens führten nach Stalingrad, dem sie seit dem Frühjahr des gleichen Jahres, seit dem 10. Mai genau, entgegengetaumelt waren, und auch die vielen, und das sind die meisten, die ohne eigenen Antrieb und nur vom Mechanismus der Macht mitgerissen waren, erlagen der gleichen Besessenheit.

Stalingrad war der Preis für Sterben und Krankheit, für Verstümmelung und Hunger und Strapazen und Schwären, und es bedeutete die Vergebung aller Sünden.

Die Haufen russischer Flüchtlinge, Greise und Frauen und Mütter mit Brustkindern, zu Hunderten bei scharfem Ostwind bei 20, bei 30 Grad Kälte an der Bahn liegend und auf Züge lauernd, die niemals mehr fahren würden – die bei Sapadnowka hinter Stacheldraht verfaulenden russischen Zivil- und Kriegsgefangenen, denen nichts als die Darmgeschlinge verendeter Pferde zum Fraß vorgeworfen wurden, in einer Schlucht von kroatischen Soldaten verschleppte Frauen, dort Strümpfe stopfend und Wasser tragend und Wäsche waschend und genötigt, nachts mit den Soldaten das Lager zu teilen – eine Zivilbevölkerung, gepreßt zum Straßen- und Befestigungsbau, zum Ausheben von Gräben in Massen zusam-

mengetrieben und waggonweise nach Deutschland in die Sklaverei verschleppt, halb entvölkerte Dörfer, der Willkür der Gestapo und willkürlichen Zugriffen von Gestapohenkern ausgelieferte Stadtbevölkerungen: ein ganzes niedergetretenes Land war rechts und links und hinter den Kolonnen geblieben, und das aus tausend Bränden schwelende und aus tausend Wunden blutende Stalingrad stand am Ende aller Wege, und das besiegte Stalingrad sollte jede Untat sühnen, jedes Verbrechen löschen, sollte aus Krumm Gerade und aus Unrecht Recht machen. Daß ein besiegtes Stalingrad das Verbrechen nur weiterschleppen, und das Unrecht zu einer Institution erheben und die Unrechtträger selbst in Gendarme und Aufpasser verwandeln und dem eigenen Volk den Untergang bringen würde – wenn dieser Gedanke, und es kann nicht anders sein, manchmal in einigen und manchmal in vielen Köpfen gewesen ist – einen Ausdruck hat er in der Armee von 330 000 Mann nicht gefunden.
Das in Trümmer und Schutthalden hingesunkene und sich täglich erneuernde und kämpfende und Tod speiende und Wunden schlagende Stalingrad war ihnen allen – Jungen und alten Familienvätern, Bauern und Städtern, Tollkühnen und Zaghaften, Maroden und Siechenden und Sterbenden verheißen worden wie die Erlösung von allen Schmerzen, und es war ihnen von ihrer obersten Führung und von ihrem Führer wieder versprochen worden, als es schon für immer verloren war. Die Tür war zugeschlagen worden!
Kalatsch am Don war der Punkt gewesen, wo der Ring sich geschlossen hatte, und der Ring zog sich fester zusammen, während die abgespaltene übrige deutsche Front mit jedem Tag und jeder Woche weiter nach Westen zurückfiel. Die deutsche Armeegruppierung im Raume Stalingrads, einmal durch die bei Kalatsch über den Don verlaufende Heerstraße und durch Eisenbahnstraßen gespeist und in Form eines Hufeisens, die beiden offenen Enden an die Wolga angelehnt die große Stadt umklammernd, war von ihren Verbindungen abgerissen selbst in die Klammer genommen, und mit Städten und Dörfern und abgehackten Eisenbahnsträngen und ins Nichts auslaufenden Landstraßen und dem noch immer umspannten

weiten Gelände zeigte sie jetzt die Form eines menschlichen Herzens, und es war ein aus seinem Organismus herausgerissenes und in wilden Schlägen pochendes Herz.
›Ihr müßt kämpfen bis zur letzten Patrone!‹ hatte der ›Führer‹ seinen Soldaten zugerufen und hunderte Male wurden sie in den Angriff geschickt, um der Flut zu widerstehen und das weitere Abbröckeln ihrer Insel zu verhindern. ›Haltet aus, ich werde alles tun, was in meiner Macht steht, euch herauszuhauen!‹ hatte ihr ›Führer‹ ihnen zugerufen, und sie hielten aus. Zuerst aßen sie die rumänische Kavallerie auf, dann den Pferdebestand der eigenen Artillerie und der eigenen Fuhrparks; zuerst erhielten sie zu 4 Mann, dann zu 7 Mann ein Brot, dann erhielt jeder Mann 200 Gramm, das ist eine Scheibe von Fingerdicke täglich. Sie hielten aus und glaubten dem Führerwort und hofften auf Entsatz.
Sie hofften auf die anmarschierende große Panzerarmee des Feldmarschalls von Manstein; dann warfen sich aller Hoffnungen auf eine Truppenbewegung im Innern des Kessels; aber weder wurde der Ring von außen aufgesprengt, noch wurde er von innen geöffnet.
In den halbdunklen Bunkern flackerten andere Hoffnungen und neue Gerüchte auf. China hätte England und Amerika den Krieg erklärt, die Türkei und Spanien ebenfalls, und das würde die gesamte Weltlage verändern und auch die eigene Rettung bringen, wurde gesagt. Aber Mansteins Panzer waren geschlagen. China war weit weg, von der Türkei und Spanien redete niemand mehr.
Die einfliegenden ›Junker‹ kamen spärlicher, der Weg, den sie zurückzulegen hatten, wurde weiter. Sie wurden im Anfliegen zu Dutzenden und im Ausfliegen zu Dutzenden abgeschossen. Und da lag auf der Steppe zwischen Don und Donez ein abgestürztes Flugzeug mit Postsäcken aus dem Stalingrader Kessel, und was in den Briefen geschrieben stand, war ein einziger Schrei.
›Liebe Karoline! Gesundheitlich geht es halbwegs. Mache halt mit, bis es nicht mehr geht. Bin hier in der verdammtesten Gegend. Wie es werden soll, sieht man überhaupt nicht. Wie viele sind hier schon angerannt und wie viele werden noch anren-

nen. Solches Elend, heulen könnte man ...‹ – ›Lieber Herbert! Es war ein schwarzer Tag für uns. Die 10. ist aufgelöst, augenblicklich geht es schwer rund bei uns. Gefallen Georg Hartung, Otto Gnüssel, G. Sich, Wahler, Dusch, Oberleutnant Hey, verwundet ungefähr 40 Mann. Ich kann nicht mehr schreiben, da es furchtbar schießt, will doch lieber meinen Bunker aufsuchen ...‹ – ›Liebe Mutter und Vater! Es gehen sehr harte Kämpfe, wir haben sehr schwere Verluste, die Friedhöfe werden von Tag zu Tag größer. Hunderte werden hier begraben. Sie werden in Häufchen zusammengelesen: Hände ab, Beine weg, Körper abgerissen, so geht es hier zu ...‹ – ›Liebe Eltern und Geschwister! Stalingrad bringt Kranke und Tote von sich. Meine Kompanie kann keinen Angriff mehr machen, wir sind noch 20 Mann ...‹ – ›Liebe Schwester! Seit dem 10. Mai dauernd im Einsatz, da sind von uns nicht mehr viel da. Was ich für eine Sehnsucht nach meinen Kleinen habe, kann sich keiner vorstellen ...‹ – ›Liebe Eltern! Hier ist die Hölle, die Kompanien sind kaum noch 30 Mann stark. Die besten Kameraden, so was haben wir noch nicht erlebt, es ist furchbar ...‹ – ›Liebe Frau! Ich habe keine Lust, zu nichts, auch nicht zum Schreiben. Habe hohes Fieber, es ist sehr kalt. Essen kann ich schon 8 Tage nichts, nur Pillen nehmen und abwarten. Habe überhaupt nichts als Haut und Knochen ...‹ – ›Meine liebe Else! Alle vier Stunden auf Wache ziehen. Der Schlaf dazwischen ist nicht viel. Was uns keine Ruhe läßt, sind die Läuse. Wird ein bißchen geheizt, sofort macht es sich mit den Viechern bemerkbar. Da wird sich auf der Pritsche hin und her geworfen. Der Körper ist so gereizt, daß man hineingreifen mag. Zu allem die Verpflegung an Pferdefleisch, die nicht ein Gramm Fett enthält ...‹ – ›Meine liebe Friedel! Mein Bein, das tut so weh, am besten ist es, wenn ich liege. Jeden Tag bekomme ich eine Spritze. Wenn nur nicht soviel neue Geschwüre dazu kommen. Was einem der Arzt schon hilft, das ist für die Katze. Wenn man sich nicht selbst helfen kann, ist man verloren ...‹ – ›Meine Lieben! Wir führen hier einen Bunkerkampf, den ich mein Leben lang nicht vergessen werde. Dieses Ringen um den Tod, wenn Ihr das hier sehen würdet, Ihr würdet schreien, was aus Eurem Hals heraus geht ...‹ – ›Meine liebe Frieda! Ich bin ganz verzweifelt, wie viele Menschen hier liegenbleiben. Wir haben so viele Erfrorene und was nicht weiter kann, bleibt liegen. So ein Rückmarsch, Tage und Nächte soll es gehen, und diese Kälte, und wir sind wirklich fertig um die Beine . . .‹

Das war ein Postsack aus dem Monat Dezember, einige Wochen nach der Einkesselung. Der Dezember war vergangen und der Januar war angebrochen. Briefe wurden nicht mehr geschrieben und wären auch kaum noch, jedenfalls nicht in Mengen, geschrieben worden, selbst wenn die ›Jus‹ noch eine regelmäßige Beförderung hätten aufrechterhalten können.

›Liebe Frau! Ich habe keine Lust zu nichts mehr, auch nicht zum Schreiben . . .‹ Sie hatten alle keine Lust zu nichts mehr, wobei ›Lust‹ ein ungehöriger, schon begrabener und ihnen schon verwester Begriff war. Sie schrieben keine Briefe und machten keine Tagebucheintragungen mehr, das lag hinter ihnen. Sie befanden sich alle in der ›verdammtesten Gegend‹ und sie spürten alle den Zugriff der ›Hölle‹. Die Körper bedeckten sich mit Furunkeln und in die Eiterstellen fraßen sich Läuse ein. Sie hatten Hunger und nicht genug, die Leere ihrer Magen zu stopfen, und Fieber und Durchfall und Erbrechen und vom Frost geschwärzte Glieder, und keine Pillen und keine Spritzen mehr, Schmerzen und der Gestank aus offenen Wunden blieben oft die einzigen Betäubungsmittel, und die Gesichter der Frau und der Kleinen zu Hause erschienen den Fiebernden wie wesenlose Gespenster. Sie waren alle ›fertig‹, und nicht nur um die Beine, auch in den Eingeweiden und an Nieren und Lungen, und auch in ihren Herzen. Und dennoch: ›Unter den augenblicklichen Verhältnissen bleibt der Mann dienstfähig!‹ hieß das vom Bataillonsarzt, vom Regiments- und Divisions- und Truppenkommandeur und vom obersten Kriegsherrn ausgesprochene Urteil, und sie gingen Wache, standen Stunde um Stunde Posten, taumelten immer wieder auf zu fruchtlosen Angriffen gegen sowjetische Stellungen, sie starben wie Pferde an der Deichsel und an den Zugsträngen, oder sie starben noch immer nicht und fielen wieder zurück in das Halbdunkel ihrer Bunker.

Und sie hofften, dieser rote Funke glimmte weiter in ihren Au-

gen. Sie hofften auf den, der sie hierhergeführt und der versprochen hatte, sie wieder herauszuhauen.
So war der 8. Januar herangekommen.
Gnotke in seinem Graben und die Männer hinter ihm in den Bunkern konnten nichts wissen und es wurde ihnen auch später nichts bekannt von einer Szene, die sich an anderer Stelle der Front am gleichen Tage abspielte und die alle ›Stalingrader‹ berührte. Zwei russische Kommandeure, begleitet von einem Trompeter, näherten sich der vordersten Linie. Sie wurden von Gewehrschüssen empfangen und mußten sich wieder zurückziehen. Aber sie kamen wieder und aufs neue tönte das Trompetensignal über das Schneefeld und im Wind flatterte eine weiße Fahne. Dieses Mal fielen keine Gewehrschüsse mehr und sie überschritten das Niemandsland. Es wurden ihnen Binden vor die Augen gelegt. Sie wurden durch Minenfelder in ein Dorf geleitet, in einen Wagen gesetzt, in ein großes Steppendorf und aus dem Dorf wieder herausgefahren. Beim Aussteigen spürten sie den Wind eines freien Feldes und sie hörten das Brummen angelassener Flugzeugmotoren. Sie wurden irgendwo hineingeführt. Die Binden wurden ihnen abgenommen und sie befanden sich einem höheren deutschen Offizier gegenüber, dem sie im Namen des Sowjet-Oberkommandos ein an den Befehlshaber der 6. deutschen Armee und den Kommando- sowie den gesamten Offiziers- und Mannschaftsbestand der eingekesselten Armee gerichtetes Dokument überreichten. Der deutsche Offizier bat die russischen Parlamentäre zu warten. Er selbst bestieg einen Wagen, fuhr in ein anderes, zwischen Pitomnik und Stalingrad gelegenes Steppendorf, betrat ein Gelände, das von baumlangen und gutgefütterten Kerlen einer Stabswache bewacht war. Er stieg viele Stufen in die Erde hinunter und in einer geräumigen Betonhöhle, mit Polstermöbeln angefüllt und die Wände mit Teppichen verhängt, überreichte er dem Befehlshaber der 6. Armee das entgegengenommene Dokument:
›An den Befehlshaber der deutschen 6. Armee, Generaloberst Paulus oder seinen Stellvertreter und an den gesamten Offiziers- und Mannschaftsbestand der eingekesselten deutschen Truppen vor Stalingrad.

Die deutsche 6. Armee, die Verbände der 4. Panzerarmee und die ihnen zwecks Verstärkung zugeteilten Truppeneinheiten sind seit dem 23. November 1942 vollständig eingeschlossen. Die Truppen der Roten Armee haben diese deutsche Heeresgruppe in einen festen Ring eingeschlossen. Alle Hoffnungen auf Rettung Ihrer Truppen durch eine Offensive des deutschen Heeres vom Süden und Südwesten her haben sich nicht erfüllt: die Ihnen zur Hilfe eilenden deutschen Truppen wurden von der Roten Armee geschlagen, und die Reste dieser Truppen weichen nach Rostow zurück.
Die deutsche Transport-Luftflotte, die Ihnen eine Hungerration an Lebensmitteln, Munition und Treibstoff zustellte, ist durch den erfolgreichen und raschen Vormarsch der Roten Armee gezwungen worden, oft die Flugplätze zu wechseln und aus großer Entfernung den Bereich der eingekesselten Truppen anzufliegen. Hinzu kommt noch, daß die deutsche Transport-Luftflotte durch die russische Luftwaffe Riesenverluste an Flugzeugen und Besatzungen erleidet. Ihre Hilfe für die eingekesselten Truppen wird irreal.
Die Lage Ihrer eingekesselten Truppen ist schwer, sie leiden unter Hunger, Krankheiten und Kälte. Der grimmige russische Winter hat kaum erst begonnen. Starke Fröste, kalte Winde und Schneestürme stehen noch bevor, Ihre Soldaten aber sind nicht mit Winterkleidung versorgt und befinden sich in schweren sanitätswidrigen Verhältnissen. Sie, als Befehlshaber, und alle Offiziere der eingekesselten Truppen verstehen ausgezeichnet, daß Sie über keine realen Möglichkeiten verfügen, den Einschließungsring zu durchbrechen. Ihre Lage ist hoffnungslos und weiterer Widerstand sinnlos.
In den Verhältnissen einer aussichtslosen Lage, wie sie sich für Sie herausgebildet hat, schlagen wir Ihnen zur Vermeidung unnötigen Blutvergießens vor, folgende Kapitulationsbedingungen anzunehmen: 1. Alle eingekesselten deutschen Truppen mit Ihnen und Ihrem Stab an der Spitze, stellen den Widerstand ein. 2. Sie übergeben organisiert unserer Verfügungsgewalt sämtliche Wehrmachtsangehörige, die Waffen, die gesamte Kampfausrüstung und das ganze Heeresgut in unbeschädigtem Zustand.

Wir garantieren allen Offizieren und Soldaten, die den Widerstand einstellen, Leben und Sicherheit und nach Beendigung des Krieges Rückkehr nach Deutschland oder in ein beliebiges Land, wohin die Kriegsgefangenen zu fahren wünschen.
Allen Wehrmachtsangehörigen der sich ergebenden Truppen werden Militäruniform, Rangabzeichen und Orden, persönliches Eigentum und Wertsachen, dem höheren Offizierkorps auch die Degen belassen.
Allen sich ergebenden Offizieren, Unteroffizieren und Soldaten wird sofort normale Verpflegung sichergestellt.
Allen Verwundeten, Kranken und Frostbeschädigten wird ärztliche Hilfe erwiesen werden.
Es wird erwartet, daß Ihre Antwort am 9. Januar 1943 um 10 Uhr 00 Minuten Moskauer Zeit in schriftlicher Form übergeben wird durch einen von Ihnen persönlich ernannten Vertreter, der in einem Personenkraftwagen mit weißer Flagge auf der Straße nach der Ausweichstelle Konny, Station Kotlubanj, zu fahren hat. Ihr Vertreter wird von russischen bevollmächtigten Kommandeuren im Bezirk ›B‹, 0,5 Kilometer südöstlich der Ausweichstelle 564, am 9. Januar 1943 um 10 Uhr 00 Minuten empfangen werden.
Sollten Sie unseren Vorschlag, die Waffen zu strecken, ablehnen, so machen wir Sie darauf aufmerksam, daß die Truppen der Roten Armee und der Roten Luftflotte gezwungen sein werden, zur Vernichtung der eingekesselten deutschen Truppen zu schreiten, für ihre Vernichtung aber werden Sie die Verantwortung tragen.
Der Vertreter des Hauptquartiers des Oberkommandos der Roten Armee,
Generaloberst der Artillerie Woronow
Der Oberbefehlshaber der Truppen der Donfront,
Generalleutnant Rokossowski.‹

Der Unteroffizier Gnotke und dessen Kompanie und die Besatzungen der Bunkerlinie im Nordwesten Stalingrads ebenso wie auch sonst alle Soldaten der deutschen Stalingradarmee konnten in diesem Moment nicht wissen, daß am folgenden Tag um 10 Uhr 00 Minuten ein neues schwarzes Blatt ihres Schicksalsbuches aufgeschlagen werden würde und ihre end-

gültige Vernichtung ihren Anfang nehmen sollte. In dem Graben, in dem Gnotke Posten stand und auf dem Gelände, das er vor Augen hatte, fiel an diesem Tage nur ein einziger Schuß. Dieser Schuß schlug neben dem Pferdekadaver ein und stäubte etwas Schnee auf. Der Arm, der sich dort bewegt und die Hand, die mit einem Messer hantiert und ein Stück Fleisch aus dem Kadaver herausgetrennt hatte, fiel zurück. Danach blieb alles wie es war und sah aus wie vorher, nur daß eine vierte bewegungslose Gestalt, die morgen schon verweht und dann gleich den andern drei wie ein dunkler Fleck aussehen würde, sich jetzt da draußen im Schneetreiben zeigte.
Eine halbe Stunde verging und Gnotke wurde abgelöst.
Der ablösende Posten, eine vermummte, krummgezogene Gestalt, matte Augen, die unter der Stoffkapuze hervorblinzelten, war der Gefreite Liebich, ein Schreiber aus Messerburg in Thüringen, der vor Tagen noch einer rückwärtsgelegenen Stabskompanie angehört hatte und den Sturz in Hunger und Dunkelheit deshalb schärfer als die übrigen empfand. Gnotke hätte ihm nun übergeben müssen, daß auf Posten alles in Ordnung, oder er hätte sagen müssen, was nicht in Ordnung sei. Er deutete aber nur mit einer knappen Geste ins Schneetreiben und zu dem Pferdekadaver hin, wo neben den drei schon bekannten jetzt ein vierter dunkler Fleck zu sehen war.
Liebich begriff.
»Dingelstedt?« fragte er, und Gnotke nickte. Heinrich Dingelstedt war der Name des Lehrers aus Zwischenahn am Zwischenahner Meer in Oldenburg. Gnotke hatte, ehe er seinen eigenen Bunker aufsuchte, dem Wachthabenden über das Verschwinden des Gefreiten Dingelstedt und das beobachtete Vorkommnis Meldung zu machen. Der Wachthabende, Feldwebel Hampe, vor Tagen noch Küchenunteroffizier hinten in der Stabskompanie, schrieb den Namen ›Dingelstedt‹ in sein Notizbuch ein. Einzelheiten wollte Feldwebel Hampe nicht wissen, und er war froh, daß nicht ein anderer, sondern der wortkarge Gnotke der Meldende war. Schon allein die Erwähnung des Pferdekadavers trieb ihm den Schweiß auf die Stirn, und die stürmische Bewegung, die er augenblicklich in seinen Därmen verspürte, war keine eingebildete, wenn der Arzt

auch (das war am Tag seiner Abkommandierung aus der Stabskompanie) gesagt hatte, daß seine Diarrhöe auf zentrale im Gehirn gelegene Ursachen, auf Gemütsbewegungen, Furcht oder Schreck etwa, beruhe, und daß die Ortsveränderung nach vorn seinen Zustand nur ändern und möglicherweise aufheben könne.

Der Kompaniechef, Leutnant Moor, hatte am gleichen Tage zwei Mann von der Bestandsliste zu streichen, einen Soldaten, der morgens im Schnee vergraben worden war und den Gefreiten Dingelstedt. Die Kompanie zählte danach noch 32 Mann, genau: einen Offizier, 5 Unteroffiziere und 27 Mann.

Unter den Habseligkeiten des Lehrers Dingelstedt, die ihm übergeben wurden, waren eine Anzahl Briefe, darunter ein von Kinderhand geschriebener, der letzte, den Dingelstedt erhalten hatte, dieser Brief lautete:

›Lieber Papa! Wir haben ein Brüderlein bekommen. Der Doktor und die Frau Hebamme sagen, es sei Dir ähnlich. Da wollte es schon die Frau Late haben. Aber wir geben es niemandem, denn die Mama wäre doch bald gestorben und der Doktor kommt noch alle Tage. Mama kann nicht einmal sitzen im Bett und wir müssen artig sein, denn sie ist fest krank. Wenn unsre Mama stirbt, was sollen wir denn machen? Nicht wahr, Papa, sie soll nicht sterben, unser gutes Mutterli! Papa, komm – sie ruft immerfort: ‚Heinrich, komm zu mir!‘ Da muß Tante Lieschen immer ans Telephon den Doktor rufen, da bekommt sie immer eine Spritze ins Bein und schläft wieder ein. Wenn sie die Mama fragen: ‚Wie heißt das Kind?‘, da guckt sie uns an und sagt gar nichts. ‚Da wird er Heinz Viktor heißen!‘, habe ich gesagt. Gruß und Kuß Walter.‹

Die Stube ist das Heim des Soldaten und es soll dort genau wie zu Hause sein, heißt es in Erläuterungen zur Kasernen- und Stubenordnung. Und nordwestlich Stalingrad war der Bunker eben das Heim des Soldaten, und unter solchem Gesichtspunkt war das Erdloch, in dem Gnotke Stubenältester war, einmal angelegt worden. Die Hütten aus einem Nachbardorf hatten Türen und Fenster samt Tür- und Fensterrahmen und ihre sonstigen Bestandteile, auch Tische und Bänke, hergeben müssen. Eine Tür konnte im Bunker wieder zur Tür oder auch zu anderm werden, und Fenster samt Fensterrahmen und den dazugehörigen mit Schnitzereien verzierten Fensterklappen schienen wie geschaffen dazu, Bunkerschränke zu werden. Und die Erbauer und ersten Bewohner dieses Bunkers müssen bestimmte Vorstellungen gehabt haben, als sie mit Pinsel und Teerfarbe ›Villa Gemütlichkeit‹ an die Eingangstür dieses Bunkers anpinselten. Aber was jene Soldaten sich gedacht haben, war ebenso vergangen wie sie selbst und nichts war davon mehr da. Die Stiegen, die Gnotke hinunterstieg, waren ausgetreten, die einstmalige Stiegeneinfassung war entfernt und verheizt worden. Die Sitzgelegenheiten bis auf eine Bank und die eingebauten Wandschränke, auch die hölzerne Wandverkleidung waren ebenfalls in den Ofen gewandert und zu Rauch geworden. In der Nacht vorher war die Pritsche verheizt worden (auch diese Pritsche war einmal eine Tür in einer Bauernhütte gewesen), auf der bisher jener morgens im Schnee vergrabene Soldat geschlafen hatte. Als Gnotke in den Bunker kam und an die verlassene Pritsche Dingelstedts herantrat, um dessen zurückgelassene Habseligkeiten zusammenzupacken, hoben sich in dem fahlen Schein, der durch einen Erdschacht einsickerte, etliche Gesichter und beobachteten sein Tun; und als Gnotke, nachdem er die Sachen abgegeben hatte, zurückkehrte, war auch die Pritsche Dingelstedts abmontiert und der Soldat Altenhuden zerhackte sie mit seinem Seitengewehr zu Brennholz.

Gnotke hockte sich neben dem noch kalten Ofen hin.

Mit einem Aufblicken hatte er festgestellt, daß Gimpf noch wie vorher, da er auf Posten aufgezogen war, auf seiner Pritsche lag. Die Stiefel hatte Gimpf nicht ausgezogen und die Lappen, die neben ihm bereitgelegt waren, hatte er unberührt gelassen, und er starrte noch immer den Deckenbalken an. Auch bei dem Zustand Gimpfs handelte es sich keinesfalls um die leicht erfrorenen Füße, sondern wie bei Feldwebel Hampe um zentrale im Gehirn gelegene Ursachen. Furcht oder Schreck konnten bei ihm indessen, das war anzunehmen, kaum in Frage kommen, oder wenn doch, dann wäre das in sei-

nem Falle allerdings ein Zeichen eines Wiedereintretens ins Leben gewesen.
Dieser Matthias Gimpf – als er in jener Novembernacht am Boden des Kraterloches gelegen hatte, um, wie er dachte, niemals mehr aufzustehen, und er an der Schulter angefaßt worden war, da rührte er sich nicht. Als die Hand weitertastete und seinen Haarschopf und seinen ganzen Kopf umfaßte, und da ruhig liegenblieb, da vergaß er zu atmen. ›Mein Matthias, mein süßes Kind, mein liebes Matthilein, mein Alles, mein liebes gutes einziges Alles!‹ war er einmal genannt worden. Und unter dem leisen Druck jener groben und erdigen Hand überströmte ihn, was er von einer Mutter, was er von einer Soldatenfrau, die Martha heißt, was er von Frauen und was er jemals an Sorge, an Zuneigung, an Zärtlichkeit erfahren hatte, und einen Atemzug lang weilte ein Engel in dem mit Leichen angefüllten Kraterloch. Gimpf blickte auf, und über sich hatte er in der feuchten Mondnacht das Gesicht Gnotkes und die nebligen Augen Gnotkes, und er hätte aufheulen können wie ein Hund, und er würde losgeheult haben, wenn er Luft dazu gehabt hätte.
Zwanzig Jahre war Gimpf alt, aus Alten Affeln, einem kleinen sauerländischen Dorf in der Nähe Hagens war er her, der letzte Sohn eines wohlhabenden Bauern. Als Gefreiter war er nach München zur Teilnahme an einem Offizierslehrgang kommandiert worden. Und das Verhältnis, das eine junge Münchner Soldatenfrau mit ihm angeknüpft hatte, und eine Meldung und Verleumdung seitens des Ehemanns, der angeblich eine dem Gimpf gehörende Militärdecke und Zeltbahn in seiner Wohnung gefunden haben wollte, hatte dazu geführt, daß er Hals über Kopf aus dem Offizierslehrgang entfernt und an die Front geschickt worden war; und nicht nur eine Serie bittersüßer und trauriger Briefe, auch ein Verfahren wegen Diebstahls an Heeresgut war ihm auf seinem Wege gefolgt. Diese bis dahin unerledigt gebliebene Strafsache hatte dann, nachdem er an jenem Wintertag an der Shisdra seinem Regimentskommandeur gegenüber die Hände in den Taschen behalten hatte, den Ausschlag bei der hohen Strafzumessung gegeben. Einen Atemzug lang waren alle Leiden ver-

gessen gewesen, eine Berührung hatte einen tiefen Brunnen geöffnet und das Glück war heraufgeströmt, das sorgende, von Runzeln durchzogene Gesicht seiner Mutter, der Ausblick aus dem Fenster seines Heimathauses in Alten Affeln über das sonnige Sauerland, die verbotene und heimliche Liebe mit jener ihn verwöhnenden und nur ihm lebenden jungen Frau, wie ein heller Schein war es in ihm aufgelodert, um ihn danach noch tiefer abstürzen zu lassen, und wie ein verlaufener junger Hund war er Gnotke durch die Nacht gefolgt.

Altenhuden stopfte Holz in den Ofen.

Und der in einen eisernen Ofen umgewandelte Benzinkanister begann zu glühen und aus seinen Fugen und dem Feuerungsloch zu rauchen. Zwei Momente gab es (vom dritten Moment, dem gemeinschaflichen Essen, konnte schon lange nicht mehr die Rede sein), welche einen Bunker zum Leben erwekken konnten: ein sowjetischer Angriff oder ein geheizter Ofen. Bei einem Angriff waren sie alle da, so elend sie sich auch fühlen mochten, denn den Bunker verlieren, würde bedeuten, alles zu verlieren; außerhalb des Bunkers lauerte die von Schneestürmen durchtoste nackte Steppe.

Dieses Mal war der Anlaß ein geheizter Ofen. Und Altenhuden sparte nicht und stopfte in den Ofen hinein, soviel darin Platz war. Und sogar der beißende Rauch war in dem in Kalk- und Lehmboden hineingeschachteten Erdloch mit Wänden wie aus gefrorenem Granit schon eine Annehmlichkeit; und war es keine durchgehende Wärme, so schuf doch der an den Wänden entlangstreifende und zum Ausgang hinziehende Rauch eine häusliche Atmosphäre, und die wie vertrocknete Fliegen auf ihren Pritschen liegenden Männer begannen sich zu regen.

Sie begannen sogar aufzuleben; zuerst war es der Tünnes, der übriggebliebene Kleinste von einem einmal lustigen Kleeblatt, der von seiner Pritsche herunterkletterte und sich neben dem Ofen hinhockte; ein zweiter und dritter und vierter folgten, und von draußen kamen Liebich und die andern abgelösten Posten dazu. Gnotke hatte ein Kochgeschirr mit Wasser aufgestellt, und als das Wasser heiß war, ging er damit zur Pritsche Gimpfs. Er stieß den Gimpf an, und dem blieb unter

den Augen Gnotkes nun nichts anderes übrig, als sich die Lumpen von seinen Schuhen abzuwickeln und die Schuhe auszuziehen und sich auf seine leicht blauen Füße die heißen Lappen aufzulegen, die er gereicht bekam. Daß heile Füße wichtiger als ein heiler Kopf sind, hatte Gimpf von Gnotke schon vorher erfahren; und was den Zustand seiner Füße anbelangte, schien Gnotke ganz zufrieden zu sein. »Besser als die vom Tünnes, auch besser als die vom Kalbach«, sagte er. Die Füße vom Tünnes aber waren dick geschwollen als Folge des Hungers, und die vom Kalbach waren dicke Klumpen infolge Hungers und eingetretener Herzschwächung. Gimpf konnte noch weiter liegenbleiben und die heißen Kompressen noch weiter auf seine Füße wirken lassen. Gnotke hatte ihm noch einmal ein Eßgeschirr voll heißen Wassers gebracht und hatte dann zwar nicht die Postenstunde Gimpfs übernommen, aber doch mit ihm getauscht, so daß er erst später hinaus mußte.
Als Gnotke nach seiner zweiten Ablösung in den Bunker zurückkehrte, stand die Nacht schon hinter ihm. Im Bunker saßen noch einige um den Ofen herum, andere hatten ihre Pritschen wieder aufgesucht. Der Schein des Feuers überflackerte die Gesichter der am Ofen Sitzenden, spielte an der Bunkerdecke und an den Bunkerwänden und ließ von Zeit zu Zeit die mit angezogenen Knien auf ihren Kojen Hockenden oder die ausgestreckt Daliegenden aus Dunst und Dunkel hervortreten.
Als Gnotke eintrat, hörte er jemand sagen: »Wir müssen halt zufrieden sein, denn wenn es dem Russen geglückt wäre, was er vorhatte . . .« Der Sprecher unterbrach sich, um nach einer Pause hinzuzufügen: »Wir leben noch!«
»Wir leben noch!« antwortete es aus dem Dunkel.
Ein anderer meldete sich und sagte: »Der Satan hat uns eingeschlossen – da hilft nur beten!«
Sonst sagte keiner etwas und danach blieb alles still. Der über die Russen triumphierte und ›noch lebte‹, war Kalbach mit der Herzschwäche und den geschwollenen Füßen. Der an keine Russen mehr und auch an keinen ›Führer‹ mehr und nur noch an Beten glaubte, war der Obergefreite August Fell. Gnotke suchte sich einen Platz zwischen denen am Ofen. Sie rückten

nicht zusammen, als er sich hinsetzte. Sie saßen da mit ihren wildgewachsenen Bärten, die unwirklich und wie angeklebt wirkten, und ließen ihre Köpfe hängen. Die auf den Pritschen hockten, blickten ihre angezogenen Knie an. Die ausgestreckt lagen, starrten zu den roten Flecken an der Bunkerdecke auf. Es war nach dem Fest, nach der Orgie, die hier eine Stunde lang aufgeflackert war. Sie hätten die geschenkte Wärme anders benutzen können, wie der Soldat Altenhuden beispielsweise, der sich das Hemd ausgezogen und 230 Läuse abgepflückt und in die mit Wasser gefüllte Konservenbüchse vor sich geworfen hatte, oder sie hätten ihre Fußlappen waschen und ihre Strümpfe flicken, oder wie Gimpf (nach dem Anstoß, der ihm geworden war) ihre Füße, von denen das Leben sehr bald abhängen würde, pflegen können. Aber die Wärme und die unerwartete Ruhe vorn im Graben hatten sie ausgekostet wie zu andern Zeiten eine reichliche Portion Schnaps, und so hatte beides auch gewirkt. Sie hatten noch einmal alles herangeholt, was schon durch Wochen hatte herhalten müssen, sie aufzupulvern. Von den Panzern Mansteins hatte natürlich keine Rede mehr sein können, denn das war zu diesem Zeitpunkt schon ein totgehetzter Gaul. Dafür aber hatten doch alle mit eigenen Augen einen riesigen Feuerschein im Westen gesehen, und der Obergefreite Rieß, der am gleichen Tage zwar ohne Pferdefleisch von der Verpflegungsstelle des Regiments zurückgekehrt war, hatte aber doch eine Erklärung für diesen Feuerschein mitgebracht und gesagt: »Daran sieht man doch, daß es stimmt. Hinter dem Ring wird gekämpft. In Kalatsch sitzen die Russen noch drin. Aber eine ganze SS-Armee ist eingesetzt.« Und da hatte sich sogar der Unteroffizier Urbas eingemischt – dieser Urbas, der mit einer ›tollwütigen Krankheit‹ dalag und von dem man überhaupt nicht wußte, wie man eigentlich mit ihm dran war; und einmal lag er wie ein Stock auf seiner Pritsche und zählte stupide seine Finger und dann hörte er überhaupt nichts, und wenn man ihn auch anschrie, und zu andern Zeiten hörte er wie ein Luchs jedes Wort, das irgendwo geflüstert wurde und mischte sich auch in alles ein und fing über alles an zu toben, bis er wieder zurückfiel und blau im Gesicht war und nichts an ihm sich mehr rührte, daß

man einige Male angenommen hatte, daß er schon gestorben sei. Und so hatte er auch an diesem Tag dagelegen. Als aber der Rieß das von der SS-Armee in Kalatsch sagte, da hatte der Urbas plötzlich die Decke und Zeltbahn, Mantel und alles, was er auf sich liegen hatte, abgeworfen und seine Beine über die Pritsche gehängt und mit aufgedunsenem blauem Kopf dagesessen und geschrien: »Ja, das ist ganz sicher, das weiß ich, und über die Brücke sind sie schon rüber, und die hauen sich auch durch!« Den Urbas mochte man lieber nicht sehen und auch von ihm nichts hören, wenn es auch ausnahmsweise mal richtig sein konnte, was er sagte, und so war man ganz froh gewesen, daß er, nachdem er noch irgendwelchen Unsinn herausgeschrien hatte, wieder wie ein Gespenst zurückgefallen war. Altenhuden hatte die Füße, die noch draußen baumelten, auf die Pritsche zurückgelegt und Decke und Zeltbahn und Mantel wieder über ihn hingebreitet, und damit hatte man dann Ruhe vor dem Schreihals gehabt, und Rieß hatte weiter berichten können, was er auf dem Verpflegungsamt gehört hatte. Und danach hatte der August Fell die Hände gefaltet und gesagt: »Alle sollen es hören, ich tue ein Gelübde, und ich werde es auch halten, wenn es wahr ist und wenn ich wieder heil nach Haus komme, dann spende ich 100 Mark für den Kollektenteller!« Und der Kalbach und Liebich und Rieß und Liebsch und Gimpf und Altenhuden und der Tünnes, sie alle hatten etwas beizutragen gewußt, um ihre gemeinsame Hoffnung anzufeuern, und der eiserne Ring war schon fast geöffnet, und dabei war auch Stalingrad gewonnen und die Russen endgültig in die Wolga geworfen worden.
»Man sieht ja, wie der Russe kämpft, so hart und verbissen, und das will allerhand besagen!« – »Er will eben das Stalingrad nicht aufgeben, aber einmal muß es doch fallen!« – »Neun Zehntel haben wir doch in der Hand, und es sind auch nur noch kleine Gruppen, die dort kämpfen, aber die sitzen tief eingeschanzt und fast uneinnehmbar!« – »Und wenn er in großen Haufen angreift, dann sind das alles Sträflinge, und die Kommissare peitschen sie vor!« – »Einmal geht es den Russen doch an den Kragen, die schweren Verluste, die kann er auf die Dauer nicht aushalten!«

So hatten sie geredet und die ›schweren Verluste der Russen‹ hatten herhalten müssen, die eigenen schweren Verluste geringer erscheinen zu lassen, und was vom ›Hunger in den russischen Linien‹ geredet worden war, hatte die Leere in den eigenen Mägen und Därmen wegdisputieren sollen und doch nicht können. Und Liebich war aufgefahren und hatte gesagt: »Man sieht's doch, bei uns ist's doch schon tagelang ganz ruhig!«

»Tagelang grade nicht, verdammt noch mal!« hatte darauf der Unteroffizier Maulhard erwidert, der drei Tage vorher bei einem Grabenüberfall einen Gesäßschuß abbekommen hatte und seither mit zerfetztem Hinterteil in Bauchlage auf seiner Pritsche ausharrte und Stunde um Stunde darauf wartete, daß er nach hinten nach dem Hauptverbandplatz abtransportiert würde. Dieser Maulhard lag da mit einem vom Sanitäter aufgelegten Notverband und mit ansteigendem Wundfieber. Es gab für ihn keine Morphiumspritzen, und das einzige war, daß der Sanitätsunteroffizier ihm gesagt hatte, daß eine Tetanusspritze, die er vor Monaten gelegentlich einer leichten Verwundung erhalten hatte, heute noch nachwirken und ihn möglicherweise vor einer Wundstarre behüten würde, und an diese Hoffnung klammerte er sich. Nein, Maulhard war in dieser Stunde, da man sich erwärmte und alle übriggebliebenen Hoffnungen in Betracht zog, ebensowenig ein erbaulicher Anblick gewesen wie Unteroffizier Urbas, und man hatte auch von ihm weiter nichts hören wollen, sondern sich lieber wieder dem Obergefreiten Rieß und dem, was er noch aus dem Regiment mitgebracht haben konnte, zugewendet.

Und der Obergefreite Rieß, der früher der Stabskompanie angehörte und am gleichen Tage, während er stundenlang vergeblich auf die Fleischausgabe gewartet, mit seinen alten SS-Kameraden von der Stabswache zusammengesessen und ›17 und 4‹ gespielt hatte und schließlich ohne Pferdefleisch zurückgekehrt war, hatte noch viel gewußt, und er hatte eine nach der andern seine ›neuesten Parolen‹ an den Mann gebracht. Und Altenhuden hatte weiter eingeheizt, daß die Funken stoben. Und wenn die im Bunker auch schon fünfzig Tage im Kessel saßen und fünfzigmal ihre Hoffnungen hatten in

Scherben gehen sehen, sie lasen die Scherben auf und setzten sie zum einundfünfzigsten Mal zusammen. In etwa acht Tagen also würde man wieder mit normaler Post schreiben und seine Briefe wie gewöhnlich nach Hause schicken können! Und in etwa fünf Tagen, also um den 25. oder 26. Januar herum, falle die Entscheidung, und das sei so sicher wie Hitler der Führer ist und wie der Führer sein gegebenes Wort einlösen wird!
»Treue um Treue!« hatte Rieß gesagt.
»Schlimm ist es bei uns, aber im vergangenen Winter schließlich, im Waldaikessel, war es noch schlimmer, und doch sind sie rausgekommen!« war dem Obergefreiten Fell eingefallen.
Und Rieß: »Wie die Führung mitteilt, werden wir am 26. 1. den Kessel verlassen können. Und natürlich gibt es Urlaub, zuerst die Kinderreichen, aber dann alle.«
»Der Führer hat's gesagt . . .«
»Deswegen wanken und weichen wir nicht, keinen Schritt zurück, und wir wissen genau, daß wir wieder frei werden!«
»Und Emil, ist das auch richtig, daß schon so ein Plan aufgestellt ist?« hatte einer den Rieß gefragt.
»Ja, dieser Plan, daß wir alle mit dem Flugzeug gleich in die Heimat befördert werden sollen . . .?«
Es war alles richtig und mit Händen war es zu greifen!
Sie hatten da um den Ofen herumgesessen mit Haaren, die seit Wochen nicht geschnitten und von Schmutz verfilzt waren, mit verwilderten Bärten, mit Augen, in denen der Hunger glänzte, und das Ende ihrer Leiden war nahe und Schmerzen und Sterben sollten nicht umsonst gewesen sein, sie hatten die Festung Stalingrad verteidigt und ausgehalten bis zum Ende, bis zum Entsatz und bis zur anbrechenden Freiheit, und morgen werden sie Flugzeugpassagiere und Verwandelte sein, von den Frauen und Kindern und der ganzen Nation gepflegte menschliche Wesen – es war alles richtig, denn in ihrem Bunker war der Rote Mond aufgegangen.
Das war gewesen ehe Gnotke eintrat, und das war schon wieder zusammengefallen, als er sich zu den am Ofen Hockengebliebenen hinsetzte. Neben dem Ofen lag kein Holz mehr, es war alles verheizt. Das Feuer war niedergebrannt. Der rote Schein an der Decke wurde matter. Fell, der vom Beten als ein-

zigem Mittel gesprochen, und Kalbach, der die Behauptung aufgestellt hatte, daß man noch lebe, lagen schon auf ihren Pritschen. Liebich und Rieß waren die beiden, die nicht zusammengerückt waren, als Gnotke neben ihnen einen Platz gesucht hatte. Sie konnten seinen nackten Blick nicht ausstehen. Und Gnotke seinerseits konnte nicht dafür, daß ihm die dünnen Barthaare am Kinn Liebichs wie angeklebt an ein Wachspuppengesicht erschienen, und daß er ganz genau wußte, wie milchig solche blauen Augen, wie sie Rieß im Kopf saßen, einmal aussehen werden. Die beiden standen bald auf und kletterten ebenfalls auf ihre Pritschen. Nur Altenhuden blieb sitzen, und Altenhuden und Gnotke schliefen neben dem erkaltenden Ofen ein.

Einmal wachte Gnotke noch wieder auf.

»Dieses Schwein, der Liebsch schon wieder . . .« hatte einer gerufen, das war der Tünnes. »Mach doch kein'n Krach!« kam eine andere Stimme durchs Dunkel, aber Tünnes beruhigte sich nicht gleich. »Stur wie Panzer und zu faul um aufzustehen und sich die Hosen aufzuknöpfen und draußen auszuseichen, und wenn du unten liegst, kriegst du alles ab!« schimpfte er, und in dem matten Schein, den eine winzige Petroleumfunzel jetzt verbreitete, sah man ihn aufstehen und seine Zeltbahn abschütteln. Vom Liebsch aber war nichts zu sehen und nichts zu hören, der rührte sich nicht.

Das war nichts Besonderes, das kam alle Tage vor und Gnotke schlief weiter.

330 000 Mann hatte der stellvertretende Oberquartiermeister bei der 6. deutschen Armee, Oberst von Tauowski, am 19. November 1942 auf seinen Bestandslisten. Bis zum 10. Januar 1943 – in einundfünfzig Tagen – hatte er 140 000 Mann abzustreichen, soviel waren unter den russischen Waffen, an Hunger, an Kälte, an Krankheiten zugrunde gegangen.

330 000 minus 140 000.

Es blieben 190 000 Mann. Soviel begannen am 10. Januar 1943 ihren Lauf über die gefrorene leere Steppe. Am 10. Januar 1943, 10 Uhr 00 Minuten – in diesem Moment war das vom sowjetischen Oberkommando gemachte Kapitulationsangebot abgelaufen – begann es.

Im Gnotkeschen Bunker setzte die Auflösung schon zehn Minuten vorher ein, und der Finger des Soldaten Altenhuden hatte das einbrechende Chaos ausgelöst. Sein rechter Zeigefinger war es, den er auf einen roten Fleck legte, auf einen Fleck von der Größe und Form einer Linse am Hals des Unteroffiziers Urbas. Er zog den Finger zurück, der Fleck war unter dem Fingerdruck verschwunden, kehrte aber sofort wieder. Altenhuden wußte nicht, daß er seinen Finger ausgestreckt behielt, während seine andere Hand den Hemdausschnitt des mit halbgeschlossenen Augen daliegenden Urbas zurückschlug; und auch auf der bloßgelegten Brust zeigten sich die gleichen erbsengroßen roten Flecke. Jetzt starrte Altenhuden seinen Zeigefinger an, als ob diesem Finger sich schon etwas mitgeteilt haben könnte, das nicht mehr abzuwischen war und das jetzt seine Blutbahnen durchlaufen und sein Herz und sein Hirn erfassen würde. Er starrte den Urbas an, das Weiße unter den halbgeschlossenen Lidern schimmerte rosig, der Kopf war aufgedunsen, die großen Nasenlöcher schwarz, schwarz auch die dicken Lippen und die vorbleckenden Zähne, und der hervorplusternde Atem war stinkig. Altenhuden prallte zurück, seinen Finger verbarg er in der Achselhöhle, er sagte tonlos: »Typhus!«
»Typhus!« griff ein anderer auf.
»Dieses stumpfsinnige Vieh!« – »Und erzählt uns, er hat nur Kopfweh!« – »Natürlich stumpfsinnig, nicht mal seine Schnitte Brot wollte er fressen!« – »Kopfweh und Frieren und Hitze, und jetzt ist es so was!«
So redeten Stimmen durcheinander, es war hilfloses Stammeln. Da war sie, die Krankheit der belagerten Städte, der geschlagenen Armeen, der ausgesogenen Länder und sie wußten nicht, was tun. Es war einige Minuten vor zehn Uhr. Erdig grau war das Licht, das in den Bunker einfiel, und erdgrau waren die Gesichter der Soldaten, die die Pritsche des Unteroffiziers Urbas umstanden.
Aber was soll geschehen?
»Er muß sofort weg, Sanitäter.«
Aber wo war der Sanitäter, der ihn sofort weggebracht hätte, und wohin hätte er ihn bringen sollen? – nach Sapadnowka,

nach Kusmitschi, nach Gumrak, wo die Kranken bis auf die Straßen hinaus lagen und wo sie unter Leinwandzelten umkamen?

»Dieses stumpfsinnige Vieh!« sagte der Gefreite Rieß wieder: »Vollständig blödsinnig, und er hat selbst schuld, er hätte auch das ungekochte Wasser nicht saufen sollen, das ist streng verboten!«

»Quatsch nicht dämlich, weg muß er, was soll werden?«

Der Obergefreite Rieß, früher SS-Mann und vor einem Jahr bei einer SS-Lagerwache im Generalgouvernement Polen, kannte das Radikalmittel gegen Typhus: eine Kugel hinter die Ohren und vierzehn Fuß tief unter die Erde und Kalk rüber!

»Meldung machen und dann isolieren wir ihn erst mal«, sagte er, »wir legen ihn vorläufig raus in den Schnee!«

Aber auch Unteroffizier Urbas – früher Unteroffizier beim Troß und aus dem Suwalkizipfel bis in die Gegend von Moskau und vom Dnjestr über Kiew und Charkow und Rostow und Kalatsch bis in die Don- und Wolgasteppen hinein hatte er viel gesehen – kannte gewisse Methoden und Praktiken. Er hatte niemals gedacht, daß er selbst Objekt solcher an kranken Lagerinsassen und an kranker Zivilbevölkerung geübter Vernichtungsmethoden werden könnte, und es ist auch nicht gewiß, was und wieviel er von den Worten, die um ihn gewechselt worden waren, verstanden hatte; doch als er sich plötzlich aufrichtete und wie am Abend vorher seine Beine über den Pritschenrand hängte und seine Augen aufriß und den grauen Brei von Gesichtern, die auf ihn gerichtet waren, erblickte, da verstand er vieles und da hörte er, den das Fieber schüttelte, dem es im Kopf brauste und dessen Ohren fast taub waren, was gedacht wurde. Er hörte und sah – er hörte den hinterhältigen Ton in den Worten des Rieß und sah die Erbärmlichkeit in den Gesichtern und die in den Augen lauernde Angst.

»Menschenskind, Urbas!« rief Rieß ihm zu, und dieser Anruf bei seinem Namen hatte ihm noch gefehlt, um ihn an sich selbst zu erinnern und ihm so etwas wie einen lichten Moment zu verschaffen. Der Urbas, ein Menschenkind, eine umstellte Kreatur, das war er, und die Hilflosigkeit und Bösartigkeit dieses Hungerrudels, das ihn umstellte, waren die andern. Einen festen Punkt erblickte Urbas im Taumel der Dinge und Menschen: den aus einem Benzinkanister angefertigten Blechofen. Von seiner Pritsche herabsetzen, den Ofen ergreifen, samt dem Inhalt an grauer Holzasche dem Obergefreiten Rieß über den Kopf stülpen und mit einem Zupacken seiner Fäuste diese Blechhülle unförmig zusammenstauchen, war das Werk einer Sekunde. Das Ofenrohr war zusammengefallen, schwarze Rußflocken wirbelten durch den Raum. Urbas stieß gegen den Tisch, und im Handumdrehen und unter einem Trommeln der Fäuste war kein Tisch mehr da, nur noch Stücke davon. Von einem Furor der Hände und Füße war Urbas erfaßt, und was er in die Hände bekam, verwandelte sich in Hiebwaffen oder in Wurfgeschosse, und die dem Wüterich näherkamen, erhielten Hiebe und Fußtritte gleichzeitig. Ein kurzer vierschrötiger Kerl war Urbas, mit einer Bürste grauen Stachelhaares auf dem Kopf, das jetzt, weil es lang geworden war, weicher aussah und ihm in die roten Augen hineinhing und das gedunsene Gesicht umflatterte. Er war Packer und dann Lagerverwalter bei einer Leipziger Exportfirma gewesen, hatte zu Hause eine Frau gelassen, die Brigitte hieß, und er hatte einen Sohn, der ebenfalls im Felde stand. Dieses Ungeheuer, das außerhalb des Gleichgewichts- und Schwergewichtsgesetzes zu stehen schien und wie eine fleisch- und muskelgewordene Zentrifugalkraft den Bunker nach allen Enden hin und bis in alle Winkel ausfüllte, hörte und sah. Der Packer, der Lagerverwalter, der Troßunteroffizier Erich Urbas hörte Fluchen und Schreien und er sah den von der Blechhaube befreiten Rieß am Boden kauern und sich die Asche aus Gesicht und Augen wischen, und er sah den Liebich und Liebsch übereinander hingekugelt, sah den Tünnes und Fell und Altenhuden aufs neue auf ihn eindringen, sah den Unteroffizier Maulhard, den Verband und die durchbluteten Hosen an seinem Hinterteil festhaltend, von der Pritsche flüchten, sah den an der Lehmwand stehenden und starrenden Gnotke, er sah Feldwebel Hampe die Bunkertreppe herunterkommen noch ehe die Tür aufgestoßen wurde, er sah durch Wände, durch Nebel, er sah sehr viel. Einen schweren Gegenstand hatte er in der Hand und den ließ er durch die Luft sausen. Und gewiß

war es kein Gummischlauch, der in prasselnden Schlägen auf einen menschlichen Körper aufklatschte. Und doch war es auch dieser schwere Gummischlauch, der bei ihm zu Hause hinter der Korridortür hängt. Und alles war wieder da: ein Sonntagnachmittag, geblümte Tassen auf dem Kaffeetisch, Brigitte gießt den dampfenden Kaffee ein, er selbst sitzt in Hosenträgern, die oberen Knöpfe seiner Hose geöffnet, auf dem Sofa, auf dem er sich nach dem Kaffee ausstrecken wird, und er hat nach einem daumendicken Stück Napfkuchen gegriffen, als eine Nachbarin eintritt und sagt: »Da oben auf der Bodentreppe liegt ein Penner!« Und da war Urbas, da war der Gummischlauch, und da lag der Penner zusammengekrümmt neben der Bodentreppe und schlief den ›Schlaf des Gerechten‹ (aber ein Penner kann auch die Bodentür aufbrechen und kann Bodendiebstähle begehen und so was kommt alle Tage vor) und der schwere Gummischlauch klatscht auf den Leib dieses elenden obdachlosen Geschöpfes nieder, trifft auch das Gesicht und die im Schreck geweiteten Augen des aus dem Schlaf Gerissenen. Und der Lagerverwalter Urbas ist ganz groß, er bekämpft das Elend und das Unglück mit dem Gummischlauch, ist ein Gendarm, ist ein Wirt, ist ein Besitzer, ist ein Verteidiger der Ordnung, er prügelt den Taumelnden die Treppe hinunter und kehrt zurück, hängt den Gummischlauch wieder hinter die Korridortür und setzt sich wieder aufs Sofa an den Kaffeetisch und Brigitte stellt die kalt gewordene Tasse auf die Seite und gießt ihm eine neue Tasse dampfend heißen Kaffee ein.
Das ist Urbas, das war Urbas.
Aber jetzt hatte er keinen Gummischlauch, sondern eine aus ihren Angeln gerissene Pritsche in der Hand und die saust im Kreise herum. Wen diese mörderische Waffe mit der Kante berührte, der wäre tot oder verkrüppelt, wen sie mit der Fläche streift, der läßt Haare und Hautfetzen und trägt Beulen davon. Urbas bekämpft das Elend und er schlägt die Elenden und Unglücklichen. Aber er ist nicht mehr der Urbas mit dem Gummischlauch, er ist kein Wirt und kein Besitzer, kein ›Verteidiger der Ordnung‹, ist auch kein Soldat einer ›Neuen Ordnung‹ mehr.

Der Urbas im Bunker war nicht mehr der Urbas aus Leipzig mit einer Frau und einem Sohn und einer Dreizimmerwohnung und einem Schrebergarten und einer Laube. Er war nicht mehr der Unteroffizier Urbas, der unberührt an Galgen mit erhängten Männern und Frauen und der mit seiner Troßkolonne gedankenlos an Panzergraben vorbeiziehen konnte, von denen er erfahren hatte, daß sie mit den Leichnamen von Erschlagenen angefüllt waren. Der Urbas im Bunker fühlte die Schläge, die er austeilte und er fühlte sie schmerzhaft. Er war ein Verzweifelter und Untergehender und er heulte und schrie, und der Schweiß fiel in Flocken von seinem Gesicht und Schaum brach aus seinem Mund, und er konnte nicht verhindern, daß seine Kräfte verfielen und die Pritsche oder Stalltür seinen Händen entfiel und daß man über ihn herstürzte und ihn zu Boden warf und auf ihn einschlug und ihm die Hände und Füße festhielt.
Sein Körper bäumte sich auf. Ein halbes Dutzend Männer lagen über ihm. Die zerfetzten Teile der Bunkereinrichtung lagen herum. Die Stimme Feldwebel Hampes wurde vernehmbar: »Wahnsinnige Gesellschaft, vollständig wahnsinnig geworden! Habt ihr nicht gehört: Alarm! Der Russe greift an!«
Auch der Kompaniechef, Leutnant Moor, war da: »Seid ihr wahnsinnig, seid ihr von einer wilden Kuh gebissen? Alarm! Raus!«
Der Russe . . .!
Es war 10 Uhr 00 Minuten. Der über Urbas liegende Haufen hatte nicht nur den zuckenden Urbas, hatte plötzlich auch eine vibrierende Erde unter sich. Die russische Artillerie war zu hören, eine erste schwere Salve, ein noch schwereres Echo, ein zweites verrollendes Echo. Die Auftaumelnden vernahmen schon die neue Salve der Abschüsse und das nachfolgende Echo und das folgende zweite Echo vergurgelte schon mit Detonationen, und die Mühle begann zu mahlen.
Und Altenhuden und Fell und Gnotke und Gimpf und Liebich, die von Urbas verschrammten und verbeulten Männer aus dem Bunker, der noch vom Ascheregen geblendete Rieß, der hinkende Tünnes, der herzkranke Kalbach, das apathische Schwein Johannes Liebsch, alle fingerten sich die Mantel-

knöpfe zu, stülpten die Stahlhelme über ihre mit Lappen bewickelten Gesichter, drängten die Bunkertreppe hoch, sprangen in den Laufgraben, eilten nach vorn an ihre Gefechtsstellen, sogar Unteroffizier Maulhard mit dem Gesäßschuß schleppte sich hinterher, hinter dem MG konnte er ebensogut liegen wie auf seiner Pritsche.
Der westliche Himmel stand in Flammen! Das Rossoschkatal mit seinen Steppensiedlungen, Atamansky, Baburkin, Karpowka . . . das ganze schneebedeckte Land schien zu brennen. Rauch stieg auf von einer gewaltigen Feuersbrunst.
Man mußte sich auf dem Beobachtungsstand des Regiments befinden, um das Mündungsfeuer der russischen Geschütze sehen zu können und man mußte die Beobachtungen von vielen Regimentern und einer ganzen Reihe von Divisionen nebeneinander haben, und man mußte alle Beobachtungen und Berichte vereinen und vor der Generalstabskarte der Armeeführung sich befinden, um schaudernd zu begreifen, daß eine ganze, die westliche Hälfte des Kessels (oder wenn man an die Herzform der Einkesselung denkt, daß es sich um das halbe Herz handelte) von einem feuernden Halbkreis umgeben und in eine klammernde Faust genommen war.
Gnotke und die Männer seiner Gruppe befanden sich am Rande jener Herzhälfte, die außerhalb der pressenden Faust blieb.
Bis zur Dunkelheit lagen sie da, und als die Sterne groß wie Stall-Lampen am Steppenhimmel hingen, und nichts Besonderes geschehen war, begriffen sie, daß sie dieses Mal nicht gemeint waren.

Höhe 129 ging verloren!
»Jawohl, Herr Oberst!«
»Jawohl, Herr General!«
»Den Chef oder den Oberbefehlshaber persönlich!«
»Ausnahme!«
»Ausnahme!«
Höhe 129 ...
Es war die beherrschende Höhe der Stalingrader Westfront, die beherrschende Höhe im Westzipfel des Kessels. Höhe 129 ging verloren. Den Regimentskommandeur, Oberst Vilshofen, erreichte die Nachricht in einem Bunkerloch mitten zwischen halbzerschossenen Häusern und von frischem Schnee bedeckten Schuttfeldern des Dorfes Atamanski. Den Divisionskommandeur, Generalleutnant Cönnern, erreichte die Nachricht in seinem solide mit Eisenbahnschienen und Grubenholz abgestützten Bunker in dem großen Steppendorf Karpowka. Die Schreckensnachricht sprang weiter über den Draht nach Gumrak – dem Oberbefehlshaber der Armee, dem Generaloberst Paulus, wurde sie von seinem Chef in einem Nebengelaß jener unter der Erde gelegenen, mit Teppichen verkleideten und weichen Möbeln ausgestatteten geräumigen Erdhöhle überbracht.
Höhe 129: der Befehlshaber der Armee, die Divisions- und Regimentskommandeure wußten, daß es der Anfang vom Ende war und daß die Entwicklung zwangsläufig dem unvermeidlichen Debakel entgegenführen mußte. Die Armee war verloren, ihr Material war verloren – den lebenden Bestand zu erhalten wäre die einzig verbleibende Aufgabe gewesen.
Bis dahin war die Rechnung: 330 000 minus 140 000.

Geblieben waren 190 000.
Es ging um keine Armee und um keine Ziele einer Armee mehr, es ging nur noch um das Schicksal von 190 000 Männern. Aber die aus dem Armeehauptquartier in alle Himmelsrichtungen, nach Pestschanka, Sadowaja, Kusmitschi, Sapadnowka und die über die Hauptlinie aus Gumrak nach Stalingrad, aus Gumrak über Karpowka laufenden Anweisungen, Befehle widerrufenden Befehle betrafen nicht das Leben, sondern den Tod dieser Männer. Die Divisionskommandeure in den soliden mit Grubenholz und Eisenbahnschienen abgesteiften Bunkern hockten an ihren Kartentischen über Funksprüchen, Fernsprüchen, Fernschreiben, die ihre Ia's (die ersten Armeestabsoffiziere) ihnen vorlegten. Der eine stützte den Kopf zwischen beide Fäuste, der andre hatte die Hände schlaff vor sich auf dem Tisch liegen, der dritte fletschte die Zähne, der vierte ... Alle fluchten, aber alle funktionierten, saßen mit ihren Ia's zusammen, gaben Befehle aus, schrien ihre Befehle in den Fernsprecher, ließen ihre Befehle funken, tasten, durch Ordonnanzoffiziere, Meldereiter, Kraftfahrer, Kraftradfahrer, Panzerfahrer nach vorn bringen. Der vierte, der Generalleutnant Cönnern in Karpowka, ein geduckter Gnom, einen grauen Haarkranz um den von Sonne und Wind gebräunten nackten Schädel, zündete sich eine Zigarre an, die wieder erkaltende Zigarre zwischen den Zähnen, starrte er ins Leere. Sein Ia trat ein mit einer völlig verdreckten Gestalt, auch das Gesicht war von angetrockneten Dreckspritzern und war von Schweiß überzogen, einer seiner Regimentskommandeure, Oberst Vilshofen. Cönnern war aufgestanden. Begrüßung. Eine Handbewegung. Die drei Herren setzten sich.
»Die Linie muß zurückgenommen werden, Vilshofen!«
»Jawohl, General!«
»Die Linie muß weit zurückgenommen werden!«
»Jawohl, General!«
Ein Bleistift in der Hand Cönnerns zeichnete keine zusammenhängende Linie, aber berührte eine Reihe Punkte auf der ausgebreiteten Karte. Die veilchenblauen Augen Vilshofens folgten der gedachten Linie. Die Bleistiftspitze berührte noch etliche Punkte, die vorgelagerten Hügel bezeichnend.

»Müssen gehalten werden ...«
»Was haben Sie noch an schweren Waffen?«
»Nichts. Mußten wir alles auf 129 stehenlassen! Einige Pak habe ich noch, und für jede ein paar Schuß!«
»Die Hügel ... bis die neuen Stellungen bezogen sind, die Hügel, die Hügel, Vilshofen!«
Cönnern wendete sich mit seinem Ia einem andern Gegenstand, von einem Ordonnanzoffizier überbrachten Meldungen betreffs Beobachtungen westlich des Rossoschka-Flüßchens zu, während Oberst Vilshofen die Bunkertreppen hinaufstieg, draußen im Beiwagen eines Kraftrades Platz nahm und über die vereiste Straße in die Nacht hinausstob.
Der Bunker in Atamanski war kein Bunker. Es war der von der Kollektivfarm mit Erdwällen umgebene und von einer Erddecke überdachte ehemalige Vorratskeller zur Aufbewahrung von Kartoffeln, von Wassermelonen und dergleichen und lag direkt an der Straße. Acht Stufen führten hinunter und das Schleifen von Raupenbändern, das Knarren von Wagenrädern, von Tritten marschierender Abteilungen war unten zu hören; und wenn die schwere Tür aufging und eine weiße Dunstwolke hereinschlug und sich aus dem Dunst die Gestalten eines Majors, eines Hauptmanns, irgendwelcher Frontoffiziere herausschälten, war für Momente auch der penetrante Geruch von Dreck, von Schweiß, von Blut, von Sterben da.
»Also, meine Herren ...«
Oberst Vilshofen stand auf, auch die drei Herren. Er hatte auf einem Krautfaß gesessen, die anderen drei – ein Hauptmann, ein Oberleutnant, ein Feldwebel – vor ihm auf einem Futtertrog. Oberst Vilshofen verabschiedete sich von den drei Männern durch Handschlag. »Möge Gott Sie behüten!«
Dieses Wort, an alle drei gerichtet, hatte sich Vilshofen, ohne daß er gewußt hätte, woher es ihm plötzlich gekommen war, über die Lippen gedrängt. Die drei Männer schienen es der Stunde für angemessen zu erachten, kein Blick verriet Erstaunen. Sie streiften ihre Kopfschützer über, schlugen sich die Kragen hoch, zogen ihre Fausthandschuhe an, verschwanden in dem weißen Dunst, der durch die aufgehende Tür hereinblies.

Aber Oberst Vilshofen blieb erstaunt zurück.
Gott ...
Was ist das, und was ist mit ›Heil Hitler‹, und niemand vermißt es, und wie viele Tage hat er diesen ›deutschen Gruß‹ in seinem Umkreis schon nicht mehr gehört, das fragte er sich plötzlich.
Aber auch Hauptmann Steiger dachte daran, an dieses Wort, das aus dem Munde des Regimentskommandeurs weit bedeutungsvoller wirkte als aus dem Munde des Divisionspfarrers etwa. Hauptmann Steiger führte eine Kolonne von vierzig Männern, die je vier und vier ein leichtes Pak-Geschütz hinter sich herschleppten. Der Himmel bezog sich, ein Loch blieb offen. Ein Loch mit hellen Sternen, es reichte bis zur Erde herunter, bis zu den zerfetzten Häusern von Atamanski, die wie eine Reihe Klippen das ebene Gelände überragten und langsam im Rücken der treckenden Kolonne versanken. Sehr langsam ging es vorwärts. Speiche um Speiche sich drehende Räder – nachher ging es noch langsamer, nachher ging es nur noch ruckweise. Das in der Regenzeit von Panzern zerfahrene und stellenweise von Bomben zerrissene und jetzt gefrorene Gelände, auf dem die Paks mit ihrem Vorspann an Männern abtauchten und auftauchten, lag hingebreitet wie eine erstarrte Sturzsee. Infanteristen am Wege (es war an der Linie, die sie fest beziehen sollten) arbeiteten wie Verdammte, mit Spaten, mit Spitzhacken, mit Beilen hackten sie sich in die Erde ein. Der Lehmboden war granithart gefroren. Die Kolonne Steiger (der Trupp des Oberleutnants Lindt und der des Feldwebels Bauer zweigten nach flankierenden Punkten ab) hatte noch an vier Kilometer vor sich bis zu dem Hügel, der vor dem Hellwerden zu beziehen war und der gehalten werden sollte. Ein eisiger Wind, aus dem Loch im Rücken war er aufgefahren, fegte über das Feld. Aber die Männer dampften, sie waren naß unter ihren Kleidern, sie schwitzten vor Anstrengung und Schwäche. Sie kamen nicht vorwärts. Ein Gefreiter, von Steiger, zum Kompaniechef der nächstliegenden Kompanie geschickt, um Hilfe herbeizuholen, kehrte allein zurück. Die Kompanie brauche selbst Hilfe. Der Boden sei wie aus Erz. Die Leute kämen nicht hinein. Sie würden bei Tageslicht un-

ter freiem Himmel dastehen – und kein Baum, keine Erhebung, keinerlei Deckung. Die Kolonne Steiger arbeitete sich weiter. Die Männer stöhnten und fluchten – sie fluchten auf die Infanteristen, die Hilfe abgelehnt hatten. Und diese Infanteristen, einige Kilometer hinter ihnen, schlugen mit Beilen auf die gefrorene Erde ein, daß die Funken spritzten, daß das Blut durch Handflächen und Hautporen brach, sie stöhnten und fluchten – sie fluchten auf den Bataillonskommandeur, auf den Regimentskommandeur, der mal nach vorn kommen und mal selbst hier hacken sollte! Und der Bataillonschef stöhnte ob der Menge der ihm gemeldeten Mängel, und er fluchte und jagte Meldereiter nach Atamanski zum Regiment; und der Regimentskommandeur stöhnte ob der schier unüberwindlichen Schwierigkeiten und schickte Ordonnanzoffiziere, einen nach dem andern, nach Karpowka zur Division und ließ dort die Unmöglichkeit der geplanten Linie und die Notwendigkeit eines weiteren Zurücknehmens unter Anpassung an geeignetere Geländegegebenheiten, etwa an das Rossoschkatal, vorstellen. Und der Divisionskommandeur, jener Gnom mit dem grauen Haarkranz und dem gebräunten nackten Schädel, der drei vorgelagerte Hügel, der die zu beziehende und unbeziehbare Linie und damit Atamanski und noch einige Kosakenstanizen und seine schweren Waffen und vielleicht alle Waffen und auch alle Männer seinen Händen entfallen sah, hatte den Telephonhörer in der Hand und sagte schon nicht mehr: ›Aber erlauben Sie mal, aber hören Sie mal, aber da hört dann doch alles auf, meine Herren ...‹, er beschwor, er heulte und schrie, er tobte und fluchte wie ein Droschkenkutscher und knallte schließlich die Hörmuschel auf den Kasten zurück, daß es dröhnte und der Apparat nachher nicht mehr zu gebrauchen war.

Gott ...

Wenn schon nicht um Hitlers, dann um Gottes Willen: gestern die Höhe 129 und das Zurückfallen über die östlichen Abhänge, und heute in der Nacht die Infanterie mit Schippe und Pickel, und seine vierzig Grenadiere gleich kraftlosen Ochsen den Pakgeschützen vorgespannt. Die Hälfte der Geschütze hat Hauptmann Steiger auf dem Wege liegenlassen. Die Männer waren zu entkräftet gewesen, um sie weiterbewegen zu können. Und die andere Hälfte hatte er vor dem Hügel abstellen müssen, mit Ausnahme von zwei Geschützen. Zwanzig Mann und nochmals zwanzig Mann haben diese beiden Kanonen auf die Höhe hinaufgewürgt und in Stellung gebracht. Zwei Pak und zweiunddreißig Gewehre und der Hügel muß gehalten werden! Und die Männer liegen in Schneemulden wie Hasen unter dem offenen Himmel, und wie Hasen schlafen sie mit offenen, starrenden Augen. Und vielleicht träumen sie, vielleicht sind sie in dieser Minute gepeinigt von Bildern, die gestern die Wirklichkeit waren, die ihre betäubten Ohren und stumpfen Augen aufgefangen hatten, um später in grausigen Einzelheiten und in ihrer grauenhaften Einmaligkeit aufstehen zu können.

Ein Stern ging unter und der Himmel war grau.

Der letzte Stern – dort, wo die verlorene Höhe 129 einen Einschnitt zeigt und von wo die Straße herunter- und nach Karpowka führt, war er aufgegangen, um bald wieder zu versinken. Über dem vereisten Land zwischen jener Höhe und dem besetzten Hügel schwebte noch Finsternis. Zur Linken, wo Oberleutnant Lindt mit dreißig Mann den Hügel flankierte, hob sich eine Kuppe in den Tag; auch rechts, wo Feldwebel Bauer mit seinen zwölf Männern lag, zeigt sich hinschraffiertes Land.

Höhe 129: mit Oberleutnant Lindt und Feldwebel Bauer war Steiger – das war gestern und vorgestern – von dort herabgestiegen. Wagen, Panzer, Geschütze, ineinander- und übereinandergeschoben, Pferdekadaver, krummgefrorene Leichen. An dem nach Osten abhängenden Gelände eine Straße, eine abstürzende Straße, von Troß-, von Sanitäts-, von Fluchtkolonnen verstopft, von einer sich einkeilenden Panzerabteilung rechts und links die Hänge hochgehoben und endgültig zugekorkt, zerbombt und schließlich von der nachdrängenden russischen Artillerie erfaßt und in panischer Geste erstarrt, Metall und menschliche Knochen und Pferdeköpfe und aufstarrende Beine, umwickelt mit schmierigen Lappen, Raupenbänder, Lehmbrocken, ein zerquetschtes Stabsauto, ein abgedeckter Kopf, eine auf goldener Achselklappe angefrorene Gehirnhälfte, offene Münder, Augen, Lehm, Schnee, Haare ...

Das war gestern und das war vorgestern.

Und heute da hinten die Infanterie, die sich in die Erde hineinretten will, und der sich die harte Erde versagt; und die vierzig Männer, schnaufend den Hügel heraufgelangt, die Paks weggeworfen und Gewehre in der Hand nach Westen starrend ...

Nach Westen, Gottes Wille, ist das Gottes Wille?

Hauptmann Steiger kommt nicht davon los. Nicht umsonst kommt er von einem bäuerlichen Boden her (er ist ein Handwerksmeister aus Bopfingen und noch die Großväter und Väter bauerten auf dem Härdtfeld zwischen dem Roten und Schwarzen Kocher), der durch Jahrhunderte von Waldensern, Schweden, Böhmen, Schweizern, der von Norden und Süden her von Reformatoren durchpflügt worden ist und auf dem um ›Gottes Willen‹ Menschen verbrannt, gerädert, geköpft, geschunden, gesotten, gebraten worden sind; und er war in diesen Stunden angeschlagen genug, so daß geringfügige Anlässe genügten (das Fehlen des Hitlergrußes beim Kommen und Gehen im Regimentsstab, das vielleicht zufällige Abschiedswort des Kommandeurs), um in ihm, der eine Straße zog, die weit mehr der Seite des Todes als der des Lebens zuneigte, verborgene und sonst nicht bloßliegende Schichten zum Aufwallen zu bringen.

›Es sind ja, solange die Welt steht, die Verbrenner allezeit gelehrter gewesen als die Verbrannten ...‹ Ein solches Wort zuckte (es ist seltsam genug, und am wenigsten wußte der, in dem es aufwallte, woher es plötzlich kam) einige Dutzend Kilometer westlich Karpowka auf der Kuppe eines Hügels in einem Kopf auf. Dazu aber mußte erst ein betäubender Schlag diesen Kopf berühren, der Nachbarhügel mit Oberleutnant Lindt mußte in Rauch untergehen, auf der anderen Seite, von Feldwebel Bauer her, ein Maschinengewehr seine letzten verzweifelten Runden tacken. Steiger hörte ein langgezogenes ›Urraa‹, aus einer Rauchbank brach es auf und einer Erdspalte entstiegen Gestalten mit kurzen Pelzen, Köpfe mit Bärenmützen. Zarte blaßblaue Rauchfahnen aus Gewehrmündungen. Rauchbälle krepierender Handgranaten. Eine Pak – Amberger, Schuster und Nitschke – feuerte auf ein brüllend heranwiegendes Ziel. In die Erdspalte tauchte es ein und tauchte wieder auf. Ein schwerer russischer Panzer und es war nicht anders als ein Stier, der Schuster und Nitschke samt der Pak, an die sie sich klammerten, auf die Hörner nahm und über sich wegwarf. Steiger verspürte einen heftigen Schlag und brach zusammen. Das war der Moment, in welchem in seinem Kopf das Wort war von den Verbrennern, welche alle Zeit gelehrter gewesen waren als die Verbrannten, und welches höhnisch weiter lautet: ›Dieses sieht man in allen Küchen, da der Koch doch klüger ist als das Holz, welches er verbrennt.‹ Aber das Herz Steigers war nicht bei den Verbrennern, sondern bei den Verbrannten. Und wer sind nun die Verbrenner und wer die Verbrennenden? Und schließlich: was geschieht, geschieht westlich Karpowka, auf fremder hundertmal in Brand gesteckter Erde. Mit den Verbrennern, mit den Köchen, den Rechthabern, den Spöttern ist er hierhergekommen. Und nun: wer ist der Koch, wer das Holz? Und ist der Mensch endlich doch nur Holz?

Steiger konnte die Fragen nicht mehr lösen, er verlor die Besinnung.

Aber der Mensch ist nicht Holz! Wo er Dogmen, wo er Befehle, wo er Starrheit, wo er Unwissenheit und fatalistisches Geschehenlassen durchbricht und aus dem Eigenen und dem Verbundensein mit der Kreatur die Verantwortung auf sich nimmt und aus bestem Wissen und Gewissen heraus handelt, da ist er nicht Holz, da ist er Leben.

In jener Stunde gab es im Stalingrader Kessel ein Gesicht – eine starre Gesichtshälfte und die andere Hälfte in Zuckungen, und der Mund sprach zuckende Worte. Die Worte wurden stenographiert, wurden in eine Chiffre übertragen und in den Äther gegeben, und Warten und Antwort kam und wurde entgegengenommen und das Gesicht blieb wie es war – die eine Hälfte starr, die andere zuckte. Es gab Generale, die vor Wut im Gesicht blau anliefen, es gab Generalstabsoffiziere, Befehle entgegennehmend und weiter übermittelnd, die zu starren Masken wurden, es gab Tobsuchtsausbrüche, gab heiser geschriene Stimmen, gab verstocktes Schweigen, gab Mor-

phiumspritzen und Veronal, gab Absinken in todähnliche Erschlaffung, und es gab Gehorsam, Gehorsam ... verfluchten, verbrecherischen, tötenden Gehorsam.
Es gab im Stalingrader Kessel auch das:
Ein Regimentskommandeur verläßt seinen Regimentsstab. Vorn stirbt sein Regiment, dort kann er auch sterben. Dort kann er aber auch retten, was zu retten ist. Er bestieg einen Panzer, kam vorn an, stieg aus. Ein Schneefeld, graue hingetupfte Flecke, die Männer mit Pickel und Schippe und Gewehr daneben. Eine Gruppe lag auf dem Rücken, die Gewehre im Anschlag, auf einen russischen Jäger gerichtet, der spähend über der Linie kreiste. Der Oberst trat an die Gruppe der Schipper heran. Knapp bis zum Nabel hatten sie sich in die Erde hineingehackt, weiter waren sie nicht gekommen.
»Wie lange hackt ihr schon?«
»Die ganze Nacht, Herr Oberst!«
»Frühstück gehabt?«
»Nein, Herr Oberst!«
Zu rauchen hatten sie auch nichts. Oberst Vilshofen verteilte die Zigaretten aus seinem Etui. Er betrachtet die Gesichter, während eins nach dem andern sich über das brennende Streichholz beugte, das er in der hohlen Hand hielt. Er kannte sie alle, sein Regiment war so zusammengeschmolzen, daß er alle Namen im Kopf hatte. Der eine war Wilhelm Vogt, ein Bauernjunge aus der Wesergegend bei Minden, dessen Alter zu Hause schon matt war und die Arbeit kaum noch schaffte, aber einen Arbeitsurlaub hat er dem Vogt vor etlichen Wochen ablehnen müssen. Der andere, de Wede, auch ein Bauer, aus der Heide bei Celle, bei ihm zu Hause wirtschaftet die Frau mit Russen und Polen. Der dritte, ein ferngetrauter junger Ehemann, Angestellter aus Remscheid. Der vierte, Arbeiter aus Oberschlesien und Vater von fünf Kindern. Und alle vier, Vogt, de Wede, der junge Angestellte, der alte Familienvater, von gleichem Aussehen, über den Bärten die gleichen abgemagerten Gesichter, die gleichen starren Augen.
Den Bauer de Wede und den Arbeiter Wilsdruff nahm Vilshofen auf die Seite. »Hand aufs Herz, de Wede, was würden Sie tun, wenn Sie in dieser Lage tun dürften, wie Sie wollen?«

»Hier liegenbleiben und keinen Schritt weitergehn, Herr Oberst!«

»Und Sie, Wilsdruff?«

»Das Leben retten, da rüberlaufen, Herr Oberst!« erwiderte Wilsdruff und zeigte nach Westen ins Unbestimmte.

Oberst Vilshofen ging weiter. Er ging an der Linie entlang, die keine war und niemals eine werden konnte. Er blieb stehen, hielt den Feldstecher an die Augen und blickte zu den Hügeln hinüber. Er stellte das Glas scharf ein auf die Anhöhe links. Rauch mischte sich dort in den weißen Dunst. Kampflärm war nicht zu hören. Aber auf der Höhe rechts tackte ein Maschinengewehr. Auch in der Mitte wurde gekämpft. – Eine Pak feuerte, ein Maschinengewehr, Gewehre. Einige deutsche Panzer – sie waren vom Regiment zu einem Stoßtruppunternehmen angesetzt worden, beobachtete Vilshofen. Sie erhielten auf halber Höhe Feuer, drehten ab, rollten den Hang herunter und verschwanden in einer Schlucht. Auch auf der mittleren Anhöhe wurde es still. Der Wind bog Rauch ab und trug ihn mit sich. Die drei Hügel waren wie ausgebrannte Feuer.

Als Vilshofen das Glas absetzte, erblickte er einige Herren, darunter seine beiden Bataillonskommandeure, die näherkamen und sich bei ihm meldeten. Vilshofen deutete mit einem Blick zu den Hügeln hinüber, dann suchte er die Gesichter und die Augen seiner Kommandeure – die gleichen müden Gesichter, die gleichen starren Augen wie die der Männer mit Pickel und Schippe.

Nach einer Weile saß Vilshofen mit den beiden Kommandeuren und Bataillonsadjutanten in einem eben erst und nur halbmanntief ausgehobenen und von einem Zelt überspannten Erdloch. Es war so eng, daß die Knie einander berührten, und der wie weißer Rauch aus den Mündern fahrende Atem schlug dem Gegenübersitzenden ins Gesicht.

Oberst Vilshofen hatte nochmals sein Bild über Zustand und Kampfkraft der Truppe bestätigt erhalten. Die schweren Waffen auf dem Wege verloren. Flak und Pak nur noch wenige Geschütze vorhanden und für jedes Geschütz noch ein paar Schuß. Proviant kommt selbst in ungenügenden Mengen nicht mehr heran. Es gibt Tage, an denen statt 200 Gramm nur

100 Gramm Brot ausgegeben werden. Die Pferde aus den eigenen Beständen, die bis dahin eine dünne Suppe ergaben, sind aufgebraucht. Für die bis dahin von Pferden geleistete Arbeit hat die Division kriegsgefangene Russen angeliefert. Die Kompanien sind in Nachhutkämpfen gelichtet. Die Haufen werden von Tag zu Tag kleiner. Für den Stellungsbau mangelt es an Gerät. Die Baumittel sind aufgebraucht oder zurückgeblieben. Die Pioniere haben nicht einen einzigen Nagel mehr und nicht ein Ende Draht ...

»Wo soll das hinführen?« »Sind wir denn verlassen?«

Sie waren verlassen, und Vilshofen gab sich Rechenschaft darüber. Er wußte, daß es im Nachbarregiment nicht anders aussah. Die Division war ausgeglüht, ebenso die Division rechts. Die Division links aber, die schon jenseits des Don zertrümmert und zersprengt und wieder zusammengelesen und aus Trossen und Trümmern anderer Formationen wieder aufgestellt worden war, war dermaßen Schlacke, daß sie selbst unter geringer Feindberührung bröckelte und aufs neue auseinanderzufallen drohte; und nur die Panzerkräfte fast der gesamten Westfront, hinter dieser Division aufgefahren, gaben ihr Rückgrat und hielten sie überhaupt zusammen.

»Ja, wir sind verlassen. Wir sind völlig auf uns gestellt, meine Herren!« sagte Vilshofen. »Die Linie ist nicht zu halten. Keine denkbare Linie des Stalingrader Kessels ist zu halten. Was wir tun können und was uns zu tun befohlen ist: unsre Männer einen nach dem anderen aufopfern. Der Moment ist sichtbar, an dem keiner mehr dasein wird, ein Gewehr zu halten ...«

»Was not tut, meine Herren – ein bündiger Entschluß!«

Aber es war weitgehend, was Vilshofen tat und was er vorschlug. Er kündigte seinem General, seinem Oberbefehlshaber, seinem Führer die Gefolgschaft. Er fällte eine Entscheidung, die General und Oberbefehlshaber nicht zu fassen wagten, und dem ›Führer‹ verweigerte er den Gehorsam, der hier zum Verbrechen an seinen Männern, an den Familien, am ganzen Volk werden mußte. Er sprach das Wort aus, das auszusprechen unumgänglich war: *Kapitulation*.

»Meine Herren! Der Oberbefehlshaber handelt nicht, der General handelt nicht, wie er handeln müßte und wie eine höhere Pflicht zu handeln gebietet. Sollen wir warten, bis unsre Männer aus sich das Notwendige tun? Oder sollen wir warten, bis unsere Bataillone nur noch (und zu zwei Dritteln sind es bereits) Totenbataillone sind? Wir müssen es auf uns nehmen und aus bestem Wissen und Gewissen die Entscheidung fällen. – Major Runz?«

»Kapitulation!« antwortete Runz.

»Major Hedemann?«

Es war kalt. Schnee stäubte herein. Major Hedemann wischte sich mit der Handfläche den Schweiß von der Stirn, er sagte: »Kapitulation!«

»Oberleutnant Rohwedder?«

»Der Führer wird doch alles tun, was in seiner Macht steht, er hat es doch versprochen ... wir sind doch eine verschworene Gemeinschaft ... ich, ich ...« Das sagte der Bataillonsadjutant, Oberleutnant Rohwedder, und brach dann plötzlich ab.

»Leutnant Latte?«

»Mein Gott, daß uns das angetan werden muß, was haben wir verbrochen ... sind wir denn verlassen ...«

»Ja, wir haben was verbrochen, und das Verbrechen läuft weiter. Es muß Schluß damit gemacht werden! Und wir sind in der Tat verlassen und ganz auf unsern Entschluß gestellt.«

»Durchbrechen muß man!« fuhr Rohwedder auf.

»Das ist vorgeschlagen worden, von mindestens einem unsrer Kommandierenden Generale, eine Woche nach der Einkesselung, als das vielleicht noch möglich war. Dieser Weg ist uns verbaut worden ... Sie wissen, von wem!«

Das letzte Wort war an Rohwedder gerichtet und von so eisigem Blick begleitet, von solchem Maß an Ablehnung und Abscheu einer Weltanschauung gegenüber, die Rohwedder repräsentierte, daß dieser schluckte und nach einer Erwiderung suchte, aber noch ehe er sich gefaßt hatte und Worte finden konnte, fuhr Vilshofen schon fort:

»Dafür ist es heute zu spät. Das ist für die verhungerte und schlecht ausgerüstete Horde, die wir heute nur noch darstellen, kein Weg mehr!«

»Mein Gott, ein Führerwort ...«

Mit einer Bewegung der Hand, wie ein Peitschenschlag durch

die Luft fahrend, schnitt Vilshofen Rohwedder das Wort ab. »Jeder erhält natürlich Freiheit, zu tun, was er für richtig hält!« sagte er dann.

Zu spät! war auch die Meinung von Runz, das war auch die Meinung von Hedemann. Latte verbarg sein Gesicht in beiden Händen. Rohwedder stierte gradeaus ins Leere, nichts rührte sich an ihm.

Der mit dem Regimentskommandeur gefaßte Beschluß war: Kapitulation.

Aber es kam nicht mehr dazu. Der plötzliche Feuerüberfall überraschte die fünf Männer, noch während sie unter der Zeltplane die organisierte Durchführung ihres Beschlusses berieten. Und der Überfall war nicht örtlicher Natur. Der Druck kam von Süden her, von jener Division, die dieses Mal auch unter dem Einsatz der Panzerkräfte nicht mehr gehalten hatte und zwischen den Panzerkämpfen zersprengt und zerrieben wurde. Die nach Westen und Nordwesten geschleuderten Teile dieser Division fielen wie Brandtrümmer auf das eigene Regiment. Als Vilshofen durch Panzerfahrer erste Berichte und einen groben Überblick über die Lage erhielt und er von Süden her einen tiefen Einbruch feststellte, waren seine Männer schon erfaßt. Wie eine Herde Ochsen vor einem Steppenbrand stoben sie ostwärts dem Rossoschkatal entgegen.

Was war geschehen?

Die Nase von Marinowka (der nach Westen in Richtung Kalatsch zeigende, einmal als Ausfallstellung gedachte Frontvorsprung) war abgebrochen. Die 3. motorisierte Division, die 29. motorisierte Division erhielt einen betäubenden Schlag. Die schon einmal (im Donbogen) zertrümmerte 376. Infanteriedivision brach zum zweitenmal auseinander. Die 44., 76., 113. Infanteriedivision wurden nachgerissen. Eine Reihe Steppendörfer wurden von durchstoßenden russischen Panzerkräften eingenommen. Die gesamte Westfront des Stalingrader Kessels geriet ins Rutschen. Sechs deutsche Divisionen flohen, marschierten, fuhren, in Ordnung und in Unordnung, verproviantiert oder von ihrem Proviant abgerissen, in Panik, in Auflösung, auseinanderfallend und sich wieder sammelnd, nach Osten.

Karpowka, Baburkin, Atamanski, Dmitrijewka – die Orte, in denen die Stabsquartiere ihren Sitz hatten, boten einer wie der andere den auf der Flucht befindlichen durchziehenden Haufen dasselbe Aussehen. Umgeschmissene Kanonen, aufgegebene Panzer, quer auf der Straße stehende Lastwagen, Haufen von Patronen, Bomben, Granaten. Die Bunker, in denen die Stäbe gelegen hatten, waren leer. Mitten im Packen waren sie verlassen worden. Aufgebrochene Kisten, halbgepackte Koffer – Seife, Konserven, Talgkerzen, Schokolade, Lebkuchen, Knäckebrot lagen herum. Schranktüren standen offen, Aktenstücke waren verstreut. Die verdreckten Kerle aus den vorbeitreibenden Haufen, die in diese Bunker hereinkamen, machten große Augen. Sie stopften sich das eine in den Mund, anderes in die Tasche. Sie vernahmen die Kanonen der Verfolger und stolperten die Treppen wieder hoch und liefen weiter, wieder hinaus auf die verschneite Steppe.

Sie folgten der von Rädern, Raupenbändern, von Autokolonnen, von Treckerzügen durchfurchten Straße, sie folgten der Richtung, welche Verwaltung, Versorgung, Proviantierung, Hauptverbandplätze, welche die Stäbe genommen hatten: Karpowka–Pitomnik–Gumrak–Gorodischtsche–Stalingrad: das waren die Etappen an der Straße, welche das geschlagene Heer zog.

Aber noch einmal triumphierte die Ordnung.

Zuerst waren es die Kompanien, welche ihre Haufen wieder sammelten und die Feldküche war das organisierende Prinzip. Und als die Kompanien wieder Schritt gefaßt hatten, da wurde auch die Verbindung zuerst zum Bataillon, dann zum Regiment wieder hergestellt, und das Regiment suchte und fand Fühlung zum Nachbarregiment, und die Regimenter suchten und fanden ihre Versorgungs- und Verpflegungsstellen wieder. Die Versorgungs- und Verpflegungsstellen fanden sie in Pitomnik und ihre Divisionsstäbe fanden sie, jetzt zusammengedrängt auf engen Raum, zwischen Pitomnik und Gumrak.

Oberst Vilshofen zog durch einen Ort nördlich Karpowka.

Zwei Haufen folgten ihm, der eine wurde von Oberleutnant Rohwedder, der andere von einem Feldwebel angeführt. Der

vorausmarschierende Troß hatte Befehl, am Dorfausgang an der Straße nach Pitomnik zu halten.
Gegen drei Uhr nachmittags war es, am 11. Januar. Dreißig Stunden, nachdem das Regiment jenen Schock erhalten hatte und die Männer ins Weite gestoben waren.
Oberst Vilshofen hatte an der Straße, auf der er auf einem LKW mit angehängter Feldküche vorausgeeilt war, seine durch den Schnee stakenden Männer wieder gesammelt. Der Rauch aus der Feldküche war wie eine Fahne und auf dem offenen Gelände weit zu sehen gewesen, und hinter einem Riegel, den Vilshofen quer über die Straße gelegt hatte, war es ihm gelungen, seine Truppe wieder zu ordnen, und dann unter Zurücklassung einer Nachhut in Marsch zu setzen. Nicht alle waren mehr dabei gewesen, ein Teil war vermißt geblieben, war auf der Flucht gefallen, war versprengt und entweder zu andern Truppenteilen gelangt oder zog noch in kleinen Trupps und marodierend umher. Andere waren an der Riegelstellung gefallen, noch andere, darunter beide Bataillonskommandeure, verwundet und mit dem Troß vorausgeschickt worden.
Drei Uhr nachmittags war es, feines Schneegestöber, von einem niedrigen bedrückenden Himmel löste es sich ab. Auf dem Ort lag das Feuer entfernt stehender schwerer Artillerie. Einige Häuser standen in Brand, andere flammten auf. Das Dach einer brennenden Scheune stürzte zusammen. Ein Regen prasselnder Funken und brennende Strohwische flogen in die vorbeimarschierende Kolonne.
Eine Hand, fast schwarze krumme Finger, die des Bauern de Wede, mit denen er sich übers Gesicht kämmte und eine Rußflocke aus dem Auge wischte. De Wede, der Remscheider und Wilsdruff marschierten in einer Reihe. Der Remscheider, und auch de Wede, der schon vor zwei Tagen am liebsten liegengeblieben wäre, und auch Wilsdruff, der daran gedacht hatte, zurückzubleiben und sich den Russen zu ergeben, alle drei hatten zur Goulaschkanone und zum Regiment zurückgefunden, und jetzt schleppten sie sich durch Karpowka. Funken stoben ihnen ins Gesicht, neben der Straße lagen Tote – sie setzten Fuß vor Fuß, ihre Blicke waren nicht mehr auf den Nacken, sondern auf die mit Lappen umwundenen Beine des Vorder-

mannes gerichtet, und sie sahen auch die Beine und die durch den Schnee schlurfenden Füße nicht mehr, sie spürten auch die Wolke von Dreck und Verwesung nicht, die mit der Kolonne mitzog.

Am Dorfausgang wurde haltgemacht.

Es war beabsichtigt, die Nacht hier in den Bunkern und den Hütten, deren Bohlenwände Splitterschutz gewähren konnten, unterzukriechen. Aber die Einschläge der schweren Artillerie mehrten sich. Dazu kam ein Raketenüberfall. Das Feuer der Raketengeschütze lag mitten im Ort. Alles ließ auf einen bevorstehenden Angriff schließen. Vilshofen, die beiden Bataillonsführer, Oberleutnant Rohwedder und Feldwebel Schulte, standen an einem freien Platz. Sie hatten die Stellungen der Raketengeschütze ausgemacht und kehrten ins Dorf zurück. Mit der gedachten Nachtruhe war es zu Ende.

Zuerst betraf es den Troß: die Arbeit an einer Grube, welche die zum Troß gehörigen kriegsgefangenen Russen zu hacken begonnen hatten, wurde abgebrochen. Major Hedemann und noch neun Soldaten, die unterwegs ihren Verwundungen erlegen waren, wurden aus den Schlitten gehoben und auf den vom Schnee freigemachten Boden gelegt. Man wartete noch – auf Major Runz, der mit einer schweren Brustverwundung sterbend im Schlitten lag. Man hatte nicht lange zu warten, dann wurde auch Runz geholt, und der Regimentskommandeur wurde benachrichtigt.

Oberst Vilshofen stand vor den in einer Reihe ausgestreckten und ihrer Uniformstücke und Stiefel (es gab einen Geheimbefehl, der das vorschrieb) beraubten elf Leichnamen. Vom Himmel fallende große Flocken. In der Nähe das Bersten einer aufschlagenden Granate der russischen schweren Artillerie. Oberleutnant Rohwedder, Feldwebel Schulte, der Regimentsarzt, auf der andern Seite die Sanitäter, welche die Leichname hierhergelegt hatten. Etwas entfernt die zu einer Wagenburg zusammengefahrenen Schlitten und die unter freiem Himmel hingehockten russischen Kriegsgefangenen, welche das Regiment mit sich schleppt, oder, genauer gesagt, welche die Dinge des Regiments zu schleppen haben. Major Hedemann und Major Runz, das war Vilshofen klar, sind – nach der zuletzt

stattgefundenen Besprechung – nicht zufällig am gleichen Tag gefallen, nein, nicht zufällig! Und auch solches Sterben (Kugeln, denen man sich aussetzen kann, schwirren genug umher) ist eine Art Kapitulation, eine Art, wie Vilshofen sie nicht gemeint hatte. Major Runz hinterläßt eine Frau, sie heißt Rita und hat ihm jeden Tag geschrieben. Als es noch Feldpost gab, hatte er jedesmal drei oder vier oder mehr Briefe gleichzeitig von ihr erhalten. Major Hedemann hatte man im Kameradenkreis oft gehänselt, weil er einseitig ein Thema, betreffend Moorkulturen, Moorkolonisation etc., zu behandeln pflegte; er hatte im Generalgouvernement ein ausgedehntes Moorgelände erworben. Neben Hedemann lag ein Bauernjunge. Werner Stade. Wie jenem andern, dem Vogt, hat er auch diesem vor einiger Zeit den Arbeitsurlaub ablehnen müssen; und auch er, ebenso wie der andere, würde zu Hause bitter nötig gebraucht werden. Der vierte, Burstedt. Der fünfte, ein älterer Mann, Scharrenbreich, auch Bauern ... Wenig Großstädter bei der ganzen Stalingrad-Armee. Die meisten sind Bauern oder Halbbauern. Und alle hatten Pläne für die Zukunft, hatten Angehörige, alle wurden gebraucht.
Und hier ...
An einer Riegelstellung, bei der Verteidigung einer Straße, die wie unter einer Springflut immer weiter abbröckelt und die im Rücken über Pitomnik führt und am andern Ende ins Nichts mündet, in das Ruinen- und Trichterfeld Stalingrad, dafür sind sie gefallen. Diese aus dem Nichts kommende und ins Nichts führende Straße ist ebensowenig wie der weiter südlich gelegene und aus dem Netz herausgerissene Bahnstrang noch ein militärisches Objekt. Und die Straße oder den Bahnstrang noch zu halten und Kilometer um Kilometer zu verlieren, das ist weder militärische Notwendigkeit noch kann es militärisches Gebot sein. Das Ende ist vorauszusehen. Was geschieht, ist vorausgesehene vorsätzliche Tötung von Menschen, es ist: *Mord*.
Oberleutnant Rohwedder trat von einem Fuß auf den andern. Feldwebel Schulte betrachtete stumpfsinnig die nackten schmutzigen Füße seines ehemaligen Bataillonskommandeurs Runz. Die Sanitäter auf der andern Seite starrten her-

über zu dem Obersten, der starr dastand, wie ein angefrorener Pfosten.

Für Führer und Reich – irgend so ein Wort hätte nun kommen müssen; es kam nicht. Oberst Vilshofen brachte es nicht über die Lippen. Sein Blick schweifte noch einmal über die elf Leichname, über die Gruppe der Sanitäter, in die Ferne zu der Schlittenburg und weiter in den Dunst, wo vorher die Stellungen der Raketengeschütze erkannt worden waren. Dann sagte er: *»Amen!«*

Was geschieht, ist vorausgesehene vorsätzliche Tötung von Menschen, es ist: *Mord*. Das hat er verhüten wollen! Kapitulation: Hier stehe ich, ich kann nicht anders! Das war vor zwei Tagen, und dafür hätte er sterben können. Jetzt tut er doch anders und er weiß nicht mehr, wofür er sterben wird. Eine Lawine hat ihn erfaßt und reißt ihn mit. Er wartete, bis die Gestalten und die Gesichter der Hingestreckten unter dem Schnee, der über sie geschaufelt wurde, versanken, und mit Runz und Hedemann hatte er auch die Frage Kapitulation begraben.

Der Troß erhielt Befehl, sich in Marsch zu setzen. Nächstes Ziel: zwölf Kilometer weiter östlich in Richtung zur Straße Karpowka–Pitomnik. Feldwebel Schulte hatte mit zwei Zügen Pak (die Paks und auch Munition waren im Ort unter der Masse des weggeworfenen Materials aufzulesen) Stellung am Ostrand des Dorfes zu beziehen und den zu erwartenden Infanterie- und möglicherweise auch Panzerangriff abzuwehren. Oberleutnant Rohwedder hatte mit dem einzigen LKW, der flottzumachen war (nur für einen Wagen war Sprit vorhanden und die Benzintanks aller weggeworfenen Wagen hatten sich als leer erwiesen), die Verwundeten zum Hauptverbandplatz zu bringen, hatte in Pitomnik oder von Pitomnik aus den Standort des Divisionsstabes festzustellen, dort Meldung zu machen und auf der Rückfahrt vom Flugplatz Pitomnik Proviant zurückzutransportieren. Oberst Vilshofen übernahm den übrigen und größten Haufen des Regiments. Nach einer kurzen Marschpause setzte es sich in Bewegung, um weiter östlich eine neue Stellung zu beziehen.

Das Thermometer war jäh gefallen. Es zeigte beim Abmarsch

26 Grad. Auf dem Ort lag noch immer schweres Feuer. Auch Panzer schienen jetzt einzugreifen. Eine gelbe Qualmbank legte sich über die zurückbleibenden Häuser. Es wurde dunkel, zu beiden Seiten der Straße lag Schnee, und voraus lag Schnee.

Der Soldat de Wede war nicht besonders groß, auch nicht besonders breit, aber er war einmal von stämmiger Gesundheit gewesen. In seiner Brust schlug ein mächtiges Herz. Und wenn er gewöhnlich in seinen Bewegungen und in seiner Rede auch langsam war, das Herz trieb das Blut, wenn äußere Umstände es verlangten, auch schnell und so schnell durch die Adern, wie es erforderlich war. Zu Hause, in der Reihe der Schnitter, hatte er schon als Vierzehnjähriger seinen Mann gestanden von den Morgennebeln bis zu den ersten Sternen. Und ebenso später auf dem Tanzboden, auch bei Raufereien, die manchmal den Tanzbodenvergnügungen folgten. Und nicht wenige Schlägereien hatte er auszukämpfen gehabt, seiner Alwine wegen, die er sich von einem Nachbardorf geholt hatte. Sein Herz hatte immer mitgetan und wenn die Umstände es verlangten, auch angespannt gearbeitet. Und was die Kälte anbelangte, so war er abgehärtet. Selten hatte er Handschuhe getragen, zu Hause hatte er auch bei strengem Frost eine Stunde und länger auf dem Wagenbock sitzen und mit bloßen Fäusten die Leine halten können. Die Hände waren dann rot und waren auch blau geworden, das ist natürlich, aber das war auch alles; im nächsten Gasthaus, in dem er einkehrte, schoß das Blut sofort wieder bis in die Fingerspitzen, daß es kribbelte. Vor einem Jahr, vor Moskau, hatte er Fausthandschuhe getragen und hatte er auch seinen Kopf umwikkelt; und es ist wahr, da waren Tage gewesen, an denen er wie ein Hund hatte frieren müssen, aber unbeschadet und mit heiler Nase und ohne Frostbeulen war er durch 40 und auch durch 42 Grad Kälte gekommen. Daheim nannten sie ihn zum Unterschied von andern Wedes den Fruens-Wede, weil er ohne Sohn war; er hatte nur drei flachshaarige Töchter. Er war einundvierzig Jahre alt und normalerweise hätte er also das halbe Leben hinter sich und noch ein halbes Leben vor sich. Der alte Wede, sein Vater, hatte noch mit ›80‹ auf dem Hof her-

umgekrustelt, und noch mit ›82‹ war er auch bei 26 Grad Kälte (soviel waren es, als sie abmarschierten) aus dem Haus gegangen und vom Dorfende bis in die Kirche oder noch weiter bis ins Wirtshaus gestapft. Das war der alte de Wede, aber der junge de Wede, oder der Fruens-Wede, stapfte in dieser Nacht vom Rossoschkatal ostwärts über eine Straße, an der es keine Kirche, keine Gastwirtschaft, an der es nichts gab außer Schnee. Er marschierte am rechten Flügel der Kolonne. Neben ihm marschierte der Remscheider, daneben Wilsdruff und hinter ihm schlurfte mit einer Pferdedecke, die er mitten durchgeschnitten und um die Füße gewickelt und mit einem Strick umwunden hatte, ein Oldenburger aus Jever. De Wede war müde, war ausgehungert, das waren die andern auch. Nach einer Stunde Marsch war er blau im Gesicht, das waren alle, das war die ganze marschierende Kolonne. Aber es lag am Herzen und das de Wedesche Herz war matt geworden. Ohne Tritt und in loser Reihe, und drei hinter drei und weit voraus der Troß, so zog das Regiment durch den Schnee.
Eine bewölkte Nacht und doch war es nicht vollends dunkel. Der Schnee leuchtete. So langsam das Regiment auch dahinzog, der Troß zog noch langsamer, aber er hatte etliche Stunden Vorsprung. Eine Kolonne Schlitten waren es, beladen mit Gewehr- und Pakmunition, mit Zeltplanen, mit Instrumenten, mit allerlei Kram – vollbeladene Schlitten, aber keine Pferde waren vorgespannt, sondern Menschen. An dem Hauptseil und den fünfzehn oder zwanzig sternförmig ausstrahlenden Nebenseilen waren fünfzehn oder zwanzig kriegsgefangene Russen angespannt. Und Fluchen half nicht und Stöße mit Gewehrkolben halfen nicht. Das Tempo blieb gleichmäßig langsam, auf glatter Bahn ebenso wie quer durch Schneewehen. Es kam vor – und auf jedem Marsch kam es einige Male vor – daß einer aus dem Seil herausfiel; dann nahm der Nebenmann das ledige Seil auf und es ging weiter ohne Anhalten. Bei der Schlittenkolonne hatte der neben dem Wege Bleibende einen Namen, dort blieb er in Herzen eingegraben, und eines Tages wird für ihn Rechenschaft gefordert werden. Aber die von der Vorhut und die aus dem Gros kannten seinen Namen und kannten seinen Rang und sein Herkommen nicht, und wenn

sie so ein graues Bündel neben der Straße, die sie zogen, liegen sahen, blickten sie kaum hin. Der eine, der andre, ein dritter vielleicht sagte: »Ein Troßrusse!«
Drei ›Troßrussen‹ hatte de Wede in dieser Nacht an der Seite, an der er marschierte, liegen sehen, den ersten und den zweiten ganz deutlich und klar abgehoben von dem weißen Feld, den dritten, obwohl er auch nur zwei Schritte entfernt lag und obwohl es nicht dunkler geworden war, bemerkte er kaum noch und es war kein graues Bündel mehr, nur noch ein grauer Fleck im Irgendwo. Und de Wede hörte auch nicht mehr, er war taub geworden. Die Füße vor und hinter ihm stapften und schurrten und schleiften und schleppten sich durch Schneeverwehungen, und de Wede hörte nichts. Er marschierte in einem Zug lautlos wie Rauch dahinziehender Gespenster. Dabei wußte er genau, was ihm fehlte und was ihn retten könnte. Er dachte an eine halbe Flasche Kognak, die er zu Hause im Wandschränkchen hatte stehenlassen. Oder Alwine oder Liese, seine Älteste, könnte einen schwarzen Kaffee kochen, oder einen heißen Tee, sogar Hoffmannstropfen würde er einnehmen. Die Füße und Hände taten ihm nicht mehr weh, und die Knochen waren ihm nicht mehr so schwer, wie sie es vorher waren. Aber er ging wie durch Watte. De Wede war nicht mehr blau im Gesicht. Wenn man ihn ins Licht hätte bringen können, hätte man gesehen, daß seine Wangen erblaßten und weiß wurden. Der Remscheider an seiner Seite bemerkte es nicht, und Wilsdruff bemerkte es nicht, obwohl die starre und schneeweiße Nase selbst in der Nacht mit dem Mond hinter den Wolken hätte auffallen können. Alle hatten mit sich selbst zu tun, sie stapften und schurrten vorwärts und schleppten sich durch Nebel, die nicht um sie her, die in ihnen waren. Und de Wede ging durch Watte, aber durch Watte geht man nicht lange. Wenn die Verbindung zwischen Gehirn und Füßen aussetzt, dann hört alles auf. De Wede stakte einige Schritte weiter, dann trat er aus der Reihe heraus. Er taumelte zum Graben. Einen Moment stand er da, bis zu den Knien stak er in einer Schneewehe. Der Remscheider sagte: »Vielleicht muß er bloß mal pissen!« Der Oldenburger aus der hinteren Reihe bemerkte erst nach einer Weile die Lücke vor sich. De

Wede setzte sich hin, und als er erst saß, fiel er in der Schneewehe ganz in sich zusammen. Er spürte nichts mehr und keine Alwine und keine seiner flachshaarigen Töchter war bei ihm. Ein graues Bündel lag neben der Straße, das vierte war es an dieser Seite der Kolonne und während des Marsches. Vielleicht, daß aus den hinteren Reihen einer sagte: »Ein Troßrusse!« Doch das ist nicht wahrscheinlich, denn es war schon in der fünften Stunde des Nachtmarsches und das ganze Regiment schlief, während es Fuß vor Fuß setzte und sich bewegte, weiter nach Osten, einer neuen Stellung entgegen.

In der gleichen Nacht legte Oberleutnant Rohwedder im LKW die Strecke nach Pitomnik zurück. Rohwedder war zweiundzwanzig Jahre alt, ein langer schlaksiger Junge mit blondem Scheitel. Wenn der Befehl es so verlangte, würde er sich eine Zigarette zwischen die Zähne klemmen und mit gefälltem Bajonett auf ein verschanztes Regiment losgehen, oder auch gegen einen 52-Tonnen-Panzer, und er würde sterben nicht anders als ein auf einen Panzer abgerichteter Schäferhund. Das hatte er gelernt und zwar nicht in der Armee, sondern in einem ›Ausleselager der Hitlerjugend‹ und in besonderem Schulungsgang, dem er als ›deutsche Auslese‹ unterworfen worden war. Als aber sein Mut anderthalb Tag vorher seinem Obersten gegenüber vor eine Probe andrer Art gestellt worden war, da war er blaß geworden und hatte plötzlich versagt. Kraftgefühl, physisches und moralisches (und Moral als Überlegenheit eines angenommenen Herren- und Übermenschentums gegenüber einem angenommenen Sklaven- und Untermenschentum) war in ihm entwickelt worden, und darauf gepfropft eine besondere Art, nicht auf Selbsterhaltung, oft sogar auf Selbstvernichtung gerichteten bedenkenlosen Mutes. Aber von dieser Art künstlichen Selbstgefühls und voraussetzungslosen Mutes bis zur edlen Eigenschaft menschlicher Kühnheit ist ein weiter Weg, und für letztere fehlten ihm alle Voraussetzungen, und soweit solche Voraussetzungen dennoch vorhanden waren (und vorhanden sind sie in jedem Menschen), sind sie systematisch verkümmert worden. Als Kunstprodukt, als halbe Substanz, als eine nur in Weiß gezeichnete Figur war der SS-Junker Rohwedder ins Leben getreten. Das Leben konnte ihn töten und dazu war er erzogen worden; oder es konnte ihn umschmelzen und von vorn beginnen lassen, und dazu waren nicht Zeit und Mühe und Mittel auf die Heranzüchtung seines Typs verwendet worden. Gleichviel: dem Leben gegenüber, in dem die Gewichte richtig verteilt sind und in dem nicht auf der einen Seite Herren- und Übermenschen und Mutige existieren, denen die Welt gehört, und auf der anderen Seite Sklaven und Untermenschen und Feiglinge, denen nichts gehört, diesem mit Gut und Böse, mit Fähig und Unfähig, mit Mutig und Schwach in jeder Menschenseele ausgewogenen Leben gegenüber konnte er so, wie er gebildet worden war, nicht bestehen.

Rohwedder befand sich nun aber im Leben, und zwar in einem brodelnden Tiegel des Lebens. Und die Nacht, die vor ihm lag, und der Weg, den er zu fahren hatte, und was auf diesem Weg war, hatte eine schwere Lehre für ihn bereit: in dieser Nacht sollte er das Fürchten lernen. Und er machte alles durch, er konnte dem Übel nicht entgehen. Es nutzte nichts, sich darauf zu berufen, daß Angst eine ihm artfremde Sache und ansonsten ›ein Merkmal jüdischen oder jüdisch-gemischten schlechten Blutes‹ sei. Es gab keine Ausflüchte, und das Blut schoß ihm in die Ohren wie einem Kaninchen, welches die Hunde kläffen hört. Eine Faust legte sich um sein Herz, das Blut wich zurück; er erbleichte und zitterte wie ein zu Tode erschrockenes Tier. Er wäre zusammengeklappt, wenn er nicht auf dem Vordersitz des LKW's gesessen und links neben sich den Fahrer und rechts Hauptmann Steiger gehabt hätte, den er mit den andern Verwundeten hinten im Wagen im Feldlazarett Pitomnik oder in Gumrak abzugeben hatte. Er zitterte und konnte Steiger den Dienst nicht tun, um den der ihn gebeten hatte. Seine Hände versagten, und der Chauffeur mußte zugreifen. Er öffnete den Mund und es kam kein Ton, und da handelte es sich nicht um Steiger, nicht nur um Steiger, nicht um den Fuß, den Steiger ihm in den Schoß gelegt hatte; es handelte sich nicht nur um einen Fuß, sondern um viele Füße, und auch nicht darum. Und was da geschah, was draußen im Licht des Scheinwerfers auftaumelte, was gegen die Windschutzscheibe andrängte . . . Gesichter am Seitenfenster, Hände an der Tür, an den Türgriffen, an den Trittbrettern, an den dicken vereisten Rädern, das am Kühler an der Wagenwand hängende Gerank von Armen, von Körpern, die in den Schnee zurückfallende Traube aus menschlichen Leibern, es war gegen alle Natur, gegen alle Erfahrung, gegen alles Vorstellbare. Der Fahrer sprach es aus, der Fahrer sagte nicht: »Herr Oberleutnant heulen ja!« Der Fahrer sagte: »Menschenskind, hör doch zu heulen auf, da läßt sich nichts machen!«

Und das war einmal . . . ein Pferd war gefallen und wieder aufgestellt worden und an dem gebrochenen und in widernatürlicher Lage hängenden Fuß des Pferdes hatte sein Blick – ein fünfjähriges Kind war er damals gewesen – erschreckt gehaftet, und nach Hause geführt und von der Tante ins Bett gelegt, hatte er geweint und durch Tage in einer heftigen Nervenkrise geschwebt. Das war einmal, und da war er nach SS-Auslese, nach der Ordensburg Sonthofen, nach Strafexpeditionen im Brester Gebiet, nach Schützengraben- und Bunkerkämpfen, da war er mit seinen zweiundzwanzig Jahren wieder angelangt und in seiner Schwäche war er . . . Steiger sagte es, war er auf dem Wege: »Heulen Sie nur, da sind Sie auf dem Wege!«

Hauptmann Steiger, vor sechsunddreißig Stunden hat ein Panzer ihn von den Kosakenhügeln mitgebracht, ohne Besinnung, eine Gesichtshälfte vom Splitter eines Panzergeschosses aufgeschlagen, den rechten Arm zerschmettert, die Füße waren heil, sie waren, als er von dem Hügel herunterkam, heil gewesen. Nach der Schlittenfahrt war auch mit den Füßen oder mit einem der Füße etwas los. In das Auto hat man ihn hineinheben müssen. Und mit diesem Fuß hatte alles begonnen.

Die Straße, auf der Rohwedder sich befand, war auch ohne Schnee eine schwer befahrbare Straße. Wenn auch im ganzen über ebenes Gelände führend, so tauchte sie doch in Bodenwellen ein, sank mal in eine Steppenschlucht ab, ein anderes Mal in ein ausgetocknetes Flußbett, um am andern Ufer wieder aufzuklimmen, und sie war weit entfernt davon, die kürzeste Verbindung zwischen den Steppenorten darzustellen und zog sich, an Bodengegebenheiten angepaßt, in Windungen und in weiten Schleifen dahin, noch ebenso wie die Kühe der Steppe sie vor Zeiten einmal ausgetreten hatten. In dieser

Nacht lag Schnee, feiner Pulverschnee, stellenweise zu ganzen Mauern zusammengeweht. Die Richtung war an aufgestellten Stangen mit daran befestigten Strohwischen erkenntlich. Die vierzig oder fünfundvierzig Kilometer, die Rohwedder vor sich hatte, sind an sich keine beträchtliche Strecke. In dieser Nacht aber haben Bataillone für die Überwindung von zehn Kilometern zwölf Stunden gebraucht und noch andere haben ihr Ziel niemals erreicht. Was sich in diesen Stunden zwischen Karpowka und Pitomnik oder zwischen Baburkin und Pitomnik oder auch zwischen der Peskowatkaschlucht und Pitomnik auf dem Wege befand, hatte die Siebenmeilenstiefel für immer ausgezogen; und was sich an deutschen Soldaten am Boden wand, rechnete nicht mehr mit Kilometern und für viele handelte es sich nur noch um ein Dutzend oder auch nur um einige Meter und darum, sich ein kurzes Stück durch den Schnee schleifen zu können, bis heran an das Trittbrett eines anhaltenden Wagens. Rohwedder saß zurückgelehnt, den Mantelkragen hochgeschlagen, die Pelzmütze in die Stirn gedrückt, und blinzelte durch die Windschutzscheibe in das weite weiße Land. Eine Wüste aus weißem, trockenem Pulver und die vom Winde aufgefegten Wellen in verschwenderischer Filigranarbeit erstarrt. Und wenn der Fahrer nach dem Schalthebel griff und auf den zweiten und auf den ersten Gang hinunterging, und gleichzeitig, um besser sehen zu können, den Scheinwerfer aufblendete, und der Motor aufknirschte und Getriebe und Räder im Leeren wühlten, und, wieder Grund fassend, der Wagen eine aufstäubende Schneewand durchpflügte, dann wehte auch in das Fahrerhaus die Grausamkeit dieser im Scheinwerferlicht aufleuchtenden Nacht herein.
Einen großen LKW, Kühler und Vorderräder im Graben stekkend und Hinterräder und Hinterteil auf der Straße hängend, hatten sie neben dem Wege liegen sehen. Eine Gestalt hatte mitten auf der Straße gestanden, zwei andere hatten daneben gehockt. Hier hatte der Fahrer noch angehalten und war ausgestiegen. Der Kerl auf der Straße war ohne Stimme, er war ausgeschrien, er hatte seinen in blutigem Verband steckenden Arm wie eine Winkfahne in die Höhe gehalten; die beiden am

Boden gurgelten noch Worte, aber sie vermochten ihre Füße nicht zu bewegen. Der Fahrer – und Rohwedder half – schleppte die drei zum Wagen und legte sie zu den andern Verwundeten. Einen Blick warfen sie auf den gescheiterten LKW und in den mit einer Zeltplane bedeckten Lastraum. Die Leichname von zwanzig oder dreißig Schwerverwundeten lagen dort, auf der hängenden Bodenfläche nach vorn gerutscht und mit Decken und durchbluteten Unterkleidern und Verbandpackungen zu einem Klumpen zusammengefroren.
Die Fahrt ging weiter und es lag ein zweiter LKW am Wege, ein dritter, ein vierter. Eine LKW-Kolonne mit Verwundeten war am Tage die gleiche Straße gezogen und die Wagenkolonne war auseinandergerissen.
Einmal hielt der Fahrer noch an und dann nicht mehr.
Ein fünfter, ein sechster, ein siebenter gescheiterter LKW.
Aus dem Schnee aufstehende Gestalten, auch Fahrer, auch Sanitäter, auch ganze Trupps Verwundeter, welche die Wagen mit ihren gefrorenen Lasten verlassen hatten und zu Fuß ihren Weg suchten. Im Scheinwerferlicht taumelten sie auf – winkten, gestikulierten, hoben geballte Fäuste – prallten im letzten Moment vor dem vorbeipreschenden Wagen zurück und versanken in der Nacht.
Hauptmann Steiger und der Fuß Steigers – oder war es der unter der Wärme des Motors auftauende Stiefel und der herumgewickelte Lappen – waren der Anlaß für alles Kommende. Hauptmann Steiger, von Schmerzen gepeinigt, die bis ins Knie und höher anstiegen, hatte den neben ihm sitzenden Rohwedder gebeten, sein Bein ausstrecken zu dürfen. Da es sich in der Enge des Fahrerhauses nicht anders machen ließ, hatte Rohwedder den Fuß Steigers auf den Schoß nehmen müssen. Nach einer Weile von Steiger gebeten, den Lappen und den Stiefel abzunehmen und den Fuß in einen Shawl, den er gereicht bekam, einzuhüllen, begann er den Lappen abzuwickeln und das Schuhband aufzunesteln. Der Weg führte in diesen Momenten eine Senke hinunter und auf der Sohle des Grabens zog er sich ein Stück weiter, ehe er auf der andern Seite wieder aufzusteigen begann. Der Graben mit seinen schroff geschnittenen Wänden sah in seiner weißen Erstarrt-

heit kaum anders aus als in den Tagen der Eiszeit, da er von abziehendem Gletscherwasser in die Steppe eingerissen und bis zum Wolgatal hinuntergezogen worden war. Der Wagen befand sich auf dem wiederansteigenden Teil des Weges. Rohwedder hatte den Lappen abgewickelt und das Schuhband aufgelöst. Steiger preßte die Zähne aufeinander. Der fressende Schmerz saß nicht im Fuß, sondern höher, das spürte er. »Ziehen Sie bitte, ziehen Sie den Stiefel mit einem Ruck herunter!« sagte er. Rohwedder brauchte mehr Bewegungsfreiheit und der Fahrer blendete erst den Scheinwerfer auf und überzeugte sich davon, daß in der Verlassenheit ringsherum keine Menschenseele und keine der Schneegestalten dieser Nacht zu sehen war, dann erst schaltete er den Leergang ein und hielt den Wagen an.

Die Schneegestalten waren aber doch da.

Der Weg auf die Ebene zurück führte durch eine Einklüftung, welche westlich und der Fahrtrichtung entgegen verlief und in der Seitenkluft, die von diesseits der Kurve nicht einzusehen war, staken zwei festgefahrene LKW's. Die Verwundetenfracht, die sie befördert hatten, war ebenso erstarrt wie die in den Wagen, die vorher passiert worden waren. Doch hier in der Kurve und auf dem ansteigenden Ende der Straße, wo die unterwegs befindlichen Fahrzeuge gezwungen waren, langsam zu fahren, hatten sich alle gesammelt, die sich so weit hatten schleppen können. Und sie hielten sich hinter den Schneewällen der Kluft verborgen, sie waren verzweifelt wie Sterbende, die nicht sterben wollen, und sie waren listig – die Erfahrungen dieser Nacht hatten sie dazu gebracht – wie die jagenden Eismenschen der Urzeit.

Und alles geschah gleichzeitig.

Rohwedder zog den Stiefel herunter und mit dem Stiefel – Leder, Lappen, Haut, Fleisch waren eine Masse – zog er den mürbe gefrorenen Fuß ab und im Schoß hatte er das sauber abgeschälte Fußskelett Steigers liegen. An Steiger wäre es gewesen, aufzuheulen, aber Rohwedder schrie auf und prallte zurück, und sich abwendend – aber wohin sich wenden, er konnte seinen Blick nur durch die Windschutzscheibe fliehen lassen – hatte er im grellen Scheinwerferlicht eine Gestalt vor sich, die den Weg herunterkam und von ihren wie Glas abbrechenden Füßen fiel und vornüber aufs Gesicht hinschlug. Und nicht nur dieser eine, ein ganzes Rudel war da – aus der Einklüftung stiegen sie auf, mit verbundenen Köpfen, mit eingeschienten Armen, in Gipskorsetts, Decken, Fetzen, Zeltplane umgehängt, sie hinkten, sie taumelten, sie fielen, im Aufschlagen zersplitterten Knochen, Gestürzte richteten sich wieder auf, und alle, auch die am Boden lagen, alle eilten. »Eins, zwei ... zehn!« zählte Rohwedder völlig geistesabwesend. Zehn graue Menschenwürmer, die kriechend und sich am Boden windend dasselbe zu leisten versuchten wie andere, die noch Füße hatten. Ein blutüberströmter Kopf erhob sich aus dem Schnee und fiel kraftlos wieder zurück. Ein anderer schlug einen spitzen Gegenstand, es war das Teil eines Wagenhebers, vor sich in den Boden und angelte sich daran vorwärts. Der zuallererst gestürzt war, arbeitete mit Armen und Bauch und Schenkeln und wühlte sich näher. Alle und alles kam näher und die noch ihre Füße hatten, warfen sich schon über das Fahrzeug. Da waren die Hände, die nach den Türdrückern griffen, die am Kühler, am Trittbrett, am Wagenrand Halt suchten, welche die Zeltplane zerfetzten, in Gesichter und in Augen faßten und andere zurückrissen. Ein Schuß knallte, die Fensterscheibe zersplitterte. Hinten im Raum heulten die Verwundeten, die unter der Last der über sie Herfallenden erdrückt wurden. Der Motor keuchte, der Wagen lief wieder, schwankte im ersten Gang den Hang hoch, und oben schaltete der Fahrer den zweiten und dritten Gang ein und er ließ den Wagen laufen, was er laufen konnte und im Wind und in voller Fahrt fiel auch das Gerank von Händen und Knochen, das an der Motorhaube, an den Trittbrettern, am Wagenrand hing, wieder ab.

Und es war kein von Urmenschen gejagtes Tier, kein von Steinäxten angeschlitztes und von Schmerzen toll gewordenes Mammut, es war eine Daimler-Benz-Maschine mit einem 90 PS-Diesel-Rohöl-Motor, mit drei Achsen, mit Vorder- und Hinterachsenantrieb, die heulend durch die Nacht flüchtete, in Löcher absackte, über Bodenwellen wegsetzte und eine aufstiebende hohe Schneewolke hinter sich ließ, und es war nicht

300000 Jahre vor unsrer Zeitrechnung – in der Nacht vom zwölften auf den dreizehnten Januar 1943 und auf dem Wege von der Peskowatkaschlucht zur Straße Karpowka–Pitomnik war das geschehen.
Am 12. Januar waren in Karpowka, in Dmitrijewka, Atamanski, Baburkin die Hauptverbandplätze evakuiert worden und je 300 oder 400 oder 450 Schwerverwundete waren, nur in Decken gewickelt, auf offene LKW's verladen worden. Den Lastwagen war auf dem Wege der Betriebsstoff ausgegangen, andere waren in Schneeverwehungen steckengeblieben, die Kolonne war auseinandergerissen und von dreißig Wagen hatten nur fünf ihr Ziel erreicht. Einer von allen Ärzten, der Chefarzt einer Verwundetensammelstelle im Rossoschkatal, war dem Befehl nicht nachgekommen; er hatte Flüche, Verwünschungen, Heulen, Flehen, den ganzen Jammer der Betroffenen über sich ergehen lassen, und nachdem er alle vorhandenen Betäubungsmittel hatte austeilen lassen, ihnen erklärt, daß sie zurückbleiben müßten. Das war an einem Ort geschehen, die Schwerverwundeten aller andern Verwundetensammelstellen und der Hauptverbandplätze wurden in Marsch gesetzt, und zwar nicht nach dem Flugplatz Pitomnik, um aus dem Stalingrader Kessel ausgeflogen zu werden, sondern nach dem Feldlazarett in den Alten Kasematten zwischen Gumrak und Stalingrad, das nichts anderes als eine Auffangstelle für den größten Stalingrader Friedhof war.
»Heulen Sie ...«
Der Mann, dem man den Fuß wie einen schmutzigen und verschlammten Strumpf ausgezogen hatte, und der jetzt, einen Halsshawl und einen Fetzen Decke um das Skelett gewickelt, an seinem Platz saß und Schmerzen und den bis zum Knie hochfressenden Brand vergaß, sagte das.
Und ist der Mensch Holz?
Nein, er ist nicht Holz! Und alle, die von diesem rasenden Vehikel abgeschüttelt wurden und niedergetreten im Schnee zurückblieben, sind von Müttern, von Frauen, die sich lieben ließen und die liebend von starken, freien Männern träumten, geboren worden. Aber stark sind sie alle nicht geworden, und frei sind sie nicht geworden.

»Heulen Sie, da sind Sie auf dem Wege!«
Auf welchem Wege? Rohwedder stellte diese Frage nicht. Noch die Gesichter vor Augen, noch das Splittern (und er hat es doch gehört) zerbrechender Knochen in den Ohren, noch vom Grauen gelähmt, verstand er überhaupt nichts.
Und Steiger sagte:
»Schwielen an den Händen, darin liegt nicht die Stärke. Und Schwielen der Seele, dahinter steht meistens gar nichts. Heulen Sie, Besseres können Sie nicht tun!«
Er sagte noch mehr über Stärke:
»Der krummgearbeitete Bauer ist weit stärker, auch die Frau mit einem Kind im Leib ist weit stärker als der Infanterist, der mit fünfunddreißig Pfund im Tornister durch Länder marschiert!«
Er sagte noch mehr über Stärke, auch über Freiheit, auch über Gott ... über Kniebeugen und Klimmzüge, über Furcht, über Tiere, die einen reißenden Fluß überqueren, und daß eins dem andern hilft, das andre Ufer zu gewinnen. Und von Schmerzen betäubt schloß er die Augen und fiel in den Sitz zurück. Rohwedder hatte so viel verstanden, daß er Sonthofen und sein Exerzitium dort ein ›geistiges Kniebeugen‹ genannt hat, und daß es gelungen sei, das ganze Volk in Kniebeugehaltung zu versetzen, daß aber der Versuch, auch allen andern Völkern die Seele, die Freiheit, das eigene Wesen zu nehmen, zum Scheitern verurteilt sei und – Gott sei dafür gepriesen – in eben diesen Stunden zu scheitern beginne; einem ganzen Volk aber den Willen und das Gewissen geraubt und dieses Volk in eine starre Maschine verwandelt zu haben, das sei grauenhafter als die Straße, die sie eben gefahren seien, denn es sei die Ursache nicht nur für eine, sondern für viele solcher Straßen. Das Unmögliche habe man gewollt. Aber es sei wie mit einem Klimmzug, aus dem Klimmzug müsse man zurück. Die Armee aber und die Soldaten, die aus diesem gigantischen Klimmzug zurückfallen, fallen dort hin, wo wir sie liegen gesehen haben; und keiner hilft dem andern, kein Auto zieht das andere heraus, so tief ist der Sturz, so tief sind wir gefallen. Das hatte er gesagt.
Steiger kehrte aus seiner Ohnmacht zurück. Es war eine weiße

leere Welt, in die er blickte, und es waren leere Augen, die er neben sich hatte.
Er dachte an andere Augen, an solche, die sterbend noch zeugten. Da sind welche gewesen, die sind wie Holz ins Feuer geworfen worden, und als sie schon brannten, haben sie noch Worte gesprochen, und ihre Worte sind bewahrt worden und haben die Menschen weitergeführt. Aber die da hinten, die da auf dem Wege blieben . . .
»Die da hinten, weshalb sind sie weggeworfen wie dürres Holz, für was sterben sie?« fragte er Rohwedder.
»Für den Führer!« sagte der Fahrer.
Rohwedder fuhr sich mit der Hand über die Stirn. Seine Stirn war naß. Er würgte an einer Antwort und brachte keinen Ton hervor.
Hauptmann Steiger sagte: »Wir sterben um nichts . . . Es ist grauenvoll.«

Ein kleines Zimmer, weiße leere Wände, weiße Fenstervorhänge, ein einfacher Schreibtisch, im Licht der Schreibtischlampe zwei Männer. Der eine: Oberst Schuster, Adjutant des Chefs des Personalamtes beim OKH in Berlin, der andre: Oberstleutnant Carras, der in dieser späten Abendstunde in seiner Wohnung angerufen und hierher bestellt worden war.
Oberstleutnant Carras war mit seinen achtundvierzig Jahren – darin schien er mit seiner Frau, die nach neunzehnjähriger Ehe wie eine Achtundzwanzigjährige aussah, gewetteifert zu haben – ein Mann von jugendlicher Erscheinung, und er war ein Mann von leichter und schneller Auffassungsgabe. Doch was ihm eben eröffnet worden war, hatte ihn völlig überrumpelt: perplex starrte er den Kameraden an, der ihm gegenübersaß, und mit dem er auch außerdienstlich gut bekannt und sogar befreundet war.
Er faßte sich.
»Heil: nein!« sagte er: »Bitte sehr, ich mach' alles mit. Nach El Alamein habe ich mich selbst hingemeldet. Und jetzt nach Tripolis meinetwegen, oder nach Tunis, oder nach dem Irak, oder per Fallschirm in die USA. Zu allem bin ich bereit, wenn es einen Sinn hat. Aber das ... plem-plem! Verrückt geworden, was?! Das ist doch völlig sinnlos!«
Sein Freund Schuster wurde dienstlich. Er verlas ihm noch einmal seine Versetzung zur 6. Armee. Völlig sinnlos – dabei blieb Carras. Die 6. Armee sitzt in der Mausefalle und da wird sie kein Teufel und auch kein Hitler herausholen! Da hat er eben draußen auf dem Gang einen Hauptmann getroffen, der ebenfalls seine Versetzung zur 6. Armee erhalten hat. Nun, bei diesem Hauptmann mit einem Generalsonkel, der sich einige

sehr starke Stücke bezüglich Kritik an der obersten Führung erlaubt hat, da ist es verständlich; mit solchem Onkel kann man dazu gelangen, und da ist es ein glattes Todesurteil. Aber er, der Oberstleutnant Carras, ohne dergleichen Verwandtschaft, mit anerkannten Verdiensten, mit solcher Zukunft, nicht auszudenken, himmelherrgottsakramentnochmal, völlig unerfindlich, es ist absurd! . . .

Dennoch: es war beschlossene Tatsache.

Als Carras zur Tür des Chefs, zu dem Schuster ihn geführt hatte, wieder herauskam und er die Kirchhofsruhe der langen Gänge durchschritt und zur Treppe hinging, war er nicht mehr ein Oberstleutnant Carras, sondern Oberst Carras. Es war ihm seine Beförderung zum Obersten mitgeteilt worden; außerdem hatte er seine Versetzung zur 6. Armee erhalten, nominell zur Einarbeitung in die Geschäfte eines Artilleriekommandeurs, darüber hinaus aber betraut mit einer besonderen, einer besonders heiklen, ehrenvollen und ihm geradezu vom Führer anvertrauten Aufgabe. Die Hauptsache aber: schon am andern Tage sollte er fliegen.

Oberst Carras kam nach Hause.

Er wohnte im alten Westen, in der Nähe des Bellevue-Ufers, in einer Wohnung, in der vor ihm ein alter jüdischer Sanitätsrat gehaust hatte. Die Stahlmöbel in den Zimmern – Stahlrohr und Glas – waren Neuanschaffung; andre Möbel, im Arbeitszimmer der riesige Schreibtisch, die schweren Bücherschränke, die Reihen der Bücher, Buddhafiguren, chinesische Götzen auf den Regalen, die Stiche an den Wänden, waren vom alten Besitzer übernommen; etwas altmodisch anmutend zwar, doch durch ›ein entzückendes Hitlerbildnis‹, ganz in goldbraunen Tönen, die knollige Nase und die untere Gesichtshälfte ganz unter dem großen Mützenschirm und im goldnen Sonnenschatten eingetaucht, hat er einen modernen Ton in das Ganze gebracht.

Der ›Oberst‹ mußte gefeiert werden, und noch etwas – Abschied war zu nehmen. Von seiner Versetzung, und vor allem wohin er versetzt war, davon hatte er seiner Frau geschwiegen. Diesen bittern Tropfen wollte er dem letzten Abend nicht beimischen. Auf ihre Frage: »Sollten wir nicht Schultes oder sonst

jemand anrufen?« hatte er erwidert: »Nein, laß nur, wir wollen diesen Abend allein verbringen, zieh dich nur an!«
Etwas später legte er seiner Frau das Maulwurfscape um die Schultern, und schon dabei – beide vor dem Spiegel der Garderobe stehend – und an dem Blick, mit welchem er Schultern, Haar, das ihm aus dem Spiegel entgegenscheinende Gesicht umfaßte, war er in seinem Geheimnis ertappt. Aber er spielte seine Rolle weiter. Er feierte seine Beförderung und nicht irgendeinen düstern Abschied, himmelherrgott nicht auszudenken, für immer vielleicht. Der Lift arbeitete wieder einmal nicht. Sie tasteten sich die finstere Treppe hinunter. Mit der Stadtbahn fuhren sie zwei Stationen und zu Fuß gingen sie weiter. Feucht und kalt, vierter Kriegswinter. Wilde Gerüchte von gestern – El Alamein, Tripolis, Ostfront – und neue noch bedrückendere Nachrichten, die schwere bedrückende Stimmung des vierten Kriegsneujahrs noch in der Luft. Margot fröstelte, als sie die Finsternis zwischen dem Bahnhof Zoo und dem Wittenbergplatz durchschritten. Er scherzte: »Wenn die Verdunkelung mal vom Erdboden verschwindet, wird man sich gar nicht mehr zurechtfinden!«
Bei ›Horcher‹ in der Lutherstraße war alles wie auch sonst. Wärme. Licht. Lautlos hantierende Kellner, etwas ältere als früher. Am Nachbartisch saß ein Fliegermajor mit einer Schauspielerin.
»Waren Sie in Afrika?«
»Ja, und da kann ich Ihnen einiges erzählen ...«
Kreta – Sizilien – Po-Ebene, soviel vernahm Carras. Also auch bei denen Rückzug auf die innere Linie! Etwas weiter saß ein Panzergeneral, ein junger Mann noch, eine ›schweinemäßige Karriere‹ mußte der gemacht haben. Sonst Zivilisten, auch zwei bekannte Herren aus dem OKH.
Margot ließ sich nichts merken, als er das Essen zusammenstellte, obwohl sie doch überschlagen konnte, daß das halbe Gehalt dabei draufgehen mußte. Wenn sie sonst zusammen ausgingen, war es bei Kempinski oder bei Rösch am Kurfürstendamm, wo man gegen Abgabe der entsprechenden Marken auch noch anständig essen konnte; und was Margot anbelangte, so ließ sie sich, wenn das Geld knapp war und früher,

als es das noch gab, auch beim ›Wurstmaxen‹ ›ein paar Heiße‹ schmecken. Aber heute mußte es ›Horcher‹ und mußte es Kaviar und Wodka und Schildkrötensuppe und zum Fisch ein Moselwein und zum Fasan ein feiner Bordeaux und zum Nachtisch Torte und Früchte und Käse sein. Herrgott, wie man leben könnte, wenn man leben dürfte! Das feine Aneinanderklingen der Gläser. Ein Blick in Augen und ein Schwimmen, einen Moment lang, in Unendlichkeit.

»Margot!«

»Hans!«

Und nichts weiter, auch nichts auf den ›Oberst‹; diese Frau verstand, daß hier etwas anderes gefeiert wurde. Zwanzig Jahre und wie ein Hauch sind sie vergangen. Sie blickte noch immer aus denselben Augen – dem gleichen Nebeneinander von träumerischem Versunkensein und zugleich von heidnischer Klarheit ist er sonst niemals mehr in einem Blick begegnet – wie damals, da sie, noch ein Mädchen, sich in aller Frühe aus dem Haus stahl und sie beide durch den Morgennebel in den Tag hinaus wanderten, dann in einem friesischen Bauernhaus eben gemolkene Milch tranken, und sie, auf der Diele vor der im Kamin glimmenden Baumwurzel sitzend, sich ihre Füße und die im Dunst naß gewordenen Strümpfe trocknete. Und war dieser Tag damals nicht der eigentliche Hochzeitstag? Zwanzig Jahre und niemand konnte ihr ansehen, daß sie einen achtzehnjährigen Jungen hat ... einen Jungen hatte. Hans-Otfried – bei Welikije Luki gefallen, für Führer und Reich. Stolze Trauer – an diesem Abend hat sie die bunte Pariser Kette umgelegt, die er ihr mitgebracht hatte.

Sie gingen nachher noch weiter.

Aus der vornehmen Luft bei ›Horcher‹, wo die wie Fürsten hantierenden Kellner jeden Unberufenen so abtun, daß ihm ein Wiederkommen vergeht, ließen sie sich ›ins Volk‹ fallen. Am Zoo saßen sie in dem die ganze Nacht geöffneten ›Frasquita‹, wo er sich den Betrieb schon immer einmal hatte ansehen wollen. Durchfahrende Urlauber, Ausgebombte, die das Geld dazu hatten, saßen und unterhielten sich hier und warteten auf den nächsten Tag und auf ihre Weiterreise.

Kabarett.

»Hans Moser und Paul Hörbiger bitten zum Tanz . . .« Und obwohl ihm im Grunde genommen der Kopf nicht nach solchem Unsinn stand, mußte er den Moser wohl oder übel quatschen lassen. Er rettete sich nachher an die Bar und da verlebte er mit Margot – sie beide in all dem Trubel wie auf einer Insel – noch eine schöne Stunde. Als sie endlich aufbrachen, fuhr die Stadtbahn nicht mehr und es gab kein Taxi und sonst keine Fahrgelegenheit und sie mußten zu Fuß durch den Tiergarten pilgern. Margot in schwarzen Seidenschuhen, die waren nachher natürlich futsch.

Aber schließlich waren sie wieder zu Hause.

Und schließlich . . . er hatte die Rolle des jungen Verliebten nicht nur gespielt. Es war wirklich wieder wie in den ersten Tagen ihrer Liebe, und zugleich war er in so behutsamen Händen wie in den ersten Tagen des Lebens. Als es Tag wurde und er sich allein auf dem Lager fand und sich in der Wärme, die sie zurückgelassen hatte, dehnte und streckte, da wußte er nicht, ob er der achtzehnjährige Otfried oder der achtundvierzigjährige Hans Carras war; und er wußte auch nicht – hatte er ihr gesagt oder hatte er ihr nicht gesagt . . .

Aber sie wußte schon alles.

Nachdem er aufgestanden und gebadet und angezogen war und sich an den Frühstückstisch setzte, war schon alles bereit. Sein Reisekoffer war gepackt und er brauchte nicht nachsehen; er konnte gewiß sein, daß nichts darin vergessen sein würde.

»Stalingrad also!«

»Hans!«

»Margot!«

Die Korridortür schloß sich hinter ihm, und da war mehr als nur eine Tür zugegangen. Er wußte: was zurückblieb, war das Leben, und ob die Tür ihm jemals wieder aufgehen würde, das wußte er nicht.

Eine Stunde später saß er im Flugzeug.

Unter den Flügeln der Ju lag das graue Steinmeer Berlin. Er hatte sich kaum richtig umgeblickt und einen Eindruck von der sich vor dem Fenster der Kanzel abhebenden breiten Figur des am Steuerrad sitzenden und mit den Gashebeln han-

tierenden Flugzeugführers erhalten und den Funker, der die Schleppantenne ausrauschen ließ und sein Gerät einstellte, bei seinem Tun beobachtet, als die Stadt schon unter ihm weggeglitten und die Eisenbahnlinie nach Adlershof und den östlichen Industrievororten zu sehen war. Die zwischen den winterlich nackten Feldern und der grau betupften Heide aufblinkende helle Fläche war der Müggelsee, und an dem sich windenden Band der Spree, und weiter zur Oder, und immer weiter führte der Flug. Eine Anzahl Männer, ihm für seine Sonderaufgabe beigegeben, begleiteten ihn. Auch Hauptmann Döllwang, der Hauptmann mit dem Generalsonkel, der Hauptmann mit dem ›Todesurteil‹, ein vierundzwanzigjähriger und außergewöhnlich begabter junger Mann, wie Carras gesagt worden war, bisher Mitarbeiter im OKH, und jetzt der 6. Armee zugeteilt, um Kommandeurerfahrung zu erwerben, wie es hieß, befand sich an Bord.
Lemberg – Winniza – Mariupol.
Lemberg war der erste Anflugpunkt. Ein fortwährendes Kommen und Starten von Maschinen. »Ein wilder Betrieb!« meinte Hauptmann Döllwang. Carras, und bei ihm Döllwang, suchten den Flugleiter des Fliegerhorstes. Ein ganzer Schwarm Jus – eine nach der andern schwebte an, rollte über das Feld und blieb stehen – parkte hier im Schnee. Wenn sich eine Kabinentür öffnete und man grade vorbeiging, schlug einem weißer Dunst und Carbolgeruch ins Gesicht. Alle diese Maschinen kamen aus dem Osten und alle hatten Verwundete geladen.
Den Flugleiter fanden sie umgeben von einer Anzahl von Männern, eine Gruppe Kampfflieger, die von Sizilien über München–Krakau gekommen waren und hier übernachten wollten.
»Ganz ausgeschlossen – wir haben eine Flugstrecke von 2000 Kilometern geflogen und in zwei Stunden wird es bereits dunkel!« hörte Carras den Kommodore sagen.
Der Flugleiter erwiderte:
»Ich kann Ihnen nicht helfen, meine Herren! Befehl des Reichsmarschalls: ›Keine zwischenlandende Maschine hat sich länger aufzuhalten, als unbedingt für Abfertigung und

Tanken notwendig. Jede Verzögerung eines fronteinsatzfähigen Flugzeugs wird sofort kriegsgerichtlich geahndet!‹«
Die Gruppe Kampfflieger mußte noch vor dem Dunkelwerden wieder starten. Auch die Ju mit Carras hatte ihren Flug fortzusetzen, zunächst bis Kalinowka in der Ukraine. Auch hier Tanken und Weiterfliegen, bis Winniza in der Ukraine.
Am nächsten Tag flogen sie bis Mariupol, wo sie zum zweitenmal übernachteten. Schon in Berlin hatte sich Carras auf die OKW-Berichte hinsichtlich ›Abwehrkämpfen, planmäßiger Räumung etc.‹ einen ›eigenen Vers‹ gemacht; doch was er in Winniza und noch mehr in Mariupol zu hören bekam, und nur ganz nebenher, von Fliegern, die ihre letzten Einsätze erwähnten und davon sprachen, wie sie Bahnhöfe, Lokomotiven, Eisenbahnzüge mit Material, nicht etwa russisches, sondern deutsches Material, zwanzig Züge hier, dreißig dort, vierzig Waggons an der einen Stelle, fünfzig, sechzig Waggons an anderen Stellen, mit schweren Bomben belegt hatten, das mutete ihn an wie Erfindungen von Übergeschnappten und zuerst war er versucht anzunehmen, daß dieser ganze Fliegerhorst und alle, die da beisammen waren, in ein Nervensanatorium oder noch sonstwo an ganz andere Stellen hingehörte.
›Kamensk, Millerowo, Morosowski, Salsk, Walujki‹ wurden genannt. – »Um Gottes willen, wo verläuft denn da eigentlich die Front?« hörte er Döllwang fragen. – »Sie werden schon sehen!« wurde Döllwang von einem Fliegerhauptmann erwidert.
Und am andern Tag sahen sie, am andern Tag setzten sie an zum letzten Sprung. Zuerst flogen sie in Bodennähe, oft nur 20 Meter hoch. Carras saß am Fenster und nachdem Taganrog passiert war, hatten sie die blauen gefrorenen Flußarme der Donmündung vor sich, die in Heerstraßen verwandelt waren. Marschierende Kolonnen, mittendrin Vieh, Bauern, Bauernfrauen, Pferdefahrzeuge, Schlitten. Gleich langen krabbelnden Ameisenzügen bewegte es sich der Richtung der Stadt Asow zum Meer hin. Flüchtende Truppen, ganz unglaublich und doch unverkennbar, sie flogen tief genug, um genau sehen zu können, es waren flüchtende deutsche Truppen. Und weiter, immer noch in Bodennähe. Der gefrorene Don blieb links

liegen. Aber auch weiter auf der Steppe Wagenkolonnen – leichte und schwere Kfz, Kübel-, Werkstatt-, Volkswagen schienen ein Wettrennen zu machen und im hohen Schnee versuchte der eine den andern zu überholen. Panzer, einer mit abgedecktem Oberteil, ein anderer mit geklemmtem himmelwärts ragendem Geschützrohr, ein anderer ohne Raupenbänder und nur auf seinen nackten Rollern, bewegten sich hinter vorgespannten Zugmaschinen, alles blieb zurück, auch die wie graue Raupen sich durch den Schnee windenden Infanteriekolonnen versanken hinter dem Horizont ... Weite weiße Steppe. Pferdekadaver, umgeworfene Kanonen, auf leerem Feld eine Abteilung mittelschwerer Geschütze, die Pferde eingespannt, zum Teil in den Strängen ineinander verknäult, zum Teil verendet im Schnee liegend, und kein Fahrer dabei, weit und breit kein Mensch zu sehen. Und wo war die Front – sie erhielten plötzlich Feuer aus Flakgeschützen und hatten noch keine Front gesehen! Die Ju zog aufwärts durch Wolken. Oben über der Wolkendecke war heller Sonnenschein und an 2000 Meter links eine zweite Ju, ebenfalls nach Osten fliegend. Sonst nichts als der leere helle Raum. Nach einer Stunde ging es herunter, sie durchstießen die geschlossene Wolkendecke und unten lag eine langgestreckte riesige Stadt – oder war es ein langgestreckter riesiger Steinbruch? Häuser ohne Dächer, ausgehöhlte Betonskelette, ausgefranste Fassaden, wie riesige Zahnstocher aufragende Steinfetzen. Sie befanden sich über Stalingrad. Eine Wendung von 180 Grad und – eine glatte Landung auf dem Flugplatz Pitomnik.

Ein weites weißes Rollfeld, darauf wenige Schneespuren. Die Weite aber belebte sich – schon als die anfliegende Ju in der Luft zu hören war, hatte es begonnen – und jetzt humpelten und stolperten sie über den Plan, Hunderte Verwundete. Die Ju war sofort umringt. Die Kabinentür war von Köpfen, von Armen, die in Verbandspackungen steckten, von zerlumpten Gestalten, von blauen verzerrten Gesichtern blockiert. Es war kaum möglich, das Gepäck herauszuschaffen. Die Wache mußte erst eine Gasse frei machen, und es war kaum möglich, die auf Bahren liegenden Schwerverwundeten durch die Gasse und in die Ju hineinzubugsieren. In einer halben

Stunde sollte die Ju wieder starten. Und wo war die zweite Ju geblieben, die mit Brot aus Mariupol nach Pitomnik bestimmt war – nichts war von ihr zu sehen oder zu hören.
Carras nahm seinen Koffer entgegen, das verbeulte Wrack eines Koffers nur noch. »Ich hab ihn noch eben retten können. Die ganze Horde ist drüber weggetrapst, und aufgegangen ist er dabei auch, Herr Oberst!« meldete sein Bursche, der ihm den Koffer brachte und den Deckel, der sich jetzt nicht schließen lassen wollte, nochmals öffnete. Alles lag wüst durcheinander, Pyjamas, Rasierzeug, Schnee, der beim Zusammenlesen mit hineingekommen war, ein Toilettenecessaire, ein Photoalbum, dieselben Dinge und derselbe Koffer, den Margot – darüber waren erst zweimal 24 Stunden hingegangen – sorgfältig gepackt hatte. Aber Carras hatte keine Zeit, eigenen Gedanken nachzuhängen; er kam nicht einmal dazu, seine Ordonnanz oder jenen Haufen wilder Männer anzufauchen. Ein Offizier in Pelz und Pelzmütze, ein zweiter Offizier, ein dritter, ein vierter, der eine offenbar der Flugleiter, der zweite ein Beamter des Verpflegungsamtes, der dritte, der vierte ... alle wollten etwas von ihm wissen, ob Brot, Öl, Sprit, Freßwaren, ein Koffer mit einem U-Boot-Empfänger, ein UKW-Gerät mitgekommen sei; und alle waren wütend über seine Unwissenheit und stürzten weiter.
Auf seine eigenen Fragen blieb er ohne Antwort.
Erst als die Ju mit ihrer schweren Fracht an Verwundeten – mit einigen, die man auf Bahren hineingehoben und mit den andern, die sich mit Brachialgewalt einen Platz erobert hatten – durch den Schnee davongestiebt war und sich in die Lüfte erhob, und er sich mit diesem humpelnden und stolpernden und jetzt zum Rand des Flugfeldes strebenden Gesindel von Lumpen und Strolchen (einen passenderen Ausdruck fand er nicht, und es waren wirklich Hunderte) allein auf dem Plan fand, vermochte er zu erfahren, wer der Flugleiter, wer der Horstkommandant war, um wen es sich bei einem vollständig aus Rand und Band geratenen Hauptmann handelte, und er erfuhr jetzt auch den Platz der Ortskommandantur, erfuhr, daß das Hauptquartier der Armee seinen Sitz nicht mehr in Gumrak hatte, und daß, falls er keinen PKW geschickt be-

komme, was zweifelhaft sei, von der Gestellung eines Wagens für seine Fahrt überhaupt keine Rede sein könne.
Um 15.10 Uhr – so spät war es geworden, bis endlich ein LKW vor der Höhle anhielt, in der Carras seine Zeit zugebracht hatte – war es schon stockfinster. Er selbst nahm im Führerhaus neben dem Fahrer Platz. Hauptmann Döllwang mußte mit den Männern in den Lastraum klettern.
Richtung Gumrak und weiter nach Stalingrad.
Schneetreiben. Der Wischer an der Windschutzscheibe war in unaufhörlicher Bewegung. Carras sah kein Land, nur Schnee in hochgetriebenen Wogen. Jetzt erst hatte er das Gefühl, daß er die Erde unter sich verloren habe und daß er fliege, unvorstellbar langsam allerdings, aus dem zweiten Gang kam der Fahrer nicht heraus und den größten Teil der Strecke korksten sie im ersten Gang durch das Chaos, das ohne Ende schien.
Einmal hielt der Wagen an.
Hauptmann Döllwang war am Ziel. Sein Gesicht tauchte neben dem Führerhaus auf. Der Fahrer öffnete die Tür. »Wohin?« wollte Döllwang wissen. – »Dorthin! In dieser Richtung, Herr Hauptmann können gar nicht fehlgehen!« schrie der Fahrer und wies in die Richtung quer vom Wege in die Unendlichkeit erstarrter weißer Wogen. »An 2000 Meter, dann wird es abschüssig, und da ist dann die Schlucht, da liegt der Divisionsstab, seit gestern!« fügte der Fahrer hinzu.
»Hinfahren!« befahl Carras.
»Jawohl, Herr Oberst – aber der Sprit langt nicht für Umwege, und wenn wir steckenbleiben, zieht uns kein Schwein heraus!«
Hauptmann Döllwang verabschiedete sich. Carras sah ihn, einen Handkoffer in der Hand, bis über die Knie und bis zum Saum seines kurzen Pelzes in eine Schneewehe einsinken und weiterstaken, und dann war er verschwunden.
Er hat wirklich das Todesurteil in der Tasche, aber er, Carras, was hat er, wozu ist er hier ... was ist seine Aufgabe? Artilleriekommandeur – sehr einfach! Darüber hinaus – besondere, ehrenvolle, von höchster Stelle anvertraute Aufgabe, eine Anzahl knochenweiche Herren, sie waren ihm namentlich genannt worden, zurechtstauchen, darüber hinaus – die Moral

des Mannes, der Truppe, und zwar im Armeemaßstabe, mit allen Mitteln, weichen und harten und äußersten, aufpulvern und zum Höchsten emporreißen!
Stalingrad ist Schlüsselstellung!
Ja, aber . . . sinnlos, völlig sinnlos, und nicht auszudenken, vor 48 Stunden war er noch in Berlin . . .
Eine Erdhöhle, ein Tisch, auf dem Tisch eine Generalstabskarte. Über die Karte gebeugt eine Anzahl Köpfe – der von Wind und Wetter gebräunte nackte Kopf des Generalleutnants Cönnern, der seines Ias, seines Ibs, des Ics, neben dem Tisch stand Hauptmann Döllwang.
Die Karte zeigte den Raum zwischen Wolga und Don, am Wolgaknie angelehnt die Stadt Stalingrad, die von beiden Enden Stalingrads nach Westen verlaufende Frontlinie umschloß eine Figur, die wie ein Herz aussah.
Das war die Frontlinie von gestern und vorgestern.
Cönnern deutete auf drei Punkte – im Westen auf die Nase von Marinowka, im Norden auf Sapadnowka, im Süden auf die Karpowkaschlucht und in die Gegend von Woroponowo.
»Drei Stoßrichtungen und das Ziel ist klar, alle drei Richtungen zielen auf Pitomnik«, sagte er, und die an der Karte hängenden Blicke sahen keine Herzform mehr, sie sahen nur noch ein halbes Herz. Die Frage war, ob auch dieses halbe Herz noch leben könnte, und ob es möglich sein würde, die blutende Schnittfläche noch einmal abzuschließen.
Diese Frage war in aller Augen. Cönnern las sie in den Augen seiner Offiziere ab, er sagte: »Es ist nicht an uns, die sich aufdrängenden Fragen zu beantworten. Nein, es ist nicht an uns; es ist nicht an uns!«
Nach einer Weile düsteren Schweigens:
»Um Pitomnik handelt es sich. Die verbliebenen Straßen sind von geringem Wert, die verbliebenen Eisenbahnstränge sind von geringem Wert. Aber Pitomnik hat den einzig brauchbaren Flugplatz, mit Pitomnik stehen und fallen wir. Und wir haben, das ist unsre besondere Aufgabe, die Straße Karpowka–Pitomnik abzuriegeln.«
»Und das geht Sie insbesondere an, lieber Döllwang!« wandte er sich an diesen. Er kannte den andern Döllwang, den Onkel,

er kannte ihn genau. Und was da jetzt an dem geschehen ist, ist das Ende einer Entwicklung. Bis auf die Zeiten des Generalobersten von Fritsch geht das zurück. Natürlich: Fritsch hat recht behalten, und insofern hat Döllwang heute recht, den Ereignissen und auch jenen gegenüber, die zu diesen Ereignissen gedrängt haben. Der Blick Cönnerns ging in die Ferne. Zum zweitenmal in dieser Stunde dachte er den gleichen Gedanken. Aber wieso müssen diese Dinge den jungen Mann, der nichts damit zu tun hatte, betreffen? Kommandeurerfahrung – natürlich, jeder Generalstäbler braucht praktische Erfahrung. Aber welche Erfahrung kann er hier sammeln, und vor allem: welche Zeit wird ihm bleiben, seine Erfahrung zu verwerten?!
»Ein Bataillon sollten Sie haben, Döllwang. Aber ich habe kein Regiment mehr, und wir haben auch keine Bataillone mehr. Wir haben zusammenlegen müssen. Und wir sind jetzt daran, die Reste zu Kampfgruppen zusammenzufassen. Wir haben da die Kampfgruppe Vilshofen und ich werde Sie Vilshofen als Ia schicken, das wird in Ordnung gehen!«
Die letzten Worte waren an seinen Ia gerichtet.
Der bestätigte die Erklärung seines Kommandeurs.
»Den Rohwedder habe ich zurückgehalten, der kann Döllwang mit nach vorn nehmen!«
»Also dann: wie besprochen! Gott befohlen!«
Als Döllwang, geführt vom Ia, das Erdloch verließ, blickte Cönnern ihm nach, und in der Richtung, in der Döllwang verschwunden war, starrte er noch eine Weile ins Leere. Zum drittenmal in dieser Stunde dachte er den gleichen Gedanken, den er auf sich selbst und seine eigene Lage und den er auf den alten Kameraden Döllwang bezogen hatte, und den er jetzt auf den Neffen, auf den jungen vierundzwanzigjährigen Hauptmann, bezog; dieses Mal sprach er, ehe er sich seinen weiteren Angelegenheiten zuwandte, den Gedanken aus: »Wir sind Objekte!«
Döllwang und Rohwedder, beide junge Männer, beide mit einer Erziehung militärischer Art, waren sehr verschieden voneinander. Und schon mit dem auf das Sachliche und Mögliche und dem auf Förmliches und Unmögliches gerichteten Erzie-

hungsweg des einen und des andern hatte sich Vorhandenes und Mitgebrachtes weiter ausgeprägt. Es war nicht zufällig, daß Döllwang Musik liebte und er sich einer Melodie oder dem strudelnden und rauschenden und zu Harmonien strebenden Strom eines Musikwerkes bis zur Selbstvergessenheit hingeben konnte – und das war ihm keine Zerstreuung, sondern die andre Seite seiner sonstigen an Zirkel und Rechenschieber gebundenen strengen Beschäftigung, die er ebenfalls bis zur Selbstvergessenheit ausüben konnte. Es war ein Unterschied zwischen den beiden jungen Männern und wenn der eine eine abstrakte Aufgabe zu lösen hatte, etwa die Bewegung einer 1000-Tonnen-Last über eine Wegstrecke von 100 Kilometern betreffend, dann handelte es sich für ihn um die Zusammenfassung von Gegebenheiten an Pferdekräften (des Motors oder Tiers), um Beschaffenheiten, um zu überwindende Schwierigkeiten und Möglichkeiten; und schon als Knabe hatte er Wagenräder auf sandigem Feldwege einsinken und langsamer als auf glatter Straße rollen sehen, und schon auf dem Gut seines Onkels hatte er erfahren, daß es bestimmter Mengen an Stoffen bedarf, um zu bestimmten Leistungsmengen oder anderen Stoffmengen zu gelangen, Hafer und Grünfutter und Körner um Zugleistungen oder Milch oder Eier zu erzielen, und auch das wußte er, daß man eine Kuh nicht vor den Wagen spannen und sie dann abends noch wie nach Zeiten der Ruhe melken kann; auch Wärme, Anhänglichkeit, Ruhe waren ihm in elementarsten Erscheinungen – einem Nest voll junger Vögel, dem samtweichen Maul eines Pferdes, einer sich in seine Hände einbohrenden, spitzen Hundeschnauze, der massigen Ruhe einer wiederkäuend daliegenden Kuh – vertraut geworden und hatten sein Wesen mitgebildet.
Und was den andern anbelangte, so hatte er wie jeder sein Herkommen und seine Familie, aber diese Familie kannte er fast nur aus dem Familienphotographiealbum – der Herr Konsistorialrat im schwarzen Gehrock und mit dem verhärmten Gesicht war der Vater, die Dame mit der steilen Falte zwischen den Augen und dem hochgetürmten Dutt die Mutter, die andere Dame mit frommem und ergebenem Gesichtsaus-

druck eine im Hause lebende Tante – diese Potsdamer Konsistorialratsfamilie hatte ihm zwar das Leben gegeben und sie hatte ihn auch eine Reihe von Jahren zu erhalten gehabt; aber sie war ihm ebenso fremd geblieben und er lehnte sie ebenso ab, wie die meisten gesellschaftlichen Gegebenheiten, und sie hatte ihm in der Hauptsache auch nur zur Erlangung eines einwandfreien Ahnenzeugnisses und zur Erdichtung einer Reihe gespenstischer Vorfahren gedient. Und nicht nur in der Beziehung zu seiner Familie, auch sonst war sein Leben ein Wegstreben von den Quellen gewesen. Er war genauso beziehungslos, verzerrt, krampfhaft, wie ihn sein Führer erdacht hat, und seine (geistige) Existenz beruhte auf Fiktionen ebenso wie die Ideen nationalsozialistischer Großraumpolitik und Großraumwirtschaft und arischer Menschen- und Völkerführung, welchen er diente.

Diese beiden, Döllwang und Rohwedder, hatten die gleiche Straße zu fahren, die Rohwedder in der Nacht vorher gekommen war. In Pitomnik hielten sie vor dem Verpflegungsamt an (Rohwedder hatte am Tage statt drei oder vier Verpflegungssätzen, mit denen die Truppe rechnete, nur einen halben Verpflegungssatz erhalten) und nachher fuhren sie zur Versprengten-Sammelstelle, wo sie für ihre dezimierte Truppe Ersatz haben sollten.

Vor dem Verpflegungsamt, das heißt vor der von der Landstraße abbiegenden und zur Landstraße zurückbiegenden Schlucht, an der sich Bunker neben Bunker, die Knäckebrot-, Fleisch-, Hülsenfrüchte-, Getränkelager befanden, stieg Rohwedder dieses Mal erst gar nicht ab. Es war dort noch wie am Vormittag, nur daß jetzt Finsternis über dem Pulk lag, über den aus allen Himmelsrichtungen eingetroffenen Wagen, welche die Straße blockierten – Kfz und Pferdefahrzeuge, und Pferde, wer noch Pferde hatte (das waren meistens Wagen und Schlitten von Artillerieabteilungen) und Russen, wer keine Pferde hatte; das stand oder lag dort, in Pelze gehüllt, wer solche besaß, oder Decken umgehängt, wer keine besaß, in Haufen umher.

»Ist Brot angekommen?« sprach der Fahrer einen der Haufen an.

»Ja, beim Iwan!« wurde erwidert.
»Ob im Verpflegungsamt Proviant ausgegeben wird, du Flegel?« griff Rohwedder ein. Er blieb ohne Antwort, doch dem Fahrer wurde auf weitere Fragen gesagt, daß außer der einen Ju, die nichts mitgebracht hatte, keine Maschine eingeflogen wäre.
Aus der Versprengtensammelstelle, wo Rohwedder abgestiegen war, kehrte er zurück mit einem Unteroffizier und acht Mann. Er ließ sie vor dem Wagen aufstellen und fragte nach ihren Namen. Der Unteroffizier hieß August Gnotke, die andern waren der Obergefreite Rieß und die Soldaten Altenhuden, Gimpf, Fell, Liebich, Liebsch, Stübe und Kalbach. Die Gruppe kletterte hinten auf den Wagen. Rohwedder nahm vorn wieder Platz und die Fahrt ging weiter.
»Doll sehen die Kerle aus, kommen aus Sapadnowka, eigentlich keine Versprengten, der Rest einer Kampfgruppe, ein Feldwebel war noch dabei, der hat sich heute morgen erschossen!« sagte Rohwedder.
Doll sehen alle aus – auch die vor dem Verpflegungsamt, auch die Männer der Stabskompanie in der Schlucht, auch der Oberleutnant und der Fahrer hier im Wagen, dachte Döllwang. Früher in Deutschland war er mal Urlauberzügen begegnet, müden, abgespannten Gesichtern, auch Verwundetentransporte hatte er gesehen – hier war die ganze Luft eine einzige aufbrodelnde Müdigkeit und eine einzige dunstende Wunde. Und nicht der Truppenoffizier Rohwedder, der Schritt um Schritt und fünfzig Tage lang den Weg des Zerfalls mitgegangen war – der junge Generalstäbler Döllwang, dem Stalingrad vor zwei Tagen noch nichts als ein mit roten und blauen Linien abgezeichneter Begriff auf Generalstabskarten gewesen war, empfand zutiefst die Hoffnungslosigkeit der Lage. Der auf dem Flugplatz von einer disziplinlosen und geängsteten Soldatenmasse zertretene Koffer des Obersten Carras – eine einzelne Erscheinung vielleicht, ein nur von Gedanken an Brotlieferung besessener Flugleiter, Platzkommandant, Verpflegungsamtsleiter – einzelne Erscheinungen vielleicht, ein Fahrer, der mit einer Erklärung, daß der Brennstoff nicht ausreichen wird, einen Befehl sabotiert – eine einzelne

Erscheinung vielleicht, ein wie ein Räuber angezogener Posten der Stabswache – eine einzelne Erscheinung vielleicht, die Ballung von Fahrzeugen vor dem Verpflegungsamt, Pferde (Döllwang hatte sie genau betrachtet), denen sich selbst unter zottigem und reifbedecktem Haarwerk die Hungerriefen abzeichnen, und Schlitten ohne jeden Pferde-, aber mit Menschenbespann, auch die ganz nebenbei gemachte Aussage über einen Feldwebel: ›. . . hat sich heute morgen erschossen‹, – alles einzelne Erscheinungen vielleicht, aber sie summieren sich und innerhalb vier Stunden (so lange befand Döllwang sich jetzt im Kessel) waren sie zu einer nicht mehr übersehbaren Reihe angewachsen und waren sie zusammengenommen unverkennbar das Symptom eines Zustandes, der nicht mehr außerhalb der Erwägungen bleiben, und der auf der Karte des Divisionskommandeurs Cönnern und der des Armeeführers ebensowenig fehlen durfte wie die roten Pfeile der russischen Angriffsrichtungen, wobei Döllwang den noch verbliebenen Wert an Kampfkraft dieser Armee in Gedanken als Größe X einsetzte.

Aber eins war augenscheinlich:

Eine abgekämpfte, müde, verlauste, ausgeblutete und moralisch erschlaffende Masse war hier, eine Armee konnte es erst wieder werden! Was dazu not ist und das einzige, was dazu helfen konnte: Ruhe und Pflege, und nochmals Ruhe und Pflege, und dann Ausrüstung und scharfer Drill.

Aber dazu war er nicht hier, um sich Sorgen über die Notwendigkeiten dieser Armee zu machen. Er war hierhergeschickt worden, um in der kleinen Einheit Erfahrung in der Truppenführung zu erwerben.

Die Straße, die sie fuhren, führte durch Schnee, zuerst von vielen Fahrzeugen zerfahren, später zeigten sich nur noch wenige Spuren auf der weiten weißen Fläche. Am Wegrande lagen LKWs, aus der Ferne wuchsen sie wie Klippen aus dem Land auf, und im Vorbeifahren waren sie nichts als von Schnee überpulverte Wracks, und auf der Wegmitte oder hart am Wegrand, und zuerst einzeln und nachher wie an laufender Kette, lagen graue Bündel, wie die Fahrzeugwracks von Schnee überpulvert, einmal ein Fuß, einmal eine Hand ragte

aus dem Schnee auf. Der Weg führte eine Schlucht hinunter, auch da lagen zwei LKWs; am Boden sah es aus, als ob ein Gefecht an dieser Stelle stattgefunden hätte. Rohwedder stöhnte. Der Fahrer wandte den Kopf, er blickte Rohwedder und dann Döllwang an. Rohwedder sagte: »Ja, allerhand Bruch hat es gegeben, allerhand Bruch, allerhand Schamotte . . .«
Seine Stimme war anders als vorher, sie war blechern. Döllwang konnte nicht wissen, um was es sich handelte. Er erwartete eine weitere Erklärung. Aber Rohwedder begann von anderm zu reden.
»Den Steiger haben sie mir jedenfalls abnehmen müssen!« sagte er. »Hauptmann Steiger, der Verteidiger der Kasatschihügels. Das hatte natürlich keinen Eindruck gemacht in Pitomnik. Absolut keine Ahnung haben diese Knochenflicker, stehen da den ganzen Tag und sägen und schneiden, und sonst hören und sehen sie nichts. Den Steiger wollten sie mir nicht abnehmen. Aber den Steiger habe ich ihnen auf den Tisch gelegt . . .«
»Ihr Vorgänger übrigens, Hauptmann Döllwang!«
»Nun, Fahrer, es muß bald soweit sein, sonst landen wir bei den Russen!« sagte er nach einer Weile. Es dauerte auch nicht mehr lange. Am Wege stand eine Gestalt, es war ein Mann der eigenen Truppe.
Die Kampfgruppe Vilshofen hatte nördlich der Straße Karpowka–Pitomnik alte unbewohnt vorgefundene Bunker bezogen. In Verbindung mit der südlich der Straße gelegenen Gruppe riegelte sie diesen Haupteinfallsweg nach Pitomnik ab. Und diese beiden Gruppen bildeten jetzt das am weitesten vorspringende Mittelstück der Front. Nach Norden zog sich der Bogen vorbei an Sapadnowka, Kusmitscha und Orlowa und verlief, den in Todesschlucht umgenannten Tulewajagraben schneidend, bis zum Stalingrader Fabrikviertel und der Wolga; und südlich verlief der andre Bogen, die Eisenbahnlinie Stalingrad–Tazinskaja schneidend und sich um Woroponowo und Pestschanka nach Osten drehend ebenfalls bis Stalingrad und zur Wolga. So maß die am Wolgaufer verlaufende Basis des Kessels an 30 Kilomter und in der Tiefe und über Pitomnik hinaus betrug die Strecke noch an 40 Kilometer. Das

war ein Zustand auf Zeit und abgesehen von der Linie an der Wolga war es ein Zustand, der sich an jedem Tag vom Abend bis zur Morgen veränderte. Am Tage lagen die Männer und starben sie in den Stellungen, und des Nachts marschierten sie und starben sie auf dem Marsch. Die vom Untergang umdrohten Truppen, welche, schwere Feindberührungen vermeidend, nichts als nur noch Nachhutkämpfe führten, lagen in eisigem Wind. In den Boden versuchten sie nicht mehr hineinzukommen, das hatten sie aufgegeben. In Ordnung gingen sie zurück, in Ordnung bezogen sie neu angewiesene Stellungen. Und wenn sie keine alten ausgebauten Stellungen oder Bunker vorfanden, duckten sie sich an den Eisenbahndamm, an die Wand eines Steppengrabens oder hinter den Schneewall, wenn es auf freiem Felde war. Dieser dünn geschlagene und morsch geglühte Ring an Infanterietruppen umspannte von Wolga zu Wolga noch immer an 1000 Quadratkilometer Steppe – ein Gelände, groß genug für die weiter hinten liegenden Artillerie- und Panzerverbände, für Werkstätten, Stäbe, Lazarette, Lager, und noch immer Spielraum genug für Verzweiflung, Lähmung, Panik, Krankheit und Sterben der sich auflösenden Armee.

Der dünne Ring der Infanterietruppen hatte zu halten – er hatte dieselbe Funktion wie die Schale des Eis; würde sie zerbrechen, der Inhalt würde augenblicklich auslaufen und nichts wäre da als Eiter, Blut und Gestank, denn das Ei war faul, das Leben war entwichen, oder niemals hatte der Funken in ihm geglüht, und was an der Riesenmasse an Mensch und Material hier verübt worden war, es war nichts als eine gigantische Fehlzeugung.

Und dieses Bild war in einem Kopf.

Und wie alle Bilder war es Abbild von einmal Gesehenem – es war vergrößert, war riesig aufgeschwollen, war rasende Bewegung. Blauer Himmel und ein durch den Himmel stürzender finstrer Ball. Aber es sind Klauen und Federn und Schwingen und starke Schenkel und aufgeplustertes Schenkelgefieder. Und ein Regen von Flaum und Federn geht nieder und alles ist geschehen. Der Ball kann auseinanderfallen, und fällt auseinander und es sind wieder zwei Wesen. Aber das Licht wird weiter scheinen. Freude und Fruchtbarkeit und kein Ende wird sein.

Bild der Zeugung!

Aber was hier geschah, war keine Zeugung, kein Sturmriese Hräswelgr hatte Menschen und Völkern seinen Odem eingeblasen. Ein leerer Balg hat sich in Krämpfen gewunden und sich an Volk und Masse vergangen und nichts wird sein, nicht Licht, nicht Glück, nicht ›Fruchtbarkeit‹.

›Wir sind Objekte!‹ – so hatte Generalmajor Cönnern es ausgedrückt. Nicht alle empfanden es, aber alle waren niedergeworfen, waren schamlos entblößt und an allen geschah es.

Und Oberst Vilshofen dachte an den blauen Himmel. In seinem Kopf war das Bild der Zeugung und in ihm war das Grauen vor der angetanen Verkehrung. Er lag hingestreckt auf einem Haufen alter Sachen. Stiefel und Pelz hatte er an und auf dem Kopf die heruntergeklappte Pelzmütze. Mitten in Anordnungen für die Aufstellung seiner Truppe für die Nacht hatte ihn Müdigkeit übermannt; seinem Adjutanten hatte er gesagt, ihn nach zwei Minuten wieder aufzuwecken. Der Adjutant saß auf einem Hocker. Es war kalt, eine Tür war nicht vorhanden. Der Raum, in dem Oberst und Adjutant sich befanden, war vor einer Stunde noch eine unbewohnte Erdhöhle gewesen. Ein Loch in der Lehmwand war die Feuerstelle, Trümmer eines Autos, auch Stücke Gummi waren hineingeraten, brannten dort. Rauch wallte auf und zog langsam zum Ausgang. Von der Decke lösten sich schwarze Flocken ab. Schwarze Flocken fielen nieder und setzten sich Vilshofen aufs Gesicht. Schwarze Flocken – in dicken schwarzen Flocken hatte er Krähen auf dem Skelett eines Kraftwagens sitzen sehen und sie hatten sich nicht aufgehoben, als er allein vorbeimarschierte. Sie flatterten erst auf – er hörte sie kreischen – als hinter ihm die Spitze seiner Kolonne dieselbe Stelle erreicht hatte.

Früher waren es Pferdekadaver am Wege, von denen die Krähen sich nährten, dieses Mal waren es Lastautos voll gefrorenen Menschenfleisches, von denen sie mit schweren Flügelschlägen auftaumelten, und in Mengen, daß sie wie schwarze Wolken in die Luft aufbrodelten.

Oberst Vilshofen röchelte. Sein Adjutant stand vor ihm mit der Uhr in der Hand. Er war versucht, seinen Kommandeur sofort aufzuwecken, doch wartete er die noch fehlende halbe Minute ab. Als Vilshofen eine Hand an seiner Schulter spürte und aufblickend erst die an einem Nagel hängende qualmende Lampe und dann die jungen Züge seines Leutnants Latte über sich hatte, war er noch von jenem anderen benommen. Und es war kein Traum – die Lehmwand, die Lampe, Leutnant Latte vor Augen war es Wirlichkeit. Ein flügelschlagendes, flatterndes Ungeheuer ... und nichts als ekler Krampf und eine ausgestoßene Fehlgeburt ... ein stinkendes auslaufendes Gehäuse, Eiterströme im Schnee ... und Cönnern und Damme und der Oberbefehlshaber, was haben sie damit zu tun, und was hat er damit zu tun ... wer ist der flatternde unfruchtbare Riesenbalg ... wer ist das duldende, genötigte, tausend Tode sterbende Objekt ... und wer hat bei diesem Akt seine Ehre verloren und sein Leben verwirkt?
Oberst Vilshofen taumelte auf.
Er prallte zurück – Döllwang, rasiert, gewaschen, glatt mit blanken klugen Augen. Unmöglich! Doch es war ebenso wahr wie das Grauen, das noch in ihm schwang.
Walter Döllwang stand vor ihm.
»Zur Kampfgruppe Vilshofen kommandiert ...«, vernahm er und er sah die sich ihm entgegenstreckende Hand. Nur nicht das, nur nicht auch noch das! Und Döllwang hatte dieses hohle ausgebrannte Gesicht und die wie Fackeln lodernden Augen vor sich und er mußte sich zusammenreißen, um sein Erschrecken ob des veränderten Aussehens seines väterlichen Freundes sich nicht anmerken zu lassen.
Vilshofen wurde auch sogleich abgelenkt.
Wedderkop meldete sich von seinem Transport zurück. Er hatte Hauptmann Steiger im Feldlazarett Pitomnik, die übrigen achtzehn Verwundeten – außer zwei – nicht im Feldlazarett Gumrak, sondern auf dem Friedhof Gumrak abgeliefert. Und mitgebracht hatte er, das machte auf Vilshofen den stärksten Eindruck, an Proviant einen halben Tagessatz.
Ein halber Tagessatz! 50 Gramm Knäckebrot (eine Scheibe und dazu eine kleine Ecke), 8 Gramm Mittagskost (7 Erbsen),

25 Gramm Abendkost (einen Bissen Fleisch), 5 Gramm Getränke waren zu diesem Zeitpunkt der volle Tagessatz und Wedderkop hatte nur einen halben Tagessatz erhalten. Döllwang stand neben Vilshofen, der, ausgenommen die Erbsen, die sofortige Verteilung der Rationen veranlaßte und die Ausgabe überwachte. Und für jeden Mann, der vorbeikam und die Hand ausstreckte, hatte Vilshofen ein Wort oder doch einen Blick. Aber er tröstete niemand, seine Aufmunterungen waren grimmiger Art. Und es verlangte einen Döllwang, der Vilshofen als einen schweigsamen und seine Worte genau setzenden und genau abwiegenden Mann gekannt hatte, um den zerrissenen und leidenden Menschen hinter den Worten zu erkennen.

Vor sich in einer sich ausstreckenden schmutzigen Soldatenhand das Stück Knäckebrot und aufgelegt das daumengroße Stück Büchsenfleisch sagte er: »Verflucht mager, was, Hannes!« Zu einem andern: »Teile es gut ein, damit noch was zur Morgenkost bleibt!« Zum dritten: »Wieviel Schweine hat dein Alter zu Haus im Stall, Vogt?« – »Man bloß eins, Herr Oberst!« – »Na, siehst du, da geht's auch knapp her!« Zum vierten, einem Lehrer: »Das Fletschern nicht vergessen, das verlängert den Genuß!« Zum fünften: »Wieviel Kinder hast du, Wilsdruff?« – »Herr Oberst wissen ja, fünf!« – »Ein Glück, daß du nicht mit deiner Familie teilen mußt!« Zum sechsten: »Nun, Matzke, armer Teufel, machst deine letzten Schritte, ich hätte dir eine bessere Henkersmahlzeit gegönnt!«

Er ließ niemand aus:

»Der gedeckte Tisch, da haben wir ihn!« – »Und jetzt nach vorn und zum Nachtisch einen Straußwalzer!« (Die nächtlichen Propagandasendungen aus den russischen Stellungen wurden mit Musikübertragungen eingeleitet.) »Was war das gestern eigentlich für ein Stück?« fragte er den nächsten. – »Aus Rigoletto, Herr Oberst!« – »Aber daß du mir nicht dazwischenfunkst, Müller. Du bist noch immer so ein Dollbrägen!« – »Was, noch immer da, Wachsmuth? Geh zum Iwan, ich hab's dir schon gesagt!« – »Lauft zum Iwan, hier verreckt ihr, ich halte keinen!«

So ging es weiter, und mit allem, was er sagte, ob es ein Aufmuntern, ob es ein Abschiednehmen von einem schon vom Tode Gezeichneten war, ob es wie Hochverrat klang, mit allem war es Vilshofen ernst. Und die düstere Prozession zog vorbei. Gestalten, denen man kein Lebensalter mehr ansah, menschliche Ruinen dabei. Jeder war persönlich angesprochen. Keiner, der nicht mindestens einen Blick, ein grimmiges Lächeln empfing, und keines der stumpfen Gesichter, das sich nicht für einen Moment belebte.

Und die Neuen, die aus Pitomnik mitgekommen waren, kamen vorbei.

»Wie heißen Sie, Unteroffizier?«

»Gnotke, Herr Oberst!«

»Wo waren Sie vorher?«

»Bei Sapadnowka, Herr Oberst!«

»Und vorher?«

»Im Strafbataillon, Herr Oberst!«

»Und vorher?«

»Vor Moskau, Herr Oberst!«

»Und vorher, vor der Militärzeit?«

»Bei der SA, Herr Oberst!«

»Und noch vorher, Unteroffizier Gnotke?«

»Zu Hause in Klein-Stepenitz in Pommern, Herr Oberst!«

»Da war es sicherlich am besten, was?«

»Jawohl, da war es am besten, Herr Oberst!«

»Nun, wollen wir hoffen, daß Sie da mal wieder hinkommen, Gnotke!«

Aber Gnotke war noch nicht entlassen.

»Nun, und Ihre Leute, wer ist dieser?«

»Der Obergefreite Rieß, Herr Oberst!«

»Nun, und weiter: was ist über Rieß zu sagen?«

»Rieß ist gesund, in Sapadnowka hat er immer den Proviant geholt. Vorher war er bei der SS. Er macht seinen Dienst. In der Freizeit spielt er Doppelkopp.«

»Stimmt's, Rieß?«

»Jawohl, Herr Oberst!«

»Der nächste?«

»Der Soldat Altenhuden, ist auch ein Pommer, Herr Oberst!«

»Geht in Ordnung. Der nächste!«

»Der Soldat Gimpf, Herr Oberst ...«
Vilshofen sagte jetzt nicht: Nun, und weiter; aber er heftete seine Augen – vor wenigen Tagen waren sie noch veilchenblaue Augen genannt worden und in dieser Stunde waren sie Döllwang wie lodernde Fackeln erschienen – forschend auf das Gesicht Gnotkes, in dem es wie in schweren Gedanken zu arbeiten begann.
»Ja, Herr Oberst, eigentlich weiß ich's ja auch nicht ... eigentlich ist wenig mit ihm los. Als bei Kletskaja der Durchbruch war, hat er unten in dem Loch gelegen und da wollte er auch liegenbleiben, und nachher unterwegs wollte er auch liegenbleiben, und bei Wertjatschi war ihm alles egal, und bei Sapadnowka war ihm auch alles egal ...«
»Da habt ihr schon einen weiten Weg miteinander!«
»Ja, und im Strafbataillon war er auch dabei!«
»Und wo ist er her, der Gimpf?«
»Aus Alten-Affeln, da hat er eine Mutter und die denkt vielleicht, daß er ein tüchtiger Sohn ist und mal zu Hause der Bauer wird ...«
Gnotke stockte wieder, er hatte seit einem Jahr nicht eine so lange Rede gehalten.
»Und wie war das bei Kletskaja mit dem Loch?«
»Jawohl, Herr Oberst, da saß oben Feldwebel Assmann, der saß noch und andre lagen, das Loch war halb voll, und ich habe mich nach keinem umgeblickt, und den (Gnotke blickte Gimpf an) habe ich rausgeholt, und auf dem Wege habe ich ihn weiterkommandiert, und in Wertjatschi und in Sapadnowka war es auch nicht anders, da habe ich ihn auch manchmal geschoben ... und es ist doch gar nichts an ihm dran, also weshalb eigentlich?«
»Ja, weshalb eigentlich, Gnotke? Es gibt doch noch vieler Mütter Söhne?«
»Jawohl, Herr Oberst, viele ... heute morgen hat sich Feldwebel Hampe erschossen; gestern haben wir Unteroffizier Maulhard im Schnee gelassen, wir konnten ihn nicht mehr weiterschleppen; bei Sapadnowka ist Unteroffizier Urbas im Bunker liegengeblieben, der war aber sowieso fast fertig ...«
Weshalb also da dieser eine? Das interessierte Vilshofen ernst-

haft. Ihm war nicht entgangen, daß dieses in der Zeugenschaft von endlosem Sterben versteinerte Gesicht bei der Behandlung dieser Frage ein anderes darunter liegendes Gesicht ahnen ließ. Aus einer versteinerten Wüste kann die Sonne kein Leben mehr erwecken; aus einer Menschenwüste kann das Licht also wieder aufbrechen. Der Mensch – wäre er auch niedergetreten und schamlos mißbraucht und blindes Objekt gewesen – solange er atmet und solange er den andern, handelte es sich auch nur um einen der andern, noch sieht, ist nicht verworfen und noch nicht aufgegeben, er hat sich selbst nicht aufgegeben. Ja, was hatte er, Vilshofen, denn eigentlich gemeint, und hatte er, Vilshofen, denn eigentlich ... hatte er sich selbst denn bereits aufgegeben?
Wer hatte die gewundenen Wege verstehen können – Gnotke oder Döllwang oder Rohwedder oder sonst einer von jenen, die dabeistanden? Keiner kannte die Ursache, aber die Wirkung war sichtbar und Gnotke und Döllwang und Rohwedder und die da auf der Sohle der Steppenschlucht standen, über sich den von Schneehalden eingefaßten nächtlichen Winterhimmel, sahen auf dem Gesicht ihres Obersten ein Lächeln, sie sahen es in den Augen, sahen es die mageren zerrissenen Züge überflackern wie ein rotes Wetterleuchten.
Dieses rote Leuchten blieb, als Vilshofen weitersprach und jetzt Gimpf betrachtete: »Das ist also Gimpf, den wollen wir weiter im Auge behalten. Aber auch die andern, Gnotke, wenigstens das Fußwerk. Wer ist das – sieht schlecht um die Füße herum aus!«
»Soldat Kalbach, Herr Oberst! Für die Frau und die Kinder wäre es schlecht, wenn er draufginge. Er hat dicke Füße und ein krankes Herz.«
»Und wer ist das, und wer dieser, wer dieser?«
»Soldat Stübe, Herr Oberst. Bei uns heißt er Tünnes. Er ist traurig, weil vorher drei von seiner Sorte bei uns waren.« – »Soldat Liebich, hat Sorgen wegen der Hauszinssteuer, er hat ein kleines Häuschen in Masserberg in Thüringen.« – »Soldat August Fell, der betet!« – »Soldat Liebsch, hat eine schwache Blase und im Bunker muß er unten schlafen.«
»Also: Rieß, Tünnes, Liebich, Liebsch haben jetzt postenfrei

und kriechen in ein leeres Lehmloch; und wenn es einmal ein Bunker mit Pritschen sein wird, Liebsch selbstverständlich unten! Unteroffizier Gnotke, Gimpf und Altenhuden gehen nach vorn in Stellung!«

Vilshofen traf noch einige Anordnungen und kroch dann in sein Loch zurück. Es sah da in der Schlucht ähnlich aus wie in der Felsenstraße eines Indianerpueblos, und Erdhöhle – die Eingangslöcher und teilweise auch die Erddecken eingesunken – lag neben Erdhöhle. Die eine hatte Oberst Vilshofen bezogen; daneben waren, und zwar der Wärme wegen, Döllwang, der Verpflegungsoffizier (das war Rohwedder), der Adjutant (das war Leutnant Latte) zusammengekrochen. In andern Löchern hauste die Stabskompanie, Küchen- und Schreiberpersonal, weiter Soldaten und Unteroffiziere der Truppe, und am äußersten Ende lag der Troß mit Bewachungsmannschaften und Troß- und Arbeitsrussen, welche die Truppe seit den Stellungen vor den Kasatschihügeln mit sich schleppte.

An zwei Stunden später war es, da hörte der vor dem Stabsquartier aufgestellte Posten aus dem Erdloch Vilshofen ein Pfeifen; er klappte eine der Ohrenklappen zurück, um besser hören zu können, er zuckte die Achseln, aber es blieb dabei, es war eine flotte Melodie, welche er vernahm. Auch Leutnant Latte, der die Posten kontrolliert hatte und zurückkehrte, hörte das Pfeifen und war nicht weniger verwundert. Als er bei Vilshofen eintrat, sah er diesen vor dem Feuerloch stehen, lang und hager, im zerfetzten Mantel, die Enden des Shawls herabhängend, die Ohrenklappen der Pelzmütze weit abstehend; und im Schein des flackernden Feuers erinnerte er Latte – als Vilshofen sich umwandte und ihn anblickte, hatte er diese zerzauste und zerrupfte Erscheinung vor sich – an ein Bildnis des Don Quichotte.

Vilshofen pfiff eine Melodie aus Carmen.

Latte mit seinem Blick anrührend, sagte er: »Das Leben ist eine große Sache!« Latte kam aus der vorderen Stellung, wo in dieser Stunde der Unteroffizier Matzke, der noch vor kurzem sein Stück Knäckebrot entgegengenommen hatte, zusammengebrochen und im Schnee begraben worden war.

»Leben, Herr Oberst ...« stammelte Latte.
»Haben Sie diesen Kerl gesehen, Gnotke heißt er, ich habe mir das Soldbuch geben lassen und ihm seinen Weg nachgemessen, so einer müßte« (Vilshofen klopfte mit der Faust gegen seine hagere Brust) »da so tot sein, daß es keiner Artillerie und keiner Mine und keines Hinrichtungskommandos mehr bedürfte, und, ich kenne die Bestimmungen, so ist es auch beabsichtigt. Doch dieser räumt Minen-, räumt Leichenfelder, schmort in der Donschleife, schmort bei Wertjatschi, schmort im Stalingrader Kessel und kann dabei natürlich kaputtgehen, aber das wäre nur äußerlich. Was wichtiger ist, er findet einen Gimpf, ein hilfloses Baby, und sorgt dafür – sorgt für einen Hilflosen: stellen Sie sich das vor – seine Hände sind nicht nur für Totes, sie sind für Lebendes da, und so lebt er selbst und wird bis zur letzten Stunde wie ein Mensch leben, und das ist ein Triumph! Schaffen Sie sich einen Gimpf an, Latte, und Sie werden leben! Für uns müßte es da wohl anderes, müßte es die ganze Gruppe sein – aber da müssen wir fragen, wohin wir sie führen, wohin, Latte?«
»Wohin, Herr Oberst?«
»In den Tod ... um nichts, Schlimmeres gibt es nicht!«
»Und da pfeifen Herr Oberst den Toreromarsch?«
»Ja, Latte, gestern wollte ich kapitulieren, heute ... was wollte ich denn heute, was kann einer, der sich geschändet am Boden wiederfindet, noch wollen – ein Stoßtruppunternehmen anführen und aus; aber auch das war schon nicht mehr gangbar. Ja, als Stalingrad noch ein Ziel war, aber es ist ein Topf des Sterbens geworden, und da sitzen wir drin, ja, da sitzen wir drin. Einer frißt den andern; wer schwach ist, fällt; wer krank ist, bleibt liegen; und das ist folgerichtig. Wer krank ist und nicht mehr zum Futtertrog kriechen kann, ist schwache Rasse. Wer aber den andern bestiehlt und sich selbst den Bauch stopft, der wird einige Atemzüge länger leben und ist bessere Rasse ... haben Sie, Latte, haben Sie schon Leichname mit aufgeknackten Hirnschalen und mit ausgesaugtem Hirn gesehen?«
»Herr Oberst?!«
»Jawohl, ich habe solche eingeschlagenen Köpfe gesehen –

und wer das kann, ist in diesem Topf des Sterbens Auslese und wird vielleicht überleben.«

»Gestatten, Herr Oberst, einzuwenden ...«

»Sprechen Sie mir nicht von den Rumänen, die haben hier bei uns schon für so vieles herhalten müssen. Die Rumänen jedenfalls haben nicht das Wort von der besseren Rasse erfunden. Gleichviel: ich habe solche Köpfe, eine Menge solcher Köpfe, am Wege gesehen. Und das ist die Konsequenz, das ist das Ziel, auf das wir ausgerichtet waren und nicht erst seit gestern, und nicht erst als wir über den Don und die Kalmückensteppe kamen und als wir in das Stalingrader Fabrikviertel eindrangen. Das ist die Konsequenz der Lehre von der besseren Rasse!«

»Hören Sie es kreischen, Latte?«

»Nein, bitte um Entschuldigung, Herr Oberst!«

»Aber, was ist das, Latte?« Die Hand, der Finger Vilshofens reckte sich vor und berührte den am Uniformrock Lattes angehefteten Adler, das Hoheitszeichen des neuen deutschen, des Hitlerreichs.

»Die Krähe«, sagte Vilshofen, »ist in der Tat das gehörige Zeichen, und sie ist wirklich, sie hockt fett und flügelschlagend am Rand unseres Topfes, und sie ist mit uns, ist überall, wo wir hinkommen.« Und seinen Finger und den langgewachsenen Nagel am Finger zwischen Rock und Saum des Hitlerschen Hoheitszeichens einbohrend, sagte er: »Wir werden uns von ihr trennen müssen, wir werden sie abtrennen müssen, Latte!«

»Entschuldigung, Herr Oberst. Darf ich jetzt gehen?«

»Ja, sie dürfen, Latte. Beschlafen Sie das und morgen sprechen wir noch mal.«

Ja, da stecken wir drin, dachte Vilshofen, als er seinem Adjutanten nachblickte. Kapitulieren, Stoßtruppunternehmen oder dergleichen Auswege gehen nicht; nein, sie gehen nicht mehr. Jetzt heißt es stillhalten und spüren, was wir nicht nur einer Stadt und nicht nur einem Land und nicht nur einem Volk angetan haben. Ein langer Weg und manches Dorf ist in Rauch aufgegangen, und manch einer ... jawohl, die Kerle waren gefüttert wie die Dreschochsen und hatten pralle Bäuche und Rasierzeug und Creme und Zeug und Plunder in ih-

ren Panzerwohnungen, sie waren übermütig, die unter ihnen abrollende Welt ist wohlfeil gewesen, und manch einer, der nicht schnell genug auf die Seite sprang, es konnte auch mal ein ganzer Haufen sein, ist unter die triumphierenden Raupenbänder geraten.
Es gab Fälle, es gab Tatberichte.
Es gab auch Führerbefehle, die eine ›großzügige‹ Behandlung solcher Tatberichte vorsahen! Zwischen den panzerfahrenden Deutschen und dem fußgehenden Russen ist ein Unterschied: der eine fährt Panzer, der andre liegt drunter; das war das neue Evangelium! Und Manfred Vilshofen, 52 Jahre alt, Gast an den Küsten der fünf Weltmeere, zehn Jahre lang ein Leben in der Bergeinsamkeit, mit Bildern und Büchern. Er hätte es besser wissen können, aber er ging zum zweiten Male in seinem Leben auf Fahrt. Dieses Mal nicht mit einem Schrankkoffer, sondern an der Spitze einer Panzerkolonne. Und Rauch und heiße Asche, und Tränen fallen in die Asche, und es schiert uns nicht. Und wir zerfahren Leben, Eigentum, Freiheit, Ehre, und es schiert uns nicht.
Die Trümmer bleiben hinten!
Voraus flackert das Ziel!
Und Sonne und der Boden von Hitze gerissen und wie gebrannter Ziegelstein. Staub, Rauch, Dröhnen. Und die Raupenbänder manschen über Leichen, über die eigenen und die der andern. Und schwarze Vögel und Bombenschlag und Brocken spritzen und pochen an die Panzerwand.
Und Worte ins Mikrophon gebrüllt:
»Not lehrt das Gebot: Schlah' dot, schlah' dot ... Auf Hauen und Stechen ... Jetzt oder nie und durch ... Recht so, Tomas, recht so, noch ein' in die Zähne gefetzt, schick ihn in die Hölle ...«
»Achtung, kommen! Latte kommen!«
Und es kommt Latte:
»Links Schornstein bewegen sich feindliche Panzer, sieben Stück, Richtung Brotfabrik!«
»Tomas kommen!«
Und es kommt Tomas:
»Bin in Gemenge mit T 34 ...«

»Gib ihm, gib ihm! Drauf und dran, wir hauen durch . . .« Eine heisere Stimme, in fieberheißem Kopf brennende Augen. Das war an der Spitze eines Panzerkeils, über den Tatarenwall wegsetzend, in die Tulewajaschlucht eintauchend und wieder herauswiegend und auf Höhe 107 durchstoßend in Richtung Traktorenfabrik. Und zwischen wehenden Rauchschleiern das wilde Panorama, hochgekegelte Trümmerfelder, die Zäsur zerhackter Häuser, das war Stalingrad: das war das Ziel! Und der Mann im Panzer war der Eroberer des Fabrikviertels, Manfred Vilshofen, das war im September.

Jetzt lag Schnee und einige Dutzend Kilometer weiter westlich in einem Erdloch, im Sommer von kroatischen Troßmännern gegraben, stand derselbe Vilshofen. Ein ganzes Stück größer als die Kroaten, die vorher hier wohnten und nun wohl schon Gespenster waren, stieß er mit dem Kopf fast gegen die Decke. Die Füße und den langen Mantel vom Rauch aus dem Feuerloch umwallt, stand er da, und karge Tagessätze, Staub der Steppe, aus dem Himmel fallender Schnee . . . der kleiner werdende Haufen, der von Krähenschwärmen verdunkelte Horizont: alles war in dieser hageren und zerzausten Gestalt und in dem ausgebrannten Gesicht und in den Augen wie glimmende Kohlen. Er stand da und sah die Lehmwand nicht. Sein Blick – der gleiche, der einmal vorauseilend über die Salzsteppen geschweift, und der aus dem Sehschlitz seines Panzers heraus die aufgesteilten und bellenden Ruinenhaufen und die aus Seitenlöchern rauchenden und schießenden Fabrikschornsteine des Stalingrader Fabrikviertels gesehen hatte – war wieder in Fernen gerichtet, aber das mußte schon jenseits von Staub und Schnee und Sterben und jenseits jener gleich einem Lavastrom im Stürzen erstarrten Stadt sein. Das Ziel – das dann so oft nicht das Ziel gewesen war – war nicht mehr Stalingrad, aber Vilshofen suchte wieder nach dem Ziel und so lebte er, trotz alledem.

Einige Meter weiter in einem andern Erdloch, auch ohne Tür, auch ohne Fenster, auch mit einem in die Wand gekratzten rauchenden Feuerloch, und das Türloch mit einer Zeltplane zugehängt und das eingesunkene Stück der Erddecke mit einer Zeltplane zugestopft, lag Latte, daneben hatte sich Döll-

wang ausgestreckt, und daneben Rohwedder. Die drei lagen nebeneinander, einer hatte sich am andern zu wärmen. Die oben liegenden Mäntel waren klamm, die darüber ausgebreitete Zeltbahn war steif von Kälte. Sie waren angezogen, auch Kopf und Gesicht hatten sie zu bedecken ... Es war deshalb schwer, noch miteinander zu sprechen.
Aber Rohwedder war im Stab gewesen.
»In den letzten Tagen hat sich der Kessel verdammt verengt, um die Hälfte etwa. Der Armeestab ist nach Stalingrad umgezogen. Stalingrad mit dem Generalstab ist der Kopf; wir hier mit unsern täglichen Abgängen sind so etwa der Arsch; Pitomnik mit dem Flugplatz ist der Nabel, durch den wir geätzt werden. Solange der nicht abgerissen wird, kann es noch gehen.« So charakterisierte er die militärische Lage, ehe er sich die Kappe übers Gesicht zog und einschlief.
Döllwang blickte noch lange in den aufbrodelnden und vom Feuer rostrot durchglühten Qualm. Auch Latte konnte nicht so bald einschlafen. Döllwang dachte an zwei stille saubere Zimmer und Veranda in einem Berliner Gartenhaus, dachte an den Flug und an die gesehenen Bilder der fliehenden Armee, dachte an die Ankunft in Pitomnik, an den Weg zum Stab und hierher zur Truppe; er dachte an die Proviantausgabe und an Vilshofen. Latte dachte, und zwar nur, an Vilshofen – an den Panzerkommandeur Vilshofen, bei Belgorod, am Donez, auf der Donsteppe, über den Don wegsetzend, in Stalingrad eindringend; er dachte an Vilshofen, wie er das aus den Resten seiner Panzertruppe, aus Artilleristen ohne Artillerie, aus Troß und Veterinärkompanien zusammengestellte Infanterieregiment übernahm, und er dachte an den Vilshofen dieser Nacht und es war ihm nicht nur außen kalt, es fror ihn bis ins Herz.
Der Kommandeur der Nachbartruppe ist irrsinnig geworden, ein andrer hat sich erschossen, jeden Tag erschießt sich irgendwo einer. Und was ist mit Vilshofen? Ein Stoßtruppunternehmen und aus! hat er gesagt; er hat manches, aber auch das gesagt; wollte er doch so einen Stoßtrupp aufstellen und seinen Latte mitnehmen. Latte ist noch jung, doch es ist Zeit zum Sterben.

Leutnant Latte und auch Hauptmann Döllwang waren eingeschlafen. Mitten in der Nacht war es. Sie wachten auf und sahen Rohwedder in die Höhle zurückkriechen.
Rohwedder sagte:
»Jetzt ist unser ›Alter‹ auch verrückt geworden!«
»Wer ist verrückt geworden?«
»Über den Haufen hätte man sie schießen sollen, auf der Stelle. Sie haben einige Schlitten in Brand gesteckt und ein Signal gegeben.«
»Was, wer?«
»Die Russen beim Troß. Aber statt ein paar aufzuhängen, hat er befohlen, daß beim nächsten Absetzen alle Russen zurückbleiben sollen.«
»Was sollen sie – und wer wird die Bagage ziehen?«
» ›Wer die Bagage braucht, der zieht sie!‹ sagt er.«
»Nicht möglich!«
»Ich sag' doch: verrückt geworden!«
» ›Wir haben kein Futter für Pferde, wir haben auch kein Essen für Gefangene. Wir haben auch in der Truppe keine Männer mehr für Gefangenenbewachung und auch keine für einen Gefangenentransport nach hinten, also bleiben die Russen zurück!‹ hat er gesagt.«
»Das ist nicht verrückt – das ist eine logische Konsequenz!« sagte Döllwang.
»Erschießen, das wäre die Konsequenz!«
»Menschen erschießen, weil man sie nicht mehr ernähren und nicht mehr bewachen kann, das allerdings wäre Mord!«
»Man hört, Sie sind erst seit gestern an der Front, Hauptmann Döllwang!« sagte Rohwedder.
Jeden Tag erschießt sich irgendwo einer; jeden Tag verliert irgendwo einer den Verstand – das war am allerwenigsten von der Front zu sagen, diesem dünnen und täglich dünner werdenden Ring, dort versank man vielleicht in völligem Stumpfsinn, aber man starb normal, an Auszehrung, an Kräfteverfall, an Erfrieren, an erhaltenen Wunden; das war aber zuallermeist und täglich mehr vom Innern des Kessels zu sagen, von Stabsbunkern, von Kommandanturen, Verpflegungs- und Verwaltungsstellen, von Verbindungs- und Nachrichtentrup-

pen, von Werkstattkompanien und Nachschubdiensten: hier wurde beraten, wurden Pläne geschmiedet, wurden Karten gespielt und wurde nicht mehr geschlafen oder nur noch geschlafen, hier wurde gehandelt und getauscht, wurde verloren und gewonnen, wurde getobt und gelästert, wurde gebetet, wurden heilige Lieder gesungen, wurden alle Arten des Selbstmordes diskutiert, hier hoben sich Pistolenmündungen und richteten Hände die Waffe gegen die eigene Schläfe. Dort wo die Infanterie ihren Kopf gegen die Grabenwand oder gegen den aufgeworfenen Schneewall duckte und wo der Kommandeur mit seinen Männern in einer Reihe lag, war die dünne Schale, hier befand man sich am Boden des Topfes, wo ein einziges Wort den gärenden Inhalt zum Sieden bringen und Menschen in gehörnte, geschwänzte und bocksfüßige Ungeheuer verwandeln und in blinde, alles Lebendige niedertretende und alle Schranken von Gesetz und Vernunft zerbrechende Raserei versetzen konnte.
Russische Panzer! war solch ein Wort.
›Panzer!‹ rang es sich aus einer schreckgeweiteten Kehle. Und wer vermöchte anzugeben, wer der erste war, der diesen Schrei ausstieß; wer könnte, wenn in heißem Steppenstaub eine Meute tollgewordener Hunde in langem Lauf durch Dörfer und weiter durch Dörfer rast, noch den ersten der tollen Hunde angeben!
›Panzer!‹ hallte es durch das weitläufig gelegene Pitomnik. ›Panzer!‹ wurde auf dem Flugplatz geschrien, sprang es in die Flugleitung, in die Bunker der Horstkommandantur, heulte es durch die Zelte des Hauptverbandplatzes, durch die Versprengtensammelstelle, erreichte es den Korken von Pferde- und Kraftfahrzeugen an der Landstraße, gellte es durch die hufeisenförmig gekrümmte, von der Landstraße abbiegenden und zur Landstraße zurückbiegenden Schlucht, an der Erdhöhle neben Erdhöhle und Bunker neben Bunker die Knäckebrot-, Fleich-, Hülsenfrüchte-, Getränkelager des Verpflegungsamtes sich befanden, sprang es wie ein Funke in das vier Kilometer entfernt gelegene Pitomnik-Dorf.
In der Hand des Chirurgen zitterte die Knochensäge. Der Funker in der Flugleitung warf den Kopfhörer ab. Der Toten-

gräber auf dem Kirchhof ließ den Spaten, der Ortskommandant brüllte nach seinem Fahrer. Die Versprengten warfen sich in neue Versprengung. Die Verwundeten auf dem Hauptverbandplatz bäumten sich auf ihren Pritschen. Der Zahlmeister im Verpflegungsamt ließ Knäckebrot, ließ Rindfleisch, ließ Getränke. Wer einen Wagen erreichen konnte, der fuhr, wer Füße hatte, der lief. Was durch Pitomnik und aus Pitomnik auf die Landstraße hinausjagte – es waren Tausende – war nichts als eine Meute struppiger, tollgewordener zweibeiniger Geschöpfe. Und die Richtung war vorgezeichnet, sie war auf diesem Boden seit den Tagen des Vormarsches, und das ist der Fluch und darin die Verkehrung aus Triumph in Tod, immer dieselbe, die Richtung war Stalingrad.

Nachmittags gegen drei Uhr war es. Ein Tag, der aus schwerem Himmel Schnee abgeladen hatte, und der mit eisigen, aus der Wolga aufdammenden Nebeln seinem Ende entgegenging. Das Rollfeld war noch frei von Bodennebeln und in der Flugleitung hatten sich zwei einfliegende Jus gemeldet (überflüssigerweise, denn kein Jäger stieg mehr auf, um sie zu geleiten); sie gelangten auch ohne Jägerschutz über den Flugplatz, schlugen einige Kreise, durchstießen die Nebelfetzen und schwebten an.

Die Sanitäter hatten ihre Arbeit begonnen und an vierzig Schwerverwundete auf das Rollfeld getragen, und das war, wie schon seit Tagen bei jeder Landung, das Zeichen für die andern. Und Hunderte humpelten und stolperten, so schnell sie konnten, von den Verwundetenzelten zum Flugplatz.

Die eine Ju war ausgerollt, die Propeller drehten sich weiter, aber die Maschine stand still. Die Kabinentür öffnete sich und mit dem Ausladen wurde begonnen. Auch die zweite Ju berührte schon die weite weiße Fläche und der Schnee stiebte unter ihrem Fahrgestell auf. Das wurde interessiert von Augen, die unter weißen Verbandspackungen aufblinzelten, von Schwerverwundeten, die dazu noch fähig waren, beobachtet. Achtunddreißig lagen da, das Pappschild mit Namen an der Brust, auf den Traggestellen, um ausgeflogen zu werden, und einer davon war Hauptmann Steiger.

Hauptmann Steiger war der linke Fuß bis zum Knie amputiert

worden; die Splitter im Arm hatten noch nicht entfernt werden können; seine Kopfverletzung hatte sich anscheinend als ungefährlich erwiesen. Er konnte hoffen, in ein Heimatlazarett und danach wieder nach Bopfingen zu gelangen, und wenn auch statt eines Fußes mit einer Prothese am Bein, von seinem kleinen Reich, der rauchgeschwärzten Esse, dem Blasbalg, Amboß, Schraubstock, Hämmern, Bohrern wieder Besitz nehmen zu können. Die Trage, auf der er lag, das Pappschild an seiner Brust, der Weg zurück . . . Bopfingen, seine Kupferschmiede, sein kleines verwinkeltes Haus in der Unteren Kochengasse, daheim in der Küche sein Weib, nach Feierabend einen ›Schoppen‹ am Stammtisch, ein Gespräch mit einem Fuhrmann, mit einem Bauern vom Härdtfeld – nach dem, was hinter ihm lag, war es so viel Glück, daß er es nicht fassen konnte, und das Schneefeld und darauf der Vogel mit den Propellern und den weiten Schwingen, der ihm dieses wundervolle, einfache, natürliche Leben zurückgeben sollte, erschien ihm wie ein Spuk. Er glaubte nicht daran, es widersprach dem strengen Gesetz, in dessen Händen er sich, nun schon seit vielen Tagen, wußte.

Und es war ein Spuk!

Steiger war von allen vielleicht der einzige, der aus wissenden Augen alles ansah, von Anfang bis zu Ende und soviel zwei Augen von dem vielfüßigen und ungestalten Aufruhr überhaupt zu fassen vermochten, und der darüber hinaus, und noch als ihm der Brustkorb eingetreten und die Rippen in die Lunge gespießt waren und blutigen Schaum auf den Lippen, »Ja und Amen« aussprach.

Schnee, und auf dem Schnee von Fetzen, Decken, Zeltleinwand umwickelte, schlurfende Füße. Und andere, welche schneller waren, welche die Haufen der Fuß- und Halblädierten durchbrachen und mit geweiteten flackernden Augen, mit aufgerissenen Mäulern, mit geblähten Nasen, keuchend näher kamen. Und nicht die Überrannten und Niedergetretenen – die lagen mit dem Gesicht im Schnee – jene, die zu langsam waren und zurückblieben, erfüllten die Luft mit Geschrei. Säcke mit Bohnen, mit Schokolade, mit Brot, Schnapsballons zu Scherben zertreten, dazwischen auch kaum andres als

Säcke, Leiber von Soldaten und Gesichter von Gestürzten. Sie kamen nicht mehr hoch, von filzumwickelten klumpigen Füßen zurückgestoßen, wurden sie Masse und wurden sie die Brücke zur Kabinentür und hinein ins Innere des Wundervogels. Und die Brücke wuchs hoch, dermaßen, daß die ›Starken, die Gewinner, die Sieger‹ sich bücken mußten, um in die Kabine zu gelangen. Auch die von der Wache waren betäubt von den gellenden Schreien und der von Sterben geschwängerten Luft. Sie benutzten die Kolben ihrer Gewehre, um sich den Weg zum Eingangsloch frei zu schlagen, oben angelangt, warfen sie ihre Gewehre weg und schlüpften selbst in den Vogel hinein. Versprengte, Verwundete, Sanitätsträger, Soldaten, Offiziere, alle drängten und stießen und schluchteten in das Flugzeug hinein. Und der Raum bot doch nur Platz für zwanzig Mann, dazu war der mitgebrachte Proviant erst zur Hälfte ausgeladen. Der Flugzeugführer hatte keine Wahl – ohne Hilfe, ohne Zeit, der Nebel stieg – kletterte er an seinen Platz. Motor und Propeller liefen. Schnee wurde aufgepflügt. Propellergeheul. Aufheulen der zurückfallenden Menge. Die Kabinentür stand offen. Arme, Beine, Körper hingen heraus. Zweimal schlug die überladene Maschine an den Boden zurück, dann hob sie sich schwerfällig in die Luft.
Beim Starten der zweiten Ju geschah es.
Als dieses mit Menschen überkrustete Fahrzeug aufzuheulen begann und die Masse zurückprallte und in die Reihe der Schwerverwundeten hineingeriet, gab es unter den Schwerverwundeten Tote, und einer war Steiger. Er war nicht sofort tot, er hob seinen Kopf noch einmal. Den großen Vogel sah er davonstieben und dunkle Menschenbälle von sich abschütteln. Er sah auch auf dem Schneefeld die Haufen der Verdammten, die zurückblieben.
›Habe ich ein Haus angezündet? – Nein! Habe ich einem Bauern die Kuh aus dem Stall genommen? – Nein! Habe ich die Wolga nötig gehabt? ... Nein, nein, nein! Doch andre haben sie nötig gehabt. Und Häuser sind angezündet, Kühe sind geraubt, Witwen ist das Brot aus dem Tischkasten genommen worden. Und Frauen und Kinder – meine Augen haben sie gesehen – sind verschleppt worden. Hauptmann Steiger, Kup-

ferschmied Steiger, du bist mitgegangen ... Zur Esse, zum Blasbalg, zum Haus in der Unteren Kochengasse führt kein Weg mehr. Du stirbst ... nicht für Bopfingen, nicht für das Härdtfeld, für ein Stück Kalmückenerde.
Das ist die Schuld!‹
Noch ein Blick aus verlöschenden Augen. Ein weites weißes Feld, und das war eng geworden. Mit der Masse heulender, verzweifelnder, kraftlos nach Osten davontaumelnder Gestalten war es ein weißglühender Tiegel mit auftreibenden grauen Schaumblasen. Ein Schmelztiegel – und der Schaum wird abgehoben und auf den Gekrätzhaufen geschmissen.
›Und das Krumme wird grade. Ja und Amen!‹
So starb Hauptmann Steiger.
Über Pitomnik wurde es finster. In der Mitte der weite Flugplatz, umgeben von einem Wall von Bunkern. In Reihen abgestellte Panzer, Lastwagen, Planwagen, Personenwagen, Trekker, Hunderte nach der einen, Hunderte nach der andern, Hunderte nach noch andern Richtungen ausstrahlend, dicke Schneekappen auf den Plan-, den Blech-, den Stahlgehäusen, ohne Brennstoff, ohne Leben – gleich den Straßen einer verlassenen Stadt, standen die Kolonnen, die langen Reihen der Fahrzeuge da. Und sie waren verlassen und aufgegeben. Und einige Kilometer südlich Pitomnik-Dorf (es waren in diesem zerbombten Ort nur wenige Hütten und vereinzelte Straßenzeilen geblieben, und das Leben hatte sich schon seit langem unter die Erde und in Bunker verkrochen) war verlassen und aufgegeben. Offenstehende und sich im Wind bewegende Türen. An den Verwundetenzelten flatternde Zeltfetzen. An Tür- und Bunkerwänden Anschriften: ›Ortskommandantur – Deutsche Feldpost – Waffenmeisterei – Munitionsausgabe – Entlausungsanstalt – Tankstelle – Verpflegungsamt – Flugleitung – Stab Brenken – Versprengtensammelstelle‹ ... aber kein Mensch, nirgends ein Mensch. Auf Kraftfahrzeugen, auf Pferdefahrzeugen, auf Wagen, auf Schlitten ... an Wagen, an Schlitten hängend, abstürzend und zu Fuß weiterhumpelnd, und von nachkommenden Kolonnen – das waren die aus allen Himmelsrichtungen des Kessels vor dem Verpflegungsamt eingetroffenen und nachher davonjagenden Gefährte – aus-

einandergesprengt, überfahren, von vorwärtsgepeitschten Pferden umgerissen und liegenbleibend oder wieder aufstolpernd, so war die wilde Jagd vorbeigestoben, nach Osten, vom Flugplatz nach Pitomnik-Dorf, nach Haltestelle 14, und wer so weit kam, bis Gumrak, und wer so weit kam, bis Stalingradski, und wer noch weiter kam, bis Stalingrad.
Die Posaunen von Jericho – kein Panzergeschoß, kein Panzer, der Schrei aus einer angstgepreßten menschlichen Kehle und der von tausend Hirnen aufgefangene und weitergetragene Alarmschrei haben diesen Spuk entfesselt und Pitomnik war entvölkert, war wüst und aufgegeben, und nur der eisige Hauch der Wolga strich jetzt über den riesigen Autofriedhof und vorbei an Ruinen und Haus- und Bunkerwänden und Bunkereingängen. Wer in den Dunst hinauslauschte – vielleicht, daß das Wimmern eines Sterbenden sein Ohr berührte; und wer dem Wimmern nachginge – vielleicht, daß er im Dunst die kniende Figur sähe, über eine ausgestreckte Menschengestalt gebeugt, und vom Uniformrock herabbaumelnd eine blinkende silberne Kette, am Ende der Kette ein Kruzifix.
»Nein, ich will nicht . . . ich will nur einmal . . .«
»Was willst du nur einmal, mein Sohn?«
»Acht Jahre Hitlerjugend, dann Arbeitsdienst, dann Landdienst, dann Soldat . . . einmal, Herr Pfarrer, leben ohne Spindkontrolle, ohne Antreten, endlich einmal allein sein . . . Ich will nicht, ich will nicht . . .«
»Auch das Kind will nicht einschlafen, mein guter Junge. Wenn aber die Mutter die Hand über die Augen legt, schließen sich die Augen von selbst.«
Der Sterbende röchelte, seine Gestalt streckte sich.
»Vater unser, der du bist im Himmel . . .«
Und Finger recken sich vor und schließen die Augenlider, ziehen das Soldbuch aus der Brusttasche, brechen das untere Teil der (zu diesem Zweck perforierten) Erkennungsmarke ab und nehmen es an sich. Finger verrichten mechanisch tausendmal geübte Tätigkeit.
Lippen murmeln: . . . »Herr, gib ihm die ewige Ruhe. Und das Ewige Licht leuchte über ihm.«

Der Pfarrer ging langsam weiter. Er ließ den Ort der Verlassenheit, ließ gescheiterte Fahrzeuge, ließ von Lastfuhrwerken auf die Seite geschleuderte Schlitten, ließ verendende Pferde hinter sich. Auf der Landstraße, die sich in eine Steppenschlucht hinabsenkte und am Boden der Schlucht weiterführte, wanderte er in der Richtung Gumrak auf den Spuren des Albs, der mit Explosionsmotoren, mit schleudernden Wagen, auf schlurfenden und strauchelnden menschlichen Füßen vor ihm herrollte.

Wehrmachtpfarrer Kalser war auf dem Wege von Pitomnik nach Stalingrad. Einmal war er Vikar im Corveyer Land, in Höxter an der Weser, gewesen. Und er war aus dem westfälischen Kohlengebiet, aus einer Bergarbeiterfamilie gekommen.

Als ihm eines Tages nur noch die Wahl zwischen Konzentrationslager- oder Wehrmachtpfarrer geblieben war, hatte er sich für die Wehrmacht entschieden.

›Ich bin der Pfarrer der 376. Infanteriedivision!‹ stellte er sich vor, wenn er sich zu einer am Wege liegenden Gestalt hinkniete. Die 376. Infanteriedivision war vor 56 Tagen jenseits des Donstroms angeschlagen worden. Sie war von ihrem Kommandeur, der sich mit den Trümmern über die schwankende Pontonbrücke hinüberrettete, von neuem aufgestellt und bei den Kasatschihügeln von neuem geschlagen und ausgeblutet worden. Nur noch ein Skelett, aus etlichen ausgebluteten Kampfgruppen bestehend, hatte sie sich nochmals erhoben. Und hinter einer dieser Gruppen, mit seinem evangelischen Kollegen Martin Koog und seinem Küster Hans Schellenberg und einem abwechselnd gezogenen Rodelschlitten mit dem Gepäck, war Kalser hergezogen. Jetzt war auch diese Kampfgruppe zersprengt und es war kein Koog, kein Schellenberg, kein Rodelschlitten mehr da, allein zog er seines Wegs.

Protestanten, Katholiken, Russen drückte er die Augen zu. In dieser Nacht waren es keine von Granat- und Raketensplittern Zerrissenen, waren es Geprellte, Gequetschte, Abgestürzte, von Deichseln Gespießte, von Pferden Zertretene, Überfahrene, von schwerem 8-Tonner Zermanschte, waren es

Erfrierende, waren es aus den Verwundetenzelten Geflüchtete und im Schnee Steckengebliebene.
Das Wetter änderte sich. Am Tage war Schnee gefallen, abends war es dunstig gewesen, jetzt war der Temperatursturz da und aus dem hohen Himmel fiel mörderische Kälte herab.
Pfarrer Kalser beugte sich über den nächsten.
Am Blick, mit dem der Priester in ihm gegrüßt worden war, hatte er den Katholiken erkannt, und er holte das faustgroße Beutelchen mit dem aufgestickten ›O I‹ hervor – einen Wattebausch, der schon die Stirn von Hunderten gestreift hatte, eine daumengroße goldne Kapsel mit dem vor Kälte gerinnenden Oleum Infirmorum enthaltend.
»Willst du den Heiland haben?«
Ja! sagen die im Dunst aufscheinenden Augen. Die Hand, nach dem kleinen Beutelchen sich ausstreckend, faßt schon ins Leere. Unter der segnenden Berührung seiner Stirn, unter der aufgelegten Hand wird das Röcheln des Sterbenden schwächer. Vielleicht daß er noch einmal das Ewige Licht seiner Dorfkirche erblickt, daß er noch einmal die Luft seines Dorfes verspürt, ihm seine Mutter, seine Frau zu Hause noch einmal erscheinen.
Geweitete Augen. Todeskampf. Aus.
»Herr Pfarrer, bleiben Sie bei mir!« flehte der nächste.
»Nehmen Sie bitte diesen Brief mit! Schreiben Sie an meine Frau!« verlangten andere.
Fast alle verlangten Abtransport. Viele verlangten eine Zigarette, viele verlangten Brot.
Sterbende, die eine Zigarette rauchen wollen! Sterbende, die nicht nach geweihtem Brot, die nach einem Stück einfachen Schwarzbrot verlangen! Der Pfarrer ist ohne Zigaretten und ist ohne Brot. Er verfügt nur noch über 5 Hostien. Und wie Jesus am See Genezareth mit sieben Fischen fünftausend speiste, so soll er aus fünf Hostien, er weiß nicht wie vielen sterbenden Mündern die Wegzehrung spenden. Und das heilige Öl muß er tief in der Hosentasche bewahren, um es vor dem Einfrieren zu schützen; und wenigstens eine Hand, die rechte, muß er warm erhalten zum Handauflegen, zum Segnen, zum Austeilen der Sterbesakramente.

Ein Gesicht im Schnee. Der Schnee ist weiß, das junge Gesicht ist gelb wie Wachs.
»Wie heißt du, mein Junge?«
»Von Hollwitz.«
»Wo fehlt's – ich bin der Pfarrer von der 376.«
»Eine Zigarette, dann fehlt nichts mehr!«
Die Schneenacht, der wüste Himmel, die Silhouette des Pfarrers (ein grober Bauernpfarrer) – das ganze Elend packte den jungen von Hollwitz und seine Haltung brach zusammen, er heulte auf, roter Blutschaum trat ihm auf die Lippen. Der Arm unter dem übergehängten Mantel und die eine Brustseite stak in einem Verband. Einer aus den Verwundetenzelten. Unterwegs hatte er gewinkt, es hatte nichts genutzt. Kein Wagen hatte angehalten. Ein Wagen, den er zum Anhalten zwingen wollte, und dem er sich entgegenstellte, hatte ihn erfaßt und zu Boden geschleudert, und da war er liegengeblieben. Zwanzig Jahre – in seiner Tasche im letzten Brief von seinem alten Herrn heißt es ›... gestern auf dem Stand, ein Vierzehnender, ich hatte ihn vor dem Lauf. Aber nein, den hebe ich auf, bis Du zurückkommst, der ist für Dich ...‹ Ein Vierzehnender ... und Ilse, mein Gott ... und ein Schuft von Fahrer, und Schnee und Nacht und in der Nacht ein Pfarrer. Mein Gott, das kann nicht sein.
Das letzte hatte er laut geröchelt.
Die Hand des ›groben Pfarrers‹ war jetzt doch eine menschliche Berührung, eine Hand in letzter Not. Der sich gegen den Tod Wehrende wurde ruhiger, er schluchzte nur noch. Nach einer Weile drückte Pfarrer Kalser dem jungen von Hollwitz die Augen zu, faltete die Hände über der Brust zusammen, brach die halbe Erkennungsmarke ab und steckte sie in die Tasche.
Der Weg zog sich.
Die Erde weiß, der Himmel darüber grau. Im Schnee Tote, Sterbende, Lebende. Im Schnee festgefahrene Autos und fluchende Fahrer. Männer, die mit Stahlhelmen, mit Händen Räder freischaufelten, Stücke Wegs freilegen. Schweiß auf Stirnen, lahmgekurbelte Arme, eingefrorene Motoren, die nicht anspringen wollen. Auf die Seite geschleuderte Schlit-

ten, umgestülpte Wagen, zerbrochene Räder, ledige Pferde, müde Schritt vor Schritt setzend, abseits in der Nacht verschwindend.
Gruppen humpelnder, vorwärts wankender Gestalten.
»Wohin, Jungens?«
»Nach Stalingrad!«
»Aber was wollt ihr denn in Stalingrad?«
Verständnislose Blicke, flackernde Blicke, idiotisches Auflachen. Der Schnee unter den dick umwickelten Füßen knirscht. Neben dem Wege ein auftauchendes dunkles Dreieck, auf den Vorderfüßen richtet es sich auf, fällt wieder zusammen, ein verendendes Pferd.
Stalingrad! Was denn wohl sonst, was gäbe es wohl noch in dem weißen wehenden Chaos? Schnee knirscht. Knie zittern, müde Füße, mühselig schleppen sie die Last ausgemergelter Körper. Frostweiße Nasen. Abfallende Ohren. Gefrierende Tränen. Lallen.
»Wohin?«
»Stalingrad!«
»Was ist los, mein Junge?«
»Ich muß sitzen, das Herz!«
»Sitz nur, ich bleib' bei dir!«
»Das Herz, auch die Füße ... und dieser Schuft. Rohwedder.«
»Wer ist Rohwedder?«
»In Pitomnik ist er ...«
Oberleutnant Rohwedder – in Pitomnik ist er mit dem LKW auf und davon gefahren, nach Stalingrad, Fahrer und Mitfahrer hat er zurückgelassen.
»Und wie heißt du?«
»Kalbach, Herr Pfarrer.«
»Geht's besser?«
»Schlechter, ich muß liegen.«
»Lieg nur, da, den Tornister unter den Kopf. Und die Decke, damit zugedeckt. Ich bleib' bei dir. Wo bist du her?«
»Urbach in Thüringen ...«
Das Gesicht verfällt, mit veränderter ferner Stimme: »Martha, du mußt jetzt nicht so schwer heben ... Nun, Herr, da müssen Sie eben dreschen helfen, denn Martha kann jetzt nicht arbei-

ten, und bei der Kälte schaff' ich's auch nicht! ... Nein, mich hält bloß noch der gute Wille, sonst breche ich zusammen ... 24 Zentner Roggen und 3 Zentner Hafer liefern, das ist allerhand, und 25 Heu und 90 Kartoffeln ...«
Die Stimme des Phantasierenden wurde leiser.
»Morgen werde ich das letzte Korn dreschen, dann die 25 abliefern ... warum nach Stalingrad bringen, nun gut also, daß sie mich bloß in Ruhe lassen ... Wenn bloß der schreckliche Krieg mal ein Ende hätte ... Auf dem Bahnhof wird schon wieder Stroh verladen. Aber wir geben keins ab. Hörst du, Martha ...«
»Du, Martha, denkst du noch ...«
Eine Schneeflocke setzte sich auf die Nase Kalbachs, eine andere setzte sich auf seine Lippen, der Schnee blieb liegen. Und wieder wurde die Hälfte einer Erkennungsmarke abgebrochen und gelangte in die Manteltasche zu den andern.
Protestanten, Katholiken, Heiden ...
Allen teilte er seinen Segen aus. Wer den Heiland haben wollte, dem teilte er ihn mit. Wer ohne den Heiland sterben wollte, den ermahnte er nicht. Worte sind billig geworden und ohne Kraft. Den Zitternden hielt er die Hände, den Sterbenden legte er die Spitze seiner Finger auf. Den Verschiedenen hauchte er den Mutterkuß auf die Stirn. Mit jedem Sterbenden starb er und mit jedem Leidenden fühlte er eigne Schuld anwachsen.
Christus – der Wehrmachtpfarrer der 376er, Vikar aus Höxter, Bergarbeitersohn aus dem Oberhausener Kohlenpott war kein Schriftgelehrter, dieses Zeichen aber war in ihm und er sah es aus dem Schnee aufstehen und bis zum Himmel wachsen. Daß es *ein* Zeichen ist und daß aus anderen geographischen und geistigen Zonen der Menschheit andere Zeichen, etwa *Tao*, etwa *Vernunft*, an die gleiche Stelle gesetzt sind, das ging ihn nichts an, er war ein schlichter Sohn seiner Kirche.
Einige Zeichen – gleichviel, wenn sie das gleiche zum Ausdruck bringen. Einige Zeichen, aber nur *eine* Wahrheit. Und die Menschheit ist von der Wahrheit abgefallen. Sie hat keine Mitte mehr. Ohne Mitte Zerfall der menschlichen Bindungen. Keine Verpflichtung mehr, die Wahrheit zu sprechen, das

Rechte zu tun. Das Wort ist billig, Macht ist gleich Recht geworden.
Henker in der Hitlerarmee sind dem Wahnsinn verfallen und Priester in der Hitlerarmee sind dem Wahnsinn verfallen, die einen in letzter Absonderung, die andern zermalmt von Schuld und unterspült vom Chaos.
Schuld – Sühne!
Wenn Ursache ohne Wirkung, wenn Schuld ohne Sühne bleiben könnte – das Gleichgewicht der Welt wäre gestört, und kein Bestand der Dinge wäre, und nur noch Verkehrung.
Und das kann nicht sein!
Und Knochen aus der Hose herausspießend, Gedärme aus dem Bauch hervorquellend, Augen in Irrsinn verkehrt, Menschen in Schluchten zerstampft wie in irdenen Töpfen. Und der kniende Priester fragt nicht den einen und fragt nicht den andern und fragt nicht den dritten und fragt niemand nach seiner Schuld.
Nein: er forderte niemand dazu auf, und er wollte von keinem eine Beichte hören. Und was hätte Kalbach, was der junge von Hollwitz, was der bleiche Knabe, der endlich mal allein sein wollte, was hätte das hingestreckte einsame Opfer beichten können? Sein hingelegtes kleines Pfund hätte die Schale des Zorns niemals so hoch heben können! Keiner auf dem Wege vom Don bis Pitomnik und aus Pitomnik über Gumrak und weiter bis Stalingrad büßte nur die eigne Schuld.
Opfer . . .
Das Opfer sühnt für alle!
Christus: dieses Zeichen sah der Priester aus dem Schnee bis in den Himmel aufragen und es war ihm nicht von dieser Welt.
Da war es: wiedergekommen, fordernd und richtend, das Krumme wieder grade richtend, das Verkehrte wieder ordnend, das Gespaltene wieder zusammenfügend, und diesem Zeichen ging er entgegen durch den Schnee und er segnete nicht mehr. Die Finger waren ihm erfroren und die Hand, welche die Kapsel mit dem heiligen Öl umklammerte, war wie taubes Holz geworden. Und nicht nur dem von Osten wehenden eisigen Wind beugte er den Kopf entgegen.
Er wanderte über apokalyptisches Land.

In der gleichen Stunde:
In der gleichen Stunde saß in seinem Bunker in der von schneestarrenden Hängen umgebenen Tulewajaschlucht Generalleutnant Cönnern zusammen mit dem Kommandeur der Nachbardivision. »Ich habe gar nicht gewußt, daß Bär ausgeflogen war!« sagte Cönnern. – »Ja, war beim Führer zum Vortrag und ist zurückgekommen mit bestimmten Zusagen!« sagte der andere, ein rothaariger General. – »Was für Zusagen?« – »Nun: bezüglich Reorganisation des Nachschubs!« – »Nachdem die halbe Armee verhungert oder erfroren oder gefallen ist, etwas spät!«
»Der Führer soll drakonische Maßnahmen angeordnet haben. Kapitulieren gibt es nicht, hat er gesagt, wir sollen uns an ihm ein Beispiel nehmen!«
»Was heißt das, Damme?« – Damme zuckte die Achseln: »Vielleicht, daß ich Wasser saufen soll wie er!« (Damme war ein Mann, der das Leben liebte. Er war kein Kostverächter, er ging den Frauen nicht aus dem Wege. Und es ging von ihm die Rede, daß er, als vor siebenundfünfzig Tagen die Stellungen in der Donschleife in die Luft gingen, etliche tausend Flaschen französischer Weine in seinem Bunker hätte im Stich lassen müssen und nur die Zigarren hätte er, mit seinem Befehlswagen über die Pontonbrücke übersetzend, retten können.)
»Was an uns hier geschieht, sieht täglich mehr nach einem Verbrechen aus!«
»Ja, es wäre an der Zeit ... man braucht wirklich bald wieder mal frische Luft!«
»Bei Gott, es wäre an der Zeit, mit der Faust auf den Tisch zu schlagen!«
Die beiden Divisionskommandeure wurden unterbrochen. Der Ia Cönnerns trat ein, der Ib, der Verpflegungsoffizier waren mitgekommen, sogar ein Beamter, der Intendantur-Rat, war dabei.
»Pitomnik ist gefallen, Herr General!«
»Was! Wie, wie ist das möglich?«
Der Ia schob den Verpflegungsoffizier vor, der mehr tot als lebendig schien. Er sah aus wie aus dem Schnee gezogen. Der Mantel offen, die Knöpfe fehlten, die Taschen ausgerissen.

»Ein Panzerüberfall . . .« – Panzer! Am Flugplatz, am Verpflegungsamt, am Dorf Pitomnik, überall Korken von Gefährten, eins sich in das andere einkeilend und die andren überrennend. Flüchtende Truppen. Unbeschreibliche Szenen. Aber Genaues – von welcher Seite, in welcher Stärke der Überfall, welche eignen Truppen im Gefecht standen, das war von dem Verpflegungsoffizier nicht zu erfahren.
Der Fernsprecher klingelte. Der Ia nahm den Hörer ab, sprach mit dem Ia vom Armeekorps. Ein Befehl: Die Gruppe Vilshofen soll sich absetzen bis Pitomnik und dann nach Woroponowo in Marsch gesetzt werden!
Aber wo ist die Gruppe Vilshofen, wenn doch Pitomnik . . . die Gruppe Vilshofen stand westlich Pitomnik. Und wo ist die Gruppe Keil (die gesundeste der Gruppen, die Damme noch in der Hand hielt), fiel diesem jetzt ein.
Cönnern trommelte mit der Faust auf dem Tisch.
»Haben Sie Panzer gesehen, Hauptmann?«
»Nein, Herr General!«
»Ist mit Vilshofen versucht, Verbindung aufzunehmen?«
»Bisher nicht, Herr General!«
»Also: aufnehmen, aufnehmen!«
Es stellte sich heraus: Gruppe Vilshofen meldete sich. Vilshofen stand nach wie vor, und zehn Tage lang, mit der Stirn nach Westen, in Abwehr- und Absetzkämpfen, von einem Einbruch in seinem Rücken war ihm nichts bekannt.
Und zudem: die Drahtverbindung mit Vilshofen lief durch Pitomnik.
»Was ist da los, die größte Schweinerei in der ganzen Geschichte dieses Schweinekrieges! Was ist da los, Hauptmann? Haben Sie Verpflegung mitgebracht?« – »Nein, Herr General!« – »Weshalb nicht, Herr? Das will ich wissen, bitte sehr!« – »Das Verpflegungsamt hat sich . . . hat sich . . .« – »Was hat es sich?« – »Hat sich liquidiert, Herr General!« – Das Korps meldete sich wieder. – »Der Kommandierende General läßt anfragen, was für eine Schweinerei dort im Bereich der Division im Gange sei und wünscht umgehend Meldung!« – »Wird festgestellt und sobald Klarheit, gemeldet!« bellte Cönnern seinen Ia an, der den Bescheid weitergab. – »Die ganze Armee

ist reif fürs Irrenhaus!« erklärte Damme, der über Cönnern, über den Ia, über den Verpflegungsoffizier, über alles, was er eben vernommen, nur vermocht hatte, den Kopf zu schütteln. Es erübrigte sich für Cönnern, weitere Klarheit in den Fall Pitomnik bringen zu müssen. Das Korps rief nochmals an. Der kommandierende General selbst war am Fernsprecher. Schwere Angriffe der Russen stehen anscheinend von Südwesten her bevor, erfuhr Cönnern, und er hatte nicht nur die Gruppe Vilshofen in Marsch zu setzen, sondern mit der gesamten Division – die Division Damme erhielt den gleichen Befehl – in Richtung Woroponowo abzurücken.

In der gleichen Stunde befand Oberst Carras sich in seinem ›möblierten Zahnstocher‹. Nicht zufrieden mit seinem Bunkerloch hatte er neben dem in der hohen Hausruine gelegenen Beobachtungsstand ein zweites Quartier bezogen, von wo er tags einen weiten Blick über das Stalingrader Panorama, über die gefrorene Wolga und über das weite flache Land am andern Ufer hatte. Hier hatte er sich einen aus Trümmern gezogenen Sessel und ein als Ablage für einen Aschenbecher und etliche Utensilien dienendes Regal aufstellen lassen; und da saß er jetzt mit einer Schreibmappe auf den Knien. In Stichworten – für einen Bericht oder noch besser für einen Vortrag nach baldigem Ausfliegen – konzipierte er seine Eindrücke von zwei Tagen: Armeestab im Umzug, Armeeführer nicht, die übrigen Herren kaum zu sprechen, und dann nur für Minuten – im übrigen: im Armeestab, auch in Korpsstäben: Verwirrung, Kopfhängerei, Verständnislosigkeit für hehre Aufgabe, insbesondere für Idee des Opferns – in niederen Stäben, soweit bisher in Berührung gekommen, Verwirrung, Kopfhängerei, Verständnislosigkeit in gesteigertem Maße, bis zur Kritik an oberster Führung – auch Bericht Bär hat nicht anfeuernd gewirkt, man glaubt nichts mehr, man ist skeptisch – im ganzen: kämpferische Gesinnung hat einen schweren Knax bekommen – in der Truppe Rumtreiberei, Disziplinlosigkeit, Gerüchtemacherei in hoher Blüte, da hilft nur Durchgreifen. Eiserner Besen! – Schlage vor: Gerüchtemacherei zu lenken. Habe bereits in dieser Richtung eingegriffen. Als ich hier ankam, war Karpowka gefallen, habe meine Leute sofort angesetzt zur Flüsterpropaganda: ›Deutsche Kanonen donnern schon vor Karpowka!‹ – Frage der Abgrenzung der Kompetenzen und des schädlichen Einflusses der Wehrmachtpfarrer auf Gemüt des Mannes nachgeprüft; insbesondere muß unterbunden werden als Mittler zwischen Mann und Heimat aufzutreten (geschieht massenhaft in Form der Übermittlung von letzten Briefen und letzten Grüßen) – im übrigen interessanten Versuch in Truppe gemacht. Heimatbriefe in Schreibstube auf Schreibmaschine tippen lassen. Leute begrüßen Neuerung, können Kopien gleichzeitig an verschiedene Empfänger schicken. Im übrigen wird Einheitlichkeit im Berichten über Lage im Kessel erreicht, auch hier Lenkung ... Im übrigen (aber das schrieb Carras nicht nieder) wäre baldiges Ausfliegen das beste!

In der gleichen Stunde saß in der schneeverwehten Fu-Stelle Gumrak der Funker Gerhard Rumpstelz und sendete nach außen bestimmte und entschlüsselte eingehende Funksprüche. Ein Funkspruch ans OKH, Chef des Generalstabs, General Zeitzler, lautete: ›Wir gehen hier einer Katastrophe entgegen. Fast keine Verpflegung, wenig Munition, wenig Sprit. Da muß alles bald am Nullpunkt sein. Frage ist: was sagt der Führer dazu?‹ Eingehende Funksprüche lauteten: ›Anerkennung an Führung und Truppe für großen Abwehrerfolg. Ich sehe Vorschlägen für Auszeichnungen entgegen. Gez. von Manstein.‹ –›Dem II. Grenadier-Reg. 134 meinen Dank und meine Bewunderung. Gez. von Manstein.‹ (Wem ist da Dank und Bewunderung auszusprechen, das II. Grenadier-Regiment existiert bis auf sechs Mann doch nicht mehr! denkt der Funker.) Noch ein Funkspruch: ›Der Kampfgruppe Vilshofen meinen Dank und meine Anerkennung. Oberst Vilshofen ist mit Wirkung vom 1. 1. 43 zum Generalmajor befördert. Gez. von Manstein.‹

In der gleichen Stunde glitten die Räder eines Kfz – das war zwischen der Fliegerschule und den ersten Stalingrader Häusern – über ein hochgelegenes und vereistes Stück der Landstraße. Der Fahrer benutzte die Fußbremse. Der Wagen drehte sich, trieb quer über die Straße, geriet an die Böschung, rutschte ab und überschlug sich. Neben dem verbeulten Autowrack und zwischen Stücken und dem in Pitomnik empfangenen Proviant saß Oberleutnant Rohwedder. Da hätte er sitzenbleiben können bis zum andern Tag und bis er erfroren wäre; da hätte er auch von einer Postenstreife aufgegriffen und in die Ortskommandantur eingeliefert werden können. Aber er wurde von einer andern Streife, von einem auf Beute streifenden Feldwebel Lachmann aufgefunden. Und der begriff auch, als er zwischen den Stücken des Wagens und dem verstreuten Proviant die kerzengrade sitzende Gestalt sah und die starr bleibenden blauen Augen aufmerksam betrachtet und einige Sätze mit dieser Figur gewechselt hatte, um was es sich hier handelte.

»Der Nabel ist also offensichtlich abgerissen«, sagte Rohwedder mit klarer Stimme und ohne dabei eine Miene zu verziehen. – »Ja, ganz offensichtlich, das scheint mir auch.« – »Nun, die Hauptsache, kämpferische Gesinnung, die bleibt uns!« – »Die bleibt, auch ohne Nabel natürlich!« – »Kampfgesinnung, Naturverbundenheit, selbst ein Stück Natur werden, das ist das Wichtigste des Berufes! Was halten Sie sonst von der allgemeinen Lage?« – »Etwas bewölkt«, meinte Lachmann, »aber immerhin, ich seh' einen Silberstreif«, und er zählte auf, was er sah: »Erbsen, Schokolade, Knäckebrot, Rindfleisch. Und da drin ist wohl Schnaps?« – »Ja, voller Tagessatz für die Gruppe!« – »Großartig! Aber wollen wir nicht mal aufstehen. Es wird kalt von unten.« – »Ja, etwas kalt allerdings!«

Die Lage war für Lachmann klar: mit dem ganzen Proviant war er abgehauen, war in den Graben reingeschlittert, hat jetzt eine Art Gehirnerschütterung. Aber was mit ihm anfangen? Sitzenlassen geht nicht. Das könnte andere auf diesen fetten Trümmerhaufen lenken. Er stellte Rohwedder auf die Füße. Die Glieder waren heil. Es war nur der Kopf, der gelitten hatte. Aber immerhin, war ein disziplinierter Bursche! Er wurde von Lachmann wie ein Packesel behängt. Lachmann nahm ebenfalls soviel er schleppen konnte an sich. Und dann ging der Weg auf Umwegen an Postenstellen vorbei, nach Stalingrad hinein, und weiter über Trümmerfelder weg und durch Stacheldrahtverhaue und über Höfe und zwischen Hausdurchbrüche und schließlich Treppen hinunter bis in einen Bunker. Und so gelangte Rohwedder in einen Unterschlupf der immer zahlreicher auftretenden Marodeure, in eine Höhle der ›Stalingrader Unterwelt‹.

In der gleichen Stunde knirschten Schlitten über das weite russische Hinterland in langen, endlos scheinenden Kolonnen, neben den Schlittenkarawanen rollten schwerbeladene Lastwagen den gleichen Zielen zu. Jenseits Stalingrad am flachen Wiesenufer türmte sich die Munition neben den Fernkampfbatterien. Über die gefrorene Wolga hinüber zog sich ein langes Band marschierender Truppen, Rotarmisten in kurzen Pelzen, Pelzkappen, Fausthandschuhen und dicken schafwollenen Filzstiefeln, Infanterie, Maschinenpistolenschützen, Artillerie, Raketenwerfer, Panzer. Die Richtung war dieses Mal Woroponowo. Von Nordwesten, von Westen, von Süden her waren bisher die Schläge gefallen und einander gefolgt. Und wie rollende Bälle waren die deutschen Divisionen von einer Richtung zur andern über das weite weiße Feld gejagt worden. Der Kessel war zusammengeschrumpft. Es war nur noch eine Überkrustung der Stadt und eine Ausbuchtung, ein am Wolgaknie hängender häßlicher Sack vorhanden.

Von Südwesten her in der Hauptrichtung Woroponowo sollte dieser Sack aufgestochen werden.

Die Ringbahn bot die letzte Verteidigungslinie.
Ein Eisenbahnstrang, vom Wolgaufer und dem Stadtzentrum über Gorodischtsche und Gumrak an fünfzehn Kilometer in die Steppe hinausführend, nach Süden umbiegend und über Woroponowo zum Wolgaufer zurückkehrend, bezeichnete den aus gefrorenem Lehm und Schotter und Schnee gebildeten und von zerlumpten, ausgemergelten, hohläugigen Soldaten besetzten Wall, hinter dem, auf engem Raum zusammengepreßt, das Schicksal der 6. deutschen Armee sich vollziehen sollte.
Der Norden und die bei Gorodischtsche und Gumrak in Schluchten und Einklüftungen geduckten Bunkerkolonien mit ihren Artilleriestellungen und Stabsquartieren waren seit den Tagen des deutschen Vormarsches zur Wolga wie eingefroren und blieben auch jetzt fast unberührt. Da war der Tulewajagraben; in den heißen Herbsttagen und bis in den November hinein hatte er Wellen von Panzern und Wellen stürmender Infanterie verschlungen und den Namen Todesschlucht erhalten. Da waren, Grab an Grab und Kreuz neben Kreuz – und es gab da Nummern lange verschollener Regimenter – die Todesgevierte der großen Stalingrader Soldatenfriedhöfe. Da waren, in alten Kasematten noch aus der Zarenzeit, die Armeeverwundetensammelstelle Gorodischtsche und das Armeelazarett Gumrak, und auch sie waren nichts als Auffangstellen für die vor ihren Toren wachsende Gräbersteppe. Da waren Artillerieregimenter, die noch Pferde, noch gefütterte Pferde, besaßen – sie hatten in den Sommer- und Herbsttagen in weiter Umgegend fouragiert. Da waren Artillerie-, Armeenachrichten-, Armeeversorgungstruppen, oder

die übriggebliebenen Stäbe dieser Truppen, auch Korpsstäbe, die nicht nur fouragiert, die auch proviantiert waren und auf alte Bestände hatten zurückgreifen können, und die in ihren in einsamen Schluchten gelegenen Bunkern so gut getarnt waren, daß sie nicht nur nicht gesehen wurden, sondern daß auch sie selbst von dem auf den Hauptstraßen vorbeihumpelnden hohläugigen Elend kaum etwas gesehen hatten.

Da hatte es vorkommen können, daß der Kommandeur der Nachrichtenabteilung einer Infanteriedivision spazierengehenderweise an die inzwischen nah herangerückte Infanterielinie und auf einen bekannten Hauptmann stieß, daß er in die Tasche griff, eine zufällig dort befindliche Haferprobe herauszog, den Hauptmann danach greifen und nicht nur einige Kerne, sondern die ganze Handvoll Hafer aufknabbern sah und so erst begriff, was er bisher nicht gewußt hatte: daß sein Bunker von einer Woge des Hungers umgeben war.

Da hatte es vorkommen können, daß der Kommandeur eines bei Höhe 107 liegenden Artillerieregiments eines Tages eine Gruppe Soldaten – als ob sie aus Sümpfen und Gräbern gezogen worden wären, sahen sie aus – über den Steppengraben herüberkommen sah, und daß er, als er auf seine Frage »Wohin?« – »Stalingrad!« erwidert bekam, und auf seine Frage »Woher?« die Auskunft: »Karpowka! Baburkin! Sapadnowka! Rossoschka!« erhielt, erstmalig erfuhr, daß Karpowka, Baburkin, Sapadnowka, Rossoschka und die ganze deutsche Front ringsherum zusammengebrochen war.

Da hatte es vorkommen können, daß ein bei Gumrak liegender Funkerleutnant in der Nacht Klopfen hörte und nicht aufmachte und am andern Morgen die Tür nicht mehr aufbrachte und er Hilfe von außen herbeirufen mußte, welche die Leichname von drei Landsern, die vor der Bunkertür eingeschneit und erfroren waren und die Tür blockierten, wegzuräumen hatte.

Da hatte es vorkommen können, daß der Kommandierende General eines Armeekorps, ein Herr von jugendlich elastischer Erscheinung mit gepflegtem grauem Haar, als er auf der Straße Gumrak–Gorodischtsche einem Zug wankender und sterbender Gestalten begegnete, sich in heller Empörung an

die Armee wandte und verlangte, daß alle kranken Soldaten unverzüglich in Verwundeten- und Krankensammelstellen einzuliefern wären! Von seiner Seite war es ein ohnmächtiger Protest. Von Anbeginn des Kessels an hatte er auf Liquidierung des unmöglichen Zustandes und auf einen organisierten Durchbruch nach Westen gedrängt. Er hatte das Sterben aufdammen sehen und er wußte, daß es nun schon siebenundfünfzig Tage dauerte, er wußte, daß die Verwundeten- und Krankensammelstellen außerstande waren, die Massen an Kranken und Sterbenden aufzunehmen und daß der Marsch des Todes nun auch auf seine Straßen übergriff.
Das war der Norden, der jetzt hart an den Verteidigungsring heranrückte. Der Invasion durch die Wankenden und Sterbenden konnte dieses Gebiet mit den gut getarnten Bunkern und seinen durch den Schnee getretenen Wegen sich nicht länger sperren, dem direkten Zugriff durch die gegnerischen Waffen blieb dieser einmal zentrale und jetzt nördliche Teil des Kessels auch dieses Mal noch entzogen.
Das Einreißen des Todessackes geschah vom Süden her.
Sieben Tage waren vergangen seit dem Kapitulationsangebot des Sowjetoberkommandos. Sieben Tage hatte der Druck von Westen und Südwesten her angehalten. Der Ring der Verteidiger hatte Brüche gezeigt, hatte sich enger zusammengezogen und wieder geschlossen: er wurde immer wieder aufgerissen und seine Einheiten wurden immer weiter gerollt, von Westen her gegen Pitomnik und die Ringbahn und von Südwesten her ebenfalls gegen die Ringbahn.
Pitomnik war in Panik verlassen worden.
Auf Befehl der Armeeführung hatte es anderntags von den Versorgungsstäben wieder aufgesucht und geräumt werden müssen. Es war schon spät, schon gegen 11 Uhr geworden – und bald nach drei wurde es schon dunkel – bis die Zahlmeister mit ihrem Gefolge von Oberfeldwebeln und Unteroffizieren und Gefreiten und mit langen Wagenkolonnen auf dem Platz eintrafen. Auch die Flugleitung und das Bodenpersonal, soweit es auf den Fluchtstraßen hatte angehalten und festgestellt werden können, traf auf einigen Kfz wieder ein. Es war hohe Zeit – zwei Junkers und eine große viermotorige Condor

kreisten wie ratlose Vögel über dem verlassenen Nest. Ohne Signale und ohne Anweisungen vom Boden her, auch ohne zu wissen, was inzwischen geschehen sein konnte, wagten sie nicht auf dem weiten Friedhof von Maschinen zu landen.
Sie erhielten die Landesignale und sie schwebten nieder und setzten sich an den Boden. Die Flugzeugführer verließen ihre Plätze, kletterten herunter und vertraten sich die Füße. Die Motoren und Propeller ließen sie laufen. In zehn, zwanzig Minuten mußte das Aus- und Einladen fertig und mußten sie wieder startbereit sein. Sie blickten sich um, einer der beiden Ju-Führer, der schon oft hier angeflogen war, zog die Nase kraus, sog wie witternd die Luft ein. Etwas war geschehen, was anderes als sonst. Der aufgeregte Flugleiter war nicht aufgeregt – war grau im Gesicht und blieb stumm. Der Flieger betrachtete eine in der Nähe stehende Fieseler-Storch, ein Autoomnibus war hineingefahren und hatte sich in die Kabine eingedrückt, auch sonst hatte es Kollisionen auf dem Platz gegeben. Einen kleinen PKW beobachtete er, der zwischen den abgestellten Flugzeugen umherkurvte, bald hier, bald da bei einer Gruppe anhielt und nach kurzem Hin und Her weitersauste, um wieder anderswo anzuhalten. Der Flieger drehte sich weiter in kleinem Umkreis herum. Auf dem Schneefeld lagen Tote. Er erblickte den andern Ju-Führer und schlenderte hinüber: sie betrachteten eine Reihe auf Traggestellen Ausgestreckter mit verbundenen Köpfen, eingeschienten Armen, Beinen, erstarrten Gesichtern ... sie waren hier auf freiem Felde erfroren.
»Achtundzwanzig«, zählte der eine.
»So was habe ich noch nicht gesehen!«
Und wo waren die Sanitäter, wo die Schwerverwundeten, die auszufliegen waren? Passagiere gab es genug, verwundet waren sie alle, oder der Irrsinn flackerte in ihren Augen, diesmal waren es solche, die auf ihren eigenen Füßen ankamen.
»Der da drüben«, sagte der eine und deutete auf eine über das Schneefeld stakende Gestalt mit einer hohen Pelzmütze: »Acht blaue Lappen hatte er in der Hand, die hat er mir angeboten, dafür sollte ich ihn mitnehmen.« Der mit der Pelzmütze war auf dem Wege zur Condormaschine.

»Was ist mit der Condor los?«
»So ein Riesenrindvieh!«
Die Condor stand da mit ihren mächtigen Tragflächen und die vier Propeller zeichneten sich wie Striche gegen den Winterhimmel, sie waren ohne Bewegung. Der Condorführer hatte die Motoren abgestellt. Er stand neben seiner Maschine, krummgezogen vor Kälte. Die Augenbrauen bereift, auf seinen Wangen blaue Flecke, er war zu leicht angezogen.
»Ja, Menschenskind, was machst du denn, du hast den Motor abgestellt. Der friert dir doch ein!«
»Friert ein?!«
Er wußte es nicht oder hatte nicht dran gedacht. Er war ein Atlantikflieger, war erst am Vorabend aus Bordeaux nach Mariupol gekommen. Mit einem Satz war er in seiner Kanzel, wollte die Motoren anlassen. Sie sprangen an, blieben wieder stehen, sprangen ein zweites, ein drittes Mal an, dann war es aus. Der Anlasser war durchgeschmort.
Wo einen Anlasser herbringen?
Es gab keinen für eine Condor!
Im ersten Moment gab der Condorführer sich noch keine Rechenschaft über seine Lage. Erst als er vor dem Flugführer stand, erhielt er einen Schock. »Die Russen stoßen vor auf Pitomnik. Sechs Kilometer von hier schießen Raketengeschütze!« hörte er sagen.
»Und meine Condor?«
»Mein Gott, Ihre Condor!« Der Flugleiter ließ seinen Blick über das Riesenflugzeug gleiten und weiter über das Feld, wo an hundertfünfzig oder an zweihundert Maschinen standen, nicht ohne Anlasser, aber ohne Betriebsstoff. Auf dem gleichen Haufen wird auch eine Condor noch Platz haben! schien sein Blick zu sagen.
Der kleine PKW, der noch immer herumkurvte, hielt vor dem Flugleiter an. Ein Hauptmann sprang heraus, ein Gesicht voller Narben.
»Tut mir leid, Hauptmann. Habe in der ganzen Gegend herumdrahten lassen. Niemand weiß was, keine Spur!« wurde er vom Flugleiter empfangen.
Der Hauptmann sauste schon weiter. Im Auftrag der Armee

hatte er einen Obersten Schwandt zu finden, der mit seiner Truppe Pitomnik-Dorf bis zum andern Morgen neun Uhr, bis das Verpflegungsamt geräumt sein würde, halten sollte.
Die beiden Jus starteten, der Condormann blickte ihnen nach, blickte dann trübe über den weiten Platz. Soldatenhaufen zogen vorbei, wie Rauch stiegen sie aus dem Schnee auf und trieben quer über das Feld. Der Atlantikflieger vergaß, daß ihm hundekalt war. Wie können Gewehre, sogar Maschinengewehre in die Hände solcher Haufen kommen, Haufen wandernden Unrats! Keine Füße – Lumpensäcke sind es, auf denen sie sich bewegen. Keine Mäntel – es waren einmal Mäntel und sind nur noch ausgestopfte Bälge, auf den Rücken Decke, Kochgeschirr, auch mal ein Kochtopf, auch mal eine bunte Bettdecke, und Aufgelesenes: Holztrümmer, Brennholz für die nächste Unterkunft wahrscheinlich, nichts als Gelump. Und Gesichter, Gesichter ... Augen und Backenknochen und Nase hervorscheinend aus Gewickel und Gehänge von Dreck und Fetzen und Barthaar.
Einer trat an den Flieger heran. Er streckte die Hand aus und deutete auf die Zigarette, die der Flieger im Mund hielt. Die Hand, er hatte sie aus der Tasche gezogen, war umwickelt bis zu den oberen Gelenken der Finger, die mit ihren Nägeln wie schwarzpolierte Krallen aus den Bandagen hervorragten. Das Gesicht zerknittert, kurzsichtige braune Augen. Der Mann mußte einmal eine Brille getragen haben, kreisrunde Ringe von Schorf, wo die Brillenfassung, ein Wulst aus Schorf, wo der Brillenbügel einmal die Haut berührt hatte. Der Flieger machte keinen Zug an der Zigarette mehr, er starrte den Mann, starrte die andern an.
»Wohl verbündet?« fragte er.
Der Mann verstand nicht.
»Wohl ein Kroate?« fiel dem Flieger ein.
»Mensch, mach kein' Schmus, gib schon die Kippe her!« sagte der Soldat. Er erhielt die halbe Zigarette, machte einen gierigen Zug. Es war der Soldat Stübe, der bei der Gruppe Tünnes hieß. Er machte noch einen Zug, gab den Rest weiter an August Fell, auch Liebsch durfte einmal ziehen. Sie stapften weiter. Kochtöpfe klapperten, das Gelump an Decken und Din-

gen an ihren Rücken schwankte. Deutsche Soldaten, vorderste Kampflinie! begriff der Flieger. Das war der Moment, in dem er vergaß, daß ihm hundekalt war.
Am Rand des Flugfeldes hielt der kleine PKW an. Der Hauptmann sprang heraus, trat an einen Mann heran, betrachtete ihn noch einmal genau und packte ihn an beiden Schultern: »Menschenskind, Latte!«
»Hannes ... Hauptmann Tomas!«
»Sag schon Hannes! Und was macht ihr hier?«
»Wir setzen uns ab. Wir sollen nach Woroponowo.«
»Und der ›Alte‹?«
»Vilshofen ...«
»Was ist los, ist was passiert?« fragte Tomas hastig, als er das junge Gesicht Lattes sich verfinstern sah.
»Nein, nichts ist passiert. Alles in Ordnung, er ist ganz in Ordnung!«
Irgendwas war ganz und gar nicht in Ordnung! verstand Tomas. Vilshofen war sein Kommandeur, als sie über den Mius gingen, als sie Rostow einnahmen, als sie im Panzerverband über die Kalmückensteppe marschierten, als sie in Stalingrad einfielen. Was ist nicht in Ordnung? Es war jetzt keine Zeit, Latte darüber auszuholen. Draußen auf der Steppe knatterten MGs, der Wind trug die Geräusche herüber, vermischte sich mit dem Heulen eines Raketenüberfalls. In der deutschen Linie Rauch- und Dreck- und Schneepilze und im Schnee aufflackernde weiße Lichter.
Beide blickten hinüber.
»Sie haben die ekligen Dinger auf ihren Panzern aufmontiert, bringen sie nah heran!« sagte Latte. – »Liegt da draußen vielleicht die Kampfgruppe Schwandt?« fragte Tomas. – »Nein, das ist Gruppe Keil, auch alte Bekannte übrigens. Den Hauptmann kennen Sie, das sind die Ostpreußen, das ehemalige MG-Bataillon 9. Der Kommandeur Keil liegt da drüben in der Schlucht.«
»Aber du sollst doch Hannes sagen!«
»Also dann: Hannes!«
Sie schüttelten einander die Hände. Latte zog hinter seinen Leuten her. Tomas trat wieder an seinen Wagen heran. Er

wollte zu der Schlucht hinüberfahren und den Kommandeur Keil aufsuchen. Es war die von der Straße abbiegende hufeisenförmig gekrümmte Schlucht mit den Bunkern des Verpflegungsamtes. Wie in den früheren Tagen stauten sich vor der Einfahrt Mengen Kfz, dieses Mal waren es die von den Verpflegungsstäben für den Abtransport der Vorräte mobilisierten Gefährte. Sie rollten Wagen nach Wagen in die Schlucht hinunter, fuhren vor den Bunkern vor, kamen beladen am andern Ende wieder heraus und auf die Straße zurück. Tomas war im Begriff seinen PKW wieder zu besteigen, als voraus ein Geknatter einsetzte. Ein MG feuerte und aus einiger Entfernung war eine Pak zu hören. Ein scharfes Krachen und über der Schlucht stand sekundenlang eine Pulverwolke, verlor sich dann am dunstigen Himmel.
Dieses über der Schlucht krepierende Panzergeschoß wirkte wie ein Signal. Für die Nerven der Zahlmeister und Verpflegungsamtsgehilfen war es zuviel. Pitomnik erlebte, was es schon einmal, am Abend vorher, erlebt hatte. Die LKWs, beladene und unbeladene, bemannte und unbemannte (wer seinen Wagen nicht erreichte, schrie und fluchte und lief hinterher), setzten sich in Bewegung. Hauptmann Tomas konnte sich gratulieren, daß er sich mit seinem PKW noch auf dem Flugfeld und noch neben der Straße befand. In Straßenbreite sah er die Wagen herankommen – eine Handvoll Erbsen, von schleudernder Faust über ebene Bahn ausgestreut – zuerst einen, dann zwei, dann drei, dann einen Klumpen, dann die ganze Menge, und der erste versuchte den zweiten und der zweite den dritten, und einer den anderen zu überholen, und abgerissene Kotflügel und rasierte Seiten, und zurück blieb der Bruch, die auf die Seite Abgedrängten, in den Graben Hineingeratenen, in tiefen Schnee Festgefahrenen. An den Lenkrädern, die Füße an den Gaspedalen, die Hände an den Kupplungen, saßen Rasende; die daneben und die hinten auf den Wagen hockten, waren ebenfalls aus Rand und Band Geratene und sie zitterten, wenn die Räder langsamer rollten.
Und wieder war es nicht so, daß russische Panzer die Haufen vor sich herjagten, daß russische Panzer sich in ihre Kolonne einkeilten, die Kolonne zerrissen und die Teile unter ihre

Raupenbänder nahmen und zermalmten. Wieder war es nicht so, allein die Vorstellung, daß so etwas geschehen könnte, vielleicht auch die Tatsache, daß in der gleichen Stunde so etwas geschah (ein Dutzend Kilometer südlich), die Vorstellung und der über die Steppe herüberschwingende Schrecken genügten. Die Fahrzeuge stoben wie am Abend vorher nach Osten, Richtung Haltepunkt 44, ein Teil bog nach Gumrak ab, ein Teil wurde vorher nach Pitomnik-Dorf abgedrängt und geriet dort in die von Westen kommenden Haufen, die nicht nur vor einer Vorstellung auf der Flucht waren, die von Panzern gejagt wurden, deren Besatzungen die Panzer mit Augen gesehen und die auch gesehen hatten, wie Fahrzeuge von der Kolonne abgeschnitten und in den Schnee hineingestampft und plattgewalzt worden waren.

Im Pitomnik-Verpflegungsamt war es nicht so. Das Geschoß eines durchgebrochenen einzelnen Panzers war über der Schlucht krepiert. Die Gruppe Keil lag nach wie vor im Raketenwerferschlag und im Feuer russischer Panzer, aber sie hielt ihre Linie. Major Keil war ein Draufgänger und er hatte immer Glück gehabt, sowohl was seine Aufgaben und die Durchführung seiner Aufgaben und schnelle Beförderung als auch sein persönliches Ergehen anbelangt. Die Aufgabe, diese Schlucht zu verteidigen, und der Zustand, in dem diese Schlucht (mit den offenen Türen zu den Brot-, Fleisch-, Schokolade-, Getränkebunkern) sich plötzlich befand, mit ihm als einzigem Herrn über dieses Schlaraffenreich war da nur ein Punkt in einer langen Reihe, ein dicker Schlußpunkt vielleicht, das konnte man nie wissen. Nicht etwa, daß Keil nicht alles getan hätte, die Zahlmeister mit ihrem Gefolge zur Vernunft zu bringen. »Aber da war nichts zu machen, die hörten nichts mehr und sahen nicht mehr!« erzählte er Tomas, der Keil in einem ausgeräumten Bunker vor einem Fernsprecher gefunden hatte.

Keil sprach mit einem Karl, mit einem Paul, mit einem Heinrich, gab Anweisungen, bestimmte die Linie, auf die sie, sobald es völlig finster sein würde, zurückgehen sollten, und fügte hinzu: »Heute gibt es Rindsgoulasch ... und was ist es noch, Emil?« fragte er den eintretenden Koch. »Also, hörst du, mit

Nudeln! ... Nein, das ist kein ›Kohl‹, die Goulaschkanone raucht, guck dich mal um, du mußt den Rauch über der Schlucht aufsteigen sehen!« rief er in den Fernsprecher hinein. Es war in der Tat kein ›Kohl‹, die Goulaschkanone rauchte und sie war bis zum Rand gefüllt. Der Koch hatte nur in den Schnee hineingreifen brauchen. Dort lagen die von den Wagen umgeworfenen und zerfahrenen Stapel – Brot, Fleisch, Säcke mit Mehlwaren; dort lag noch anderes, lagen Hügel von Kisten – Bekleidung, Tarnanzüge, Pioniergerät, Schoka-Kola, Zigaretten, Zahnpulver, Marketenderware.

»Als das Panzergeschoß über der Schlucht platzte«, erzählte Keil, »standen sie da, als hätten sie einen mit dem Holzschlägel über den Dassel gekriegt. Als dann ein Unteroffizier blutend über den Grabenrand herüberkam, da war es aus, da hat kein Brüllen und da hat nichts genutzt, weg sind sie und hier in der Schlucht war es wüst und leer ...«

Keil war 32 Jahre alt. Als der Krieg ausbrach, hatte sein Vater an der Landstraße Königsberg–Cranz eine Tankstelle und Autoreparaturwerkstatt betrieben. Als Keil im Winter 41 nach einer Verwundung auf Erholungsurlaub kam, standen dort bereits zwei Werkhallen. Deutschland dehnt sich aus, und auch der einzelne – wenn er tüchtig ist und treu zu ›Führer und Reich‹ hält – dehnt sich aus, und aus einer Tankstelle wird eine Fabrik, das war der einfache Standpunkt, den Keil zum Krieg hatte. Natürlich, es traten da Schwierigkeiten auf. Rohstoffverknappung und Arbeitskräfteverknappung und dergleichen, und Betriebe wurden zusammengelegt. Sein Alter aber – er hielt ihn auf dem laufenden – war auf die Rohstoffbelieferungs- und Arbeitskräftebelieferungliste mit heraufgekommen und für das kommende Halbjahr 1943 hatte er Aufträge. Es war das eben ein Engpaß, und da mußte man durch. Ein Engpaß war auch Stalingrad, da mußte man ebenfalls durch!

Keil hatte eine tiefe Schmarre, die sich vom linken Auge am Mund vorbei bis zum Kinn hinzog. Ein Splitter hatte ihm vor Belgorod das Gesicht aufgerissen. Aber das war gut verheilt und schnell vernarbt. Ernster war eine Verwundung, die er im Winter 41 vor Moskau am Oberschenkel davongetragen hatte. Und wenn sie auf dem Marsch waren und es länger als eine Stunde dauerte, hinkte er etwas. Aber dann setzte er sich auf einen Handschlitten und seine Ostpreußen zogen ihn abwechselnd hinter dem Trupp her.

»Die Schlucht hier wird gehalten«, erklärte er Hauptmann Tomas, »bis die Bunker leergefressen sind, oder bis zum Jüngsten Tag, falls dieses Ereignis eher eintreffen sollte!« Auch über die politische und militärische Gesamtlage äußerte er sich Tomas gegenüber. Afrika, das sehe allerdings düster aus! An der Ostfront, die ewigen Absetzbewegungen wären nachgerade genug. Und da wäre es an der Zeit, daß der Führer mal ein Machtwort spräche! Die Engländer und Amerikaner, da würden unsere U-Boote schon für sorgen, daß die Bäume nicht in den Himmel wachsen! Die Russen, ja, die wären eine harte Nuß, aber die verbluten sich; je wilder sie angreifen, ein um so bestimmteres Zeichen sei es dafür, daß es mit ihnen bald zu Ende ginge!

»Die Hauptsache – Stalingrad muß fallen! Wenn wir Stalingrad haben, dann greifen die Japaner auch allmählich ein. Und inzwischen wird auch Tiflis genommen sein. Und dann sind auch die Türken da, dann treten die Türken ebenfalls in den Krieg ein. Dann sind wir über den Berg rüber! Wenn es bei uns bloß nicht soviel Scheißkerle gäbe; es müßte mal ein großes Köpferollen geben; dann wäre die Frontlage und die allgemeine Lage gleich gesünder!« meinte Keil.

Hauptmann Tomas erfuhr indessen auch, daß Oberst Schwandt südlich von Keil an dessen linkem Flügel gestanden und daß er sich hätte zurückdrücken lassen und nach der Vermutung Keils müßte er jetzt so etwa bei Pitomnik-Dorf zu finden sein.

Es war dunkel, als Tomas aus dem Bunker Keils herauskam. Er machte sich auf den Weg nach Pitomnik-Dorf. ›Ein ganzer Kerl, dieser Major Keil!‹ dachte er, und so mußte man die Lage selbstverständlich betrachten, man mußte sich bemühen, sie so zu betrachten. Aber wenn es sich so verhielt, daß Schwandt bei Pitomnik-Dorf stand, hatte Keil eine ungedeckte linke Flanke, und der ›Jüngste Tag‹, von dem er sprach, könnte dann für ihn und seine Ostpreußen schon sehr bald aufdämmern! Tomas kam über den Flugplatz. Der Flugleiter war noch da. Bei ihm im Bunker lag der Condorführer. »Er ist erkältet, hat Fieber. Ein zarter Junge, ein Herr von Felseck. Hat von Mariupol Anweisung, zu warten, man will ihm von dort einen Anlasser schicken. Wenn der nicht bald eintrifft, weiß ich nicht, was ich mit ihm anfangen soll. Mir scheint, wir müssen hier bald abhauen!« sagte der Flugleiter.

Tomas fuhr weiter. Die Straße vom Flugplatz nach Pitomnik-Dorf verlief schnurgerade. Im Sommer war es ein Weg über ebenes Land. Jetzt war es ein in den Schnee eingeschnittener enger Cañon. Die Schneewände rechts und links glitzerten in blauem Licht. Es ging glatt vorwärts bis an eine Stelle, an der ein Achttonner von Wand zu Wand quer auf der Straße stand und die Durchfahrt sperrte. Der PKW, ein starker vierradangetriebener Kfz 15, bohrte sich in den weichen Schnee ein, fuhr zurück, machte einen Anlauf und bohrte weiter. Der Fahrer und Tomas stiegen aus, sie gruben und schaufelten. Jenseits des Schneewalls knallte und flackerte es, und rollte es wie von einem Infanteriegefecht. Der ›Kfz 15‹ machte weitere Anläufe und so würgten sie sich in einer Stunde durch den Schnee und gelangten auf der andern Seite des Hindernisses wieder auf die Straße. Den Oberst Schwandt fand Tomas neben dem Weg in einem Bunker. Der Oberst saß vor einer Petroleumlampe, den Kopf in beide Hände gestützt; vor sich auf dem Tisch hatte er eine Pistole liegen. Er starrte seinen Besucher an wie eine Erscheinung.

Der Hauptmann stellte sich vor:

»Hauptmann Tomas.« Und er richtete seinen Auftrag aus: »Ich überbringe Herrn Oberst den Befehl der Armee: Pitomnik-Dorf ist bis morgen früh 9 Uhr unter allen Umständen zu halten, um das Räumen von Pitomnik-Flugplatz zu ermöglichen!«

Der Oberst rührte sich nicht. Er forderte den Hauptmann nicht auf, Platz zu nehmen. Es war auch nicht sicher, ob er vernahm, was Tomas ihm überbrachte. Er war mit seinen Gedanken weit weg.

Nach einer Weile sagte er, und er sprach wie über eine Sache, die schon weit hinter ihm lag und an die er nur noch mit An-

strengung und nur gezwungen zurückdenken konnte: »Pitomnik-Dorf ist eine offene Tür, kein Mensch steht hier mehr!«
Mehr konnte Tomas von ihm nicht erfahren. Er war hier offenbar in etwas hineingeplatzt, das schon nicht mehr dieser Welt angehörte. Der Oberst starrte wieder die rauchende Petroleumlampe oder die gefrorene Lehmwand dahinter an und hörte nicht mehr auf das, was der Hauptmann weiter sagte. Der warf noch einen Blick auf das starrbleibende hagere Gesicht mit den grauen Bartstoppeln und den hellen ins Wesenlose gerichteten Augen und auf die auf dem Tisch liegende mattbrünierte Waffe, dann stieg er wieder in die Nacht hoch.
In einem andern Bunker stieß er auf zwei Soldaten, die hochfuhren als er eintrat. Sie saßen da bei einem Mahl, hatten Brot vor sich und Fleisch, das sie mit den Fingern den Büchsen entnahmen und in gefrorenem Zustand aßen. Weiterkauend beantworteten sie die an sie gerichteten Fragen.
»Ach wo, das ist kein Gefecht. Da geht Munition in die Luft!« sagte einer und deutete ins Unbestimmte. Es handelte sich um Munition, die auf Kraftfahrzeuge geladen war. Tomas erhielt auch ein Bild über das Vorangegangene und er begriff, daß Oberst Schwandt keine Truppe mehr hatte. Sieben Tage lang war er vom Karpowkatal her durch den Schnee gejagt worden. Mit dem bis auf die Hälfte dezimierten Regiment bis Pitomnik-Dorf gelangt, hatte er die Herrschaft über seine Truppen verloren, als aus Richtung Pitomnik-Flugplatz und gleichzeitig von Westen her Fluchtkolonnen deutscher Kfz aufeinanderstießen; mit den nach Osten jagenden Wagen waren auch die Reste seiner Truppe davongestoben.
Tomas dachte an die bedrohte Lage Keils. Er kehrte nochmals in den Bunker des Obersten Schwandt zurück, der noch in derselben Haltung wie vorher dasaß und sich auch dieses Mal nicht rührte, während der Hauptmann sich seines Fernsprechers bediente. Aber weder den Flugplatz noch das Verpflegungsamt mit Keil konnte Tomas erreichen, und so verließ er den Bunker zum zweitenmal.
Es war hier nichts mehr zu tun und Hauptmann Tomas machte sich auf den Rückweg. Die unter hohen Schneelasten

ruhenden Bunker blieben linker Hand liegen. Die Straße mündete in den Ort und in die von Westen kommende und weiter über Gumrak nach Stalingrad verlaufende breite Heerstraße, deren von unzähligen Fahrspuren und tiefen Furchen zerschnittene Fläche in glitzerndem Mondschein dalag. Gewehre, Maschinengewehre, Tornister, Munitionskästen, Tote lagen im Schnee. Wie eine schwarze Klippe erhob sich mitten in der Fahrbahn ein gescheiterter Omnibus, dann waren es zwei, dann ein Haufen zusammengerannter Wagen, welche umfahren werden mußten. Noch immer waren von Westen her Fußgänger unterwegs. Aus dem Schnee tauchten sie auf, zu zweien, zu dreien, in kleinen Gruppen. In dieser Nacht schleppten sie sich bis zum Ausgang des Dorfes, wo die Straße sich trichterförmig verengte und wo, Rad an Rad und Kühler an Kühler und Wand an Wand, ein riesiger Haufen verlassener Fahrzeuge die Durchfahrt verstopfte.

Viertausend Fahrzeuge, vielleicht auch fünftausend, schätzte Tomas, Flak und Pak und LKW und PKW und Krafträder und Selbstfahrlafetten, Befehls-Omnibusse, Sanitätswagen, Werfer, Funkstellen, Haubitzen, Zugmaschinen. Und wie sah es sechs Kilometer entfernt von hier auf dem Flugplatz aus! Und wie hatte es sechs und sieben Tage vorher in Marinowka, Karpowka, Dmitriewka, wie hatte es in Nowo-Alexejewka und Dubininski ausgesehen, wie viele solcher Pulks hatte die in Agonie liegende Armee schon ausgestoßen und auf ihren Fluchtstraßen zurückgelassen!

Diese Fahrzeughaufen waren verlassen und doch noch nicht ganz verlassen. Einmal noch ehe die Welle kam und über sie wegging, zuckte und bäumte sich Leben in ihnen auf, ein beklagenswertes, verzweifeltes, niederträchtiges, sich zäh anklammerndes Leben. Es gab Brandherde, gab Benzintanks und Munitionskisten, auch ganze Munitionsladungen, die in die Luft gingen, es gab Verwundete, gab Sterbende, gab Schläfer, gab Fresser, gab Säufer, gab Plünderer in diesen Pulks.

Tomas kam nicht weiter. Er konnte hier liegenbleiben, bis spätestens mit dem Morgengrauen die Russen eintreffen würden. Er konnte sich wie viele Hunderte vor ihm zu Fuß auf den Weg machen. Er konnte noch ein drittes, was andere Wagen nicht

zu tun vermocht hatten – versuchen, sich am Rand des Pulks durchzuwürgen. Und der ›Kfz 15‹ begann, was er schon einmal in dieser Nacht mit Erfolg getan hatte, gegen den Schnee anzurennen, zog sich rückwärts wieder heraus und lief von neuem an. Tomas stieg aus, und während der Fahrer Meter um Meter, auch mit der Schaufel, einen Weg bahnte, holte er Bretter und Stücke und Mäntel und Zeltplane von den verlassenen Wagen, um sie auf der Schneedecke auszulegen.
So gelangte Tomas von Wagen zu Wagen weiter in den Pulk hinein. Und blieb er auch nur am äußersten Kreis dieses weit hingebreiteten Fladens aus Rädern und Karosserien und Ladungen, überdachten oder nur mit Zeltplanen verhängten und mit Schnee überschütteten Kabinen und Räumen, und konnte er auch nicht wissen, was dieser Haufen an Heimlichkeiten, an Verkrochenheiten, an Verzuckungen barg, so sah er doch manches.
Und manches hatte er sechs und sieben und acht Tage vorher gesehen, als Marinowka, Karpowka, Dmitriewka in Panik verlassen worden waren. Er kannte den schon wochenalten Armeebefehl, nach dem jeder Liter Brennstoff abzufüllen und der ausschließlichen Verwendung durch Kampffahrzeuge zuzuführen war. Als aber in Marinowka und danach auch in den andern Steppen- und Etappendörfern der Stalingrader Westfront das große Räumen und Aufbrechen losging, da war Benzin da und da hatte er die unmöglichsten Fahrzeuge, Sportwagen, Kabrioletts, Limousinen, bis zu schweren LKWs und großen Autoomnibussen aus den Gehöften herausrollen sehen. Ein ganzes Heer von Beamten, von Trossen, Vermessungsleuten, Wirtschaftskommandos, Reparaturkompanien, Rückwärtigen Diensten hatte sich in Bewegung gesetzt. Und was war nicht alles geladen und mitgeschleppt worden, wenn es nachher unterwegs auch von den Wagen herabgestürzt wurde! Tomas hatte gesehen, wie Radioempfänger, Meßgeräte, Präzisionsinstrumente mit dem Beil zerschlagen wurden, wie aber Betten, Möbelstücke, Koffer, Bilder, Beutegut, Fässer, Säcke, immer wieder Säcke mit Lebensmitteln geladen wurden. In Dmitriewka, wo die Hauptkampflinie in diesem Moment schon durch die Zeltreihen der Verwundetensammelstelle

verlief, hatte ein Oberwallmeister keinen Platz für einen einzigen Schwerverwundeten, aber auf seinem eiligst aufgepackten Wagen führte er zwei gemästete Schweine mit, und nicht für die Truppe, ›privates Eigentum‹, wie Tomas sich sagen lassen mußte. Und ein anderer Wagen, ein kleiner Omnibus, hatte ebenfalls keinen Platz für Verwundete, aber für drei russische Frauen – Köchin, Wäscherin, Aufräumerin – die zurückbleiben wollten, jedoch gezwungen wurden, zwischen den Säcken neben einem Schirrmeister, einem Oberfeldwebel, einem Truppensattler Platz zu nehmen.
Tomas hatte diese Wagen abfahren sehen, aus Marinowka, aus Karpowka, auch aus Dmitriewka, auf schnellfahrendem Wagen hatte er die Karawanen mit den hochgetürmten Ladungen überholt. Was danach gewesen war, an Liegenbleiben auf neuen Etappenstellen, an Zusammenbrüchen, an Reparaturen, an Weiterfahren, an Flankenüberfällen durch russische Kavallerie, das wußte er nicht. Er war seither und inzwischen in Stalingrad gewesen. Im Auftrag der Armee war er nach Pitomnik-Flugplatz und nach Pitomnik-Dorf gekommen, und jetzt suchte er Planken und Stücke, um für seinen Wagen eine Fahrbahn zu bereiten und um wieder nach Stalingrad und zur Armee zurückzukehren. Daß in diesem Pulk Wagen waren, die er vor acht Tagen aus Marinowka, vor sieben und sechs Tagen aus Karpowka und Dmitriewka hatte abfahren sehen, und die nach ihren Aufenthalten auf Etappenstellen in großen Haufen erst vor Stunden hier angekommen waren und sich festgefahren hatten, das wußte er ebenfalls nicht. Er konnte auch nicht wissen, daß der LKW mit den zwei gemästeten Schweinen, und auch nicht, daß der mit dem Schirrmeister, mit dem Oberfeldwebel und dem Truppensattler und den drei russischen Frauen abgefahrene Autobus hier in der Menge feststak. Köchin, Wäscherin, Aufwärterin – so hieß es in Dmitriewka. Natalja, Galina, Pelageja hießen sie. Galina und Pelageja waren nicht mehr da und niemand hat von ihnen mehr gehört, Natalja und mit Vatersvornamen Grigorjewna war – später, als dieser Pulk auseinandergezerrt wurde – erfroren aufgefunden worden. An ihrer Leiche wurde ein Einschuß am rechten Oberschenkel festgestellt. Der Schenkeleinschuß

rührte nicht von einem aus der Nähe abgefeuerten Geschoß her und den mag sie während der Fahrt erhalten haben (auch die Blechwand des Omnibusses war von Gewehrkugeln durchlöchert) und die Verwundung mag die Ursache gewesen sein, daß sie von dem Schirrmeister, oder wer von den dreien es war, hilflos zurückgelassen worden war.

Ein bleiches Gesicht, eines in einem langen, bleichen Band ...

Im Zuge militärischer Operationen evakuiert, auf Straßen oder an Eisenbahnstationen verhungert, in Gefängnissen verhungert, erfroren, ermordet, in besetzten Dörfern im Zuge von ›Strafexpeditionen‹ und ›Liquidierungen‹ oder auch einfach bei ›Sicherstellung‹ von Vieh, Geräten, Getreide ›befehlsgemäß erschossen‹ und die Erschießung unter Angabe von Kennwort und Aktenzeichen der vorgesetzten Stelle des Sicherheitsdienstes (SD) oder der Geheimen Feldpolizei (GFP) gemeldet: ›... in Borysowka 169 Personen, in Borki insgesamt 705 Personen, in Zablocie insgesamt 289 Ortseinwohner erschossen; das Vieh, das Gerät, das Getreide, die Fahrzeuge sichergestellt und abgetrieben, insgesamt 1470 Stück Rindvieh, 1105 Stück Schweine, 148 Pferde, 1225 Schafe.‹ Zehntausende, Hunderttausende Opfer, und eines – und ihr war sonst nichts geschehen, als daß sie gegen ihren Willen verschleppt und als sie nicht mehr gehen konnte, zurückgelassen wurde – war die zweitälteste Tochter des Steppenbauern, des Kasaken Grigori Afanasjew, Natalja Grigorjewna.

Hauptmann Tomas war in jener Nacht nicht bis zu dem von Schüssen zerfetzten und jetzt verbeulten und von Schnee überkrusteten Befehlsautobus gelangt, und was konnte er von einer Natalja Grigorjewna, was konnte er von der Steppe wissen! Kein Mann seiner Armee hat jemals die Steppe zwischen Don und Wolga gesehen, wenn die Erde aufgeht und unter dem wegtauenden Schnee die ersten grünen Spitzen hervorbrechen, und die Ebene, so weit das Auge sie ausmessen kann, sich in ein wogendes grünes Meer verwandelt und der Wind gesättigt ist von dem Duft der tausenderlei Kräuter. Keiner hat jemals das Wunder des Steppenfrühlings gesehen und den Himmel, der hoch und hell und weich wie Seide ist; keiner hat das Land und das Volk in Freiheit gesehen, keiner hat die

Ziehharmonika und das Lied vom Wilden Apfelbaum gehört, keiner eine Natalka bewundern können, wenn sie, gerade gewachsen, mit geflochtenen schwarzen Zöpfen und mit blitzenden Augen, im Rhythmus des Kasatschok durch die von ihrem Dorfvolk gebildete offene Arena tanzt. Sie haben dieses Land, das Gras verdorrt, die saftigen Steppenkräuter verholzt, den Himmel dunkel von Rauch und das Land bedeckt vom Staub ihrer Panzer und von aufspritzenden Erdfontänen ihrer Artillerie, und sie haben das Volk flüchtend vor ihren Panzerkolonnen, und in ihrem Rücken und in der Etappe numeriert von ihren Ortskommandanturen und in den Griffen eines ›Sicherheitsdienstes‹ und der ›Geheimen Feldpolizei‹ vergewaltigt und am Boden gesehen . . .
Hauptmann Tomas wußte nicht einmal Genaues von ›GFP‹-, und von ›SD‹-Aktionen und wollte nichts davon wissen. Er wehrte sich, davon Kenntnis zu nehmen, ganz so, als ob die Front und die Etappenorganisation, als ob das Niederschlagen des Opfers und das Ausweiden nicht Erscheinungen desselben Verfahrens wären! In dieser Nacht sah er einiges, das allerdings der vordersten Front angehörte, und dennoch in seinen Soldatenkatechismus nicht mehr hineinging, das nichts mehr mit Kühnheit, Edelmut, Todesbereitschaft, Kameradschaft, vor allem und in allen Lagen Kameradschaft, zu tun hatte – Tugenden, an die er glaubte und an die er sich noch klammerte, als sie schon in Scherben zu seinen Füßen lagen. Er tat allerdings recht darin, daß er die Schuld nicht so sehr in den Gesichtern, die im Licht seines Taschenscheinwerfers aufflammten, sondern daß er hinter diesen verwahrlosten, verwilderten und todmüden Zügen den Anlaß der Verwahrlosung, Verwilderung, der Todeskrankheit suchte.
Was ist mit Vilshofen los – an Vilshofen mußte Tomas, als er da von Wagen zu Wagen ging, plötzlich und ohne daß Latte ihm Näheres gesagt hatte, in seltsamer Weise denken. Das Wort Vilshofens tönte auch hier: einer frißt den andern; wer schwach ist, fällt; wer krank ist, bleibt liegen! Und Tomas hörte es kreischen! Die Krähe hockte fett und riesig aufgebläht auch über diesem Pulk!
Tomas sah zuerst nichts, das er nicht schon gesehen hätte, in

Bunkern bei Dubininski, in verlassenen Waggons, an der Eisenbahnstrecke Marinowka–Woroponowo, in Stalingrad bei Razzien im ›Timoschenko‹ oder ›Theater‹-Keller oder in andern Schlupfwinkeln der Stalingrader Marodeure. In einem Wagen sah er einen Mann über einem aufgerissenen Sack hokken und mit beiden Händen Backobst in sich hineinstopfen. In einem andern Wagen saßen drei mit eingeschmierten Händen und rotverschmierten Gesichtern über einem Marmeladeneimer und taten so viel in sich hinein, als nur hineinging. In noch einem Wagen, und ausgepolstert mit Decken und zusammengetragenem Gelump zählte er eine Gesellschaft von fünf Mann bei einem kompletten Gelage. Die hatten Knäckebrot und Speck und Dauerwurst in Mengen vor sich, auch Schokolade und Schnaps war da.

›Marodeure sind binnen 24 Stunden zu erschießen!‹ lautete der Armeebefehl, aber Tomas unternahm nichts. Wozu – der eine, der mit den Backpflaumen, wird sich morgen wie ein Gaul mit Kolik auf der Straße winden, die andern, die am Marmeladeneimer, werden sich ebenfalls den Tod anessen.

Die fünf, die bei einem richtigen Gelage waren, fuhr er an, mehr aus Gewohnheit und mehr aus Abscheu vor dem Bild, das sie boten, als aus Überzeugung. Denn was konnten sie unter den gegebenen Umständen eigentlich anderes tun, als sich einmal sattessen und einen Schnaps hinterher gießen!

»Packt euch und schert euch zu eurer Truppe!« herrschte er sie an. Er erreichte aber nur, daß er wortlos angestarrt wurde, alle fünf kauten dabei weiter. Er stellte fest, daß drei von der Truppe des Obersten Schwandt waren, die eigentlich den Ort Pitomnik verteidigen sollten. Zwei hatten der bei Marinowka vollständig zerschlagenen 29. motorisierten Division angehört, und sie hatten sich sieben Tage lang von Unterschlupf zu Unterschlupf getastet.

Tomas ging weiter und in einem andern LKW hörte er es rascheln. Dieses Mal griff er nach der Pistole. Als der Scheinwerfer aufflammte, hatte er einen Kerl über sich, der über einem aufgebrochenen Offizierskoffer hockte und Uniformstücke und Unterwäsche und Strümpfe um sich her verstreut hatte und ein silbernes Zigarettenetui in der Hand hielt. »Vieh!«

sagte Tomas und ließ die Szene in Dunkelheit zurückfallen. Er fand einen einsamen Säufer, der vollständig betrunken war, ihn überhaupt nicht bemerkte und sein Selbstgespräch nicht unterbrach.
Es raschelte wieder und Tomas hörte im gleichen Wagen das Stöhnen von Verwundeten. Einer sagte mit schwacher Stimme: »Kamerad, wo bist du, was tust du, kommt Hilfe, werden wir wieder fahren?« Hauptmann Tomas blendete seinen Taschenscheinwerfer nicht mehr auf, er ging still davon. Es raschelte schon wieder, auch hier war Stöhnen, auch hier waren flehende Stimmen. Und ein Sterbender redete im Delirium. Und diese Viecher, vergebens wurden sie um Hilfe, um irgendwelche Dienste gebeten, sie durchstöberten das Gepäck von Beurlaubten, von Verwundeten, von Toten, kümmerten sich um nichts.
Ein Schuß krachte, ein zweiter, ein dritter.
Ein Geschoß krepierte mitten im Pulk. Ein vielstimmiger Aufschrei antwortete. Ein Unteroffizier lief vorbei, er blutete, er rief: »Wir sind umzingelt, Russen in weißen Schneemänteln!«
Tomas erreichte seinen Wagen, nahm neben dem Fahrer Platz. Der Wagen hatte sich durch das Dickste durchgewürgt. Mit gelegentlichem Rückwärtsfahren und Anläufen und Bohren kamen sie stückweise vorwärts. Das Schießen ging weiter, es waren Tankgeschosse, Wagen mit Munition gingen in die Luft, streuten in weit ausgreifenden Fontänen Feuer und Brokken. Der Pulk schwitzte jetzt gleich schwarzen Tropfen Menschen aus, einzelne und auch kleine Gruppen, die durch den Schnee stackerten und sich fluchtartig nach Osten bewegten. Der Himmel wurde schon grau.
Tomas erreichte freie Straße, er kam an Haufen Zurückflutender vorbei. Er tauchte mit seinem Fahrzeug in einen tief eingeschnittenen Graben ein. Als er wieder auf die ebene Straße heraufkam, hatte er eine ganze Heersäule Soldaten vor sich, ohne Waffen, in zerschlissenen Mänteln, an Stöcken humpelnd, auf lumpenumwickelten Füßen vorwärts wankend. Viele hoben die Hände, viele schrien, alle wollten nach Stalingrad. Einen Unteroffizier mit bloßem, grauem Kopf und tief aufgeklafftem Gesicht nahm Hauptmann Tomas mit.

In dieser Nacht gingen Pitomnik-Flugplatz und Pitomnik-Dorf verloren. Eine neue Verteidigungslinie bildete sich – teils aus den zurückgehenden Truppen, teils aus Versprengten und Verhungernden, die sich eines Stückes Brot wegen wieder nach vorn werfen ließen – einige Kilometer vor der Ringbahn, und zog sich südwärts, kreuzte die Eisenbahnlinie Stalingrad–Marinowka, umfaßte Pestschanka, wo sie einen spitzen Winkel beschrieb und zur Wolga führte. Woroponowo war das Zentrum dieses nach Südwesten und Süden gerichteten Frontabschnitts.

Woroponowo:

Ein Wasserturm, eine konisch aufstrebende Eisen- und Betonkonstruktion mit aufgesetztem dickem Kopf, eine graue schemenhafte Figur, wenn es Tag und wenn Schneeluft war, ein aufgerecktes finsteres Mal, wenn Nacht war und Sterne am Himmel standen – dieser Wasserbehälter war die sichtbare Mitte und das Auge in die südwärts sich im Endlosen verlierende Steppe. Von oben her und zu Füßen des Turms bot sich dem Blick nichts als ein wüstes Feld von schneeüberpulverten Müllhaufen, Schutt und Bruch, ein zerbombtes und halbabgefetztes Bahnhofsgebäude, im Umkreis Hütten und Ställe, halbzerstörte und auch heilgebliebene. Bombenkrater, einige nur offene Schlünde, andere abgedeckt und in Bunker verwandelt. In einem hauste der Bahnhofskommandant, der keine Arbeit mehr hatte. In einem andern saßen Feldgendarmen, die nichts mehr taten als Karten spielen. In noch andern Bunkern und in dem daneben gelegenen Gehöft war ein Verpflegungsamt untergebracht. Ein Stück weiter, ebenfalls teils in Bunkern, teils in Gebäuden, befand sich das Feldlazarett. Bunker. Schneehütten. In Bahnunterführungen Artilleriestellungen. Auf der Station standen Lokomotiven ohne Dampf, standen Güterzüge, Personenzüge, Behelfslazarettzüge, die nicht mehr fuhren und die nirgends mehr hinfahren konnten. Auf der Ringbahn fuhr zeitweilig, und dann auch nur ein kurzes Stück, eine Draisine. Der nach Marinowka und weiter nach Kalatsch abzweigende, und nach Tazinskaja führende Eisenbahnstrang war schon wenige Kilometer weiter westlich abgerissen und in den Händen der Russen. Zerstörte

oder unzerstörte, bewohnte oder unbewohnte, kalte oder mit kleinen Blechöfen geheizte Waggons, in langen Reihen auf sechzehn, auch achtzehn Parallelgleisen dastehend, und darunter, gebückt und manchmal auf allen vieren kriechend, sich zum Bahnhof hinwindend, um Wasser zu holen, auf der Suche nach einem Stück Kohle oder sonst nach Brennbarem und Brauchbarem, Unrathaufen durchwühlend, die Station und den Umkreis umschweifend ein graues, träges Gewimmel von Geschöpfen, die einmal Soldaten und einmal Menschen waren: das war Woroponowo, die letzte Etappe vor der in diesen Tagen ein Dutzend Kilometer westlich und anderthalb Dutzend Kilometer südwestlich und südlich verlaufenden Front.
Vilshofen war mittags eingetroffen (zur selben Zeit, in der sein Divisionskommandeur Cönnern in der weiter rückwärts gelegenen Zarizynschlucht eintraf und mit seinem Stab zu den schon dort liegenden Divisionsstäben und dem Korpsstab hinzukroch). Vilshofen bezog einen leerstehenden Bunker des Verpflegungsamtes. Andere Bunker und einen Teil des Gehöftes (es waren Räume und Ställe eines ehemaligen Fuhrunternehmens oder Fuhrartels, wie es hier hieß) ließ er von dem verstörten Wirt, einem Stabszahlmeister mit rosigem Portweintrinkergesicht, der mittags noch in Hausschuhen einherschlurfte, für die Bedürfnisse seiner Truppen räumen.
Der Stabszahlmeister Zabel hatte Veranlassung, verstört zu sein. In seiner braunschweigischen Heimat ›Bernhardt Zabel, Feinkost en gros, en detail‹ (und es ging auch dort nicht mehr recht, die Steuern wuchsen einem über den Kopf) hatte er seinerzeit, als er im Zuge des deutschen Vormarsches hier auf dem Gehöft sitzenblieb, sich auf lange Sicht eingerichtet und ausgebreitet. Er hielt zwei Pferde, einen Wagen und für den Winter einen Schlitten, hatte eine Kuh und Schweine und Geflügel im Stall. Er schlief in dem großen ›Panjehaus‹ (das hatte er schätzen gelernt) auf dem Ofen. (Das war als ob man die ganze Nacht auf einem Heizkissen läge!) Einen ›Panje‹ hatte er dabehalten, er mußte den Ofen heizen, einen andern hielt er für den Stall. Die übrige Haus- und Stallarbeit machten Frauen. Alle andern Bewohner waren weggejagt worden. Für die Rechnungsführung hatte er einen Oberfeldwebel, und im

übrigen, seine rechte Hand, seinen Unteroffizier Klaffke und noch acht Mann. Dieser so vorsorglich und wenigstens zuschußweise auf Selbstversorgung eingerichtete Betrieb war seit einiger Zeit in Unordnung geraten. Die Pferde und auch die Kuh hatte er abgeben müssen. Die Schweine hatte er, ohne neue im Stall zu haben, schlachten lassen. Jetzt ging sogar das Mastfutter für das Geflügel auf die Neige, und seine ganze so umsichtig angelegte Wirtschaft schien in die Brüche zu gehen, oder sie war es schon und es waren nur noch die Trümmer da, ein paar Speckseiten und das in Steintöpfe abgefüllte Schmalz und einige Enten, die übriggeblieben waren. Und was die von der Steppe hereinkommenden Verpflegungsoffiziere, die früher bei ihm übernachtet hatten und mit denen er zusammen mit dem benachbarten Oberveterinär manche gemütliche Stunde zugebracht hatte, in der letzten Zeit über Vorkommnisse an der Front erzählten, war alles andere als schön, es war manchmal nicht zum Wiedergeben. Was sich auf der nahegelegenen Station Woroponowo abspielte, und was sich dort, seit der Verkehr stockte, an Gesindel ansammelte, davon nahm man am besten keine Kenntnis. Er für seine Person hatte dort direkt nichts zu tun, er betrat die Station auch nicht und es genügte ihm, was der Oberfeldwebel, manchmal auch der Oberveterinär, und auch sein Klaffke darüber erzählten, das genügte in der Tat. Er hatte alles getan, was in seinen Kräften stand, um das Haus und den Hof von der aufbrandenden Verwahrlosung, die sich ja wieder legen mußte (denn der Kessel würde ja über kurz oder lang wieder aufgehen), abseits zu halten. Allerdings seit einigen Tagen hatte er sich den Tatsachen nicht mehr verschließen können und es schwante ihm, daß schwere Zeiten bevorstünden. Als aber in dieser grauen Mittagsstunde wie ein aus der Erde herausgewachsener düsterer Zaunpfahl eine Gestalt aus Dreck und Rauch auf seinem Hof stand, und sich als ein Oberst und Kommandeur eines fremden Regiments entpuppte, zu dem er, wie er war, in Hausschuhen, hinausgehen, und den er im Haus herumführen mußte, da war es ein erstes Signal der Unterwelt. Die Truppe, die zwei Stunden später zum Hoftor einschwenkte, das war schon die beginnende Sonnenfinsternis, und wo man nachher hintrat, ins Haus oder in einen Schuppen oder auf den Hof, überall waren diese Gestalten, und es war, als ob man durch zähe Jauche wate. Der größte Teil rückte allerdings nach einigen Stunden Ruhe wieder ab. Und ›Ruhe‹ mochten sie es nennen, für ihn war es Lärm, auch wenn sie auf dem Rücken lagen und mit weit offenen Mündern schliefen. Er konnte sich auch nicht verkneifen, den Hauptmann wissen zu lassen, was für Art Leute er kommandierte. Dieser Hauptmann machte ihm noch den gesittetsten Eindruck, und vor dem düstern Zaunpfahl mit dem Raubvogelgesicht und den glühenden Augen hätte er diese Angelegenheit nicht vorgebracht, eher hätte er sich die Zunge abgebissen. Den Hauptmann indessen hatte er angesprochen, er hatte das Koppel umgeschnallt und die Schirmmütze aufgesetzt, war an ihn herangetreten und hatte gesagt: »Herr Hauptmann, ich muß Ihnen melden, daß meine beiden Enten, die ich die ganze Zeit auf dem Hof hatte, von Ihren Leuten gestohlen worden sind!« Und damit der Hauptmann nicht meinen sollte, daß Enten in solchen Zeiten etwa Kleinigkeiten wären, fügte er hinzu: »Ich habe sie die ganze Zeit über gemästet und ich pflegte zum Sonntagessen mir immer eine Ente zu gestatten.«

In diesem Moment von Unteroffizier Klaffke eine neue Hiobsbotschaft erhaltend, fügte er auch diese Meldung hinzu: »Wie ich soeben erfahre, ist ebenfalls von Lebensmitteln, die ich für die Herren Verpflegungsoffiziere halte, damit sie nach ihren anstrengenden Fahrten etwas zu sich nehmen können, ein 10-Kilo-Eimer Marmelade entwendet worden.«

Der Hauptmann war sichtlich beeindruckt, so schien es jedenfalls. Er trat an seine angetretene Truppe heran und sagte: »Mal herhören, hat jemand vielleicht zwei gemästete Enten gegessen, dann möge er sich gefälligst gesagt sein lassen, es war das Sonntagsessen vom Herrn Stabszahlmeister!« Und an einen Mann, und man muß schon sagen, mit einer roten Marmeladenschnauze, herantretend und auf dessen verschmierten Mund deutend sagte er: »Soldat Stübe, laß dir von deinem Unteroffizier sagen, daß der Soldat unter besonderen Umständen nicht nur vor, sondern auch nach dem Essen sich den Mund abzuputzen hat!«

Mit einem Wort, es war skandalös, es war Hohn, anders konnte es der Stabszahlmeister nicht auffassen. Er war ein Mann von Grundsätzen, und nicht er, seine Grundsätze waren hier verspottet worden.
»Links um – ohne Tritt, marsch!« hörte er den Hauptmann kommandieren. Er stand da, das Koppel umgeschnallt, die beste Mütze auf dem Kopf, er stand wie im Nebel. Er sah grinsende Gesichter und die ausschreitenden Füße der abrükkenden Truppe. Es handelte sich um mehr, nicht nur um zwei Enten und einen Eimer Marmelade, es handelte sich um die heiligsten Grundsätze. Die wurden hier von leder- und fetzen- und lumpenumwickelten Füßen in Grund und Boden marschiert. Der Stabszahlmeister wandte sich um, erschüttert kehrte er in sein ›Panjehaus‹ zurück.
Stabszahlmeister Zabel hatte noch in anderem Sinne einen richtigen Instinkt bewiesen, den Einzug der Kampfgruppe Vilshofen wie ein Aufbrechen der Unterwelt und eine beginnende Sonnenfinsternis zu empfinden, insofern nämlich, als schon nach zwei mal 24 Stunden die Hauptkampflinie sich quer durch sein Gehöft ziehen sollte. Die Kampfgruppe Vilshofen war jetzt in zwei Abteilungen gegliedert, in die Gruppe Döllwang und in die Gruppe Latte. Als Döllwang mit seiner Gruppe den Hof verließ, wurde es dunkel; als die später eingetroffene Gruppe Latte abmarschierte, war es schon Nacht – es war in derselben Stunde, als Hauptmann Tomas sich auf dem Wege von Pitomnik-Flugplatz zum Bunker des Obersten Schwandt und zu dem großen Haufen von Fahrzeugen befand. Die Gruppe Latte, wie vorher die Gruppe Döllwang, kam am Wasserturm vorbei, kreuzte die Eisenbahngeleise, ließ den Riesenpulk zusammengefahrener bewegungsloser Waggons (aus manchen schimmerte schwaches Licht) hinter sich liegen und schlug die Richtung nach Südwesten über die schneestarrende Steppe ein.
Vilshofen blieb mit ein paar Leuten zurück.
Nach vorn zur Truppe hielt er Verbindung durch Melder. Nach hinten zur Zarizynschlucht und zur Division führte eine Fernsprechleitung, und eine Querverbindung gab es noch zur Nachbartruppe, zu einem Regiment, dessen Kommandeur,

ein Oberst Enders, wie Vilshofen von dem in Woroponowo liegenden Artilleriekommandeur erfahren hatte, erst vor drei Wochen eingeflogen worden war.
In Angelegenheit der Lage der Nachbartruppe und der Aufstellung seiner eigenen Gruppe hatte er mit dem Nachbarn ein Ferngespräch geführt. Er hatte die Auskünfte, deren er bedurfte, klar und übersichtlich genug erhalten. Darüber hinaus schien es sich bei diesem Enders um einen eigenartigen Herrn zu handeln. Sein Stab liegt in einer Ziegelei, er selbst wohnt in einem Schornstein, wie er sagte. Daß Verstärkung herangezogen worden wäre, ließe sich wohl nur dahin deuten, daß die Kiste um Woroponowo herum nun wohl endgültig in die Luft gehen würde! Im übrigen hätte er die halbe Nacht damit zugebracht, die Sprüche des Lao-tse, eine sehr zeitgemäße Lektüre, zu lesen. Und den Pfarrer, so sich einer bei der Kampfgruppe befände, katholisch oder evangelisch, das sei egal, er wolle sich nur unterhalten, möchte er ihm herüberschicken.
Nachts gegen drei Uhr meldete Vilshofen nach hinten an die Division, daß seine beiden Gruppen ihre neuen Stellungen bezogen hätten. Dann legte er sich nieder. Er war müde, konnte aber sobald nicht einschlafen, Major Hedemann, Major Runz, Hauptmann Steiger, Rohwedder, Tomas (den Latte am gleichen Tage erwähnt hatte), der Soldat de Wede, Gnüssel, Wahler, Dusch und wie sie alle hießen, die im Schnee zurückblieben, eine endlose Prozession fliehender Gesichter und Gestalten bewegte sich vorbei und eine Folge fliehender Gedanken. Die Sprüche des Lao-tse . . . und der Ia im Korpsstab in der Zarizynschlucht versammelt ein Herrenkränzchen um sich und läßt ›Ein' feste Burg . . .‹ und sonstige fromme Lieder singen und spielt die Blockflöte dazu . . . und Woroponowo, ein ganzer Eisenbahnpark, eine ganze Stadt voll (soviel hat er bereits gesehen) maroder und marodierender Soldaten . . . und er, er hält einen Haufen hungernder, aber immer noch disziplinierter und immer noch kämpfender Soldaten in der Hand, dazu einen ergebenen, vertrauensvollen Offizier, noch einen, den er schon in kurzen Hosen gekannt hat, und als er zum erstenmal von seinem Onkel auf den Rücken eines Akkerpferdes gehoben wurde, der herangewachsen, alle auf ihn

gesetzten Hoffnungen gerechtfertigt hat und der ihm fast wie ein Sohn ist; und was tut er, statt diesen Haufen festzuhalten, überhaupt zu erhalten für ein Jenseits dieses Todeskessels, das doch sein wird, das doch aufsteigen wird, statt seine Leute für solches jenseitiges und besseres Ziel aufzusparen, läßt er sie nach vorn ziehen, schickt er sie abermals ins Feuer, um den Pesthauch, der im Rücken aufsteigt und schon zum Himmel stinkt, um diesen Pestsack noch um Tage zu erhalten und noch weiter ausreifen zu lassen ... Ein Oberst Enders, ein Hauptmann Döllwang, und sie sind nicht die einzigen, wozu schickt man solche Leute in den Kessel, ist es nicht so, als ob Stalingrad schon als die gegebene Hinrichtungsstätte betrachtet würde?!

Mit Latte hatte er vor Tagen ein Gespräch geführt. ›Jenseits Stalingrad‹, solches Wort hatte er gesprochen, oder doch gedacht. Jenseits Stalingrad, was ist das, wo ist der Standpunkt gegeben, wie ist es zu machen, wenn man, geschändet und das gebundene Opfer, bereits auf der Hinrichtungsstätte liegt? Wo ist der Oberbefehlshaber, wo bleibt die Stimme der Generale? Wo ist der Standpunkt, um die Welt des falschen Kalküls, dünkelhafter Überhebung, lästerlicher Menschenverachtung aus den Angeln zu heben?

Jenseits Stalingrad: das heißt Kampf gegen militärischen Wahnsinn, gegen militärisches (und wohl nicht nur: militärisches) Verbrechen!

Kampf, Kampf, drauf und dran ...

Aber da war schon die Nacht über Vilshofen gekommen. Er lag, ohne Mantel, ohne Uniformrock, ohne Stiefel, und seit vielen Tagen unter einem richtigen Dach und schlief.

Vor Tagesanbruch stand er auf der Plattform des Wasserturms zwischen Fernsprechkabeln, E-Geräten, Männern mit umgehängten Kopfhörern und starrte in den dämmernden Tag hinaus. In der Nacht waren Meldungen eingegangen betreffend Aufgabe von Pitomnik-Flugplatz, Pitomnik-Dorf, Zurücknahme der Linie bis einige Kilometer an die Ringbahn heran; außerdem hatte Latte, auch Döllwang, übereinstimmend mit Mitteilungen seitens des Nachbarn, des Obersten Enders, beobachtete Bewegungen in den russischen Stellungen gemeldet. Ein sowjetischer Angriff stand bevor. Vilshofen blickte nach Südwesten über die schneebedeckte Steppe. Von dort draußen mußte es aufbrechen, da draußen mußten – und es war ihm, als ob er sie in Schnee und Dunst in weitem Halbkreis aufgestellt sähe – die russischen Panzer stehen.

Kampf? Es war nicht dieser Kampf, an den er in der Nacht gedacht hatte! Himmel, wo ist der Oberbefehlshaber, wo der General, wo der Kommandeur, der die Schmach von sich abwirft, der das Signal zum Ungehorsam gäbe, der nicht mehr Ungehorsam, der Gebot der Stunde, der Befolgen einer höheren Pflicht wäre, und wo, wenn dieses Signal noch immer nicht kommt, ist das Volk, wo sind die Männer, welche ihre falschen Führer auf die Seite werfen und aus eigenem handeln?

Wo ist Auflehnung, Eigenmächtigkeit, Zorn?

Vilshofen läßt im Geiste die Parade seiner Männer an sich vorbeiziehen, er sieht nur ausgebrannte Gesichter, kein Gruß in den Augen, keine Hoffnung, keine Verzweiflung, nichts. Nichts.

Ein grauer Tag. Von Südosten, von der Steppe und dem Wolgaknie her kam ein leichter Wind. Ein Leuchtzeichen, nicht schneeweiß, sondern mit rötlich gelbem Schimmer, stieg draußen über der Steppe auf, ein zweites, ein drittes. Nicht nur Vilshofen und der Artilleriekommandeur auf dem Wasserturm Woroponowo, auch Oberst Enders hinter dem Ausguckloch im Gemäuer seines Schornsteins, auch Major Keil in einem Schneeloch westlich der Ringbahn auf halbem Weg zwischen Pitomnik und Haltepunkt 44, alle Beobachter von HP 44 bis Woroponowo und weiter bis Pestschanka und weiter bis zur Wolga und dem südlich Stalingrad am Wolgaufer angelehnten Südflügel der deutschen Linie sahen die gleichen Raketen. Für Vilshofen waren die am Himmel zerplatzenden weißen Sterne und das augenblicklich einsetzende Aufblitzen feuernder Geschütze eine Befreiung aus quälendem Dilemma. Der Apparat, der zu spielen begann – der Artilleriekommandeur, der Flakkommandeur, Entfernungsmesser, Beobachter, Funker – der Apparat nahm ihn gefangen, beanspruchte seine Aufmerksamkeit, seine Erfahrungen, erforderte seine Entscheidungen.

Es blieb kein Raum für Fragen, es blieb nur der Kampf.
Der Mechanismus läuft, auch wenn er leer läuft. Der Entfernungsmesser liest Entfernungen ab, der Kommandeur trägt beobachtete Artilleriestellungen in seine Karte ein, auch wenn keine Munition da ist und niemals da sein wird, um die feindlichen Batterien zu bekämpfen. Die vorhandene Munition reicht allenfalls noch aus, um bei massierten Angriffen auf die eigene Linie gegen Panzer oder vorgehende Infanterie gerichtet zu werden.
Das Dröhnen der russischen Artillerie verschmolz zu einem einzigen langausrollenden Grollen. Auch der Qualm, die aus Schneemulden aufsteigenden Rauchbäume der Raketengeschütze und der Mündungsrauch der feuernden Batterien, verschmolz zu einer einzigen Masse, die sich über das weiße Land wälzte, den eigenen Stellungen entgegen.
Vilshofen beobachtete am Scherenfernrohr eine Bewegung im Schnee, Weiß auf Weiß, ein Geschiebe und Aufstäuben, in Ausgangsstellung fahrende Panzer.
»Major! Sehen Sie nicht ...?«
»Schon gesehen!«
»Hauen Sie doch da mal zwischen!«
»Kann nicht ... keine Munition!«
Minuten später. Vom niedrigen Himmel lösten sich russische Kampfflieger. Herabstoßend sah die Staffel aus wie ein in Bälle und Teile zerspringendes dunkles Gestirn. Motorengeheul. Bombeneinschläge. Aufspritzende Fontänen – Erde, Stücke, Wagenteile. Aus dem Bahnpark aufschlotternde schwarze Rauchsäcke. Eine Woge heißer Luft dammte auf, fuhr über die Gesichter.
Und die Flak schwieg – die Rohre waren nicht einmal hochgekurbelt, sie waren für den Erdkampf, für Panzerbeschuß eingestellt, für anderes war keine Munition da. Auch der Flakkommandeur konnte nicht eingreifen, halb ohnmächtig vor Wut klammerte er sich mit beiden Fäusten an das Geländer des B-Stands und starrte in Dreck und Rauch und Chaos hinaus.
B-Stand – was ist hier zu beobachten, nichts als der eigene Untergang! Der Rauch wurde dichter. Die Qualmmassen aus der

Steppe schwemmten gegen den Ort, brandeten hoch auf und verschlangen alles. Die Plattform des Wasserturms schwamm wie eine Gondel auf treibendem düsterem Meer. Und auch in Woroponowo kreischte zerreißendes Metall und donnerten Einschläge der Artillerie. Der Wasserturm zitterte wie der Mast eines Schiffes in rasender Fahrt. Er warf sein Betonkleid ab, stand plötzlich da auf langen nackten Eisenfüßen.
»Auch Stalingrad liegt unter Feuer!« rief einer.
»Schwere Ari . . . schießt über die Wolga rüber!«
Das war im Rücken, das war im Norden, und auch dort über der Ruinenstadt und der Wolga kochten Rauchmassen auf. Dutzende Kilometer weit waren die Detonationen zu hören. Der Kessel war ein brodelnd aufwallender Topf. Und soweit der Kessel sich ausdehnte, aus ungezählten Brandherden und Explosionsstellen, wirbelten Rauchdschungel auf, ein schwarzer Morast, der himmelhoch aufquoll. Und im Qualm und Feuerschein aufschleudernde Erde, Bunkerdecken, Barrikaden, Wälle aus Pflastersteinen, aus Metall, aus Drehbänken, Dampfkesseln, Schalttafeln . . . in die Luft gehende Garagen, Munitionslager, Batteriestellungen, dazwischen Menschen, oder Stücke, Rümpfe, Köpfe von Menschen, an vierzig Meter flogen die Trümmer hoch, fielen zurück, wurden wieder aufgewirbelt, um zerrieben und zerpulvert zu werden.
Und da gab es einen Obersten Carras. Frisch gewaschen und rasiert (das Wasser hatte von einem Wasserloch her und ein Stück durch eine von russischen Scharfschützen eingesehene Straße gebracht werden müssen) hatte er sein Zimmer im ›Zahnstocher‹ betreten. Er wollte noch einen Blick in die Runde und auf den gefrorenen Wolgastrom werfen, ehe er sich auf den Weg zum Flugplatz Gumrak machen würde. Vor einer Stunde hatte er einen Befehl erhalten, einen Funkspruch, der lautete: ›Oberst Carras soll zum OKH fliegen, um Bericht zu erstatten.‹ Als er über den Strom blickte, sah er die weißen Leuchtzeichen aufsteigen und auch das rote Mündungsfeuer der Langrohrbatterien am andern Ufer. Bis zehn hätte man zählen können, solange dauerte es – das Einschlagen und das Krepieren eines 24-cm-Geschosses und die Verwandlung eines Hauses in einen Ausbruch fliegender Betonfetzen, Pfeiler,

Balken, Eisen-, Blechstücke. Und eine Welt versank, eine Fahrt nach Gumrak, ein Flug nach Berlin, OKH und Bericht. Zehn Sekunden später, als Oberst Carras seinen aufklaffenden Mund wieder schließen konnte und er mit schlotternden Knien dastand und gegenüber an Stelle eines Hochhauses einen andern ›Zahnstocher‹ erblickte, war alles wieder da: Fahrt und Flug und OKH und Margot und ein Blick in Augen. Doch es waren nicht jene Augen ›träumerischer Versunkenheit und zugleich heidnischer Helle‹, es waren große stiere Augen über einer knolligen Nase, in die er blickte (Herrgott, im OKH über diese Lage berichten, das heißt doch dem Führer berichten!), und in dieser Sekunde, als in der Nähe neue Einschläge aufdröhnten, als der Boden unter seinen Füßen wankte, als die Rauchschleier sich hoben und an Stelle eines Hauses ein stehengebliebener spitzer Steinhaufen mit hervorspießendem Gebälk, mit Resten der Fußbodenlage, mit Möbelstücken, die im Freien baumelten, ins Licht wuchsen, als er in Höhe der dritten Etage zwei Beine und einen Rumpf an einen Eisenträger angespießt und an der Giebelwand angemanschte rosige Flecke erkannte, die Reste einer Gruppe Infanteristen, die eben am Haus vorbeimarschiert waren, in dieser Sekunde blickte Oberst Carras seinem Führer in die Augen ...

Da gab es einen Oberleutnant Rohwedder und einen Feldwebel Lachmann und noch eine Anzahl wüster Gesellen, welche in der Enge eines der Stalingrader Kanalisationsbecken beieinander hockten. Sie waren kurz vorher von ihrem nächtlichen Streifzug zurückgekommen und hatten gegessen und getrunken. Die Reste hatten sie noch vor sich auf den Knien liegen und ein Schnapsballon stand in ihrer Mitte. Als das Bombardement begann und die Erde bis in die Tiefe ihres Schlupfwinkels herunter erdröhnte, versuchten sie die Gefahr zu vergessen und das Dröhnen zu überschreien. Ein Eßgeschirr voll Schnaps ging von Hand zu Hand. Einer spielte auf der Mundharmonika, ein zweiter blies auf einem Kamm, die andern grölten. Rohwedder, der seine Gehirnerschütterung überstanden hatte, und der noch nicht wußte, wie er von der Gesellschaft wieder loskommen konnte, tat ihnen Bescheid und grölte mit. Das dauerte, bis eine mächtige Detonation die Erde

erschütterte und Dreck, Qualm und Kalkstaub die Höhle anfüllte und nur Rohwedder und Lachmann sich ans Licht retten konnten ...
Da war Hauptmann Tomas, mit einem Unteroffizier mit grauem Kopf und blutend aufklaffendem Gesicht und seinem Fahrer saß er in dem ›Kfz 15‹ und er war bis an die Stalingrader Stadtgrenze gelangt, als der Luftdruck eines krepierenden Geschosses ihn aus dem Wagen herausschleuderte. Er stürzte in eine mit Schnee angefüllte Schlucht und sich wieder herausarbeitend und Luft schöpfend und sich umblickend, waren Unteroffizier und Fahrer und Wagen verschwunden, und er hatte seinen Weg zu Fuß fortzusetzen ...
Da gab es bei Stalingradski ein von Zäunen und Barrikaden umgebenes und von einer Truppe ausgesucht langer Kerle bewachtes Gelände mit einer langgestreckten zweistöckigen Hausruine. In einem der Kellerräume dieser Hausruine saß, von Generalen und Obersten umgeben, ein hagerer Herr, die große Ordensspange, mit Orden des ersten und zweiten Weltkrieges an der Brust, und die eine Gesichtshälfte dieses hohen Offiziers zuckte.
Von der Kellerdecke löste sich Kalk ab. Das Wasserglas auf dem Tisch trommelte. Der General, der gesprochen hatte, unterbrach seinen Vortrag, lauschte auf den herabrieselnden Kalk und setzte dann fort: »Nach meinem Ermessen ist der Zusammenbruch nicht mehr aufzuhalten. In der Nacht flog eine einzige Heinkel 111 ein, ein vollständig lächerliches Beginnen. Was fehlt, ist hauptsächlich schwere Munition und Sprit. Es ist nicht mal genügend Sprit da zum Fortschaffen der geringen Mengen Versorgungsgüter zu den Korps und Divisionen.« Wieder ein Einschlag in der Nähe, wieder erdröhnte das Haus, trommelte das Wasserglas auf dem Tisch und fiel Kalk von den Wänden. Der Hagere mit der zuckenden Gesichtshälfte wandte sich an den Chef seines Stabes und diktierte einen Funkspruch: »Die Festung ist nicht mehr zu halten. Verhungerte und verwundete und dann erfrorene deutsche Soldaten liegen längs der Straßen. 1. Ich habe deshalb einen organisierten Ausbruch nach Südwesten befohlen. 2. Für Spezialisten (bei Offizieren namentliche Angaben) bitte

rechtzeitig Maschinen zum Ausfliegen hersenden. Meine Person schaltet dabei aus . . .«

Da saß in schneeverwehtem Erdloch zwischen Gumrak und Gorodischtsche der Funkerleutnant Rumpfstelz und während er den telephonisch übermittelten Funkspruch des Armeeführers sendete, sah er mit einem Blick durch das kleine Fensterloch Rauchfetzen vorbeitreiben und der Himmel über der Schlucht war schwarz von ziehenden Qualmmassen . . .

Da stapfte unter dem gleichen verqualmten Himmel der Kommandierende General des Armeekorps, jener Herr mit dem gepflegten weißen Haar und der eleganten Reitererscheinung, durch den Schnee. Einmal hatte er, einer von fünf Kommandierenden Generalen, protestiert und den Armeeführer aufgefordert, ›sofort und gegen den Befehl des Führers, nur dem deutschen Volke verantwortlich, durchzubrechen!‹. Darüber waren fast sechzig Tage hingegangen, und auf dem Weg, den er ging, und auf den Feldern, an denen er vorbeikam, und vor den Bunkern rechts und links der Schlucht lagen die Leichen ausgehungerter und dann erfrorener deutscher Soldaten. In die Seitenschlucht einbiegend, in der sein eigener Bunker sich befand, hatte er zwei kniende Infanteristen vor sich – der eine hielt den andern an Kopf und Schultern und wollte ihn davon abhalten, sich hinzulegen und zu sterben . . .

Da war ein junger Major, der Kommandeur einer bei Höhe 107 liegenden motorisierten Artillerieabteilung; und eigentlich war er nur noch der Verwalter eines Parks an Kanonen, Lafetten, Treckern, Kfz, denn seit Wochen lag er mit allen Rädern fest im Schnee. Von seinen Leuten war die eine Hälfte herausgezogen worden und als Ersatz in die Infanterielinien abgegangen, die andere Hälfte lag marode in den Bunkern; und die freigewordenen Bunker waren von Versprengten, aus den zurückflutenden Truppenteilen, bevölkert worden. Während jetzt der Artilleriekampf tobte, in den er nicht einzugreifen vermochte (weder hatte er Munition, noch Brennstoff für die Fahrzeuge, noch Kanoniere für die Bedienung der Geschütze) und während der von der Front hertreibende Rauch den Hügel, die Stellungen, die stummbleibenden Geschütze einhüllte, wanderte er in Ausführung eines Sonderauftrages

von Bunker zu Bunker, um aus dieser Kolonie von Kranken, Halberfrorenen und Verhungernden die noch Brauchbaren zur Auffüllung der noch kämpfenden Truppe auszukämmen ...
Und da saß in seiner neuen Unterkunft in der Zarizynschlucht – in der Nähe feuerte eine Batterie aus vier Rohren – Generalleutnant Cönnern zusammen mit dem ebenfalls in die Zarizynschlucht geschickten Generalleutnant Damme. Sie hatten wie einen Baldachin eine Zeltbahn über sich ausgespannt. Hier war es nicht Kalk, hier war es Dreck, der unaufhaltsam zwischen den Balken hindurchrieselte und in Stücken herabfiel. »Der Unschlicht« (das war der Nachbar, der Ia des Armeekorps, Oberstleutnant Unschlicht) »sitzt tatsächlich in seinem Loch und spielt die Blockflöte!« sagte Damme. »Ich hab' mir das angesehn. Er übt eine schwierige Passage, sagt er. Das beruhige die Nerven. Und solange der Feuerüberfall dauere, kann man doch sonst nichts machen!« – »Wenn ich könnte, ich würde auch Flöte blasen!« meinte Cönnern. – »Ja, ein doller Feuerzauber!« sagte Damme. Sie saßen da und warteten auf den zum Generalmajor beförderten Vilshofen, nach welchem ein PKW ausgeschickt worden war. Aber nicht Vilshofen trat ein, sondern der evangelische Wehrmachtpfarrer Martin Koog. Es war der Pfarrer aus der Dammeschen Division, und er kam in der Angelegenheit eines Soldaten, der seinen Posten verlassen und sich in einem nahegelegenen Schuppen verkrochen und dort 36 Stunden geschlafen hatte und deshalb zum Tode durch Erschießen verurteilt worden war. »Ganz unmöglich. Ich habe mit ihm gesprochen, das Urteil kann nicht vollstreckt werden, Herr General!« brüllte Koog seinem Divisionskommandeur in die Ohren, während die Geschosse der Batterie feuerten und von der Front her, durch dicke Erdwälle gedämpft, das Grollen der russischen Artillerie keine Sekunde aussetzte und die Erde im Bunker bebte und rieselte: »Nein, kann nicht vollstreckt werden, der Mann ist nicht zurechnungsfähig, redet naives Zeug, redet wie ein unmündiges Kind ... Nein, so war er schon Tage vorher und auch zur Zeit des Postenvergehens. Der Mann fällt unter den Paragraph 51, kann unmöglich erschossen werden. Und schließlich ist er ein

Familienvater, hat eine Frau, hat Kinder. Er wird wieder in Ordnung kommen, er ist noch jung, das Schicksal einer Familie hängt an seinem Leben ...« Damme zuckte die Achseln, er könne nichts machen. Postenvergehen gäbe es zu Hunderten, die Leute könnten alle nicht mehr. Das Armeekorps hätte gerade diesen Fall herausgesucht und bestehe auf Vollstreckung des Urteils. Koog hatte keine Zeit – das Hinrichtungspeloton war schon auf dem Wege, er lief weiter, stand vor dem Ia des Armeekorps, dem Oberstleutnant Unschlicht, der zwar die Blockflöte absetzte, aber sie nicht weglegte und die Lippen gespitzt behielt und sein asketisches Gesicht und seine Augen nicht von dem Notenblatt, einem Kirchenlied aus dem 17. Jahrhundert, abwandte, als er die Argumente Koogs über sich ergehen ließ. Es gäbe niemand in der ganzen Armee, der sich nicht einen sechsunddreißigstündigen oder noch längeren Schlaf wünsche, und eben deshalb sei die Vollstreckung des Urteils eine Notwendigkeit! war alles, was Koog von ihm zu hören bekam. Hunderten von Sterbenden hatte Koog in den letzten Stunden Trost zugesprochen; als er aus dem Bunker Unschlichts wieder herauskam, und drei Mann unter Gewehr, von einem Unteroffizier geführt, vorbeistapfen sah, zitterten ihm die Knie. Er eilte, um noch vor dem Peloton in dem Erdloch anzukommen, in dem ein achtundzwanzigjähriger Bankangestellter, namens Krämer, darauf wartete, zu seinem letzten Gang abgeholt zu werden. Er ging neben dem Delinquenten her, es folgte der Unteroffizier mit den drei Mann, es folgte der Kriegsgerichtsrat. Sie gingen nur einige Dutzend Schritte, zwischen zwei Bunkereingängen wurde Krämer an die schneeverwehte Grabenwand gestellt. Nichts an der Gestalt, der Mantel war von Schnee und Wind und auf Wachen und in Gefechten zerschlissen, die Füße und der Kopf waren mit Lumpen umwickelt, nichts an dem hohlen, vom verwilderten Bart umwucherten Gesicht mit geweiteten glänzenden Augen erinnerte an den zivilen Beruf des Mannes, den er einmal ausgeübt hatte, an einen Bürotisch und ein Schalterfenster; und nichts erinnerte an eine Wohnung mit einer Lampe auf dem Tisch, mit einem Sofa, mit Bildern an den Wänden, wie er sie hinter sich gelassen hatte. »So gern hätte ich noch die nächste

Brotausgabe abgewartet ... Aber sagen Sie, Herr Pfarrer, kommt man nun gleich in den Himmel oder gibt es erst so eine Art Übergangsstadium, wo es wieder nichts zu essen gibt?« hörte Koog den Mann sagen. Pfarrer Koog war hilflos, er fand keine Worte, keinen Trost, der hier gar nicht erwartet wurde, er stammelte irgend etwas, ob er der Frau zu Hause und den Kindern vielleicht etwas ausrichten solle? fragte er. – »Meine Frau heißt Ilse und die Kinder heißen ... auch Ilse und Gustl«, sagte der Mann und knöpfte seinen Mantel auf und zog ein Päckchen zerlesener Briefe hervor: »Da, schicken Sie das zurück, und schreiben Sie. Schreiben Sie, daß ich sowieso bald draufgegangen wäre. Ich bin bloß noch Haut und Knochen, ich wiege noch etwa vierzig Kilo ...« Der Kriegsgerichtsrat wurde schon ungeduldig, er trat einen Schritt näher und hob das Blatt Papier mit dem Urteil, das er in den Händen hielt, an die Augen. Rauch zog wie ein schwarzer Morast über die Schlucht weg. Es war gespenstisch und war wie das Tun von Marionetten. Der Kriegsgerichtsrat faltete das Blatt Papier wieder zusammen. Drei Soldaten – auch ihre Mäntel waren zerschlissen, auch ihre Gesichter waren grau, auch ihre Augen geweitet und glänzend vor Hunger – legte die Gewehre an, aus den Gewehrmündungen pufte feiner blauer Rauch, und zu hören war nichts, nur das Grollen der Front und das Aufbrüllen der in der Schlucht stehenden Geschütze. Die Soldaten hängten ihre Gewehre wieder über die Schulter, geführt von dem Unteroffizier, stapften sie davon. Im Schnee blieb ein Leichnam zurück, dem Pfarrer Koog die Augen zudrückte, und der niemand mehr interessierte und zu dem auch niemand mehr hinblickte.
Das alles geschah, während die russische Artillerie Tausende Tonnen glühendes Metall in den Kessel schickte und an der ganzen Front Feuerzungen aufleckten. Menschen wurden zerschmettert, wurden gebraten, erstickt, in Stücke gerissen, wurden verschüttet, wurden vierzig Meter hoch in die Luft geschleudert. Hausruinen stürzten ein, die Erde brodelte. Funksprüche wurden diktiert und gesendet. Aus Bunkern voller Sterbender wurden neue Bataillone rekrutiert. Eine Blockflöte spielte. Ein Mann wurde erschossen. Kampfgruppen gin-

gen zugrunde; und andere – die Männer in Spalten eingeklemmt, die Gesichter an die Erde gepreßt – kamen davon und warteten auf das Ende des Feuerausbruchs.
Dreißig Minuten dauerte das Bombardement. Dreieinhalb Stunden dauerte der danach einsetzende Feuerüberfall aus Granatwerfern und Raketengeschützen. Bis zur einbrechenden Dunkelheit blieben noch drei Stunden – drei Stunden Infanterie- und Panzerangriffe. Die Männer der Gruppe Döllwang und der Gruppe Latte, aus früheren massierten Feuerüberfällen (im Donbogen, bei den Kasatschihügeln, vor dem Rossoschkatal) wieder auferstanden, hatten die Bedeutung, die Bunker und befestigte Linien in solchen halben Stunden besaßen, kennengelernt. Als dieses Mal die weißen Lichtzeichen aufstiegen und die Artillerie ihr Vernichtungswerk begann, hatten sie die in der Nacht bezogenen Bunker und Stellungen verlassen und auf dem rückwärtigen Gelände in Spalten und Löchern Zuflucht gesucht. Von dort aus hatten sie Bunkerdecken und Befestigungen und Drahtverhaue in die Luft fliegen sehen. So waren sie aus dem Artilleriefeuer mit geringen Verlusten herausgekommen. Um so mehr kostete sie der Granatwerfer- und Raketenüberfall, nämlich fast den halben Bestand; aber es waren die Neuen, die auf dem Wege von Pitomnik nach Woroponowo aus Werkstattkompanien und Rückwärtigen Diensten Eingestellten, die beinahe restlos fielen.
Dreieinhalb Stunden Granatwerferfeuer!
Man weiß, was das bedeutet, und Döllwang wußte es theoretisch. Er wußte, daß der Mann, der dem massenhaften Fiepen und Pfeifen und Zischen und dem Platzregen herabklatschender Splitter nicht standhält, und der in dem aus immer neu niedergehenden Granaten gespeisten Rauchdschungel aufspringt, in neun von zehn Fällen des Todes ist oder verwundet fällt und für die Truppe verlorengeht. Bataillone, die im Granatwerferfeuer die Nerven verloren, haben bis neunzig Prozent Verluste gehabt und andere, die eingenistet in Spalten und Trichtern im gleichen Granatwerferschlag ausharrten, sind mit drei Prozent Verlusten davongekommen. Döllwang kannte die Theorie und wußte, daß man – wenn es lange dau-

ert und das Verlangen aufzuspringen zwingend werden will – sich mit Händen und Zähnen an der Erde festzuhalten hat. Zum erstenmal hatte er Gelegenheit, die demoralisierende Wirkung solcher Angriffe an den eigenen Nerven kontrollieren zu können, vom Zucken des kleinen Fingers bis zum Versagen des ganzen Nervensystems und zum panikhaften Aufspringen. Er konnte aus seinem Loch die sich auf fünfhundert Meter heranschiebende Schneemulde nicht einsehen, aber die aus dieser Mulde wie dickköpfige Tümmler mit schimmernden Fischschwänzen in ganzen Scharen aufspringenden Granaten sah er; er sah sie aufsteigen bis in Scheitelhöhe, dann hörte er sie abwärtsrumpeln und rechts und links in den eigenen Reihen aufklatschen.

Ein endlos tobender und auf hartem Grund zerschellender Katarakt. In einem Loch, so schmal, daß die Schultern auf beiden Seiten das Erdreich berührten, hockte er, Knie an Knie, Mantelfalte an Mantelfalte, Gesicht an Gesicht mit einem andern Geschöpf. Der andere war der Unteroffizier Gnotke. Die Zeit stand still und der kleine Finger gehorchte nicht mehr. Und wo waren die andern – fünf Meter weiter, zehn, fünfzig, hundert Meter weiter, verstreut in andern Löchern. Kein Gang, kein Blick führte zu ihnen. Der Trichterrand bildete den Horizont, die Grenze der bewohnbaren und begehbaren Erde. Der kleine Finger zitterte. Einer, der die erlaubten Grenzen überschritten hatte, schrie in nächster Nähe. »Die Lunge zerrissen!« hauchte Gnotke, an der Art der Schreie unterschied er die Art der Verwundungen. Als das Aufheulen des Verwundeten vergurgelte, sank Gnotke wieder in sich zusammen. Die Hände hielt er in den weiten Mantelärmeln verborgen. Nichts rührte sich an ihm. Er atmete ruhig. Glühende Splitter fegten über den Trichter. Sie zogen so flach über den Boden und sie sind so scharf, daß sie im Sommer das Gras abmähen. Einer fiel herunter und sengte ein Loch in den Döllwangschen Mantel. Gnotke schlief einen so wachsamen Schlaf, daß er sofort die Augen öffnete, den Splitter mit bloßen Fingern ergriff und in den Schnee hinausschnipste.

In diesem Moment bemerkte Gnotke den Zustand seines Hauptmanns. Nicht nur der Finger, die ganze Hand flatterte.

Der Blick Gnotkes ging von der Hand zum Gesicht und den Augen. Die Lippen Döllwangs waren geöffnet, daß die fest aufeinandergesetzten Zähne sichtbar waren. Und das mochte noch angehen, war ein Zeichen äußersten Angespanntseins. Aber die Hände und dazu die weitaufgerissenen, ins Wesenlose starrenden Augen! Eine halbe Stunde schwerstes Trommelfeuer, stundenlanges Granatwerferfeuer, und kein Ende abzusehen und vergessen, daß überhaupt ein Ende eintreten könnte! Es bleibt nur die Wahl zu sterben oder wahnsinnig zu werden – aber das ist nicht wahr, ist eine rhetorische Umschreibung des wahren Zustandes. Es gibt da eine lange Stufenleiter der Erscheinungen, Zitterbewegungen, Gefühllosigkeit, Schreikrämpfe, Gebete, unwillkürliche Entleerungen, das alles gibt es und gab es hier im Umkreis, unter den Alten und noch mehr unter denen, die gestern noch als Vermessungssoldaten oder in einer Reparaturwerkstatt gearbeitet oder in anderen rückwärtigen Diensten gestanden hatten. Und die Hosen ›voll‹ zu haben, ist nicht das Schlimmste. Nach fauchend krepierender Granate den Kopf herumreißen, dann, vom Schrecken gelähmt, die Muskeln nicht mehr bewegen können und mit erstarrtem bewegungslosem Genick ausharren und sich einem Bajonettangriff ausliefern zu müssen, auch das hat Gnotke schon gesehen, ist schlimmer. Und dieser Hauptmann, das wußte er, hatte vor acht Tagen noch in irgendeinem Berliner Büro gesessen. Und Gnotke war nicht mehr der unbeteiligte Beobachter, der er noch bei Sapadnowka gewesen war, wo er den Augen des Lehrers Dingelstedt angesehen hatte, was kommen würde, und doch keine Hand gerührt hatte, dem Schicksal in den Arm zu fallen. Er war hier derselbe, der Gimpf aus dem Todesloch herausgezogen hatte – nur das Motiv war dort und hier nicht dasselbe; dort war es die schreckliche Furcht, allein bleiben zu müssen, gewesen, die ihn bewegt hatte; hier war es nicht mehr eine solche Furcht, hier war es anderes.

Döllwang wußte nicht, daß er taub, daß er von Sinnen, daß er völlig abwesend war. Das ging ihm erst auf, und auch nicht sofort, als er den Druck einer Hand auf seiner eigenen spürte, und als dieses Gesicht sich vor ihm zu bilden begann. Und

sonderbar, dieses ungewaschene Soldatengesicht sah er und die grauen Augen, und zugleich die Augen seiner Tante, wie sie plötzlich (das war vorgekommen) am Frühstückstisch auf ihn blicken konnten, und er dann sagen mußte: »Entschuldige, Tante, ich war ganz abwesend, ich hatte gar nicht zugehört!« Aber hier war es nicht ein mathematisches oder sonst ein Problem, hier war es das mörderische Rauschen, das ihn gänzlich absorbierte, und war es der Schrecken, der seine Glieder schlottern machte. Das bemerkte er mit einemmal und damit kehrte auch schon ein Teil der Kontrolle über sich wieder. Auch dieser Gnotke redete zu ihm und hatte zu ihm geredet, was er offenbar überhört hatte.
»Ja, das sind wohl alles Neue, die da rauslaufen!« erwiderte er jetzt. – »Ja, das sind alles Neue, die haben hinten so was nicht mitgemacht!« – »Ja, wirklich eine starke Nervenanspannung!« sagte Döllwang, und Gnotke zog sachte seine Hand zurück.
»Wer da rausläuft, der ist kaputt!« sagte er.
Das war eine Unterhaltung, zerbrochen genug in dem Tosen, das nicht nachließ. Aber doch, es war eine Beziehung, war eine Hand, die ihm gereicht wurde, ihm, der schon im Begriff war, wie leere Spreu davongeweht zu werden.
Einige Meter weiter saß Stübe in einem Loch, so eng, daß er in Hockstellung darin verharren und den Kopf gebeugt halten mußte. Bei ihm waren es nicht die Nerven, er hielt das ewige Getöse und Rauschen und das Zerplatzen von tausend Geschossen aus. Aber seine Muskeln wollten nicht mehr mitmachen. Und weil er die Beine nicht ausstrecken konnte, wiegte er den Kopf endlos hin und her. Dann bewegte er die Zehen und drehte er die Hände in den Handgelenken, denn es war verflucht kalt; und das Ende von der Geschichte war, daß man mit geschwollenen Füßen und mit tauben Gliedern noch einen Sturmangriff aushalten und selbst stürmen sollte! Und wieder einige Meter weiter hockte August Fell. Der betete nicht mehr und spendete für keinen Kollektenteller mehr, war rettungslos stumpf und taub, körperlich und seelisch. Und wieder weiter in einem andern Hockgrab saß Liebsch mit der schwachen Blase, ebenfalls stumpf und taub und verblödet und ohne Frage an Gott und Schicksal, und ohne Antwort, ein

einmal in ihn eingehämmerter und nachgedachter Gedanke war in seinem Kopf geblieben und den dachte er: wir halten die Stellung, wir müssen die Stellung halten! Und wieder weiter in einem vierten Loch hockte einer von den Neuen, und der war gar kein Soldat, es war der Schlosser Robert Rebstock aus Berlin-Oberschöneweide, der hatte in Dubininski in einer Autoreparatur gearbeitet, mit den Fluchtkolonnen war er bis Jeschowka gelangt und dort von einem Auffangkommando angehalten und in die Truppe gesteckt worden. Und jetzt saß er hier und hatte ein Gewehr zwischen den Knien und Patronen in der Manteltasche, und es rauschte und heulte und die Welt ging unter, und er durfte sich nicht rühren, und in seinem Kopf jagten Gedanken wie Ratten auf dem Deck eines versinkenden Schiffes. Und da gab es einen Hans und eine Liesbeth und einen Hitler und ›Ruskis‹ und eine Lotte. Und der Hans hat recht gehabt und ist in Oberschöneweide geblieben und ist jetzt in der Fabrik Vormann über seine Gruppe ›Ruskis‹ geworden; und Liesbeth ist die Schwester und ist Bibelforscherin, und er hat über sie gelacht, doch das hier ist das ›gläserne Meer‹ und ist ›Heulen und Zähneklappern‹, aber wirklich und nicht bloß auf dem Papier; und der Hitler, das ist doch zum wahnsinnig werden, nichts zu essen und Schnee und ein Gewehr zwischen den Knien, und sagt: ›Ich hau' euch raus!‹ Und tut nichts und sagt: ›Nehmt euch ein Beispiel an mir!‹ und überall liegen Tote, und für so was hat man agitiert und wenn einer gemeckert hat, dann hat man ihn womöglich noch ins KZ gebracht, und Lotte, um Gottes willen (Lotte ist die Frau), wenn ich nun verrecke wie alle andern, dann nimmt Lotte sich den Hans. Und vielleicht hat sie recht und vielleicht hat auch die Liesbeth recht, und er hätte den ›Ruskis‹ doch mal einen Kanten Brot und mal eine Zigarette geben sollen, und der Kopf wird ihm schließlich hier zerhackt, weil er dämlich war und weil er es drauf angelegt hatte! Und weiter und in andern Löchern, da hockten Altenhuden und Gimpf und Liebich und Wilsdruff und Rieß, und wieder ein Neuer und noch Neue. Und Altenhuden war mit seinen sechsundzwanzig Jahren so zermürbt, als ob er tausend Jahre Leben hinter sich hätte. Gimpf nahm sich vor, keinen Schritt mehr zu tun, in diesem

Loch wollte er endlich liegenbleiben und begraben sein. Liebich war an der Grenze des Ertragbaren angelangt, er preßte den Kopf zwischen beide Hände und fuhr sich unter die Haube und betrachtete dann die Haare, die ihm in den Händen geblieben waren. Wilsdruff hatte vergessen, wer er war und wo er war, und daß er einmal Frau und Kinder hatte, und empfand nicht viel mehr wie auch ein Klumpen Lehm vielleicht empfinden könnte. Rieß heulte und fluchte abwechselnd und schwor, daß das sein letztes Trommelfeuer und sein letzter Granatwerferschlag sei, und daß er nichts mehr mitmachen wird. Genug von dieser verfluchten Scheiße, abhauen und sich selbständig machen, wie andere auch, und es liegt genug herum auf den Wegen, wovon man zehren kann!

Und ein gefrorenes Lehmstück und an dem Lehm ein Blatt Papier angeheftet, flog zu Liebsch in das Loch hinein, wurde weitergeworfen und erreichte Fell, Altenhuden, Gimpf und einen nach dem andern. Auf dem Zettel war mit großen Buchstaben aufgemalt: »Wenn Feuer zu Ende, dann liegenbleiben. Und wenn Panzer kommen, überrollen lassen. Nicht schießen, Munition sparen bis Infanterie kommt. Dicht heranlassen. Erst feuern auf Befehl!«

Dieser Befehl kam von Döllwang und kam noch weiter her, kam aus Woroponowo, vom Wasserturm und von Vilshofen. Ein Melder hatte ihn durch eine Schlucht und dann durch einen Laufgraben, dann in gleicher Art als Wurfgeschoß nach vorn in die vorderste Linie befördert.

Und Altenhuden und Gnotke und Gimpf und Fell, an hundert Mann, Alte und Neue, die Döllwang anführte, und an hundert Alte und Neue, die Latte anführte, lagen dreieinhalb Stunden im Granatwerferschlag. Körper verlieren Stück um Stück jedes Empfindungsvermögen. Magen, die sich zuerst aufgebäumt haben, sind zusammengeschrumpft zu leeren Säcken, Blasen drücken nicht mehr, sie haben sich Luft gemacht, man hat sich auf die Seite gelegt, oder wenn dazu kein Platz war, mußte es auch anders gehen. Und Gehirne sind nichts als Erde; wer noch denkt, etwa an ein früheres Leben, oder an die Schuld Adolf Hitlers, oder an eine Lotte und daran, wen sie wohl nach dem bald eintretenden eigenen Tod heiraten wird,

der ist wie der Schlosser Rebstock lange aufgesprungen und von kleinen Splittern zersiebt worden, wie ein in tropische Gewässer fallendes Stück Fleisch, das von tausend kleinen Fischen augenblicklich gefressen wird.
Dreieinhalb Stunden fällt der Katarakt aus Eisen und Rauch und Feuer aus dem Himmel. Und nicht das Ende, ein Höhepunkt in der Stufen- und Tonleiter des Grauens ist erreicht. Himmel und Erde erstarren und man darf nicht atmen, man muß ganz klein sein. Man hockt, man kniet, man liegt auf dem Bauch, man preßt das Gesicht in den Dreck.
Und da ist es: eisernes Dröhnen, Rasseln von Ketten, Aufdröhnen der gefrorenen Erde, Hauch von heißem Öl, herabfallende Finsternis; ein Wurf Schnee, losgebröckelte Lehmstücke fallen in das Loch herunter. Die Panzer rollen über die Hockgräber weg. Es muß schon ein größeres Loch sein, wo ein Panzer verweilt und sich um die eigene Achse dreht und Loch und Mann und Schnee unter sich verquirlt.
Artillerie, Granatwerfer, Panzer – eine ganze Maschinerie der Hölle wie deutsche Technik sie entwickelt, deutsche Arbeit sie überdimensioniert, eine deutsche Generalität sie mißbraucht hat, um andere Völker zu zertreten, hier ist sie in den herausgeforderten Dimensionen und rollt über deutsche Soldaten weg, die verholzt, versteinert, eingeschrumpft wie Mumien in der Erde hocken.
Die Panzer sind durch. Eine neue Welle der Stille – das Artilleriefeuer ist nach hinten verlegt – dauert bis Menschen hörbar werden. Knarren. Klappern von Blechgefäßen, Spaten. Knirschen. Stimmen. Aufheulen. Ein tierisches Geschrei, eine anstürmende Woge. Und jetzt hoch! Die steifen Glieder bewegen, auf tauben Füßen stehen, auf tauben Füßen laufen ... Handgranaten, Maschinenpistolen, gefrorene Seiche, Hosenböden hart wie Bretter von angefrorenem Kot, man muß brüllen, was aus dem Hals herausgeht.
»Hurra ...«
»Urra ...«
Gnotke, Gimpf, Döllwang, Ukrainer, Kosaken ... Fell und ein Usbeke ... Altenhuden, Liebsch, Rieß, Kalmücken, Sibirier, Russen, Weißrussen ...

»Urra!«
Feuer spritzt in Augen, Schädel zerkrachen wie Eierschalen, Russen stützen ihre MPs gegen Koppel und Bauch, schießen die Kammern leer, werfen die MPs weg und greifen nach Messern, Leutnant Latte liegt im Schnee. Er hört von Woroponowo her Artillerie, eine 15-cm-Batterie feuert, das ist Vilshofen, der die durchgebrochenen Panzer empfängt. Latte legt den Kopf auf die Seite und stirbt.
»Feuer!«
»Feuer!«
». . . Recht so, gut, schnell! Was da ist, raus damit!«
Das war Vilshofen von der Höhe des Wasserturms her. Und die Kanonen einer 15-cm-Batterie, die von der gleichen Stelle aus einmal Munition verwüstet, einmal übermütig auf einzelne Ziele, einmal hohnlachend auf sich annähernde einzelne Menschen gerichtet worden waren, feuerten ihre letzten Granaten heraus und fielen für immer in Schweigen zurück.
Vilshofen stand auf der Höhe des Wasserturms, neben dem Leichnam des Artilleriekommandeurs. Er stand noch da, als Nacht über die Steppe kroch. Die Linie hatte gehalten, um im Schutz der Dunkelheit verlassen zu werden und am nächsten Tag nicht mehr dazusein. Latte tot, die halbe Kampfgruppe gefallen, die andere Hälfte gefangen, versprengt, geflüchtet – und ein blutender Haufen kehrt über die Steppe zurück: so hatte die Linie gehalten.
Hauptmann Döllwang, Feldwebel Pöhls, Unteroffizier Gnotke . . . zweiundvierzig Mann, dazu einige, die sich auf andere stützten, so humpelten sie durch die Dunkelheit, Richtung Woroponowo: so sah die Kampfgruppe Vilshofen aus. Ebenso kläglich sah das Regiment Enders aus, auch die Regimenter, die bei Pestschanka und mit dem Rücken zur Wolga gekämpft hatten, ebenso ausgeblutet waren die Truppen des rechten Flügels der Südfront, auch die Kampfgruppe Keil; und alle fielen in dieser Nacht bis zur Ringbahn zurück, um dort neue Stellungen zu beziehen. Die neue Linie, die sich bildete, war dieses Mal kein dünner Ring mehr, war nur noch Blech, war hoffnungslos mürbe geschlagen, wo der nächste Stoß sie auch berühren würde, mußte es ein Loch geben.

In der Nacht vom 19. auf den 20. Januar war es.
In dieser Nacht wurden in Deutschland Briefe geschrieben: An den Gefreiten Mathias! Linz: ›Mein lieber Mathias!... keine Post, kein Wort von Dir. Wenn es so weitergeht, geht's mir bald wie Frau Salm, die war gestern regelrecht verrückt. Das machen alles die Gedanken an den Krieg und grade Dich muß es treffen, ausgerechnet Du im Kessel, mein Gott...‹ An den Soldaten Johann Leimer: ›Lieber Jochen! Gib mir bekannt, ob Ihr eingeschlossen seid oder nicht. Wenn es auf Wahrheit beruht, mache ein Kreuzlein auf eine Ecke, mehr brauchst Du nicht machen...‹ An den Gefreiten Wolfgang Specht: ›Mein lieber Mann!... wir alle sitzen wie auf Kohlen, ich höre auch von andern, daß die größte Nervenkraft dazu gehört. Mein lieber, liebster Mann, täglich bitte ich den lieben Gott, daß er Dich aus der Hölle von Stalingrad wieder herausführt. Ich glaube, dort spielt sich das Grauenvollste ab, was Menschen sich bereiten können...‹ An den Soldaten Hermann Krämer: ›Mein allerliebster Hermann! Als wir gestern abend beisammensaßen und den Bericht hörten, krampfte sich uns allen das Herz zusammen. ‚Trommelfeuer über Stalingrad' hieß es. Mein Gott, unser armer Papa! sagte ich. Und Gustl und Ilse schauten mich ganz traurig an. Daß Du uns nur erhalten bleibst, und daß Du nur heil wieder aus dem Kessel kommst... Mama, Gustl und Ilse.‹ An den Soldaten Karl Dennstädt: ›Mein lieber Karl!... ich kann Tag und Nacht nicht schlafen, kommst Du nicht wieder, so ist es nicht auszudenken. Ich bin sowieso vom letzten Fliegerangriff noch ganz daneben. Und tagelang keine Post von Dir, ich könnte den Gashahn aufdrehen, so zumute ist mir...‹ An den Obergefrei-

ten Hans Daussig: ›Mein lieber Mann! Die Sache mit Stalingrad ist ja toll, und dazu die eignen Sorgen! Es ist doch so, daß alle Anfänger in die Ecke gequetscht werden, darum ist die Schwarzkopf seit dieser Saison auch wieder vom Opernhaus fort, sie wird aber von Raucheisen unterstützt und hat Gastspielabschlüsse. Alles ist schwer, man kann sich scheinbar nur halten, wenn man einen einflußreichen Theatermann oder gar noch ‚höhere Stellen' hinter sich hat. Aber woher nehmen und nicht stehlen. Woher soll ich den Anschluß bekommen? Ich komme mir vor wie ein Rennpferd ohne Reiter! Tolle Zustände und so was nennt man dann Kunst! Und Du mein lieber armer Mann, in Stalingrad! Wenn Du bloß nicht den schrecklichen Häuserkampf mitmachen mußt ... Dein Weibi.‹ An den Soldaten Kurt Mohr: ›Mein liebes gutes Sohndl! ... ach, als ob ich nicht wüßte, wie es dort zugeht, Mord und Totschlag und keine guten Aussichten. Und jetzt in der Kälte sollt Ihr Kinder kämpfen. Wenn ich so an Dich denke, dann möchte ich Dich am liebsten aus der Hölle rausholen und ich möchte für Dich hin. Ich bin schon alt, aber Du bist noch so jung und schön, und schon den Tod vor Augen. Wenn ich Dich nicht mehr vor meine Augen bekomme, Sohndl, da brauche ich auch nicht mehr leben ... Deine Mama.‹ An den Gefreiten Karl Tuszieh: ›Mein lieber armer Karl! ... Heute war wieder Sammeltag. Ich habe wieder verkleinert, weil es Dir so schlecht geht. Im Büro sind alle recht lieb und haben Mitleid, weil Du im Kessel bist, bis auf einen, der war recht gemein, dem geht's zu gut, und PG ist er. Weil ich recht geweint habe, meinte er, da darf man nicht gleich ans Ärgste denken, und es kommen mehr zurück als draußen bleiben. Ich kann Dir gar nicht sagen, wie es in mir kocht, wenn ich daran denke! Ich schau ihn auch nicht an, den könnt ich derstößen. So etwas kraucht auf Gottes Erdboden herum! Deine Louise in großer Sorge.‹ An den Obergefreiten Rudolf Dorninger: ›Mein lieber Rudi! ... Man hört noch immer nichts Tröstliches von diesem verfluchten Stalingrad. Ob Ihr den Ring sprengen könnt, den die Russen um Euch geschlossen haben. Gebe Gott, daß alles gut geht. Es ist aber auch zu grausam, statt in den Urlaub in den Ring ...‹ An den Soldaten Robert Brünner: ›Lieber Bert!

Deine Briefe waren in der letzten Zeit etwas rätselhaft. Jetzt wissen wir Bescheid, durch Zufall, nicht durch Radio ...‹ An den Soldaten Hans Pippmansberg: ›Mein lieber Hansl! Du bist ganz auf eine falsche Zeit auf die Welt gekommen. Oft denkt man, sind wir denn verlassen? In den Zeitungen wird nicht gedruckt, wie es in Stalingrad zugeht. Da wird nur das Schöne hineingedruckt, im Kino ist es das gleiche. Wenn sie die Wahrheit schreiben und zeigen würden, dann würden die Leute närrisch. Bei uns sagen sie jetzt, daß Ihr schon sechs Tage absolut nichts mehr zu essen habt ...‹ An den Soldaten Albin Hedenick: ›Mein liebster Albin! Ich hab geglaubt, mir zerreißt es das Herz. Hörst Du, Du mußt ja zurückkommen. Wir wollen ja keinen andern Papa. Du warst ja so gut zu mir, hast mir jeden Wunsch von den Augen abgelesen! Ich habe so ein bestimmtes Gefühl, daß ich mein Manki wiedersehen werde. Nein, nein, nein, Albin, Dir darf nichts passieren ...‹ An den Soldaten Ewald Stübe: ›Lieber Ewald! Der Mensch kann viel aushalten, aber ich meine, Du hast nun genug ausgehalten. Auch hier in Köln wird es immer knapper und schlimmer. In der Fabrik ist es schrecklich. Kein bißchen Licht und Sonne. Die Fenster sind schwarz bestrichen, und man hat den ganzen Tag eine scharfe Lampe vor sich. Und die Sauflieger kommen Tag und Nacht. Ich bin nichts mehr wert. Habe Kopfschmerzen vor Aufregung. Und wenn ich an Dich denke, es ist zum Heulen, da kann man jeck werden. Deine Tilla.‹ An den Feldwebel Heinrich Pöhls: ›Mein lieber Heinrich! ... Dem Bäcker seine Mutter war auch Freitag bei mir fragen, ob ich auch keine Post bekomme. Ich höre nichts von Dir, Du schreibst nicht mehr. Hörst Du Heinrich, was soll ich anfangen, und mit den Kindern, was ist mit Dir, man hört so Verschiedenes. Mein Gott, wenn es wahr ist ... Anna und die Kinder.‹ An den Gefreiten Franz Schwarzott: ›Liebster Franz! ... Kämst Du auf Urlaub, da wäre doch Zeit gewonnen, und jeder Tag zählt. Aber vorläufig heißt es hoffen, daß Ihr gut aus diesem Kessel freikommt. Wo Du hinhörst, ja, da heißt es: Der ist bei Stalingrad ...‹ An den Soldaten August Fell: ›Mein lieber Sohn! Bei uns zu Hause ist auch alles in Aufregung. Nun ist ein großer Strich zwischen alles gekommen durch Willys Tod. Alles müssen wir abschaffen, vor allem die schöne Kuh, die uns so viel Butter gegeben hat. Für Vater ist die Arbeit zu schwer, er wird immer krummer. Der Etsch ist auch gefallen und der Jäb hat den rechten Arm verloren. So hat ein jeder sein Kreuz zu tragen. Hoffentlich bleibst Du gesund. Und der Segen Gottes komme über Dich und führe Dich wieder in die Heimat. Deine Mutter.‹

In der Nacht vom 19. auf den 20. Januar, auf der Kalmückensteppe, südlich Woroponowo ... aber man mußte wissen, daß ein Eisenbahnstrang durch die weiße Wüste verlief, daß eine Stadt, ein Obdach sich in erreichbarer Nähe befand; man mußte sich daran erinnern, und schon das fiel dem von Detonationen, von Kälte, von Aushungerung betäubten Kopf schwer, daß man – und war das in der Nacht vorher oder war nicht eine lange Zeit darüber hingegangen – zwischen Gerümpelhaufen und an eingesunkenen Dächern und an Eisenbahnwaggons vorbeimarschiert war. Zu sehen war nichts als Schnee, und wer vom Wege abkam, versank darin wie in einem Meer; seine Bewegungen wurden hastig, er machte keine Schritte mehr, fast waren es jähe Schwimmstöße, und er begann zu schreien und wurde nicht gehört und schrie nur die Sterne zu sich herunter. Die großen flimmernden Sterne der Steppe ließen sich neben ihm nieder, auf dem Kamm der Schneewoge saß einer und blickte ihn an ... ›Nein, nein, nein, Albin, Dir darf nichts passieren!‹

In den Stimmen der Heimat zitterte Aufregung, Auflehnung, Besorgnis, bäumte sich noch Hoffnung, blitzte noch Wut auf gegen ein namenloses Schicksal; in den Männern auf der Kalmückensteppe und auf den Schneefeldern und in den Schluchten an der Wolga war nichts dergleichen mehr, weder Aufregung, noch Auflehnung, noch Angst, noch Hoffnung, nur stumpfes Ertragen von Hunger, Kälte, Strapazen, stumpfsinniges Erdulden von Qualen. Mit abgetöteten Sinnen, müde und bepackt, zog auch der Trupp, den Hauptmann Döllwang anführte, in dieser Nacht durch den Schnee. Die Straße war ausgetreten, war verweht, war wieder ausgetreten worden und wieder verweht, es ging durch Mulden und quer durch Schneemauern. Der Wasserturm wäre ein Ansteuerpunkt gewesen, doch in der blauen Nacht war er nicht zu sehen. Eine Wegbezeichnung gab es, doch es waren nicht mehr die in den Boden gerammten Pfähle mit daran befestigten Strohwischen. Die waren als Brennholz weggeräumt worden, und jetzt ragten alle zwanzig, alle dreißig, alle vierzig Schritte, das eine mit Schenkel und breitem Beckenknochen, das andere mit Sprunggelenk und Huf nach oben, das eine kerzengerade, das andere schief in einem Schneehaufen steckend, abgenagte Pferdebeine als Wegzeichen auf. Die Gruppe Döllwang war auf dem Wege und ein andrer Haufen, und wie die Gruppe Döllwang, einer hinter dem andern in Schlangenlinie, war der Rest des Regiments Enders. Voraus lag Woroponowo, im Rükken war das Niemandsland (in dieser Nacht noch Niemandsland) und das verlassene und strichweise noch von Salvengeschützen bestrichene Schlachtfeld.

Ein verzweigtes Rinnsal ausgetretener Pfade führte von vorn und von Unterständen kommend auf den markierten Hauptweg. Und wer von jenen, die während des Nahkampfes abgesprengt und zurückgeblieben waren, und aus der Erstarrung wieder erwacht und vom Schrecken aufgejagt, sich so weit getastet hatte, daß er aus dem Schnee aufragendes Pferdegebein erblickte, hielt den Faden in der Hand und konnte hoffen, zur Truppe zurückzufinden. Einer dieser ›Glücklichen‹ war der Soldat Ewald Stübe, ein anderer war der Obergefreite Hans Daussig. Als Stübe den Daussig erblickte, der von der andern Seite her auf den Weg hinunterlauschte (niemand konnte wissen, wie weit die Russen bereits in das Gelände eingesickert waren), da verhielt er sich zuerst ganz still und beobachtete die Bewegungen des andern; was danach folgte, war kaum anders als die nächtliche Begegnung von zwei Wölfen. Sie beschnüffelten einander (zwei alte Ostkämpfer und der eine hatte von einem Bajonettstich einen zerfetzten Arm und dem andern saß ein MP-Geschoß in der Seite) und gemeinsam setzten sie ihren Weg fort. Und der Schatten, den sie nebeneinander hinsinkend und Luft schöpfend und dann wieder weiterwankend, in den blauen Schnee warfen, war auch nicht so sehr anders als der zweier angeschossener, zerrupfter Wölfe. Sie wollten nach Woroponowo gelangen, weiter dachten sie nicht mehr und weiter wußten sie nichts mehr. Stübe wußte nichts mehr von Köln und dem Gereonswall dort, wußte auch nicht, ob das Haus 5c noch stand oder ob es schon zu einem Trümmerhaufen zerfallen war; und von den Sorgen einer Tilla, die acht Jahre hindurch auch seine eignen Sorgen gewesen waren, war er weit abgetrennt. Und Daussig, einmal war er Musiker, hatte eine Stellung und eine Wohnung und einen gemieteten Flügel in der Wohnung, und eine Frau, auf die er endlos eifersüchtig war, und alles war so fern wie auf einem andern Stern, und es konnte ihn nicht anfechten, ob sein ›Weibi‹ noch immer ein ›Rennpferd ohne Reiter‹ oder ob inzwischen anderes mit ihr geschehen war. Stübe und Daussig, einer hielt sich am andern und einer hielt den andern aufrecht, so setzten sie Fuß vor Fuß und es verlangte sie nach nichts mehr als nach einem Loch, in das sie niedersinken und in dem sie sich verkriechen konnten.

Es waren nur einige Kilometer, die sie vor sich hatten, aber bei dem geschwächten Zustand Daussigs brauchten sie Stunden dazu. Schließlich war es ein ganzer Trupp von Männern – auf dem Wege hatten sich noch einige angefunden – welche die Station erreichten und sich an den Reihen der finsteren Waggons entlangtasteten. Sie suchten einen Behelfs-Sanitätszug und sie fanden ihn auch. Unterwegs hatte einer davon gesprochen und behauptet, daß da genug Platz wäre, um alle aufnehmen zu können. Aber wo gab es genug Platz – nur auf der blanken Steppe und im Schnee! Doch das wollte niemand wissen. Die Vorstellung von den mit dem Roten Kreuz gezeichneten und mit Betten und Decken und Öfen ausgestatteten Waggons hatte die gemarterten Gehirne erfaßt. Betten und Decken und Öfen, und darunter Räder, und die Räder standen auf Schienen, und die Räder würden schließlich auch rollen; vielleicht nur nach Stalingrad, vielleicht aber ... Sterben ist möglich, sollte man da nicht auch Leben für möglich halten! Und da waren sie und stolperten an der Reihe der Waggons entlang. Die von Schnee überpulverten Roten Kreuze konnten sie mit ihren Augen sehen. Güterwaggons waren es mit Schiebetüren. Kleine Fensterscheiben waren eingesetzt. Hinter einer Scheibe schwelte graues Licht. Aus andern Waggons, aus den eisernen Schornsteinrohren, welche durch die Dächer ragten, stieg Rauch auf. Die Waggons waren bewohnt, aber wo auch angeklopft oder mit einem gefrorenen Klumpen an die Holzwand gepocht wurde, keine Tür öffnete sich und nichts regte sich. Die Einlaßsuchenden wankten weiter. Sie stolperten über gefrorene Strünke, die auf dem Weg lagen, die längs der Strecke und so lang der Zug sich hinzog, hingeworfen waren. Warum betrachteten sie diese gefrorenen mannlangen Enden nicht genauer? Sie wollten nicht, wollten nichts sehen – eine Pritsche, einen Liegeplatz in einem dieser heizbaren Waggons, die schließlich doch auf Rädern standen, die schließlich doch, und wenn eine Lokomotive vorgespannt würde, rollen konnten, war alles, wonach es sie verlangte. Und dann hatten sie einen Waggon gefunden, dessen Tür nachgab und der sich öffnen ließ. Der Waggon war leer oder er wurde jedenfalls von seinen Einwohnern nicht mehr verteidigt. Und es gab da Pritschen und es gab auch einen Ofen, soweit war also alles in Ordnung. Und die auf den Pritschen lagen, rührten sich nicht. Sie waren steif und man konnte sie anfassen und zur Schiebetür schleifen und hinauswerfen und so war wieder eine Pritsche frei. Es war da in der Tat Platz für alle! Da der Einstieg aber beschwerlich und die eine schon vorhandene Stufe noch zu niedrig war, blickte man sich um und holte noch weitere der umherliegenden gefrorenen Strünke heran. Die erste Stufe wurde verbreitert und eine zweite wurde aufgesetzt. Jetzt konnten auch die, welche Beinverwundungen hatten, in den Waggon hineingelangen. Die aber das gefrorene Material zu dem Bau heranschleppten (zu den andern Waggons führten übrigens genau die gleichen Stufen), konnten nicht mehr umhin zu bemerken, daß sie an einem Ende ein Paar steife menschliche Beine und am andern Ende ein gefrorenes menschliches Genick in ihren Händen hielten.

Ausgerechnet Du, mein Gott ... Nein, Dir darf das nicht passieren ... Und Du bist doch noch so jung und schön! ... Und Du mein lieber armer Mann in Stalingrad! Der Soldat Ewald Stübe stand in der Schneenacht und hörte Stimmen. Er hatte den Waggon mit dem Roten Kreuz vor sich. Er sah den Musiker Daussig auf allen vieren hineinkriechen und im Innern

verschwinden. Vor seinen Augen bildete sich ein Gesicht, eine große Nase und wasserhelle Augen. Es war das Gesicht August Fells, der ebenfalls hinter der Truppe zurückgeblieben war. Stübe griff mit seinem gesunden Arm nach Fell und zog ihn zu sich heran.
»Weg hier! Nach dem Verpflegungsamt, da sind wohl die andern?« sagte er.
»Ja, da sind sie wohl!« antwortete Fell.
Die beiden ließen den Behelfs-Sanitätszug und ließen die Station hinter sich.
Am nächsten Tag war es. Die neue Hauptkampflinie, die niemals mehr eine sein würde und hoffnungslos mürbe geschlagenes Blech und ansonsten nichts als eine Idee auf den Generalstabskarten war, umfaßte die Station Woroponowo, lief quer durch das Gehöft des Verpflegungsamtes und verlief außerhalb der Ringbahn weiter nach Norden, um bald nach dem Haltepunkt 44, wo die Kampfgruppe Keil lag, nach Gumrak und um Gumrak herum und weiter nach Osten abzubiegen. Aber wie gesagt, diese Linie war nur eine Idee auf dem Papier. Den Soldaten, diesen Resten von Regimentern und Kampfgruppen und den nach wie vor nach vorn geschickten Auffüllungen war es überlassen, festzustellen, was diese Linie in Wirklichkeit bedeutete.
Ohne Licht und wie grauer Rauch zog der neue Tag herauf. Und die Männer, die sich an diesem Morgen auf dem Hof des Verpflegungsamtes erhoben, wirkten auch kaum anders als Gebilde aus grauem Rauch. Ein Name, ein paar Worte, ausgesprochen von Feldwebel Pöhls oder von Unteroffizier Gnotke, und eine Gruppe zog ab, setzte sich in einem Schuppen oder auf dem Dach eines Schuppens oder hinter einem Erdwall fest und bezog die neue Stellung. Das ging alles ziemlich formlos, ziemlich unmilitärisch vor sich. Eine wirklich militärische, eine geradezu martialische Erscheinung bot im Gegensatz zu den Männern der Kampfgruppe der Stabszahlmeister ebenso wie auch dessen Männer, der Oberfeldwebel, der Unteroffizier und die Soldaten des Verpflegungsamtes. Da waren Stahlhelme auf den Köpfen, da blinkte Lederzeug an den Bäuchen, da baumelten Pistolen an den Hüften. Da stand ein Posten vor

dem Tor, ein anderer vor dem Proviantlager, ein dritter noch vor einem andern Raum. Und der Posten hatte befehlsmäßig eine Kanne mit Petroleum neben sich, um befehlsmäßig, wenn die Russen kommen würden, Lager und Räume in Brand zu stecken. Der Oberfeldwebel lief hin und her, kontrollierte die Posten; alle paar Minuten betrat er die Hütte des Stabszahlmeisters, fragte: »Wo ist der Chef?« und meldete dann: »Melde: nichts Neues!«
Der Stabszahlmeister war seit der vergangenen Nacht, seit das Grollen von der Front her ausgesetzt hatte und er aus seinem Bunker herausgestiegen war, nicht geradezu auf den Füßen, aber doch in ruheloser Bewegung. Er wartete und er hatte zu warten. Von der Division war angewiesen worden, daß das Verpflegungsamt geräumt würde und zu diesem Zwecke waren einige LKWs abgeschickt worden; diese LKWs waren aber nun schon seit einigen Stunden überfällig. Der Zahlmeister hielt es am selben Fleck nicht lange aus. Immer wieder lief er auf den Hof hinaus, blickte die Landstraße entlang, blickte zum Himmel auf, lauschte in die Luft, und zur Station hinüber, wo das Knattern von Gewehren zu hören war. Er trat auch an den Raum heran, in dem Hauptmann Döllwang sich eingerichtet hatte.
»Herr Hauptmann . . .«
Döllwang winkte beruhigend mit der Hand ab, er sagte: »Alles in Ordnung, Herr Stabszahlmeister!«
»Aber meinen Herr Hauptmann wirklich . . . wäre es nicht ratsam . . .« Der Stabszahlmeister setzte plötzlich ab. Das Gesicht unter dem Stahlhelm wurde weiß wie ein Handtuch. Draußen war es, als ob eine Schar kleiner Vögel durch die Luft surrte.
»Das ist . . .«
»Nichts Besonderes, Herr Stabszahlmeister, ein paar verirrte Gewehrkugeln.«
Der Stabszahlmeister ging zurück; er wollte seine Stube wieder aufsuchen, seinen Nachbarn, den Oberveterinär anrufen, von dem er wußte, daß er einen PKW beschafft hatte und der jetzt nur noch einen Kanister Sprit suchte. Da sah er auf dem Hof eine Gestalt liegen, einen Unteroffizier, es war sein Unteroffizier Kulicke.

Er starrte den Daliegenden an: »Unteroffizier! ... Kulicke!« Der Unteroffizier rührte sich nicht. Sein Gesicht war blau, an der Schläfe zeigte sich ein feiner roter Faden.
»Herrgott, ist er tot?«
Stabszahlmeister Zabel mußte schon Tote gesehen haben. Er hätte übrigens nur bis zur Station hingehen brauchen, um zu sehen, wie aus Leichnamen Treppenstufen gebaut wurden. Aber diese Toten ebenso wie jene, die er gelegentlich am Wege liegen gesehen hatte, waren steif wie Holzpfähle, waren verdreckt, unkenntlich, hatten gefrorene Gesichtsmasken. Aber sein Unteroffizier Kulicke ... an seiner Seite kann ein Mensch umfallen und rührt sich nicht mehr, das ging nicht in seinen Kopf hinein; solche Möglichkeit war nicht vorgesehen! Er vergaß Stahlhelm, Lederzeug, die Pistole an seiner Seite, seine ganze kriegerische Aufmachung. Er hob den Arm Kulickes, ließ den Arm wieder fallen. Er war ratlos, preßte die Hände zusammen, seine Augen wurden weit.
»Herrgott, ist er tot ... ist er tot?«
»Ja, er ist tot, ist mausetot!« wurde ihm zugerufen.
»Ist tot! – Kopfschuß! – Rührt sich nicht mehr! – Ist hin! – Ist tot wie eine Ratze!« Ein ganzer Chor von Stimmen. Neugierige Augen. Grinsende Gesichter. Fell legte sich die Hand auf den Mund, um nicht herausprusten zu müssen. Die andern taten sich keinen Zwang an. Fell, Altenhuden, Liebsch, Gimpf, Gnotke umstanden den Zahlmeister.
Eine Stunde später saßen Stabszahlmeister Zabel, der Oberfeldwebel und ein Oberveterinär in einem PKW. Der PKW rollte zum Hoftor hinaus. Keine Stunde zu früh – es waren jetzt nicht nur verirrte Gewehrkugeln, sondern es war gezieltes Granatwerferfeuer, welches auf das Gehöft niederging, und der Wagen war noch nicht auf die Straße zur Zarizynschlucht eingebogen, als Flammen aus den Gebäuden aufbrachen. Und nicht nur dieses Gehöft und die benachbarten Hütten und Ruinen und die Station Woroponowo waren Ziele des sowjetischen Angriffes. Der Angriff umfaßte die gesamte Front und kein einzelner Punkt, auf den das Feuer sich konzentrierte, war lange zu halten.
Die Stunde des Zusammenbruchs war gekommen.

Das Sterben dauerte schon zweiundsechzig Tage lang. Es blieb noch ein Rest, der war nach dem Kalender nicht mehr zu berechnen, nur nach Waggons voll gefrorenen Menschenfleisches, nach Häuserruinen voll verlassener Verwundeter, nach Bunkern voll Verhungernder, nach Kellerlöchern voll blutender Stümpfe; der noch bleibende Rest war Schneesturm, war Tagesdämmer hinter dem blinden Scherben einer Fensterscheibe, war ein zitterndes Hindenburglicht in einer Versammlung von Sterbenden, war eine von Lichterbäumen der Salvengeschütze durchflackerte Nacht, war die Salve der Hinrichtungspelotone, war Lallen von Irrsinnigen, war das grüne Flackern des Weltuntergangs, und es war auch ein Sonnenstrahl auf einer verschneiten Straße und die Straße war zementiert mit den von Panzern glattgewalzten und von Eis überkrusteten Armen und Händen und Gesichtern der Leichname deutscher Soldaten.

Die Waggons voll gefrorenen Menschenfleisches standen auf der Station Woroponowo, drei Waggons standen auf einem und acht aneinandergekoppelte Waggons mit dem Roten Kreuz an den Seiten standen auf einem andern Gleis. In einem dieser Waggons lag der zweiunddreißigjährige Musiker Hans Daussig. Der hatte alles gehört, was in diesem und was ähnlich in allen andern dieser auf Rädern stehenden Gehäuse des Todes zu hören gewesen war – das Rasseln aus verschleimten Luftwegen, das Fiepen aus zerstörten Lungen, das Jammern nach einem Stück Brot, nach einem Trunk Wasser, das Aufheulen des Deliriums, das Toben der Sterbenden. Und mit dem Reif, der an den Wänden wuchs und sich von der Decke in dicken Bällen ablöste und niederfiel und auf den verdeckten Figuren und auf den Gesichtern liegenblieb, war die lange Stille gekommen. Das Ofenloch blieb schwarz, es war keine Hand mehr da, die hätte Holz hineinstecken können. Und es war kein Husten mehr, kein Schreien nach einer Hedwig, kein Zähneklappern, kein Stöhnen, kein Flüstern. Daussig hatte eine Kugel im Leib und der Eiterherd in seiner Bauchhöhle heizte den Körper und bewahrte ihn vor schnellem Erstarren. Die Stille dauerte lange, und wieder war etwas zu hören, dieses Mal außerhalb des Waggons. Es waren die Einschläge von

12,7-cm-Geschossen, in den Ohren Daussigs war es nur schwaches Knistern. Ein Splitter, der ein Loch in die Waggonwand riß, ließ graues Tageslicht in die Grotte mit den ruhenden Schneegestalten einfallen. Die Waggontür wurde aufgeschoben. Die auftaumelnde Gestalt war kein Obergefreiter Daussig, war auch kein Musiker Daussig, war kaum anderes als ein Gespenst. Daussig fiel einem Rotarmisten in die Arme. Er wurde in einen Schlitten gelegt und nach hinten abgefahren. In einem Bunker, in dem ein rotglühender Ofen Hitze ausspie, taute das gefrorene Blut an seinem Mantel. Er hielt ein Stück Brot in der Hand, er schlürfte heißen Tee. Eine Sonde fuhr ihm in den Leib und holte eine MP-Kugel heraus. Aus der angesetzten Kanüle floß Eiter ab in dickem Strahl. Als Daussig aus einer Ohnmacht und aus der Finsternis aufwachte, blickte er wie durch einen schmalen Spalt in Licht, und dieser Spalt kann weiter aufgehen und wenn ihm Kraft genug geblieben ist, kann es wieder hell um ihn her werden. Es handelte sich aber nicht nur um Daussig und nicht nur um die drei und noch einmal acht Waggons auf der Station Woroponowo, auch in Alexejewka standen eine Reihe solcher Waggons, auch auf der Station Basargino, und im Norden neben dem Feldlazarett Gumrak standen Gleis neben Gleis Reihen solcher Züge.

Häuserruinen voll verlassener Verwundeter gab es in Krawzow und Pestschanka, in Woroponowo, Jeschowka, Gumrak, Stalingradski, Gorodischtsche, an allen Fluchtstraßen nach Stalingrad. Der Soldat Stübe wollte im Hauptverbandplatz auf der Straße Woroponowo–Jeschowka aufgenommen werden. Er wurde abgewiesen – es war Platz für sechzig Mann und es lagen dort bereits vierhundertfünfzig Mann. Um einen Verband zu erhalten, mußte er ein Stück seines Mantelfutters heraustrennen. Ein Sanitäter ließ ihn einen Blick in den Krankenraum tun. Schwerverwundete lagen dort am blanken Boden. Zugedeckt waren sie mit ihren Mänteln. Gesichter wie die graue Lehmwand. Sie lagen eng nebeneinander. Wenn einer sich rührte, ging die Bewegung und das Stöhnen durch die ganze Reihe. Die Kragen der Feldblusen waren wie vom Rauhreif überzogen, das waren Läuse, die sich zu Hunderten an den Nähten auf und ab bewegten. Stübe erkundigte sich nach der Verpflegung. »Halbe Portion Pferdefleisch!« erwiderte der Sanitäter. Er selbst erhielt eine Scheibe Knäckebrot auf den Weg und wurde zur nächsten Sanitätsstelle geschickt. Dieser zweite Hauptverbandplatz auf seinem Wege befand sich auf einem Kolchos. Stübe kam zusammen mit dem Vorkommando der Fronttruppe dort an. Der Anführer dieses Trupps erklärte, daß die Hauptkampflinie durch den Kolchos gelegt würde und daß die Schuppen von den Schwerverwundeten zu räumen wären. Es gab aber keine Fahrzeuge für den Abtransport und die Schwerverwundeten lagen noch zwischen den Linien, als der Kampf schon begann. Stübe wanderte weiter und er war nur einer von Tausenden noch gehfähigen Verwundeten, die sich auf der endlosen Wanderschaft von Sanitätsstelle zu Sanitätsstelle befanden.

Bunker voller Verhungernder zogen sich in der Zarizynschlucht bis Stalingrad. Solche Bunker gab es auch im Tulewajagraben und sie zogen sich am Tatarenwall entlang ebenfalls bis Stalingrad. Und zwischen Gumrak und Gorodischtsche und bei Höhe 102 und bei Höhe 107 gab es ganze Siedlungen solcher Bunker. Wo Stäbe, wo Artillerieabteilungen, wo Rückwärtige Dienste einmal ihre Quartiere und ausgebauten Stellungen angelegt und unter dem Druck von Westen her verlassen hatten, da waren sie von dem ziehenden Volk der Versprengten, von Leichtverwundeten, Kranken, Maroden und Marodierenden bezogen worden. Keine ärztliche Hilfe, keine Proviantzuteilung (und wären es auch nur die Hungerrationen, welche die andern noch erhielten), keine rauchende Feldküche, das einzige, was ihnen geblieben war, waren Pferdeknochen, die sie im Schnee fanden, es waren die Wegzeichen aus Pferdegebein, die sie aufnagten. Ein Gast in diesen Höhlen war der von Dutzenden Sanitätsstellen abgewiesene Soldat Stübe. Er wanderte durch die Zarizynschlucht, Richtung Stalingrad. Wenn er einen Bunker bezog, hatte er manchmal erst einen Toten herauszuräumen, um sich Platz für die Nacht zu beschaffen. Nachher breitete er seine Lumpen aus und legte sich darauf nieder. Er stellte eine Konservenbüchse neben sich hin, von Nachbarn erhielt er einen glimmenden Funken und mit Blättern aus irgendeinem Aktenstück und mit Holzsplittern, mit Brocken eines Autoreifens, die er unterwegs aufgelesen hatte, fachte er in der Konservenbüchse ein winziges Feuer an, an dem er seine klammen Finger und seine Nase wärmte. Auch die andern unterhielten ähnliche Feuer und alle lagen dicht am Boden, der Rauch zog über ihre Köpfe weg. Es kam auch vor, daß Stübe und die andern sich in der Nacht aufhoben, daß sie in die Finsternis hinausjagten und sich auf dem schneebedeckten Land nach allen Richtungen hin versprengten. Das trat dann ein, wenn niedrigziehendes Motorengeheul ihre Ohren erreichte, wenn ein mit Knäckebrot, mit Schokolade, mit Fleischkonserven beladenes Flugzeug über ihren Köpfen kreiste und die in Dunst und Schneetreiben markierte Abwurfstelle nicht fand. Dann liefen sie durch die Nacht, versanken bis zum Hals in Schneewehen, arbeiteten sich wieder heraus, liefen weiter bis sie zurücktaumelten und sich erschöpft wieder in ihren Löchern einfanden. Es kam aber auch vor, daß einer seine Hand an eine der vom Himmel herabschwebenden Verpflegungsbomben zu legen vermochte und sich dann an fünfunddreißig Kilo Brot, Fleisch, Schoka-kola in die Taschen stecken konnte; und da lag dann nachher in irgendeiner Ecke einer, der die ganze Nacht kaute und sich überfraß und verursachte, daß sich der übrige Bunker mit Fluchen, mit Stöhnen, mit Unruhe anfüllte.

Keller voller Verwundeter, die niemals ärztliche Hilfe erhalten haben, zogen sich in straßenlangen Zeilen unter den Häuserruinen Stalingrads hin. Und nicht nur die Außenbezirke, auch der Stadtkern war von dieser Invasion blutenden Elends überschwemmt. Am wenigsten hiervon betroffen war Stalingrad-Nord, wo die Kommandantur sich von Anbeginn des Zusammenbruchs an den Zuzug versprengter und fremder Truppenteile und einzelner herumziehender Gruppen ferngehalten hatte. In Stalingrad-Mitte aber hatte sich sogar die ehemalige Ortskommandantur in ein Lazarett verwandelt und über tausend verhungernde Schwerverwundete lagen dort in dem halbzerstörten Haus in den Kellern, auf den Treppenabsätzen, auf den Gängen bis ins dritte Stockwerk hoch. Ärzte und Sanitätspersonal gab es dort, aber ohne Verbandsmaterial und ohne Medikamente bestand die ärztliche Tätigkeit hauptsächlich im Zusprechen von Trost; und die einzige Arbeit der Sanitäter war das Herabschleppen von Leichen, die sie zuerst in den Schuppen, und als die Schuppen angefüllt waren, auf dem Hof aufstapelten. Nicht anders sah es in Stalingrad-Süd aus, und auch dort waren die Keller und die alten Gewölbe nichts als Abteilungen einer riesengroßen Beinstätte. Über tausend Schwerverwundete lagen in der ehemaligen Ortskommandantur-Mitte, an tausend lagen in den Kellereien des Hauses der Roten Armee, an achthundert lagen im Theaterkeller, in den Gewölben am ›Platz der Gefallenen‹ lagen in dem einen dreihundert, in dem andern an zweihundert, in dem nächsten wieder an zweihundert; diese Schwerverwundeten kamen an dem einen Tag an und am nächsten und am übernächsten Tag wurden sie als Leichen wieder hinausgetragen, doch es blieb immer die gleiche Menge und das Röcheln der Sterbenden hörte nicht mehr auf. Und zwischen den Verröchelnden und Sterbenden lagen die Soldaten der kämpfenden Truppe. Am ›Platz der Gefallenen‹ hatte das Artillerie-Regiment 4 und hatten die letzten Panzerschützen und Panzerfahrer vom Panzer-Regiment 36, welche nach Süden die Front zur Zarizynschlucht einnahmen, und in andern Straßenzügen hatten andere Regimenter oder Reste von Regimentern ihre Quartiere; und im ›Timoschenko‹, im Theaterkeller und andern Kellereien, die ohne Wirte waren, krochen Massen Versprengter und Marodierender unter. So wurden diese Keller das Rekrutierungsfeld für die Stäbe der Divisionen, die gänzlich ausgeblutet und ohne Offiziere und Mannschaften waren, und täglich und stündlich waren Erfassungskommandos unterwegs, welche die Leute aufscheuchten und diejenigen, die noch auf den Füßen stehen konnten, mit sich nahmen und wieder nach vorn in die Kampflinie warfen.

Das war die Agonie einer Armee.

Und dieses Röcheln des Todes, die um sich greifende Gefühllosigkeit, das verlöschende Bewußtsein, die fortschreitende Lähmung waren durchweht von den eisigen Nächten der östlichen Steppe, waren durchflackert von wilden Schneestürmen, waren durchtost von den Detonationen der Raketenge-

schosse. Die Armee löste sich auf. Das Zentrum dieses großen Organismus war betäubt; seine Verbindungen funktionierten nicht mehr; seine Teile waren paralysiert. Der Mensch aber starb weiter und die Toten wurden nicht mehr begraben. Auf den Straßen Stalingrads, in den Schluchten und auf der Steppe lagen die Leichname verstreut wie Holzscheite und wie auf gefällten Birkenscheiten wuchs auf ihnen der Schnee.
Und da kam einer – eigentlich hätte er noch in Breslau auf dem Gymnasium sitzen müssen, und es war auch noch nicht so lange her, daß er dort auf der Schulbank gesessen hatte – über Zybenko, Krawzow und Pestschanka und hundertmal hätten ihn Kugeln oder Splitter hinstrecken können, und wie hundert andere, deren Leichen er liegen sah, hätte er ebenfalls liegenbleiben können, und es wäre in dem Wirbel, der über die Kalmückensteppe tobte, nur natürlich gewesen. Aber er gelangte nach Woroponowo wie er vorher nach Pestschanka gekommen war, und auch da war auf der Station und aus den Hütten aufquellend dicker schwarzer Rauch, war aufspritzender Schnee, war Brandgeruch, war Aufheulen menschlicher (es schienen ihm tierische) Stimmen; auch da waren Haufen Flüchtender, die ihre Gewehre, Rucksäcke, Decken wegwarfen, und mit einem dieser Haufen lief er mit, bis er den zum Verpflegungsamt führenden Weg erkannte, und bis er vor das Verpflegungsamt gelangte.
Das Gehöft brannte. Aus dem Haus des Stabszahlmeisters, aus den Fenstern, aus der Tür und aus dem Dachstuhl züngelten Flammen. Das Nebenhaus, in dem er selbst gewohnt hatte, war ein Haufen von Trümmern, auf die sich das zusammengesunkene Dach gelegt hatte. An der Schwelle und dem ragenden Türpfosten erkannte er, daß er sein eigenes ehemaliges Zimmer betrat. Das war nur noch ein aufgewühltes Erdloch, und in diesem Loch hockte ein Hauptmann vor einem Feldfernsprecher.
»Zu Befehl, Herr General! – Zu Befehl, in Woroponowo sind die Russen. Nach links zur Ziegelei habe ich seit einer Stunde keine Verbindung – die Auffüllung ist eingetroffen. Die Leute sind zum Teil krank, sind ohne Marschverpflegung in Marsch gesetzt worden. Ich habe ihnen nichts geben können. Wir sind

selbst seit zwei Tagen ohne Verpflegung. – Die Vorräte hier im Gehöft sind noch auf Veranlassung des Stabszahlmeisters befehlsgemäß mit Petroleum übergossen worden und verbrannt . . .«
»Mit der Auffüllung und mit dem zurückgelassenen Zahlmeisterpersonal habe ich hundertundachtzehn Mann. Doch ich bitte zu bedenken, daß das Gehöft zur Verteidigung weitgehendst ungeeignet ist. Auch General Vilshofen hat den zweihundert Meter weiter hinten liegenden Eisenbahndamm als weit geeigneter bezeichnet. – Jawohl, Russen greifen heftig an, mit Granatwerfern, Salvengeschützen und vereinzelten Panzern . . . Zu Befehl, Herr General!«
Das war es, was gesprochen wurde, während in der Nähe das Fauchen krepierender Salvengeschosse zu vernehmen war. Hauptmann Döllwang legte den Hörer auf und betrachtete den jungen Menschen, der während des Gesprächs eingetreten war und ratlos dastand. Doll sah er aus – nichts auf dem Kopf, der Mantel offen, kein Koppel, keine Pistole, die Haare hingen ihm wirr ins Gesicht.
»Menschenskind! Nehmen Sie sich doch zusammen; was ist los, wo kommen Sie denn überhaupt her?«
Der junge Mensch schluckte: »Alles aus – die Russen durch – Zybenko, Krawzow, weg!«
»Natürlich: weg! Auch Pestschanka ist weg, auch Woroponowo ist weg!«
Hauptmann Döllwang bemerkte das silberne Achselstück, das abgefetzt und noch an einem Faden am Mantel hing: »Zahlmeister sind Sie, gehören wohl hier zum Verpflegungsamt?«
»Jawohl, Herr Hauptmann, gehörte . . . bin mit meinem Regiment nach vorn, ein Grenadierregiment. Als Zugführer.«
»Zugführer!« Hauptmann Döllwang schüttelte den Kopf. »Und wo ist Ihr Regiment?«
»Weg, alles weg!«
»Was heißt: weg?«
»Zusammengehauen, vollständig zusammengehauen, von Panzern. Mein Gott, die hinter mir lagen, ich hör' sie noch.«
»Setzen Sie sich nur. Und wie sind Sie selbst durchgekommen? Zybenko, das sind fünfzehn Kilometer!«

»Ich weiß nicht . . . ich hör' das Schreien. Und da kommen mir schon Russen entgegen. Mein Gott, Herr Hauptmann . . .«
»Setzen Sie sich doch!«
Schweidnitz nahm auf einem der herabgefallenen Balkenstücke Platz. Er war kaum imstande noch die Augen aufzuhalten. Mein Gott, das war das Haus, an das er wie an eine friedliche Insel zurückgedacht hatte. Der Raum erfüllt von Brandgeruch. Durch klaffende Löcher fiel der Schein aufflackernder Salvengeschosse. Heulen und Fauchen in der Luft. Ein Melder trat ein. Es war August Fell: »Sechs Panzer aus Richtung Station, Herr Hauptmann!«
Döllwang lief hinaus. Als er nach fast einer Stunde wieder hereinkam und an den Fernsprecher eilte, saß der junge Zahlmeister noch in der Ecke. Der Kopf war ihm seitlich auf die Schulter gesunken, er lag in bleiernem Schlaf.
Döllwang griff nach dem Fernsprecher.
»Ausnahme! Ausnahme!« rief er, seine Stimme war heiser: »Den Ia persönlich!«
In einem der Bunker in der Zarizynschlucht schnarrte das Telefon. Der 01, ein junger Hauptmann mit einem Gesicht wie aus Milch und Blut, griff nach dem Hörer. Der Ia sei gerade nicht im Stabe und der Kommandeur persönlich sei im Moment nicht abkömmlich, führe selbst ein Ausnahmegespräch! antwortete er: »Jawohl, werde dem Kommandeur sofort übergeben: Das Gehöft ist nur noch Schutt. Munitionsmangel: für jedes MG noch einen Gurt, pro Karabiner zwanzig Schuß, pro Werfer fünf Wurfgranaten. Das Gehöft ist unhaltbar. Der Hauptmann schlägt vor, an der Eisenbahnlinie zweihundert Meter weiter hinten Stellung zu beziehen!«
Die Tür zum Nachbarbunker stand offen. Dort saß vor dem von zwei elektrischen Lampen erhellten Kartentisch der Kommandeur, General Cönnern. Daneben, mit dem Rücken zur Lehmwand, in Mantel und Feldmütze, stand General Vilshofen. Cönnern hatte überhört, was draußen gesprochen worden war. Er winkte dem eintretenden Adjutanten mit der Hand ab. Er hielt die Hörmuschel am Ohr, führte in derselben Sache ein Ferngespräch mit dem Korps.
». . . aber das Gehöft existiert doch nicht mehr! Sagen Sie das

dem Kommandeur! – Nein, existiert nicht mehr, ist nur noch Schutt, Schutt, Schutt, verstehen Sie, Herr?! – Zweihundert Meter – OKH, aber da hört dann doch alles auf . . .«
Cönnern legte den Hörer auf, blickte Vilshofen an, der stand an der Wand, starr wie ein Pfosten. Das Licht der Lampen lag weiß auf der Karte. Ringsherum Nacht, Schneesturm, Salvengeschütze, durchgebrochene Panzer. Aber da war die Karte mit den vom OKH bestimmten Linien. Woroponowo, Alexejewka, eine der Ringbahn vorgelagerte Ziegelei, auch ein der Ringbahn vorgelagertes Gehöft befand sich innerhalb der festgelegten Linie. Noch gestern befand sich auch Pestschanka, befand sich auch Zybenko, auch Krawzow innerhalb der Linie. Kein OKH, kein Führerhauptquartier – Blut hat diese Linie ausgelöscht. Und nochmals gestern und ehegestern waren es andere Linien und andere Punkte und Gehöfte und auch die sind von keinem OKH und keinem Führerhauptquartier, sondern mit Blut ausgelöscht worden. Und vor sechzig und siebzig Tagen hatte das OKH die Linie im Nordosten an der Wolga bei Lataschanka und im Westen auf den Höhen des Rossoschkatales und im Süden jenseits des Karpowkaflüßchens festgelegt. Und als die Truppen von der Wolga und von Lataschanka her zurückfielen, verwunderte Anfragen seitens des OKHs, ungnädige Anfragen seitens des Führerhauptquartiers und Lamentieren und Episteln über ›Notwendigkeiten der Stunde‹ seitens des Führers. Und als Höhe 129 nur noch eine Leichenhöhe und das Rossoschkatal ein Leichental war, und die Armee weiter zurückfiel, wieder Anfragen, Befehle, Lamentieren, Drohungen, und nicht nur Drohungen mit dem Kriegsgericht, das Kriegsgericht selbst.
»Das OKH bestimmt also! Wo bleibt die Selbständigkeit der Armee, wo bleibt die Beurteilung der Lage und die Selbständigkeit der Unterführer im Rahmen ihrer Kampfaufträge?« fragte Vilshofen. – »Diese Frage ist oft gestellt worden, lieber Vilshofen!« – »Es handelt sich hier um keinen lieben Vilshofen, General! Es handelt sich um Leben oder Sterben von Männern, einer ganzen Armee von Männern. Und die Frage ist, ob ihr Sterben einen Sinn hat oder ob es sinnlos ist!« Cönnern stellte diese Frage nicht mehr. Er starrte auf die Karte,

auf die schwarz-weiße Linie, die bezeichnete die Ringbahn; auf einen schwarzen Kreis, der bezeichnete Woroponowo; auf ein Kreuz, das bezeichnete ein Gehöft, und Linie, Kreis und Kreuz verschwammen vor seinen Augen. Und daneben stand Vilshofen.

Vilshofen sagte: »Man hat uns gesagt, Hoth, Manstein, die Heeresgruppe wird uns raushauen und uns helfen – sie hat uns nicht rausgehauen und nicht geholfen! Dann hat man gesagt: unser Opfer diene der Heeresgruppe und werde dazu beitragen und ihr helfen, eine neue Front aufzubauen – aber die Front fiel weiter zurück, und so haben wir auch der Heeresgruppe nicht geholfen! Jetzt ist von uns nicht mehr viel da, und der Rest fällt an Linien, die von vornherein nicht zu halten sind. Wem helfen wir jetzt, wem dienen wir mit unserm Opfer; erklären Sie mir den Sinn des Ganzen, Cönnern!«

Cönnern fuhr sich mit der Hand über den kahlen Schädel. Mit Damme konnte er reden, mit andern ließ sich reden. Mit diesem Tollkopf, der immer aufs Ganze ging – oh, er war großartig, als es noch vorwärtsging – war es kaum möglich.

»Schließlich haben wir doch den Befehl, an den wir uns zu halten haben, Vilshofen!« Vilshofen lachte sein grimmiges Lachen, er war wirklich halb verrückt.

»Und schließlich: wir haben hier ein Beispiel zu geben!« rang Cönnern aus sich heraus.

»Hoth haut uns zwar nicht raus, aber er legt die Leichen seiner Männer vor Kotelnikowo hin, das ist ein Beispiel! Der Oberbefehlshaber, stellt düstere Prognosen, jagt einen Funkspruch nach dem andern an das OKH, verlangt Handlungsfreiheit, und er legt unsere Leichname vor Stalingrad hin, das ist ein Beispiel! Solche Beispiele haben wir wahrlich genug. Und Beispiele des Sterbens sind es nicht, welche Deutschland braucht. Beispiele des Lebens, im gegebenen Moment das Gegebene tun, und wenn die Umstände es erheischen, auch gegen den Befehl ... Nein, erlauben Sie, Cönnern, lassen Sie mich ausreden! Falsches Kalkül, Unterschätzung des andern, Überschätzung des eigenen, ein ganzes System fehlerhaften und unsauberen Denkens, und nicht nur Denkens, auch Handelns, das beginnt zu reißen. Und wir hier vor Stalingrad sind der Riß;

und der Riß geht weiter trotz allem, mit Leichen läßt sich da nichts mehr verkitten. Sterben ist groß, wenn es einer großen Sache dient, wenn es dem Wohl des Ganzen dient. Wenn aber gestorben wird, um gemachte Fehler zu verdecken; wenn gestorben wird, um einen unheilbaren Riß zu überbrücken – nein, bleiben Sie, Cönnern – wenn gestorben werden soll, nur um den Karren noch tiefer in den Dreck zu fahren, dann ist das nicht mehr groß, dann ist es klein, ist es kläglich, ist es schmählich ...«

Cönnern war daran, das Gespräch abzubrechen, als im Nachbarbunker wieder der Fernsprecher schnurrte und Vilshofen sich unterbrach. Vilshofen und Cönnern lauschten auf die Worte des Fernspruchs, die der 01 wiederholte: »Der Hauptmann verwundet ... der Feldwebel tot ... nur noch ein Unteroffizier und achtunddreißig Mann ... 200 Meter.«

Cönnern stöhnte. Vilshofen war ein General ohne Truppe und ohne Befehlsgewalt. Cönnern griff nach dem Fernsprecher: »Ausnahme, Ausnahme ...« Er rief die Armee an, nicht den Oberbefehlshaber, doch den ›bösen Geist des Oberbefehlshabers‹, den Chef des Stabs verlangte er; und lieber wollte er sich mit ihm auseinandersetzen als weiter mit Vilshofen sprechen. Der Chef des Stabs der Armee hatte zwei Fernsprechapparate vor sich stehen. Über den einen Draht führte er ein Ausnahmegespräch mit Damme, der seine Gruppe Enders zurücknehmen wollte; über den andern Draht meldete sich Cönnern, der wahrscheinlich Ähnliches wollte. Außerdem schob er einem Adjutanten eine Anzahl durchgesehener Papiere, schob er einem Oberkriegsgerichtsrat eine Anzahl durchgesehener und zu vollstreckender Todesurteile zu – Todesurteile wegen Feigheit, Fahnenflucht, Desertieren, Diebstahl, Plündern. Außerdem begrüßte er mit einer Kopfbewegung einen eintretenden, vor Tagen ausgeflogenen und soeben wieder eingeflogenen Oberst, und das war der mit dem letzten in Gumrak gelandeten Flugzeug zurückgekehrte Oberst Carras. Was hat der nun eigentlich mitgebracht? Sieht schlecht aus, hat kein ›Heil Dir im Siegerkranz‹-Gesicht mehr wie beim Ausfliegen, nein, ganz und gar nicht! dachte er, während er Damme antwortete: »Ich kann es nicht ändern! Befehl des OKH: Keinen Schritt zurück! Und dann hören Sie, Damme, was ist das da für eine Schweinerei bei Ihrer Gruppe Keil? Der Kerl hat sich über die Bahnlinie herüberdrücken lassen. Die Sache muß unverzüglich wieder ausgebügelt werden ...« Und er sprach mit Cönnern: »Zweihundert Meter ... Nein, auch keine zehn Meter! Ich kann es nicht ändern. Es handelt sich hier nicht um ein paar Meter oder um ein paar Mann. Die Lage ist ernst. Sagen Sie das dem Hauptmann, sagen Sie den Männern, daß das Schicksal der 6. Armee von ihnen, allein von ihnen abhängt. Befehl: Keinen Schritt zurück!«

Keinen Schritt zurück – diesen Befehl erhielt Cönnern, diesen Befehl erhielt auch Damme. Und Damme gab den Befehl weiter an Oberst Enders, und er gab ihn weiter an Major Keil. An die Adresse des Obersten Enders fügte er eine Entschuldigung bei, und an die Adresse des Majors Keil einen kräftigen Fluch gegen OKH und Führerhauptquartier und Schicksal. Enders antwortete damit, daß er die Telephonschnur abschnitt und den Apparat in den Papierkorb warf. Keil wurde bei seinem sofort angesetzten Gegenstoß noch weiter zurückgeworfen. Und als er auf der Straße nach Jeschowka und aus einem Schneeloch heraus sich wieder an den Draht anhängte und wieder Verbindung zu seinem Divisionskommandeur aufnahm, hatte dieser keinen kameradschaftlich gemeinten Fluch mehr; dieses Mal war er kalt, war er dienstlich, erteilte er eine Rüge, brauchte er Worte, die dem Major Keil, der seit Moskau einen Granatsplitter im Bein stecken hat, der seit der Miusfront das Ritterkreuz trägt, das Blut aus dem Gesicht trieben, die ihn seinen Heimatort Cranz, seinen Vater, eine junge Frau, eine Fabrik, die er einmal zu übernehmen gedacht hatte, die ihn sich selbst vergessen ließen. Er tauchte außerhalb des Schneelochs in der von Detonationen durchheulten Nacht auf, rief ein paar seiner Leute zusammen: »Hans, Heinrich, Georg – wer macht mit? Ein Stoßtruppunternehmen!«

Oberst Enders in der an einem Nebenstrang der Bahn gelegenen Ziegelei hatte aber nicht nur den Telephondraht durchschnitten; er hatte noch Weiteres getan. Er wohnte zwar nicht, wie er Vilshofen vor Tagen mitgeteilt hatte, in dem großen Schornstein, doch in einem der Ziegelbrennöfen, und dieser

Raum, der Platz für sein Feldbett, für einen Tisch, einige Stühle, Koffer, Bücher und Utensilien hergab, war überheizt wie ein Treibhaus. Enders setzte sich hin, schrieb einen Regimentsbefehl. Er zog seine Uniform aus und legte seinen Schlafanzug an. Uniformrock und Beinkleid hängte er selbst säuberlich über einen Bügel. Von seiner Ordonnanz ließ er einige weiße Servietten (er war erst vor zwei Wochen eingeflogen und hatte alles Erforderliche bei sich) über den Tisch legen und den Tisch decken und dann wurde die Ordonnanz mit einem silbernen Zigarettenetui als Geschenk entlassen. Einige Stunden später wurde Oberst Enders von den beiden Divisionspfarrern aufgefunden. Auf dem Tisch standen zwei Gedecke, zwei Gläser (das zweite Glas ebenfalls gefüllt aber unberührt geblieben), stand eine halbgeleerte Flasche, lag ein aufgeschlagenes Buch. Oberst Enders lag in seidenem Schlafanzug auf seinem Feldbett. Neben dem Bett auf einem Koffer stand ein halbgeleertes Wasserglas und ein leeres Pappschächtelchen mit der Aufschrift ›Veronal‹. In seinem letzten Regimentsbefehl stand: ›Anbetracht der Lage hat jeder volle Handlungsfreiheit. Ich gestatte jedem, sein Leben in Sicherheit zu bringen und sich gefangen zu geben oder zu tun, was er in Anbetracht der Lage für richtig hält und was zu tun, insbesondere seinen Angehörigen gegenüber, die gegebene Pflicht ist.‹

Major Keil aber bewegte sich, gefolgt von einem kleinen Trupp seiner Ostpreußen, dem Bahndamm entgegen. Als die Schützen ihren Kommandeur, der sein krankes Bein nachzog, unentwegt weiterstapfen sahen und bemerkten, daß er jederlei Deckung verschmähte, begriffen sie erst dessen Absicht. »Der ist vollständig wahnsinnig geworden! Nein, Selbstmord machen wir dann doch noch nicht! Herr Major, Major ...« Der Major hörte nicht und blickte sich auch nicht um. Die Leute blieben in einer Schlucht zurück. Keil stapfte weiter, von niemand mehr gefolgt. Er bestieg den von einem schweren Maschinengewehr bestrichenen Bahndamm und wurde von einer Geschoßgarbe mitten durchschnitten.

Keine Ausnahme, keinen Schritt zurück! Der Führer führt – er führt jedes Regiment, führt jedes einzelne Bataillon: er führt

auch das Regiment Enders, führt auch die Kampfgruppe Keil, führt auch die Kampfgruppe Döllwang.
Im Bunker Cönnerns schnarrte der Fernsprecher wieder. Der 01 nahm die Muschel in die Hand, preßte sie ans Ohr. Sein Gesicht war jetzt nicht mehr wie aus Milch und Blut. Seine jungen Züge sahen plötzlich wie die einer alten, müden Frau, vielleicht wie die seiner Mutter auf dem Totenbett aus. Die Zunge versagte und die Worte, die er hätte sprechen sollen, (dieses: ›Keinen Schritt zurück! Die Stellung ist zu halten!‹) kamen ihm nicht über die Lippen. Er verlor die Nerven; er nahm den Hörer vom Ohr, ließ ihn nicht auf die Gabel, sondern vor sich auf den Tisch hinfallen.
Und da schnarrte es wieder und ohne daß der Hörer angerührt wurde, knisterten die fernen Worte. Die waren so leise und doch füllten sie den Bunker aus und auch den Nebenbunker, in dem Cönnern und Vilshofen sich befanden, und die Worte lauteten: »Ich bin tödlich verwundet, ich kann nicht mehr halten, es leben hier noch an zwanzig Mann, ich bitte dringlichst ...« Es schnarrte wieder und es knisterte wieder in der Muschel, und lautete es dieses Mal nicht: »Befehl ist ausgeführt, die Kampfgruppe hat zu bestehen aufgehört?!«

Cönnern saß zusammengeduckt und hielt mit beiden Händen seine Schläfen und seinen Kopf umfaßt. Aus seinem Mund und zwischen seinen zusammengepreßten Zähnen kamen die Worte: »Tragische Unentschlossenheit ...«
Ein Schatten legte sich über seinen Tisch. Es war der Schatten Vilshofens, der hier nichts zu befehlen und nichts zu veranlassen hatte, der aber die Verbindung von dem Apparat des 01 zum Apparat Cönnerns umschaltete, nach dem Hörer griff und ihn Cönnern hinhielt. Aber Cönnern nahm den Hörer nicht entgegen und so hielt er ihn selbst ans Ohr und rief hinein: »Döllwang ... Hans! Hans ... Wer sind denn Sie? Und wo ist der Hauptmann?« Er vernahm: »Zahlmeister Schweidnitz. Der Hauptmann, mein Gott, oh, mein Gott ...«
Der Hörer polterte auf den Tisch zurück.
Das Gesicht Vilshofens war Eis, sein Herz war Schnee, sein Blut war Schnee. Er erwachte, er hörte hiner sich Stöhnen.

Jetzt erst vernahm er die Worte, die sich Cönnern entrungen hatten. Er fuhr herum: »Das sagen Sie ... also, Sie haben gefühlt, haben Sie gewußt ... General Cönnern. Sie haben in dieser Stunde keinen Kampfauftrag durchgeführt. Sie haben ein Todesurteil vollstreckt! Döllwang, Hans Döllwang ... Das ist einer, aber es sind viele, es ist eine ganze Armee. Und Cönnern, Sie sind nicht der einzige, wenn das Ihr Gewissen zu beruhigen vermag, Sie sind nicht der einzige! Deshalb bleibt es doch die Arbeit des Henkers! Mein Gott, o mein Gott, eine Armee ... und Generale, Henker der eigenen Armee, Henker der eigenen Männer!«

Vilshofen wankte zum Ausgang.

»Wahnsinniger!« rief Cönnern hinter ihm her, aber dann klappte sein Unterkiefer herab, sein Mund blieb geöffnet, sein Gesicht war wie aus weichem Kork.

Durch das Schneetreiben bewegten sich zwei Gestalten – der katholische Wehrmachtpfarrer Kalser und der evangelische Wehrmachtpfarrer Koog. Sie kamen aus der Richtung der Ziegelei und ihr Weg führte am inneren Bogen neben der Ringbahn entlang. Schnee und Nacht und gleich düsteren Haifischflossen tauchten die Trümmer des Verpflegungsamtsgehöftes jenseits des Bahndamms auf. Hier war das Feld, auf dem die Reste der Döllwangschen Truppe verwundet, fliehend, sterbend über den Bahndamm herübergekommen, im Schnee steckengeblieben oder weitergeeilt waren. Pfarrer Kalser beugte sich über eine Gestalt. Es war der Soldat Altenhuden, der erst zu sich kam, als er spürte, wie eine Hand nach seiner Brust und nach der Erkennungsmarke tastete. »Ich bin der Pfarrer der 376sten. Wo fehlt's, mein Junge?« hörte er sagen. Er warf sich herum und richtete sich auf, schneller als es während des ganzen Feldzuges geschehen war. »Ach Jott, ne, bin ich erschrocken! Als ob mich der Leibhaftige schon am Schlafittchen hätt'! Nein, nein, Herr Pfarrer, ich dank' auch schön. Mir fehlt gar nichts, ich brauch' auch gar nichts. Ja, Abtransport, das wär' ja gut. Da mit dem Bein ist was los, ein Splitter!«

»Abtransport ist leider nicht. Halt dich in dieser Richtung, da kommst du auf die Straße!«

»Hier eine Kleinigkeit auf den Weg!«

»Ich dank' schön, Herr Pfarrer!« Altenhuden nahm aus der Hand des Pfarrers Koog ein Stück Brot und eine Sardine entgegen. Koog hatte sich im Zimmer des Obersten Enders die Taschen mit Vorräten vollgestopft, die dieser aus Deutschland mitgebracht hatte, und die er jetzt an die Betäubten und Strauchelnden verteilte.

Am Himmel spannen die russischen Salvengeschütze ihre leuchtenden Spinnfäden. Die Gehöftruine hob sich vor dem grünen Horizontflimmern ab wie eine Theaterkulisse. Grünes Licht flackerte auch auf dem Gesicht eines Sterbenden.

»Herr Pfarrer, jetzt kann ich aber wirklich nicht mehr stürmen!« sagte der Sterbende mit einer Kinderstimme. – »Brauchst auch nicht mehr zu stürmen! Für dich ist der Krieg aus!« tröstete der Pfarrer ihn.

»Tausend nackte Beinchen tanzen . . .« heulte ein anderer den Text eines neuen Revueschlagers. Er blickte mit irren Augen in das grüne Flackern und haschte mit beiden Händen nach dem sich über ihn beugenden Pfarrer. Der Pfarrer blieb bei ihm bis er ruhig wurde, dann drückte er ihm die Augen zu und faltete ihm die Hände über der Brust zusammen.

Ein anderer war August Fell, schwer verwundet aber bei vollem Bewußtsein. Zwischen Rock und Hose quollen ihm die Eingeweide hervor. Pfarrer Kalser deckte die Wunde, damit der Sterbende nichts davon sähe, mit seinem eigenen Mantelende zu. Aber Fell wußte, wie es um ihn stand, er wollte kommunizieren. Doch der Kot stank ihm schon zum Mund heraus und er vermochte nicht mehr zu schlucken. Der Pfarrer brach von der Hostie ein ganz kleines Stück ab; mit einem Schluck aus der Feldflasche spülte er das Stückchen hinter. Die Augen August Fells wurden weit und auch er war tot.

Kalser und Koog zogen die Straße von der Ringbahn zum Zarizyntal. Sie holten die Müden, die Hinkenden, die Strauchelnden ein. Bei einer dieser Gruppen waren Gnotke, Gimpf, Altenhuden, Zahlmeister Schweidnitz. Gegen Mitternacht stand im Schneetreiben eine Gestalt im weißen Tarnanzug, eine Maschinenpistole umgehängt. Am Straßenrand standen noch andere. Befehle wurden laut, es wurde gerufen: »Stehenbleiben! Keinen Schritt weiter! Mal alle hierherkommen!«

Schweidnitz war so müde, so zermartert, so gedankenlos, daß er seinen Stabszahlmeister, den Oberfeldwebel, den Oberveterinär nicht erkannte und daß er sich von diesem ausgeschickten Auffangkommando zusammen mit den andern willenlos in die neue Linie führen und dort zu andern schon Aufgefangenen und von rückwärtigen Diensten nach vorn Gebrachten hinlegen ließ.

Als Gnotke am andern Tag die Augen aufschlug, hatte er unter sich Schnee und über sich eine Zeltbahn und auch darauf war Schnee. Er lag in einer flachen Mulde, ringsherum Decken, Mäntel, Gelump. Unter den Lumpen regte es sich; der bewachsene schwarze Kopf, der zum Vorschein kam, war Altenhuden. Außerdem war Gimpf da, und noch einer von den Neuen. Gnotke stellte sich auf; er hob die Zeltbahn an und blickte hinaus. Freies Feld, wo der eisige Dunst sich hob, überall freies blankes Feld; und hier am Rande des Feldes Zelte, auch eine Goulaschkanone rauchte. Altenhuden schob sich heran, auch er blickte sich um; dann suchte er die Augen Gnotkes.

»Auf blankem Feld!« sagte Gnotke.

»Hier soll es also passieren!« meinte Altenhuden. Nach einer Weile hob er die Hand, tippte sich mit dem Finger an die Stirn. Das sollte heißen: die haben ja einen Vogel! Und ›die‹, das waren jene in der Zarizynschlucht oder in Stalingrad oder in Berlin oder wo immer sie saßen, die hier noch Krieg führten.

Altenhuden sprach es sogar aus:

»Die haben einen Vogel!«

Unteroffizier Gnotke sagte: »Ich denke ja auch!«

Damit waren beide einig. Gnotke führte seine Gruppe, das waren Altenhuden, Gimpf und der Neue, der hieß Franz Schiele, an die Goulaschkanone. Sie erhielten jeder eine Scheibe Brot und ein Kochgeschirr voll Pferdetee, das war heißes Wasser, in dem Pferdeknochen gekocht waren. Nachher trat der Führer der Kampfgruppe, ein Schirrmeister, an Gnotke heran und sagte: »Also nehmen Sie sich ein paar Mann und erkunden Sie das Gelände!« Der Schirrmeister deutete dabei ins Unbestimmte, jedenfalls in die Richtung, in der die Russen zu vermuten waren. »Jawohl, Herr Oberschirrmeister!« erwiderte

Gnotke. Er wählte Altenhuden und wählte Gimpf aus und auch den Neuen nahm er mit. An der Goulaschkanone ließ er sich für jeden nochmals eine Scheibe Knäckebrot aushändigen und ließ er nochmals die Kochgeschirre anfüllen. Dann wanderten die vier los; sie schlugen die Richtung auf einige Hausstümpfe ein, die gleich Klippen aus hohen Schneewogen aufragten. Hier fand Gnotke ein Stück der langen eisernen Dachpfannen. Diese Dachpfanne wurde von ihnen bearbeitet. Das eine Ende wurde nach oben angebogen; ihre Koppelriemen wurden daran als Zugseil befestigt und der Schlitten war fertig. An Ort und Stelle fanden sie ein paar verkohlte Balkenreste, die wurden aufgeladen. Etwas weiter fanden sie ein totes Pferd, auch davon wurde ein Stück aufgeladen. Ihre Zeltbahnen und Sachen wurden dazu gelegt und der Schlitten wurde abwechselnd gezogen. So wanderten sie durch den Schnee, eine Gruppe unter Hunderten, die in diesen Tagen so umherschweiften und auf das Ende warteten. Die einzuschlagende Richtung war klar, sie war dem sich enger zusammenziehenden feuernden Ring abgewandt und sie war an dieser Stelle und an diesem Tag die Zarizynschlucht und war weiterhin Stalingrad.

Die Ringbahn war von den Truppen der Roten Armee überschritten worden. Im Süden war der Stoß über Zybenko–Krawzow–Pestschanka–Woroponowo gegangen und die dort liegenden Regimenter und Kampfgruppen waren über die Bahnlinie gerollt worden. Das Regiment Enders war auseinandergefallen. Die Kampfgruppe Vilshofen, nachher Kampfgruppe Döllwang, war zusammengeschmolzen zur Gruppe eines Schirrmeisters. Zwei Infanteriedivisionen, die 297. und die 371., waren zerschlagen und zersprengt worden. Auf dem Gelände nördlich und südlich der Eisenbahn versuchten diese Trümmer noch einmal Fuß zu fassen.
Von Westen her hatte ein anderer Stoß bei Haltepunkt 44 die Kampfgruppe Keil mit voller Wucht getroffen. Hauptmann Tomas, der Befehl erhalten hatte, die führerlos gewordene Truppe zu übernehmen, fand sie westlich des Bahndamms angeklammert an die Stümpfe des Dorfes Jeschowka. Von Nor-

den, von Westen, nachhher auch in einer Umfassung von Südwesten her hatte eine andere Angriffswelle Gumrak mit dem Flugplatz (die mit Oberst Carras gelandete Maschine war noch nicht wieder gestartet), mit Versorgungsstellen, Feldlazarett, Stabsbunkern weggewischt, war weitergegangen über die Bunkersiedlung ›Hartmannsdorf‹ (aus welcher der Oberbefehlshaber flüchten mußte), weiter über Gorodischtsche und schwemmte von Südwesten her gegen den Stalingrader Flugplatz und gegen die Artilleriestellungen bei Höhe 102 und Höhe 107. Und vor dem Flugplatz betraf es die Reste von Westen zurückfallender Regimenter, auch die Reste der Infanteriedivision des Generals Geest, und bei Höhe 102, bei Höhe 107 betraf es die dort liegenden Artillerie-, Nebelwerfer-, Mörsertruppen und auch die Artillerieabteilung des Majors Holmers.

Der Befehl war: Halten! Keinen Schritt zurück!

Die für diesen Kampfabschnitt festgelegte HKL war der ›Tatarenwall‹.

Major Holmers befand sich in seiner Feuerstellung, achthundert Meter vom ›Tatarenwall‹ entfernt. Die einmal auf Stalingrad und die Wolga gerichteten Geschütze waren auf Rundumverteidigung eingerichtet; er konnte sie also umdrehen und nach Süden und Südwesten richten lassen. Auch Munition besaß er dank eines besonderen Umstandes noch. Als nämlich in den ersten Tagen der Einkesselung der Durchbruchsplan so weit Form angenommen hatte, daß er den Befehl erhalten hatte, seine Munitionsvorräte in die Luft gehen zu lassen, hatte er nur die Hälfte dieser Munition verschossen. Die ihm so noch verbliebenen Reste sollten an diesem Tage zum Tragen kommen und die Rohre seiner 15-cm-Haubitzen, die ihn von Belgorod her den Weg über den Donez, den Oskol, über die Kalitwa, den Zymlja, den Don und die Karpowka bis nach Stalingrad und an die Wolga gebracht hatten, sollten noch einmal heiß werden.

Der Tag war düster, schwerer Dunst dammte von der Wolga her auf, trieb in Haufen über die Steinschluchten und über die zerfetzten Ruinenmassen Stalingrads, trieb über die weite Ebene des Flugfeldes und schien sich dann auf dem Zuge nach

Westen zu stauen und sich hinter dem ›Tatarenwall‹ aufzubauen wie eine undurchdringliche schmutzigblaue Wand. ›Temperatur: 28 unter Null. Wasser: (hätten wir nur welches!) Luft: diesig – im übrigen so ›dick‹ wie nie. Ringsherum zieht es sich zusammen. Voraus ganz große Scheiße.‹ So hatte Major Holmers morgens in sein Tagebuch geschrieben.
Dicke Luft – das dachte er auch, als er in seiner Feuerstellung stand und in den Tag hinaus blickte. Da war die ›Betonwand‹, war die ›Marktfrau‹, war der ›Zinnsoldat‹, war der ›Tennisschläger‹, wie eine Fabrik, ein Eisenbahnstellwerk, ein Fliegeraussichtsturm, eine Gleisschleife ihrer charakteristischen Formen wegen, als sie hier angekommen waren, bei der Geländetaufe benannt worden waren und wie sie dann später von der Artillerie beschossen, von Fliegern zerbombt wurden, ausbrannten und im Fallen erstarrten. Da war auch der ›Blumentopf‹, ein kleines auf dem ebenen Gelände aufragendes Wäldchen. Und die Fabrik, wenn inzwischen auch nur ein Haufen Betonbrocken übriggeblieben war, hieß weiter die ›Betonwand‹. Das Eisenbahnstellwerk, auch wenn es jetzt auf der Seite lag, hieß weiter die ›Marktfrau‹. Der Fliegeraussichtsturm, wenn auch nur noch eine um einen hohen Schaft herumgewickelte Treppengirlande zu sehen war, hieß weiter der ›Zinnsoldat‹. Und so war die Gleisschleife, auch wenn die Gleise zum Bunkerbau und die Schwellen als Brennholz verschleppt und alle Formen verwischt waren, weiter der ›Tennisschläger‹; so war ein Häuserblock weiter der ›Schnellhefterblock‹ und eine Arbeitersiedlung war weiter die ›Gartenkolonie‹ trotz aller vorgegangenen Veränderungen und Verwüstungen.
Holmers hatte hinter sich das Fabrikviertel – Mauerreste, Schutthaufen, Eisengerippe, Stümpfe von Werkhallen, ausgebombte Hütten der Arbeitersiedlung, einen zum Himmel aufragenden, unten und in der Mitte durchlöcherten und oben abgefetzten Fabrikschornstein, der wie durch ein Wunder nicht zusammengefallen und stehengeblieben war. Zur linken Hand das weite Schneefeld war der Flugplatz (der alte russische Flugplatz, der immer unter Beschuß gelegen hatte und niemals zu benutzen gewesen war). Am Rande des Flugplatzes

stand der ›Zinnsoldat‹, dieses ausgebombte, ausgebrannte Überbleibsel des Fliegeraussichtsturms. Die Trümmer daneben waren die Reste der ehemaligen Fliegerschule, zwischen denen sich zwei Generale ohne Truppen und seit zwei Tagen auch der mit den Resten seiner Division zurückgehende General Geest mit seinem Stab eingenistet hatten. Mitten auf dem ebenen Feld ragte der ›Blumentopf‹ auf, das kleine Wäldchen, das mit Heeresartillerie, Nebelwerfern, Mörsern gespickt, an dieser Stelle das Herzstück des Verteidigungssystems bildete. Dieses mit dem Rücken an die Stadt mit ihren Schutthalden, Fabriküberbleibseln, verbogenen Eisenbauten angelehnte weite Gelände war von einer sich weit hinziehenden und in weitem Bogen verlaufenden Erdwulst umgeben, von dem ›Tatarenwall‹.

Dieser ›Tatarenwall‹ war das Wunder, das Holmers anstaunte, und auch sein Wachtmeister, der bei ihm war, wunderte sich. Es war nicht der ›Tatarenwall‹ an sich, den kannten sie seit den Tagen, da sie mit ihren Zugmaschinen und Haubitzen darüber weggekommen waren und ihn dann in einer Länge von Kilometern in Besitz genommen und unterwühlt und Unterstände für ihre Leute hineingehackt hatten; und sie kannten ihn auch, wie er sich im Laufe der Zeit verwandelt hatte, wie ihre Kanoniere ausgezogen und neue Einwohner angekommen waren, und wie er mit den Verwahrlosten und Verhungernden und Sterbenden zu dem wurde, was er heute war, ein Wall des lautlosen Verhauchens (denn Verhungernde und Erfrierende lärmen und heulen und jammern nicht).

Dieser Wall aber war seit gestern die neue HKL.

Und wenn man nicht annehmen wollte, daß seine Bewohner, die bestenfalls noch auf allen vieren kriechen konnten, ihn verteidigen sollten, hätten Truppen ankommen und ihn besetzen müssen. Die 76. I. D., die 113. I. D., die 60. mot. Division hatten diesen Abschnitt zugeteilt bekommen, was aber in der Nacht von Westen her an zurückgehenden Truppen angekommen war, das war keine 76. und keine 113. I. D. und keine 60. mot., und waren auch nicht Teile solcher Infanterie- oder motorisierten Divisionen.

Und so starrte Holmers und auch der Wachtmeister den Wall

und die dahinterstehende dicke Dunstwand an. Hinter dem Wall verlief die von Gumrak und Gorodischtsche nach Stalingrad führende Straße. Diese Straße war vom Wall verdeckt und von der Feuerstellung aus nicht einzusehen. Noch gestern und die Tage vorher war von dorther Lärm, Motorengeräusch, Räderknarren, Schleifen von Raupenbändern, waren marschierende Kolonnen zu hören gewesen. Das waren die Trosse, die noch beweglich waren und noch Sprit hatten auftreiben können, waren Stäbe aus Stalingradski, aus Gorodischtsche, war der Stab des Oberbefehlshabers aus ›Hartmannsdorf‹, waren Korpsstäbe aus den Schluchten bei Gumrak, waren Sanitäts-, Verpflegungs-, Verwaltungsstellen, die ihre Quartiere geräumt hatten und nach Stalingrad umzogen. Jetzt war es hinter dem ›Tatarenwall‹ still und wenn doch wie es zuweilen vorkam, Motoren aufheulten und Schnee knirschte, wußte man, daß es russische Panzer waren, die sich jenseits des Walls bewegten und der Major blickte seinen Wachtmeister an und der zuckte mit den Schultern.
Es war nichts zu machen. Mit der Munition mußte gespart werden und feuern konnte man nur auf sichere und sichtbare Ziele.
Ein Mann, den Holmers nach vorn geschickt hatte, kehrte zurück. »Direkt vor uns ist nichts, da ist niemand!« meldete er.
»Was tun, von uns Leute hinschicken?«
»Unsre paar Leute ...« erwiderte der Wachtmeister. »Und wer bedient die Geschütze?«
Ein Beobachter, der in westlicher Richtung weit vorn lag, meldete sich und gab durch Funk an: »Die Truppe, die hiersein soll, die ist nicht hier!«
»Das ist doch der Abschnitt der 60. mot.!«
Der Wachtmeister zuckte wieder die Achseln.
Dicke Luft, und nicht nur Luft, die unausdenkbarste und dikkeste Scheiße, noch staut sie sich ringsherum, aber voraussichtlich wird man bald mittendrin sitzen!
Der Beobachter im Westen meldete sich wieder: »Rechts von mir Leute. Die gehen zurück, was soll ich machen?«
»Mit zurückgehen!« ließ Holmers seinem Beobachter erwidern.

Was war zu tun – der Wall teilweise besetzt, streckenweise kein einziger Mann, zurückgehende Divisionen und Torsos von Divisionen, welche die ihnen angewiesenen neuen Stellungen nicht fanden und in der Gegend umherirrten, oder die, wenn sie ihre Stellung doch gefunden hatten, ohne Nachbarn waren und niemand rechts und niemand links hatten, die Befehlsgebung durcheinander, ringsherum ›imaginäre Truppen‹, da konnte er auch keine Beobachter vorn lassen.
Plötzlich setzte eine wilde Schießerei ein, schwere Maschinengewehre und krepierende Panzergeschosse, das ging jenseits des Walls und unter der dichten Dunstdecke vor sich. Was geschah – die Artillerieabteilungen und ihre Kommandeure wußten es nicht – Höhe 102 schwieg, der ›Blumentopf‹ schwieg, auch die Geschütze der Abteilung Holmers schwiegen.
Das Geschehen betraf die Kampfgruppe Keil, seit achtundvierzig Stunden und seit Jeschowka Kampfgruppe Tomas, seit einer Splitterverwundung des Hauptmanns Tomas wieder ein führerloser Haufen; es betraf die Letzten des ostpreußischen MG-Bataillons 9, die einen Marsch durch tiefen Schnee hinter sich und vor sich den Wall hatten, hinter dem sie Deckung und Hilfe zu finden hofften. Als sie das Dröhnen von Panzerketten hinter sich hörten und sie russische Panzer erblickten, die in Kiellinie über das ebene Feld stoben und eine hohe Schneewoge aufwarfen, ließ der Koch, der die Führung übernommen hatte, die schweren MGs in Stellung bringen. Aber da war nichts als das ebene Feld und der tiefe Schnee, in dem sie samt ihren MGs einsanken. Die Feuerstöße, die sie herausjagten, waren gegen die faustdicken Stahlplatten von keiner anderen Wirkung, wie sie auch Schneebälle gehabt hätten; doch sie erwarteten, mit ihrem Schießen den Wall zu alarmieren. Der Wall blieb jedoch still, das einzige, was sich dort rührte und auftaumelte und stadtwärts flüchtete, waren die ausgemergelten Gestalten, die sich in den verlassenen Bunkerlöchern schon zum Sterben niedergelegt hatten.
Die Panzer waren herangekommen. Die MG-Gruppe mit dem Koch wurden in den Schnee gewalzt. Die andern sprangen auf und laufend trachteten sie den Wall zu erreichen. Links eine

Reihe Panzer und rechts eine Reihe Panzer, die MGs weggeworfen, geballte Ladungen in den Händen, so suchten sie, in der Annahme, daß die Panzer aufeinander nicht feuern würden, an die Panzerungetüme und in Deckung der Panzerwände zu gelangen, und in der hoch aufgischtenden Schneewoge und neben den rollenden Ketten liefen sie her. Die Panzer richteten ihre MGs aber doch aufeinander, und wer von den Ostpreußen nicht in direktem Beschuß niedergestreckt wurde, fiel durch die von den Panzerplatten abprallenden Querschläger. So ging in einer grauen Morgenstunde des 26. Januar 1943 MG-Bataillon 9 vor dem ›Tatarenwall‹ zugrunde. Die Kanoniere im ›Blumentopf‹ und die Artilleristen der anderen Abteilungen, auch Major Holmers, hörten das Geknatter und sie warteten auf die Entwicklung der Dinge, doch in ihrem Gesichtskreis entwickelte sich nichts. Eine Gruppe jener Gespenster aus den verlassenen Bunkerlöchern sahen sie durch den Schnee wanken, das war alles.

Einer mit einem leer herabhängenden Mantelärmel kam über den Wall herüber und näherte sich der Feuerstellung. Holmers ließ ihn hereinrufen. Es war ein Leutnant, ein kleiner Kerl, noch jung, aber mit einem Gesicht, rissig wie alte Baumrinde. Lawkow hieß er, war Bataillonsadjutant in der 113. Infanteriedivision. Doch wo seine Division sich befand, das wußte er nicht. Seit dem Tulewajagraben, wo sie eine neue Stellung beziehen sollten, und wo er verwundet worden war, war er von seiner Truppe weg.

»In Gorodischtsche habe ich unsern General auf der Straße stehen sehen. Der weiß nicht, was weiter werden soll. Ich weiß es auch nicht!« sagte er und fügte hinzu: »Ich weiß nur, daß ich einen schrecklichen Kohldampf habe!« Holmers ließ ihn durch den Wachtmeister in den Bunker führen und ihm ein Frühstück vorsetzen. Er hatte es noch dazu; und er ahnte, daß er auch bald mit einem schrecklichen Kohldampf herumlaufen würde.

Noch andere kamen vorbei, einer war ein Major Buchner, Kommandeur einer Flakabteilung, der seine Männer, wie er sagte, quer nach Stalingrad hatte marschieren lassen und der selbst auf der Suche nach einem Leutnant Steinhäuser war,

der mit seiner ganzen Troß- und Verpflegungskolonne verschwunden war.
Noch einige Male war Kampflärm zu hören. Gefechtsberührungen zwischen russischen und deutschen Truppen. Der Angriff zerrieb im Vorgelände des ›Tatarenwalls‹ zurückgehende Truppen und kopf- und armlose Torsos von Truppen und liquidierte liegengebliebene Trosse.
Eine Welle Infanterie und einige Panzer schwemmten auch über den ›Tatarenwall‹ weg und die Rohre von ›102‹ und ›107‹ griffen in den Kampf ein. Im ganzen blieb an diesem Tage die Lage unverändert.
Die Änderung brachte der folgende Tag zugleich mit dem ebenfalls geänderten Wetter. In der Nacht war ein scharfer Wind aufgesprungen, ein heulender Nordost. Die Wolken waren weggefegt, klarer Himmel, Sonnenschein und so kalt, daß die Kristalle in der Luft flimmerten. Von seinen Artilleristen, von denen Holmers doch eine Anzahl an den Wall hatte vorlegen lassen, und die dort schutzlos im Winde lagen, waren einige erfroren.
Der Tag begann mit Bewegungen von Truppen. Voraus auf dem Wall tauchte Infanterie auf, ließ den Wall hinter sich, trieb quer über das Flugfeld, zog sich bis an die am Stadtrand angelehnten Stümpfe der Fliegerschule zurück, das war Geest und der Rest seiner Division. Das Jägerregiment 54, das nach Norden einschwenken sollte, schwenkte nicht ein, machte kehrt, ging ebenfalls in Richtung Fliegerschule zurück. Noch irgendeine Kampfgruppe führte eine ähnliche Bewegung durch. Das Absetzen der Jäger und jener Kampfgruppe ging schon unter gegnerischem Druck in aufspritzenden Schneefontänen und aufwallendem Rauch und in Garben schweren Maschinengewehrfeuers vonstatten. Die Luft war an diesem Tage nicht dick, war glasklar. Die Haufen aufspringender Männer, die Haufen ihre Waffen in Stellung bringender Männer, die Haufen laufender und auf die Nase fallender Männer zeichneten sich auf dem Schneefeld ab wie mit Kohlestrichen auf Papier gesetzt. Die Luft war glasklar und nachdem die Infanterie rechts und links vorbeigetrieben war und die Artillerie ihre Flanken entblößt fand, war die Luft, so schien es Hol-

mers, von gläserner Leere, und zugleich von betäubender und dröhnender Leere.
Truppen! Irgendwo mußten doch Truppen sein, und irgendwo waren auch noch Truppen, als Fluchthaufen kamen sie dem Artilleriekommandeur zu Gesicht. Da waren noch Teile der 76., die trieben nach Stalingrad-Nord. Da waren noch Teile des VIII. Korps, die trieben ebenfalls nach Stalingrad-Nord. Da tauchte plötzlich die Masse des Korpsstabes des VIII. Korps auf, das trieb nach Stalingrad-Mitte. Befehle kamen nicht durch. Durchkommende Befehle waren unklar. Die Befehlsverhältnisse und Unterstellungen (der Stab auf der einen, das Gros auf der andern Seite) verwirrten sich, verschoben sich, waren neu zu ordnen, waren zeitweilig überhaupt nicht existent. Am Rande, in Korps-, Divisions-, Regimentsstäben Verwirrung, Betäubung. In der Mitte im leeren Raum eine der stärksten Artilleriegruppierungen, Heeresartillerie, die Masse einiger Artillerieregimenter, eine Mörser-Batterie, eine Abteilung Nebelwerfer. Und Haubitzen, Mörser, Nebelwerfer spien Feuer. Die Luft dröhnt. Der Rauch trieb der stürmenden russischen Infanterie entgegen. Auf dem Wall und über den Wall herübersteigend Russen, einen Durchlaß des ›Tatarenwalls‹ benutzend, dort durchschleusend und auf das Flugfeld heraufrollend russische Panzer. Einschläge der Panzerartillerie. Bedienungen weggefegt. Richtvorrichtungen unbrauchbar. Rohre umgeworfen.
Laden – feuern!
Laden – feuern!
Der russische Angriff konzentriert sich gegen das Artillerienest in Wäldchen ›Blumentopf‹. Die Kanoniere in ›Blumentopf‹ sind ohne infanteristischen Schutz. Eine Alarmkompanie, die vorhanden sein soll, ist nicht vorhanden. Abteilungskommandeur Holmers beobachtet aus seiner Feuerstellung Einzelheiten. Bäume bewegen sich und knicken um wie Halme in einem Bambushain. Panzer brechen in verdeckte Unterstände ein, verquirlen Schnee und Mensch und Erde. Sie wiegen weiter, wenden sich neuen Objekten zu. Flüchtende, die aus dem Wald herausspritzen, fallen im Maschinengewehrfeuer.

›Blumentopf‹ wird zerstampft, glattgewalzt, wird ratzekahl vernichtet.
Und ›Blumentopf‹ ist die Spaltung!
Stalingrad-Mitte ist von Stalingrad-Nord getrennt. Die deutsche Armeegruppierung in Stalingrad ist in zwei Teile gespalten. Fortan gibt es zwei Kessel – Stalingrad-Mitte und Stalingrad-Nord. Der Abteilungskommandeur, Major Holmers, sah sich plötzlich nicht nur zwei Fronten, er sah sich an der dritten Seite noch einer näher heranwälzenden dritten Front gegenüber.
Laden – feuern!
Laden – feuern!
Munition verschossen!
Die Rohre sprengen! LKWs sprengen! Zugmaschinen sprengen! Es blieb nur noch die Flucht, schleunige Flucht nach Stalingrad-Nord!
Am nächsten Tag, als Holmers in einem Stalingrader Kellerloch aufwachte, war er noch benommen, war er noch mittendrin, befand er sich noch in aufbrodelndem Corditerauch und zwischen rostrot durchglühten Qualmwänden, hatte er noch den untergehenden ›Blumentopf‹ vor Augen, und die Bilder der danach einsetzenden allgemeinen Auflösung.
Höhe 107 – da war er also weg, da war er endgültig weg! Die Geschütze gesprengt ... (»Wachtmeister, die Zugmaschinen sind doch auch gesprengt?« – »Jawohl, Herr Major!« erwiderte der Wachtmeister, der sich ebenfalls im Keller befand.) Der Arbeitstrupp russischer Kriegsgefangener zurückgeblieben, auch gut; was sollen sie jetzt noch! Die Verpflegung (Höhe 107 hatte noch immer einige alte Bestände gehabt) auch weg! – »Wachtmeister, die Verpflegung ist doch aufgeteilt?« – »Jawohl, Herr Major, alles an die Leute aufgeteilt!« Die Verpflegung also auch futsch!
»Wie ist es mit Kaffee, Wachtmeister?«
»Werde mich sofort darum kümmern, Herr Major!«
Ein dolles Durcheinander, dieses Zurücktreiben! Ein allgemeiner Run auf die Stadt. LKWs, Kübelwagen, Zugmaschinen, Marschkolonnen, Soldaten, Generale, Gespenter. Dazwischen die Lichtgestrüppe der Salvengeschütze, Blech, Eisen-

gespinste, ragendes Gemäuer – der Stalingrader Stadtrand taghell herüberleuchtend im Raketenlicht und darüber der tintenschwarze Himmel. Eine Truppe aus Süden treibt nach Norden, eine Truppe aus Norden nach Süden. So geht es über kreuz und quer durch die Marschkolonnen des auf dem Eisenbahndamm und neben dem Bahndamm dahintreibenden Gros.

Ein dolles Durcheinander und so ›dick‹, wie es nicht auszudenken ist. Was aber in der Tat geschehen war, darüber konnte er sich annähernd ein Bild machen, nachdem er mit einem Infanteriehauptmann und mit noch anderen Offizieren des Abschnittes gesprochen hatte. Der größte Teil der Höhe 107, Höhe 102, die Arbeitersiedlung (jeder dieser Orte hatte einmal Ströme deutschen Blutes getrunken), der Flugplatz befanden sich in den Händen der Russen. Die Fliegerschule mit Geest und den Trümmern von Divisionen, die sich dort festgesetzt hatten, nach Mitte abgespalten. Der Angriff brandete zur Stunde gegen den westlichen Stadtrand und an der Fliegerschule vorbei gegen Stalingrad-Mitte, wo er sich in das Weichbild der Stadt einkeilte.

Der Wachtmeister kehrte zurück. Das Frühstück war mäßig. Wasser zum Waschen gab es nicht. Es war kein Holz da, um den Schnee auftauen zu können. Frühstück mäßig, Wasser überhaupt nicht, außerdem war er als Artilleriekommandeur ohne Artillerie arbeitslos, ebenso wie eine Reihe anderer Offiziere, und wie die Masse der in der letzten Nacht und auch schon vorher nach Stalingrad übersiedelten Stäbe.

Major Holmers erhielt indessen eine Aufgabe, keine Kampfaufgabe, es war ein Sonderauftrag seitens der Division und betraf das Durchkämmen der Ruinen und Keller des Stadtviertels nach noch kampffähigen Männern. An diesem Tage waren es die ›Weißen Häuser‹, die er durchsuchen sollte. Zusammen mit seinem Wachtmeister und seinem Abteilungsschreiber machte er sich auf den Weg.

Der Weg war ein Trampelpfad und führte über Höfe und quer durch Häuser. Die Häuser waren ausgebrannte Steinskelette, ohne Fenster, ohne Türen, ohne Fußboden- und Balkenlagen, und wenn man von unten nach oben blickte, sah man durch vier und fünf Etagen hindurch den nackten Himmel und Schnee stäubte herunter. Dann wieder führte der Weg über weite Schuttfelder. Ganze Straßenzeilen waren niedergelegt und glichen ausgedehnten Steinbrüchen, und zwischen den Steinbrocken waren Leichen hingekegelt. Als Holmers aus einem der Straßenlabyrinthe ins Freie herauskam, hatte er eine Reihe besonders hoher Ruinen vor sich. Diese einmal hellen hohen Häuser, jetzt von Sprengbomben ausgehöhlt und ausgebrannt, waren die ›Weißen Häuser‹. Die Höfe und Keller waren bewohnt. In den Kellergeschossen, hinter den mit Sandsäcken verstopften Fensterhöhlen saßen Stäbe, Reste von Korpsstäben, Nachschubführer, Verpflegungsbeamte. Andere Kellereien dieses Gebäudekomplexes waren von Versprengten, von Fahrern und Beifahrern irgendwo stehengebliebener Fahrzeuge, von Kranken, von Hufschlagpersonal, von den Resten aufgelöster Veterinärkompanien bevölkert. Die Zugänge zu den Kellern waren verbarrikadiert. Pflastersteine, Ladenschilder, Eisenbettstellen, Laternenpfähle, Gerümpel sperrte den Zugang – nicht nur russischen Angreifern, auch Neuankommenden, auch lästigen Offiziersstreifen. Holmers hatte sich sagen lassen müssen, wo die Kellerbewohner dieses Hausblockes aus- und einschwärmen, das war nötig gewesen. Und sie mußten sich bücken und nur in kriechender Haltung gelangten sie in ein Kellerloch und zuerst auf einen langen Gang. Anderthalb Meter war der Gang breit, und schon hier war an der Wand rechts und auch an der Wand links ein graues Gesicht neben dem andern. Und stinkender Qualm aus den glimmenden Feuerbüchsen schlug ihnen entgegen; zwischen Mann und Mann oder allenfalls in einer Lücke nach jedem zweiten Mann war eine dieser Konservenbüchsen aufgestellt, in denen irgendwelches aufgelesenes Zeug brannte. Holmers und der ihm folgende Wachtmeister konnten sich (obwohl der Raum hoch genug gewesen wäre) nur gebückt bewegen und eigentlich hätten sie kriechen müssen; in die sich aufschließenden hinteren Höhlen und Ecken vermochten sie überhaupt nicht zu gelangen. Sie stolperten über ausgestreckte Füße. Gleich beim Hereinkommen, als sie das von der Straße einfallende schwache Licht verstellten, wurde ihnen zugerufen: »Draußen bleiben! Hier ist alles besetzt!« Und so ging es weiter: »Verschwinde! Was suchst du hier! Paß doch auf, trete mir nicht auf die Knochen!« Holmers, schlecht gefrühstückt, ungewaschen, aus einer verhältnismäßigen Ordnung plötzlich in diesen Abgrund geschleudert, befand sich in der entsprechenden Verfassung, um dazwischenzufahren und derartige Anrempelungen und Disziplinlosigkeiten energisch zurückzuweisen, doch in dieser Höhle verging ihm die Lust dazu; er stieß seinen Wachtmeister an – es hätte keinen Sinn, diese Lemuren anzufahren. Wichtig war es nur, die Sache hier so schnell wie möglich abzutun und so schnell wie nur irgend möglich aus dieser Pesthöhle wieder herauszukommen. »Alle mal herhören!« rief Holmers: »Für diejenigen, die kampffähig sind, steht drüben auf dem Hof eine Feldküche. Dort wird Kaffee und Brot ausgegeben, und jeder erhält Marschverpflegung!« Keiner stand auf und keiner machte Anstalten dazu. Holmers ließ seinen Blick an der Reihe der Gesichter, soweit sie nicht von aufsteigendem Qualm verhüllt waren, entlangschweifen. Er begegnete den blauen Augen eines Mannes. »Kommt noch Hilfe, Herr Major?« fragte der Mann. – »Ja, kommt Hoth noch – dann wäre es ja was anderes!« fiel ein anderer ein. Die Erwähnung des Panzergenerals Hoth löste ein Gelächter aus, und dieses Gelächter war noch besser und menschlicher als das stumpfe Vorsichhinstieren von anderen. Holmers drehte sich kurz um. »Zeigen Sie mal Ihr Soldbuch!« sagte er zu einem. Er las: Schütze Ewald Stübe, geboren 28. 12. 1911 in Köln, Beruf Schlosser, Vor- und Mädchenname der Ehefrau: Mathilde Rautenberg, Wohnort Köln, Gereonswall 5c. »Warum hocken Sie hier, Stübe, warum machen Sie nicht, daß Sie wieder zur Truppe und zu einer Feldküche kommen?« fragte Holmers. Stübe schlug seinen Mantel und zugleich den oberen Teil des Uniformrockes und die auf der Schulter lose aufliegenden Lappen zurück. Holmers erblickte einen Eiterklumpen und den durchscheinenden Knochen und vor dem aufwallenden Wundgestank prallte er zurück. »Ärztliche Behandlung gehabt?« fragte er, nur um noch etwas zu sagen. »Keine!« erwiderte Stübe. Major Holmers hatte genug, in diesem Keller fragte er niemand mehr etwas. Er ließ auch den

Mann ungeschoren, den er stumpfsinnig auf einem halben Sack Mehl sitzen sah. Er hatte auch keine Neigung mehr, in die Nebenhöhle hineinzugehen, in der einige Leute um ein Feuer herum hockten und aus Wasser und Mehl Pfannkuchen buken. Er kletterte zum Fensterloch wieder auf die Straße hinaus. Es folgten ihm aber doch noch vier Mann, die der Hunger aufgejagt hatte und die sich für eine Marschverpflegung, bestehend aus 400 Gramm Pferdefleisch und 200 Gramm Brot, aufs neue ins Feuer schicken ließen.

Aus einem anderen Keller holte Holmers noch einige Leute heraus. Der Adjutant bei der Division lachte ihn aus, als er mit den paar Mann ankam. Was er eigentlich glaube – die Truppe brauche Leute und es käme nicht mehr so genau darauf an. Es handele sich da um keine Frühjahrsaushebung bei einem Wehrkreis. Nein beileibe nicht, und solange der Koppelriemen einen Kerl noch zusammenhalte, tauge er auch!

Das war eine Rüge, und Rügen ließ Holmers nicht auf sich sitzen. Er war geladen auf den Adjutanten, so einer saß da im Fett, wußte überhaupt nicht, wie es in so einem Keller aussah, und hatte leicht reden. Aber er sagte: »Zu Befehl«! und ging wieder los. Er ging von Keller zu Keller, und dieses Mal gab es kein Weghören und kein Wegblicken, und er ließ keine Anrempelung und keine Disziplinlosigkeit mehr durchgehen. Auch früher bei Höhe 107 hatte er gelegentlich solche Aufträge erhalten, dort hatte er sie einen Batteriechef durchführen lassen. Er hatte nachher die Gestalten gesehen, und auch dort waren es schon Lädierte und normalerweise Untaugliche gewesen. Hier aber hatte er ausnahmslos jeden auszumustern, ausgemergelte Skelette ebenso wie stinkende Ruhrkranke und wie Verhungernde. Zum Teufel noch mal, schließlich bin ich kein Feldgendarm, kein Feldpolizist – ›. . . unter diesen besonderen Umständen sind Autoritätspersonen dazu nötig!‹ Das sagte dieser . . . soll er doch selbst gehen, soll er doch selbst diese ›Gipsfiguren‹ herausholen. So einer hat überhaupt keine Ahnung, weiß überhaupt nicht, was hier verlangt wird: Kanonenfutter, das hoffnungsloseste, das jemals geworben wurde! Aber Holmers war es, der den Trupp bleicher Männer hinter sich herzog, Steifbeinige und Todesmatte und andere,

denen der Hungerwahnsinn in den Augen flackerte. Er fluchte, er preßte die Zähne aufeinander und stieg in den nächsten Keller hinunter – 400 Gramm Pferdefleisch und 200 Gramm Brot, das war viel, war ausreichend, denn es ging nur bis zum Stadtrand, da war das Marschziel, in den meisten Fällen auch das Marschziel des Lebens. Der Stadtrand und der sich in das Weichbild der Stadt eintreibende Keil fraß Menschen, fraß auch Skelette, Bauchkranke, Verwundete, zerrieb Morsche und Bröcklige, wenn sie sich nur so weit schleppen konnten! Und Major Holmers war der Werber – er war ein zivilisierter Mensch, hat mit Messer und Gabel gegessen (und zwar gestern in seinem Bunker bei Höhe 107 noch), hat einmal Messerbänke aus Silber neben dem Teller gehabt, hat nach dem Essen Mokka getrunken, eine Zigarre geraucht, und wenn er aus einem Keller herauskam und zum nächsten ging, wußte er nicht, weshalb ausgerechnet ihn dieser Fluch getroffen hat, und er sah den Himmel nicht mehr und er hörte das Dröhnen der Geschütze am Stadtrand nicht mehr, auch nicht das Krachen der Fliegerbomben in der gleichen Straße.
Müde, erledigt, angeekelt von der Luft der Keller, vergiftet von dem aufgestörten Elend sank er am Abend in seinem eigenen Kellerloch in sich zusammen. Er saß da an einer rohen Tischplanke, den Kopf in beide Hände gestützt und starrte in das Flackern eines Talglichtes, und es waren drei Holmers, die da saßen, der alte und noch ein alter und der uralte Holmers ebenfalls.
Der Alte sagte: Ich habe auch Männer angeworben, bei mir haben sie Salzfleisch und Dörrkartoffeln und Hülsenfrüchte, dreimal warmes Essen am Tage, an Zucker die zustehenden Sätze nach der Seemannsordnung, und nach sechs Wochen Fahrt Zitronensaft erhalten, obgleich es mir schwerfiel, denn die Seefahrt warf schon nicht mehr soviel ab wie in früheren Zeiten! Der das sagte, war der Vater des Stalingrader Artillerieoffiziers. Der andere Alte sagte: Auch ich habe Männer angeworben, auch Frauen, auch Kinder, aus Ostgalizien und aus Lettland und Polen, aus Serbien und aus der Bukowina, volle Schiffsladungen davon; was auf der anderen Seite des Meers aus ihnen geworden ist, weiß ich nicht. Aber meine Männer-

werbung hatte einen Sinn, sie befriedigte ein Bedürfnis und war ein großes Geschäft und die Gesellschaften, die sich damit abgaben, sind groß geworden! Der das sagte, war der Großvater des Stalingrader Artillerieoffiziers. Der dritte Alte sagte: In unsern Familien hat es ehrenwerte Männer gegeben, die nachts Leuchtfeuer versetzten und andere ehrenwerte Männer haben auch noch nach der ›abolition – act of slavery‹ den Handel mit Negersklaven weiter betrieben. Ich habe indessen den Handel auf legale und gesicherte Grundlagen gestellt und habe Männer angeworben und kontraktmäßig zur Arbeit nach Hawaii verpflichtet und habe sie nach dorthin verschifft, und nachdem ich die zur Azorengruppe gehörige Insel Flores entvölkert habe, begann ich mit der Insel Pico und nach einem langen, arbeitsreichen Leben und mit geprägtem Gold, abgewogen und abgezählt und in Rollen verpackt und sicher verstaut in meiner Seekiste, segelte ich heimwärts und wurde der Begründer unserer Firma und unserer Familie! Der das sagte, war ein vierschrötiger Mann in altväterlicher Halsbinde und mit weißer Schifferfräse, es war der Urahn des Stalingrader Artillerieoffiziers.

Der Urenkel, der in das flackernde Talglicht starrte, hatte zwar die Stalingrader Kellerwelt nicht entvölkert, denn noch schwemmten von Westen her geschlagene Truppen heran, und die wunden Leiber wuchsen dort ebenso nach wie die Einwohner auf der Insel Flores und auf der Insel Pico einmal nachgewachsen waren, aber er hatte dort an einem Tage vielleicht so viele mobilisiert, wie sein Urahn auf einer Fahrt mit seinem Zweimastschoner von den Azoren nach den Hawaii-Inseln gefahren hatte.

Was war der Sinn – das war die Frage, um welche das Denken des Artillerieoffiziers kreiste. Mich haben sie Salzfleisch und Dörrkartoffeln und Zitronensaft gekostet – aber sie haben meine Frachten gefahren! antwortete eine Stimme. Mir hat jeder, die Spesen abgerechnet, ob Mann, ob Frau, ob Kind, fünf Dollar eingetragen! antwortet eine zweite Stimme. Wenn ich in einem langen Leben auch nur so viel vermochte wie ein einziges Erdbeben in einer Stunde, so bin ich doch mit einer Kiste Gold zurückgekehrt! antwortete eine dritte Stimme.

Es geht hier nicht um das Frachtraumgeschäft und es geht nicht um fünf Dollar, es geht überhaupt nicht um die Frage: was bringen sie *mir* ein?
Es ging auch bei uns nicht nur um uns! Und wenn wir verdienten und für unser Geld Schiffe bauten, so haben wir ein Stück Deutschland aufgebaut. Unser Frachtraum war Lebensraum, wirklich vorhandener Lebensraum!
Du wirbst Männer und wirfst sie ins Feuer!
Nun gut, auch ich warb Männer und hatte ich ein leckes Schiff, warf ich sie ins Wasser und strich die Prämie ein; in jedem Fall machte ich aus Schiff und Männern, was mir möglich war! Und auch ich warb Männer und verfrachtete sie nach Amerika, dort sind sie verschollen, arbeiten vielleicht auf einem Schlachthof, sind vielleicht auch was geworden, das ist schon ihre Sache, aber ich strich die Überfahrtsrate ein und machte aus ihnen, was mir möglich war! Auch ich warb Männer und segelte sie nach Hawaii, dort arbeiteten sie auf Zuckerplantagen und kochten dicken Rum ein, und in meinen Händen blieb die Vermittlerprovision. Handel und Wandel, das heißt, ich verdiene und andere verdienen, und solides Geschäft, das heißt in jedem Fall die Befriedigung eines mehrseitigen Bedürfnisses!
Aber lassen sich Prinzipien des Friedens auch auf den Krieg anwenden? – Es handelt sich offensichtlich um Prinzipien des gesunden Menschenverstandes, und die gelten wie für Einzelgeschäfte für Völkergeschäfte, und die gelten wie im Frieden so im Kriege!
Großdeutschland! Ist dafür ein Bedürfnis vorhanden ebenso wie etwa für den transatlantischen Passage- und Frachtverkehr, ebenso wie etwa für Arbeiter in Swifts Konservenfabrik oder wie für Plantagearbeiter auf Baumwoll- und Zuckerfeldern, oder ebenso wie für Fleischkonserven und Baumwolle und Zucker und Rum oder für Eisenbahnlinien, in die die angeworbenen und verschifften Arbeitskräfte sich am Ende verwandelten? Du wirbst Männer, in was verwandeln deine Männer sich am Ende?
Zuerst einmal ganz offensichtlich in Leichen – noch dazu sind es nicht Männer, es sind Verstümmelte, solche mit einge-

schrumpftem Magen und mit angefaultem Gedärm, viele mit Wunden, alle mit erfrorenen Füßen!

Das will an sich noch nichts besagen und auch Invaliden können noch tauglich sein! So ließ sich Erfahrung und Stimme des Alten mit der Halsbinde und der Schifferfräse vernehmen: Ich habe in meinen Tagen, das war in dem englischen Hafen Portsmouth, einen Zug von alten und ungesunden Leuten gesehen, die meisten waren schon sechzig und einige schon über siebzig Jahre alt, die waren aus den königlichen Hospitälern zu Chelsea ausgekämmt, und sie wurden als Kriegsmacht an Bord eines Kreuzers mit 56 Kanonen eingeschifft und um Horns Vorgebirge herumgefahren und wer von ihnen unterwegs nicht gestorben ist, der hatte an den Küsten des Stillen Meers seinen Mann zu stehen. Es ist verständlich, daß dieser abgelebte Ausschuß nicht viel ausrichten konnte; die Weltmacht indessen, gegen die sie eingesetzt wurden, war noch weit abgelebter und in ihren Knochen noch morscher als diese abgelebten Invaliden, und so haben sie dennoch dazu beigetragen, die Landkarte an den Küsten des Stillen Meers zu verändern, hauptsächlich aber deshalb, weil das Unternehmen, dem sie dienten, ein solides war und weil ein Verlangen und vielseitiges Bedürfnis vorhanden war, die Herrschaftsverhältnisse an jenen Küsten gründlich zu verändern. Diese Invaliden verwandelten sich in Leichen ebenso wie deine Lädierten aus der Stalingrader Kellerwelt. Männer verwandeln sich in Leichen. Das ist nicht ungewöhnlich und ist nicht widernatürlich. Das kommt vor im Zuge politischer und kriegerischer Veränderungen und ebenso im Zuge friedlicher Veränderungen. Königreiche und Republiken ebenso wie ins Meer hinausgebaute Molen und durch Sümpfe und Urwälder gelegte Schienenwege sind mit Leichnamen ihrer Erbauer zementiert. Aber deine im Stalingrader Steinbruch hingekegelten Männer – es ist doch so, daß selbst die Erde sich ihnen versagt und daß Elstern und Krähen ihre Augen, ihre Herzen, ihre Gedärme wegtragen – was zementieren sie, das ist die Frage! Großdeutschland?!

Großdeutschland an der Wolga – ist das etwa ein solides Geschäft, sind dafür etwa die Belange vorhanden, liegt etwa ein

mehrseitiges Bedürfnis dafür vor, oder ist das Land der Slawen etwa eine wohlfeile Menschenplantage gleich einer Azoreninsel im 18. Jahrhundert, wo man sich mit einem Zweimastschoner vor Anker legen und ungehindert die Dörfer nach Arbeitskräften abgrasen kann, und ist das Ostland etwa der Boden einer abgelebten Weltmacht, welche mit lädierten Soldaten und mit abgelebtem Ausschuß – aus der Stalingrader, auch aus der deutschen Kellerwelt – wegzublasen wäre?!
Ein sich über den Osten erstreckendes und bis zur Wolga ausspannendes Großdeutschland, niemand verlangt danach und niemand braucht es, es ist kein mehrseitiges, nicht einmal ein einseitiges Bedürfnis, selbst Deutschland braucht es nicht!
So wäre es ohne zwingende Notwendigkeit, ohne wirklichen Beweggrund. Also: Hirngespinst! Wahnwitz! Frevel!
Keine Idee – ein Zerrbild!
Ein Alb ...
Ein Alb, und hier zerfällt er, und die Männer, die ihm Leben gaben, zerfallen mit ihm. Und Holmers zerfällt mit ihm! Holmers zerfällt mit ihm! Holmers zerfällt mit ihm!
Das brüllte der Artillerieoffizier, Major Holmers.
Der Wachtmeister kam hereingestürzt: »Herr Major ...«
»Habe ich das nötig gehabt ... habe ich das nötig gehabt, frage ich!« Holmers sprang auf. Er hielt es nicht mehr aus; er wollte aus der Haut fahren. Er war für gewöhnlich ein ruhiger Mensch, sagte eher ein Wort weniger als eins zuviel. Jetzt war er aufgerissen, brüllte wie ein Elefant. »Kolonialland. Abgelebte Macht. Koloß auf tönernen Füßen. Wir brauchen nur die Fanfare blasen und alles stürzt ein. Das haben sie uns doch wirklich weisgemacht! ...«
»Rums, hurra!«
Pfeifen. Eine niedergehende Bombe. Krachen. Bebende Erde. Poltern der Trümmer. Eine Bombe war eingeschlagen. Offensichtlich war das Nachbarhaus eingestürzt. Der eigene Kellerraum drehte sich, so schien es, einige Male um sich selbst. Staub, dichter weißer Kalkstaub. Mitten in der Staubspirale stand Holmers und brüllte: »Hurra! Irrsinn, Großmannssucht, Überheblichkeit, der eigene Dreck fällt uns auf den Kopf.«

Der Wachtmeister, Offiziere, ein Oberstleutnant.
»Mensch, Holmers, sind Sie wahnsinnig geworden!«
»Großdeutschland fällt in Scherben!«
»Mein Gott, wir haben es doch wirklich schon schwer genug! Glauben Sie etwa nicht, daß wir alle drauf und dran sind, den Verstand zu verlieren?!«
»Den haben wir schon lange verloren, Herr Oberstleutnant! Oder haben Herr Oberstleutnant etwa nicht Rußland für eine Azoreninsel angeguckt?«
»Mein Gott, der ist wirklich verrückt geworden!«
»Holmers! Jetzt hören Sie her: Im Südkessel geht es drunter und drüber, und wenn der Südkessel fällt, sind wir dran! Auch bei uns ist der Russe weiter durchgebrochen. Sie melden sich sofort auf der Division! Sie müssen unverzüglich noch einmal die Keller durchkämmen!«
»Diesen Befehl, Herr Oberstleutnant, kann ich nicht ausführen!«
»Herr Major ...«
»Die Keller, nein, da bringt mich keiner mehr rein! Bitte Herrn Oberstleutnant an die Front geschickt zu werden!«
»Dort wird nicht einer, dort werden Hunderte, werden Tausende gebraucht. Und niemand versteht es so ausgezeichnet wie Sie, Holmers, das haben Sie heute gezeigt!«
»Hunderte, Tausende ... zweihunderttausend, zweiundzwanzig Divisionen sind es bereits, bis auf die Reste in den Kellern, Herr Oberstleutnant! Mein Gott, Herr Oberstleutnant sind frisch rasiert, gehen Herr Oberstleutnant selbst, halten Herr Oberstleutnant mal die Nase an so eine stinkende Genickbeule ...«
»Herr ...«
Das war ein Anschnauben, aber Holmers ließ es nicht gelten. Es machte keinen Eindruck auf ihn.
»Stinkende Genickbeulen, die Männer voller Geschwüre, mit steifen Beinen, mit Tränenfluß, das wollen Sie doch, die wollen Sie doch, holen Sie sich Ihr Kanonenfutter selbst!«
Holmers ließ sich nicht anhalten: »Stalingrad – neun Zehntel haben wir schon – den Rest holen wir uns noch! Den Rest an Ausgemergelten, Entkräfteten, Todmatten holen wir uns noch

– so lautet der Befehl heute! Was soll das eigentlich? Die kämpfen doch nicht mehr, die werden doch nur in die Erde gewalzt!
Das mache ich nicht mehr mit. Ich bin kein Polizist, auch kein Leichenbestatter! Aber mit halben Leichen den Kampf fortsetzen, das ist, das ist . . .«
Holmers schlug mit der Faust auf den Tisch. Er verlor jede Kontrolle über sich. Das Gesicht des Oberstleutnants, noch ein glattrasiertes Gesicht, verschwamm vor seinen Augen und er hörte auch nicht, was sie sagten.
Er blickte sich wild um.
Etwas mußte geschehen!
Aber er war kein alter Herr mit Halsbinde und Schifferfräse, der dicken Rum getrunken hat, und unter dem Pico Alto, von fremden unverständlichen Gestalten umdrängt, eine Kneipe ausräumt. Er war der Enkel, auch er war von fremden unverständlichen Gestalten umdrängt, aber er war Offizier.
Er sagte: »Das ist unverantwortlich, meine Herren!«
Und er ging zur Tür und warf sie hinter sich zu, daß es dröhnte.
Die Zurückbleibenden schüttelten die Köpfe.
Einer sagte: »Ja, es ist wirklich zum Verrücktwerden!« Der Oberstleutnant sagte: »Er will an die Front, also schicken wir ihn an den Stadtrand!«
Holmers saß vor dem Ruinenblock auf dem Schuttfeld. Über sich hatte er den Himmel, der war sternklar. Im Süden über Stalingrad-Mitte brodelten Brände und dicke Rauchmassen.
Da saß er also, da war er angelangt:
Vier und fünf Generationen genau rechnender, nach dem Möglichen trachtender und das Mögliche erreichender Kaufleute, nur zu dem Ende, daß er alle vermiedenen Dummheiten gehäuft begeht, daß er mit LKWs und Zugmaschinen und zwölf 15-cm-Haubitzen durch Länder zieht und zwölf Kanonen auf den Mond am Himmel, auf das Unmögliche richten und auch abfeuern und mit Trinitrozellulose, mit Eisen und dickem Corditerauch einen Schlußstrich unter alles Überbrachte und unter alle hergekommenen Maße von Wert und Vernunft setzen läßt.

Eine wahrhaft niederschmetternde Bilanz und imstande, auch einen ruhigen Mann aus der Fassung zu bringen.
Der Stalingrader Himmel war von brodelndem Qualm überzogen und in der Mitte in Richtung zur ehemaligen Ortskommandantur und in Form eines sich vorschiebenden Keils rostrot durchflackert und durchtost vom Heulen der Salvengeschütze, vom Stampfen schwerer Granatwerfer. Brände loderten auf und Schauer roter Funken stoben durch die Straßenlabyrinthe und gingen nieder auf schneeüberzogene Schuttfelder. Der Keil, der den Stadtblock in zwei Teile spaltete, gewann Boden, aber noch wurden der Keilspitze und den sich ausbreitenden Flanken mobile und zusammengeworfene und ausgekämmte Truppen in immer neuen Haufen entgegengestellt. Der feurige Keil am Stalingrader Stadtbild und der Widerschein am Himmel war ein weit sichtbares Zeichen und Soldaten, Offiziere, auch der Oberbefehlshaber wußten dieses Zeichen zu deuten.
Es war das Zeichen des nahen Endes!
Am Konferenztisch des Oberbefehlshabers stand der Kommandierende General aus der Schlucht bei Gumrak. Weißhaarig, schlank, elegant, unter den Augen tiefe Schatten, das Gesicht in den letzten Tagen so dünn geworden, daß man meinen konnte, alle Nerven durchscheinen zu sehen.
Das Gesicht bebte, auch die Stimme bebte.
»Auf dem Wege hierher habe ich Bilder gesehen, die jeder Beschreibung spotten, die sich mit Worten nicht wiedergeben lassen!« sagte er. »Weiß man, was man verlangt, wenn befohlen wird, den Kampf hier noch weiter fortzusetzen, noch dazu einen zwecklosen und ziellosen Kampf!«
Der General wandte sich gegen den Einwurf eines der am Tisch sitzenden Herren: »Nein. Wir erfüllen hier keine Aufgabe mehr. Wir helfen keinem Aufbau einer neuen Front, weder bei Rostow noch sonstwo. Das gilt mindestens von dem Moment an, an dem der Kessel auf ein Minimum verengt war und die Russen einen Teil ihrer Kräfte hier abziehen konnten; und das gilt heute, nachdem der Kessel in Teile aufgespalten ist, noch weit mehr! Alles was wir tun: das grauenhafte Sterben weiter hinausziehen!«

›Durchbruch!‹ war in diesem Kreis einmal das Leitwort gewesen; und als das verweigert worden war, war ›Handlungsfreiheit‹ das Wort gewesen; und als das verweigert worden war, hieß es: ›Kampf bis zur letzten Patrone! Man muß eine Art Alkazar bilden; so kann man sich noch monatelang halten!‹
Jetzt stand ein General auf und sagte: »16000 unversorgte Verwundete. Verpflegung, Kraftstoff, Munition am Ende. Keine Stellungen, keine Unterkünfte, kein Brennholz. In der Truppe überall Auflösungserscheinungen. Das war vor vier Tagen unsre Feststellung. Und das ist formuliert und ist dem Führer gefunkt worden. Die Antwort ist den Herren bekannt!«
Der Chef des Stabes wiederholte die Antwort noch einmal: »Kapitulation ausgeschlossen!«
Der General aus der Schlucht bei Gumrak betrachtete die Gesichter der um den Tisch herumsitzenden Männer. Der Oberbefehlshaber war da, die eine Gesichtshälfte wie immer zukkend. Zwei Kommandierende Generale waren da (er selbst war der dritte, der vierte befand sich in dem abgesplitterten Nordteil des Kessels, der fünfte hatte in Woroponowo gelegentlich eines Bombenangriffes durch ein Brett eine Streifwunde erhalten und war in letzter Stunde ausgeflogen). Der Chef des Stabes war da, groß, mager, ein langes Pferdegesicht, glänzende Augen, aber eben glänzende und nicht etwa leuchtende. Der Adjutant war da, und noch einige Oberste, auch der mit den letzten Direktiven aus Berlin eingetroffene Oberst Carras.
Kapitulation ausgeschlossen! Dieses Wort stand in der Luft des Kellers und über dem runden Tisch, an dem die Herren saßen. Noch ein anderes war da, gespenstisch und doch wirklich vorhanden. Ein Oberbefehlshaber, ein Chef des Stabes, eine ganze Armeeführung, drei Kommandierende Generale, graue Gesichter, starre Gesichter, zuckende Gesichter, überreizt und übernächtigt, mit sich selbst und mit den andern zerfallen, die Nerven flatternd von ewigen Bombardements und nicht endendem Getöse und noch mehr von dem dunkel heraufziehenden Schicksal, von ihrem Führer zum Letzten verurteilt und gehalten, an ihren Männern das letzte Urteil zu voll-

ziehen, und wie sie da beieinander versammelt waren nichts als ein einziges Hackenzusammenschlagen und ein einziges gehorsames: Befehl wird ausgeführt!
Befehl wird ausgeführt – auch gegen besseres Wissen, auch gegen Gewissen, auch gegen Ehre. Der weißhaarige General aus Gumrak – dreißig Jahre Soldat, zweihundert Jahre soldatische Tradition – taumelte auf. Ist es möglich, daß Befehl und Ehre nicht vereinbar sind? Ja, es ist möglich; es vollzieht sich vor seinen Augen! Das kultivierte Gesicht des Oberbefehlshabers, der Pferdekopf des Chefs des Stabes, das Katzengesicht des Obersten Carras mit den grünen Augen, die ganze Tischrunde mit Gesichtern, Achselstücken, Ordensschnallen drehte sich um ihn herum im Kreise. Er war in dieser Minute noch weißer, sein Gesicht war in dieser Minute noch dünner geworden.
»Drei Kulminationspunkte, fassen wir doch noch einmal zusammen, meine Herren! Am 22. 11. 42 erhalten wir den Befehl zur Einigelung. Ein Befehl, wie ihn die ganze Kriegsgeschichte nicht kennt, zumal für eine so große Armee, zweiundzwanzig ganze Divisionen, dreihunderttausend Mann. Wie sollen sie versorgt werden – wir haben unsere Bedenken ausgesprochen! Heute wissen wir: auch Generalfeldmarschall von Manstein, Generalfeldmarschall von Weichs, selbst der vom Führer ausgesuchte Chef des Generalstabs, General Zeitzler, auch die Generale der Luftwaffe zweifelten an der Möglichkeit einer ausreichenden Versorgung. Die schwierige Wetterlage, das zu überfliegende und bei der rapid zurückfallenden Front täglich weiter werdende Gelände, noch dazu weit übersehbare Steppe, ohne Baum, ohne Strauch, die langsamen Transportmaschinen der Erdabwehr in hohem Maße ausgesetzt, das waren die Überlegungen. Aber was war da eigentlich los: auf den Waldaihöhen war es mit sechs Divisionen ›geglückt‹, warum sollte es hier nicht mit 22 Divisionen glükken? Entschuldigen Sie, meine Herren! Das war die Betrachtung von der andern Seite her, der Gigantismus lockte! Und heute wissen wir: Ein einziger stand auf, der Reichsmarschall, stand auf und sagte: ›Mein Führer, ich übernahm die Versorgung der 6. Armee!‹ Eine Stimme – dagegen wogen die Bedenken von zwei Heerführern, von zwei Generalen der Luftwaffe,

vom Chef des Generalstabs gering, dagegen wog unsere eigene Beurteilung der Lage gering. Wir erhielten den Befehl und wir gehorchten gegen unsere andersartige Einschätzung der Lage. Das war am 22. 11. 1942.

Der andere Stichtag ist der 10. Januar. Das russische Kapitulationsangebot (der General bemerkte einen Augenblick das kalte Gleißen auf dem Gesicht des Chefs des Stabes, der damals den Schießbefehl gegen auftauchende russische Parlamentäre herausgegeben hatte). Nun, meine Herren, wir pfiffen damals tatsächlich schon auf dem letzten Loch. Wir hatten die Ruhr und den Erschöpfungstod in der Truppe. Über hunderttausend Leichname unserer Männer hinweg hatte sich der Bankrott der Luftversorgung erwiesen. Es hätte nun wirklich genug sein können. Wir berieten den Oberbefehlshaber und verlangten Handlungsfreiheit, wenn schon nicht zum Kapitulieren, dann zu einem Verzweiflungsdurchbruch nach Westen. Es wurde uns verboten. Wo ihr steht, da bleibt ihr! hieß es. Hier vor uns stand Hube, aus Berlin zurückgekehrt. (Der ist ja nun endlich ausgeflogen, um die Versorgung zu organisieren. Entschuldigen Sie, das ist doch vollständig blödsinnig, was gibt es da heute noch zu organisieren! Ich habe die letzten Tage in Gumrak gesehen. Das ist das Chaos, und das organisieren wir nicht. Da taumeln wir sehenden Auges hinein.) Da vor uns stand Hube und sagte: Man muß dann eben zum Schluß so eine Art Alkazar organisieren! Dahin lautete auch der Befehl, und wir, die wir es besser wußten – nicht die Herren in Berlin, aber wir haben den Untergang unserer Männer vor Augen – wir gehorchten!

Meine Herren, ich protestiere!«

Gegen was? wollte man wissen – der Oberbefehlshaber gequält und von vornherein entschlossen, den Protest zu den Akten zu legen und nicht weiterzureichen, die Kommandierenden Generale voller Anteilnahme, der Chef des Stabes in exakter und böser Neugierde, Oberst Carras verständnisvoll und das Wort bewundernd, das er niemals aussprechen würde.

»Der dritte Stichtag, der 22. Januar. Wir verlangen Handlungsfreiheit. Wir wollen die völlige Auflösung vermeiden.

Antwort Kapitulation ausgeschlossen! Das heißt: Wo ihr steht, da geht ihr unter! 16 000 unversorgte Verwundete, so viele waren es vor vier Tagen. Was hat sich inzwischen geändert? Die Anzahl unversorgter und auch nicht mehr ernährter Verwundeter hat sich vielleicht verdoppelt. Die Männer fallen sinnlos, verhungern oder erfrieren. Die aus Artillerie-, Nebelwerfer-, Nachrichtentruppen und Trossen zusammengekratzten Infanterie-Kampfreserven sind restlos verbraucht. Der Kampf wird nur noch mit Halbtoten und Sterbenden fortgesetzt! Und zu welchem Ende, nur um rettungslos in ein Chaos hineinzutreiben! Es ist gegen Gewissen, es ist gegen Ehre, auch gegen Soldatenehre, was hier verlangt und befohlen wird: dagegen protestiere ich. Ich bitte darum, meinen Protest zur Kenntnis zu nehmen und weiterzureichen!«
Die Gesellschaft im Keller war ein Spuk.
»Meine Herren, wie stellt man sich ›das‹ nun eigentlich vor?«
Das: das war unzweifelhaft das Ende. Der Oberbefehlshaber, der mehr als alle anderen von Vorstellungen belastet war, wollte sich gar nichts vorstellen und sich auch nichts vorstellen lassen.
»Ich gehorche!« sagte der Oberbefehlshaber.
Damit war die Sitzung beendet und die Ratgeber waren entlassen. Oberst Carras sah die Versammelten abziehen, die Kommandierenden Generale, die in Vertretung gekommenen Chefs der Korpsstäbe, den energischen Chef des Stabes der Armee, den Oberbefehlshaber der Armee – eine schlanke aristokratische Erscheinung, schon im ersten Weltkrieg Generalstabsoffizier, nachher Lehrer an der Kriegsakademie, der sehr kluge Sohn eines Magistratsbeamten; als erster Berater, als Chef des Generalstabs und im Anlegen von Operationen ausgezeichnet, aber hier verlangte es noch anderes als Planen und Denken, hier verlangte es die grobe Hand eines Kommandeurs, der nicht nur denkt, der auch handelt, der auch aus eigenem handelt und in einer sehr schweren Stunde rücksichtslos die Verantwortung auf sich nimmt. Er leidet wie Christus am Kreuz und führt den Befehl durch. Das dachte Carras nicht nur, das gab er einem Obersten, dem Chef eines Korpsstabes, mit auf den Weg.

Die Gesellschaft löste sich auf. Die Gestalten trieben auseinander, um wahrscheinlich niemals mehr um den gleichen Tisch versammelt zu sein.
Auch der Protest war nichts als spukhaft.
Alles was im nahen und weiteren Umkreis noch geschah, geschah und bewegte sich außerhalb menschlicher Bestimmung und war schon Bewegung und Handeln von Gespenstern. Das dachte der General aus Gumrak, als er durch den Torweg der großen Hausruine schritt, an den salutierenden Posten und an einer aufgestellten 10,5-cm-Haubitze vorbei und hinauf auf einen weiten Platz, der in dieser Stunde von kreidigweißem Scheinwerferlicht übergossen war und über dem Propeller von Flugzeugen heulten, die ihre Lasten an Verpflegung, Brote, Fleisch, Konserven, ohne Fallschirm abwarfen.
Der General ging an Barrikaden, an Sandsäcken, Stacheldraht, vorbei; er sah Posten des Empfangskommandos herumstehen, hörte auch über den Platz peitschende Schüsse aus einem Karabiner, und er blickte sich nicht danach um; er schlug den Weg zur Wolga und zu der Ruine eines großen Getreideelevators ein, unter welcher er Quartier bezogen hatte. Dann überlegte er es sich anders. Zu dem Hauptmann, der ihn begleitete, sagte er: »Ich will doch an den Stadtrand ziehen! Lassen Sie bitte unsere paar Sachen nach dort hinbringen!« Er sagte das, drehte sich um und ging über den ›Platz der Gefallenen‹ zurück.
Fluchen. Heulen. Ein Major verweigert die Ausführung eines Befehls. Ein General protestiert. Das konnte den Ablauf der Dinge und es konnte den Lauf des Todes nicht anhalten. Weiter fielen die Männer am Stadtrand und an den Zugangsstraßen zur Stadtmitte. Weiter stellten sich Auffangkommandos auseinandergesprengten Truppen entgegen. Weiter durchkämmten Offiziersstreifen die Keller und mobilisierten Verwundete, Frostbeschädigte und Kranke. Weiter starben in den Stalingrader Plantagen des Todes deutsche Soldaten den Hunger- und Erschöpfungstod. Weiter hoben Selbstmörderpistolen sich gegen Schläfen. Weiter krachten Schüsse der Proviant-Empfangskommandos und ratterten Feuerstöße der Exekutionskommandos.

Da war in Stalingrad-Mitte, an hundert Schritt vom ›Platz der Gefallenen‹ und vom Armeehauptquartier entfernt, die hohe Ruine des Theaterbaus. Die dem Platz zugekehrte Seite im Dunkeln, die andere Seite vom Widerschein der Brände aus der Stadtmitte wie in roten Schaum getaucht. Der Theaterbau war ausgebrannt, war ohne Dach. Die hohen Mauern umfaßten ein Schuttfeld. Die sich unter dem Schutt befindlichen Keller waren bewohnt und Gänge führten zu Nachbarruinen und zu Nachbarkellern. Ein ganzes in einzelne Gewölbe aufgesplittertes Kellerdorf dehnte sich hier aus, und hier hatte, als er vor anderthalb Tagen mit einer Splitterverwundung am Kopf aus Jeschowka zurückkehrte, Hauptmann Tomas eine Zuflucht gefunden. Ein Gewölbe der Schmerzen, des Deliriums und des Sterbegeheuls hatte ihn aufgenommen; und in dem Kreischen, Flattern und Toben des Todes ringsherum tönte das Stampfen der Artillerie von der Stadtmitte her gedämpfter. Nachdem Tomas einige Stunden dort gehockt und in der Reihe auf den Arzt gewartet hatte, hatte die dröhnende Welt draußen sich überhaupt verhangen, und ob dort geschossen wurde, ob es Tag oder ob es Nacht war, ob Schnee vom Himmel fiel, ob ein Sturm die Straßen fegte, das konnte ihn und die andern nicht mehr berühren, oder es konnte sie erst wieder berühren, wenn etwa eine Bombe oder ein Artilleriegeschoß ihre Höhle von außen und von oben her öffnen würde.
Zum Operationsraum ging es noch einige Stufen weiter in die Erde hinein. Drei Ärzte lösten hier einander ab, und an achthundert Verwundete, die in den Gewölben lagen, hatten sie zu betreuen. Das Band blutender Leiber, das über die als Operationstisch dienende Tischplanke weglief, riß Tag und Nacht nicht ab. Für den Oberarzt Huth hatte es seit Otorwanowka und schon siebzig Tage lang nicht mehr angehalten. Der Unterschied gegen früher war, daß es kein Verbandzeug, keine Sanitätsmittel, keine Tetanusspritze, kein Chloräthyl, kein Morphium mehr gab. Die einzig verbliebenen Mittel waren die Werkzeuge, war das Skalpell, die Säge, die Schere, war der Kessel mit kochendem Wasser zum Sterilisieren der Instrumente, war die über dem Kopf baumelnde starke Operations-

lampe; und Schmerzen, nicht mehr erträgliche Schmerzen, waren das verbliebene Betäubungsmittel, und der Arzt mußte jeden glücklich preisen, der unter dem Skalpell, unter der Säge in seiner Hand das Bewußtsein verlor. Und der Unterschied gegen früher war auch der, daß die Sanitätsgehilfen abgemagert und grau waren, und daß sie immer häufiger unter der Last der Arbeit und von den Dämpfen, die sie dauernd einatmeten, zusammenklappten.

»Der nächste . . .«

Der nächste war Hauptmann Tomas. Es war ein Sumpf, ein tropisches Sumpfloch, das er betrat. Der Knochenmann, der ihm den Platz auf der Planke anwies, auch das andere Gespenst, das aus einem Kessel voll siedenden Wassers ein Operationsbesteck heraushob, waren Sanitätsgehilfen. Der Mann mit schweißnassem Oberkörper unter der Wachstuchschürze war der Arzt. Die Gehilfen, der Arzt, auch die in den Boden geschachteten Lehmwände schwitzten. Der Arzt stand mit den Füßen in Blutschlamm. Aus dem Kessel wallte Dampf. Die große Lampe warf Hitze. Kein Fenster, kein Abzugsloch. Als Tomas seinen Kopf auf die Tischplanke legte, fiel sein Blick auf einen Kübel, Fleischfetzen und obenauf ein abgeschnittener Arm – eine feine Akademikerhand, das nahm er schon mit taumelnden Sinnen wahr. Aus dem Kübel wallte Eiterdunst auf in dicker Spirale. Heißer Brodem der Verwesung, die über dem Kopf des Arztes baumelnde Lampe eine wilde Sonne.

»Halten Sie den Kopf still, Herr Hauptmann!«

Das Gerippe, das dem Arzt zur Hand ging, preßte den Kopf des Hauptmanns zwischen Schädel und Kinnlade zusammen und hielt ihn wie in einer Klammer. Hauptmann Tomas war ein einfacher Fall. Der Arzt frisierte die Wundränder, schnitt an Wange und Hals verschmutzte Hautlappen ab, legte dann das gebrauchte, blutverkrustete Verbandpäckchen wieder auf die Wunde.

»Der nächste!«

Ein Sanitätsgehilfe trug Tomas' Mantel und Rucksack, führte ihn durch das große Gewölbe, dann durch einen langen Gang und wies ihm in einem kleineren Raum einen Platz an.

Darüber waren vierundzwanzig Stunden hingegangen. Nach vierundzwanzig Stunden hielt Hauptmann Tomas es nicht mehr aus; er hielt es in jenem Raum und in der Stille dort und unter den zwei Dutzend Menschen, die da beieinanderhockten, nicht mehr aus. Es war schlimmer als der Sumpf, war schlimmer als in dem großen Gewölbe vorn, in dem das Röcheln der Sterbenden Tag und Nacht nicht aussetzte. Was war eigentlich los? Dieser Raum hatte ebenso wie die Gewölbe vorn einen Wirt, das war die 14. Panzerdivision, und die Bewohner waren an eine Feldküche angeschlossen. Sie erhielten morgens Kaffeebrühe, mittags Pferdebrühe, abends eine Scheibe Brot. Sie gehörten also nicht zu den unversorgten Verwundeten und der Faden war ihnen also nicht abgeschnitten, dennoch war er hier dünner und flackerte das Lichtlein hier schwächer als anderswo. Wer hier eintrat, trat in eine knisternde Stille ein – zwei Dutzend Menschen, die in weitem Bogen einander gegenüberhockten und kein lautes Wort. Wie in einem Lesesaal war es, auch dort in die Hände gestützte Gesichter, auch dort raschelt es, auch dort hustet mal einer. Aber hier war kein Lesesaal, hier war ein Keller, hier saßen Oberfeldwebel, Beamte, einige Hauptleute, Majore, auch ein Oberstleutnant. Der eine hatte einen erfrorenen Fuß, der andere eine Lungenentzündung und feuchte Hände, der andere Kopfschmerzen vom Rundherum-Denken, noch ein anderer Ischias, andere Erfrierungen zweiten und dritten Grades. Sie saßen hier und schwiegen und sie hörten nichts als das Rieseln des Kalks an den Wänden. Und es kam vor, daß einer aufstand, auf steifen Füßen hinausging und nicht wiederkehrte. Solange Hauptmann Tomas sich in diesem Raum befand, waren es zwei gewesen, die hinausgegangen und nicht zurückgekommen waren – der eine war ein Hauptmann der Flakartillerie, der andere ein Stabsapotheker. Als der dritte, ein Hauptmann, ein Kolonnenführer, aufstand und ebenso steif und mit ebenso starrem Gesicht wie seine Vorgänger hinausging, raffte Tomas seine Dinge zusammen. Seinen Mantel über dem Arm und seinen Rucksack und seine Habseligkeiten in der einen Hand, tastete er sich durch den langen finsteren Gang. Er begegnete einem bekannten Panzerleutnant, der beide Hände erfroren und die Arme bis zu den Ellenbogen in dicken Verbandpackungen stecken hatte.

»Wo wollen Herr Hauptmann hin?«

»Ich halte es da nicht mehr aus – ist wohl bei euch noch Platz?«

»Wir schaffen eben Platz!«

Hauptmann Tomas zog in das große Gewölbe ein. Der Hauptmann Kolonnenführer aber stieg die ausgetretenen Stufen hinauf, gelangte ins Freie. Über der Stadtmitte war der Himmel rot von Bränden, dort blickte er nicht hin. Über dem nahgelegenen ›Platz der Gefallenen‹ war Propellergeheul, auch dort blickte er nicht hin, das ging ihn nichts mehr an. Er hielt die Nase starr in die Schneeluft, blickte nicht nach rechts und nicht nach links und griff nach der Pistolentasche. Ein Schuß hallte durch die Nacht und der Kolonnenführer brach zusammen. Nicht weit von der Stelle lag der Leichnam eines Hauptmanns der Flakartillerie und lag auch der eines Stabsapothekers. Schnee legte sich auf das Schuttfeld und setzte sich auf den Gestalten der Hingestreckten ab.

Nicht weit von diesem Schuttfeld mit den Stümpfen des Theaterbaus und den darunter gelegenen Kellern befand sich der ›Platz der Gefallenen‹, von den höchsten Häuserruinen Stalingrads umgeben. Auch dort lagen unter den Hausruinen Verwundete, auch die Soldaten von Artillerie- und Panzerregimentern, auch Regimentsstäbe mit Feldküche, Küchenunteroffizieren und Hauptfeldwebeln. Da war auch, unter der Ruine des großen Stalingrader Kaufhauses, der Divisionsgefechtsstand der 71. Infanterie-Division, wo sich nach seinem Umzug aus den Bunkern bei Stalingradski der Oberbefehlshaber der Armee mit seinem Stab einquartiert hatte und seither stand dort vor der Toreinfahrt eine 10,5-cm-Haubitze.

Die Straßenzugänge zum Platz sperrten Barrikaden – Sandsäcke, Laternenpfähle, Balkongitter, Maschinenteile, T-Träger, zerschlagene Panzer, eiserne Treppengeländer, umsponnen von Stacheldraht, und im Stacheldraht hingen erstarrte Leichname, weit geöffnete Arme und gespreizte, an die Drahtstacheln geheftete Hände. Am unteren Ende dieses langgestreckten Platzes lag ein abgestürztes deutsches Flugzeug, da-

neben war ein PKW aufgefahren mit aufmontierten starken Scheinwerfern und die von der wilden Zäsur der zerrissenen Häuser umgebene Fläche des Platzes gleißte in kreidigweißem Licht. Es war die Stunde des Propellergeheuls oben in den Lüften und war die Stunde des Empfangskommandos und des Obersten Schmidt (der früher die Verteilungsstelle auf dem Flugplatz Pitomnik leitete) und der die Leute seiner Truppe, sie trugen Karabiner oder MPs in den Händen und waren aus den Stäben zusammengestellt, um den Platz herum patrouillieren oder hinter irgendwelchen Barrikadentrümmern oder Mauerresten verborgen hielt.
Da war das Propellergeheul, aus den Höhen der Nacht stieß ein Flugzeug nieder, warf seine Ladung ab und zog in jähem Winkel wieder nach oben. Und wieder das Brummen einer Maschine, und man hörte es bald nah und bald fern. Ein Flugzeug kreiste über dem Platz und wieder ein Abwurf. Die Ladungen kamen nicht als Verpflegungsbomben an Fallschirmen herab; gleich Steinwürfen prasselten Fleischkonserven, Schoka-kola, Hartwürste, Schinken, und Brote unverpackt, auch nicht in Säcken, auf den Platz nieder, und nicht alles fiel auf den Platz, auch in die Nachbarschaft, auf die Straßen und Gänge zwischen den Hausruinen gelangte manches.
Und da war der Soldat – und wer wird ihm die Hälfte der Erkennungsmarke abbrechen, das Soldbuch aus der Brusttasche ziehen, wen wird es kümmern, ob im Soldbuch steht: Franz Liebich, Schuhgröße 42, Beruf Schreiber, geboren Masserburg in Thüringen, verheiratet, zwei Kinder; und wer wird einmal die Rubrik der Stammrolle ausfüllen: gefallen am ... beerdigt in ... oder wer wird dort etwa nachlesen: Mitgemachte Gefechte: 1. 9. 39 bis 5. 9. 39 Schlacht in Westpreußen, 5. 9. 39 Kampf um die Narew-Übergänge, 15. 9. 39 Verfolgung in Ostpolen, und später: 11. 5. 40 Übergang über die Maas bei Maastricht, 17. 5. 40 bis 28. 5. 40 Verfolgungskämpfe von der Dyle bis zum Charleroi-Kanal, Kämpfe um den Mormalwald, Schlacht um Dünkirchen, und schließlich: 22. 6. 41: Einsatz im Osten; wen wird das alles bekümmern, und wer fragte in jener dunstigen Abendstunde auf dem ›Platz der Gefallenen‹ danach? Der General, der aus der Ruine des Kaufhauses heraus-

kam, an der 10,5-cm-Haubitze vorbeiging und eiligen Schrittes der Wolga und dem Straßengewirr dort zustrebte, blickte sich, als er ein paar Karabinerschüsse über den Platz peitschen hörte, nicht danach um; und der Posten, der den Lauf seines Karabiners durch das Balkongitter eines der Barrikadenhaufen hindurchgeschoben und der den Soldaten zum letztenmal als lebende Figur vor sich gehabt hatte, hatte nichts als eine zerzauste Gestalt mit den im Lauf geblähten und flatternden Mantelenden auf den kreidigweißen Platz hinaufstieben sehen und er hatte nicht einmal den Wahnsinn in den flakkernden Menschenaugen bemerkt, und kaum mehr als den Mantelknopf über dem Brustbein, nach dem er gezielt hatte. Der Befehl lautete: Ohne Anruf schießen! Und so drückte er ab, und der Soldat fiel und schlug etliche Meter vor dem Laib Brot, nach welchem er die Hand ausstrecken wollte, auf das Gesicht hin. Und nach einer Weile war an einer anderen Stelle des Platzes wieder ein Schuß gefallen.
Das war in Stalingrad-Mitte auf dem ›Platz der Gefallenen‹. Nicht anders war es auch in Stalingrad-Nord, auch dort gab es, und es war nicht weit von den ›Weißen Häusern‹ entfernt, einen von Scheinwerferlicht übergossenen weiten Platz. Auch dort gab es ein Empfangskommando und eine Absperrtruppe, auch dort fragte der MP-Schütze nicht danach, ob der Soldat Ewald Stübe hieß, ob dessen Frau, Mathilde Stübe, in Köln ihre Nächte im Luftschutzkeller und ihre Tage in der Waffenfabrik unter dem Licht einer grellen Lampe zubrachte; und er wußte nichts davon und wollte es auch nicht wissen, daß der Soldat vor wenigen Tagen bei Woroponowo im Splitterregen von Wurfgranaten gelegen und Nahkämpfe mitgemacht, und daß er, am Arm verwundet, noch mit der andern Hand bei den Kämpfen um ein Gehöft ein MG bedient, daß er seither sich auf der Wanderung von Hauptverbandplatz zu Hauptverbandplatz befunden und Tage und Nächte in Kellern zugebracht hat ohne einen Bissen Brot; er hob seine MP und ließ einen Feuerstoß los und die Geschosse zerfetzten dem Soldaten Leber und Nieren und wie Franz Liebich auf dem ›Platz der Gefallenen‹ brach er im Nordkessel auf dem Platz bei den ›Weißen Häusern‹ zusammen.

Die von den Transportflugzeugen abgeworfenen Ladungen gingen aber nicht nur auf dem ›Platz der Gefallenen‹ und im Norden nicht nur auf dem Platz neben den ›Weißen Häusern‹ nieder. Es fielen Brote und Hartwürste auch in das Kampfgebiet, auch in die russischen Stellungen, auch auf Plätze zwischen den Stellungen, auch in Ruinenhaufen, auf Höfe und Hinterhöfe, auf Labyrinthwege und Trampelpfade. Und hier waren es nicht die Posten der Erfassungskommandos mit den weißen Armbinden, hier waren es Feldjäger mit umgehängten Blechschilden vor der Brust, welche auf der Lauer lagen; und eine auf der Straße liegende Wurst konnte für den, der sie erlangen wollte, zu einer Gefahr sowohl von hüben als auch von drüben werden, und konnte zu einem Köder werden und eine russische Kugel oder aber auch den Blick eines deutschen Feldjägers auf den Verhungernden ziehen, für den aber war das eine ebenso schlimm wie das andere. Der günstigste Fall war noch, wenn das Brot oder die Würste oder Konservenbüchsen in den verwinkelten Gängen und zwischen den Hausdurchbrüchen niedergingen; und dort taumelten dann die nächtlichen Schatten auf und verschwanden im nächsten Augenblick in einem der vielen Löcher und Keller. Und hier war das Jagdgebiet der Feldjäger. Sie durchkämmten zu jeder Stunde die Kellerwelt, in Doppelposten oder auch in Streifen zu vier Mann traten sie auf. Der Beruf, den sie ausübten, ernährte seinen Mann noch, und verglichen mit den lädierten Stalingradkämpfern und den Pulvergesichtern aus hundert Gefechten hatten sie ein strotzendes Aussehen und ihr Auftreten war kein schlappes, und ihre Blicke waren nicht trübe, und was sie sagten, war bedeutungsvoll. Sie sagten: »Da hockt einer! Los, steh mal auf, was hast'n da in der Kiste? Mehl. Dauerbrot, schön eingepackt in Zellophanpapier, hm! Nu, los, mitkommen! – Da ist noch einer! Breite Brust, was? Laß mal sehn, was hast'n da unter der Jacke? Eine Wurst, eine Salami, und noch eine. Los, mitkommen! – Und du, mein Freund! Erwartest wohl was Kleines? Glotz doch nicht so dämlich, den Bauch meine ich, was hast'n da untergestopft? Los 'n bißchen schneller, aufgeknöpft! Da hast du die Bescherung, kein Siebenmonatskind, ein halber Schinken! Was heißt hier Panzerjäger

Obergefreiter Rieß, SS-Sturmmann gewesen, Generalgouvernement Polen gewesen, das wollen wir alles ja gar nicht wissen, Blutgruppe, Freischwimmer, Rassezeugnis brauchen wir alles nicht. Los, raus! Raus! Alle raus!« Und draußen in der Schneenacht ging es dann nicht mehr weit. Aus einem andern Keller kam noch ein Trupp Feldjäger heraus, auch sie führten einige Arrestanten mit sich. Einer von dem andern Trupp sagte: »Aber das hier ist eine Gesellschaft, das hättet ihr mal sehen müssen. Aus Munitionskisten und Handgranatenkisten haben sie eine blinde Wand aufgebaut, und dahinter ein ganzes Lager, sogar Kaffee haben sie gehabt. Na, schön! Hier kann's passieren!«

Schnee fiel aus dem dunklen Himmel, auf der einen Seite ein Bretterzaun, auf der andern Seite das hohle Fenster einer Hausruine, das war der Winkel. Plünderer sind binnen vierundzwanzig Stunden zu erschießen! lautete der Armeebefehl; hier waren keine 24 Minuten vergangen. Ein Feuerstoß aus MPs, ein paar nachhallende einzelne Schüsse aus Pistolen und acht Mann waren hingestreckt. Und Schnee legte sich auf die Gestalten von Selbstmördern, auf die Leiber und Mäntel von Füsilierten, Schnee legte sich auf das seitlich gedrehte Gesicht des Obergefreiten Rieß, auf die Nase des Soldaten Liebich, auf den rund zusammengezogenen Leichnam des Ewald Stübe.

Im Feuerschein der Salvengeschosse sah der fallende Schnee wie ein Sternschnuppenregen aus, und unter dem Qualmgewölk sah es aus, als ob er in faustgroßen Ballen herabkäme. Schnee fiel vom Himmel, zuerst in dicken, schweren Flocken und fast senkrecht. Dann sprang ein Wind auf und zerbrach und zerrieb die fallenden Kristalle noch in der Luft und trieb sie in schräger Bahn über das Ruinen- und Steingetümmel und weiter über das Land. Der Wind wurde stärker, er hatte unendliche Räume hinter sich und wuchs zum Sturm. Und Bellen und Heulen, von allen Seiten fielen die Schläge und peitschten die Erde. Und es war kein Stalingrad, war keine Steppe, waren keine in die Steppe eingeschnittenen Schluchten mehr, es war nichts mehr, nur noch die Gewalt der Luft – es war das Nichts, das von eisigen Nadeln durchfegte, in rasender Bewegung befindliche Nichts.

Ein Wetter, demgegenüber menschliche Sinne versagen. Und der Kalmücke, der unterwegs davon überrascht wird, schließt die Augen, zieht sich in seinen Schafspelz zurück, ist nicht mehr vorhanden, und überläßt es seinem Pferdchen, den Weg zu finden, und dieses struppige Pferdchen findet durch den Schnee.

Der über die Kalmückensteppe treibende Zahlmeisteranwärter Schweidnitz kannte weder das Land unter seinen Füßen, noch hatte er einen rasenden Himmel erlebt, wie den, der ihn umtobte. Wie konnte er jemals wieder zu Menschen gelangen und wie gelangte er schließlich nach Werchnje-Jelschanka und auf dem Weg von Werchnje-Jelschanka zurück in eine Hütte – er wußte nicht, daß es nur dem Umstand zu verdanken war, daß er abschüssigen Boden unter den Füßen gehabt und daß er nicht anders als ein Klumpen geballten Schnees die Hänge des Tals hinuntergerollt und, immer wieder aus der weißen Flut auftauchend, in die Mitte des Tals gelangt war, daß ihn dort der Wind erfaßt und wie einen entwurzelten dornigen Hexenbusch herumgewirbelt und vor sich hergetrieben hatte, bis er, und ebenso wie ein Dornengestrüpp, sich an einen Pfahl festklammerte; er wußte schließlich nicht mehr, hatte der Wind oder hatten Geschütze so laut geheult; und das Aufflackern eines zerberstenden Geschosses war ihm wie ein im Dunst aufscheinendes gelbes Fenster erschienen. Ein Soldat hatte dieses Häufchen Unglück, mit betäubtem Kopf und mit beiden Armen an einen Holzpfahl angeklammert, aufgefunden, hatte den Namen und Zahlmeisterrang erfahren und ihn zu einer Hütte geführt, von der er wußte, daß sie einen Stabszahlmeister und einen Veterinär und einige Beamte beherbergte.

Und da saß Schweidnitz, müde und krumm auf einem Hocker, der Kopf sank ihm auf die Brust. Er richtete sich auf, blickte sich um, erkannte seinen Stabszahlmeister, erkannte den Oberfeldveterinär und den Nachbarn Oberveterinär und den evangelischen Pfarrer Koog, und er lächelte, er war wieder zu Hause – neunzehn Jahre war er alt.

Ein Gespräch wurde geführt:

»Was haben Sie aufgeklärt?« – »Nichts!«

»Haben Sie was gesprengt?« – »Nichts!«
»Wo haben Sie Ihre Waffen?« – »Haben die Russen!«
Dieses Gespräch hörte Zahlmeisteranwärter Schweidnitz schon wie durch dicke Wände, und so vernahm er auch, wie Stabszahlmeister, Oberfeldveterinär, Oberveterinär, Kriegsgerichtsrat, Pfarrer ihre Pelze anzogen, Koppel umschnallten, Maschinenpistolen an sich nahmen und hinausstapften. Und als dieses Auffangkommando, das draußen die Flüchtenden angehalten hatte (Ia, Ib, Ic und der IIa, IIb der Division hatten gleichzeitig andere Zugangswege nach Zariza-Süd abgeriegelt), nach einigen Stunden wieder zurückkehrte, lag er auf einer der Pritschen und schlief wie ein Stein.
Dieses aus Beamten bestehende Auffangkommando bildete zwar nicht die Nachhut der Truppe, aber es war gewissermaßen die Nachhut des Divisionsstabes oder sogar von zwei Divisionsstäben und einem Korpsstab, die vorher hier in den Hütten gelegen und jetzt weitergezogen waren nach der südlich gelegenen Vorstadt Stalingrads. Nach dem letzten Auffang-Unternehmen waren auch die I. und II. Generalstabsoffiziere nach Minina abgerückt, und jetzt warteten auch die zurückgebliebenen Beamten auf den PKW, der sie abholen sollte. Sie hatten den Schnee von ihrem Fußwerk und ihren Pelzmänteln abgestaubt und hatten die Mäntel wieder angezogen und sich hingesetzt. Eine Weile saßen sie um den Tisch herum. Auf dem Tisch stand ein Hindenburglicht, ein Docht in einem kleinen Talgbehälter aus Pappe. Die Gesichter am Tisch erschienen trübe und es sah so aus, als ob sie mit dem Flackern des Dochtes in jedem Moment ganz verlöschen wollten. Stabszahlmeister, Oberfeldveterinär, Oberveterinär, Kriegsgerichtsrat, einer nach dem andern zog sich zurück und hockte sich auf seinen Pritschenrand hin. Sie warteten auf den PKW und sie warteten auch auf den Pfarrer Koog, der mit ihnen zusammen weggegangen, aber nicht mit ihnen zurückgekommen war.
»Der Koog macht aber lange!« ließ sich die Stimme des Oberveterinärs vernehmen. – »Beim Intendanturrat war er, dann ist er noch zu dem Obersten gegangen!« sagte der Kriegsgerichtsrat. – »Nein, der hat's auch nicht leicht; jedem Menschen

so eine Sache aus dem Kopf herausreden müssen, brr!« schnaufte Stabszahlmeister Zabel.
»Fangen Sie doch nicht wieder damit an, Herr Stabszahlmeister!« eiferte der Oberfeldveterinär.
»Ich sag' ja nichts; aber die Leute diskutieren stundenlang darüber, und ob man's machen muß, und wie man's machen soll. Und wenn man auch nicht will; man muß doch daran denken und man malt sich alles aus . . .«
Der Oberfeldveterinär stöhnte, und er wollte nichts weiter hören und streckte sich lang aus und zog sich den Pelzkragen über die Ohren. Der Oberveterinär legte sich ebenfalls hin. Seine Pritsche befand sich über der des Pfarrers.
»Der PKW bleibt aber auch lange aus.«
»Man müßte mal in Zariza-Süd anrufen!«
Sie telephonierten, erhielten aber nur den Bescheid, daß sie sich bereithalten sollten. Für den PKW müßte noch Sprit besorgt werden und er hätte dann vorher noch eine andere Fahrt zu machen.
Nach einer Weile trat Pfarrer Koog ein, setzte sich an den Tisch, stützte den Kopf auf die Hand auf und starrte in das Hindenburglicht. Er schien es nicht zu wissen, daß von den Wänden und aus dem Dunkel her vier Augenpaare auf ihm ruhten und auf seinem Gesicht zu lesen trachteten.
Er war müde, sprach wie aus dem Schlaf:
»Nun auch der Oberst . . . und ich verstehe es, ich kann es verstehen, wenn heute einer mit sich Schluß macht und sich das Leben nimmt!«
Da knarrte eine der Pritschen, der Oberfeldveterinär hob sich auf. Ein großer breitschultriger Mann war er mit einem gesunden bäuerlichen Gesicht. Aber jetzt war die Haut unter den Backenknochen grau und die Augen lagen tief. Er trat an den Tisch heran, beugte sich vor, brachte seine Nase fast an den Docht des zitternden Lichtes und an das Gesicht des Pfarrers heran, und seine Stimme war heiser, er sagte: »Und das sagen Sie als Pfarrer! Das finde ich unerhört!«
»Lieber Oberfeldveterinär . . .« erwiderte der Pfarrer, und es kam kläglich aus seinem Munde und war flehend und sollte heißen: Laßt mich doch endlich in Frieden, und nun fangen

Sie doch nicht auch noch an! Der Oberfeldveterinär drehte sich um und warf sich wieder auf seine Pritsche. Der Pfarrer legte sich nun auch nieder. Das Licht auf dem Tisch ging aus und in der Finsternis übermannte alle der Schlaf.

Eine schwere Detonation weckte sie, dieses Mal auch den Zahlmeisteranwärter Schweidnitz. Aber nicht Schweidnitz – Zabel war es, der aufschrie: »Panzer!« Und gleich danach krachte ein Schuß und von der Pritsche des Oberfeldveterinärs rollte ein Körper herunter und schlug schwer an den Boden hin.

»Donnerwetter, der Oberfeldveterinär!« rief der Pfarrer. Und das Wort war kaum aus seinem Munde, als wieder ein Schuß krachte und es dem Pfarrer wie von einer nassen Hand ins Gesicht klatschte. Die Finger, mit denen er sich über die Stirn und die Augen fuhr, griffen in eine weiche warme Masse, es war das Gehirn des Oberveterinärs. Schweidnitz hatte ein Streichholz angezündet und im Aufblicken gesehen, was geschehen war. »Der Herr Oberveterinär hat sich durch den Mund geschossen!« sagte er mit seiner Knabenstimme.

»Das hätte er aber auch draußen abmachen können, der Herr Oberfeldveterinär ebenfalls. Soviel Rücksicht auf die andern darf man doch wohl erwarten!« Das war Stabszahlmeister Zabel und herausgeforderte Wohlerzogenheit und Enttäuschung über einen alten Kameraden, dem man ›so was‹ doch nicht zugetraut hätte, fand hier einen Ausdruck. Pfarrer Koog aber war hellhörig und er hörte die Nuance, auch die, auf welche es hier ankam; und im Schein des verlöschenden Streichholzes erblickte er Zabel, dessen Rücken und auch dessen Hand, die den Pelzmantel zurückschlug und nach der hinteren Hosentasche hinfuhr, und er sah Zabel der Tür zustreben. Koog hatte keine Zeit, er griff nach seiner Pelzmütze, fand sie nicht und lief ohne Pelzmütze hinaus. Er stolperte durch den dunklen Gang, gelangte ins Freie und kam noch eben zurecht, um vor sich im Schneegestöber den Stabszahlmeister wieder zu erblicken. Er war hinter ihm her, packte ihn am Mantel, umklammerte gleich danach dessen Handgelenk, entwand ihm die Waffe, die er in den Schnee hinausschleuderte. »Mensch! Zabel!« fuhr er ihn an: »Ein ausgewachsener vier-

zigjähriger Mensch, zwei Töchter, eine Frau hat er zu Hause. Die Frau hat den Laden, hat den Ärger mit dem Finanzamt, mit den Steuern, mit hunderterlei Abgaben, mit Sammeltöpfen ... und wenn dem Zabel hier etwas passiert – das heißt, wenn dieses feige Tier selbst Hand an sich legt – dann mag sie sehen, wo sie bleibt, dann kann sie ihren Laden zumachen, die beiden kleinen Mädchen, wie heißen sie denn, Irmgard und Hanne, scheint mir, die kann sie umbringen mit einem Strick oder mit dem Beil oder auch den Gashahn kann sie aufdrehn, das ist dann schon ihre Sache. Das geht den Herrn Stabszahlmeister nichts mehr an; er hat es ihnen ja übrigens vorgemacht. Nein, Herr Stabszahlmeister, so geht das nicht! Zahlmeister! Mensch, Zabel ...«
Pfarrer Koog zog Zabel an einem Arm hinter sich her zum Haustor und als er ihn so weit hatte, daß er wieder hineinging, war er selbst ebenfalls ›fertig‹. Er konnte nicht mehr, er war an diesem Tage nicht nur in einem Selbstmörderhaus gewesen, von morgens bis abends und schon Tage hindurch hatte er Menschen wieder aufrichten müssen. Jetzt versagten seine Nerven, er hockte sich auf die Türschwelle hin und niemand war da, der ihm Trost zugesprochen hätte. Er schnappte nach Luft wie ein Erstickender, und erst als er den laut heulenden Sturm vernahm, stand er auf und kehrte zu den andern zurück.
Es waren aber keine russischen Panzer bis an die Hütte gelangt. Die Detonation hatte eine andere Ursache gehabt. Ein deutsches Kommando hatte die in der Nähe gelegene die Schlucht überspannende Brücke in die Luft gesprengt. Ein Unteroffizier dieses Sprengkommandos kam in die Hütte herein. Und Zabel, der Kriegsgerichtsrat, der Pfarrer und Schweidnitz (um den Oberveterinär und den Oberfeldveterinär brauchten sie sich nicht mehr zu sorgen) warteten nicht länger auf den PKW aus der Division; diesem Unteroffizier und seinem Sprengkommando schlossen sie sich an und so marschierten sie gegen Zariza-Süd.
Das Geheule und Geknatter der Böen an den Wänden der Schlucht setzte für eine Weile aus. Der gleichmäßige durch die Talsohle ziehende Strom, der den Schnee in gerader Bahn mit sich nahm, brauste weiter. Es war das Tal des Schnees und

wenn man für Minuten die Augen auftun konnte, sah man den Schnee – in aufgestiegenen Mauern, in langsam über den Weg rollenden Walzen; er glitzerte an den Talwänden und überhing Steilflächen wie Dächer Hauswände überhängen, und in windgeschützten Winkeln spannte er sich in hängenden Girlanden von Zacken zu Zacken. Aber dann sprang der Sturm wieder auf und Zahlmeister und Kriegsgerichtsrat und Pfarrer und Soldaten sahen nichts mehr. Sie drängten sich aneinander und nicht anders als ein eisverkrustetes Schiff zog dieser Haufen Männer über immer neu aufsteigende Schneewehen und trieb auf weißem Strom gegen Zariza-Süd und Stalingrad.

Sie würden den Hafen erreichen, sie wußten allerdings noch nicht, was für ein Hafen es war, der ihrer wartete. In einem Schneeloch an der Hauptstraße Woroponowo–Stalingrad fanden sie einen Haufen Soldaten – ineinander verfilzt Mäntel, Decken und Gelump, Fäuste in Fausthandschuhen, Gesichter, eine Nase, ein Paar schneeverkrusteter Augenbrauen. Ein Mann hatte den Handschuh ausgezogen und blies sich die Fingerspitzen an.

»Wo verläuft eigentlich die neue HKL?« fragte Pfarrer Koog. Der Mann blies weiter seine Fingerspitzen. »Eine HKL gibt es nicht mehr!« sagte er.

»So, gibt es nicht mehr?«

Der sich die Finger blies, war ein Leutnant. »Gibt es praktisch nicht mehr, Herr Pfarrer!« sagte er. »Dort« (er zeigte in die Schneewüste hinaus) »lag gestern noch ein Regiment. Gestern vormittag ist es zerschlagen worden. Was gibt es noch? Eine Nachrichtentruppe, ein paar Stabsschreiber und einen Haufen Infanteristen ohne Kampfkraft.«

»Und wo liegen die Stäbe?«

»Der Korpsstab ist meines Wissens abgehauen, nach Stalingrad-Mitte. Der Kommandeur, der hier die Feuerwehr spielte, General Cönnern, ist mit Sack und Pack und mit seinen paar Männern auch nach Stalingrad-Mitte. Der Stab der 297. Infanteriedivision ist noch da.«

»Wo liegt der?«

»Hundert Meter weiter hinten, links der Straße!«

Das Pionierkommando blieb zurück. Pfarrer, Kriegsgerichtsrat, Stabszahlmeister, Zahlmeisteranwärter stapften weiter. An hundert Meter weiter hinten und links der Straße gelangten sie an einen Bunker. Das Donnern des Sturmes war seit einiger Zeit weggeblieben. Ein niedrig ziehender Bodennebel löste die Nacht ab. Neben dem Bunker stand ein Posten unter Gewehr.
»Liegt hier der Stab der 297.?«
»Nje ponimaju!« erwiderte der Posten mit unbewegtem Gesicht.
»Nje ponimaju: Ich verstehe nicht!« Pfarrer, Kriegsgerichtsrat, Stabszahlmeister, Zahlmeisteranwärter verstanden auch nicht. Der Posten hob die Hand und deutete in den Dunst. Jetzt verstanden sie mehr und jetzt standen sie da, unbeweglich wie vier Schneemänner.
Eine Truppe marschierte auf, in Dreierkolonnen, in Lumpen gehüllt, aber in genau eingehaltenen Gruppenabständen (ein lange nicht mehr gesehenes Bild), voran die Offiziere, allen voran der General.
»Abteilung halt! – Gewehr ab! – Stillgestanden: Richt euch!«
Ein Major machte Meldung.
Der General dankte.
Irgend etwas war nicht in Ordnung, war ungeklärt, für irgend etwas fehlte die Formel, die war im Exerzierreglement nicht vorgesehen. Der Major machte kehrt, baute sich vor der Front auf. »Rührt euch!« Und unmilitärisch, ein fallengelassenes Wort: »Legt die Handwaffen in den Schnee nieder!«
Das war getan. Wieder: »Stillgestanden!«
An dreihundert Mann, das war alles, was ringsherum hatte zusammengetrommelt werden können. Der Major winkte auch den Pfarrer, Kriegsgerichtsrat, Stabszahlmeister, Zahlmeisteranwärter heran. Der Pfarrer blieb stehen, drehte sich nachher um und ging davon und niemand kümmerte sich darum. Kriegsgerichtsrat, Stabszahlmeister, Zahlmeisteranwärter nahmen vor der Front am linken Flügel der Offiziere Platz. An dreihundert Mann, zwei Regimentskommandeure und die Stabsoffiziere. Die Offiziere standen vor der Front.
Der General schritt allein über das weiße Feld.

Er blieb stehen, salutierte. Ihm gegenüber stand ein russischer Offizier in silbergrauer Lammfellmütze, der Kommandeur der 38. russischen Gardedivision.
Der russische Kommandeur erwiderte den Gruß. Er verharrte einen Augenblick schweigend. Betrachtete den General, betrachtete den Haufen angetretener Männer. Die Ohren mit Fetzen umwickelt. Graue Gesichter. Frostweiße Nasen. Hunger. Krankheit. In der Luft stand plötzlich der Geruch der Seuche.
»Wo haben Sie Ihre Regimenter, General?« fragte der russische Kommandeur.
»Das fragen *Sie?*«
Und das war nicht vonnöten, diese deutsche Division hatte ihm bei Zybenko, bei Krawzow, bei Pestschanka, und nochmals bei Woroponowo gegenübergelegen und er wußte, wo die Regimenter des deutschen Generals geblieben waren.
Die Formalitäten wurden erledigt. Verpflegung, Unterkunft, ärztliche Behandlung für die Verwundeten sei bereit, wurde dem deutschen General mitgeteilt. Er selbst durfte seine Pistole behalten, die übrigen Offiziere die Degen. Die Offiziere nahmen in einem Auto Platz. Stabszahlmeister Zabel blieb bei der Truppe, die zu Fuß folgte. An einigen LKW-Wracks ging es vorbei, dann an einem kleinen Dreieckswäldchen, zurück in Richtung Woroponowo.
Dreihundert Mann, dachte Zabel; als wir mit der Division ausrückten, waren wir siebzehntausend Mann.

Die 297. Infanteriedivision hatte mit ihrem General und den Offizieren an der Spitze kapituliert. Das war im äußersten Süden des Kessels, im Vorgelände der Stadt, auf einem Schneefeld jenseits der Zariza geschehen. Versprengte, die über die Zariza herüberkamen, verbreiteten das Gerücht. Es war nur ein Gerücht unter vielen. Die übrigen Divisionen und die Stäbe der Divisionen wurden davon kaum mehr als von anderen Gerüchten berührt.
In den Stalingrader Straßen, um Hausruinen und um Keller unter den Hausruinen wurde weitergekämpft. Aber Tag und Nacht stand über Stalingrad das Zeichen!
In den Nächten war es ein feuriger Keil und am Tage war es Qualm, der aus brennenden Häusern aufstieg und vom Wind erfaßt sich als schwarzer Morast über das Land legte.
Nicht alle sahen das Zeichen, und viele in den Stalingrader Plantagen des Todes sahen nur noch die Kellerwand oder den Rauchfaden aus der Wärmbüchse, der zur Decke aufstieg, oder nur noch das verlöschende Gesicht des Nebenmannes. Nicht alle sahen das Zeichen, aber über allen stand es. Und auch weit weg von jenem Ort der Brände und des Rauches und der zu Schutt zerfallenden Häuser, jenseits der weit nach Westen zurückgefallenen Front, jenseits von Nacht und pulverndem Schnee und endlosen Rückzugsstraßen, auch über Deutschland war es hingeschrieben.
Die Zeitungen brachten große Schlagzeilen: *Ein leuchtendes Beispiel/Verschärfter Kampf um Stalingrad auf verengtem Raum/Unsagbares Heldentum unserer Soldaten/Unsterbliche Ehre der Stalingradkämpfer/Tapfer und treu bis in den Tod/Für Führer, Volk und Vaterland/So kämpfen und sterben sie, ob Ge-*

neral oder Grenadier/Deutsche Waffenkameradschaft über Grauen und Elend hinweg/Kameraden des Todes bis zur letzten Patrone/Damit Deutschland lebe/Ihr Opfer ist nicht umsonst!
Ein ganzes Volk verstand die Schlagzeilen der Zeitungen zu lesen und es sah die Fratze, die hinter diesem hohlen Pathos grinste.
Da saß ein altes Mütterchen, die aufgefaltete Zeitung auf dem Tisch, die Brille auf die Nasenspitze gerutscht, und der Blick ging durchs Fenster der Bauernstube, über die Spitzen der Blattpflanzen hinweg und zwischen den sauberen Tüllgardinen hindurch auf die menschenleere sonnige Dorfstraße. Es war die Insterstraße im Dorf Pelleningken in Ostpreußen, und die alte Frau, die verloren dasaß und die rauhen verarbeiteten Hände untätig im Schoß hielt, war die Mutter Lawkow, und an ihren Hans dachte sie und sie sah ihn vor sich, als ob er dort die Straße entlangkäme und im nächsten Moment vor sie hintreten würde. Zäh und tüchtig war ihr Hans. In Frankreich war er gewesen und in Polen, und vor Moskau war er Offizier geworden, und vor Stalingrad, als er das letztemal geschrieben hatte, war er Bataillonsadjutant bei den 261ern. Sie sah ihren Jungen vor sich, klein und knorrig, wie eine Kiefer, und das Gesicht zernarbt und rissig wie Baumrinde, aber die Augen hell und jung. Das war ihr Hans, wie er vor ihr stand, und eine Träne rollte die hagere Wange hinunter und fiel auf das Zeitungsblatt mit den großen tönenden Worten.
Und da hatte nicht weit von Pelleningken im Dort Kraupischken der Heinrich Halluweit seine Wirtschaft, und aus Ballupönen waren die Wischwill und die Göritt herübergekommen und mit der Unglückszeitung bei der Halluweit eingetreten. Die Halluweit und die Wischwill waren noch nicht dreißig, und nur die Göritt hatte die ersten grauen Fäden in ihrem gelben Haar. Der Mann der Halluweit hieß Heinrich, der Wischwill ihrer hieß Karl und der Göritt ihrer Johann. Der Heinrich, der Karl und der Johann waren bei derselben Truppe. Heinrich war Koch und Karl und Johann waren MG-Schützen beim ostpreußischen MG-Bataillon 9. Die drei Frauen saßen da und rührten den Kaffee, den die Halluweit gekocht hatte, kaum an. Es war wie nach einer Beerdigung und alles

war unverständlich, und alle Fragen, die die drei Frauen stellten, blieben ohne Antwort: Mußte das sein? Mußten sie denn durchaus bis an die Wolga? Und wie soll es jetzt werden? Und niemals soll ich den Heinrich wiedersehen – nein, das kann nicht sein, das geht mir nicht in den Kopf! Und nicht der Karl, nun soll ich auf dem Hof weiterwirtschaften, mein ganzes Leben lang mit Polen und Russen? Nein, wenn er nicht wiederkommt, dann mache ich mit mir Schluß!

Da saß in Bottrop auf der Kante eines verwühlten Bettes eine Maria Widomec und preßte den Kopf in beide Hände. Mein Gott, hier in diesem Bett hat er geschlafen, dort am Tisch hat er gesessen, und da habe ich ihm an jedem Morgen das Frühstück hingestellt. Dieses leere Bett, dieser leere Platz am Tisch, diese ewig leere Luft, dieser unselige Krieg! Was haben wir beide denn nötig gehabt – was anderes als unbeschwert atmen zu können! Warum all dies Leid! Und niemand glaubt mehr an einen Sieg, noch an ein gutes Ende. Man glaubt an gar nichts und das ist schlecht. Das ist ja kein Krieg, das ist eine Vernichtung, ein Abschlachten. Franz hat alles schon vorher gesagt, wie hat man nur zweifeln können! Ach Franz, ich kann nicht weinen. Es preßt das Herz zusammen. Wäre ich tot, tot, tot.

Da stand in Alten-Affeln im Sauerland, mit dem Rücken an die Ofenwand gelehnt, ein alter krummgearbeiteter Bauer: »Nun sehe ich auch den Jungen, den Mathis, nicht wieder!« sagte er, und nach einer Pause: »Der Jochem ist bei Witebsk begraben, und wo ist Mathis, wie lange habe ich nichts von ihm gehört! Heute weiß ich: ich seh' ihn nicht mehr! Hätte ich ihn doch nie nach Hagen auf die Schule geschickt, vielleicht wäre alles dann anders gekommen ... Doch alles kommt, wie es kommen muß ... Über zweihundert Jahre sitzen die Gimpfs hier auf dem Hof. Jetzt haben sie einen so hochtrabenden Erbhof daraus gemacht, und nun ist kein Erbe da.«

Und wieder nach einer Weile sagte er: »Ich weiß nicht, Mutter, mir ist durch und durch kalt!«

»Ja, du solltest mal nach Hagen zum Doktor gehen!« sagte die Bäuerin.

Da war die Frau Oberstabsarzt Kurt Simmering in Bad

Pyrmont. Sie lag im Bett. Die Lampe brannte. Ein aufgeschlagenes Buch hielt sie in den Händen. Sie las und Worte reihten sich an Worte und Satz an Satz, und sie wußte nicht, was sie las. Sie wußte nur und sagte sich: da steckt er drin, und wenn es nicht in Rußland und wenn es nicht gerade Stalingrad wäre! Zu denken, daß er im November noch auf Urlaub war, daß er abends aus seinem Arbeitszimmer herüberkam, daß er hier neben dem Bett im Schein der Lampe auf dem Sessel saß und eine Zigarette rauchte. Mein Gott, was haben wir aber auch in Rußland zu suchen! Und Frau Simmering blätterte die Seite ihres Buches um und las und las, und wußte nicht, was sie las. Die Stille ihres Zimmers brüllte und es begann von vorn. Ja, wenn es nicht in Rußland wäre, aber schließlich ... Und er ist doch nicht in der vordersten Linie! Aber diese schrecklichen Strapazen. Und grau und überarbeitet war er schon, als er auf Urlaub dawar. Diese schrecklichen Strapazen und der russische Winter, wenn er das nur aushält ...

Da war in Wien I in der Himmelpfortgasse eine Frau Charlotte Buchner. Draußen an der Tür an einem Messingschild stand: Fritz Buchner, Chemiker. Jetzt war der Mann in der Wehrmacht, Major und Kommandeur einer Flakabteilung, und mit seiner ganzen Division vor Stalingrad. Frau Buchner hatte das Essen für den andern Tag vorbereitet, sie hatte die Küche aufgeräumt; dann hatte sie alte Photographien angesehen, und das hatte sie traurig gemacht. Fritz am Schreibtisch, in einem Saal voller Webstühle, mitten unter Arbeiterinnen – das war in Ungarn, wo er eine Fabrik leitete und wo sie beide einander kennenlernten. Fritz wieder zwischen Webstühlen, wieder mitten unter Arbeiterinnen, dunkeläugigen und dunkelhaarigen dieses Mal, Fritz am Tisch unter einer bambusgedeckten Veranda, Fritz in weißem Anzug und Panamahut an weißem Sandstrand. Das war in Viña del Mar in Chile, wo er ebenfalls eine Textilfabrik leitete, und wo sie beide fünf volle Jahre lebten, und von wo sie mit einem vierjährigen Töchterchen zurückkehrten. Dieser unselige Krieg und ausgerechnet ihr Fritz muß in Stalingrad sitzen! Frau Buchner zog Schubkästen auf, wozu eigentlich? Alles lag dort ordentlich beieinander und sie suchte nichts Besonderes. Aber sie nahm einen

Shawl, einen Hut, noch anderes in die Hand und legte es wieder zurück, und alles erinnerte sie an gemeinsam verlebte unwiederbringliche Stunden. Schließlich hielt sie ein langes weißes Kleid in den Händen, das war Seide, unbeschwerte und auch unerschwerte Naturseide, wie sie gar nicht in den Handel kommt; auch die Frau des ungarischen Außenministers hatte ein solches Kleid nicht bekommen: es war das Hochzeitsgeschenk von Fritzens Chef, es war ihr Hochzeitskleid. Als sie dieses Kleid in der Hand hielt, waren plötzlich alle Schleusen aufgerissen. Alles was sie in diesen Tagen von Nachbarn, von Frauen, auch von wildfremden Frauen auf der Straße gehört hatte, das ganze Unglück brach über Charlotte Buchner zusammen. Das Hochzeitskleid aus unbeschwerter Seide wurde achtlos über eine Stuhllehne geworfen. Frau Buchner hielt es zwischen ihren vier Wänden nicht mehr aus. Sie wußte kaum, wie sie auf die Gasse hinuntergelangt war. Sie lief durch die Seilerstätte, durch die Kärntnerstraße, bog in den Kärntner Ring ein, schließlich stand sie in ganz anderer Himmelsrichtung vor der Ferdinandsbrücke, trieb hinüber und lief durch die Taborstraße. Und wo sie hinhörte, und wo sie zwei Frauen miteinander sprechen sah, da vernahm sie: ›Der ihrer ist auch in Stalingrad!‹

Da saß in einem Einfamilienhaus in Berlin-Dahlem in einem stillen, durch eine abgepolsterte Tür von Außengeräuschen abgedämpften Zimmer eine Frau. Sie saß da, nahe der Wand auf einem Stuhl und die schlanken Hände lagen auf den Armlehnen. Ihr Blick ruhte auf der viel zu aufgeräumten leeren Fläche eines Schreibtisches. Auf dem Tisch stand nichts als Schreibzeug und Löscher, ein Kalender, und unter Glas ein Photo, das war sie selbst, und noch ein Photo, das war ihre erwachsene Tochter. Es hatte Zeiten gegeben, da sie, und manchmal bis tief in die Nacht hinein, am gleichen Platz gesessen, irgend etwas in den Händen und wenn sie aufgeblickt hatte, war es der Hals und der über Papiere gebeugte und im Rauch einer Zigarre verschwimmende Kopf des Mannes gewesen, den sie vor sich gehabt hatte. Jetzt war der Platz leer und wie es ihr schien, war er schon ein Leben lang leer. Sicherlich aber hatte sie ihr halbes Leben in Einsamkeit verbracht

und auf ihn gewartet, der sich auf wilden Wegen befand. Was war er eigentlich, Militär? Diplomat? Verschwörer, noch dazu auf zwei Kontinenten?
An dem Schild draußen an der Haustür stand: Oberst Vilshofen. Aber wenn er, und das war in langen und noch längeren Abständen vorgekommen, bei ihr einkehrte, dann war das Zimmer und das ganze Haus das eines Gelehrten, eines Forschers, eines Künstlers, und Menschen waren da, mittags oder abends, keine Mahlzeit ohne Gäste, und man spürte, daß die Ströme des Lebens mitten durch das Haus führten, und solche kurzen Wochen wogen lange Monate der Einsamkeit auf.
Das war bis der Krieg begann.
Frankreich, Rußland. Manchmal kam ein Brief. Nichts vom Krieg darin. Landschaft, Steppe, Sandstürme, Dörfer, Menschen. Und da war ein Brief über den großen ›mythischen Strom und die tolle Stadt‹, das war die Wolga und war Stalingrad. Und da war noch ein Brief, und dieser Brief war ein Wirbel. In Manfred mußte ein ganzer Erdrutsch vorgegangen sein. Darüber waren drei Wochen hingegangen; danach kam noch eine kurze Nachricht, und dann nichts mehr. Und heute der Anruf, von einem Ministerialrat, und hier im gleichen Zimmer hat sie dem Ministerialrat aus dem Propagandaministerium gegenübergestanden. Wie kam ihr das Wort auf die Lippen, sie weiß es nicht. Es war plötzlich über sie gekommen. Der Schilderung dieser funebren Pracht, die da entfaltet werden soll, konnte sie nichts anderes entgegensetzen als ein: Nein! Sie hatte ausgerufen: »Mein Gott, er lebt doch noch! Nein, das kann ich nicht; im vorhinein kann ich mich nicht zur Teilnahme verpflichten!« Und vielleicht war es nicht richtig gehandelt. Es handelt sich doch nicht nur um ihn. »Es handelt sich um die repräsentative Trauerkundgebung für die ganze 6. Armee, gnädige Frau!« hatte der Herr Ministerialrat ihr erwidert. Nein, nein, nein! hatte sie gerufen. Sie war von Sinnen, sie hatte nichts von Trauer für eine Armee, nichts von Trauer um Manfred hören wollen. Er lebt doch noch? Und das war und ist doch offensichtlich der Fall! Und zum General befördert, was soll das nun, wo ich doch um ihn trauern soll! Viel-

leicht habe ich nicht richtig gehandelt, schluchzte die Frau in sich hinein.

»Vielleicht habe ich nicht richtig gehandelt!« sagte sie zu einer weißhaarigen alten Dame, zur Mutter Vilshofens, die eingetreten war. – »Nein, du hast recht gehandelt, Irene!« sagte die alte Frau. Und sie sank auf einem Stuhl zusammen und verbarg das Gesicht in beiden Händen. Sie blickte wieder auf und sagte: »Und mein Gott, es mußte so kommen, unter diesem Führer werden die Gräber schon für die noch Lebenden ausgehoben ...«

Der Ministerialrat war weitergegangen, er hatte die Frau eines hohen Parteibeamten, zur Zeit Leutnant bei der 3. motorisierten Infanteriedivision vor Stalingrad, aufgesucht; und von ihr weitergewiesen, hatte er auch noch im Osten Berlins eine Frau Lilly Daussig eingeladen, so hatte er für die große Trauerkundgebung auch eine ›echte Soldatenfrau‹. Von seiner Mission zurückgekehrt, erfuhr er, daß der Herr Minister sich im Mosaiksaal der Neuen Reichskanzlei befände. Dort traf er ihn mitten in einem Schwarm von Tapezierern, Anordnungen gebend für das Aufhängen der schwarzen Satinbahnen, der Trauerfahnen, für das Aufstellen der Kandelaber, für das Aufstellen des symbolischen Katafalks für die 6. Armee.

Nur mit halbem Ohr hörte der Propagandaminister den Bericht des Ministerialrats an. Er war beschäftigt, er lief auf vollen Touren wie eine Rotationsmaschine. Sitzungen, Besprechungen, mit Journalisten, Feuilletonisten, Berichtern, Bildberichtern, Zeichnern. Biographien von den Führern, von Offizieren, von Soldaten der 6. Armee, Kampfepisoden, Beispiele heroischen Sterbens, letzte Worte, Vermächtnisse an die Nation waren zu ersinnen, zu entwerfen, zu inspirieren, in Massen zu schreiben.

Er hatte sich zu vervielfältigen, sich selbst zu übertreffen! Dieses Mal handelte es sich nicht wie zu Zeiten der Parteikrise um einen SA-Mann Hornick oder um einen SA-Mann Steinhäuser, dem aller Haß und alle Wut gegen die Welt in die Grube nachzurufen war. Dieses Mal in der aufbrauenden Krise des neuen Reiches handelte es sich um den Leichnam einer ganzen Armee, um vierundzwanzig Generale, zehntausend Offi-

ziere, dreihunderttausend Mann, den der riesige schwarze Bauch dieses Katafalks zu versinnbildlichen hat. Und es wird eine ›schöne Leiche‹ sein (der Oberbefehlshaber zum Feldmarschall und Oberste werden zu Generalen befördert, Ritterkreuze, Eichenlaub und EK I und EK II werden in Massen verteilt), dafür ist gesorgt.
Aber sterben müssen sie vom Feldmarschall bis zum letzten Mann. (Und dafür ist vielleicht nicht so hundertprozentig gesorgt. Die Fernwirkung allein genügt da nicht und die paar Einflieger sind eine schwache Hilfe.) Sterben müssen sie alle. Ein Leichnam muß wirklich ein Leichnam sein. Aus einer halben Leiche läßt sich kein politisches Kapital schlagen. Jeder, der ein Loch zum Entschlüpfen findet und der am Leben bleibt (und je höher im Rang, um so mehr), wirkt gegen das Unternehmen: gegen das gigantische Aufpulvern der ganzen Nation zum Letzten!
Sterben müssen sie. Alle!
Mit schweren Sorgen auf dem Gesicht hinkte der Propagandaminister durch den Mosaiksaal.

Ein ganzes Volk – Mütter, Frauen, Kinder stöhnten unter einer Propaganda, die ihnen alle Hoffnung nahm und die die Männer, Söhne, Väter in ihrem Bewußtsein tagelang sterben ließ. Aber noch lebten sie und es ist gegen alle Sitte, noch während der Angehörige sich auf dem Sterbelager windet, den Schneider ins Haus zu rufen und sich Trauerkleider anmessen zu lassen, aber das war es, was die Nazipropaganda an den Stalingradkämpfern und ihren Angehörigen tat.
Die Männer lebten noch!
Die Armee war in zwei Teile aufgesplittert. Die eine kleinere Hälfte war in Stalingrad-Nord, die andere größere Hälfte in Stalingrad-Mitte konzentriert. An zehntausend Mann lagen im ›Theaterkeller‹, und in den Gewölben rings um den ›Platz der Gefallenen‹ herum. An fünftausend Mann hatten in der Ruine des Volkskommissariats für innere Angelegenheiten Zuflucht gefunden, andere Tausende unter den Trümmern eines Getreideelevators, eines großen Kühlhauses, einer Kaserne, unter Ruinen rings um den Bahnhof herum, noch an-

dere Tausende, auch Gruppen von Hunderten und Dutzenden an noch anderen Stellen. Und noch immer zogen über den Flugplatz auf der Straße von Gumrak und auch weiter südlich quer über das Feld (ein Teil geriet in Gefangenschaft, andere kamen durch), über Schuttfelder, durch Straßenlabyrinthe, durch die zahllosen die Stadt durchschneidenden Gräben Verwundete, Versprengte, letzte Häuflein von Regimentern, die hier, zweitausend Kilometer von der Heimat entfernt, ein Loch suchten, sich darin zu verkriechen oder, wenn es sein mußte, zum Sterben.
Die Männer lebten und bewegten sich noch!
Der Flakkommandeur, Major Buchner, suchte noch immer seinen Leutnant Steinhäuser, der mit der Troßkolonne verschwunden war. Der Bataillonsadjutant des 261. Grenadier-Regiments, der kleine Leutnant Lawkow, seinen verwundeten Arm in einem Fetzen dicht an den Leib gebunden, war zur Fliegerschule gelangt und tastete sich langsam weiter nach Stalingrad-Stadt hinein (seine Landsleute vom MG-Bataillon 9 allerdings, darunter der Heinrich Halluweit und der Karl Wischwill und Johann Göritt, waren jenseits des ›Tatarenwalls‹ von Panzern in den Schnee hineingewalzt worden). Der Soldat Franz Widomec aus Bottrop war einer in einem langen Verwundetenzug, den Oberstabsarzt Simmering von Gumrak her schon Tag und Nacht hinter sich herzog.

Oberstabsarzt Simmering war im November vom Heimaturlaub an die Stalingradfront zurückgekehrt. Mit vier Tagen Verspätung war er in Wertjatschi eingetroffen. Und diese Verspätung, das heißt die Beobachtungen während der stundenlangen Wartezeiten an jeder kleinen Ausweichstelle, hatten ihm einiges klargemacht, was seine eigene Sanitätseinheit und die Lage an der gesamten Nordriegelstellung der Stalingrader Front anbelangte.
An der Front war niemals Munition vorhanden in Mengen, wie sie gebraucht wurde. Die Anfuhr an Versorgungsgütern hatte der Munitionsanfuhr noch nachzustehen. Und der Abtransport der Verwundeten rangierte noch nach den Verpflegungsgüter- und Munitionstransporten. Bis Tschir war das

Gleis für Lazarettzüge überhaupt nicht freigegeben. Und so wurden Leichtverwundete und Schwerverwundete (da gab es keinen Unterschied) mit Leergüterzügen bis Tschir und auch bis in das Donezgebiet geschickt. Was das bedeutete, davon hatte er einen Begriff bekommen, als er die Gleise jeder kleinen Station verstopft fand mit Truppentransporten, mit offenen Loren, beladen mit Panzern, Geschützen, Kfzs, Ersatzteilen, mit Munitions- und Gütertransporten, und dazwischen dann auch eine Reihe Güterwagen mit ihren Verwundetenfrachten, die stundenlang und manchmal volle vierundzwanzig Stunden an der Stelle standen, ehe sie wieder anrückten und zur nächsten Station weiterrollten. Das war im November und die Waggons, die mit Gütern anrollten, waren ohne Öfen und nur behelfsmäßig und nur auf ihren Leerfahrten für Verwundetentransporte eingesetzt, wurden auch ohne Öfen auf die Rückfahrt geschickt, das in einer Zeit, in der das Land schon steinhart gefroren war, und das Thermometer schon 10 und 15 Grad unter Null zeigte. Es ist nicht auszurechnen, wie viele Krüppel, wie viele Männer mit abgefrorenen Händen, mit abgefrorenen Füßen, wie viele Tote diese Art des Abtransportes in rückwärtsgelegene Operationsgebiete das deutsche Volk gekostet hat. Damals war ihm zum erstenmal der Gedanke gekommen an die ungeheure und bedenkenlose Menschenverschwendung, die getrieben wurde, und das war doch noch vor der Einkesselung, das war noch im Verlaufe normaler Abwicklung, und es war nur ein schwacher Auftakt für das grauenvolle Schicksal, das nach Schließung des Kessels der Verwundeten wartete.
Oberstabsarzt Simmering führte einen langen Verwundetenzug. Er setzte Fuß vor Fuß, so langsam, daß die Wunden und Kranken zu folgen vermochten. Seine Füße steckten in Filzstiefeln. Viele von denen, die ihm nachfolgten, hatten nichts als Fetzen um Füße und Fußgelenke gewickelt. Er blickte sich nicht um und er sah nicht, wer zurückblieb und wie der Zug hinter ihm kürzer wurde (er war mit den Schlitten, die mit der kargen Verpflegung folgten, noch immer lang). Wer sich in den Schnee hinsetzte, mußte sitzenbleiben. Es war nichts zu machen, und er überließ es seinem Feldwebel und

seinen Unteroffizieren, ein letztes Wort, einen letzten Gruß von den Zurückbleibenden entgegenzunehmen. Daß er, der Oberstabsarzt, beim Haufen blieb, daß er voranschritt, und denen, die noch soviel Lebensgeist hatten, Hoffnung einflößte, war alles, was er tun konnte.

Dennoch: welche Art Hoffnung bedeutete er eigentlich, und wo führte er hin? Aus Gumrak kam er. Versprengte aus den Lazaretten bei Gumrak zog er hinter sich her. Am ›Tatarenwall‹ war er in das Feuer aus Panzern geraten, und dort hatte er nach Süden abbiegen müssen. Und nach einer Nacht in Erdhöhlen war er wieder auf dem Marsch. Die sich am Rand des Schneefeldes auftürmenden Steinhaufen, die ragenden Giebel, Schornsteine, Fronten mit leeren Fensterhöhlen und nichts als Luft dahinter: das war Stalingrad.

Wo führt er hin? In die Ortskommandantur – dahin lautet der Befehl der Armee, der ihn erreicht hat.

Die Trümmer von Sanitätseinheiten und die Masse der nach Stalingrad strömenden Verwundeten sollen im Gebäude der Ortskommandantur-Mitte gesammelt und dort versorgt werden.

Gesammelt und versorgt ... der Befehl steht auf dem Papier. Aber mein Gott (der Weg von siebzig Tagen, Wertjatschi, Baburkin, Bolschaja Rissoschka, Gumrak, und was dort an ›Gesammelten und Versorgten‹ geschehen ist!), wäre es nicht menschlicher, noch hier angesichts der Trümmerstadt haltzumachen und die Gesammelten auf dem weiten Schneefeld und in alle Winde zu versprengen?!

Aber ein Oberstabsarzt versprengt nicht, er sammelt und ordnet, wenn er schon sonst nichts tun kann, und er stellt einen Zug zusammen und führt.

Wohin? In die Ortskommandantur: das ist die Antwort der Armee! Das ist auch die Antwort des Oberstabsarztes! Der Mensch unter dem Uniformmantel fragt weiter. Wohin – das bleibt die Gewissensfrage!

Der Himmel ist hell, die Luft ist so kalt, daß sich in der Nase Kristallstäbchen bilden und daß die Feuchtigkeit aus triefenden Augen augenblicklich zu Eis gefriert. Der Himmel ist hell und hoch und die Sonne scheint. Der Stalingrader Stadtrand

rückt näher und bereits schließt sich die Steinschlucht auf, durch die er seinen Haufen führen wird.
Wohin ...?
Ist es nicht ein Spuk in hellem Sonnenlicht und hat er diesen Zug nicht schon einmal gesehen – und war das damals oder ist das heute das Spiegelbild? Dreißig war er alt (heute ist er sechsunddreißig) und es war auf der Hochzeitsreise; und wie drüben an den Stalingrader Steinhaufen blitzte die Sonne an dem alten Gemäuer des Frauenklosters, und im Kreuzgang, verwaschen und von Kalk und Salpeter überzogen, das Bild. Das war in Basel und seine junge Frau – vor Augen die Todesgestalt, die den Zug anführte, und die andern Gestalten, die folgten, die Grabtücher und die Leichenfarbe, dazu die eisige Luft des Gewölbes – schmiegte sich nur um so enger in seinen Arm. Charlotte schauderte und er spürte ihre bebende Wärme, und wie hätte er ahnen können, daß es mehr als ein Bild, daß es ein Blick in den Spiegel war, den er tat.
Die Todesgestalt, die den Zug anführte, und die Gestalten, die folgten, die Leichentücher, in die sie gewickelt waren, was fehlt eigentlich noch ...
Die führende Gestalt blies die Flöte!
Das war das Bild. Und hier, der Arzt, der voranschreitet, ohne zu wanken, der die verkörperte Hoffnung ist, daß sie irgendwohin gelangen werden, daß auch sie einmal wieder zu Körperkräften gelangen und daß auch sie einmal wieder ihren Kopf ohne Taumel tragen und ihre Füße ohne Schmerzen aufsetzen werden, ist ihnen auch ein Flötenbläser.
Ich bin der Flötenbläser!
Mein Gott, ich müßte wirklich haltmachen, müßte mich umdrehen, eine lange Fahrerpeitsche ergreifen, wie ein Wirbelwind unter sie fahren, auf die Verwundeten, die Lungenkranken, die Fleckfieberkranken, auf die Magen- und Nierenkranken eindreschen, die Hoffenden, die Vertrauenden entsetzen, daß sie laufen, aufs Gesicht hinfallen, wieder aufspringen, weiterlaufen, solange der Atem vorhält, daß vielleicht hundert oder vielleicht zwanzig oder vielleicht zehn zu den Russen gelangen und das Leben erhalten! Aber nein, das tut ein Oberstabsarzt nicht – und wenn schon eine Wahnsinnstat als sittli-

che Forderung vor ihm aufsteigt, so ist er dennoch nicht imstande zu einer seelischen Wendung um volle hundertachtzig Grad.
Wie aber konnte es zu solcher Desorganisation kommen, daß eine Wahnsinnstat als Weisheit erscheinen und als sittliche Forderung auftreten kann? Oberstabsarzt Simmering, über die im Sonnenlicht blitzende Schneefläche schreitend, die Stalingrader Straße schon nahe, und an zweihundert oder dreihundert Wunde, Kranke, Sterbende wie eine braune Schneckenspur hinter sich herziehend, rettet sich vor der übermächtig werdenden Forderung zu einer jähen, einer wilden, einer reinigenden Tat in vernünftige und sachliche Überlegung.
Wie konnte es zur Desorganisation der Versorung und des Abtransportes der Verwundeten kommen? Erstens: Behelfsmäßiger und schleppender Abtransport auf Leergüterzügen bis in rückwärtiges Operationsgebiet haben dazu geführt, daß bei Schließung des Kessels Zehntausende Verwundete in den Sanitätsstellen in und um Stalingrad lagen und auf Abtransport warteten. Zweitens: Bei dem überstürzten Rückzug blieben die Sanitätseinrichtungen jenseits des Don zurück. Von den Sanitätskompanien retteten sich nur Trümmer über den Don herüber. Die Leichtverwundeten aus den Dörfern des Golubajatals und aus dem ganzen östlichen Teil des Donbogens, die zu Fuß in langen traurigen Zügen und auf allen erreichbaren Fahrzeugen über den Don herüberkamen, überfüllten die schon überbelegten Sanitätseinrichtungen um ein Vielfaches ihrer Aufnahmefähigkeit. Drittens: Es war nicht möglich, genügend Betriebsstoff für notwendig gewordene Rückverlegung der Sanitätsstellen zu erhalten, und so wurden beim Eindrücken der Westfront des Kessels Geräte, Verbandmaterial, Zelte, Feldküchen, Verpflegungslager weggeworfen, und die zu Fuß nach rückwärts strebenden Züge der Leichtverwundeten überfüllten abermals die jetzt mangelhaft ausgerüsteten und improvisierten Sanitätsstellen um ein Vielfaches. Viertens: Ein Befehl der Armee verbot, Verwundete auf den Verbandplätzen in Feindeshand fallen zu lassen. Die Folge dieses Befehls waren Straßen mit gefrorenen Soldatenleichen und waren steckengebliebene LKW-Kolonnen mit ge-

frorenen Verwundetenfrachten, und die weitere Folge war eine neue Welle gehfähiger Verwundeter, die jetzt schon wie eine Flut in die Sanitätsstellen einbrach und keine Unterkunft, keine Verpflegung, keine Hilfe mehr erhalten konnte.

Fünftens: Der Abtransport zum Flugplatz war von Anfang an und war im weiteren Verlaufe immer mehr gehemmt durch Kfz- und Brennstoffknappheit und der Luftabtransport war von Anfang an mengenmäßig unzureichend und gestaltete sich immer schwieriger dadurch, daß viele Transportflugzeuge den Flugplatz nicht erreichten, daß andere, behindert durch schlechtes Wetter oder durch heftige Bodenabwehr, nicht landeten, daß die Gelandeten nur ganz kurze Zeit auf dem Flugplatz verweilten; und das Ausfliegen, die einzige Hoffnung der Verwundeten, wurde immer mehr zu einer trügerischen Hoffnung: zu einem gewaltigen Irrlicht in dem gewaltigen Sumpf.

Sechstens: Aber da verwirrte sich erstens, zweitens, drittens, viertens, fünftens, sechstens. Dem Chaos gegenüber hörte jede sachliche Überlegung auf und es waren einzelne Bilder, die im Bewußtsein des Oberstabsarztes aufflackerten, Schreckensgesichte, die wie Blasen aus dem Sumpf, durch den er siebzig Tage lang gewatet war, aufquollen und zerplatzten.

Nach der Aufgabe Wertjatschis war es bei Baburkin: Eine schneeverwehte Schlucht und da steht ein Zelt. Rings um das Zelt herum liegen die Verwundeten im blanken Schnee. Im ungeheizten Zelt drei Operationstische, ein Oberstabsarzt, ein Stabsarzt, ein Oberarzt. Die Finger des Operateurs sind steif vor Frost. Der Inhalt in den Ampullen ist gefroren. Der fiebernde Leib auf dem Tisch ist wie ein Ofen. Aus der Wunde dampft es wie aus einem Waschzuber. Dem Stabsarzt beschlagen die Brillengläser. Dem Oberarzt tränen die Augen. Wie soll man da operieren! Und was wird aus den Männern, die aus dem Schnee kommen und wieder in den Schnee hinausgelegt werden? Die viel Blut verloren haben, sterben schnell. Die wenig Blut verloren haben, sterben langsam. Einige bleiben leben (das hängt nicht von viel oder wenig Blut, sondern von geheimnisvollen Kräften ab) und werden am andern Tag in die eilends von Leichtverwundeten, Sanitätern, Kriegsgefangenen, von allen verfügbaren Händen ausgehobenen Erdbunker gelegt. Dort haben sie (hauptsächlich) von ihren Reserven zu zehren, um dann bei der nächsten Rückverlegung auf der Strecke zu bleiben oder auf dem nächsten weiter rückwärts gelegenen Hauptverbandplatz von der Welle noch einmal aufgespült zu werden.

Die nächste Station war Bolschaja Rossoschka:

Da sind sie, die wieder Angetriebenen, die körperlichen und seelischen Reserven verbraucht. Sie hoffen nicht mehr und die Erwähnung von Hoth und Manstein läßt sie den Blick nicht heben. Das Führerwort, nach welchem ihre Leiden sich in den größten Sieg der Geschichte umwandeln würden (noch bei Baburkin hat es die Augen aufleuchten lassen), berührt sie nicht mehr, sie glauben und hoffen nicht mehr. Diesem hoffnungslosen Schwemmgut aus aufgelösten Sanitätsstellen gesellen sich die Hoffnungslosen von der Front zu, wenig Verwundete, ein Teil Soldaten mit Frostschäden, die Masse Ermattete, Ausgezehrte, Dystrophiker ohne Hungergefühl, ohne Wunsch, ohne Anteil am eigenen Ergehen.

Auf dem Sektionstisch liegt eine Soldatenleiche und erzählt die Geschichte auch von allen andern. Der Leichman ist 1,80 lang. Gewicht: 42 Kilogramm. Das Gewebe ist ausgetrocknet. Alles Suchen läßt nicht eine Spur Fett finden.

Der Leichnam des Dystrophikers war ein Zeichen. Oberstabsarzt Simmering verstand es zu lesen. Um so wütender klammerte er sich selbst an das Führerversprechen, glaubte er selbst an das Raushauen, an die Entsatzarmee, trieb er seine Fahrer, Beifahrer, die Pferdepfleger, gefangene Russen (bei einer Krume Brot und einer dünnen Pferdesuppe) von Sonnenaufgang bis Sonnenuntergang an den Bunkerbau. Noch einmal schaffte er beheizte Unterkünfte – für einige hundert Verwundete, einige tausend Verwundete und täglich neue Züge trieben ohne Hilfe vorbei. Und die nächste Welle kam und ging über das Rossoschkatal und auch über den neu eingerichteten Hauptverbandplatz weg.

Weiter. Der Kessel enger. Männer sterben ungezählt. Aber Verwundete, Kranke, Sterbende werden immer mehr. Auf enger werdendem Raum ziehen sie sich konzentrisch auf die

Mitte zurück, und alle Straßen führen nach Gumrak. Das Bahnhofsgebäude ist das Feldlazarett, die Güterwaggons, einer hinter dem andern und Gleis neben Gleis, sind Krankenstuben. Im Bahnhofsraum liegen sie bis auf den Flur, liegen sie neben- und übereinander bis unter das Dach, und da hängen Tag und Nacht an den Türen und an den Fenstern die Gesichter der Einlaßsuchenden.
Und da war wieder das Zeichen, reckte sich auf und fiel zusammen: Ein Mann hebt (er braucht letzte übermenschliche Kraft dazu) seine wie Stöcke steifgefrorenen Arme und fleht: Nur ein bißchen Wärme! Er schlägt vornüber aufs Gesicht und die Arme zerbrechen als wären sie aus Glas.
Da waren Zeichen, da waren Gesichte, täglich, stündlich, standen auf, verlöschten, waren wieder da. Wer sie sah, konnte sie deuten. Da war auch der geänderte Befehl der Armee. Bei Wertjatschi, bei Baburkin war es verboten, Verwundete in Feindeshand fallen zu lassen. Als der Kessel bis Gumrak eingedrückt war und die Massen der Verwundeten und Kranken nach Stalingrad abflossen und bereits gegen die Mauern des Hauptquartiers der Armee brandeten, wurde es erlaubt, Verwundete zurückzulassen, aber das Pflegepersonal zurückzulassen war verboten. Das war für die Schwerverwundeten (wer gehen konnte und wer sich auch nur humpelnd bewegen konnte, lief weg), ohne Pfleger, ohne Männer, die die Öfen heizten, das Todesurteil, und die Russen würden in Gumrak (inzwischen müssen sie dort eingetroffen sein) ein Bahnhofsgebäude und an hundertundzwanzig Waggons angefüllt mit gefrorenen Soldatenleichen finden.
Das war der Befehl der Armee für Gumrak. Und das war schon kein Zeichen mehr, war schon die Enthüllung der grauenvollen Absicht: Den Männern, die ihr Blut und ihre heilen Glieder geopfert haben, ihre schwarzen amputierten Stümpfe, ihre vom Grauen gezeichneten Gesichter, die untragbar geworden sind, soll die Hintertür ins Leben (eine weiße Fahne an den aufgegebenen Hauptverbandplätzen) verschlossen bleiben. Sie alle sollen sterben!
Eine Wahrheit, die der Arzt nicht wahrhaben will. Wie einen Stein, wie einen Fremdkörper im Organismus versucht er sie

zu überkrusten, zu isolieren; er will sie sich nicht zu eigen machen. Aber unter diesem schwarzen Stern geht er seinen Weg. Ein Helfer, ein Heiler, ein Wiederbeleber, an der Schulterklappe auf kornblumenblauem Feld und von Silberborte eingefaßt den Äskulapstab mit Schlange, organisiert er den hemmungslosen Verlauf des Sterbens, schon siebzig Tage lang. So verlangt es der Befehl und so hat der Befehl (der Armee, des OKHs, des Führerhauptquartiers) den Arzt zum Totengräber gemacht.

Der Schnee glitzerte im Sonnenlicht. Der Schatten einer Wolke lief über das Feld. Über der Stadt brodelte an etlichen Stellen Rauch auf. Schießen war zu hören.

Weit hinten lag Gumrak.

Voraus lag die Ortskommandantur.

Was wird die Ortskommandantur bringen? Oberstabsarzt Simmering trug die Wahrheit in sich wie einen Stein – ihn fröstelte. Ringsherum Schnee, voraus die Steinhaufen, die das Ziel waren, die eigentlich einen ganzen Sommer lang und jetzt auch den Winter hindurch das Ziel gewesen waren. Das Ziel hatte sich verändert, es war in Trümmer zerfallen wie auch das Bild im Herzen in Trümmer zerfallen war. Der Arzt blieb stehen. Er ließ den Zug, der in einigem Abstand folgte, herankommen und ließ die Reihen vorbeitreiben. Kaum einer hob den Blick. Die Männer dachten nicht mehr, sie träumten, dösten während sie dahinzogen. Die Füße waren nicht zu sehen. Die langen Mäntel schleiften durch den Schnee. Unvorstellbar langsam ging es voran. Der Zug glich einer Barke, ohne Wind in den Segeln, dahinziehend auf trägem, unsichtbarem Strom.

Der Blick des Arztes blieb an dem Gesicht eines Soldaten haften, einer von den wenigen, die noch aufblickten, noch Anteilnahme an der Umwelt bekundeten. Der Arzt entsann sich, der Mann war einer der letzten in dem langen laufenden Band, das in Gumrak über seinen Operationstisch gelaufen war. Er hatte drei Rippen gebrochen und das Schulterblatt verletzt. Das Gehen fiel ihm schwer, jeder Schritt war ein Tasten und Taumeln und jeder Schritt trieb ihm Schweißtropfen auf die Stirn, die an dem unrasierten Gesicht gefroren. Er schwenkte

ein und marschierte neben dem Zug und neben dem Soldaten her.
Der Soldat hieß Franz Vidomec, war aus Bottrop, das heißt eigentlich aus Wien und nach Bottrop zur Arbeit geschickt. Anderthalb Jahre verheiratet, nur vier Monate mit der Frau gelebt, dann war er eingezogen worden. Briefe? Natürlich, viele Briefe hatte er bekommen, fast mit jeder Post, solange es Post noch gab. Auch auf Urlaub war er gewesen, im Frühling, da hatte er zusammen mit seiner Frau noch einmal Wien aufgesucht.
Das Gespräch nahm eine Wendung, die für den Arzt überraschend war. Drei Rippen und das Schulterblatt, da sei er noch billig davongekommen, sagte der Soldat Vidomec. Und er meinte, daß er mit seinen Rippen so etwas wie eine Abschlagszahlung für irgendeine Schuld bezahlt hätte. Für was denn? Für den Krieg, für das viele Elend, das wir ins Land gebracht haben!
»Für was denn, für was konkret?« wollte der Arzt wissen.
»Nun, zum Beispiel habe ich mich einmal feste daran beteiligt, einer alten halbverhungerten Russenfrau die letzten Pellkartoffeln wegzufressen!«
Sonderbar! dachte der Arzt nur. Da taumelt einer, der nicht auf den Füßen stehen dürfte, fünfzehn Kilometer durch das Land, und dabei denkt er, ein billiges Los gezogen zu haben.
»Und da handelt es sich ja nicht nur um diese Pellkartoffeln, Herr Oberstabsarzt!«
»Haben Sie schon lange solche Gedanken im Kopf?«
»In Wien habe ich zum erstenmal an so was gedacht.«
»In Wien?«
»Ja, so viel fremdes Volk gibt es da bei uns. Griechen, Jugoslawen, Ukrainer arbeiten um einen Schundlohn, verkommen im Schmutz, unter uns. Samstags sieht man sie auf der Straße, da betteln sie um Brot. So viel fremdes, armes, verhungertes Volk, die Augen müde. Als ich diese Gestalten sah (der Blick des Soldaten Vidomec ging über die Elendsgestalten des Verwundetenzuges), da habe ich gedacht, dieses Elend kommt auch einmal über uns . . .«
Sonderbar, dachte der Arzt wieder. Er hatte solche freimüti-

gen Äußerungen, er hatte überhaupt solche Gedanken bisher nicht vernommen.
»Man dachte ja früher, man möchte nach dem Krieg alles schnell wieder vergessen!« sagte der Soldat: »Aber das geht nicht, nein, das geht nicht. Man muß sich wohl damit auseinandersetzen, Herr Oberstabsarzt!«
»Ja, das muß man wohl!«
Oberstabsarzt Simmering ging wieder nach vorn und setzte sich wieder an die Spitze des Zuges. Und gerade dieser, dachte er, der sich mit den Dingen auseinandersetzt, gerade so einer trägt den Kopf noch aufrecht und sieht scheinbar noch ein Stück Zukunft vor sich, während viele andere einfach zusammenfallen wie Asche. Die Ursache für den rapid um sich greifenden seelischen Zerfall ist offensichtlich nicht nur Mangel an Fett, da mangelt es noch an anderem.
Der Zug war jetzt in das Stadtgebiet eingetaucht.
Es ging mitten durch Häuser, ging über Höfe und über Schuttflächen. Die Straßen mußten vermieden werden. Viele Straßen lagen unter feindlichem Feuer. So hell der Himmel draußen auch gewesen war, hier zwischen den Ruinen und in den Straßenschluchten hing von der Wolga aufdammender Dunst. In der Luft war Brandgeruch. Man wußte nicht genau, wo geschossen wurde – vorn und hinten und anscheinend von allen Seiten. Ein Graben bot einige Deckung. Als der Weg aus dem Graben wieder anstieg, hatte Oberstabsarzt Simmering das Gebäude der Ortskommandantur vor sich. Es war ein großes Haus mit drei nach hinten verlaufenden Flügeln, und wenn auch kein Fenster mehr und nur weit aufgebrochene Fensterhöhlen zu sehen waren, so war es doch eine der am wenigsten beschädigten Hausruinen Stalingrads.

Der sich auf dem Wege zur Ortskommandantur befindliche kleine Leutnant Lawkow hatte, anders als der große Verwundetenzug in einem Bogen von Süden her, in direkter Linie von Westen her den Stadtrand erreicht. Zweitausend Meter – das waren Häuserstümpfe, waren Schuttplätze, war eine Reihe wie Schiffsmasten aufragender Schornsteine, war aufspritzendes Feuer aus russischen Granatwerfern und (dem Abschuß

nach zu urteilen) das Feuer deutscher Flakgeschütze – trennten ihn von dem großen grauen Kommandanturgebäude, trennten ihn von ärztlicher Betreuung und von einer Pferdesuppe, die er dort zu erhalten hoffte.
Es sah verdammt mulmig aus. Aber da mußte man eben durch. Und jede Kugel trifft ja nicht! heißt es. Und der Mensch ist so ein kleines Staubkörnchen, daß gar nicht genug Pulver und Eisen da ist, um jeden einzelnen zudecken zu können. Den einen trifft es und der andere geht weiter. Das hatte Lawkow auf dem Weg vom Tulewajagraben her aufs neue erfahren. Er lag im Schnee und ›peilte die Lage‹; er wollte feststellen, um welches Objekt es bei der Schießerei eigentlich ging, um dementsprechend seinen eigenen Weg von vornherein zu bestimmen. Ja, daß der Mensch nur Dreck ist, und daß er gar nichts von vornherein bestimmen und daß er sich nur auf sein Glück verlassen kann, das hatte er auf diesem Wege wieder einmal erlebt: Aus dem Tulewajagraben war er abgerückt, mit Abtransport war nicht zu rechnen, also zu Fuß. Spätestens in Gumrak, das doch ein einziges Lazarett war, mußte er ärztliche Hilfe haben, so hatte er gerechnet. Aber Scheibe, ein einziges großes Lazarett war es, das war richtig. Aber das hatte er sich nur von außen, nur über die Schultern der andern weg, die das Stationsgebäude umdrängten, betrachten können. Und alles, was er erreicht hatte, daß er die Nase platt an eine Fensterscheibe drückte und einen Blick ins Innere warf, wo die Kerle sieben- oder achtstöckig übereinanderlagen, wo es aber immerhin einen Ofen gab und wo sie sich jedenfalls nicht die Knochen abfroren. Aber was war zu machen, der zermanschte Arm schmerzte bis in den Hals hoch. Der Hals und der Kopf waren ihm schon aufgetrieben, so schien es, von dem Feuer, das aus dem Arm hochzog. Was war zu machen, welche List war anzuwenden, um in dieses wunderbare Lazarett hineinzugelangen, solange noch Zeit war und der Arzt noch was machen konnte! Die russische Ari und der Run nach Osten, der einsetzte, hatte ihm jedes weitere Kopfzerbrechen erspart. Er war ebenfalls gerannt, das heißt gestolpert, Richtung Gorodischtsche, und nicht der Arm, der Hals und der Kopf war jetzt das ungeheure Gewicht, das er zu schleppen hatte. Und in Go-

rodischtsche hatte sich dann alles ganz einfach gemacht. Da war die Straße und da rollten Flakgeschütze, da rollten LKWs, da rollten auch LKWs mit Offizierskoffern (und mein Gott, ich habe doch meinen Koffer schon bei den Kassatschihügeln weggeschmissen!) und auf keinem verfluchten LKW war ein Platz zu haben, und da marschierten in Haufen, mit Waffen und auch ohne Waffen, die Männer, und da stand plötzlich am Straßenrand der General und schob die Unterlippe vor, wakkelte dann und wann mit dem Kopf und betrachtete trübsinnig den vorbeitreibenden Jahrmarkt. Und das war unser General, der Kommandeur der 113. Infanteriedivision. – »Nanu, was ist denn mit Ihnen los, Lawkow?« sagte er. »Jawohl, Herr General, da haben sie mir dieses Ding verpaßt!« – »Schon ärztliche Behandlung gehabt?« – »Nein, Herr General. Ich suche schon seit Tulewaja einen HV-Platz!« – »Nun, dann gehen Sie mal da rein, in diesen Bunker und melden Sie sich bei unserm Divisionsarzt!«

»Jawohl, Herr General! Aber darf ich eine Frage stellen: können Herr General mir sagen, was nun werden soll?« Aber da winkte der General mit der Hand ab und versank wieder in die Betrachtung einer vorbeikeuchenden hochbeladenen ›Badewanne‹ und eines vorbeiziehenden Zuges humpelnder Männer und in die Bilder dieses vorbeitreibenden napoleonischen Rückzugs. Das war Gorodischtsche und wenn der Unterarm und der Knochen auch zerschlagen waren, so war doch die Sache nachher doch richtig zusammengelegt und ein anständiger Verband war rumgewickelt und der Kopf war freier geworden und es war nicht mehr so ein riesiger Ballon, den man auf den Schultern trug. Die nächste Etappe: ›Tatarenwall‹ und russische Panzer. Die Panzer walzten über ein Bataillon weg. Das Stäubchen Lawkow stand schon auf dem Wall, stieg auf die andere Seite hinunter, wanderte über den Flugplatz, als wäre es ein friedliches Skigelände, erhielt bei dem Kommandeur einer Artillerie-Abteilung (bei dem grade Hartwurstscheiben auf der Pfanne brutzelten) ein Frühstück, das nicht von Pappe war, das aus prima Hartwurstscheiben, aus Brot und Butter bestand, und er schlief sich danach einmal richtig aus. Und wieder war es der Flugplatz, das war einen Tag später, und der Platz war kein Skigelände mehr, sondern ein sehr ungemütliches Rollfeld für russische Panzer, und eine Höhe und noch eine Höhe und ein Wäldchen, und wo man hinblickte, da spuckte es; und man wußte wieder, daß man nichts als Stäubchen war. Aber ein vom Glück getriebenes Stäubchen kam er über den ›Tatarenwall‹ herüber und da war dann auch alles beieinander – da waren wieder die LKWs mit Koffern, eine Troßkolonne, weggeworfene 2-cm-Flakgeschütze, Haufen humpelnden Volks, da waren auch russische schwere Panzer, über LKW und Koffer rollten sie weg, über einen Haufen aufheulenden Volks, und den andern Haufen schnitten sie den Weg ab. Fünf, sechs Panzer auf der weiten Schneefläche und die Luken gingen auf, und auf Wagen Eins tauchte ein russischer Offizier auf, in der Hand eine Maschinenpistole, auch auf Wagen Zwei, auch auf Drei, und die Panzer auf dem Schnee und unter dem hohen Himmel muteten an nicht anders als Fischerboote, die das Schleppnetz ausgehängt haben. Der Offizier fuchtelte mit der Maschinenpistole und deutete in die Richtung nach hinten und brüllte immer wieder sein langgezogenes ›Dawai! Dawai!‹ Das hieß wohl: Nun wirds aber Zeit, und bitte etwas schneller! Und wer Füße hatte, der benutzte sie und lief, was er konnte! Stäubchen Lawkow aber befand sich an der Grenzlinie dieses großen Fischzuges und blieb außerhalb des sich enger zusammenziehenden Feldes laufender und keuchender Geschöpfe. Natürlich, auch er lief, er preßte den kranken Arm mit seiner andern Hand fest gegen den Leib, und auch er keuchte, aber er lief nach der entgegengesetzten Richtung. Rechts und links sprangen krepierende Panzergeschosse aus dem Schnee auf, und mehr als einer schlug um und blieb liegen. Das Stäubchen aber gelangte zuerst an einen wie ein Zinnsoldat dastehenden Turm und dann in den Schutz eines Ruinenhaufens, und nachher vor die Tür eines Bunkers, vor die Türen einer Anzahl von Bunkern. Da war Umzug, und meine Fresse, mit eigenem Koch und Friseur und Kosmetik und Gummibadewanne. Man meinte schon, es wäre der Feldmarschall persönlich, aber es war nur ein Regimentsstab. Und zu sagen ist, die Herren haben Nerven, ein ganzer LKW-Park, und wieder Koffer, Funkgerät, Ia-

Sachen, Akten, und auch Sprit war dafür da; und draußen am ›Tatarenwall‹ lagen die Flakgeschütze, die gegen die Panzer hätten anfahren müssen, weggeworfen und ohne Sprit. Hier jedenfalls war Umzug, und hätte er sich nicht verkehrt gesetzt, das heißt auf den Wagen mit den Aktenbündeln (der dann schließlich doch stehenblieb), so wäre er auch mit umgezogen und hoch zu Wagen nach Stalingrad hineingerollt. So aber hatte er das Nachsehen, und er mußte von dem Wagen wieder runter. Nun, schließlich hatte man inzwischen die Erfahrung, daß man in so einem geräumten Bunker sich immer noch mal für einige Zeit oder für einige Stunden einrichten konnte. Und das tat er dann auch, bis er am folgenden Tage weiterschlich. Und zwar bis hierher, bis an diese Stelle. Und da lag er nun in einer Schneemulde und peilte die Lage. Jetzt hieß es weiter, bis zur Ortskommandantur, und das wird dann wohl das erstrebte Ziel sein, denn nochmals zweitausend Meter weiter dehnt sich der Wolgastrom, und wenn der auch unter Eis liegt und begehbar ist, so hat er, und auch sonst niemand, wie die Dinge nun einmal liegen, dort wirklich schon nichts mehr zu suchen.

Lawkow hatte das Gelände eingehend betrachtet, er hatte auch beobachtet, wo das Werferfeuer niederging und wo das Streufeuer aus Gewehren lag. Was hier eigentlich gespielt wurde, um was es ging, das konnte er nicht enträtseln. Er machte sich auf den Weg und an fünfhundert Schritte hatte er zurückgelegt. Er umrundete eine Ruine, gelangte in eine schmale Straße. In diesem kurzen Straßenschlauch aber war für einige Minuten die Hölle los. Die Russen schossen und die Deutschen schossen, und es schien nicht anders, als ob beide Seiten es auf ihn persönlich abgesehen hätten. Und nicht nur Rauch, auch die Dämmerung war da. Die Werfereinschläge standen im Dunst wie dicke rote Köpfe. Hinschmeißen, natürlich hinschmeißen – aber nein: diesmal wäre es verkehrt, und dieses Mal ist das Verkehrte das Richtige. Er lief, machte drei lange Sätze, rein in eine Ruine, nichts als Wände waren da und darüber der milchige Himmel und ein erster blasser Stern. Und da war dann doch noch mehr. Er vernahm Stöhnen und da lag einer im Schutt. Lawkow kam näher, vielleicht, daß er erfahren konnte, um welches Objekt hier eigentlich gekämpft wurde und welchen Weg er einzuschlagen hatte. Als er aber das Gesicht des Mannes sah, verging ihm das Fragen. Die verdreckte Soldatenhand, die sich hob und auf die untere Hälfte des Mantels deutete, war ebenso papierweiß wie das Gesicht. Die Handbewegung war eine Aufforderung und Lawkow bückte sich, faßte das Ende des Mantels an und hob es auf. Er ließ den Mantel gleich wieder zurückfallen. Beide Beine waren Matsch und das eine lag quer, mit dem Fuß und dem Stiefel aufwärts gekehrt. Erst nachdem er dieses Bild aufgenommen hatte, bemerkte er den Blick des Mannes, der sein Benehmen scharf beobachtet hatte, und der nun, das war ihm anzusehen, alles begriffen hatte. Er hörte ihn mit matter Stimme sagen: »Kamerad, wenn du durchkommst . . .« – »Ja, wenn ich durchkomme. Selbstverständlich, wenn ich was tun kann!« Der andere hatte ein Stück Papier in der Hand und kritzelte einige Worte darauf. Seine Hand fiel kraftlos zurück und den Zettel mußte er schon neben dem Bewußtlosen auflesen. Er steckte den Zettel in die Tasche, und da es draußen still geworden war, lief er weiter. Den halben Weg bis zur Ortskommandantur hatte er zurückgelegt und schon sah er das große graue Eckhaus. Ein freier Platz war noch zu überqueren und den wollte er auch erst mal genau auspeilen. Er setzte sich hinter einen Steinhaufen und hier nahm er den Zettel aus der Tasche, hielt ihn dicht an die Augen und las: ›Liebe Luise, mit mir ist es aus, mein letzter Gedanke ist bei Dir, behalte mich im Andenken . . .‹ Aber mein Gott, wer ist nun Luise, wo wohnt sie? Zu idiotisch, ich hätte ihm doch die Erkennungsmarke abnehmen müssen! Nun: schließlich ist doch alles egal. Aber vielleicht ist es nicht egal. Und wenn ich vielleicht durchkomme – ich habe es ihm versprochen! Voraus auf dem Platz war es still, hinter ihm flackerte es wieder. Leutnant Lawkow kämpfte mit sich einen Kampf. Du bist ein Rindvieh! Und wenn du dabei auf die Nase zu liegen kommst, dann geschieht's dir recht! Aber schließlich habe ich doch einen Weg entdeckt, der mitten durch die Häuser geht! So stritt es in seinem Kopf für und wider den Rückmarsch. Schließlich stand er auf, machte kehrt, und auf dem Weg quer durch die Häuser ging er zurück. Er gelangte wieder in die Ruine. Es war jetzt fast dunkel. Im Schutt lag noch ein zweiter Toter. Er fand den Richtigen, und der schien, als er ihm die Erkennungsmarke abnahm, zufrieden zu blinzeln. Lawkow drückte ihm auch noch die nur halbgeschlossenen Lider zu: sie beide waren jetzt schon alte Bekannte. So, das wäre also gemacht! Aber nun war auch auf dem Weg, den er gekommen war, ein derartiges Geflacker, daß es ratsam schien, noch eine Weile hinter den dicken Mauern auszuharren. Er zog sich noch tiefer in die Ruine zurück. Er erblickte ein Loch, ein paar ausgetretene Stufen, stieg hinunter und dort fand er drei Mann, die da beieinander hockten.

»Nanu, ihr habt euch wohl hier verkrümelt?« erkundigte Lawkow sich.

»Ja, das haben wir. Die haben doch einen Vogel!«

»Wir machen den Quatsch nicht mehr mit!«

Auf diesen Ton wollte Lawkow nicht eingehen. »Was ist nun eigentlich los, sind die Russen hier oder sind wir hier?« fragte er.

»Das weiß man nicht. Jetzt machen wir einen Gegenstoß!«

»So, Gegenstoß, und wer ist: wir?«

»Unsere Division, mit Koch und Schreiber, auch der General hat sich die Knarre umgehängt, der liegt da irgendwo in einem Schneeloch!«

»Wegen dem machen wir den Quatsch doch!«

»Wieso denn wegen dem?«

»Der hält's doch in seinem Keller nicht mehr aus, die fangen da alle an zu spinnen!«

»Nein, das ist doch anders. Der war heute mittag beim Korpskommandeur, und als er zurückkam, ging der Zauber los! Der hat den Befehl dazu gekriegt!«

Lawkow erfuhr, daß in der Nähe, in einer Balka der Kommandierende General des VIII. Armeekorps lag, daß nicht weit davon unter den Trümmern einer Flieger- oder Pionierkaserne das Trümmerstück einer Infanteriedivision lag, daß nochmals einige hundert Meter weiter unter einem Trümmerhaufen (dort war er vorbeigekommen) das Trümmerstück einer anderen Truppe lag; und beide Kommandeure hatten nach einem Besuch beim Kommandierenden General einen sogenannten

Gegenstoß angesetzt. Die Division, der die drei Mann angehörten, bestand mit Koch und Oberfeldwebel und Divisionsveterinär und Schreibern (der General hatte allen ein Gewehr umgehängt) noch aus achtzig Mann. Wo konnten sie hinstoßen, welche Linie, wenn sie wirklich eine erreichten, konnten sie besetzen. Es blieb ihnen doch nichts anderes übrig, als nachher wieder in ihre Kellerlöcher zurückzukehren! Was hier von den gespenstischen Überresten einer Division mit allerhand Feueraufwand durchgeführt wurde, war militärisch wohl nicht mehr sehr ernst einzuschätzen. Für den allerdings, der da draußen mit zermatschten Beinen lag und für eine Luise, die auf ihn wartete, und noch für manche andere war es eine sehr ernste Sache.
Dieser Gegenstoß, oder was immer es war, kämmte indessen über die Straße weg, die Lawkow zu gehen hatte, und machte sie für eine halbe oder auch für eine ganze Stunde begehbar, so daß er schließlich, und abgesehen von einigen Gewehrschüssen, die an Mauern Kalk aufspritzten, ungestört zur Ortskommandantur gelangen konnte.
Hier aber sah Lawkow, was er an den Kassatschihügeln, was er im Tulewajagraben, was er in Gumrak nicht gesehen und was er und was kein menschliches Hirn ausdenken könnte, und hier geriet auch er in eine sehr ernste Sache.

Noch ein anderer hatte den gleichen Weg zurückgelegt, den Leutnant Lawkow gekommen war, nur daß er den Weg zweimal gemacht hatte und sogar dreimal. Dieser andere war Major Buchner.
Die Wanderung des Majors Buchner durch die letzten Tage von Stalingrad hatte bei Jeschowka begonnen. Dort hatte er, nachdem Pitomnik gefallen war und die Russen gegen die Ringbahn andrängten, seine letzte Batterie schwerer Flak auf dem Bahndamm aufstellen müssen. Vergebens hatte er am Fernsprecher gehangen, das Panzerkorps angerufen, den Chef, den Ia:
»Seid ihr denn wahnsinnig, die Flak mitten auf den Bahndamm!«
»Befehl: Batterie muß stehenbleiben!«

»Die Flak im Erdkampf, auf zweitausend Meter schießt sie doch am besten!«

»Die Flak bleibt stehen, die Flak ist der moralische Halt der Infanterie!«

Die Flak blieb stehen. Resultat: sie wurde abgeschossen, ohne selbst einen Schuß abgegeben zu haben (durch Granatwerfer). Die Infanterie, es war die Kampfgruppe Keil, hatte weder eine moralische noch eine tatsächliche Stütze gehabt, und wurde über den Bahndamm hinübergejagt. Die eigene Abteilung wurde versprengt. Ein Teil wurde bei Gumrak hinter aufgelesenen Flakgeschützen wieder aufgestellt und dort zusammengeschossen. Schließlich sammelte er in einem Wäldchen bei Stalingradski die Reste. Hundertzwanzig Mann waren es noch, zwei Troßfahrzeuge, und er selbst hatte noch einen PKW, eine alte ›Krücke‹, aber immerhin, die Räder drehten sich noch.

Was tun? Die Batterie abgeschossen, der General ausgeflogen (und krächzt, während man da noch herumbiestert, den Todesgesang: Stelle neue Flakdivision auf!), am Südrand des Kessels wird schon kapituliert, Stalingrad ist nur noch eine Mühle, und Knochen oder Geschütze, alles ist egal, alles wird zermahlen, ohne Sinn und ohne Ziel, die Hauptsache ist das Mahlprodukt, die Hauptsache, daß es Stücke gibt. Was war da zu tun – die Männer infanteristisch einsetzen? Nein: schließlich, der Steinhäuser hat einmal studiert und ist damit nicht zu Ende gekommen; der Minz war einmal Drainiermeister; er selbst, einmal war er Chemiker, hat so seine Kenntnisse in der Textilbranche, und ist überhaupt ein Trottel, daß er aus Südamerika weggegangen und hier in dieses unsichere Hitlergeschäft eingestiegen ist; und so sind sie doch alle unter der Flakuniform noch irgendwas anderes als Flaksoldaten, und alle haben einen irgendwo abgerissenen Faden wieder aufzunehmen. Also: Leutnant Steinhäuser, Sie übernehmen die beiden Troßfahrzeuge mit der Verpflegung und ab quer Beet nach Stalingrad, Treffpunkt: die ›Weißen Häuser‹. Und Sie, Feldwebel Minz, Sie führen die hundertzwanzig Mann, ab quer Beet nach Stalingrad, Treffpunkt: die ›Weißen Häuser‹! Da machen wir mal Ruhe, da wollen wir die Lage mal richtig beurteilen!

So begann die völlige Zersprengung und die Irrfahrt ohne Ende, und was ihn selbst anbelangt, zuerst auf der alten ›Krücke‹, und als der Sprit alle war, zu Fuß, zuerst durch Nebel und Schneesturm und dann durch klare Luft und klirrende Kälte. Die hundertzwanzig Mann waren an den ›Weißen Häusern‹ richtig angekommen und hatten dort Quartier bezogen. Aber Leutnant Steinhäuser mit Troßfahrzeugen und Verpflegung war verschwunden. Und es begann die Suche kreuz und quer durch Stalingrad: Haben Sie Flakfahrzeuge gesehen? Nein! Haben Sie Flaksoldaten gesehen? Nein! Sie kennen doch meinen Leutnant Steinhäuser? Nicht gesehen! Die Truppe saß im Keller und hungerte. Ferngespräch mit einem Infanterieregiment. Nein, kann nichts zu essen abgeben! Geben Sie mir Ihre Leute, dann gibt's auch zu essen! So bekam der Infanteriekommandeur die Flaktruppe, hundertzwanzig Mann für hundertzwanzig halbe Brote. Und weiter ging die Suche nach Steinhäuser. Zusammen mit seinem Adjutanten. Zurück nach draußen. Am Wäldchen ›Blumentopf‹ ging die Spur verloren. Zurück nach Stalingrad und wieder zurück nach ›Blumentopf‹, ohne die ›Krücke‹, die war ohne Sprit auf dem Wege geblieben, und zu Fuß das zweitemal. Das erstemal lag ›Blumentopf‹ in dickem Dunst und in tiefstem Frieden. Das zweitemal war heller Sonnenschein und ›Blumentopf‹ war überhaupt nicht mehr vorhanden, da war nur noch ein rauchender Haufen, da waren Leichen, da war eine durch den Schnee stakende Truppe mit hocherhobenen Händen, in der Mitte einer mit einem flatternden weißen Fetzen. Am ›Tatarenwall‹ in einem Bunker Verwundete: Nehmt uns doch mit! Nehmt uns doch mit! Wie mitnehmen, ohne Fahrzeug, auf Füßen, die schon selbst nicht mehr weiterwollten. Wie mitnehmen – einen ganzen Bunker voll Männer, die sich nicht mehr aufrichten konnten. Als sie sich umwandten, weinten die Zurückbleibenden.
Dieses Weinen erwachsener Männer begleitete Major Buchner, als er unter einem hohen Sternhimmel über den vereinsamten Flugplatz wanderte. Der Adjutant an seiner Seite war vollständig verstummt und war so fertig, daß er immer ein paar Schritte hinterher trottete. Sie wollten ihren Regiments-

gefechtsstand erreichen. Beide hatten Fahrermäntel an. Die waren so lang, daß sie sich dauernd auf die Spitzen traten. Sie waren hundemüde, es ging kaum noch weiter. Ein Bunker, und da Buchner kein Weinen mehr ertragen konnte, ließ er erst seinen Adjutanten hinuntersteigen. Der kam bald zurück, packte ihn am Ärmel, zog ihn vom Bunker weg: »Da sind Russen drin, die pennen!« Also weiter. Eine halbe Stunde später sahen sie an achtzig Mann in Gänselinie quer über das Feld ziehen. Deutsche? Russen? Ein Mann hinkte hinterher. An den machten sie sich heran: »Wer seid ihr?« Der Mann antwortete französisch. Er hatte sie ebenfalls für Russen gehalten. Es war eine Bautruppe, unterwegs nach Stalingrad-Mitte.
Buchner und Adjutant erreichten den Regimentsgefechtsstand. Da hatten sie am Tage vorher noch den ganzen Stab angetroffen. Und der Kommandeur hatte nicht fassen wollen, daß sich Gumrak schon in den Händen der Russen befand. Jetzt war die Stätte verlassen, die Bunker leer. Nur Kram und leere Kisten lagen herum.
Und am Tage vorher hatte der Kommandeur ihm noch einen Auftrag geben wollen. »Gut, daß Sie kommen, Buchner. Ich habe für Sie einen Auftrag!« – »Ich nehme überhaupt keinen Auftrag an, Herr Oberst. Ich bin so kaputt. Ich muß erst mal schlafen!«
Zwei Stunden Schlaf und wieder der Auftrag:
»Ich kann keinen Auftrag annehmen, Herr Oberst. Ich muß erst meine Leute sammeln und dazu muß ich Leutnant Steinhäuser mit den Troßfahrzeugen finden!«
Das war am Tage vorher und jetzt war alles wüst und leer.
Aber dann tauchten aus einem der Bunker drei Mann auf, es waren drei Mann der eigenen Abteilung. Sie berichteten: In Stalingrad-Mitte in einem Keller säßen weitere vierundzwanzig Mann der Abteilung. Auch über Steinhäuser hatten sie eine Nachricht. Steinhäuser gefallen, die Troßfahrzeuge zusammengeschossen.
Das war das Ende der Abteilung. Den abgegebenen hundertzwanzig Männern vermochte er nun nicht mehr zu helfen, ohne den Troß und die Verpflegung konnte er sie niemals mehr einlösen. Drei Mann hatte er noch von achthundert. Die

vierundzwanzig Mann in Stalingrad wollte er auch noch um sich zusammenscharen. Schon auf dem Wege und noch von draußen erblickten sie am Stadtrand in einem Keller ein flakkerndes Feuer. Dort angekommen, fanden sie ein paar Mann, die da saßen und sich wärmten. Major, Adjutant und die drei Mann setzten sich dazu und verdösten eine Stunde. Und weil voraus in dem Straßengewirr wie von hundert Affen geschossen wurde, konnten sie sich nachher nur von Wand zu Wand weitertasten. Dabei kam der Adjutant, Leutant Loose, zu Fall. Es sah weiter nicht schlimm aus. Was ist los, Loose? Das Bein, Major. Mit dem Bein ist was los! Er wurde aufgerichtet, knickte wieder zusammen. Er konnte nicht mehr gehen. Sie schleppten ihn zurück zu dem Keller, in dem das Feuer brannte. Und es war doch schlimm, das Bein sah böse aus, eine Splitterverwundung. Es fanden sich in den Taschen noch zwei Verbandpäckchen. Die wurden herumgewickelt. Bei der Größe der Wunde waren sie so gut wie nichts. Ein Hemd wurde noch zu Hilfe genommen. Eine Trage wurde konstruiert, dann ging es mit Leutnant Loose zur Ortskommandantur, wo Verwundete gesammelt und versorgt wurden. Unterwegs fanden sich auch die vierundzwanzig Mann der Abteilung in dem bezeichneten Keller, die wurden aufgefädelt. Mit siebenundzwanzig Mann und Leutnant Loose auf der Trage kamen sie vor der Ortskommandantur an. Major Buchner, Loose und die zwei Mann, die ihn trugen, gingen hinein. Als Buchner nach einer Weile ohne Loose zurückkam, setzte er sich stumm an die Spitze seines Zuges.

Es wurde wieder geschossen, er ging keinen Schritt langsamer und keinen Schritt schneller, ihm war alles egal. Dafür, dafür ... ging es ihm wie ein Rad im Kopf herum. Dafür der Weg von Charkow über den Mius und über den Don, dafür das Massaker bei Werchnaja Businowka, dafür Höhe 129, dafür der Kassatschihügel, dafür der Zusammenbruch auf dem Bahndamm bei Jeschowka, für so ein Ende, für so eine Ortskommandantur, für so ein Unvorstellbares. Und er hätte Loose nicht dort lassen sollen. Krepieren hätte er auch hier draußen können. Und es wäre immer noch einer dagewesen, der ihm die Hand gehalten hätte.

Buchner stand vor einem Haustor.
Also hier rein, es ist doch alles egal. Erst mal schlafen, vielleicht was essen. Die Leute haben schon drei Tage nichts gehabt. Die sind kaputt. Nur der Dreck an den Uniformröcken und die steifgefrorenen Mäntel halten sie noch aufrecht. Auf der Armee melden wir uns morgen: Major Buchner mit siebenundzwanzig Mann. Der Rest einer Flakabteilung, vielleicht der Rest der ganzen Flakdivision. Bitte um die Erteilung einer Aufgabe, und vor allem bitte ich wieder angeschlossen zu werden an den Futtertrog; und wenn er noch so schweinemäßig ist. Ich kann doch die Leute nicht ohne Brot, doch nicht ohne alles, ich kann sie doch nicht glatt verhungern lassen. Doch nicht dafür Mius, Don, Werchnaja Businowka, Kassatschi. Der arme Loose, ich hätte ihn doch nicht dort lassen sollen. Man läßt doch einen Kameraden, mit dem man so oft in der Scheiße gelegen hat, nicht an so einem Ort zurück.
Zur Armee gehen wir morgen, erst mal auspennen!
Also rein hier, was ist das hier? Eine Dampfmühle, die Dampfmühle der 71. Infanteriedivision. Die 71. I. D. hat eine Meierei und eine eigene Geflügelfarm (das war in der Balka bei Hartmannsdorf und das ist jetzt futsch), sie hat auch eine eigene Dampfmühle. Also rein in die Mühle!
Da stand ein Feldwebel:
»Kinder haut schon ab, die schießen uns doch sowieso das Dach hier überm Kopf zusammen!« Und das hatte etwas für sich, da war ein Geflacker von Granatwerfern und aus Salvengeschützen. Das bemerkte Major Buchner jetzt erst, als er auf dem dunklen Schlauch des Mühlenhofes stand, um sich herum seine siebenundzwanzig Gesichter und die siebenundzwanzig hungrigen Mäuler und vor sich den Feldwebel. Und was heißt da: haut schon ab?
»Was fällt Ihnen ein, Feldwebel! Wir brauchen Unterkunft und Verpflegung!«
»Zu Befehl, Herr Major. Es ist nichts da, keine Unterkunft und keine Verpflegung!«
Der Feldwebel war gut ausgepolstert, unter dem Uniformrock einen richtigen Bauch in solchen Zeiten. Er hatte ein breites rosiges Gesicht und volle Backen, das sah Buchner im Schein

der Salvengeschütze und während es ringsherum zischte wie aus hundert geplatzten Dampfkesseln.
Er überbrüllte das Zischen: »Kehrt marsch, Feldwebel! Wir wollen sehen, was alles nicht da ist!« Mit diesem Brüller – und das überkam ihn plötzlich – hatte er seine Kräfte fast erschöpft. Er war müde, die Schultern taten ihm weh, er konnte die eigenen Knochen fast nicht mehr schleppen. Und Loose und die Ortskommandantur ging ihm nicht aus dem Kopf. Nein, man müßte ihn da tatsächlich wieder rausholen. Ein Mensch, mit dem man das letzte Stück Brot geteilt hat ...
Auf dem Hof gab es das Mahlhaus, dann gab es da noch einen großen Raum und noch einen kleinen Raum. Der große Raum war überbelegt, wie der Feldwebel erklärte. Den kleinen Raum bewohnte der Feldwebel, zwei Müller und ein Gefreiter.
Buchner ließ den Müller wecken. Der sah auch aus wie eine Maus, die im Mehl sitzt.
»Nu gib uns etwas Mehl, Müller! Eine Ration für siebenundzwanzig Mann!«
»Aber Herr Major, da muß ich doch erst die Erlaubnis der Division haben!«
»Unsinn! Was habt ihr denn noch?«
»Ungemahlenen Weizen!«
»Das ist Lüge!«
»Nun ja, ein bißchen Fegsel, ein bißchen Zusammengefegtes!«
»Dann gib uns Zusammengefegtes!«
»Aber Herr Major, der Herr Intendanturrat ...«
»Ach was, der wird sich niemals mehr hier blicken lassen. Was glaubst du, wo die Russen sind! Die sind uns auf den Fersen. Die werden auch hier gleich bei dir anklopfen!«
»Nein, ohne Anweisung vom Intendanturrat ...«
Mein Gott, wenn er nicht so müde wäre, wenn seine Knochen nicht wie aus Blei, sein Kopf nicht auch wie mit Blei angefüllt, wenn er nur noch zu einem einzigen Gedanken fähig wäre! Ein Päckchen Zigaretten fiel ihm ein, das er noch besaß. Er holte es aus der Tasche.
»Hier hast du die Zigaretten. Nun gib uns Mehl!«

»Ich darf nicht, Herr Major. Es ist gegen die Vorschrift. Aber ich habe noch von früher eine Kleinigkeit eigenes!«
»Also gut, eigenes!«
Der Müller nahm die Zigaretten. Stand auf, verschwand in einem Winkel. Kam wieder mit sage und schreibe einem Kilo Mehl. Ein Kilo Mehl für siebenundzwanzig Mann.
Stammelte: »Herr Major, mein letztes. Hier sind doch schon so viele gewesen!«
Buchner hätte ihm eine geklebt, hätte ihn niedergeschlagen. Aber er war matt, war fertig. Und es schien auch alles egal. Verrecken müssen wir mit Mehl oder ohne Mehl im Bauch. Morgen sind die Russen da. Er nahm das Kilo Mehl entgegen und vertraute es seinem Unteroffizier Januschek an. Der war ebenfalls aus Wien, der sollte sehen, wie er für siebenundzwanzig Mann was daraus herstellte. Er selbst suchte jetzt den größeren Raum auf.
Dieser Raum war tatsächlich überbelegt.
Aber das war nicht der Ausdruck für den wirklichen Zustand. Buchner hatte drei Tage lang seinen Leutnant Steinhäuser gesucht und hatte in diesen drei Tagen nur einige Stunden geschlafen. Er war müde und das war kein Wunder. Er war hungrig und war das Hungern noch nicht wie andere gewohnt. Er war am ›Tatarenwall‹, war in Stalingrad, war wieder am ›Tatarenwall‹ gewesen. Steinhäuser war verloren, seine hundertzwanzig Mann waren ihm endgültig entfallen und sie waren, so sah er es, ebenfalls verloren. Loose hatte er in der Ortskommandantur abgeliefert und diese Ortskommandantur war der schwerste Schock, den er erhalten hatte. Aber man mußte nicht von hundert Eindrücken zermürbt wie Buchner sein, man mußte nicht vom Hunger gewürgt sein und man mußte nicht vor Übermüdung geschwollene Augen haben, um den großen Raum, in den Buchner eintrat, zu sehen wie er ihn sah. Es war dort im großen Speicherraum und in der von dem matten Glast aus einem Ofen angeleuchteten Finsternis nicht anders, als ob ein großes Netz voll mit Fischen umgekippt worden wäre und am Boden bewegte es sich und zappelte es. Verwundete, Flüchtlinge, Versprengte, Deutsche, Kroaten, Italiener, Offiziere, Soldaten, sie saßen, sie standen, sie drängten

zum Ofen. Husten, Beten, Wimmern, das ganze Haus schien geschüttelt von Stöhnen. Und da sank Buchner hin, und er lehnte sich gegen einen anderen. Sein Häuflein umgab ihn. Es waren jetzt sechsundzwanzig. Auf den siebenundzwanzigsten wurde gewartet, das war Januschek. Und als Januschek dann kam, und er sein Mehlplätzchen entgegennahm, fuhr er auf aus einem Zustand der Versunkenheit, der doch kein Schlaf war. Das Mehlplätzchen war etwas mehr als eine dünne Oblate. Man schluckte es herunter und aus. Buchner schloß die Augen. Er öffnete sie wieder – war Zeit vergangen oder war keine Zeit vergangen, das wußte er nicht. Er erblickte einen Mann, das blutige Hosenbein um den Beinstumpf gewikkelt.

Da hätte auch Loose hiersein können, und es wäre besser gewesen. Das macht man doch nicht, man liefert doch einen Kameraden nicht lebendig in der Hölle ab! Man muß ihn da wieder rausholen! Sofort!

Mit diesem Gedanken schlief er ein.

General Cönnern hat einen Gegenstoß gemacht, zusammen mit seinem Nachbarn, dem General Vennekohl.
Es war kein Gegenstoß mehr wie in früheren Tagen, als man eine Höhe und ein paar dazugehörige Dörfer nahm und sie festhielt als Ausgangspunkt für künftige Operationen; es war auch kein Gegenstoß mehr wie etwa auf dem Gelände der ehemaligen Stalingrader Westfront, wo man den Gegner aus ein paar Panzerwracks herauswarf und diese vor den Linien liegenden Panzergehäuse selbst besetzte und so den Stachel im eigenen Fleisch beseitigte. Es war auch keine Division mehr mit Regimentern und Bataillonen und Divisionsartillerie, die man anzusetzen hatte, sondern nur noch Überreste der einstigen Division, und da ist dann bitterer Spott nahe, noch dazu mit so illustren Gästen, wie er sie in seinem Keller beherbergt, zwei Kommandierende Generale mit ihren Chefs, Ia's, Begleitern, außerdem jener etwas schwierige Vilshofen; und es war ein bitteres Wort, das er vernehmen mußte, als er sich den Karabiner an die Schulter hängte und sich fertigmachte, um so bitterer, als es der Grundlage nicht ganz entbehrte: *Letzte Zuckung!*
Aber schließlich: eine Widerstandslinie ist doch eine Linie nicht nur auf dem Papier, und wenn sie eingedrückt wird, dann muß das wieder ausgebügelt werden, dazu verlangt es nicht erst des Befehls; und wirklich, man hatte es nötig, man mußte sich Luft schaffen! Zu dicht saßen einem die Russen auf der Nase, die feuerten einem ja schon in den Kochtopf hinein; man fühlte sich ja schon beobachtet, wenn man sich, pardon, auf der Stange niederließ – und das ist kein Witz, es gibt da tragische Beispiele. Und wenn mit diesem Gegenstoß auch

nicht allzuviel erreicht wurde, so ist doch mindestens einmal der Trampelpfad zur Balka des Korpskommandeurs freigelegt worden, auch der Pfad zur Fliegerschule und zu den Herren, die dort im Keller liegen. Und das ist auch schon was, denn weiter zurück kann man doch nun wirklich nicht mehr, nur müßte so ein Straßenkehren täglich durchgeführt werden, doch das kann man nicht, das ist zu kostspielig, dafür ist man zu arm, an Männern, auch an Gewehr- und Werfermunition.
General Cönnern, den Karabiner am langgemachten Riemen an der Schulter, marschierte unter dem von Sternen übersäten hohen Himmel über Schutt und Schnee. Die Ruinenhaufen am Rande des Feldes waren die Überbleibsel einer Kaserne und unter dem von Mauerfetzen gekrönten dicken Trümmer- und Schutthaufen befand sich der Keller, in den Cönnern mit Oberfeldwebel, Feldküche, Aggregat für elektrischen Strom, mit Offizieren seines Stabes eingezogen war und in dem sich noch Platz für einige Gäste gefunden hatte.
Der General betrat einen von Gebälk abgestützten wie einen Stollen schräg nach unten führenden Gang. Er überließ seinem Burschen, der ihm auf dem Fuße gefolgt war, Karabiner und Koppel. Den Tarnmantel hängte er selbst an den Nagel. Ja, man hatte das nötig gehabt, und wahrlich nicht nur eines Trampelpfades wegen (denn der wird morgen vielleicht schon wieder von MG- und Werfernestern verpestet sein). Man hatte das noch aus anderen, aus inneren Gründen nötig. Denn: ›Das ist der Weisheit letzter Schluß: Nur der verdient sich Freiheit wie das Leben, der täglich sie erobern muß!‹
In dem Kellergewölbe war ein Tisch, war ein zweiter Tisch, an den Wänden standen Pritschen. Die Herren, die herumsaßen, sahen Cönnern hereinkommen, an seine Pritsche treten und sich den Pelzmantel ausziehen.
»Eine saukalte Nacht!« sagte einer.
»Kalt und sternklar!« sagte Cönnern.
Kellerluft, Dunst feuchter und trocknender Kleider, herumstehende Leder- und Rohrplattenkoffer, einige geöffnet, über dem Tisch eine aus dem Aggregat gespeiste helle Lampe, das war die Generalsherberge. Vilshofen saß vor dem Ofen, in der Hand einen Strumpf, den er trocknete. Sein Blick ruhte, wäh-

rend Cönnern sich aus dem Mantel herausschälte und dann in Uniformrock und den Hosen mit den roten Generalsstreifen dastand, nachdenklich auf dessen Gestalt; dabei war es nicht einmal gewiß, ob er ihn überhaupt sah, ob sein Blick nicht ganz und gar durch ihn hindurchging. Nach dem Erfolg des Unternehmens wurde der Eintretende von niemand gefragt. Cönnern war also wieder da, nun gut! Neues konnte er von seinem Gang kaum mitgebracht haben. Man gab sich wieder seiner Beschäftigung hin. Und das war, den Kopf in die Hände stützen und Rundherumdenken oder es war Aufundab- und Aufundabgehen. Und dabei kam man doch immer wieder nur auf denselben Punkt, beim Denken und auch beim Aufundabgehen.
Man hat zu warten, auf das Ereignis, und zwar von außen. Von außen muß die Tür aufgemacht werden. Die Hand, die sie von innen geöffnet hätte, ist nicht da. Des eigenen Entschlusses hat man sich begeben. Das ist die Tragödie, der Männer hier im Keller, der ganzen Armee, unseres ganzen Volkes! Das war es, was Vilshofen dachte, und weiter dachte er: Das einzige, was zu beschließen bleibt, ist der Griff nach der Pistolentasche.
Die Ordonnanzen deckten den Tisch. Nur auf Cönnern war so lange gewartet worden. Die Herren nahmen Platz. Es gab abends, was es auch mittags gegeben hatte. Jeder hatte einen Teller vor sich. In dem Teller war eine trübe Brühe und in der Brühe schwammen sechs oder sieben kubikzentimetergroße Würfel Pferdefleisch. Dazu gab es eine Scheibe Knäckebrot.
Cönnern als Wirt saß am Kopfende des Tisches. Die beiden Kommandierenden saßen rechts und links von ihm. Der eine, der Kommandierende General aus der Schlucht bei Gumrak, war von den Resten seiner im Nordkessel liegenden Truppen abgetrennt. Der andere, ein Sechzigjähriger mit blauen Augen und schlohweißem Haar, hatte überhaupt nichts mehr hinter sich. Die Splitter einiger seiner Stäbe lagen am südlichen Stadtrand und seine letzte Division, die noch vor zwei Tagen eine Art HKL besetzt hielt, die 297. Infanteriedivision, hatte südlich der Zariza die Waffen gestreckt und war mit ihrem General an der Spitze zu den Russen übergegangen. Vilshofen, der neben dem Kommandierenden General der Süd-

front saß, war noch ohne Generalsabzeichen und trug noch die schwarze Panzeruniform, die er vom Mius bis zur Wolga in seinem Befehlswagen angehabt und die er nachher durch alle Schluchten und Erdlöcher der zurückfallenden Westfront und noch nachher durch noch ganz andere Orte geschleppt hatte, und die nicht mehr schwarz sondern ein zerschlissenes Grau war. Dann war da noch ein Oberst, ein Oberstleutnant, ein Hauptmann, noch ein zartwangiger eben beförderter Hauptmann, Begleiter der beiden Kommandierenden Generale und vom Cönnerschen Stab der Ia und der Divisionsveterinär und einige jüngere Offiziere; und als man schon beim Essen war, kam noch ein General herein, eben jener General Vennekohl, der in der Nachbarschaft eine Höhle bewohnte, und der bei dem an diesem Tage geführten Gegenstoß der eigentliche treibende Motor gewesen war. Die Herren saßen da mit ernsten Gesichtern bei ihrer Pferdesuppe. »Bißchen süß!« fand einer, der zuletzt hereingekommene General Vennekohl. Der neben ihm saß, bestätigte es mit stummem Kopfnicken. Die andern hörten oder sahen über diese Bemerkung hinweg. Schließlich mäkelt man nicht, wenn man zu Gast sitzt, über das Essen, auch nicht, wenn es ein Saufraß ist. Doch mehr als einer dachte an die Konservenbüchse, an die Hartwurst, an die eiserne Ration im eigenen Rucksack, und dachte, daß es wohl an der Zeit sei, ganz unformell das eigene auf den Tisch zu legen.

Es war ein trübes Mahl.

Die Teller wurden abgeräumt und jedem der Herren wurde eine Tasse mit Kaffeebrühe gereicht. Eine Zigarette konnte man sich anstecken, die hatte man noch. Die Tischgesellschaft löste sich auf. Und wieder begann, was auch vorher hier gewesen war. Aufundabdenken, Aufundabgehen. Vorsichhinstarren. Ein Buch lesen oder darin blättern.

Der General aus Gumrak war schon immer ein Wanderer gewesen und nicht so sehr Morgenritten, weit mehr ausgedehnten Morgenspaziergängen verdankte er seine schlanke Gestalt. Diese Gewohnheit hatte er auch im Kriege beibehalten. Im Frankreichfeldzug waren es Wanderungen durch taufrischen Wald oder im Norden entlang der Meeresküste gewesen; und im Ostkrieg und während des Vormarschs von den wechselnden Sitzen seines Stabsquartiers aus, waren es Wege, einmal entlang eines Flußufers, einmal durch gemischten Wald bis zu einer Wegkreuzung und wieder zurück, einmal durch offenes Getreideland, bis er sich rings umgeben vom weiten Weizenmeer fand, und dann zurück, einmal durch nackte Steppe bis zu einer Gruppe mit einem wilden Birnbaum und wieder zurück; und von Gumrak aus waren es Wege zuerst über den von einer unbarmherzigen Sonne gerissenen Steppenboden und später über den von Schnee bedeckten Steppenboden und zuletzt der Weg durch die Schlucht von einem Ende bis zum andern, hin und zurück. Er brauchte Bewegung, um Gedanken zu denken, um Entscheidungen reifen zu lassen. Was ihn aber jetzt und schon seit Tagen in Bewegung hielt, war kein Ausdruck seelischen Gleichgewichts, war Rastlosigkeit, war Unruhe. Seit Gumrak hatte er schon einige Male sein Quartier gewechselt. Unter den Trümmern eines Getreideelevators hatte er eine Nacht geschlafen, unter der Ruine eines Hotels in der andern Nacht, im Keller des Stadtgefängnisses in der dritten Nacht, und jetzt war er in diese Kasernenruine eingezogen, und hier wanderte er auf und ab, von der Pritsche zur Wand und von der Wand zur Pritsche.

Der andere Kommandierende General, der aus dem Süden, saß steif auf seinem Stuhl. Er verharrte zwar ohne Bewegung an der Stelle, aber er war nicht weniger ruhelos und nicht weniger von jagenden Gedanken durchtost. Noch wenige Tage vorher hatte er sich wie ein Jüngling oder kaum anders wie einmal als junger Hauptmann gefühlt; jetzt spürte er, daß er sechzig Jahre alt war.

General Vennekohl saß auf seinem Stuhl, die Beine übereinandergeschlagen und völlig in Anspruch genommen davon, das eine seiner langen Beine ohne Aufhören auf und ab wippen zu lassen.

Einige der jüngeren Herren saßen zusammen in einer Ecke und sprachen leise miteinander. Cönnern hatte sich aus seinem Bücherkoffer einen Band Goethe ausgewählt und war damit an den Tisch gekommen. Einer der Herren am Tisch, ein Oberstleutnant, las in einem alten Gesangbuch und bewegte

die Lippen dabei, und es kam vor, daß er, wenn er eine Stelle fand, die er für besonders schön und der Stunde besonders angemessen hielt, laut vorlas. Das waren dann Höhepunkte der Stimmung, die in den Bunker, wie es Cönnern scheinen wollte, eingezogen war. Er hatte sich auch darüber ausgelassen: »Man spürt die Nähe von etwas Großem! Kein obszöner Witz mehr! Eine feierliche Stimmung, wie August 1914!«
Das Gesangbuch und Goethe, Faust 2. Teil! Aber warum denn nicht Rosenberg oder Spengler, dachte Vilshofen, oder Ziegler, Tönnies, Spranger, die haben doch wahrlich mit der Scheiße, in der wir drinsitzen, und mit der allgemeinen Gehirnerweichung weit mehr zu tun; und Cönnern hat doch sicher einige dieser Schwarten da, aber gerade der hat sich einen Band Goethe vorgenommen. Na ja: ›Verdammte, Rettung hoffend, schwimmen an, doch kolossal zerknirscht sie die Hyäne ... In Winkeln bleibt noch vieles zu entdecken, Erschrecklichstes in engstem Raum ...‹ das paßt auch besser! Doch in bezug auf Spengler und so weiter habe ich mir selbst den größten Vorwurf zu machen – kaum einer hat so wütend wie ich den Sinn im Unsinn zu finden getrachtet, und schon erkennend habe ich noch an die Zweckmäßigkeit des Unsinns geglaubt. Ein fünfzigjähriger verdammter Narr, muß ich erst heimatlos durch die Keller einer Ruinenstadt schweifen, um zu erfahren, daß Unsinn niemals zweckmäßig sein kann und in das Verderben hineintreiben muß!
So weilten sie beieinander, die im Keller.
Einer machte sich Selbstvorwürfe; einer wanderte auf und ab; einer dachte auf und ab; einer las in einem Gesangbuch und bewegte dabei die Lippen; einer durchblätterte Goethes Faust; einer (der Divisionsveterinär) war auf dem Stuhl eingeschlafen; einer (ein Oberst und früher beim Stab des Oberquartiermeisters in Paris) erzählte Korruptionsgeschichten über den deutschen Botschafter in Paris. »Ja, dieser Herr hat die Linie der neuen Zeit wahrlich nur darin gesehen, sich zu bereichern und den deutschen Namen in Verruf zu bringen!«
Der General aus der Nachbarhöhle, General Vennekohl, stellte endlich das Wippen mit seinem Fuß ein und sagte: »Ja, Paris, das waren noch Zeiten!« Er fügte nach einer Pause

hinzu: »Zu dämlich, daß wir den Gegenstoß nicht über die Fliegerschule hinaus bis an den ›Tatarenwall‹ getragen haben! Man muß das noch nachholen!«

»Sie werden da nicht mehr viel nachholen, Vennekohl!« sagte Vilshofen.

»Wie meinen Sie das, Vilshofen?«

»Ich meine, nach dem heutigen Gang werden Sie dafür nicht mehr viel in der Hand haben!«

»Viel in der Hand kaum!«

Vilshofen war vielleicht der einzige, der den sonderbaren Gedankensprung des Generals, der ihn von Paris nach dem ›Tatarenwall‹ führte, verstand. Stimmt es also doch, daß dieser Vennekohl deshalb da draußen in der Erdhöhle liegenbleibt, weil einige der letzten Flugzeuge im Schutze des ›Tatarenwalls‹ niedergegangen waren, und weil er noch immer auf ein Wunder, auf ein landendes Flugzeug und auf einen Sitz im Flugzeug hoffte.

Der Fernsprecher klingelte.

Der in der Nähe in einer Balka liegende Korpskommandeur, inzwischen durch den Ia über den Verlauf des ›Gegenstoßes‹ unterrichtet, meldete sich. Alle hörten das Gespräch, oder jedenfalls das, was Cönnern erwiderte, mit an. Was der General am anderen Ende des Drahtes sagte, konnte man sich zusammenreimen.

»Aber was weiter? Es geht doch nicht mehr, Herr General!«

»Sie haben doch noch Munition?«

»Jawohl, Herr General. Etwas Gewehr- und auch noch etwas Werfermunition!«

»Und Sie haben doch zu essen?«

»Jawohl, wir haben heute eine Suppe aus Pferdefleisch gehabt, und wir haben morgen noch einmal eine Suppe aus Pferdefleisch!«

»Also, dann machen Sie weiter. Sie verteidigen Ihren Gefechtsstand! Geben Sie mir Ihr Wort darauf!«

»Jawohl, Herr General! Ich gebe mein Wort darauf!«

Bis zur letzten Pferdesuppe! dachte Vilshofen. Bißchen süß zwar dieses Heldengericht, ein bißchen süß zwar dieses ganze Heldenepos mit Gesangbuch und Goethe, Faust 2. Teil, und

mit anschließendem Heldentod, aber die Suppe wird ausgelöffelt, jawohl, Herr General!
Aber das ist ja alles gar nicht wahr!
Das ist ja gar nicht wahr, die belügen sich selbst, die lügen ja ... Die denken ja gar nicht daran, die schaudern ja vor dem Letzten, die werden den bitteren Tropfen nicht schlucken, den der eine zehntausend Männern, den der andere fünfzehntausend Männern verabreicht hat.
Die mußten schlucken, denen blieb keine Wahl!
Die hier schlucken nicht, die haben noch die Wahl, und wir werden sehen, was sie wählen werden! Vilshofen betrachtete die Gesichter, zum soundsovielten Male schon in dieser Stunde. Der Oberstleutnant, was sucht er denn da vom Morgen bis in die Nacht in seinem alten Gesangbuch, was anders als Schutz und Schild, das ist stärker als ein durchlöcherter Panzerschild, und was bedeuten die Geschichten über Erpressung, Nötigung, organisierten Straßenraub deutscher Nazidiplomaten, was denn anders als: Seht, so sehen sie aus, und dafür soll ich, nee ... Was ist das eine und was ist das andere anders als ein im vorhinein Bewußt oder Unbewußt, und wie zweckmäßig das Unbewußte hier schafft – beigebrachtes Alibi für den eigenen traurigen Abgang von der Heldenbühne! Der Oberstleutnant hat sich deutlich darüber ausgesprochen, daß ihm religiöse Gründe gewisse Handlungen, und dazu gehöre der Selbstmord, verbieten; und bei dem Goethe lesenden Cönnern stellt sich nun ebenfalls heraus, daß er ein Pastorensohn und nach strengen religiösen Grundsätzen erzogen ist. Und der Vennekohl, der in seiner Höhle den ganzen Tag auf der Pritsche liegt, die Kognakflasche (täglich eine Flasche), das Bild seiner Frau, die Pistole neben sich auf der Kiste, träumt noch immer von einem anschwebenden Flugzeug, macht sogar Vorstöße, um jedenfalls und mindestens für einen ›Storch‹ einen Landeplatz frei zu halten.
Nein: die werden es nicht tun, die werden es nicht tun!
Und ich? Ich hatte eine Frau, eine Tochter, ich habe sie noch, das habe ich fast vergessen. Mythischer Strom und tolle Stadt – bin selbst ein mythischer, und wenn nicht Strom, so doch Tropf, dazu ein Goldkoch. Glücksritter, Götzenanbeter, ein

Tropf auf dem Panzer, ich bin toll und besoffen gewesen, und nun, es ist wohl nur in Ordnung, wenn die Spur nun verlorengeht. Verdorben, gestorben, es hat ihn niemand mehr gesehen! Aber wie geht das vor, wie geht dieser letzte Akt vonstatten! Wie? Wie?

Und wieder ruheloses Selbstzerfleischen, wieder ruheloses Denken, wieder ruheloses Wandern, wieder an die Wand Starren, wieder Rascheln des Papiers beim Umblättern der Seiten, wieder eine Geschichte über den Botschafter Abetz und wie er eine Sammlung alter Bilder, französisches Nationaleigentum, verschoben hat, wieder Erwägungen darüber, ob man nicht in den Gefängniskeller ziehen oder wohin man sonst umziehen könnte.

Der eine ist verrückt und unruhig, macht Pläne, um sie gleich wieder zu verwerfen, will umziehen und bleibt dann doch, ist immer wie auf der Flucht, und das ist jedenfalls ehrlich, es ist menschlich und ist verständlich im Rachen der kolossalen Hyäne. Der andere ist unbewegt und wie erstarrt (Vilshofen kannte ihn schon als nicht mehr ganz jungen Hauptmann im ersten Weltkrieg und weiß, daß er sich vor dem Teufel nicht fürchtet); und auch diese Starrheit ist ehrlich und ist menschlich, und es ist durchaus verständlich, wenn man förmlich sieht, wie ihm die Haare wachsen und wie er mit jedem Atemzug älter wird bei dieser fürchterlichen Schlußabrechnung eines Lebens.

Wie, wie, wie ...?

Das denken alle, die aufrichtig und ohne Rückhalt sind! Wie ... wie ist es zu machen? Welcher Weg ist zu gehen?

»Hartmann!« peitschte plötzlich ein Name von einem Ende zum andern quer durch den Keller. Das war in dieser Stunde mehr als der Name eines Stalingrader Generals. Das war ein Erschrecken und veranlaßte ein allgemeines Stehenbleiben, ein Aufatmen, ein Abbrechen mitten in der Anekdote; selbst der Divisionsveterinär hob den vornübergesunkenen Kopf und blickte sich verwirrt um, auch Vilshofen hatte den herausgeschrienen Namen und die Stimme wie eine fremde vernommen und erst die auf ihn gerichteten Augen machten ihm ganz bewußt, daß er der Schreier gewesen war.

General von Hartmann war der Kommandeur der 71. Infanteriedivision, der ›glückhaften Division‹, die in den Septembertagen als erste mit zwei Regimentern in Stalingrad eingedrungen war. Seine Soldaten haben als die ersten zugegriffen, auch nach Dingen und Möbeln haben sie gegriffen, und sie haben ihre Bunker mit dem Beutegut aus ganzen Stalingrader Stadtvierteln und die Schlucht ihres Kommandeurs mit Teppichen und Leuchtern und Beuteplunder ausstaffiert. Der Eroberer war Herr über ein ganzes unterirdisches Wohndorf, über Getreidespeicher, über eine landwirtschaftliche Experimentstation, über Gemüse-, Geflügelfarm, über Kuhherden, eigene Meierei, eigene Dampfmühle. Kurze Herrlichkeit, versunkener Reichtum, verlorener Krieg. An der Zariza ist er auf den Bahndamm hinaufgestiegen. Hat dort am Winterhimmel gestanden wie ein Kohlestrich, auf dem Kopf die hohe Pelzmütze, und hat das Gewehr angelegt und leergeschossen. Eine russische Kugel hat ihn mitten in die Stirn getroffen. Wie ein Baum ist er umgeschlagen und den Bahndamm hinuntergerollt.

»Ja, er hat einen schönen und schnellen Tod gefunden, ein Schuß mitten in die Stirn, er war sofort weg!«

»Ja, Hartmann . . .«

»Wie er da stand, das war Haltung, das war Preußentum.«

»Er war der letzte Preuße!« sagte Vilshofen.

»Der letzte, das verstehe ich nicht ganz!«

»Ich sehe noch nicht den nächsten, der auf den Bahndamm hinaufsteigt!«

»Jawoll, Haltung!« sagte General Vennekohl. »Aber man muß doch sehen, det is doch nu ooch eene Form der Selbstentleibung!«

»Haben Sie was gegen Selbstentleibung, Herr General?«

»Wie meinen?«

»Nun, ja, das Prinzip!«

»Ich meine, unser O. B. hätte sich ziemlich scharf dagegen geäußert!«

»Es ist doch einfach so: Hartmann ging den Weg, den er andre geschickt hat!« sagte Vilshofen.

Er ging den Weg – er gab das Beispiel!

Man war gehalten, Stellung zu nehmen. Es war quälend. Eine lastende Stille breitete sich aus. Die Peinlichkeit wurde indessen überbrückt, vorerst jedenfalls. Der Ic trat ein mit einem Hauptmann. Ein kleiner verdreckter Fronthauptmann mit Augen, die den Dingen noch eine spaßige Seite abzugewinnen versuchen. Er war in Gefangenschaft geraten und die Russen haben ihn wieder zurückgeschickt. Er erzählte seine Erlebnisse: »Die Russen sind gar nicht so stur! Bin da im Stab gewesen. Die flitzen da nur so herum. Die schlagen die Hacken zusammen, salutieren, ruck-zuck.« Und er machte vor, wie es zuckt: »Jawohl, so, Herr General! So was mal wieder zu sehen, der Herr General würde auch seine Freude daran haben.« Auch zu essen hätte er bekommen, und reichlich. Brot und ganz dick Marmelade auf dem Brot.
Vennekohl begann wieder zu wippen.
»So, janz dick Marmelade, is ja janz schön! Aber muß man so was eijentlich anhören!«
Cönnern nahm seinen Ic auf die Seite, sagte ihm, er solle den Hauptmann vorsichtig von den übrigen Offizieren isolieren und dann zum Ic der Armee schaffen. Da schaltete sich Vilshofen ein: »Das wird doch heute nicht mehr so haargenau genommen, Herr General. Da drüben im Gefängnis habe ich einen zurückgeschickten Rittmeister gesehen. Da hat auch niemand an den Ic der Armee gedacht!«
»Entschuldigen Sie schon, Vilshofen!«
»Jawohl, bitte sehr, Herr General!«
Das ging Vilshofen nun wirklich nichts an, so eine Einmischung mußte man tatsächlich zurückweisen. Der Ic verabschiedete sich mit dem Hauptmann. Die Herren sahen die beiden mit Bedauern scheiden. Eigentlich hatte Vilshofen recht, daß er den Hauptmann hatte zurückhalten wollen: wie ist es denn nun eigentlich bei den Russen? Der Hauptmann hätte ihnen da eine ganze Menge Aufschlüsse geben können. Aber die Tür hatte sich hinter Hauptmann und Ic geschlossen und sie saßen wieder da, wieder unter sich. Und wieder Wandern, Denken, Lesen. Der General aus Gumrak entschied sich nunmehr endgültig für den Gefängniskeller. Vilshofen wollte auch weitergehen. Von solchen Gesprächen über Gott und die

Welt und Selbstmord hatte er genug. Lieber packte er sich doch in ein Soldatenloch, da wurde wirklich gestorben. Dort rauschte, wenn schon nicht das Leben, so doch der Tod. Er nahm seinen Rucksack in die Hand, packte seine paar Dinge zusammen. Dann blieb er doch noch mal stehen. Die andern hatten nochmals Gelegenheit, die Beantwortung der quälenden Frage aufzuschieben. Dieses Mal war der Oberstleutnant der Anlaß. Er hatte in seinem Gesangbuch eine der Stunde angemessene Stelle gefunden, die las er laut vor und die andern hörten zu.

»Ach Herr, wie sind meiner Feinde so viel
und setzen sich so viele wider mich!
Viele sagen von meiner Seele: sie hat
keine Hilfe bei Gott.
Aber Du, Herr, bist der Schild für mich
und der mich zu Ehren setzt und mein Haupt
aufrichtet.
Ich rufe an mit meiner Stimme den Herrn; so
erhört er mich von seinem heiligen Berge.
Ich liege und ich schlafe und erwache, denn
der Herr hält mich.
Ich fürchte mich nicht vor vielen Tausenden,
die sich umher um mich legen.
Auf, Herr, und hilf mir, mein Gott! Denn
Du schlägst alle meine Feinde auf den Backen
und zerschmetterst der Gottlosen Zähne.
Bei dem Herrn findet man Hilfe. Dein Segen
komme über Dein Volk!«

»Na ja, is ja janz schön, ich lieje und schlafe. Aber wenn ich morgen erwache? Und wenn Er ihnen nun nicht den Backen und die Zähne zerschmettert, und es sieht doch bei Jott nicht danach aus, was wird dann?«
Da war die Frage wieder, die unvermeidliche.
Vilshofen hatte sie mit seinem pietätlosen Herausbrüllen des Namens ›Hartmann‹ in den Mittelpunkt des Denkens gestellt, und man mußte antworten, so oder so. Dieses Mal grinste die Frage die Gesellschaft aus dem langen kahlen Gesicht des Ge-

nerals Vennekohl an. Ein Gesicht, das um so kahler war, als Vennekohl, sonst ein genauer und nüchterner Generalstäbler, nach vierzehn Tage währendem alkoholischen Exzeß, eine ganze Kiste Kognak war dabei draufgegangen, schon fast vierundzwanzig Stunden ohne einen Tropfen geblieben war. Er hatte seine Zeit eigentlich bereits überschritten. Bei der letzten Flasche, das letzte Glas geleert und an die Wand geschmissen – so hatte es geschehen sollen! Die letzte Flasche war am Vorabend geleert worden und es war nicht geschehen. Danach hatte der Gegenstoß die Gelegenheit bieten sollen und der Gegenstoß war gewesen und es war nicht geschehen. Jetzt war er nüchtern, so wie er einmal – und wie weit schien das zurückzuliegen – als Arbeiter mit Zirkel und Rechenschieber gewesen war und am Tisch gesessen hatte. Aber es war eine andere Nüchternheit, es war Leere. So lang er war, fühlte er sich als ausgehöhlter Baum und innen rieselte es. Er war so hohl, daß es nicht mehr zu der notwendigen Handbewegung und zu dem notwendigen kleinen Fingerschnipsen langte, das doch so unumgänglich schien. Und da stand er, hoch und kahl, in sich selbst die Frage und den andern das schreckliche Fragezeichen.

Was tut man, und wann tut man es, und wie tut man es?

»Jänicke! Pickert!« Einer sagte es wie aus tiefem Traum. General Jänicke, der Schwiegersohn des Oberbefehlshabers, hatte zwar nicht den berühmten Heimatschuß erhalten, aber ein Brett hatte seine Stirn gestreift und er war in letzter Stunde ausgeflogen. Pickert war zur Berichterstattung aus- und ein- und wieder ausgeflogen und zuletzt draußen geblieben.

Jänicke ausgeflogen, verwundet selbstverständlich, aber ausgeflogen! Pickert ausgeflogen, auf Befehl selbstverständlich, aber ausgeflogen! Hube ausgeflogen, auf Befehl selbstverständlich, aber ausgeflogen! Der Quartiermeister des VIII. Korps ausgeflogen, ohne Befehl und dafür auf dem Flugplatz Tarnopol ohne Verfahren erschossen!

Die sind aus dem Dilemma heraus!

Hartmann auf dem Bahndamm!

Stempel hat sich vergiftet!

Die sind auch aus dem Dilemma heraus!

Was tut man, wann tut man, wie tut man es?
»Der Oberbefehlshaber hat sich mündlich gegen den Selbstmord entschieden und hat den Selbstmord verboten!« sagte der General aus Gumrak.
»Es ist nicht so einfach, sich selbst zu erschießen!« sagte Cönnern.
»Nee, det is et nu wirklich nich!« bestätigte Vennekohl.
Vilshofen warf ein: »Und so ein Gegenstoß ist auch kein sicheres Verfahren, Herr General. Vor allem, wenn man sich nicht entscheidet, sich grade und sichtbar als Zielscheibe aufzustellen!«
»Da ham Se nu ooch wieder recht!«
Die Luft im Keller war geladen. Vennekohl hatte zwar diese kurze Erwiderung gemacht, schnappte aber dann nach seinem Einglas, klemmte es sich ins Auge, um Vilshofen etwas genauer und mit starrem Gesichtsausdruck zu betrachten. Die Entladung kam dann aber plötzlich aus einer ganz anderen Ecke her. Der Kommandierende General aus dem Süden, der schon einige Zeichen der Ungeduld gegeben hatte, hob sich aus seinem Stuhl auf, kam in die Mitte des Kellers, stand da etwas vorgeneigt, mit seinem scharfgeschnittenen Gesicht unter dem weißen Haar: »Ich Selbstmord begehen, für diesen hergelaufenen Lumpenkerl! Nein!«
Das war eine Erklärung, lapidar und man mußte sich erst wiederholen, was da gesagt worden war, und man mußte die hohe, etwas vorgeneigte Gestalt und das Gesicht und die vor Zorn dunkel werdenden Augen unter den buschigen weißen Brauen ansehen, ehe man ganz aufnahm, daß ein Kommandierender General dieses Wort ausgesprochen hatte, und nicht ›en famille‹, sondern vor offenen Türen. Die Wirkung war in den verschiedenen Köpfen eine ganz unterschiedliche. Da war Staunen, war Fassungslosigkeit und Bestürzung, war Angst, sogar panische Angst. Ist es denn möglich – ein Götzenbild wird umgeworfen und kein Donner und Feuerstrahl fährt vom Himmel und vernichtet den Frevler? Solches Wort war auf Stalingrader Boden noch nicht ausgesprochen worden, vielleicht in den Höhlen des Sterbens, doch da war es schwach und ohne Kraft, und kaum, daß es das Ohr des Nebenmannes,

der ebenfalls schon betäubt und im Hinübergehen war, erreichte.
Hier war es herausgeschleudert worden, um gehört zu werden!
Da war der junge Hauptmann mit den zarten Wangen und er wußte nicht, daß sein Gesicht grau wie ein Sack geworden war. Da waren andere, und sie blickten vom ersten zum zweiten General und zum dritten, vierten, fünften. Das Wort, das scharfe, verurteilende, vernichtende, das doch kommen mußte, kam nicht. Ein Oberleutnant, der Führer eines Radfahrzugs, ein HJ-Führer, meinte, in den Augen des anderen Kommandierenden sogar Zustimmung und auf den Gesichtern von anderen mindestens Billigung zu lesen. Er sprang auf, öffnete seinen Mund, ließ ihn unter den Blicken dieses ganzen Kellers wieder zuklappen, ohne daß er sein Wort in die Stille hinausgeschrien hätte. Und dann, als sei es in diesem Moment das Allergegebenste, zog er eine Zigarrenschachtel aus seiner Brusttasche, biß einer Zigarre die Spitze ab, zündete sie an und blies sie noch ringsherum an, und als sei nichts Besonderes geschehen und ohne sich auch nur umzublicken, verließ er den Raum. Und noch ein anderer, ein Leutnant – kein junger Leutnant mehr, er war fünfunddreißig Jahre alt und Parteibeamter aus Berlin – stand ebenfalls auf, und mit blassen Schläfen und spitz vorgerecktem Kinn ging auch er hinaus.
Das dauerte einen Atemzug lang und zusätzlich die Zeit, die jener Oberleutnant Hesse zu der Manipulation mit seiner Zigarre gebraucht hatte. Die Tür schloß sich auch hinter dem zweiten, hinter Leutnant Dr. Weichbrot, dem Ordonnanzoffizier beim Ic. Und die Bestürzung schwoll noch weiter an, und wenn eine Stille endgültig werden kann, wurde sie es hier. Vilshofen hatte weder das fahle Gesicht des Hauptmanns, noch den Abgang des Oberleutnants und auch nicht den des Leutnants bemerkt. Er hatte seinen langen bis zu den Füßen reichenden Fahrermantel an, und den Rucksack, den er im Begriff gewesen war, umzuhängen, stellte er nochmals ab.
Dieses Wort bedeutete eine volle Wendung. Für den – den hergelaufenen Lump! hatte er gesagt – für den nicht! Und

Himmel, daß ich es so nicht gesehen habe, daß auch ich gedacht habe, dem Gottesspruch durch geeignete Aufstellung etwas nachhelfen zu müssen!
Für den nicht ...
Tieftraurig bleibt es, ein verwirktes Leben bleibt es, allzuspät ist es, nachdem die Bataillone und Regimenter gefroren in den Schluchten liegen.
Das schwarze Werk zu krönen, werden nach dem Soldatenopfern ohne Ende, ohne Sinn, ohne Gnade die Generalsleichen verlangt (damit es eine mehr ist, wird ein Vilshofen General, damit es auch eine Feldmarschall-Leiche gibt, wird der O. B. Feldmarschall), und Gegenstoß oder Bahndamm oder einfacher Selbstmord gilt dabei gleich viel, nur die Leiche muß her. Der tote Mann spricht nicht mehr. Mit dem toten Mann macht man, was man will. Der tote Mann ist dann schließlich für die Sache gestorben, für die verruchte bis ins Herz stinkige Sache, und mit seinen Knochen wird getrommelt, auf daß der Zug des Todes weitergehe.
Und das darf nicht sein! Das Sterben, welches dem namenlosen Massensterben, dem Dreck und Blut und Eiter, körperlichen und seelischen, erst die Weihe gibt, welche das Sterben der Armee in einen Nimbus taucht, welches Menschenverachtung und Menschenzertrümmerung im Hunderttausend-Maßstab erst legalisiert und zum Exempel erhebt, dieses also geforderte Generalssterben darf nicht sein. Die Grube ist aufgerissen vom Don bis zur Wolga, es bliebe nun übrig, sich selbst auch hineinzulegen, und sie würde zugeschüttet, über Soldat und General und Feldmarschall, und das Verbrechen wäre eingesargt, und weiter wäre es doch nur der schwarze Schrein, aus dem das Verbrechen hundertfältig und ohne Ende wieder aufsprösse.
Und das will und kann und darf nicht sein!
Zerknirscht, verflucht, vor der eigenen Seele verdammt, und das Letzte darf nicht sein! Vilshofen war wie eingespannt in ein Feuerrad, und das Rad drehte sich über Schuttfelder, Brandstellen, Leichensteppe, Kopf oben und Kopf unten, verflucht und doch lebend, noch nicht gestorben und schon wiedergeboren. »Meine Herren, begreifen Sie ... das grüne Flak-

kern des Weltuntergangs und Ostermorgenlicht zugleich am Himmel.«

Sie begriffen nicht, nicht ihren Kommandierenden General, noch weniger Vilshofen, ein dürrer Stock, der in dieser wüsten Mitternacht Blüten trieb.

Wie sollten sie einen General begreifen, der in Zungen redete! Dieser Vilshofen war ja tatsächlich ein Wahnsinniger, noch dazu einer, der sich vervielfältigte oder sich bereits auflöste, was dasselbe ist, und der plötzlich die brennende Nabe des vibrierenden Rades war, der sich allen mitteilte, jedem was zu sagen hatte, ganz so, als hätte er da eben in einem Winkel des Kellers das Magisterium, das große Elixier gefunden, von dem er allen abzugeben hatte.

»Mensch, Cönnern! Da liegt die morsche Tür. Der Weg ist offen. Jetzt raus, heraus aus der Verstrickung. Sie dürfen, sie müssen sogar, denn nur der verdient sich ... Und Sie, lieber Oberstleutnant, klappen Sie das Gesangbuch getrost zu, als Schild ist es nicht mehr vonnöten. Parole ist: Mit offenem Visier, drauf und dran ... Oberst Ringhardt, die Korruption der Nazibotschaft ist weit mehr als ein Anekdotenstoff, es ist ernstes Material für einen Volksgerichtshof ...«

»Für den nicht – ich danke Ihnen für dieses Wort, Herr General!«

»Und entschuldigen Sie, General Vennekohl, wenn ich Ihnen da etwas ins Gehege geraten bin. Halten Sie es einem zugut, der seit den Kassatschihügeln zu oft über das gestolpert ist, was Sie nun einmal da hinter sich auf dem Wege ließen!« Und Vilshofen streckte Vennekohl seine Hand entgegen. Aber seine Hand blieb in der Luft. Vennekohl wollte sie nicht bemerken. Nein, er bemerkte sie tatsächlich nicht. Er hörte auch nicht, was Vilshofen sagte. Sein Gesicht war papierweiß und auch ohne das eingeklemmte Einglas sah das Auge wie ein blinder Scherben aus. Daß das Generalswort einen Weg öffnete, das sah er noch nicht; er begriff nur, daß da ein ernster Knochenbruch vorlag, und daß dieser Bruch allgemein war. Vilshofen blickte sich um und auch Cönnern starrte die Tür an, die sich vor einer Weile hinter jenem Oberstleutnant Hesse und dem Leutnant Dr. Weichbrot geschlossen hatte.

Der Oberstleutnant hielt sein langes Gesicht vornübergeneigt, daß man es nicht sehen konnte, und die knochigen Hände hatte er um das jetzt zugeklappte Gesangbuch herum gelegt. Der Divisionsveterinär war allerdings erstaunt über den Ausdruck des Kommandierenden Generals, wirklich verblüfft aber war er über das volle Päckchen Zigarren, das da einer vor seiner Nase aus der Tasche herausziehen kann, und man sah ihm an, daß er noch auf allerhand wunderbare Dinge gefaßt war. Hinter dem Divisionsveterinär, die Hand an dessen Stuhllehne, stand der Hauptmann, der doch sonst ein Gesicht wie eine Blume hatte und der völlig entblättert und verstört war.

Cönnern starrte noch immer in einem Zustand der Entgeisterung die Tür an. »Da haben wir's!« sagte er fast gleichzeitig mit einem aufhallenden Pistolenschuß.

Die Tür wurde aufgestoßen, ein Hauptmann kam herein: »Leutnant Dr. Weichbrot, Herr General . . .«

»Was, Weichbrot, welcher Weichbrot?« Cönnern sagte es noch immer abwesend. Er starrte weiter zur Tür oder jetzt durch die offengebliebene Tür auf den dunklen Schlund des Ganges hinaus.

Der Hauptmann berichtete: »Leutnant Dr. Weichbrot befand sich eben noch hier im Raum. Im Bunker nahm er das Bild seiner Frau mit seinem dreijährigen Sohn in die Hand und zündete es mit einem Streichholz an . . .«

Cönnern schien kein Wort aufzunehmen. Sein ganzes Wesen war gespanntes Lauschen. Nach draußen, auf den Gang hinaus, irgendwohin, ins Unbestimmte. Auch andere blickten jetzt dort hinaus ins Dunkel. Nicht der General aus dem Süden. Der stand da, steinern, und es war ihm nicht anzusehen, ob er entgegennahm, was Vilshofen zu ihm sagte. Der Hauptmann stockte einen Moment in seinem Bericht, dann setzte er wieder an:

»Er hielt das Bild von Frau und Sohn in der Hand, bis es Asche war. Einer sagt zu ihm: ›Mensch, machen Sie doch keinen Quatsch.‹ Doch er lief hinaus. Da auf dem Gang liegt er. Einschuß in die rechte Schläfe. Er hatte bereits gestern den Divisionsarzt gefragt, wo man am besten hinschießen müsse!«

Das Generalswort, dieser Selbstmord, noch ein drittes Aufbrausendes (der Veterinär hatte gesagt, man muß doch mal nach dem andern sehen und war hinausgegangen) waren Sprossen der Leiter, an der alle sich bewegten, eine baumelnde Leiter, die jedem an anderer Stelle ein verborgenes Ende und jähen Absturz bereit hatte.
Es kam, was alle hatten kommen sehen und dieses Mal war es wie von einem angreifenden Infanterietrupp, ein schlagartiges, aber deutlich unterscheidbares mehrfaches Gedröhne. Eine Detonation von einer Heftigkeit, daß der Tisch, an dem Cönnern stand, an dem General, Oberst, Oberstleutnant, Hauptmann und noch ein Hauptmann saßen, aufbebte, und General Vennekohl zog jetzt ein Taschentuch, es war eigentlich ein großes buntes in einem Pariser ›Prix fixe‹ erstandenes seidenes Damenhalstuch, hervor und wischte sich damit den Schädel. Der Oberstleutnant zeigte ein starres, aber ergebenes Gesicht. Dem Hauptmann zuckten die Lippen.
»Jetzt ist die Kalamität erst komplett!« war das erste zu vernehmende Wort. Es kam von dem General, in dessen Keller sich in derselben Stunde ein höherer Parteibeamter und ein HJ-Führer umgebracht hatten. Und draußen polterte es: »Die Tür ist aufgesprungen und da drin ...« – »Da ist nur Matsch!«
»Handgranaten, was?«
»Ja, hat alle Leute aus dem Bunker geschickt. Hat die Eier rings um sich hingelegt, mit einer Zündschnur verbunden und mit einer Zigarre zur Entzündung gebracht!«
Und jetzt kam der Divisionsveterinär zurück. Er setzte sich still an den Tisch. »War ebenfalls jung verheiratet. Der Sohn eines Justizrates aus Merseburg!« sagte er.
Vilshofen hatte den Pistolenschuß vernommen und jetzt auch das Dröhnen der Handgranaten, aber er hatte weder das eine noch das andere beachtet. Da erschießt sich einer, da räumt sich einer noch totaler weg. Das geschieht in jeder Stunde, hier und im Umkreis, einzeln und serienweise (das mündliche Verbot des O. B. ist kein Kraut dagegen). Und das alles bleibt schon diesseits der eingesunkenen morschen Tür. Vilshofen aber stand schon vor der Pforte, da war Schnee und Nacht und Grauen, aber auch schon aufdämmerndes Osterlicht. Wenn

keiner es sah, in einem Paar brennender Augen hatte es einen Widerschein. Und auch der steinerne General, vor dem Vilshofen stand und zu dem er sprach, hatte auf den Schuß und das Geknatter nicht geachtet. Er stand da, hielt den Kopf etwas seitlich wie lauschend, nickte auch einmal, bewegte wie in angedeuteter Zustimmung die Brauen, er hörte es rauschen, es war aber nicht, als ob die auf ihn niedergehende Flut ihn berührte oder auch nur erfrischte.
»Es handelt sich da natürlich um keine brandneue Erkenntnis, Herr General!« hatte Vilshofen gesagt – daß nämlich der, der hier der treibende Motor in die Katastrophe war, ein ›hergelaufener Lumpenkerl‹ sei. »In unserm Bewußtsein sind doch noch Tatsachen lebendig, Herr General! Fritsch, Beck, Brauchitsch, Halder, Höppner vor Moskau zum Soldaten degradiert, Sponeck auf Kertsch zum Tode verurteilt. Die Liste abgesetzter, degradierter, verurteilter Generale. Aber da ist noch die andere grundlegende Tatsache!« Vilshofen sagte einiges über Brücken bauen und über Teppiche ausbreiten. Wir, unsere Berufskaste haben dem ›Hergelaufenen‹ goldene Brücken gebaut und auf seinem Weg Teppiche ausgebreitet, und nicht nur wir, auch unsere Sippengenossen von Kohle und Eisen und mit antizipierten Herrschaftsplänen.
»Jawohl, Herr General, antizipiert und zugleich antiquiert, diese Herrschaftsprojekte sind doch nichts als Kopien von englischen, spanischen, portugiesischen Originalen aus dem 17., dem 16. und 15. Jahrhundert, aber nichts eigenes, nicht aus unserm Boden und aus unserer Volksseele Gewachsenes, und auch sofern ›hergelaufene Lumpenkerlideen‹, und hier in einer Stalingrader Balka, in tiefster Finsternis ist mir erst der Star von den Augen gewichen.
Jawohl, Herr General, schön hereingerasselt sind wir mit ihm, der uns das Volk bringen wollte!«
Das war die Bemerkung, bei der der General mit zustimmendem Senken des Kopfes bekundete, daß er überhaupt zuhörte. Nachher war nur noch ein Zucken der Brauen, auch das hörte auf und er war nur noch ein Stein, um den es rauschte und gurgelte. Und es waren überhaupt keine Worte, was Vilshofen redete, es war ein langer Blitz, der ihn durchfuhr.

Das Volk, das er uns bringen wollte, unser eigenes Volk, dem wir uns entfremdet hatten, er hat es auf den Block geschnallt; und wir haben dabei geholfen, nicht eben mit aufgekrempelten Ärmeln, aber wie das vollstreckende Instrument, das sich zu dem feierlichen Akt Handschuhe überstreift; und auch Wahnsinn hat eine ihm innewohnende Logik, und was uns persönlich und einzeln dabei betrifft, die wir die Brückenbauer und Teppichausbreiter und Gehilfen waren, wir sind selbst Brücke und Teppich für den darüber hinschreitenden Fuß geworden, und der Knecht ist Opfer geworden, und da liegen wir nun, gebunden und ohne Willen und ohne menschliches Gesicht, nicht anders als der Grenadier, als eine Armee von Grenadieren, ein Stein auf der Straße (und wenn die Straße noch nach irgendwohin führte!) ein abgenutzter zerfahrener Stein auf der Straße ins Nichts.

Der Schnellzug rast dahin auf dem Weg ohne Schwelle und Schiene, und mein General, und auch du, General, auch ich General, wir sind nichts als Pleuelstange, als Kreuzkopf, als Kurbel am rasenden Eisen, und wir sollten doch Hand am Hebel, sollten doch der lenkende Mensch sein.

Und es ist ein hochtouriges Vehikel und läuft auf Vollgas – Bäume, Telegraphenpfosten, Hausstümpfe, blutende Torsos, Männer mit verbundenen Köpfen, Selbstmörderstirnen, Frauenhände vor das weinende Gesicht geschlagen, wie wesenloser Rauchstreif stürmt es vorbei – wir fahren und wissen nicht, wohin wir fahren, worüber wir fahren, was unter unsern Felgen so laut heult. Der Führer sitzt am Lenkrad und sieht nichts, kann nichts sehen, die Windschutzscheibe ist blind von aufgeschleudertem Schnee, von Dreck, von Knochen, vom klebenden Blut aufheulender zerfahrener Kolonnen. Der Führer führt nur mit dem Fuß auf dem Gashebel, und du, General, und ich General, wir wissen nichts, wir sehen nichts, wir sind nur die rollende und Mensch und Pferd und Eisen zermalmende Felge.

Das ist kein Angsttraum, das ist die Wirklichkeit.

Das war der Blitz, der Vilshofen durchfuhr.

Aufblickend fand er sich im Keller. Am Tisch eine Gesellschaft fahler Köpfe. Eine magere mit einem Trauring geschmückte

Hand, die mit einem großen bunten Taschentuch den Hinterkopf und auch den Nacken abwischte. Ein langes todernstes Gesicht und fast schon eine stille Maske. Ein Gnomenkopf, zerknittert und durchfurcht und mit großen hochgeröteten Ohren. Noch ein Gesicht, etwas massig, etwas gekränkt und mit dem Ausdruck: Mir langt es jetzt aber! Zarte Züge mit dem Ausdruck einer migränekranken Frau und dabei besorgt und teilnahmsvoll an einem ruhelos auf und ab Wandernden haftend. Dann war da noch ein graues, noch ein zweites, noch ein drittes graues ausdrucksloses Gesicht. Das war der Keller, das waren die Gesichter, das war der trübe Brei, in den Vilshofen zurückfiel.

»Aber, meine Herren!«

»Aber, mein General . . .«

Vilshofen hatte den General im ersten Weltkrieg erlebt, wie er schon zerschleißende Soldatennerven wieder zusammenbrachte, wie er aus dem Graben herauskletterte, im aufspritzenden Artilleriefeuer einherstelzte, sich Feuer für eine Zigarette reichen ließ, sein ›Danke‹ schnarrte und so sein junges Leben beispielshalber aufs Spiel setzte; und sein altes Leben, das war zu sehen, war ihm nichts mehr wert, und nicht um seines Lebens willen hatte er sein Wort gesprochen, es war ihm nicht die Wand, sich dahinter zu verkriechen. Aber da hatte er sich wieder niedergelassen und da saß er wieder auf der Bank des Schweigens, ein sehr weiß gewordener, ein sehr alter Mann.

Man kann doch aber nicht so ein Wort aussprechen und sich damit ins Privatleben zurückziehen! Und da gibt es keinen alten und auch keinen steinalten Mann, noch dazu auf Stalingrader Boden, wo man Leichen fechten läßt.

»Für den nicht. Ich denke nicht daran. Nein!« sagte der General noch einmal und wurde wieder zu einem Stein.

»Meine Herren, es ist natürlich klar: ›Der‹ ist nichts ohne die ihm geliehenen Generalsarme. Und was nottut, ist die volle Kehrtwendung, und da heißt es nicht nur: Kehrt, sondern: Kehrt, marsch! Jawohl: Spielleute an den rechten Flügel! Sprung auf, marsch, marsch. Hurra!«

Vilshofen war der, den die Herren am Tisch grade nötig hat-

ten, um sie daran zu erinnern, daß sie noch anderes als schweißtreibende Nacken, als stille ausgelittene Masken, als menschliche Leideformen, daß sie vernünftige und übrigens durchaus normale Wesen waren. Vilshofen war der gegebene Maßstab und brachte die Herren wieder zu sich zu ihrem angeborenen Selbstgefühl. Es war zwar alles Abrakadabra, was er daherredete, aber es war geradezu erhebend und die Perplexheit fiel ab. Vennekohl war noch immer hohl, noch immer durchrieselt von diesem ekligen ruhelosen Sand, aber schließlich, man mußte Haltung zeigen und er war soweit wieder restauriert, daß er sein Einglas eingeklemmt halten und diesen allmählich interessant werdenden ›Fall Vilshofen‹ ansehen konnte. Der Mann is nu mal Attaché-Abteilung und Attaché jewesen, und sowat redet von ›reinrasseln‹, einen vollkommeneren ›Reinraßler‹ hat man doch noch nich jesehn! Auch Cönnern machte sich Gedanken über Vilshofen. Ein Heißsporn ist er immer gewesen, und wenn dann solche Aufregungen dazukommen, ist es natürlich aus, dann bricht der zu straff gespannte Bogen, ein Mann mit so glänzenden Gaben, man muß nur hoffen, daß er sich wieder fängt! Der Oberstleutnant war beschäftigt mit endgültigen Plänen, die Stunde war offensichtlich da, wo man endgültig mit sich ins reine kommen mußte und Letztes zu bedenken hatte!
Vilshofen hatte sich an den andern Kommandierenden General gewandt. Der war offen und aufnahmebereit, hegte auch keinerlei sonderbare Gedanken gegenüber Vilshofen. Im Gegenteil, er fand, daß Vilshofen ein sympathischer Mensch und ein angenehmer Gesellschafter sei. Und mein Gott, die Dinge sind ernst und übersteigert genug, daß es wirklich starker Worte bedarf, um sie anzusprechen.
Die beiden hatten am Ende des Tisches Platz genommen.
»Gewiß, es ist wahr, einer der alles zerredet und alles übertreibt!« – »Und nicht nur in Worten, auch mit Dingen, auch mit Menschen, Herr General. Jedes Stück Eisen mußte zu einer Kanone, einem Gewehrschloß, einem Geschoßteil werden. Und jedes Stück Leder, jeder Faden Textil, alles ohne Ausnahme mußte dem gleichen Zweck, einzig und allein dem Schießen und dem Zerschossenwerden zugeführt werden! To-

taler Krieg, wir wußten es eigentlich besser, aber wir glaubten ihm, wenn er sagte, daß nur wir das können!«
»Nur zu wahr, Vilshofen. Ich selbst war auch fast wundergläubig geworden! Nun, ja, der Mann war so eine Kraft, seine Methoden der reinen Gewalt so verblüffend, die gezeitigten Erfolge so überraschend ... immerhin, wir dürfen doch in Anspruch nehmen, daß wir wie seinerzeit bei dem berüchtigten Kommissar-Erlaß oder wie bei dem Befehl über Einbrennen von bestimmten Zeichen in die Körper von Kriegsgefangenen, daß wir immer, wenn die da oben ganz und gar verrückt wurden, ganz erhebliche Schwierigkeiten gemacht haben!«
»Auch hier, was Stalingrad, diesen militärischen Wahnsinn anbelangt, wurde nachdrücklichst protestiert!« warf Cönnern ein: »Nein, wir waren nicht blind, und in unserm Frontbereich ist ein ›höchster Erlaß‹ bei weitem nicht immer maßgebende Richtlinie gewesen. Vilshofen, Sie waren immer vorn und Sie ahnen nicht, in welchem Zwiespalt zwischen sittlichem Empfinden und ›soldatischer Gehorsamspflicht‹ wir uns da oft bewegt haben!«
»Zwiespalt! Halbheit!« sagte Vilshofen scharf. »Ich denke da an Woroponowo und an Kampfgruppe Döllwang, und wäre es nur Kampfgruppe Döllwang, Cönnern!«
»Ja, es muß ausgesprochen werden«, sagte der andere. »Unvorstellbares Grauen, und nicht zufällig. Wir selbst sind beteiligt, wir haben uns da hineingeritten!«
»Wir wußten es in unsern besten Stunden zwar besser, aber Wissen ist noch nicht Tun!« sagte Vilshofen und er wurde wieder unruhig und wurde wieder brennend und wurde wieder die Fackel, die Brandflocken und Ruß schleuderte und General und Oberst und Oberstleutnant und Veterinär und alle einbezog. Und es war doch wahrlich nicht die Stunde für Rückschau und weise Betrachtung (da war doch noch eben an der Schulter Cönnerns ein Hauptmann gewesen: »Herr General, draußen brennt ein Lazarett!«).
»Wir wußten es und wir wissen es. Wir wissen in dieser Minute, da draußen brennt es, an einer Stelle, an zehn Stellen. Stalingrad brennt. Und wo es nicht brennt, hat es gebrannt. Schnee, Holz, Haare, Männer, von hier, von der Wolga bis

zum Don ein einziger Gestank, und wir wissen nachgerade – Herr General, im Protest ist Wissen, Herr Oberst, Sie haben es noch eben erläutert; Cönnern, Sie haben es noch eben da nachgeblättert; Vennekohl, Sie haben da auch einiges beizutragen!«

»Wie meinen?«

»Ich meine, daß Sie einen Weg hinter sich haben, daß Sie eine Spur hinter sich gelassen haben!«

»Kann mir det nu eener verdolmetschen?«

»Wir wissen, daß da nicht nur Gestank verkohlender Knochen und schmorenden Menschenfleisches ist. Die ›Flammenstadt in ewiger Glut‹, wir brauchen sie nicht erst in den Seiten eines Buches zu entdecken, wir haben sie geschaffen. Und ›die Herren vom graden und vom krummen Horne, vom alten Teufelsschrot und Korne‹, vielleicht Cönnern und auch Vennekohl, und auch Herr Oberstleutnant, und ich nehme mich da nicht aus, vielleicht nehmen wir da mal den Taschenspiegel zur Hand!« (»Ooch nich schlecht!« meckerte Vennekohl. »Bei mir hört schon det Kribbeln auf. Is ja auch grade, als ob der die Kiste Kognak besessen und auf einen Sitz runterjejurjelt hätte.«) »Solange wir meinten, unsere Suppe an dem Feuer kochen zu können, haben wir hier nicht beieinander gehockt und über Gott und die Welt und Postulate, auf denen die Menschenwelt zu beruhen hat, philosophiert.

Wir wissen und haben gewußt. Und einmal dachten wir auch, wenn der Bettelmann auf den Gaul kommt, reitet er den Gaul zuschanden.« (»Damit jeh auch ich einich, Vilshofen.«) »Aber wir ließen ihn seine ungeschlachte Karriere reiten, über Stock und Stein, Völkerrecht und Menschenrecht und Ehre und Soldatenehre, und die Fetzen flogen und über Mord- und Brandbefehle, auch Durchhaltebefehle bis zum letzten Mann und zur letzten Patrone, und Zwiespalt hin und Zwiespalt her, Befehle werden durchgeführt, der Herr reitet und wir halten mit, daß uns wahrhaftig Hören und Sehen und menschliche Betrachtung vergeht, und so finden wir uns wieder, nicht mehr hoch zu Roß, sondern selbst die Rösser, die blinden zuschanden gerittenen, so finden wir uns am Ufer der Wolga. Und da befinden wir uns im Keller und entsinnen uns, daß wir am Anfang doch keine Rösser waren und wir protestieren und lesen das Gesangbuch und ziehen den ›Faust‹ zu Rate oder machen erbarmungswürdige Gegenstöße und das ändert nichts. Der eine protestiert, der andere beißt die Zähne zusammen und verschluckt das Wort, der andere schleudert es heraus und damit aus, und ein Licht, das gestern noch gebrannt hat für den Verderber und jetzt ist es aus. Sogar die Armee schweigt, seit drei Tagen gibt es keine Armeebefehle mehr. Die Korps schweigen, seit zwei Tagen gibt es keine Korpsbefehle mehr. Aber es geht weiter, weiter Ferngespräche (wir haben eben eins mit angehört), weiter gespenstisches Gewese, Kampfaufträge, Gegenstöße, erklären Sie mir das!«

»Nu muß ich aber doch mal ...« Vennekohl richtete sich auf seinem Stuhl in ganzer Länge auf und ließ jetzt den Spandauer Ton und artikulierte deutlich: »Ich habe da schon vorher das Wort ›Zuckung‹ vernommen ...«

»Da haben Sie richtig vernommen, Herr General!«

»Ja, und blinde Kühe, oder waren es Rösser, nun ich muß schon sagen, wer sich so was bieten lassen will, und überhaupt dieser janze, unqualifizierbare Ritt, ich jedenfalls bin nicht dabei, verstehen Sie, Herr General? Und überhaupt, Sie scheinen ja wat jejen Jejenstöße zu haben?«

»Jawohl, ich habe was gegen Gegenstöße! Ich habe zweimal was gegen Gegenstöße, wenn sie ein Kommandeur durchführt, der den ganzen Tag auf dem Erdhaufen steht und den Himmel nach einem rettenden ›Storch‹ absucht! Ich habe dreimal was gegen Gegenstöße, wenn die Männer aus einem Theaterkeller, aus einer Ortskommandantur, aus einer Dampfmühle ausgekämmt wurden! Stellen Sie sich auf den Bahndamm, General Vennekohl, eine starre Haltung, aber Haltung! Aber hören Sie mit dem Gemansche mit Menschen auf, die keine Menschen und keine Soldaten mehr, die wirklich nicht anders als blinde Rösser sind, oder wenn Sie wollen, blinde Kühe, mit vertrocknetem Euter, mit Pusteln, knochenbrüchig und voller Geschwüre. Das sind Ihre Soldaten, so sahen sie aus, die Sie zum Gegenstoß antreten ließen, Vennekohl. Ich habe mir das angesehen!«

»So, ham Sie, das is ja reizend!«

»Sie vergessen sich, Vilshofen, Sie gehen da wirklich zu weit!«
»Ich meine auch, das ist ein zu starker Tabak!«
»Wat heißt da Tabak – das ist eine blühende Unverschämtheit! Unsere Männer, diese unerhört schweren Kämpfe, eine ganze Epopöe von Kämpfen, jeder ein schlichter Held. Und da kann einer kommen, und blinde Rösser ohne Euter, meine Herren ...«
»Schande!«
»Schmach!«
»Schmach!«
»Das treibt einem die Zornröte in't Jesicht!«
»Sie ...«
Ton eines wunden Tiers, eines wunden Menschen, einer aufklaffenden Erde – Vennekohl spürte es auf dem Gesicht, wie Nagel und Klaue und heißen Dampf, und er war starr und es kribbelte wieder – tierisches Fauchen oder aufkochender Geiser, gleichviel, es war ein Ausbruch der Tiefe. Das Schlachtfeld zwischen Don und Wolga, der mit Knochen und Gesichtern unterpflügte Leichenboden war in diesem Ton.
»Sie ... und Sie wagen es!«
»Halten Sie mir die Fäuste fest!« heulte Vennekohl auf.
»Meine Herren, ich muß da doch sehr bitten!« fuhr der dienstälteste General dazwischen. Diese Bitte, die zu anderen Zeiten dem ganzen Keller den Mund verschlossen hätte, brachte dieses Mal aber noch nicht das Ende der Auseinandersetzung.
»Vilshofen, Sie überspannen den Bogen!« konnte ein anderer nicht an sich halten auszurufen. »Deutsche Soldaten mit Kühen vergleichen!« fuhr Vennekohl noch einmal auf.
»Mit alten, schwachen, kranken Schinderkühen, Herr General! Zwanzig- und fünfundzwanzigjährige gesunde und starke und saubere Männer in nabel- und hodenbrüchige, knieschwammige, zitternde und stelzende Kreaturen verwandeln, und Geschöpfe, schon nicht mehr von dieser Erde, aus ihren Sterbelöchern wieder aufstöbern und zum Gegenstoß aufstellen, das halten Sie für erlaubt, Herr General? Erlauben Sie, was ist es denn, was sage ich denn? Ich sage: Front und Stab sind zwei Welten!
Erinnern wir uns doch: es ist noch nicht solange her, da sahen

wir hier auf diesem erschütterten Boden ein Korpsstabsquartier. Herren an ihren Arbeitstischen, ausgeschlafen, gebadet, rasiert ... pünktlich, fleißig, genau abrollende Tagesroutine. Morgengymnastik, beim Essen lange Hosen, fast wieder Kasinobetrieb. Auf der Straße Morgenreiter, tänzelnde Pferde, in der hellen Morgenluft Pferdewiehern. Ich muß sagen, so was haben wir (ich stand da mit meinem Adjutanten Latte) lange nicht mehr zu sehen und lange nicht mehr zu hören bekommen. Und erinnern wir uns doch, erinnern wir uns genau, Herr Oberstleutnant, das war im Dezember, ein Morgen, wo eisige Dunstbäuche wie langsam weidende Herden über die Steppe und durch die Schlucht zogen. Es war Ende Dezember, zwischen Weihnachten und Neujahr, also die Zeit, in der die Männer der Westfront im Schnee schliefen und Blut im Harn und im Kot hatten. Und an diesem Morgen im Nebel Hundegebell und Pferdegestampfe und auftauchend und vorbeischleudernd, im Linksgalopp, im Rechtsgalopp der Kommandierende General, Oberste, Hauptleute, Leutnants, Herr Oberstleutnant fabelhaft im Sattel, das war im Vorgelände des Rossoschkatals. Der Korpsstab veranstaltete eine Schleppjagd, eine in jeder Beziehung reichlich verspätete Hubertusjagd. Ja, glauben Sie denn nicht, meine Herren, daß der Mann im Schnee, mit einer Tagesportion von hundert Gramm Brot, mit Harnzwang und Ruhr, daß der nicht nur an eine andere Welt, daß er in seiner ersten Verwirrung glaubte, gestorben zu sein und im Nebel die Welt der Gespenster reiten zu sehen!
Nicht Sie, Herr General, auch nicht Sie, Herr General« (Vilshofen wandte sich an die beiden im Keller anwesenden Kommandierenden Generale), »auch nicht ein dritter, auch nicht ein vierter Kommandierender General, aber ein fünfter veranstaltete in solcher Zeit eine Jagd. Sie hatten andere Sorgen, ich fühle mich dazu verpflichtet, das auszusprechen. Doch das ist hier auf diesem vom Sterben erschütterten Boden geschehen. Und erinnern wir uns doch, daß wir noch Weihnachten, noch Neujahr feierten, daß ein Kommandeursgeburtstag, die Verleihung eines Ritterkreuzes, eines Eichenlaubs immer wieder Anlaß zu einem schlichten Beisammensein mit Alkohol bot; und daß dann, als einmal ein Fronthauptmann ein Ritter-

kreuz feiern wollte, auch nicht eine einzige Flasche Kognak mehr aufzutreiben war.
Ja, meine Herren, ich muß sagen, das Wort von den zwei Welten ist nicht aus der Luft gegriffen, es ist begründet. Und, meine Herren, um zu unserer Sache zurückzukehren, ich muß sagen: das Maß unserer Leiden ist voll. Unsere Zerquältheit ist so groß, daß uns schon egal ist, wenn unsere Schwären öffentlich zur Schau gestellt werden. Aber Sie, die Sie doch bis in diese Tage hinein Ihre normalen Wege gingen, die Sie heute noch ihre Uniformen, Wäsche etc. da im Rohrplattenkoffer bei sich haben, und die Sie lyrisch werden, wenn Sie einmal vom Pferdefleisch kosten, an dem eine ganze Armee sich den Tod angegessen hat, die Sie bis in diese Stunde hinein sich ausruhen, sich waschen, sich die Zähne putzen konnten (Gott, Sie sollten uns moralischer Halt sein und sind uns der schrecklichste Abgrund), Sie halten es für möglich, einer ganzen Welt – und vergessen wir nicht, trotz unseres Nichtwissens und Nichtsehens stehen wir auf der Stalingrader Bühne vor den Augen der ganzen Welt – ein solches Bild angreifender deutscher Soldaten vorzuführen, von einem General aufgescheuchte, humpelnde und taumelnde Gestalten. Sie halten das wirklich für möglich und für erlaubt, meine Herren?
Schande!
Schmach!
Sturz, wie er Deutschland von niemand und niemals bereitet wurde!«
»Es ist das Chaos, das ich habe kommen sehen, gegen das ich mich gewehrt habe und alle meine Worte waren Worte in den Wind!« sagte der General aus Gumrak.
»Vilshofen«, mischte der andere Kommandierende General sich ein: »Ich möchte da doch die Frage stellen: wer ist nun eigentlich ›wir‹ und wer sind die andern, die angesprochen werden?«
»Herr General, Sie haben einen langen Weg als Frontoffizier hinter sich. Wenn Sie Ihr Gestern mit Ihrem Heute vergleichen, haben Sie in der Diskrepanz, die Sie da bemerken, schon die Antwort. Es ist die Diskrepanz zwischen Front und Füh-

rung. Jawohl, da klafft eine Schlucht, meine Herren, Sie wissen ja nicht, was vorgeht, und Sie wußten es nicht.
Als wir jenseits des Don noch bei Logowski und Orechowski standen, da räumten Sie, Herr Oberstleutnant, Werchnaja Golubaja, und als wir die Golubajahöhen verteidigten und Schritt um Schritt zurückfielen bis zum Don, da räumten Sie, meine Herren, die Stabsquartiere in Wertjatschi und Peskowatka, natürlich, Sie mußten räumen, unzweifelhaft, aber nicht darum geht es. Ich sage nur: Sie wissen nicht, wie es aussah, als wir auf Ihren Spuren durch Asche und kalten Gestank von Werchnaja Golubaja, durch das Leichenlager russischer ausgehungerter Gefangener in Wertjatschi, durch den weggeworfenen Stabsplunder in Sokarewka kamen. Sie wissen nicht, wie wir dezimierten Haufen auf freiem Felde und unter schneezerdonnertem Himmel eine Stalingrader Westfront aufbauten, und dann wieder auf Ihren Spuren durch Dmitriewka, durch Nowo Alexejewka, durch Plunder, Leichen, totes Vieh, weggeworfenes Material zogen. Die Kassatschihügel, die Höhe 135, die fünf Skythengräber sind Ihnen Begriffe auf der Karte geblieben (und wieder sei es gesagt: es ist nicht anders denkbar, der Stab kann seinen Kartentisch nicht in der HKL aufstellen). Aber Sie reden von einem Heldenzug und Sie wissen nicht, wie Männer zu Dreck und wie sie zur Sau gemacht wurden. Sie haben es getan, meine Herren, mit Ihren Widerstandslinien, die blasse Theorien waren. Und Sie wissen auch nicht, wie die Truppe unter Ihren Händen zerflossen ist. Widerstandsbefehle: Halten um jeden Preis! Wie sieht es aus, wie sehen die Männer aus, haben sie noch einen Bissen Brot, wie viele Schuß haben sie noch? Abgerissen wie Sie von der Truppe sind, einmal in Ihren abstrakten Lagebildern, zum andern Mal und in den Stunden des Debakels auch technisch und verbindungsmäßig, wissen Sie es nicht! Kein Draht, keine Strippe, weder geistig noch tatsächlich, führt nach vorn. Vorn geht alles zu Bruch, vorn fällt alles. Hinten wird reingegriffen. Vorn ist die Welt des Untergangs. Hinten moralisches und physisches Verkommen. Und da, in Tränenkloaken und Eiterbecken greifen Sie hinein. Da kommt der Nachschub, kommt das frische Blut her, das Sie der Truppe zuführen. Das geht

nun schon Wochen, und das geht, bei Kletzkaja angefangen, schon siebenundsiebzig Tage so.
Siebenundsiebzig Tage! Ein Zug der Strapazen und des Sterbens, ein Zug von Opfern, von unerhörten Opfern. Und das ist die Kehrseite der Verwirrung, Kopflosigkeit, Nervosität, Verzweiflung, Angst, Panik, der Niedergeschlagenheit, der sklavischen Befehlsdurchführung und Demoralisierung in den Stäben und in der Umgebung der Stäbe. Je dicker der hinten aufwallende Sumpf und je mehr er um sich greift, und je näher er schon an die vorderste Linie heranleckt, um so größer reckt sich der Mann in der Hauptkampflinie auf.
Der Mann mit dem Spaten und dem Infanteriegewehr daneben auf dem Schneefeld der Stalingrader Westfront, im Kampf gegen Infanterie, Panzer, gegen die hartgefrorene Erde, gegen den fürchterlichen Himmel, gegen den nagenden Hunger ...
Der Mann bei Ilanirowski, vor Höhe 135, im Niemandsland und keine Grabenwand und vor der Nase kein Drahtverhau, im Loch von Panzern überrollt, aufgereckt mit der geballten Ladung, und wieder Panzer und wieder zurückfallend, tot oder auch verwundet ...
Der Mann hinter dem Flakgeschütz im Erdkampf, vor sich die Feuerwand, nach hinten die Verbindung abgerissen, keine Munition, kein Sprit für die Zugmaschine, der letzte Schuß verfeuert, das Geschütz gesprengt ...
Der Mann, geschlagen und zurückgehend, hundertmal geschlagen und hundertmal auf dem Rückzug, an hundert Widerstandslinien (die keine waren und nichts als Linien auf Generalstabskarten) sich wieder erhebend und wieder die Stirn kehrend gegen eisige Schneestürme und gegen rollende Feuerwände ...
Der Stalingrad-Soldat, seine Genügsamkeit, Anpassungsfähigkeit, Zähigkeit, Ausdauer, seine Leidensfähigkeit, stummes Ertragen von Qualen, seine pünktliche Pflichterfüllung, sein Ausharren und Kämpfen bis zum Letzten, welche Höhe an unpathetischem und stummbleibendem Kämpfertum!
Welches Denkmal wollen Sie ihm setzen, meine Herren, welche Inschrift seinem Grabmal einmeißeln?
Für Führer, Volk und Vaterland? Aber der Führer ist abge-

schrieben, das Volk hat mit den wahnwitzigen Hirngespinsten dieses Führers nichts zu tun, es ist in diesem Krieg überhaupt ohne Stimme geblieben, und das Vaterland hat an der Wolga keine Grenze zu verteidigen!

Da der Führer schief steht, befindet sich die Gefolgschaft schon völlig auf schiefer Ebene. Alle Linien auf den Karten der Unterführer, alle Zahlen auf den Rechentischen der Stäbe sind Zeichen auf Sand geschrieben. Das Teil der Kommandeure ist der Zwiespalt – auf der einen Seite die tragfähige, geduldige, gehorsame Truppe, auf der andern Seite die Wahnsinnsbefehle. Gehorcht er den Befehlen, so richtet er die Truppe zugrunde; gehorcht er den Befehlen nicht, so steht er vor einer Mauer, die auf ihn niederzufallen und ihn zu erschlagen droht. Was tut er, geht er den Weg des Gewissens? Nein, er geht den Weg des geringsten Widerstandes, er gehorcht und führt den Befehl durch und richtet die Truppe zugrunde.

Der Schweiß der Besten ist nichts anderes als der Schweißtropfen des Galeerensträflings, der ins Meer fällt. Keine Spur bleibt und auch die Summe gesammelter Anstrengungen zeitigt kein Werk. Die Truppe, über welche die Lawine des nicht endenden Wahnwitzes weggeht, wird nun wirklich in den Boden hineingerollt. Der Soldat, der sich aus der Katastrophe wieder erhebt, marschiert in die nächste hinein und bewegt sich weiter über die nicht endende Katastrophenstraße. Seine Schultern sind geprellt, sein Rückgrat verbogen, seine Füße hornige und eitrige Klumpen, abgetriebenes, lungenpestiges verbrauchtes Nutztier (und, meine Herren, gehen Sie durch die Stalingrader Keller und blicken Sie sich um), die Manneskraft geschrumpft, und da ist dann wirklich die erblindende euterlose Kuh, die sich schon auf ihren morschen Knochen niederläßt und alle viere von sich strecken will; und auch der Schinder ist da und auch die Schinderknechte sind da, die mit Knütteln und Hieben auf die schaumignassen Schnauzen und mit Fußtritten gegen die geschwollenen und aufgetriebenen Flanken die elende Kreatur wieder aufjagen und weitertreiben auf der Straße zum Schindanger. Und, meine Herren, ich wiederhole es noch einmal, blicken Sie sich um, da draußen in den Kellern und blicken Sie sich auch hier im Kreise um . . .«

Was war mit diesem Vilshofen und was war dieser Vilshofen? Ein Panzerregimentführer, ein Kampftruppführer, ein Oberst und eben beförderter General, ein zerschlissenes graues Panzergespenst, Dichter und Wahrsager, Hochverräter, Eidbrecher, Lästerer, Denkmalbauer und Denkmalzerstörer, und vielleicht war Vilshofen und war alles ganz anders. Stalingrad brannte. Die Woge des Untergangs stürzte sich schon in den Keller. Was gestern fest schien, lag am Boden. Gestern stolze Wahrheit und heute schwelender Schutt. Erster Schritt ins Tausendjahrreich und Sprung in die Irre. Der Führer ein ›Genie‹ und jetzt des Genies bleiches Nachtgespenst, der Wahnwitz und dazu ein ›hergelaufener Lumpenkerl‹ und Generale des Lumpenkerls Genossen und Helfer. Und Hände, gestern noch nach dem Licht der Ewigkeit greifend und heute umspannen sie das ängstliche Flackern des eigenen kleinen Lichtleins und können es doch in dem Sturm, der sich erhebt, kaum vor dem Erlöschen bewahren.
Meine Herren, blicken Sie sich um da draußen!
Da draußen, das wußte man, draußen war die Nacht hell, und voll blendender Schneereflexe und überspannt von einem wunderbaren Sternhimmel, und über der Stadtmitte und dem Platz dort brummten Propeller von Transportflugzeugen und schwebten Verpflegungsbomben abwärts, und an der Zariza schwelten Brände und in der Mitte dammte Rauch auf und auch das Gebäude der Ortskommandantur hüllte sich in Qualm, ein weites Feld spitz aufragender weißer Kegel und Ruinenfetzen und Schuttbäuche und Trümmerhalden, und am Stadtrand sah man den Himmel und die Sterne und in den engen Hausdurchbrüchen und Labyrinthstraßen, wo der tiefziehende Nebel sich staute, sah man den Himmel und die Sterne nicht. Nacht ohne Laternen, doch mit dem reihenweisen Aufblitzen heulender Raketengeschütze. Und man hörte das Fauchen der Raketen und das Krachen von Werfern, das Stöhnen der Siechen- und Verwundetenkeller unter der Erde hörte man nicht. Und man brauchte sich da draußen nicht umblicken, diese vom hohen Himmel überwölbte unter Beschuß liegende Stadt und das Sterben in den Schlünden trug man in sich.

Meine Herren, blicken Sie sich hier im Kreise um!
Da saß Cönnern, der fleißige Gnom und Arbeiter auf zwei Ebenen, und was ihm die Praxis seiner Kommandeurstellung zugetragen und was er an militärtheoretischem, wirtschaftlichem, politischem und hergebrachtem allgemeinen Wissen besaß, das hatte er umgegossen (und die Arbeit am Schreibtisch hatte manchmal den größeren Teil seiner Zeit beansprucht) und verwertet, das aufsteigende Tausendjahrreich zu beweisen, und wo sich häßliche Grimassen gezeigt hatten, da war es ihm, und manchmal im Schweiße seines Angesichts, gelungen, sie als Ausdruck der notwendigen Geburtswehen neuen Werdens darzustellen, und er hatte über solche gärende Tagesarbeit hinaus Gedankengut für ein umfassendes Werk akkumuliert, und da saß er nun in seiner Höhle am Ende des rohen Holztisches, geschrumpelt und mit gefurchter Stirn und mit nach innen gekehrtem Blick, der Kelterer zwischen seinen zerbrochenen Töpfen, die Flüssigkeit ausgelaufen und was er für Wein gehalten, roch sauer. Da stand der Edelmann mit dem weichen weißen Haar, auf seinem Wege als Hitlergeneral mehr als einmal aufgescheut wie ein nervöses Pferd vor dem im Nebel auftauchenden Dornbusch, und mehr als einmal nur durch die Zusammenraffung aller seiner Seelenkräfte vor dem Durchgehen bewahrt, und in dieser Stunde der tiefsten Verfahrenheit fehlte ihm nichts als bedenkenloses Lospreschenkönnen. Da saß der andere General, der mit seiner Fragestellung dieser wilden Mühle ›Vilshofen‹ neues Wasser zugeführt hatte; und diese beiden weißhaarigen Männer gingen mit vielen der Vilshofenschen Argumente einig, doch der eine sah noch nicht die Zielrichtung der anzusetzenden Generalattacke, und der andere konnte nicht so schnell herum und konnte auch nicht begreifen, daß er mit sechzig Jahren beginnen könnte, gegen sich selbst und einen langen Lebensweg Sturm zu laufen. Der eine stand neben seinem Koffer, schluckte eine Pille und trank einen Schluck Wasser hinerher, das er von seinem Adjutanten gereicht erhielt; der andere saß nach wie vorher eingemauert in sich selbst, aber doch auf das hörend, was gesprochen wurde. Da saß der Oberstleutnant, einmal hatte er die Blockflöte gespielt, und nicht etwa weil er

musikalisch war, sondern im Gegenteil deshalb, weil er gänzlich unmusikalisch war und weil man auch etwas gegen sich tun und sich disziplinieren und auch gegen sich streng sein muß; und Oberstleutnant Unschlicht hörte die durch den Keller tobende Wirrnis, wurde davon aber nicht berührt, seine vorspringende große Nase bewegte sich weder nach rechts noch nach links, seine Augen waren weit und sein Gesicht verklärt. Da war der Graukopf mit dem kurzgeschnittenen Borstenhaar, der Divisionsveterinär, der den Vilshofenschen Ausführungen, einem Teil jedenfalls, mit beinahe fachlichem Interesse gefolgt war. Es war ja fast, als ob dieser General einmal ein Viehdoktor in einem Landbezirk gewesen wäre. Dieses Bild der Schindmähre aber hier auf den Soldaten übertragen – nun, man muß da zugeben, wenn man die Augen auftut, kann man wirklich allerhand zu sehen bekommen. Und die Gedanken des Divisionsveterinärs schweiften ab. Ja, wenn man da mal wieder rauskommt, man wird die Uniform ausziehen und Vieharzt auf dem Lande ist noch nicht das Schlechteste und derartige Aufregungen hat man da auch nicht. Und Vennekohl, als das Wort von dem Sichumblicken gefallen war, war aufgeschwollen bis in den Kamm. Was meint er denn nun schon wieder? Dieses Kauderwelsch ist doch voller Fußangeln. Und da steckt doch schon wieder eine ganze persönliche Anpöbelung. Er hat doch da schon vorher, wie ihm scheint, eine verpaßt und durchgehen lassen. Grade heute, wo man so janz und janich auf der Höhe is, so eine Bejejnung. Man is doch schließlich kein Jeneral Baron von Schnuller, der sich da in ›Mitte‹ in ein Loch verkrochen hat und janischt mehr tut. Man steht doch seinen Mann. Nun, man wird ihn auch hier stehen. Und General Vennekohl in seiner körperlichen Zerfallenheit und seinem Elend gab sich einen Ruck. Und jetzt, bitte sehr, soll nur noch etwas kommen. Dem wird aber pariert, daß es nur so brummt!
Meine Herren, blicken Sie sich im Kreise um, und sie blickten sich um, mit Ausnahme des Oberstleutnants und des Generals aus dem Süden, wirklich im Kreise um. Und da war nichts Besonderes, da waren bekannte Gesichter, etwas erregter, etwas abwesender, etwas feierlicher als sonst, aber eben doch ge-

wohnte Gesichter. Es bedurfte eines Vilshofen und des Stromes aus seinem Munde, um alles zu übersteigern, um Gedanken auf die Spitze zu treiben, um Dinge auf Messers Schneide zu legen. War denn die Wirklichkeit überhaupt so – so ungewöhnlich?

Ja, zweifellos war es eine ungewöhnliche Nacht. Zweifellos war es wirklich die Nacht eines Schlußstrichs. Zweifellos war da wirklich die über der Finsternis baumelnde Leiter und man saß bereits auf der letzten Sprosse oder man hing daran, alle da im Keller zusammengeballt zu einer Traube, und man brauchte nur loslassen, einzeln oder alle zusammen, und man stürzte ins Bodenlose.

Die Wirklichkeit war doch so – so geschichtet, so massig gelagert, daß sie zu brennen begann. Und die Struktur des Berges war da im Aufglühen plötzlich sichtbar. Und Vilshofen war die züngelnde Flamme, das St.-Elms-Feuer in dieser Nacht des Untergangs.

Ein General im langen Fahrermantel ohne jedes Abzeichen, ein Mantel, den er in den Nächten gleich als Decke benutzte. Und vielleicht war er nichts als die Stimme dieser Stadt der rauchgeschwärzten Steinpyramiden mit den tief eingeschnittenen Gräben, an deren Wänden Loch neben Loch hundert Höhleneingänge gähnen, und wo aus einem Loch Soldaten, aus einem andern auch mal eine zerlumpte Russenfrau herausblickte und aus noch anderen nichts als Leichenbeine herausstarrten, wo auf dem Wege, hier ein ausgebranntes Fahrzeugwrack, da ein zerschmettertes Geschütz, da ein krepiertes Pferd lag. Vielleicht war er nichts als die Stimme der Stalingrader Höhlen und Keller und die Stimme des Marsches mit dem Rücken nach Stalingrad, des Offizierssterbens vor Gorodischtsche, der erstarrenden Bahnhofshalle in Gumrak, der Zertretenen und Zerwalzten auf der Straße von Pitomnik, der gefallenen Kämpfer von den Kassatschihügeln und der Höhe 135.

Als solches stand er jedenfalls hier:

Die geopferte Front vor dem überlebenden Stab, vor den Herren von den Trümmerstücken einiger Stäbe, und was niemals ein Soldat ausgesprochen und auch nicht auszusprechen ver-

mocht und was er stumm mit ins Grab genommen hatte, er sprach es aus, an dieser Stelle und in dieser Stunde.
»Welches Denkmal wollen Sie ihm setzen, meine Herren?«
Na, meinetwegen, ick hör bloß Denkmal, soll er meinetwejen, der wird ja nu schon eintönig, dachte Vennekohl. Es kam aber dann ein jäher Bogen, der ganz eindeutig ihn betraf.
»*Er starb den Soldatentod:* das können Sie seinem Sockel kaum einmeißeln. Da war der Mann aus den Schneelöchern der Stalingrader Westfront. Nach Kämpfen mit dem Gewehr, nach noch zäherem Kampf mit der Schippe schleppte er sich todmatt, mit traurigen Augen, an den Beinen herablaufend Blut- und Kotsauce, ins Lazarett. Der Arzt untersuchte ihn kaum, denn er roch die Todkrankheit, und das glanzlose Auge und die weinerliche Stimme waren Symptome genug. Er ließ den siechen Kämpfer auf die Seite legen und er starb an der Ruhr. *Im weiten Feld vom Feind erschlagen:* das ist dem Mann im Panzerloch bei Ilarinowski, auch dem auf Höhe 135 und dem auf den Kassatschihügeln nachzurufen. Der aber an den Osthängen verwundet herabrollte und aufgelesen und abgetragen wurde, den haben wir auf den Verbandplätzen wiedergetroffen, in Baburkin, in Dmitriewka, auch in Otorwanowka. Und dort in Otorwanowka wurde befehlsgemäß die Hauptkampflinie mitten durch die Hütten des nicht geräumten Hauptverbandplatzes durchgelegt. Der Kampf ging über die dort liegenden verwundeten und nicht gehfähigen Kämpfer weg und sie wurden von Splittern zugedeckt und von einstürzendem Gebälk und von umfallenden Wänden erschlagen. Diesen Kampfauftrag hat ein Oberst, namens Vilshofen, durchgeführt.«
»Aber was soll das alles, Vilshofen?«
»Es ist doch nun nachgerade genug davon!«
»Und wir haben doch wirklich anderes sehr Ernstes zu besorgen!«
»Det will ick meinen!«
»Die Männer durften sterben, Sie, meine Herren, dürfen eine Bilanz dieses Sterbens anhören! Und ich wollte festgestellt haben, daß weder die eine noch die andere, noch die dritte, vierte, fünfte Todesweise etwas mit unserer Auffassung des

Soldatentodes mitten in der Kraft und Fülle des Lebens zu tun hat, sondern weit mehr mit Panikerscheinungen, mit völlig versagender Organisation; und berufen wir uns nicht auf das Versagen des Nachschubs und der Luftversorgung, meine Herren! Mindestens als dieser Zustand schon eklatant, als er mit ganzen Hungerzügen und mit der wachsenden Zahl an Erschöpfungstoten schon in die Augen springend war, hätte der eigene Entschluß gegen die Wahnsinnsführung aufstehen müssen.

Aber nein, wir sind die ausführenden Organe von Tollhäuslerbefehlen geblieben, bis zum heutigen Tag!

Bis zum heutigen Tag, General Vennekohl!«

»Wie meinen!« fuhr Vennekohl auf.

»Jetzt steht die Sache vor der Tür des Stabes. Und da werden Leute zusammengekratzt, aus der Ortskommandantur, aus dem Theaterkeller, egal aus welcher Höhle, und wer diese Leute sind, welchen Weg sie kamen; und daß sie bereits nicht mehr von dieser Erde sind, wie sie aussehen und welchen elenden Geschöpfen sie nur noch zu vergleichen sind, das war schon gesagt, und mit diesem Ausschuß wird ein Gegenstoß angesetzt, und natürlich, damit so was sich überhaupt noch mal auf die Füße stellt und überhaupt vorgeht, da muß schon einer mit roten Streifen an der Hose mit antreten und mit rausgehen . . .«

»Meine Herren, ich mach das hier nich mehr mit, meine Herrn! Sie sind wohl wahnsinnig gewor'n, was, Herr!«

»Sie sind nicht wahnsinnig, Sie sind ein normaler und tüchtiger Offizier, aber Sie geben Wahnsinnsbefehle, General Vennekohl! Hauptmann Tomas ist Ihnen bekannt, Herr General?«

»W-er . . .?«

»Hauptmann Tomas lag vor zwei Tagen mit einer Kopfverletzung im Theaterkeller und früher war er Kommandeur einer Flakabteilung. Vor einigen Stunden stand er einige hundert Meter von hier, wieder als Flakkommandeur unter Ihrem Befehl.«

»Na, und was wollen Sie nun eigentlich, Herr?«

»Drei Flakgeschütze, eins mit starkbeschädigter Zieleinrich-

tung. Der Abteilungschef Tomas lehnte den Einsatz dieses Geschützes ab . . .«
Vennekohl sprang auf, rot aufgeschwollen.
»Darf ich fragen, Vennekohl, was Sie dem Flakkommandeur geantwortet haben?«
Vennekohl gurgelte Unverständliches.
»Ich will es Ihnen wiederholen: Sie antworteten: Wird eingesetzt. Man kann auch übers Rohr zielen! Nun möchte ich von Ihnen wissen, ob Sie so was schon mal, und auf kurzer Entfernung, selbst erlebt haben?«
Und in den aufgehenden und wieder zuklappenden Mund Vennekohls hinein: »Sie haben erklärt: Es geht ums Letzte! Da ist es egal, und was fällt, das fällt eben!
Und die Resultate dieser Batterie kennen Sie, General Vennekohl?«
Es war ihm anzusehen, daß ihm nichts von Resultaten bekannt war.
»Die Batterie hat keine Kampfresultate gehabt, General! Da sie auch das Weitere nicht zu wissen scheinen, sage ich es Ihnen. Alle drei Geschütze sind zerschossen, von Panzern. Die Kanoniere sind bis auf zwei gefallen. Der Abteilungskommandeur, Hauptmann Tomas, ist aufs neue verwundet worden, dieses Mal eine schwere Splitterverletzung am Bein und ist abgetragen worden.«
General Vennekohl war nicht mehr groß und aufgeschwollen. Die jähe Röte fiel von seinem Gesicht ab und er wurde grau. Aber er hielt sich gerade wie eine Stange.
»Und, meine Herren, Sie müssen wissen, diese drei Geschütze waren der Rest einer ganzen Abteilung. Bei den Kassatschihügeln und vor sechzehn Tagen bestand die Abteilung noch aus zwölf Stück 8,8-cm-Geschützen, aus dreißig leichten Flakgeschützen und aus achthundertfünfzig Mann!
Und Vennekohl, ich habe Ihnen vorher meine Hand angeboten, und da habe ich gewußt, was ich tat. Vilshofen bei Otorwanowka, Cönnern bei Woroponowo, Vennekohl am Stalingrader Stadtrand. Wir alle sind einander wert, meine Herren!«
»Aber da hört doch nun alles auf!«

»Das ist doch eine Auflösung aller Bande des Zusammenseins!«
»Dem schließe ich mich janz an!«
Der Oberstleutnant stand auf, eine untadlige Haltung, eine hohe bleiche Stirn. Er öffnete die Tür und zog sie geräuschlos wieder hinter sich zu. Als er schon draußen war, und die Blicke von der Tür zu dem leeren Platz gingen, rauschte das Unausgesprochene noch durch den Keller: Leben sie wohl, meine Herren!
»Aber, meine Herren, wollen Sie denn unterstellen, daß wir einander nicht wert seien? Wir führten den Befehl aus.
Wir richteten die Armee dabei zugrunde. Divisionen wurden unter unserer Anführung zu Haufen bleicher hohlwangiger Gestalten, und ein Marsch von Divisionen wurde zu einem Zug elender Geschöpfe hin zum Schindanger!«
»Ich muß da schon bitten, Vilshofen!«
»Jawohl, ich war vorher schon im Begriff zu gehen, und ich gehe jetzt, Herr General!« erwiderte Vilshofen, und er knöpfte seinen Mantel zu und blickte sich nach seinem Rucksack um. Wirklich peinlich und tief bedauerlich, dachte Cönnern, aber er war erleichtert. Auch die übrigen Herren atmeten auf. Es war da ein Gerücke mit Stühlen, es waren da auflebende Stimmen. Es tauchte da nochmals ein Päckchen Zigarren auf und einer der Herren zündete sich eine Zigarre an, nicht ohne vorher auch seinem Nachbarn eine angeboten zu haben.
»Was ist denn nun schon wieder?« fragte Cönnern ärgerlich.
»Wieder ein Fernspruch wegen des brennenden Lazaretts, wieder dieser Leutnant, Herr General!«
»Welcher Leutnant?«
»Ein Leutnant Lawkow.«
»Stellen Sie sich vor, ein aufgeregter Leutnant«, wandte Cönnern sich seinem Nachbarn zu, »sagt, da würde geschossen wie von hundert Affen und wir möchten unsere Truppen zurückziehen. Wir haben aber gar keine Truppen dort!«
»Das habe ich ihm gesagt, Herr General!« warf der Hauptmann ein. »Aber er sagt, die ganzen Befehlsunterstellungsverhältnisse seien so verwirrt, daß überhaupt niemand mehr durchfindet, und daß da vielleicht doch . . .«

»Aber wir haben doch überhaupt nichts mehr, wir haben doch nichts als nur noch unsern Gefechtsstand!«

Und da war dann Vilshofen noch einmal. Er stand jetzt mit dem umgehängten Rucksack an der Tür: »Eine Frage gestatten Sie mir noch, meine Herren! Unser ganzes langes Gespräch wäre sonst ohne Sinn gewesen! Ich habe vorher hier die Tendenz bemerkt, nichts zu tun und das Ereignis an sich herantreten zu lassen. Auch nichts gegen sich selbst zu tun, ich meine, auch nicht die Hand gegen sich selbst zu erheben ...«

Mein Gott, geht das nun schon wieder los!

Dieser Vilshofen ist ja geradezu wie der rauhe Strick, den wir nötig haben, um uns aufzuhängen!

Es ist zum Verzweifeln, aber anderseits ist es wahr, die Frage ist in der Tat nicht geklärt!

»Nach dem Untergang der ganzen Mannschaft am Leben zu bleiben, ist natürlich, das verstehen Sie recht gut, nichts als negativ. Und selbst den Absprung vom sinkenden Schiff tun, den Sie den Männern verwehrt haben, ist eine Inkonsequenz, für die auch das Moment der Befehlserfüllung nicht mehr in Anspruch zu nehmen ist.

Und da ist meine Frage:

Wie stellen Sie sich das eigentlich vor, einmal wieder in Deutschland – der Kapitän eines großen Schiffes, eines mit der ganzen Mannschaft untergegangenen großen Schiffes spaziert da als einziger Überlebender über die sonnenbeschienene Straße, ein riesiges Schiff, eine riesige Mannschaft, große Haufen hinterbliebener Frauen der versoffenen Männer, noch größere Haufen hinterbliebener Kinder dieser Männer, aber er geht da seines Weges, setzt sich hin, nimmt sich den Panamahut von der Stirn, bestellt sich ein Bier und eine Zigarre. Halten Sie das für möglich, meine Herren, und wollen Sie diesen Begriff des überlebenden Kapitäns, den es bis heute nicht gibt, wollen Sie, meine Herren, diesen Begriff in die deutsche Gemüts- und Gedanken- und Alltagswelt einführen? Wie stellen Sie sich das vor, einmal in Deutschland als einzig überlebende Kommandeure einer ganzen untergegangenen Armee, wie können Sie es wagen, weiterleben zu wollen, wenn nicht *gegen* den, dessen langer Arm Sie waren!

Da ist Hartmann: er geht mit seiner geopferten Mannschaft unter: das ist Konsequenz!
Solche Konsequenzen auf die zwei Dutzend Generale und die fünftausend noch lebenden Offiziere übertragen und Generale und Offiziere geliefert als Generals- und Offiziersleichen bedeutet nun aber die Krönung und unverbrüchliche Besiegelung des Verbrechens, das hier geübt wurde namens einer These, wie wir, die wir doch noch leben, sie heute durch den Berliner Rundfunk vernommen haben: *Sie starben, damit Deutschland lebe!*
Und das ist Lüge, meine Herren!
Sie starben an allen möglichen, eigenen und auch nicht ihnen, sondern uns eigenen physischen und psychischen Gebrechen, und sie starben zu einem Ende, das heute sichtbar wird. Der Lüge mit unserm Tod das schwarze Siegel einer Scheinwahrheit aufdrücken, würde sie beflügeln und würde sie zu einer auf Millionen niedergehenden Todessaat machen.
Sie wären gestorben, damit das Verbrechen lebe, damit es weitergehe, damit auch Berliner, Hamburger, Bremer, Münchener, Nürnberger, Wuppertaler Keller den Stalingrader Kellern gleichen, damit auch in Deutschland Leichen wie Holzscheite auf den Straßen liegen, damit auch über Deutschland das Verbrechen und der Lohn des Verbrechens sich riesengroß aufrecken.
Das darf nicht sein! Schuldig und halbschuldig, wissentlich und auch unwissentlich für das Verbrechen gelebt und dessen Fahnen in allen vier Himmelsrichtungen dreitausend Kilometer von den deutschen Grenzen entfernt aufgesteckt, aber hier auf der Kammhöhe und vor dem tiefsten Absturz Deutschlands (und das ist Stalingrad und Sie wissen es militärisch, wenn Sie auch das sittliche Moment noch nicht kalkulieren) hier und in dieser Minute wissentlich für das Verbrechen und die Fortsetzung des Verbrechens sterben: das ist zuviel!
Das ist die Lage, unsere besondere Lage, meine Herren: das hebt die Folgewidrigkeit des Trotzdemamlebenbleibens auf. Das Leben empfangen Sie wieder als Lebensurteil! Nur gegen den: nur gegen den und gegen das an Deutschland und den Völkern begangene Verbrechen!

Das sei nicht vergessen!
Und nun, meine Herren:
Leben Sie!«
Langsam schloß sich die Tür hinter Vilshofen und langsam und wie bedächtig losgelassen hob sich der Türdrücker wieder und das Türschloß schnappte in seine Zarge zurück.

Der Mann mit dem langen Fahrermantel schritt durch die Stadt der hundert Balkas. Schnee und unter dem Schnee ein gestürztes Haus, unter dem Schnee die Form eines zusammengebrochenen Personenwagens, unter dem Schnee Stuck und Säulen und verbogenes Treppengeländer, unter dem Schnee ein Halbskelett und eine aufragende dürre Hand, und am verschneiten Schutthaufen und an der vereisten Wagenform, am gestauchten Fahrstuhlgestänge, an der aufragenden dürren Hand flimmerte blaues Licht, und durch die Fenster einer hohen Hausfassade blickten Sterne.
Der Mann ging eine lange Straße. Sein Weg führte ihn durch Hausdurchbrüche, über öde Höfe, vorbei an langen toten Mauern, die neben- und übereinander nichts als Loch an Loch und wieder Reihen hohler Fensterlöcher waren. Nicht auszudenken, daß da einmal Kanalisation und Wasserleitung und Läden und Büros und Theater und Restaurants und Straßenbeleuchtung und Krankenhäuser waren. Eine gestorbene Stadt, vor tausend Jahren unter einem Ascheregen versunken und in dieser Minute jäh wieder emporgeschleudert in die Sternennacht, und da war noch das Beben in den Gründen und da war noch die rieselnde Asche. Und in der Öde waren die Schritte eines Lebenden. Der Mann kam an einen weiten Platz und in den Bereich des vom vereisten Strom aufziehenden Dunstes. Im Dunst wie eine Reihe aufblitzender Straßenlaternen Raketengeschosse, verlöschten wieder und standen wieder da, weiß und flackernd. Auf einem Dunstberg ein brennendes Haus, ein zweites brennendes Haus glühte im Nebel, noch ein drittes spie schwarze Qualmmassen, die bis zum Himmel aufflatterten. Dieses dritte Brandhaus war ein Eckgebäude mit drei Flügeln, die ehemalige Ortskommandantur, in welcher auf Befehl der Armee die nach Stalingrad strömenden

Verwundeten gesammelt worden waren. An jener Straßenecke und rechts und links dieses hohen Gebäudes war eine Schießerei im Gange, Feuerstöße aus MGs, krepierende Panzergeschosse, auch das scharfe Krachen feuernder Flakgeschütze. Der Mann überquerte den Platz, tauchte ein in das jenseitige Straßenlabyrinth. Wie Geröllwege abfallende Gassen. Unten der Uferstreifen. Verkohlte Holzhäuser. Zäune und Toreinfahrten verschwunden. Wie Striche aufragend eine Reihe zerfetzter Baumstümpfe. Zusammengesunkene Schuppen, ein Eisenbahngleis, auf dem Gleis von Schüssen durchlöcherte Lokomotiven. Den Einblick und Hinabblick auf dieses von Bunkern unterklüftete und von Laufgräben durchzogene Gelände gab es nur hinweg über Erd- und Trümmerwälle und quer durch Stacheldrahtgespinste. Dieses diesseits des vereisten und schneeüberwehten mächtigen Stroms liegende Ufergelände war ein Teil des niemals betretenen und niemals in Besitz genommenen neunten Neuntels der Stadt.
Der Mann wandte sich wieder und kehrte dem Fluß und dem Uferstreifen den Rücken, verschwand wieder im Straßen- und Ruinengewirr. Durch ragendes von tausend Tür- und Fensterlöchern perforiertes Gemäuer fiel der Blick auf den lichtübergossenen ›Platz der Gefallenen‹ und an der Platzecke auf die hohe Hausruine des Stalingrader Kaufhauses. Ein schmaler Straßendurchbruch und eine Barrikade aus Sandsäcken und Stacheldraht trennte den Platz mit dem Armeehauptquartier von dem mit Verwundeten belegten Theaterkeller.
Der Mann im Fahrermantel wanderte durch die Stadt. Er zog seine Spur durch eine tiefverschneite Balka, stieg am andern Abhang wieder auf, zog wieder durch Haustore und vorbei an Säulen, ragenden Schornsteinen, Hausstümpfen, über weiße Felder. Durch eine Ruine huschte ein mageres Russenmädchen und verschwand mit einem aufgelesenen Ende Holz in einem Loch.
In einem Keller lag ein Verwundeter, röchelte leise und war schon ohne Bewußtsein. Der Mann gelangte auf das zerbrochene Bahnhofsgelände. Vor dem Bahnhofsstumpf ein weiter Platz, jenseits eine Häuserreihe, aus einigen Häusern brachen Flammen. Weiter durch den finsteren Schlauch einer Gleisun-

terführung, dort sperrten kaputte Fahrzeuge den Weg, es lagen Leichen herum und Verwundete schrien.
Wieder eine sich von Stumpf zu Stumpf ausspannende Girlande krepierender Salvengeschosse, wieder Hausfassaden mit hohlen Fensterhöhlen, wieder ragende Schornsteine, wieder aufspritzende Schutt- und Schneebäume von Granatwerfereinschlägen. Das massive schwarze Gemäuer, gegen welches das Feuer sich richtete, war das ehemalige weitläufige Gebäude des Volkskommissariats für Inneres, und anschließend das Stadtgefängnis.
Der Mann im langen Fahrermantel ließ das Stadtgefängnis hinter sich. Die feuernde Wand, der er entgegenschritt, erhob sich am Stalingrader Stadtrand. Wo die Wand einen dunklen Fleck zeigte, schritt er hindurch. Vor seinen Füßen breitete sich weites Land, die Steppe, über die er einmal, auf einem Panzer fahrend, hierhergekommen war. Auf dem gleichen Weg schritt er hinaus in die vom hohen Himmel überwölbte weiße Nacht.
Im Rücken blieb die Mondstadt mit Kratern, Schutthalden, geborstenem Asphalt, ausgebrannten Steingehäusen, mit stöhnenden Kellern, mit straßenlangen, Höhle an Höhle gereihten Beinstätten, mit siechen, schorf- und wundenbedeckten Männern, tausend an der einen, tausend an der anderen, zweitausend, dreitausend an noch anderen Stellen, mit Goethe und Gesangbuch und Kognak und dem auf den Schutt geworfenen Spengler und van der Bruck, mit Heulen und Wimmern, mit dem körperlich und seelisch erschöpften Soldatenvolk.
Die Stätte der verlorenen Schlacht, des verlorenen Krieges, der Zenithöhe deutschen Machtstrebens, der schwersten Niederlage in der deutschen Kriegsgeschichte, des tiefsten moralischen und politischen Falles des deutschen Volkes (wo Manneswort vor Thronen Notwendigkeit der Stunde gewesen wäre, dröhnte ein einziges Hackenzusammenschlagen von vierundzwanzig Generalen, wo nach dem Ausbleiben solchen Wortes Empörung der Soldatenmassen die Mauern der Generalsquartiere hätte umwerfen müssen, war nichts als körperliche und seelische Auflösung und Apathie und Sterben ohne

Fluch auf den Lippen): das Gesicht dieses Sturzes und die Auflösung in heulende Atome: das sei nicht vergessen!

›Ach, Herr, wie sind meiner Feinde so viel . . .‹
Dieser Psalm konnte nicht nur gesprochen, sondern auch gesungen werden und er verhallte in dem Keller am Stadtrand, nicht in dem allgemeinen Raum, sondern in einem Nebengelaß. Und Hände mit langen Fingern und knotigen Gelenken legten die Blockflöte, auf der der Gesang begleitet worden war, in das mit Samt ausgeschlagene Futteral und der Deckel klappte zu. Zum erstenmal hatte Oberstleutnant Unschlicht, dem bisher das Spiel nur eine Willensübung gewesen war, aus ganzer Seele heraus die Flöte geblasen und die Weise war ihm im wirklichen Sinne des Wortes durch Mark und Bein gegangen. Daß er die Flöte, die ihm in dieser Stunde zu einem Ausdrucksinstrument für tiefste Not geworden war, sorgsam in ihren Behälter zurücklegte, das war richtig, daß er den Flötenbehälter dann aber auf dem Tisch zurückließ und ihn nicht in den Rucksack packte, das war ein bedenkliches Zeichen. Die übrigen Herren, ein Major, Ing., der Intendant des Korps, ein Hauptmann, ein Leutnant, hatten den Rucksack schon an den Schultern. Auch Oberstleutnant Unschlicht nahm seinen leichtgepackten Rucksack auf und setzte sich die Pelzmütze auf den Kopf. Zu sagen war nichts mehr. Alles war besprochen.
Ein Blick zum Major, zum Intendanten, zum Hauptmann, zum Leutnant – fünf Mann, fünf bleiche Gesichter.
»Also, meine Herren!«
Wie Diebe schlichen sie sich aus dem Keller, vorbei an der Tür zum allgemeinen Raum, stiegen den schräg nach oben führenden Gang hoch, passierten den draußen aufgestellten Posten, der zuerst, als das bleiche Gesicht des Oberstleutnants so plötzlich neben ihm auftauchte, zusammenfuhr und doch ganz richtig salutierte, der dann aber ganz verdattert den fünf mit Rucksäcken bepackten Herren nachblickte.
Oberstleutnant Unschlicht führte. Drei und auch manchmal fünf und mehr Schritte war er den anderen voraus. Die Wegrichtung war Westen, war die schneestarrende Steppe südlich

des Tatarengrabens. Aber noch rechts und links eingekeilt von Ruinenstümpfen fanden sie sich einer feuernden russischen Granatwerferbatterie gegenüber. Auch zu beiden Seiten der Batterie flackerte Feuer. Der Oberstleutnant schritt mit seinen langen Beinen gleichmäßig aus.
Der nach ihm dienstälteste Offizier, der Major, Ing., war an seiner Seite: »Verzeihung, Herr Oberstleutnant, aber hier geht es nicht!«
Ein Aufblicken des Gesichtes mit der großen Nase und den weiten grauen Vogelaugen: »Dann also wie wir verabredet haben!«
Die fünf Herren drehten um. Wieder führte der Oberstleutnant. Der Weg führte zurück, in einem Bogen an dem Gefechtsstand vorbei, aus dem sie gekommen waren, dann weiter durch die Stadt. Es ging durch Balkas, durch Hausdurchbrüche, ging quer über den Platz, an dessen einem Ende die Ortskommandantur in ihren oberen Stockwerken in Rauch gehüllt war. Es ging weiter bis zur Uferböschung und bis zu dem neben der russischen Uferfestung gelegenen Gelände, und hier zogen sie in Gänselinie auf den Strom hinaus und nachher auf der Mitte des gefrorenen Stromes durch treibenden Schnee, über gerissene und wieder aneinandergewachsene Spalten, über gehobene, übereinandergeschobene und aneinandergefrorene Eisschollen. Der Himmel war so hoch wie niemals und Sterne waren so viele und so große da wie auch sonst niemals. Die sich am rechten Wolgaufer an zwanzig Kilometer hinziehende Stadt blieb so fern wie dem Schiffer die Meerküste, an der er vorbeizieht, und das im Innern und in den Gründen dieser Stadt brodelnde Getöse schwang nicht hinaus bis auf die Höhe des Stroms. Nur wenn die auf der andern Seite stehende Artillerie ihren hohen Bogen spannte, wenn es am Sternhimmel aufgrollte wie von einem minutenlangen schleudernden Eisenbahnzug, wenn das schwere Geschoß dann auf die wunde Stadt einhackte, dann war nicht nur diese eine Detonation da, dann brüllten zugleich alle Tiefen und Schlünde auf. Danach war wieder nur Schnee, war wieder der Himmel, war wieder Schweigen. Die Männer senkten den Kopf und gegen den Wind und über Schneewellen und über die auf den

Weg geschleuderten Eistrümmer hinweg arbeiteten sie sich Schritt um Schritt weiter.
Dann war da ein anderes Phänomen.
Ein Flieger streute Leuchtraketen und Himmel und Erde verwandelten sich. Der Himmel war weggewischt von weißem Licht. Das Ufer war keine im Dunst liegende hohe Steilküste mehr, enthüllt und nackt war das Neben- und Hintereinander hohler Steinschachteln und das erstarrte Getümmel dieser wilden Zahnstocherwelt und das Licht drang durch alle Poren und Löcher, und vier und fünf der weißen Lichtbälle gingen auch über dem Flußlauf nieder und blieben da hängen mit ihren herabtränenden Lichttropfen. Und alles war Schnee und alles war Licht, und der Mensch da draußen, diese fünf Männer, waren zuviel, und es blieb nur übrig, sich niederzuwerfen und auch das Gesicht in den Schnee und in das weiße Gleißen einzutauchen.
Und erst als das letzte Licht vertropft war und der Himmel sich wieder aufwölbte und die Sterne wieder blinkten, als wäre der weiße Spuk nicht gewesen, hoben sie sich wieder auf und wanderten sie weiter flußabwärts.

Und wieder rollte ein Schuß vom andern Ufer her durch die Stille und weckte ein hundertfaches Echo. Und wieder fallende Lichtraketen und wieder Hinwerfen. Nach drei Stunden Marsch und nach einer normalen Leistung von etwa zwölf Kilometer hatten sie vielleicht erst sechs Kilometer hinter sich gelassen; und als der Oberstleutnant, der immer ein Stück und manchmal ein beträchtliches Stück voraus den Zug angeführt hatte, eine plötzliche scharfe Wendung machte und wieder dem Land zusteuerte, schien es den andern noch zu früh und sie meinten, daß sie bis in den grauenden Tag hinein hätten wandern müssen, ehe sie sich wieder dem Ufer und der Westrichtung zuwenden dürften; sie folgten aber schweigend den Fußstapfen ihres Anführers. Sie erreichten die Uferbank, stiegen an das Land und stiegen dann die Uferböschung hoch. Im Schnee schwarze Brandstellen und Stümpfe verkohlter Holzhütten, dann eine Reihe leerer Häuser, und in den leeren Häusern das Schlagen im Wind auf- und zugehenden Türen, und

hinein in dieses nicht aufhörende und gespenstische Spielen herrenloser Türen hallten Gewehrschüsse.
Und was war mit dem Oberstleutnant los?
Schon auf der Flußmitte und unter dem Licht der Leuchtraketen war es vorgekommen, daß er sich nicht hingeworfen hatte, sondern in ragender Einsamkeit weitergeschritten war. Beim Betreten des Ufers war ihm nicht anzumerken gewesen, daß er fürchtete, den Fuß auf eine S-Mine oder T-Mine des ausliegenden Minengürtels zu setzen, und auch jetzt schritt er aus ohne nach rechts oder links zu spähen und sich zu sichern.
Wo befanden sie sich eigentlich?
Noch in Zariza-Süd oder schon in Jelschanka – sie wußten es nicht! Aber sie waren wieder in einen Kampfbereich hineingeraten. Ein Salvengeschütz streute seine Geschosse. Major, Intendant, Hauptmann, Leutnant warfen sich an den Boden. Der Oberstleutnant schritt kerzengerade weiter. Und erst jetzt, die Gesichter an den Schnee gepreßt, ermüdet von der Wanderung übers Eis, betäubt vom Fauchen der krepierenden Geschosse, und aufblickend den Oberstleutnant im Schein des Salvengeschützes wie eine hohe zerzauste Vogelscheuche vor Augen, jetzt erst begriffen sie: der will ja gar nicht ausbrechen, der will ja was anderes!
Und da war das andere schon!
Das Bild von der zerzausten und vom Wind bewegten Kleiderpuppe war nicht von ungefähr. Der Oberstleutnant hob beide Arme, hielt sie, die eine Hand rechts, die andere links, in der Schwebe, so verharrte er, solange ein blinzelndes Augenlid braucht, um zu- und wieder aufzugehen. Er taumelte, schlug rücklings um und lag in ganzer Länge im Schnee. Die andern blieben im Abstand liegen, sie vernahmen sein Stöhnen. Dann war es an dem Dienstältesten, an dem Major, näher heranzukriechen. Der grobe Splitter eines Salvengeschosses hatte dem Oberstleutnant das halbe Gesicht abgerissen.
»Herr Oberstleutnant . . .«
Stöhnen.
»Herr Oberstleutnant, kann ich noch etwas für Herrn Oberstleutnant tun?«
»Jawohl, was wir vorher ausgemacht haben!«

Vorher ausgemacht war, daß derjenige, der unterwegs verwundet werden würde, von dem andern den Gnadenschuß erhalten sollte. Der Major wußte nicht, daß er aus tiefer Besinnungslosigkeit heraus lauter stöhnte als der Verwundete, er zog seinen Dienstrevolver.

»Herr Oberstleutnant, darf ich noch eine Frage stellen; glauben Herr Oberstleutnant nun, daß Herr Oberstleutnant in den Himmel kommen?«

»Jawohl, ich komme in den Himmel!«

Ein Revolverschuß hallte durch die eisige Luft, das war eine Stunde vor Hellwerden und es war das Ende eines Ausbruchsversuchs. Major, Intendant, Hauptmann und Leutnant lagen im Kreise um den Toten herum. Als das erste Licht von der Wolga heraufkroch, hoben sie sich auf. Mit erhobenen Händen näherten sie sich dem nächsten russischen Posten.

Auch dieser Oberstleutnant, Major, Intendant, Hauptmann, Leutnant und ihr gescheiterter Ausbruchsversuch waren ein Zug an dem in Auflösung begriffenen Gesicht und auch diese Wanderung in Gänselinie wolgaabwärts und der Tod im Morgennebel zwischen Zariza-Süd und Beketowka: auch das sei nicht vergessen!

Schwarz und massig mit anderthalb Meter dicken Mauern erhob sich das Volkskommissariat. Das Gebäude war zerbombt, die Dächer weggefegt, die oberen Stockwerke ausgebrannt, und Bombendurchbrüche führten wie Lichthöfe bis in die unteren saalartigen Räume hinunter. Die massiven Außenmauern gewährten einen bedeutenden Splitterschutz und sicherten den Hof, der weit wie ein Exerzierplatz war, vor direktem Beschuß.

Auf dem Hof stand eine Feldküche, der seit Tagen bald mal Holz, bald mal Wasser fehlte und vor der Tag und Nacht in langer Schlange die Essenholer standen. Gleich hinter der Feldküche, auch neben dem durch den Schnee getretenen Weg zum Abort und auch sonst verstreut auf dem Hof lagen steifgefrorene Tote. Opfer des Beschusses aus russischen Granatwerferbatterien, die den Hof unter Feuer hielten. Aber auch jene, die in den Sälen starben, wurden nicht mehr begra-

ben, sondern herausgetragen und draußen in den Schnee gelegt.
Die Reste eines Panzerkorps, die Trümmer von zwei motorisierten Divisionen und Splitter noch anderer Truppen, die am westlichen Stadtrand eine Art HKL hielten und auf Straßenzugängen und in herumliegenden Ruinen Feuerstellungen besetzt hatten, lagen hier in Quartier, zusammen an zweitausend Mann, und mit der Verwundetenmasse und den Belegschaften in den benachbarten Hausruinen waren hier an fünftausend Mann konzentriert. Das Volk bewohnte die über der Erde gelegenen saalartigen Räume. Die Stäbe, und die waren da in großer Menge, saßen unter der Erde in den an langen gewölbten Gängen gelegenen Gefängniskellern. Vor den Zugängen zu den Kellerräumen waren Doppelposten aufgestellt, die jedem Unberufenen den Zutritt verwehrten.
Eine dieser Zellen, sechs Schritte lang und zwei Schritte breit und etwa in Mannshöhe mit einem kleinen vergitterten Fenster versehen, bewohnte Generalleutnant Damme, der nichts mehr hinter sich, der seine ganze Division verloren hatte und der von den Herren seines Stabes, welche in den Nachbarzellen Quartiere bezogen hatten, begleitet war. Seit vierundzwanzig Stunden aber war Damme plötzlich wieder Befehlshaber über eine Truppe geworden. Der Kommandeur des Panzerkorps, der an die ›Front abgereist‹ war, das heißt der irgendwo in der Ruinenwelt umherschweifte, hatte ihm vertretungsweise sein Korps übergeben.
Und da saß Damme am Tisch, am Ohr hielt er den Fernsprechhörer und es war ein verdammt unangenehmes Gespräch, in dem er da begriffen war. Der Partner am andern Ende des Drahtes war der Oberbefehlshaber der Armee.
»Mir ist zu Ohren gekommen, Damme . . .« so hatte das Gespräch begonnen, »daß bei Ihnen Verhandlungen mit den Russen geführt werden!«
Das war nun allerdings an dem, und es hieß mit der Sprache herausrücken: »Jawohl, Herr Feldmarschall!« (Herr General hätte er beinahe gesagt, denn erst am Vortage war der O. B. befördert worden, und auch das, wie die Armee ja überhaupt schwieg, war den Stäben nicht offiziell mitgeteilt worden.) »Ja-

wohl, Herr Feldmarschall, und nicht nur bei mir, ich selbst habe die Verhandlungen mit den Russen geführt!«
Was wollte man eigentlich von ihm! Die Armee gibt keine Befehle mehr aus, schon seit Tagen nicht, und praktisch führt sie schon seit vielen Tagen nicht mehr. Das einzige, was seit vielen Tagen die Kommandostellen erreicht hatte, war: HALTEN! Halten, auch wenn schon keine Arme zum Halten mehr da waren.
Was wollte also die Armee, die in tiefes Grabesschweigen verfallen war, eigentlich von ihm?
»Der Chef des Stabes hat mir diese sehr ernste Angelegenheit mitgeteilt, Damme!«
Das konnte er sich denken, daß natürlich der Chef seine Hand da wieder im Spiel hatte. Und auch ohne die Änderung im Ton, ohne die plötzliche Schärfe der sonst fast leidenden Stimme konnte er sich ausmalen, daß der ›böse Geist des Feldmarschalls‹ ihm da leibhaftig gegenübersaß und das Gespräch überwachte.
»Aber hören Sie, Damme, nicht mal mit Ihrer eigenen Division, in bezug auf eine fremde Truppe, die Ihnen nur vertretungsweise anvertraut worden ist, haben Sie sich da in Kapitulationsverhandlungen eingelassen!«
»Jawohl, Herr Feldmarschall. Das habe ich!
Hier im Keller hat jedoch eine Versammlung sämtlicher Offiziere stattgefunden. Die Offiziere sind darüber unterrichtet worden, daß Schritte eingeleitet sind, den heldenhaften Kampf ehrenvoll einzustellen. Jeder ist einzeln gefragt worden: Sind Sie damit einverstanden? Und jeder einzelne ist aufgestanden und hat erwidert: Jawohl!
Was kann auch noch werden, wie soll es weitergehen . . .«
»Sie kennen den Befehl, Damme?«
»Jawohl, der Befehl ist mir bekannt, Herr Feldmarschall!«
»Dann ist doch alles klar, dann sind Verhandlungen doch völlig ausgeschlossen! Der Befehl wird durchgeführt! Der Befehl wird durchgeführt, pünktlich und bis zu Ende, Herr General!«
Der Befehl aus dem Führerhauptquartier lautete: Bis zur letzten Patrone! Der zusätzliche Armeebefehl lautete: Parlamentäre des Gegners werden durch Feuer abgewiesen! Zusätzli-

che Korpsbefehle für Truppenführer, die keine Truppe mehr und nur noch ihre Stäbe um sich hatten, lautete: Der Gefechtsstand wird verteidigt!
Es war also alles klar, jedenfalls auf dem Papier.
»Aber es ist doch nichts mehr zu essen da, Herr Feldmarschall!«
»Das ist mir bekannt!«
»Die Verwundeten sind doch nicht mehr versorgt, Herr Feldmarschall!«
»Das ist mir bekannt!«
»Ringsherum zieht es sich zusammen. Angesichts der russischen Geschütze, man sieht sie doch mit bloßen Augen auffahren ...«
»Ist mir alles bekannt!«
»Und es ist doch klar, daß auf einen Entsatz überhaupt nicht mehr zu rechnen ist, Herr Feldmarschall!«
»Sie kennen den Befehl!«

So ging es weiter. Um halb zwölf Uhr nachts hatte das Gespräch begonnen und um halb eins war die Verbindung noch nicht abgerissen und sie dauerte bis gegen ein Uhr nachts und während der letzten Viertelstunde polterte der Chef des Stabes Grobheiten und Flegeleien und er wurde ausfällig und schließlich völlig dekonzentriert und verlor sich in einem wahren Veitstanz wilder Drohungen.
Da saß Damme dann am Rande dieser Nacht. Er fuhr sich mit der Hand durchs Haar und die Hand war naß. Befehl wird ausgeführt – so ein Befehl, der größte Blödsinn! Das ist ja nicht auszuhalten, das ist ja viehisch. Der Schweiß läuft ja nur so an einem runter. Leere im Kopf. Kalt im Rücken. Kein Appetit, das wäre ja bei den Verpflegungssätzen noch am ehesten zu ertragen. Keine Lust zum Kartenspielen mehr und überhaupt zu nichts. Zu andern Zeiten hätte man da einige Tassen heißen Tee und ordentlich Rum rein getrunken und sich mit zwei Bettdecken zugedeckt und mal richtig geschwitzt und alles wäre vorübergewesen. Aber hier – das dauernde Geschieße, dauernd in dem Loch hocken, dauernd das kleine vergitterte Fenster vor Augen, und da draußen dauernd diese

Bilder, das hält kein Mensch aus, und das ist mit einem Wort viehisch!

Und natürlich, als da ein deutscher Rittmeister, einer von drüben, den sie wieder rübergeschickt haben, zusammen mit einem russischen Major hier hereinkam, da hat er sich selbstverständlich mal mit ihnen hingesetzt und mal überlegt, was zu tun ist. Irgendwo findet sich wohl noch ein Tropfen! Nein, nicht? Na, dann koch mal einen Kaffee! hatte er seinem Adjutanten gesagt. Aber auch Kaffee war nicht mehr da. Nichts zum Anbieten und draußen vor dem Fensterloch schleppten sie wieder einen an Kopf und Füßen und packten ihn auf den Haufen zu den andern. Das waren so die Zustände und da war es wohl klar, und der gesunde Menschenverstand wies den Weg, und es erforderte auch keiner langen Überlegungen mehr, daß da nur übrigblieb, den heldenhaften Kampf ehrenvoll einzustellen, und das gerade war die Formel, auf die man sich geeinigt hatte. Und alles war in schönster Ordnung und geschehen war die Sache nur deshalb noch nicht, weil der Russe, wie er sagte, die Basis noch etwas erweitern wollte, und die 29. mot. und was sonst noch da herumlag, auch gleich mit einbeziehen wollte. Und nun funkt die Armee und funkt dieser Chef dazwischen. Das ist doch nun wirklich zu blödsinnig, und das soll nun wieder so weitergehen. Immer weiter das blödsinnige Geschieße, immer weiter das Herausschleppen stocksteifer toter Männer, immer weiter da oben im Erdgeschoß das Heulen Verwundeter, immer weiter der Tumult vor der Feldküche, und alles sinnlos, völlig sinnlos, und ohne jedes Ziel. Und man selbst, die Haare bleiben einem ja in der Hand, wenn man sich über den Kopf fährt. Die Verdauung funktioniert nicht mehr. Wie soll sie auch, keinen Schluck Kaffee, keine Zigarre mehr. Man verfällt ja schon einer völligen seelischen Depression, und man ist total arbeitsunfähig. Aber etwas mußte nun schließlich geschehen, denn am Morgen sollte die Sache steigen. Am Morgen sollte das große Antreten zur Kapitulation stattfinden, so war es mit dem Russen ausgemacht.

General Damme erhob sich, er öffnete die Tür und rief, daß es den langen Gang entlanghallte, nach seinem Ic. Der Ic, der

schon über das Ferngespräch orientiert war, und der in der Nachbarzelle mit den Obersten und den übrigen Stabsoffizieren beisammengehockt hatte, kam sofort heraus; er hatte auf diesen Ruf schon gewartet und wußte, was von ihm verlangt werden würde. Die Obersten in der Nebenzelle wußten übrigens auch schon, was der General nach dem Ferngespräch unternehmen würde und sie hatten bereits ihren Entschluß gefaßt: Dann müssen wir es eben tun!
»Ja, Herr Hauptmann, das Kapitulieren ist uns also verboten. Das müssen wir den Russen sagen. Wir müssen ihnen sagen, daß wir die Verhandlungen abbrechen! Übernehmen Sie bitte diese Mission!« Das war es, was Damme seinem Ic sagte, als er vor ihm stand. Danach saß Damme wieder allein in seiner Zelle und wieder blickte von allen Wänden das Elend auf ihn herab. Er starrte die Wand an und auch er wußte, was jenseits der Wand gesprochen wurde, und er dachte: Dann müssen es eben die Obersten machen!
Auch dieses Ferngespräch zwischen Armee und Kommandeur, auch diese verhinderte und dann dennoch durchgeführte Kapitulation gehört dem Zerfallen der Armeemasse in Trümmerstücke und dem Sturz ins Chaos an, auch diese letzte Stunde und der ausbrechende kalte Schweiß am Nacken eines truppenlosen Kommandeurs, der mit siebzehntausend Mann ins Feld ausgerückt war: auch das sei nicht vergessen!

Da war, durch den schmalen Straßengang und durch den Haufen Sandsäcke vom Armeehauptquartier getrennt und von dort auf einem Weg von wenigen Minuten zu erreichen, der Theaterkeller; und zusammen mit dem durch einen Gang verbundenen Keller unter der Ruine des ›Hauses der Roten Armee‹ bildete dieser Raum das in Gewölbe aufgesplitterte unterirdische Verwundetendorf, in dessen unterstem Bezirk sich die Tag und Nacht in heiße Dämpfe gebadete Operationshöhle des Oberarztes Huth befand.
Huth war fertig – nicht mit den Nerven, die hatten standgehalten auf dem Weg, der durch Gebrüll unter dem Messer, durch Todesgeheul, durch Verröcheln, durch stummes Sterben gegangen war, siebenundsiebzig Tage lang. Seine Nerven hatten

standgehalten, wenn er in dem Flattern des Todes und in den Wunddämpfen, die er eingeatmet hatte, auch zu einem Skelett mit Armen und Händen aus Knochen und Sehnen geworden war. Seine Hände hatten ohne Zittern und ohne Ermüdung hantiert und ihn gegen die immer höher ansteigende Woge des Todes arbeiten lassen. Wenn hundert nach geglückter Behandlung gestorben waren, so war einer darunter vielleicht am Leben geblieben, und diesen einen hatte er sich zugute schreiben wollen. Jetzt konnte aber auch der eine nicht mehr leben bleiben, denn auch dem mußte, ohne die dünne Suppe, die zu hundert anderen Wundern hinzuzukommen hatte, der Lebensfaden abreißen. Dieser Zustand war erreicht. Der Theaterkeller blieb seit Tagen völlig unversorgt. So war die Arbeit des Arztes Schneiden an lebendigem Fleisch und Sägen an lebendigen Knochen, zu keinem andern Ende als durch Qualen und gelungene Operationen das bevorstehende Sterben zu verlängern.

Das war der Schluß einer Gedankenreihe, zu dem der Oberarzt Viktor Huth gelangt war. Er führte den begonnenen Schnitt an einem Oberschenkel nicht mehr zu Ende. Das blutige Skalpell legte er auf den Tisch zurück. Er drehte sich um, nahm die Wachstuchschürze ab und hängte sie an den Nagel. Nachdem er sich Hände und Arme gewaschen und seinen Rock angezogen hatte, wandte er sich noch einmal um und umfaßte sein Blick noch einmal den auf dem Operationstisch liegengebliebenen Mann. Ein nicht zu muskulöser, aber harmonisch gebildeter Körper und eine Lebensspannung andeutend, die unter anderen Umständen wohl noch für ein halbes Jahrhundert ausgereicht hätte. Ein junger Hauptmann, und Huth entsann sich, daß er ihn schon einige Tage vorher mit einer Kopfverletzung hier gehabt hatte. Der Mann machte einen tiefen Atemzug. Die Lippen des vor Schmerzen halbgeöffneten Mundes zitterten. Die Lider gingen auf und der Blick aus grauen noch verschleierten Augen schwamm im Leeren. Huth wollte nicht warten, bis die Schmerzbetäubung völlig weichen würde. Er hätte die Macht gehabt, diesen Mann augenblicklich von allen Schmerzen zu erlösen und an ihm das zu tun, was das System, dem er diente, an Alten, an Kranken,

an gesellschaftlich Untauglichen (die in vielen Fällen die gesellschaftlich Fähigsten waren) organisiert und massenhaft tat. Vor diesem Gedanken aber taumelte er zurück. Es waren keine religiösen Skrupel oder vielleicht war es doch religiöser Grund, jedenfalls war es die tausendjährige menschliche Geschichte, und das ihm eingeborene Gesetz, welches ihn von solcher Handlung abhielt.
Viktor Huth flüchtete die Treppen hoch. Der Verwundete auf dem Tisch und die Sanitätshelfer, die sich um ihn kümmerten, blieben vorerst noch zurück. Huth gelangte in den großen Kellerraum, in dem Mann an Mann, nur schmale Fußpfade zwischen den Gruppen, an siebenhundert oder achthundert Verwundete, Kranke, Sterbende und schon Gestorbene lagen, ein Keller, der nach zweimal oder spätestens nach dreimal vierundzwanzig Stunden ein Keller der allgemein eingetretenen Muskelstarre, grünlich gefärbter Bauchdecken, schmutzigbrauner Gesichtshaut, weicher auslaufender Augäpfel und immer wilder aufdammenden Fäulnisgeruches sein mußte. Noch aber flatterte der Tod hier in allen Winkeln, noch kreischte er aus einem vielstimmigen Chor starker Stimmen. Unerträgliche Schmerzen schrien die Bewußtlosigkeit herbei. Der Hunger von solchen, die bis dahin ernährt und noch bei Kräften waren, brüllte laut auf. Gebete wurden gelallt. Ein tobsüchtiger Torso, der noch Lungen zum Fauchen hatte, bäumte sich auf und kugelte wieder zusammen. Ein delirierender Panzerleutnant erteilte Kampfbefehle. Aus einer Ecke her tönte eine von elektrischen Batterien gespeiste übermenschliche Stimme. Und diese Lautsprecherstimme ließ zeitweilig Schmerzen vergessen, ließ den Sterbeakt unterbrechen, ließ Wütende die Luft anhalten und ließ den Keller Partei nehmen, für und wider, für Weiterhören und für Abdrehen.
»Abstellen! Abstellen!« heulte ein Chor von Stimmen. »Lauter, lauter!« heulten andere dagegen.
»Abstellen!«
»Anhören!«
»Dieser feiste Hund!«
»Dieser Fettwanst!«
»Hätt' er lieber sein Wort gehalten!«

»Der trägt die Schuld daran!«
»Läßt uns verhungern!«
Dazwischen schrie ein Fiebernder: »Wasser!« Schrie ein von Schmerzen Zerfaserter: »Morphium!« Unter der Decke (darin unterschied sich der in der Nähe der Armee gelegene und vom Armeearzt geleitete Keller von anderen) baumelten elektrische Lampen. Der obere Teil des Gewölbes war angeleuchtet, der untere Teil blieb in halbem Licht. Durch den Dunst und zwischen den hingestreckten und hockenden Gestalten der mit Fetzen Umwickelten bewegten sich zwei Wehrmachtpfarrer, der eine war der Pastor Koog, der andere der Pfarrer Kalser. Pastor Koog nahm von einem Verscheidenden einen letzten Gruß entgegen. Pfarrer Kalser murmelte über einem Verröchelnden: »Das ewige Licht leuchte ihm!« Der Arzt Huth lehnte mit dem Rücken an der Wand. Er erblickte den verwundeten Hauptmann, den er auf dem Operationstisch zurückgelassen hatte. Der stand plötzlich da, auf seinem nachgeschleppten Bein, und sank neben ihm nieder.
»Herr Doktor?«
»Herr Hauptmann, was kann ich tun, es ist ja doch alles sinnlos, das Sterben dauert dann nur länger!« – »Dann soll es länger dauern, Doktor, bitte Doktor!« – »Strecken Sie den Fuß aus, aber hören Sie erst zu!«
»Was ist das?«
»Der Reichsmarschall!«
Und durch das Toben, durch ›Abstellen‹ und ›Anhören‹, durch Heulen und Fluchen, durch die Kampfbefehle des Panzerleutnants rang sich der fette Tenor, und auch Pastor und Arzt und Hauptmann hörten zu:
». . . Volksheer . . . Volksgemeinschaft . . . deutsche Menschen untereinander . . . mit alten Anschauungen gebrochen . . . aber meine Kameraden, nur der kann kämpfen, der mit leidenschaftlicher Seele Anteil nimmt . . .«
»Der mit leidenschaftlicher Seele Anteil nimmt, und laß mich in Deinem Kampfe nicht erlahmen, mein Gott!« betete Pastor Koog. Pfarrer Kalser drückte einem Soldaten die Augen zu. Unter halbaufgeschlagenen Lidern blickte er sich um und er entdeckte einen nächsten, der ihn brauchte. Aber es waren

nun schon so viele und langsam stand er auf, müde ging er weiter, still ließ er sich neben dem nächsten nieder. Doktor Huth mit seinen vierunddreißig Jahren ein Gesicht wie eine Mumie, aber mit aufmerksamem Ausdruck, bemerkte alles, den Pfarrer, den Pastor, er hörte den Panzerleutnant (und was der brüllte, waren keine Panzerbefehle, sondern Befehle, wie sie im Graben gegeben werden und sicherlich war er zuletzt infanteristisch eingesetzt gewesen). Er hörte den Hauptmann neben sich schluchzen und begriff, daß der nahe einem Weinkrampf war. Als Hauptmann Tomas zum letzten Male eine Wehrmachtsendung hörte, war es die Ringsendung in der Neujahrsnacht und die Ansage Königsberg war lange in ihm nachgehallt wie eine verzweifelte und wehmütige Musik, die Ansagerin und die Stimme, die er da vernommen hatte, war die Stimme seiner ihm verlobten Braut gewesen, jetzt aber war da der Tenor des Reichsmarschalls:

»Weltanschauung ... Weltanschauung ... granitne Weltanschauung ...

Weltanschauung, die unser Führer geschaffen hat ... Welche Kraft aus dieser Weltanschauung ... welche Segnungen ... Pflicht der Führer, ein Vorbild zu sein ... Welche Herkulesarbeit unser Führer geleistet hat ... aus diesem Brei, Menschenbrei ...«

»... eine stahlharte Nation werden zu lassen!« lautete es weiter, und gleich danach hieß es: »Ein Führer, der der größte Deutsche der Geschichte ist!« Aber das wurde nicht mehr gehört, das ging unter in Aufheulen, in Klagen, im Aufschrei »Abstellen« und im Auf und Ab: »Abstellen – Anhören!« Der Panzerleutnant brüllte: »Munition her! Lebhafter feuern! Liegenbleiben, wollt ihr wohl liegenbleiben! Schießen!« Ein Hauptfeldwebel kam die Treppe herunter mit einem Armvoll abgeworfener Würste, große rote Würste. Der Feldwebel war vom Panzerregiment 36. Leute vom gleichen Regiment, die in einer Ecke lagen, brüllten aus Leibeskräften: »Hierher, hierher, Herr Oberfeldwebel!« Alles schrie: »Mir auch, mir auch, Herr Oberfeldwebel!« Diese Würste waren ein Aufwühlen, im Nu waren sie verteilt. Wer davon abbekommen hatte, schlang gierig in sich hinein. Hundert andere saßen herum und sahen

zu und fielen nachher erschöpft zurück; und auch die gegessen und geschlungen hatten, waren davon erschöpft und legten sich auf die Seite.
Hinweg über die Ohnmächtigen zog die Stimme des Reichsmarschalls: »Der eisige russische Winter und auch die Schwäche verschiedener Führer wurde überwunden; über allem war auch hier wieder der Führer, der mit seiner Kraft die Ostfront gehalten hat ... Dann kam der Tag, da zum erstenmal deutsche Panzergrenadiere in die Hochburg von Stalingrad hineinstießen und sich an der Wolga, dem Schicksalsstrom Rußlands, festklammerten ...« (Stöhnen, ein ganzer Keller war Aufstöhnen) »... Der Gegner ist hart, aber auch der deutsche Soldat ist härter geworden ... wir haben dem Russen Kohle und Eisen abgenommen, ohne diese ist eine große Rüstung nicht möglich ... nun sehen wir, wie er zum letztenmal eine allerdings gigantische Anstrengung macht ... neue Divisionen, andere wieder aufgefüllt, aber es sind nicht neue Jahrgänge, nein, müde Greise, sechzehnjährige Kinder ...«
»Greise! Kinder!«
Einer schrie es wie aus schwerem Schlaf auffahrend. Offiziere hockten da, unter den blutigen Verbandfetzen versteinerte Gesichter. Zähne preßten sich aufeinander, um das Wort, das herauswollte, festzuhalten. Und jetzt war es nicht mehr Stöhnen, jetzt war es weiße Wut, und da waren Blutstürze, war ansteigendes Fieber, da war der Pistolenschuß eines Selbstmörders.
Der fette Tenor dröhnte weiter:
»... aus all diesen gigantischen Kämpfen ragt nun gleich einem gewaltigen monumentalen Bau Stalingrad, der Kampf um Stalingrad heraus. Es wird dies einmal der größte Heroenkampf gewesen sein« (mein Gott, was soll uns solche Beweihräucherung, eine organisierte Luftversorgung hätten wir gebraucht!) »der sich jemals in unserer Geschichte abgespielt hat, den jetzt dort unsere Grenadiere, Pioniere, Artilleristen, Flakartilleristen und wer sonst in dieser Stadt ist, vom General bis zum letzten Mann« (verfluchte Lüge!) »und wer da jetzt kämpft gegen eine gewaltige Übermacht, um jeden Block, um jeden Stein, um jedes Loch, um jeden Graben, immer wieder

kämpft, ermattet, erschöpft. Wir kennen ein gewaltiges Heldenlied von einem Kampf ohnegleichen, es ist der Kampf der Nibelungen. Auch sie standen bis zum letzten . . .«
»Abgeschrieben!« heulte einer auf.
Abgeschrieben! Dieser taumelnde Gedanke zog durch den Keller. Sie wußten es, doch daß man es ihnen auch noch sagte, es ihnen zurief, das war zuviel.
»Abgeschrieben!«
»Dieser vollgefressene Sack sitzt im Warmen, war niemals hier bei uns auf dem Flugplatz!«
»Ich bin kein Held, ich habe Hunger!«
»Hunger!«
»Grabgesang!«
»Abstellen, abstellen!«
». . . dieses Opfer, meine Kameraden, wenn einer einmal schwach werden sollte, denke er an die Kämpfer von Stalingrad . . . Meine Soldaten, Jahrtausende sind vergangen und vor diesen Jahrtausenden stand in einem kleinen Engpaß in Griechenland ein unendlich tapferer und kühner Mann mit dreihundert seiner Männer, stand Leonidas mit dreihundert Spartanern . . . Der Himmel verdunkelte sich von der Zahl der Pfeile und die dreihundert wankten und wichen nicht, und dann fiel der letzte . . . und da steht nun der Satz: Wandrer, kommst du nach Sparta, berichte, du habest uns hier liegen sehen wie das Gesetz es befahl . . . So wird es auch einmal heißen: Kommst du nach Deutschland, so berichte, du habest uns in Stalingrad liegen sehen, wie das Gesetz es befohlen hat . . .«
»Abstellen!«
»Abstellen!«
»Nekrolog!«
»Und, mein Gott, nun denken sie zu Hause, daß wir schon tot sind!«
»Hilfe!« brüllte einer.
Das war ein Schrei aus tiefer Not. Dieser hohe heulende Ton blieb in der Luft. Der Keller war wieder der Theaterkeller, der er gewesen war. Es wurde wieder weitergestorben. Da war wieder die Welle der Schmerzen, die über allen und über allem zusammenbrach.

Wer hörte noch die Sätze:
»Für den Soldaten ist es gleichgültig, ob er bei Stalingrad, bei Rshew, in Afrika, im eisigen Norden stirbt ... Meckerer wird es immer geben, die sich daran stoßen ... Wenn der Soldat ausrückt, so rechnet er mit der Wahrscheinlichkeit, er komme nicht zurück. Und wenn er zurückkommt, hat er großen Dusel gehabt ...« Wer hörte noch die Sätze: »Es ist ja der Jude, der drüben führt. Man muß nur einmal den Juden in seinem alttestamentarischen Haß kennen ...« Wer hörte noch hin, wenn es hieß: »Wer, frage ich denn, ist denn so gottverlassen, daß er nicht sehen will, wo wir heute stehen? Wer steht denn vom Nordkap bis nach Afrika und an der Wolga?«
Wer hörte noch die lahme Entschuldigung des Luftmarschalls:
»Und warum, so denkt mancher Volksgenosse, warum vergelten wir das nicht? Vergeßt nicht, Volksgenossen, daß wir einen gewaltigen Kriegsschauplatz haben und die Schwermacht der deutschen Luftwaffe kämpft im Süden, kämpft im Norden, kämpft im Osten ...«
Hier jedenfalls kämpft sie nicht! Und die Bomben, die fallen, sind russische Bomben, und wahrscheinlich sind es nicht Greise und Kinder, die in den Bombern sitzen! Aber wer hörte noch zu, der eine, der andere hörte den einen und den andern Satz. Die Lautsprecherstimme des Reichsmarschalls geisterte da am Rande. Der Theaterkeller war ein Keller ohne Versorgung, ohne Brot, ohne Hoffnung. Und der Keller war abgeschrieben, ganz Stalingrad war abgeschrieben, das war es, was diese fette Stimme aus Berlin deutlich gemacht hatte. Und da brachte einer den Mund nicht mehr zu, und was er brüllte, war: *Hilfe!* Da saßen an den Wänden Zitterer. Da lag einer mit blauem Gesicht, Schaum auf den Lippen. Da lehnten Männer mit völligem Muskelschwund, die nur noch das Knochengerüst aufrechthielt. Da gab es andere mit getrübter Sehkraft, andere mit völligem Taubsein. Da stapfte ein Trupp Feldgendarmen mit umgehängten Blechschilden durch die Reihen und sie blickten Schwerkranken ins Gesicht und sie drehten Sterbende, die abgekehrt dalagen, wieder herum, um zu sehen, ob sie nicht simulierten, und sie suchten und fanden auch einige,

die sie auf die Füße stellten und die sie mitnahmen zur Auffüllung einer Truppe. Und über allem stand die eine besinnungslose berstende Stimme. Ein Mann schrie die Seele aus sich heraus und es war der Hilfeschrei des ganzen Kellers.
Pfarrer Kalser faltete die Hände und mit geschlossenen Augen und ohne seine Lippen zu bewegen, betete er: »Meine Kräfte sind vertrocknet wie eine Scherbe, und meine Zunge klebt an meinem Gaumen, und du legst mich in des Todes Staub ...«
Pastor Koog nahm wieder einen hingekritzelten letzten Gruß entgegen. So viele Zettel hatte er bereits und seine Tasche war angefüllt mit Erinnerungsstücken. Wo wird er sie niederlegen, die Hälften der Erkennungsmarken, die Photographien, die Armbanduhren, die Trauringe, die Zettel mit hingekritzelten Worten der letzten Stunde, kaum in die Hand der Frau, kaum in die Hand der Mutter, kaum in die des alten Vaters, wenn es denn so sein soll, wird er Uhren und Ringe und Grüße vor den Thron Gottes hinlegen. Wenn dieser Thron aber ... schwindelnder Gedanke, wohin dann, in welches Ohr die letzten Seufzer, und wenn nicht DU, wer dann, und wer hätte uns in Stalingrad liegen sehen, und wer sollte offenbar machen, daß es nicht DEIN Gesetz war, das es befahl!
Oberarzt Viktor Huth lehnte noch immer an der Wand. Auch er dachte an Gesetz und Gesetzlosigkeit. Das Maßlose mußte in Zerstreuung enden. Der Zug an die Wolga (und er war doch viel weiter, war doch bis an den Ganges, war doch bis ins Endlose gedacht) mußte wohl in so einen Theaterkeller münden. Um sich her und alle diese Tage schon Lachkrämpfe, Weinkrämpfe und in den Ohren die gellenden Töne des von einem Schreikrampf Geschüttelten, faßte er einen jungen Zahlmeisteranwärter ins Auge, der ihm gegenübersaß mit starrem Gesicht und an dem sonst nichts zu bemerken war als ein fortwährendes Spreizen und Wiederzusammenlegen der Finger. Die Welt spiegelt sich im Wassertropfen, und der nicht aus innerer Notwendigkeit, also in Gesetzlosigkeit unternommene Zug nach dem Osten widergespiegelt in einer atheosen (gesetzlosen) Muskelbewegung der Hand eines Zahlmeisteranwärters.
Plötzlich war im Heulen, im Röcheln und Fauchen des Todes

in diesem Keller noch ein anderes da, das dumpfe Geräusch der sehr nahen Katastrophe. Ein Artillerieeinschlag in nächster Nähe, der das massive Gewölbe erzittern und aufdröhnen ließ, riß den Oberarzt Huth von seinen Gedanken los. Beim nächsten Artillerieeinschlag und als der ganze Keller den Atem anhielt, stand er auf den Füßen. Jetzt oder nie! war das Gesetz, das er in dieser Sekunde spürte. Aber sein Blick begegnete dem des Hauptmanns Tomas, dem er noch Hilfe zugesagt hatte. Er half Tomas auf die Füße, stützte ihn und führte ihn die Treppe hinunter. Zum letzten Male ließ er sich von seinem Gehilfen das Besteck reichen. Zum letzten Male entfernte er einen Granatsplitter aus einem Schenkel.

Jetzt oder nie! Ohne Mantel, ohne Mütze fuhr er die Treppen hoch, gelangte er an den Ausgang, auf die Straße und an der Barrikade vorbei auf den weiten Platz mit den Scheinwerfern. Die Posten an der 10,5-cm-Haubitze, auch die Feldgendarmen in dem langen Haustor standen beisammen und waren von anderem so abgelenkt, daß er das Tor und den Durchgang passieren konnte. Auf dem Hof stand er vor der Tür, die zum Oberbefehlshaber der Armee führte.

Der Keller, den er hinter sich gelassen hatte, dröhnte jetzt in Abständen von Minuten unter naheliegenden Artillerieeinschlägen auf, und das war von jetzt an der Rhythmus, in dem die achthundert bewegungslosen Verwundeten im Theaterkeller atmeten.

Und auch dieser auf dem Trümmergelände zwischen Wolga und Zariza gelegene Keller, achthundert Mann in tiefster Not ihre eigene Leichenrede anhörend, Pfarrer todesmatt von der Last der Sterbeseufzer und strauchelnd die Auflösung einer riesigen Armee widergespiegelt im Zittern einer Hand, die letzte Stunde des Theaterkellers: auch das sei nicht vergessen!

Die Ruine des großen Stalingrader Kaufhauses – stellenweise bis zur halben Höhe, stellenweise bis zum Erdgeschoß eingefetzt, stellenweise noch bis zur alten Höhe aufragend und die inneren Räume von Infanteriekämpfen demoliert – war eines jener Gebäude, die von den beiden zuerst in Stalingrad eingebrochenen Regimentern der Division Hartmann Raum um

Raum und Treppenabsatz um Treppenabsatz genommen und verloren und wieder genommen worden waren.
Die Kaufhausruine war zuerst die Stelle des Regimentsgefechtsstands des I. R. Roske, später war sie Divisionsgefechtsstand der Hartmannschen Division. Die Regimenter waren dahingeschmolzen. Die Division hatte nicht mehr Bataillonsstärke und war einige Tage vorher südlich der Zarizaschlucht noch weiter aufgerieben worden; dort war es auch gewesen, wo der Divisionskommandeur, General von Hartmann, den Bahndamm bestiegen hatte und, von einer russischen Infanteriekugel getroffen, gefallen war.
Diese nur noch dem Namen nach bestehende Division wurde von einem der Regimentskommandeure, dem Obersten Roske, übernommen, und dieser Hartmann-Nachfolger war jetzt der Herr der Kaufhausruine und der Gastherr des Oberbefehlshabers der Armee, der mit seinem Stab, mit Offizieren, Beamten, Feldwebeln, Schreibern, Ordonnanzen, mit einer Wachtruppe und einer Truppe der Feldgendarmerie hier eingezogen war.
Wer vom Theaterkeller her durch den engen Straßendurchlaß auf den Platz heraufkam, schritt an der Schmalseite des Platzes an einigen Häusern vorbei, faßte die gegenüberliegende hohe Eckruine ins Auge, sah vor der Toreinfahrt die 10,5-cm-Haubitze, dahinter die Bedienung; neben der Einfahrt stand ein Doppelposten der Feldgendarmerie. Hatte er den Torweg passiert, kam er auf den Hof und hier erblickte er in der linken Ecke, und dieses Mal ein ganzes Rudel jener Gestalten mit Blechschilden vor der Brust, mit gesunden vollblütigen Gesichtern unter den Stahlhelmen, und diesem Rudel Feldgendarmen, das wie ein Korken teils in dem großen Eingangsloch steckte, teils das Eingangsloch umgab, waren zwei Offiziere beigegeben.
Die Feldgendarmen, bei denen sich jeder ausweisen mußte und die festzustellen hatten, wer der Ankommende war, woher er kam, wohin (in welche Abteilung und zu welchem Herrn) er wollte, die Feldgendarmen waren noch da, aber dieser Apparat funktionierte nicht mehr. Die Keller der Hausruine beherbergten ja nicht nur das Armeehauptquartier, sie wa-

ren gleichzeitig der Ort des Armeegefechtsstandes und waren gleichzeitig Regiments- und auch Bataillonsgefechtsstand und so war die Tür offen für Ordonnanzen und Melder und für alle möglichen Leute mit allen möglichen Aufträgen und auch für solche, die nur vorgaben, irgendwelche Aufträge zu haben.
Geschosse der schweren Artillerie zogen ihre donnernden Bogen übers Haus. In nächster Nähe krachten Panzergeschosse. Über dem Hof hing eine Leuchtrakete, sie tropfte und tropfte und erhellte jeden Winkel. Die ›Armee‹, die seit der Einkesselung das sechste Quartier bezogen hatte, konnte nun nicht mehr umziehen. Sie saß mitten drin, war festgenagelt an der Stelle. Die Feldgendarmen waren von der gleichen Unruhe erfaßt, von der das ganze Haus erfüllt war, und ihre Blicke, die gewohnheitsmäßig jeden Ankommenden mit geschärfter Aufmerksamkeit und schnell erwecktem Mißtrauen betrachteten, wandten sich immer wieder den dunklen Winkeln des Hofes und dem dunklen Schlund der Toreinfahrt zu, als erwarteten sie dort in jedem Moment das Unbekannte aufspringen zu sehen.
Ein Oberst, noch ein Oberst, ein Hauptmann, ein Oberarzt begehrten in diesem Moment Einlaß. Der Oberst wollte zum Oberbefehlshaber, der andere Oberst gehörte zum Armeestab, der Hauptmann aus einer Infanteriedivision hatte sich beim IIa der Armee zu melden, der Oberarzt war Viktor Huth. Ein aufgeregter Arzt, ohne Kopfbedeckung, ohne Mantel, aus dem Theaterkeller, wollte zum Oberbefehlshaber der Armee. So was hätte zu anderen Zeiten ein gemütliches und belustigtes Lächeln hervorgerufen; in dieser Stunde war der Oberarzt ohne Mütze und Mantel nur ein Gesicht in einem ganzen Reigen, nur eine Figur aus dem Spuk, der immer wieder neu aus den Pflastersteinen des Hofes aufbrach. Ein Feldgendarm, einer, der etwas angetrunken schien, sagte: »Mensch, hau schon gutwillig hier ab!« Es kam aber so, daß im nächsten Moment Huth mit der ganzen Gruppe der Feldgendarmen und mit den andern hier Einlaß Suchenden langausgestreckt auf den vom Schnee gesäuberten und gefegten Pflastersteinen lag. Eine Granate, die auf dem Hof niedergegangen war und zischend

krepierte, streute ihre Splitter und ließ sie gegen das Gemäuer prasseln. Neben Huth lag der zum Armeestab gehörige Oberst, der das Anliegen Huths überhört hatte, und der jetzt, als sie wieder aufstanden, zu ihm sagte: »Kommen Sie bitte mit mir, Herr Oberarzt!« Und von diesem Oberst geleitet, gelangte Huth durch das Spalier der Feldgendarmen; die beiden wachhabenden Offiziere grüßten. Türen waren nicht da. Ein dunkler Schlund öffnete sich. Eine schräge Rampe führte hinunter in den Keller. Hier unten sah es nicht anders aus als in einer Großgarage. In der Mitte eine breite Rollbahn, rechts und links von Betonpfeilern getragene und von Betonbogen überwölbte einzelne Abteile mit Fenstern an den Außenwänden, die zu einem Drittel über den Erdboden ragten und gegen den Beschuß mit Sandsäcken verstellt waren. Diese einzelnen Abteile waren mit rohen Bretterwänden vom Gang getrennt und roh gezimmerte Verschlagtüren führten hinein. In den einzelnen Räumen brannte Licht. Auf den Gang fiel nur Licht hinaus aus offenstehenden Türen oder wenn für eine Zeitlang eine der Türen offenstand.
Und hier, nicht weit von der Einfahrtsrampe, stand Oberarzt Huth und wartete auf den Obersten Carras. Der war es, der ihn hier mit hereingebracht und der ihm aufgetragen hatte, auf ihn zu warten. Huth begriff, daß er ohne Hilfe kaum hier hereingelangt wäre und daß er ohne wegbereitende Worte auch nicht weiterkommen würde; so stand er wartend da und betrachtete den vor seinen Augen vorbeiziehenden gespenstischen Reigen. Der Gang war breit und lang wie eine Gasse und war vollgestopft mit Offizieren, Ordonnanzen, Schreibern, Feldgendarmen, die durch die Zimmer und Schreibstuben schweiften, die standen oder entlang den Wänden am Boden saßen. Es war ein bekanntes Bild, für Huth war nur neu, daß die Woge des Untergangs und die Unterschlupf suchenden Gestalten auch schon in das Armeehauptquartier hineinschwemmten.
Die beiden Herren, die mit Huth eingetreten waren, waren auf dem ihnen bekannten Weg weitergegangen. Der eine, der Oberst, und ein Kampfgruppenführer, der noch vor wenigen Tagen bei Jeschowka gekämpft und dort seine Kampfgruppe

hatte untergehen sehen, und jetzt im Stadtgefängnis wohnte, wollte zum O. B. und er wollte vom O. B. nichts anderes als auch der Oberarzt: die Kapitulation.
Der andere, der Hauptmann, war der Adjutant des Generals Vennekohl. Er war in Abwesenheit Vennekohls von der Armee angerufen worden: »Was brauchen Sie noch an Orden, Kriegsverdienstkreuze, Deutsche Kreuze, EK I (EK II waren nicht einmal erwähnt worden) . . . nun, dann stellen Sie eine Liste auf und legen Sie die Liste vor!« Und da war nun der Adjutant Vennekohls und trat beim Adjutanten des Oberbefehlshabers der Armee ein.
Der Adjutant des OBs saß am Tisch: »Zeigen Sie mal her, wieviel sind's?« Es war eine lange Liste. Der Adjutant sah sich weder die Namen noch die Bemerkungen an, griff hinter sich unters Bett in eine Kiste und zählte soundso viele Kriegsverdienstkreuze, soundso viele Deutsche Kreuze, soundso viele Eiserne Kreuze ab. Der Hauptmann wußte nicht wohin mit der Menge. Es fand sich eine alte Nummer des ›Völkischen Beobachters‹ und mit einer aus Zeitungspapier gedrehten Tüte voller Kreuze zog er wieder von dannen.
Eine Tür weiter im Raum des Ia befanden sich der Ia und Ic der Armee. Auf dem Tisch stand eine halbgeleerte Flasche Kognak, lagen in Scheiben aufgeschnittene Pumpernickel in aufgerissenen Zellophanpapierpackungen, stand Butter, stand Käse, eine Büchse mit französischen Sardinen. Die beiden Herren waren damit beschäftigt, ihre Rucksäcke zu pakken; auch die Reste der Mahlzeit rafften sie zusammen und packten sie mit ein. Der Ia öffnete die Tür spaltweit, um zu sehen, ob die Luft draußen rein war. Durch ihre Burschen ließen sie die Rucksäcke bis zur Ausgangstür schaffen, dann schlichen sie selbst hinterher. Die Marschroute, die sie für ihr Ausbruchsunternehmen festgelegt hatten, war der Weg über die Wolga hinüber und am andern Wolgaufer wollten sie die Richtung nach Süden einschlagen bis halben Wegs nach Astrachan, dann die Wolga wieder überschreiten und zur deutschen Kaukasusarmee stoßen.
Noch einige Türen weiter saß der Schneider des Roskeschen Regiments. Einen Haufen Kleider hatte er vor sich liegen,

Mäntel, Feldblusen, lange Hosen, Reithosen, die ganze Ausstattung des Obersten Roske, der gestern noch Regimentskommandeur und heute als des gefallenen Generals von Hartmann Nachfolger Kommandeur der nicht mehr vorhandenen Infanteriedivision geworden und als solcher nach einem Funkspruch zum OKH und Antwortfunkspruch zum General befördert worden war. Den Kleidern dieses Hartmann-Nachfolgers hatte der Schneider in größter Eile die Oberstenrangabzeichen abzutrennen und Schulterstücke und Kragenabzeichen, goldene Knöpfe und rote Streifen an den Hosen aufzunähen. Ein paar Beinkleider und eine Feldbluse waren bereits fertig und der frisch beförderte General zog die Hosen mit den roten Streifen und den Rock mit den goldenen Knöpfen und dem gestickten Eichenlaub an und hängte sich das ebenfalls in dieser Stunde erhaltene Ritterkreuz um. Er hatte an den goldenen Achselstücken und Kragenaufschlägen und an dem am Halsband hängenden Kreuz eine solche Freude, daß er für Minuten das Dröhnen der Artillerie und das Zerplatzen der Granaten nicht wahrnahm und daß er, als er strahlend draußen auftauchte, andere für einen Moment den ganzen Untergang vergessen ließ. Dieser frisch beförderte General hatte die Führung des kleinen Restes seiner Truppe, die auf den Zugangsstraßen zum Platz kämpfte, einem Major überlassen, er selbst hatte als Wirt der Kaufhausruine und als Gastherr der Armee alle Hände voll zu tun.
Der Kampfgruppenführer aus dem Gefängniskeller, ein Oberst Lundt, war auch den vorderen Teil dieser unterirdischen Gasse gekommen, vorbei an Fernsprech- und Funkzentrale, am Zimmer des Nachrichtenführers, des Arztes, des Generals Roske, und er befand sich vor einem Vorhang, der das Ende des Ganges und die Kellerräume der engeren Führungsstaffel von dem Hauptteil des Kellers abtrennte, als eine Tür aufging und in einer Woge von Lärm derjenige vor ihm stand, den zu treffen er unbedingt hatte vermeiden wollen: der Chef des Generalstabs der Armee.
»Und wo wollen Sie hin?« wurde er angeredet.
»Ich muß unbedingt zum O. B., Herr General!«
»Was müssen Sie unbedingt, zum O. B.? Das gibt es nicht, das

geht absolut nicht. Der Feldmarschall hat schwere Sorgen, hat zu arbeiten, darf von niemand gestört werden!«

»Herr General, schwere Sorgen um die Armee sind es, die mich zu diesem Gang bestimmt haben!«

»Ich verbiete es Ihnen, ich verwehre Ihnen hier den Zutritt!«

Der Vorhang ging auf, ein Hauptmann kam heraus: »Verzeihung, Herr General, daß ich unterbreche, es ist dringend!« wandte er sich an den Chef der Armee.

Und nachdem sie einen Schritt zur Seite getreten waren: »Eine Meldung, Herr General: das Panzerkorps kapituliert!«

»Nachdem ich mit Damme gesprochen und nachdem Damme sein Wort gegeben hat? Unmöglich!«

»Die Meldung ist nicht von Damme, sie ist vom Kommandierenden General. Der Kommandeur des Panzerkorps ist in sein Quartier zurückgekehrt, Herr General!«

Der Chef stand da, ein ovales, energisches Gesicht, graues Haar, große, starre Augen; in diesem Moment aufsteigender Wut wechselten die Augen ihre Farbe und wurden wie blinde Scherben.

Ich!! Ich kann alles, verstehe, durchschaue alles; andere können, verstehen, durchschauen nichts; und niemand, welche Funktion er auch ausübe, hat das Recht zu eigener Entscheidung: so sah Oberst Lundt den Chef, so sahen und kannten ihn fast alle Offiziere. Gilt als fähiger Kopf, gilt als kolossale Arbeitskraft, und wahr ist, daß er andere kolossal arbeiten läßt, und daß er auch beim Skatspielen durch eine Staffel von Ordonnanzen imstande ist, den ganzen Umkreis in Atem zu halten: das war es, was der Oberst weiter dachte. Und im übrigen – das dachte der Truppenoffizier Lundt – ist er der ausgesprochenste Typ des Generalstäblers, bei dem der Mensch überhaupt erst mit dem Eintritt in den Generalstab beginnt. Und im übrigen hat er mich jetzt völlig vergessen, war die weitere Beobachtung des Obersten. Und während der Chef weiterging und in das Zimmer des Ordonnanzoffiziers hineinstürzte und ›Verbindung‹ schrie und ihm erwidert wurde, daß die Verbindung noch bestehe, schlug Oberst Lundt den Vorhang zurück (und er wurde auch von den beiden dort aufgestellten Feldgendarmen daran nicht gehindert) und betrat den Teil des Ganges, an dem sich neben Chef- und Ia- und Ib-Zimmer und Armee-Schreibstuben auch die Räume des Oberbefehlshabers befanden.

Der Chef sah nur noch rot, er hatte gar nicht gehört, daß die Meldung nicht von General Damme, sondern vom Kommandeur des Panzerkorps war, und er brüllte in den Apparat hinein:

»Sie sind wohl blödsinnig geworden! Hätte ich das geahnt, Damme, dann hätte ich Sie und den ganzen Stab verhaften lassen! Was, wer ... wer sind Sie, ein Leutnant?«

An der anderen Seite des Drahtes war kein General Damme, war auch nicht der Kommandierende General des Panzerkorps, da war ein Leutnant, der seinen Auftrag höflich wiederholte: »Ich habe Herrn General im Auftrag des Kommandeurs zu melden, daß das Panzerkorps in diesem Moment kapituliert, und daß ich nach Abgabe meiner Meldung nichts entgegenzunehmen habe, sondern daß mein Auftrag dahin lautet, die Fernsprechleitung zu durchschneiden, was ich hiermit tue, Herr General!«

»Ich lasse Sie erschießen, den ganzen Stab! Hören Sie!?«

Aber auf der andern Seite wurde nichts mehr gehört. Die Fernsprechleitung war tatsächlich durchschnitten worden. Der Chef der Armee warf den Hörer auf den Tisch zurück. Eine ungesunde Röte schlug ihm ins Gesicht hoch. Es sah aus, als ob er ersticken wollte. Er stürzte zum Zimmer hinaus, durchmaß mit langen Schritten den finsteren Gang, bis nach vorn zum Eingang und zurück, er stolperte über die am Boden Hockenden und wurde noch wütender.

Oberst Lundt war weitergegangen, war vor die Tür mit der Aufschrift ›Oberbefehlshaber‹ gelangt, und da die Tür offenstand, war er eingetreten. Ein großer runder Tisch, auf dem Tisch stand Kaffeegeschirr. Der Raum war leer und der Oberst wollte sich wieder umwenden, als sein Blick durch eine halbgeschlossene Portiere in einen verdunkelten Nebenraum fiel, und dort erblickte er plötzlich den Feldmarschall. Dieser Nebenraum war nicht gänzlich dunkel; es war da das matte Licht eines Rundfunkempfängers und neben dem Rundfunkapparat saß der Oberbefehlshaber, die Hände vor sich im

Schoß, ganz in sich zusammengesunken, dem Obersten das Profil zeigend.

Was tut man in solcher Lage, man räuspert sich, doch das schien in der ungewöhnlichen Stunde zu gewöhnlich und der Oberst entschloß sich zu der leise hervorgebrachten Anrede: »Herr Feldmarschall!«

Der Feldmarschall blickte auf, er erkannte den Obersten: »Sie sind es, Lundt, was bringen Sie? Nehmen Sie bitte Platz!«

Der Feldmarschall war aus seinem Loch herausgekommen. Er saß dem Obersten gegenüber. Der Oberst schilderte die Lage an der sogenannten Front und den Zustand der sterbenden Truppe. Auf der einen Seite saß der Truppenoffizier, der tausend Männer, die er mit ihren Namen kannte, hatte sterben sehen, auf der andern Seite der hohe Generalstabsoffizier, der seine Stabsangehörigen und seine Kommandeure, der aber sonst niemand mit Namen kannte und für den der Mann erst als multiplizierbare Größe in Erscheinung trat, und in der Masse, angefangen mit zehntausend, und als hunderttausend, als deihunderttausend, die man hin und her zu schieben, die man anzusetzen oder auch abzusetzen (und das geht in Gedanken und auf dem Papier vor sich), die man zehntausendweise und in dem besonderen vorliegenden Fall auch im Dreihunderttausend-Maßstab abzuschreiben hat. Da saß der Mann des dröhnenden Schlachtfeldes, der nichts mehr hinter sich wußte als Rauch und Schnee und Leichen, und da saß der Mann des gleichen Schlachtfeldes, dem der rauchende und brüllende Untergang sich auf sauberen Generalstabskarten präsentiert hatte, der nichtsdestoweniger das Debakel von weit her (und wahrscheinlich früher als der Oberst) hatte heraufziehen sehen. Nicht umsonst hatte er einen hervorragenden Ruf für sachliche, richtige, objektive, oft geradezu ärgerlich pessimistische Lagebeurteilung erworben. Sein Verhängnis war es, daß er, der von Anbeginn an als Generalstabsoffizier im ersten Weltkrieg, als Lehrer an der Kriegsakademie, als stellvertretender Generalstabschef, der im Planen und Anlegen von Operationen und unter Kommandeuren, welche die Entschlüsse zu fassen hatten, als Chef und Berater Hervorragendes geleistet hat, plötzlich eine Armee erhalten hatte

und Truppenführer geworden war, und nun selbst Entschlüsse zu fassen hatte, und zwar von einer Reichweite, wie sie bis dahin kaum vor andern Truppenführern gestanden hatten, und die andere Seite des Verhängnisses war für ihn sein ihm beigegebener Chef, der natürlicherweise sein Berater hätte sein müssen, das Verhältnis aber verkehrte und praktisch alle Kommandeurgewalt an sich gerissen hatte und an sich hatte reißen können.
Der Oberst sagte ihm im wesentlichen nichts Neues und der Geruch von Blut und Verwesung, der den Mann der Truppe umwehte, war nur dazu angetan, ihn abzustoßen; er brauchte den Untergang in seinen einzelnen und groben Erscheinungsformen nicht zu kennen, was aber der Untergang einer ganzen Armee, sowohl im gegenwärtigen Stadium als auch für den weiteren Verlauf des Krieges und auch weiter auswirkend bedeutete, das war ihm geläufig und das hatte er vor Augen wie die Seiten eines aufgeschlagenen Buches. Und hier ergab sich eine besondere Aufgabe: das Debakel in Glanz und die Niederlage in Sieg verwandeln, und das Unmögliche dennoch und wenn nicht im Realen und für dieses Mal, dann im Irrealen und als Vorstufe für ein nächstes Mal zu erreichen. Und es konnte sich für ihn in diesem Augenblick nur darum handeln, zu erfahren, zu welchen Anteil die Armee und zu welcher Geste auch die sterbende Truppe noch fähig war, um das heroische Beispiel zu geben, das verlangt wurde, und um dem Ringen um Größe und weltweiten Besitz die höhere Weihe zu geben. Er persönlich hatte abgeschlossen, er sah sein physisches Ende voraus. Er hatte eine Frau, hatte eine Tochter, der Tochter hatte er den Mann (der als General unter seinem Kommando gestanden und den er hatte ausfliegen lassen) erhalten; sein eigenes Opfer wurde gefordert und es war für den hier verlangten beispielgebenden Fall nötig. Auf seiner erstiegenen höchsten Höhe hatte er den höchsten Auftrag zu erfüllen, und dieser höchste Auftrag kam nur mittelbar vom ›Führer‹, kam auch nur mittelbar aus den Händen, die sich über Öl und Erz und über die Landkarte Europas bis nach Asien legten, es war der unmittelbare Auftrag jener Machtidee, der er gedient und die ihn erhoben hatte, die im ersten Weltkrieg unterlegen

war, die auch den zweiten Weltkrieg verlieren würde (so war die Lageeinschätzung des untergehenden Feldmarschalls), die aber den dritten Weltkrieg (so weit reichten die Spekulationen des Feldmarschalls) gewinnen sollte.
Zweimal gescheitert waren es Raubzüge, das drittemal gewonnen, würden auch die beiden ersten Gänge Etappen der Reichs- und Weltherrschaftsbegründung und ein Glanz sein, und nicht um Blut und braune Leichenhaufen und um sich greifende Verwesung, um diesen künftigen Glanz ging es. Da stand der Feldmarschall: mit beiden Beinen in einem riesigen Grab und schon ein künftiges, noch größeres und völkerweites Grab voraussehend.
Nun handelte es sich darum, wie die Armee den letzten Schritt gehen würde. Und das war allerdings nicht ganz so, wie es geplant war. »Das ist allerdings nicht ganz so, wie es mir dargestellt wird!« sagte der Feldmarschall. Es war nicht so, wie sein Chef es ihm vorgestellt, der den ›Fall Hartmann‹ verallgemeinert und der nach Berlin gefunkt hatte: Generale und Grenadiere kämpfen Schulter an Schulter auf dem Bahndamm, mit der blanken Waffe, mit Bajonett und Spaten. Es war nicht so, und der Oberst erzählte ihm, daß ›Damme‹ kein Einzelfall war, daß überall am Stadtrand kapituliert würde, in kleinen und in größeren Gruppen. Schon seit Tagen, seit Gorodischtsche und Gumrak, käme es vor, daß Unterführer die Ausführung von Befehlen, welche die Kräfte der Truppe übersteigen, ablehnten. Und in dieser Stunde sei es vorn jetzt überall so: da sei ein Leutnant, der sage: »Ich geh' jetzt auch rüber, ich mach' jetzt Schluß, Herr Hauptmann!« Und der Hauptmann: »Wie können Sie Schluß machen!« Darauf der Leutnant: »Nichts mehr zu essen!«, und er geht weg, mit zehn, mit zwanzig, mit vierzig Mann. Oder es geht das Telephon und es meldet sich ein Hauptmann und sagt: »Ich mache jetzt Schluß!« Der Kommandeur erwidert: »Kapitulation gibt es nicht!« Und der Hauptmann: »Ja, ich weiß, die sind oben ganz und gar verrückt geworden!« Der Kommandeur spricht wieder, aber er redet bereits ins Leere, denn die Verbindung ist abgebrochen. Der Kommandeur schickt ein Kommando nach vorn, um den Hauptmann festnehmen zu lassen. Das Kommando meldet

zurück, der Bunker sei von innen mit Tischen und allem möglichen Zeug verbarrikadiert und der Hauptmann hätte von innen her erklärt, bis zum Morgen halten sie es schon noch aus und am Morgen wären die Russen da! Oder in noch anderen Fällen hört der Kommandeur nichts mehr, weder von dem Truppenoffizier noch von dem ausgeschickten Festnahmekommando, und Offiziere und Kommando sind zusammen verschwunden.

»So sieht es zur Stunde an der Frontlinie aus, Herr Feldmarschall!« sagte der Oberst.

»Ja, das ist allerdings ganz, ganz anders!« erwiderte der Feldmarschall.

»Da war dieser Ausbruchsbefehl, Herr Feldmarschall!«

»Ja, dieser unglückliche Ausbruchsplan!«

Es hatte sich bei diesem Plan darum gehandelt, daß das Panzerkorps über die Wolga hinüber und in Richtung Osten, die Infanteriedivisionen in Richtung Norden, Richtung Süden, Richtung Westen ausbrechen sollten, es hatte sich um ein zentrifugales Zersprengen der Armeeteile in alle Himmelsrichtungen gehandelt, und dieser Plan mußte fallengelassen werden.

»Dieser Befehl stand auf völlig irrealem Boden und die Infanterie hat dafür kein Verständnis aufbringen können, Herr Feldmarschall. Auch die Rücknahme des Befehls hat die Kluft, die sich hier zwischen Truppe und Führung gezeigt hat, nicht wieder schließen können. Dieser Befehl wirkte zusätzlich der äußeren Umstände zersetzend. Und nun löst die Truppe sich auf, zerfällt in Teile, treibt in Zersplitterung, ins Chaos.

Die Armee schweigt. Aber einen Befehl erwartet die Truppe noch: den Befehl, der dem Chaos entgegensteuert und der statt der haufenweisen und anarchischen Gefangengabe die organisierte Kapitulation einleitet!«

»Kapitulation ist verboten!« wiederholte der Feldmarschall seinen Spruch, der nun schon viele Tage hindurch sein einziges Wort war, und die eine Hälfte seines Gesichtes begann wieder krampfthaft zu zucken.

»Aber Herr Feldmarschall, das bedeutet, die Truppe weiter in die Auflösung treiben. Wollen Sie es dazu kommen lassen, daß

die Leute hier in Ihren Bunker eindringen; man wird kommen und wird Sie hier erschießen! Wollen Sie es denn hier unter den Augen der Russen zu einer Revolte kommen lassen, Herr Feldmarschall?«
»Lieber Lundt!«Der Feldmarschall stand auf, und er lächelte ein wissendes Lächeln: »Dazu kommt es nicht, seien Sie dessen versichert, lieber Lundt! Im übrigen danke ich Ihnen!«
Damit war der Oberst entlassen. Mit taumelnden Gedanken bewegte er sich durch den Keller. Der Feldmarschall weiß, der Theoretiker weiß so viel von der hier geübten Praxis, daß da nichts an Empörung, an irgendeiner Art seelischen Auftriebs mehr zu fürchten ist; er weiß bereits, was ihm, dem Truppenführer, in dem plötzlichen Lächeln des Feldmarschalls erst aufgegangen ist: der Mann ist völlig ausgebrannt und es ist nur noch Haut und Knochen, was da draußen auf dem Schutthaufen liegt!

Oberst Carras war im OKH, war im Führerhauptquartier gewesen, er hatte den ›Führer‹ gesehen, hatte einen Augenblick lang eine unangenehm feuchte Hand drücken dürfen, und dafür soll er nun sein Leben hingeben, soll zu allen andern auch ein Oberst Carras hier im Schutt liegen. Es wird wieder Frühling werden, die Sonne wird wieder scheinen. Oberst Schuster wird nach wie vor an seinem Schreibtisch in der Personalabteilung des OKH sitzen und besonders heikle, besonders ehrenvolle Aufgaben verteilen. Auf der Straße wird er die Witwe Carras sehen, und die wird etwas blaß, aber sie wird in ihrer Blässe und in dem schwarzen Kleid fabelhaft elegant aussehen. Zur selben Stunde wird hier bei Aufräumungsarbeiten ein verstaubtes Skelett aus Trümmern herausgezogen und auf einen Karren und nachher in eine Balka auf den großen Haufen geschmissen werden. Und wenn du nach Deutschland kommst, so berichte, du habest uns hier liegen sehen ... Ne, danke, ganz und gar danke. Ja, wenn man da noch der Wandersmann hätte sein dürfen, wenn darin die besonders ehrenvolle Aufgabe bestanden hätte, das wäre ja etwas anderes gewesen.
Worin bestand denn diese seine besondere ehrenvolle Auf-

gabe eigentlich? Was war es anderes als das, was jeder dieser fünf Dutzend Einflieger hier zu tun hatte, zu erzählen: Wir haben da unterwegs so viele Truppen gesehen, in Schachty, in Mariupol, in Rostow, Panzertruppen, Infanteriedivisionen, aus Frankreich, aus Jugoslawien, aus Afrika. Weißangestrichene Panzer und *solche* Rohre, belgische Artilleriepferde und *solche* Ärsche! Worin bestand seine Aufgabe anders, nur daß er hier in der ›Armee‹ saß und Generalen *solche* Flöhe ins Ohr zu setzen hatte. Aber da hätte man doch besser gleich den Paul Hörbiger oder die Cläre Waldoff in den Kessel schicken sollen, und die hätten dann ja von seinetwegen auch da liegen können. Nein, nicht die Waldoff, sondern Oberst Carras, ein Mensch von bekannten gesellschaftlichen Qualitäten, der auch, wenn er mal schlechter Laune ist, seine Mitmenschen nichts davon merken läßt, war die gegebene Stimmungskanone, und der soll nun da liegen und soll einen echten Spartanertod sterben und noch immer und ganz richtig tot sein, auch wenn der unechte und dicke Leonidas in Berlin seinen falschen Spartaner- oder Nibelungenbart (der bringt ja alles durcheinander) schon wieder abgenommen und vergessen haben wird.
Die Sache war tatsächlich ernst, war todernst!
Carras war draußen gewesen, war über den kreideweiß abgeleuchteten Platz gelaufen und hatte riskiert, von den niederprasselnden mit Broten und Würsten gefüllten Bomben erschlagen zu werden. Er hatte nach dem Regiment Roske gesehen. Der beförderte Kommandeur hatte keine Ruhe und wollte nicht als Oberst, sondern durchaus mit Generalsachselstücken ins Massengrab. Hier aber stand ein Major und hielt mit seiner blutenden und sterbenden Truppe den letzten Zugang zum Platz. Mindestens an einer Stelle saßen die Russen bereits bis auf vierhundert Meter am Armeestab. Das Granatwerferfeuer streute schon bis auf den Hof. Und da hatte er auf dem Pflaster neben dem Oberarzt aus dem Theaterkeller gelegen. Natürlich, der Mann hatte recht, die weiße Fahne – das wäre der weiße Strich durch das in Berlin ausgedachte Epos. Die Verwundeten dürfen nicht zugrunde gehen, das wäre völlig sinnlos! Der Tod des unverwundeten Obersten Carras

wäre ebenfalls völlig sinnlos! Er hat den Mann also mit hereingenommen. Er wird sich der Sache annehmen, wird die Sache auch zu Ende bringen und wird den Arzt zurückbegleiten in seinen Keller. Ja, so wird es gehen, so muß es gehen. Das ist das Licht in tiefster Nacht.

Carras hatte den Arzt zurückgelassen und war durch den Keller gelaufen, durch das Gedränge von Menschen, durch Schreibstuben, durch Ia- und IIa-Zimmer und war wieder zurückgekehrt zu seinem Lichtstreif, zu dem Doktor, und hatte ihm gesagt, daß man sich noch etwas gedulden müsse, daß alle in Frage kommenden Herren im Moment kolossalisch beschäftigt seien. Und das waren sie tatsächlich. Nicht zu reden vom O. B., der war kolossalisch beladen (im Vorbeigehen hatte er es gesehen), saß da wie ein sturmgebeugtes Rohr. Der Chef (er hatte dessen Tür geöffnet und gleich wieder zugezogen) brüllte kolossalisch in den Fernsprecher hinein: »Ich lasse den Stab vom General bis zum Leutnant an Ort und Stelle erschießen!« Ia und Ic hatten sich in einem Zimmer eingeschlossen, und da gab es keinen Einlaß. Beim Nachbarn, dem Chef einer Nachrichten- und Aufklärungskompanie hatte er sich erkundigt, ohne viele Worte höflicherweise, nur vermittelst Zeichensprache und durch dieses angedeutete und bezeichnende kleine Fingerschnipsen in der Richtung zur Schläfe, begleitet von einem Frageblick zur Nachbarwand. »Nein, die denken nicht daran!« war ihm erwidert worden: »Die sitzen bei der Henkersmahlzeit und im übrigen packen sie, und die Karte vom linken Wolgaufer und der Kirgisensteppe haben sie sich bringen lassen!« – »Und Sie, meine Herren, wollen Sie auch über die Wolga?« Der Chef der Nachrichten-Aufklärungskompanie, und mit ihm der Kommandeur des Armeenachrichten-Regiments befanden sich ebenfalls beim Packen ihrer Rucksäcke. »Nein, Herr Oberst, wir wollen keine Umwege, wir schlagen den direkten Weg nach Westen ein!« hatten sie erwidert. Nun, diese beiden, in dieser Richtung würden sie jedenfalls auf kürzestem Wege in die Hölle gelangen. Der Ia und Ic aber, ja, wenn der Ia der Armee ein Wolf und der Ic der Armee ein Wolfsjunges wäre, dann hätten sie einige Aussicht, auf dem Umweg durch das Kirgisenland nach Deutschland zu gelangen, mit einer Flasche Kognak und einem Rucksack voll Knäkkebrot allerdings ... mein Gott, vor zehn Tagen hatte er schon die fortschreitende Paralyse dieses Hauses konstatiert, daß es aber im einzelnen (und was heißt, ›im einzelnen‹, in den letzten fünf Minuten hat er eine ganze Anzahl solcher Fälle gezählt) zu derartigen Erscheinungen kommen könnte, das hatte er sich damals nicht denken können. Man befand sich ja hier mitten unter Ausbrechern. Der Ia haut ab und läßt die Armee, der Kommandeur des Nachrichtenregiments seine Abteilung, der Chef der Aufklärungskompanie seine Funker im Stich, den Rucksack gepackt und heimlich davongeschlichen, über die Wolga weg zu den Kirgisen, über die Karpowka hinüber zu den Kalmücken, da kann man nur ›Heil, heil!‹ nachrufen!

Hinter dem Vorhang stiegen immer neue Sprüche des Orakels auf.

›Es ist nicht unehrenhaft, die Waffe gegen sich selbst zu richten!‹ Also hallten Pistolenschüsse. ›Es ist nicht unehrenhaft, im letzten Moment einen Ausbruchsversuch zu machen!‹ Also wurden fieberhaft Rucksäcke und Tornister gepackt, oder auch Koffer. ›Es ist nicht unehrenhaft, in Gefangenschaft zu gehen!‹ Auch das wurde kolportiert, ein Ausspruch allerdings, der auf seine Authentizität noch nachzuprüfen ist, denn bis zu dieser Minute und in schriftlicher Form lautete es doch: Parlamentäre sind durch Feuer abzuweisen, und: Gefangenschaft bedeutet qualvollen Tod oder Verkommen in Sibirien! Und übrigens tobte der Chef noch immer durch alle Räume, und wo er einen Rucksack erblickte, gab es Krach, und wer bei einem Techtelmechtel mit einem Russen betroffen und dingfest gemacht würde, dem nützte es wahrlich nichts, sich auf das Kellerorakel zu berufen, der stünde unweigerlich an der Wand. Für dieses Haus gilt nach wie vor der auch für alle andern Stabsquartiere in Kraft befindliche Befehl: Der Gefechtsstand wird verteidigt bis zur letzten Patrone! Und wer Disziplin im Leibe hätte, der kolportierte jetzt keine Sprüche, der hortete Handgranaten unter seinem Schreibtisch und in seinem Bettsack. Bei solchem ersprießlichen Tun hat er denn auch eine Serie Herren (wenn es sich bei einigen auch um exotische Selbstmordvorbereitung handelte) angetroffen; die

Schreibstube des Chefs allerdings (das hatte ihm der Ordonnanzoffizier versichert) war noch immer nicht in ein Waffenlager, geschweige in eine Festungszitadelle umgewandelt.
Carras stand wieder im Vorzimmer des Chefs und dieses Mal brauchte er nicht erst die Tür zu öffnen. Der Krach war auch durch die geschlossene Tür hindurch zu hören. Der wachhabende Offizier zuckte auf seinen fragenden Blick hin zuerst die Achseln, erklärte dann aber doch, es handle sich da um einen besonders hartnäckigen Leutnant, der schon zum soundsovielten Male anrufe und von der Armee verlange, daß sie in der Nähe der Ortskommandantur kämpfenden Gruppen, die überhaupt nicht wüßten, wem sie unterstehen, den Befehl zum Einstellen der Kampfhandlungen gäbe.
Der Chef kam aus seinem Zimmer heraus, war weiße Wut, sah niemand, stakte mit langen Schritten nach vorn, schlug den Vorhang zurück und brüllte auf den Gang hinaus nach dem diensthabenden Feldwebel der Feldgendarmerie: »Feldwebel! Eine Abteilung! Lawkow heißt der Kerl, ein Leutnant Lawkow. Ich mache Sie dafür verantwortlich. Sie bringen mir den Kerl hierher, ich will ihn sehen!«
»Er hat den Chef einen Mörder geschimpft!« erfuhr Carras von dem Offizier, der das Ferngespräch überhört hatte. Und das war wieder nicht der Moment, in dem Carras mit dem Chef sprechen konnte, zumal es sich bei dem Theaterkeller ähnlich wie bei der Ortkommandantur um eine Sanitätsstelle handelte.
Carras wanderte wieder durch die Räume, blickte in Zimmer, in denen gemahlzeitet wurde. Die ›Armee‹ war nach sechs Umzügen arm wie eine Kirchenmaus. Die Hartmannsche Division aber saß hier auf ›altem Grund‹ und die besaß noch Vorräte, und diese Nacht war die Nacht des großen Reste-Essens und auch des Reste-Trinkens. Auch einige Herren der ›Armee‹ die mit von der Partie sein wollten, streiften durch die Zimmer der ›Hartmänner‹. Auf solchem Streifzug begegnete Carras seinem Ebenbild. Die anderen Herren behaupteten jedenfalls, daß der Armeenachrichtenführer ihm wie aus dem Gesicht geschnitten und sein Ebenbild wäre. Ist natürlich immer peinlich, gewissermaßen sich selbst Auge in Auge gegenüberzuste-

hen, noch dazu wenn dieses ›Selbst‹ oder Ebenbild da grade etwas mit einer kleinen Armeepistole vorhat. Die Sache indes klärte sich andersherum auf. Der Nachrichtenführer sicherte die Pistole und versenkte sie in seiner Hosentasche. »Stellen Sie sich vor, eigentlich bin ich unterwegs, um für meine Leute ein Frühstück zu organisieren«, erzählte er: »Da treffe ich meinen Adjutanten wieder, mit diesem Ding da in der Hand, fertig entsichert, piff-paff und aus. Nun, ich hab sie ihm abgenommen; ob es was nutzt, das weiß ich nicht. Ich kann doch da nicht dauernd bei ihm bleiben. Ich hab doch da noch andere Patienten, und schließlich doch auch meine eigenen Sorgen in so einer Stunde!«

»Ihr Adjutant, das ist doch dieser große, kräftige, gesunde Mensch!«

»Ja, eben dieser, stellen Sie sich vor, hat eine entzückende Frau, hat erst kurz vor der Einkesselung geheiratet, in Belgrad, die Tochter eines Großindustriellen, und so was greift zur Pistole!«

»Ihr Adjutant, wenn ich mich recht entsinne, war doch auch sonst, wie man das so sagt, eine Säule!«

»Natürlich: Säule! Wenn ich da mal ein Wort fallenließ, betreff Hoth, Manstein Zweifel äußerte, oder das Unternehmen ›Donnerschlag‹ als lodernden Blödsinn bezeichnete, dann sprang er auf: ›Aber Herr Oberst, ich muß es einmal aussprechen. Ihre Lagebeurteilung wirkt geradezu unerträglich!‹ So eine Säule, hundertprozentig gläubig, glaubt an die Heiligkeit des Wehrmachtberichtes, glaubt alles, frisch, fromm, fröhlich. Und nun seit fünf Tagen ist er völlig umgebrochen, sitzt da, den Kopf in die Hände gestützt, starrt, und wenn er die Zähne aufbringt: ›Ist doch alles Lüge! Alles Betrug! Alles Schwindel!‹ Flucht und brütet Rache. Und jetzt sage ich zu ihm: ›Schreiben Sie bitte die Rede des Reichsmarschalls mit!‹ Und plötzlich fliegt Block und Bleistift in die Ecke und er stürzt raus, käseweiß im Gesicht, und da finde ich ihn wieder und muß ihm dieses Ding da wegschnappen. Das sind Zusammenbrüche!«

»Und was werden Sie selbst tun?« fragte Carras.

»Und was werden Sie selbst tun, Carras?« fragte das Ebenbild zurück.

Beide zeigten die Zähne, beide lächelten. Der Nachrichtenführer sagte: »Nun sind wir auch bei dem Gesellschaftsspiel angelangt: Gefangenschaft gehn – erschießen? Gefangenschaft gehn – erschießen? Nun, ich will erst mal was zu essen beschaffen für meine Leute. Im übrigen heißt der Befehl: Bis zur letzten Patrone!«

Der Chef ging vorbei. Beide blickten ihm nach, danach begegneten sich beider Blicke. Dieses Mal zeigten sie einander nicht die Zähne und lächelten sie auch nicht.

Dann sagte der Armeenachrichtenführer:

»Stellen Sie sich vor, vorhin war ich bei ihm und meldete: ›Herr General, ich melde hiermit, daß die und die verschwunden sind!‹ Natürlich war ich auf allerhand gefaßt. Aber er reicht mir die Hand und sagt: ›Wir können daran nun doch nichts mehr ändern!‹ Wie soll man sich diese plötzliche Weichheit erklären?«

»Ich glaube ihm nicht sein Brüllen und glaube ihm nicht seine zur Schau getragene große Ruhe!« sagte Carras. Und das sagend und den Mann mit den langen Hosen und roten Generalsstreifen und in der Geste großartiger Ruhe davonschreiten sehend, begriff er erst, das ist ja wirklich alles nur Tarnung.

Der Armeenachrichtenführer sagte: »Der Mann ist meines Erachtens innerlich ›fertig‹!«

Sagte es und ging davon. Carras blieb an der Stelle stehen. Er blickte durch den langen Höhlengang. Aus Türen herausfallendes graues Licht auf dem Reigen von Gestalten, auf der Wanderung oder am Boden hockend. Neben dem Ausgang rechts ein Haufen Gewehrmunition und Handgranaten, links ein Haufen Minen. Der Motor des kleinen Bosch-Aggregates für die Funkstelle puffte und durchschwängerte die Luft mit blauem Dunst. Türen gingen auf. Ordonnanzen kamen heraus und drängten sich durch die Menge. Rufe der Feldgendarmen und Erwiderungen: »Weitergehen! Nicht stehenbleiben! – Schnauze halten! – Wer war das? – Wo wollen Sie hin? – In die Regimentsgefechtsstelle! – Was hocken Sie denn hier?« – »Will zum Regimentsarzt!« – »Los, los! Weiter!« Wieder flog eine Tür auf. Die vor dem Fenster des Zimmers aufgebauten Sandsäcke waren durch die Detonation einer Granate einge-

stürzt und ein paar Mann mußten hinaus auf den Hof, um sie wieder aufzubauen und für einen Moment fuhr Wind und Schnee durch das Zimmer und auf den Gang hinaus. Und wieder Rufe, wieder einstürzende Sandsäcke. Und von oben, aus der über dem Kellergewölbe gelegenen Hausruine her ein Klirren, und ein Dröhnen, und es war, als ob etwas Schweres hundert Treppenstufen herunterpolterte, und am Ende war es eine Detonation, ein krepierendes Geschoß eines schweren Werfers. An der Wand Gestalten, die auch das Spiel: ›Gefangenschaft gehn – erschießen?‹ hinter sich hatten und auch von den Einschlägen aus Werfern oben in der Hausruine und draußen auf dem Hof oder am Ende des langen Ganges nicht mehr berührt wurden. Sie saßen da in grenzenloser Apathie, hingen ihren Gedanken nach oder sie dachten auch nichts mehr. Sie waren durchdrungen von der Sinnlosigkeit jeder Handlung, sei es der Dienst, sei es die Sorge um ihre Leute, um die Verwundeten in den Nachbarkellern. Sie saßen einfach da und konnten nicht mehr aufstehen. Kampf bis zur letzten Patrone – unter diesem Chef und mit diesem Haus voll prächtig dekorierter Narren?! (Entschuldigung, meine Herren, warme Füße, kühle Köpfe, Taktiker, Strategen, Spezialisten, Sachberater auf allen Gebieten, objektive Beurteiler der Lage, und das ist die letzte Verwandlung, die letzte Maske, der letzte und endgültig auf die bleiche Stirn gedrückte unverwelkbare Kranz.) Mein Gott, da ist man zwanzig Jahre Offizier, und Stufe um Stufe Beförderung und Paraden und Glanz, und Triumph, ein Siegeszug quer durch den Kontinent, und solches Ende, so ein unausdenkbarer Narrentanz, im Schein krepierender Handgranaten, im Aufblitzen der kalten Waffe, nicht auszumalen, nicht zu ersehen, und da wird dann letzten Endes nichts anderes bleiben, da wird die eigene Waffe sich auch gegen die Schläfe des Obersten Carras richten!
Und so berichte, du habest uns ...
Mein Gott: nein, nein, nein, nein!
Oberst Carras setzte sich in Bewegung, lief hinter dem Chef her, fand ihn im Arbeitszimmer, stand vor ihm und führte ein kurzes Gespräch mit ihm. Er kam zurück und stand vor dem Oberarzt Huth:

»Doktor, ich glaube, jetzt ist es Zeit. Ich glaube, jetzt sind die Herren bereit!«

Vorn polterte es wieder und krepierte es wieder, dieses Mal waren es einige Granaten. Vielleicht waren zwanzig Minuten vergangen, so lange hatte Huth dagesessen. Er wußte nicht, wer die einzelnen Herren waren, die da vor seinen Blicken vorbeigezogen waren. Er wußte nicht, daß der Frontoffizier, mit dem zusammen er hier eingetreten war, in der Papiertüte Auszeichnungen davontrug. Er wußte nicht, daß der Oberst, mit dem er zusammen hier eingetreten war, von einem Besuch beim Feldmarschall zurückkehrte, aber er sah ihm an, daß er durch irgendein aufwühlendes Erlebnis verstört war. Er wußte nicht, daß der hochgewachsene Herr in der weißen Tarnkombination, außen weißes Tuch, innen weißes Fell, der vor der Ausgangstür einen ebenfalls weißen Rucksack entgegennahm, der Ia der Armee war, daß der andere jüngere Herr, ebenfalls Weiß in Weiß, der ihm folgte, der Ic der Armee war, und daß beide in diesem Moment zu einem Weg in die Irre ansetzten. Er war auch aufgestanden, hatte auch einen Blick in den einen, auch in einen andern Raum hineingeworfen und hier und auch dort eine Gruppe höherer Offiziere beieinander sitzen sehen, hatte aber nicht wissen können, daß er da die beiden Gruppierungen des Hauses vor sich hatte, deren eine um den Hartmann-Nachfolger und eben beförderten General Roske, deren andere sich um den Adjutanten des Oberbefehlshabers und um den Dolmetscher der Armee zusammensetzte, und wußte auch nicht, daß die Herren beider Gruppen neben ihren eigenen Sorgen in dieser Stunde nur noch die Hauptsorge hatten, den Feldmarschall bei guter Laune zu erhalten, und von allem, was die Verpflegungslager noch an Seltenem und Rargewordenem hergaben, auf dem Tisch des Feldmarschalls absetzen ließen. Der Oberarzt Viktor Huth hatte die Gestalten der Apathischen an der Wand betrachtet und bemerkt, daß hier nicht Muskelschwund, nicht die Auszehrung, nicht die Ruhr die Ursache war, daß es sich bei der hier vorliegenden Lähmung um ein Phänomen rein geistigen Ursprungs handelte. Er hatte den wie einen Truthahn aufgeblähten Chef und hatte in dem in grauem zerpulvertem Licht ruhenden lan-

gen Bassin die Herren sich auf und ab bewegen sehen, darunter ganz seltene große Fische – Ärzte, Veterinäre, Kriegsrichter im Generalsrang, Herren mit roten Generalstabsstreifen, mit goldenem, mit silbernem Achselgeflecht auf rotem, auf blauem, auf grünem, auf schwarzem Grund, Offiziere, Inspektoren, Räte, Beamte, Schreiber, dazwischen die Doggenköpfe der Feldgendarmen, ein riesiger Apparat, der schon seit Wochen keine andere Leistung hervorbrachte als dieses eine Wort: *Halten!* Das Riesengehirn, die graue Substanz der Armee, und diese Substanz macht krankhafte Veränderungen durch, man kann die Deformation mit bloßem Auge erkennen und an einzelnen Zellen beobachten als da sind Melancholie, Manie, Paranoia, Hypochondrie, Raserei, Verstimmung, Ideenflucht, Urteilsschwäche und eine Reihe Unterarten des Wahnsinns und Blödsinns. Dieses Armeezentrum schüttelte sich in Todeskrämpfen, befand sich in Auflösung, in voller Paralyse: das war die Diagnose des Arztes Viktor Huth, der hier hereingekommen war und zwanzig Minuten da geweilt hatte. Und am Grunde der Krankheit und des vorzeitigen Ablebens, auch zu dieser Feststellung gelangte Huth, stand das gehorsame und sklavische Aufgeben des freien Willens.
Huth blickte auf, vor ihm stand Carras. Er bemerkte jetzt erst, daß der Oberst grüne Augen hatte und daß ein grüner Schein auf dem ganzen Gesicht lag. Keine Halluzination und das wäre ja so naheliegend gewesen. Was er sah war die Äußerung einer Seelenstimmung, und es war das Gesicht einer Katze im tiefen Wasser, aber es war auch das Flackern eines unbedingt und trotz allem Amlebenbleibenwollens, und das war ein starker und gesunder Instinkt, dem der Arzt vertraute und dem er seine Sache anvertraute. Und seine Sache war gemessen an der Forderung der Stunde gering. Kapitulation der gesamten Armee wäre die gebieterische Forderung. Diese Forderung zu erheben wußte er sich nicht groß genug. Aber die Kapitulation des Theaterkellers (noch dazu, da seit Tagen theoretisch das Zurücklassen von Verwundeten schon vorgesehen war), die Kapitulation nicht nur in theoretischer Form, sondern in praktischer Durchführung, das war die Forderung, die er vertreten und verlangen wollte.

»Jawohl, Herr Oberst, ich bin ebenfalls bereit!«
Huth ging neben Carras her, durch die überbevölkerte Kellergasse. Der Vorhang wurde zurückgeschlagen. In Begleitung des Obersten Carras ließen die rechts und links des Vorhangs stehenden Feldgendarmen auch den Oberarzt ohne weiteres passieren. Er kam an einer Schreibstube, an einer mit Sandsäcken verbarrikadierten Treppe vorbei und gelangte vor die Tür zum Arbeitszimmer des Chefs des Generalstabs der Armee. Als Carras die Tür öffnete, dröhnten jenseits des Vorhangs am anderen Ende der Kellerhöhle wieder schwere Granatwerfereinschläge. Huth wurde durch ein Vorzimmer geführt und stand dem Chef der Armee gegenüber.
Der Chef saß hinter seinem Schreibtisch. Ein Mann mit energischem Gesicht, mit Augen, die so glänzten, daß Huth zuerst an Morphium dachte, dann aber diesen starren Glanz auf Angespanntheit und Überspanntheit eines Charakters deutete.
Nicht so sehr Huth, aber Carras, der Offizier vom Dienst, noch ein anwesender Offizier, die den Chef bisher in Raserei ausbrechen sahen, wenn nur das Wort Kapitulation in seinem Umkreis fiel, und der bis zu dieser Stunde Generale, die an Kapitulieren dachten, mit Erschießen bedroht hatte, erlebten eine ernste Überraschung.
Der Chef wandte keinen Blick von dem Arzt. Es war ihm nicht anzusehen, was er dachte. Aber er ließ den Arzt sprechen, ließ ihn auch Worte sagen, die er sonst niemals geduldet hatte. Er wandte einmal den Kopf und lauschte nach draußen auf das jetzt regelmäßige Krepieren von Granaten und hörte dann weiter zu.
Huth hatte geendet.
Der Chef sagte – und da wurde die Überraschung der anwesenden Herren schon zur Befremdung – zu dem Oberarzt Huth: »Setzen Sie sich bitte, Doktor, und gedulden Sie sich einige Minuten!« Danach verließ der Chef das Zimmer, ging zum Adjutanten des OBs, rief den Dolmetscher der Armee heraus und wechselte einige Worte mit dem Dolmetscher. Er ließ den Hartmann-Nachfolger, den General Roske, rufen und hatte auch mit ihm ein kurzes Gespräch. Er schickte einen Ordonnanzoffizier in die Nachbarräume, zum dort liegenden Ar-

tilleriekommandeur, zu dessen Befehlsbereich die Ruine des Hauses der Roten Armee mit dem danebengelegenen Theaterkeller gehörte, und danach betrat er das Zimmer des Feldmarschalls.
Und auch diese hohe Stalingrader Hausruine und die Geschichte in ihrem Gemäuer und was in der letzten Nacht in den Lagerräumen und Kellern vorging, das letzte Verzucken eines Armeehauptquartiers, auch das sei nicht vergessen! Und auch das Gespräch zwischen dem Chef der Armee und Dolmetscher und General, und der Inhalt dieses kurzen Gesprächs, der nicht nur die Übergabe des Theaterkellers, der auch die Übergabe des Armeehauptquartiers betraf, zu einer Stunde, in der die Männer ringsumher weiter starben, wie sie siebenundsiebzig Tage lang gestorben waren, da die Männer nach wie vor an den niemals aufgehobenen Kampfbefehl ›Bis zur letzten Patrone!‹ gebunden waren: auch das sei nicht vergessen!

›Die Masse der nach Stalingrad strömenden Verwundeten ist im Gebäude der Ortskommandantur Mitte zu sammeln und dort zu versorgen!‹ lautete einer der letzten Armeebefehle.
Als Oberstabsarzt Simmering mit dem Verwundetenzug, den er von Gumrak her hinter sich herzog, in die große Toreinfahrt einbog und auf den Hof heraufkam, wurde es bereits dunkel. Als der verwundete Leutnant Lawkow durch das Tor kam und den Hof betrat, standen Sterne am Himmel, die Mauern des Gebäudes hoben sich blau in die Nacht, und der vor den Fenstern des Erdgeschosses aufgeworfene Haufen, um den man herumgehen mußte, und der auch schon die Blicke des Oberstabsarztes und seiner Verwundetenkolonne auf sich gezogen hatte, war nur noch an einzelnen ragenden Teilen und an seltsamen Verkrümmungen als das zu erkennen, was er in Wirklichkeit war. Dieser Haufen, übereinandergeworfen und mannshoch, zog sich von der Durchfahrt bis zur Hofecke und von der Ecke bis zur Tür des Seitenflügels, und hinter der Tür begann er wieder und zog sich weiter. Das Haus, so lang es war, war von einem Leichenwall umgeben.
Oberstabsarzt Simmering war stehengeblieben.

Die Verwundeten, die er anführte, soweit sie sich nicht noch in der Durchfahrt und auf der Straße befanden, waren stehengeblieben. Ohne Kommando eine Linksum-Bewegung, ein langes Stillgestanden, mit hängenden Armen, mit Köpfen und Augen, die sich abkehren wollten und doch nicht konnten, die genau eine gespreizte Hand betrachten mußten, ein gekrümmtes Bein, einen geplatzten Hals, weiße Zähne in einem aufgerissenen Mund, diesen ganzen weggeworfenen Haufen, so standen sie da, die Gesammelten in stummer Front denen gegenüber, die gestern gesammelt und gestern hier über den Hof weg einmarschiert waren.
»Aber erklären Sie mir, Unteroffizier . . .«
»Ach, Herr Oberstabsarzt!«
So sprach Simmering einen Sanitätsunteroffizier an, der mit noch einem Sanitäter einen Toten samt der Trage, auf der sie ihn aus dem Haus gebracht hatten, auf den Haufen hinaufreichte, wo er von zwei andern entgegengenommen wurde.
»Ach, Herr Oberstabsarzt!« erwiderte der Unteroffizier, dabei wedelte er mit der Hand. Es war eine hilflose Bewegung. Heißen sollte es: Halten Sie sich hier nur nicht auf, kommen Sie nur erst herein und Sie werden keiner Erklärung mehr bedürfen!
»Sah der Hof hier schon immer so aus, Unteroffizier?«
»Vor vier Tagen noch nicht, Herr Oberstabsarzt. Aber an eine Bestattung ist wegen Beschuß und wegen gefrorenen Bodens nicht zu denken. Wir hatten die Leichen drüben im Schuppen abgelegt. Der Schuppen ist voll bis unters Dach. Und dabei wird die Masse, die hier zusammenströmt, immer mehr. Die Sanitätskompanie hat keine andere Arbeit als die Toten herauszutragen, und sie schafft es nicht mehr!«
So sah es aus, als Oberstabsarzt Simmering ankam.
Als Leutnant Lawkow ankam, war er nur einer unter vielen, die einzeln hier eintrafen, aus Stalingrader Balkas, aus Ruinenlöchern, von draußen aus der weiten Schneewüste, angewehte blaue Flocken. Vor diesem aufgetürmten wirren Haufen, auf dem wie Nebel Sternlicht lag, bebten sie zurück. Aber wohin – zurück in die Löcher, zurück in die Schneewüste? Dort hatte sie die Finsternis, hatte sie die Verlassenheit, hatte

sie der Hunger aufgejagt. Hier war der von der ›Armee‹ bestimmte Ort; und hier hoffte man, wenn auch sonst nichts, so doch eine Pferdesuppe zu erhalten. So ließ man den Haufen links liegen. Das war etwas anderes, und die da lagen, hatten Pech gehabt. Wer hier ankam, der bewegte sich noch auf eigenen Füßen und der hoffte noch. Man drängte sich an die Tür, und wenn der im ersten Verband steckende zerschmetterte Arm, der gebrochene Knochen, die wunde Seite auch schmerzte, daß man aufheulen mußte, man drängte sich durch und gelangte schließlich ins Innere des Hauses, und gelangte, wenn auch zunächst nicht weiter, doch bis ins Treppenhaus.
So weit war Leutnant Lawkow gelangt.
So weit war auch Major Buchner mit seinem Leutnant Loose gelangt. Major Buchner allerdings drängte sich weiter. Wenn er sich auch nicht bis zu einem Arzt durcharbeiten konnte, einen Sanitätsfeldwebel traf er, und den brachte er mit. Er überzeugte sich davon, daß der Feldwebel seinen Leutnant abtragen ließ, danach erst ging er wieder weg. Erst draußen unter dem Himmel und in der kalten Luft hörte er das Kreischen, das im Innern des Hauses so betäubend und so fremdartig war, daß man nicht verstehen und sich auch nicht erklären konnte, wo man sich eigentlich befand. Waren das noch menschliche Stimmen, oder waren es gefangene große Vögel, die da Käfig über Käfig, drei Etagen hoch und in drei Gebäudeflügeln, übereinanderhockten, gegen Wände und Decken flatterten, in dunklen Klumpen zurückfielen, mit blutenden Schnäbeln und zerbrochenen Schwingen, und nun Töne ausstießen, wilde unverständliche. Was war das, war es ein ganzer Turm voll sterbender Vögel, war es ein Stall, und Stall über Stall, voll verbrennender Pferde, schnaubend und an Ketten reißend und mit Zentnergewichten zusammenbrechend; waren das tausend Menschen, konnten das Menschen sein? Als Buchner wieder draußen auf der Straße bei seiner Truppe anlangte und das Kreischen und Flattern und Stampfen noch immer in seinen Ohren, und der im Sternenlicht flimmernde Haufen, an dem er eben vorbeigeschritten war, noch immer vor seinen Augen war, da wußte er: es war der Tod. Und dieses Wissen im Herzen war er, keinen Schritt schneller und keinen

Schritt langsamer, und des Granatwerferfeuers und auch des Feuers aus Salvengeschützen nicht achtend, stumm seinem Trupp vorausgeschritten, bis hin zur Dampfmühle.

Leutnant Loose wurde hineingetragen. Eine ärztliche Untersuchung war nicht vonnöten. Es gab in diesem Haus nur zwei Kategorien von Kranken und Verwundeten, gehfähige und solche, die nicht mehr gehen konnten. Und um zu beurteilen, zu welcher Kategorie ein Eingelieferter gehörte, genügte der Feldwebel. Wenn noch dazu wie in dem Fall des Leutnants Loose die von dem Splitter zerfetzte Hose und das um das Bein gedrehte Hemd ein einziger Blutfetzen war, machte die Entscheidung kein Kopfzerbrechen. Der Feldwebel sagte: »Der kommt auf den Gang!« Die Träger trugen ihn dorthin und stellten ihn am hinteren Ende der Reihe ab. Leutnant Loose, obwohl er den Krieg mitgemacht und in Löchern und im Dreck gelegen und sich an einen rauhen Soldatenton gewöhnt hatte, war noch immer ein wohlerzogener junger Mann. Und als solcher wartete er zuerst. Als es lange dauerte, fragte er einen Sanitäter, wann er dem Arzt vorgeführt werden würde. Der Sanitäter wußte es nicht. Noch eine Weile später verlangte er, dem Arzt vorgeführt zu werden; noch später verlangte er, einen Arzt zu sehen. Weder kam ein Arzt, noch wurde er zu einem Arzt gebracht. Es kamen nur zwei Sanitäter, die vorn und hinten seine Trage anhoben und ihn ein Stück weiter abstellten. Das wiederholte sich einige Male. Hinter ihm wuchs die Reihe ins Endlose und er rückte allmählich weiter vor. Der Gang war sehr lang, es war stockfinster und hundekalt. Irgendwo mußten Türen aufstehen und Leutnant Loose verlangte, daß die Türen geschlossen würden. Aber es blieb alles wie es war, es blieb finster und kalt und es war nicht anders, als ob der Wind des freien Feldes durch den Gang heulte. Das einzige, was an ihm geschah, war, daß er immer wieder um einen oder um einige Plätze vorrückte. Die vor und nach ihm lagen, konnte er nicht sehen. Er hörte Rufen, hörte auch Schreie. Die meisten lagen da in starrem Schweigen. Irgendwo wurde geschossen, das vernahm er auch. Er rückte wieder vor und plötzlich erblickte er das Ende des Ganges. Da war keine Tür, da ging es nirgends in einen Operationsraum. Da war keine Tür und da war kein Fenster, da war ein Geviert, so hoch und so breit wie der Gang war. Und dahinter und in diesem Geviert war nichts als der Himmel. Und der Himmel mit seiner Kälte brauste durch den Gang. Wo waren die Männer geblieben, die vor ihm aufgerückt waren? Jetzt erst fiel ihm ein, daß die Träger laufend mit leeren Tragen zurückgekommen waren. Da vorn war doch nichts als das Loch ohne Fensterbrüstung und der Himmel mit den blinkenden Sternen, wo waren sie also geblieben? Leutnant Loose war nicht bewußtlos, war auch nicht apathisch wie die meisten, die hier lagen. Er war noch vor einigen Stunden am ›Tatarenwall‹ gewesen und über den Flugplatz gekommen. Sein Bein war zerschmettert und er konnte sich nicht bewegen. Sonst war er ein gesunder Mensch mit kreisendem Blut und mit intakten Nerven. Hier lag er, noch zwanzig oder dreißig Mann, schätzte er, lagen vor ihm. Er verlangte jetzt: »Nehmen Sie mich hier weg. Bringen Sie mich zum Arzt oder bringen Sie mich in einen andern Raum! Hier bleibe ich nicht!« Die Träger rückten ihn wieder einen Platz vor und verschwanden wieder in der Finsternis. Und er war gebunden, sein zerschlagenes Bein schmiedete ihn an die Stelle. Der Himmel und der heulende Wind und es war kalt, seine Nase und seine Finger waren wie Eis. Und da war die Angst und die wurde übermächtig, und Leutnant Loose begann zu brüllen. Es waren so starke Schreie und so weithin gellend, daß zu andern Zeiten Stabsarzt und Oberstabsarzt und das ganze Haus zusammengelaufen wäre. Jetzt war die Stimme nur eine in einem schreienden Turm und es geschah nichts.

Leutnant Lawkow war ebenfalls in das Haus hineingelangt. Die Feldküche suchte er. Die fand er auch, in einem Keller. An Trauben von Soldaten, die an der Kellertreppe hingen, mußte er vorbei. Er war klein und wendig, auf ein grobes Wort wußte er ein noch groberes, so kam er bis an die Goulaschkanone heran. Er erhielt ein Eßgeschirr voll heißen Wassers, das war die einzige Nahrung, die zu erhalten war und die seit Tagen hier ausgegeben wurde. Lawkow füllte sich das heiße Wasser in den Bauch. Und da wäre er sitzengeblieben in der Nähe der Goulaschkanone. Erstens wegen der Wärme, und überhaupt wäre es der beste Beobachtungsposten, denn man konnte ja nicht wissen, falls sich doch noch irgendwas entwickelte, war es gut, gleich zur Hand zu sein. Aber der Keller wurde geräumt, und es nutzte ihm nichts, daß er sich am ›Räumen‹ beteiligte. Die Feldgendarmen, die die Männer die Treppe hochpreßten, warfen auch ihn mit hinaus. Aber immerhin konnte Lawkow die Treppe vermeiden und auf den Gang entschlüpfen, und so schweifte er durch die Kellerräume. Von ›schweifen‹ konnte indessen, um es genau zu sagen, keine Rede sein. Er stieg über lang ausgestreckte und an den Wänden hokkende Körper hinweg, zwängte sich durch überfüllte Räume und arbeitete sich Schritt um Schritt weiter.

Es waren große Kellerräume, Höhle war da an Höhle. Und was war da nicht alles zusammengekommen. Da waren Versprengte, da waren Offiziere und Soldaten, da waren Kroaten und Italiener, da waren Fahrer und Beifahrer und Pferdepfleger und Marodeure und Bautruppen, Leute ohne jede Führung. Da war auch kämpfende Truppe, die hier ihre Quartiere und mit MGs gespickte Unterstände hatte. Da war auch noch die von der Ortskommandantur nachgelassene Feldgendarmerieabteilung. Da waren Holländer und Wallonen. Ein Kerl mit großflächigen Backen und mit grauen Nebelaugen sprach Lawkow in sonderbar klingendem Deutsch an und wollte von ihm wissen, ob jetzt, wo es doch hier Lazarett geworden sei, auch sicherlich kapituliert würde, und ob es nicht schon begänne. Und es wurde geschossen, und man wußte nicht, aus den Kellerfenstern heraus oder auf der Straße oder waren es Schüsse von Selbstmördern. Da waren auch Kranke und unter ihnen Ruhrkranke, die ihr Geschäft an Ort und Stelle erledigten und die so schwach waren, daß sie nicht auf den Füßen stehen konnten. Offiziere hockten dazwischen oder stakten über die Kranken weg, und da sie Tage vorher noch in Stäben gesessen und bisher nicht gesehen hatten, wie ruhrkranke Soldaten sterben, waren sie empört über das ›schamlose Treiben‹. Aber was suchten sie hier – wie jener Holländer warteten sie darauf, daß kapituliert würde, und sie wollten dabei sein. Auch ein General war da, ein Artilleriekommandeur ohne jede Begleitung; er war da aus dem gleichen Grunde wie auch die an-

dern, und er beanspruchte für sich allein einen Kellerraum. Dieser Raum aber wurde ihm streitig gemacht. Eine Schar müder und mit Binden und Fetzen umwickelter Männer schwemmte in den Raum hinein und nahm ihn im Nu in Besitz. Zwischen den grauen Frontgestalten, die sich auf einer Bank, an den Wänden, auf dem Boden niederließen, sah Lawkow den Mann in langer Hose und roten Streifen, sah er dessen gedunsenes Gesicht und hörte er hastige Worte. Aber das war kein herrischer Befehl mehr, war nichts als ein hervorgepreßter Protest, und darum kümmerte sich niemand. Die Männer waren da und sie waren nicht anders als ein zäher Lehmbrei; man kann hineinfassen und der Brei bewegt sich nicht. Der General sank auf seinen Stuhl zurück und resignierte. Er schien sich mit dem Einbruch abzufinden, zufrieden, daß er überhaupt dasein durfte.
Ein paar Landser umdrängten einen Hauptmann.
»Herr Hauptmann, bei uns sitzt ein Oberleutnant. Der sitzt da schon acht Tage, hat uns schon zum drittenmal die Verpflegung geklaut!«
»Und wo habt ihr selbst Verpflegung her?«
»Unser Zug ist aufgelöst, der Zugführer hat die Reste verteilt!«
Der Hauptmann war der Führer der im Keller liegenden kämpfenden Truppe. Die Leute waren Verwundete eines aufgelösten Radfahrzuges. Der Kampfgruppenführer ließ sich den Oberleutnant zeigen. Der sah kaum anders aus als die von Warmbüchsen verräucherte Kalkwand, an der er lehnte.
»Herr Oberleutnant . . .« (Der Oberleutnant hob kaum den Kopf.) »Können Sie nicht aufstehen, sind Sie verwundet?« Das war der Oberleutnant nicht. Er stand jetzt auf. Es war ein langer Kerl, völlig verwahrlost, nicht nur die Kleidung. Er hieß Rohwedder, das war alles, was der Hauptmann aus ihm herausbringen konnte; von welcher Truppe er war, konnte er nicht feststellen.
»Die Leute behaupten . . .« – »Jawohl, habe ich!« – »So, haben Sie: als Offizier die Leute bestohlen!« – »Wenn Herr Hauptmann das so nennen wollen!« – »Nun, Herr Oberleutnant, eine Waffe haben Sie wohl noch?« – »Nein, ich brauche keine!« – »Nun, mein Fahrer wird Ihnen eine bringen!«

»Und ihr geht mal hier etwas heraus. Nach zwei Minuten könnt ihr wieder einziehen!« sagte der Hauptmann zu den Leuten. Die Leute räumten das Kellerloch. Der Fahrer kam, betrat den Keller und kam zurück. Die zwei Minuten vergingen. Der Fahrer kam wieder und nichts war geschehen. Das wiederholte sich ein zweites, ein drittes Mal. Jedesmal meldete der Fahrer seinem Hauptmann: »Noch nicht passiert!« Das viertemal passierte es, aber anders als es gedacht war. Ein Schuß hallte und Lawkow bemerkte, daß der Fahrer seine rauchende Waffe in die Pistolentasche zurücksteckte, als er die Tür hinter sich zuzog. »So, ihr könnt wieder einziehen!« sagte er zu den herumstehenden Leuten, und seinem Hauptmann meldete er: »Ist passiert, Herr Hauptmann!«

Leutnant Lawkow traf hier auch einen alten Bekannten wieder, seinen letzten Bataillonsführer, ein Hauptmann und eigentlich war er nur eine episodische Figur im Bataillon gewesen. Ein Einflieger, der mit der baldigen Befreiung der 6. Armee gerechnet hatte und der dann dabeigewesen sein wollte, der aber in den Zusammenbruch von Pitomnik hineingeriet, sich der seiner Vorstellung so ganz und gar nicht entsprechenden Lage nicht gewachsen fühlte und ebenso plötzlich, wie er aufgetaucht war, auch wieder verschwand und nicht mehr gesehen wurde. Hier traf Lawkow ihn wieder, er sah kaum anders als jener Oberleutnant Rohwedder aus. »Ach, lieber Lawkow«, wurde er plötzlich angeredet. »Ach, wie ich mich freue!« – »Ich freue mich nicht, Herr Hauptmann!« – »Ich kann es noch immer nicht fassen, was mich nach Stalingrad geführt hat, wo ich doch in Charkow bei meinem Druckereitrupp einen angemessenen Posten hatte, und wo ich doch so gar keinen Ehrgeiz habe und ein Bataillon auch gar nicht führen wollte ...«

Lawkow drehte sich weiter im Keller herum.

Ein Ärztezimmer gab es, einen Operationsraum. In einer Ecke lag ein Chirurg, beide Beine schwarz. Er wußte genau, wenn der Brand dazutritt, ist es mit ihm aus. Er lag da und rauchte eine Zigarette und unterhielt sich mit seinem Nachbarn über Göttingen, wo auch der andere studiert hatte. Der Kampfgruppenführer sammelte seine Leute. Draußen auf der Straße

(durch ein mit Steinen verstelltes Fensterloch war es zu sehen) flackerte ein Infanteriegefecht. Ein Unteroffizier verabschiedete sich von seinem Hauptmann: »Wenn Sie wieder nach Wien kommen, Herr Hauptmann, dann grüßen Sie bitte die Witwe Kumitsch von mir!« Der Hauptmann rief ihm nach: »Machen Sie doch keinen Quatsch, Kumitsch!« Aber Lawkow sah den Unteroffizier davongehen mit diesem eigentümlichen Schritt, den er kannte. Dieser Unteroffizier, sein ausgerissener Bataillonsführer, ein Oberleutnant Rohwedder, ein grobknochiger Holländer, ein General, den die Landser (und nicht erst hier im Keller, auch schon früher bei der Truppe) Baron von Schnuller nennen, und Gesicht an Gesicht, und man stolperte über Tote, und Stall hinter Stall, und Höhle hinter Höhle, man kann immer ringsherum gehen, ein einziger großer Zirkus, aber ohne Flitter, alles Grau in Grau, die Scheinwerfer gelöscht, die Gesichter abgeschminkt, das Pulver verschossen, die strahlende Pantomime zerfallen, die Schöne wälzt sich in Bauchkrämpfen und beschmutzt ihre Laken, es ist tiefe Mitternacht: das ist der Keller.
Oberstabsarzt Simmering war seit seiner Ankunft der Dienstälteste unter den Ärzten im Gebäude der Ortskommandantur. Er saß im Ärztezimmer, und da der leitende Oberstabsarzt nicht zu erreichen war, hatte er sich von Stabsarzt Bäumler eine Übersicht über die Lage im Hause geben lassen. Die übrigen Ärzte waren im Hause verteilt. Die ärztliche Tätigkeit bestand nur noch, wie Bäumler ihm mitgeteilt hatte, im Zusprechen von Trost, während die Arbeit des Personals darin bestand, die Toten laufend auf den Hof hinunterzubefördern.
Die Reste einiger Sanitätskompanien waren hier eingesetzt und etwa zwanzig Ärzte. Die Zahl wechselte, verursacht durch Abgänge oder durch neu Dazukommende. Als Bäumler vier Tage vorher hier eingetroffen war, lagen über tausend halbverhungerte Schwerverwundete im Haus, die bis dahin nicht verpflegt waren und um die sich auch niemand gekümmert hatte. Wie viele es im Moment waren, das sei nicht mehr festzustellen. Das Haus sei bis zur Grenze seines Fassungsvermögens belegt. Die Verwundeten lagen ungeschützt auf der Erde, in den Gängen, in den Treppenhäusern und in den zerstörten

Räumen bis ins dritte Stockwerk hoch. Außerdem seien die Kellerräume überfüllt, teils von einer kämpfenden Truppe, teils von einer starken Abteilung Feldgendarmerie, außerdem von Flüchtlingen und Versprengten. Um das Haus selbst sei bisher nicht gekämpft worden. Aber in den Nachbarruinen säßen Truppen und um die Nachbarruinen gingen Kämpfe. Und da käme es auch vor, daß Granatwerfer- und Panzergeschosse ins Haus einschlagen, die dünnen Zwischenwände durchhauen und Opfer fordern. Das Sanitätsmaterial sei zu Ende und ebenso die Verpflegung.
Das war der Inhalt des Berichtes des Stabsarztes Bäumler.
Oberstabsarzt Simmering ließ sich von Bäumler durch das Haus führen, zuerst durch den Keller. Er blickte in die überfüllten Räume der Versprengten, in die Quartiere der Feldgendarmerie, in die Unterstände der kämpfenden Truppe. Er sagte nichts, schüttelte nur den Kopf. Der Weg ging weiter, über die Treppe. Diese Treppe glich einer einen Untergrundbahnschacht hinauf- und hinabführenden dichtbesetzten Rolltreppe. Und wie dort, so mußte man sich auch hier durch die Menge hindurchwinden. Nur daß diese Menge nicht aufrecht stand, daß sie saß, die Beine ausgestreckt oder angezogen, die Köpfe in die Hände gestützt oder seitlich an den Nebenmann gelehnt, mit offenen Augen oder mit geschlossenen Augen, wachend oder schlafend. Leute, die noch ihren ersten durch Eiter verjauchten Verband trugen. Das Treppenhaus war von oben bis unten von faulig stinkender Luft angefüllt. Oberstabsarzt Simmering ging durch das erste, das zweite, das dritte Stockwerk. Überall dasselbe, Verwundete, Tote, Fleckfieberkranke, alles lag durcheinander und übereinander, stöhnte, röchelte. Männer schrien, Männer weinten, Männer beteten, Männer baten um Tee, um einen Schluck Wasser, und niemand reichte ihnen Wasser (alle fiebern, alle wollen trinken, aber das Wasser muß aus Schnee aufgetaut werden und es reicht nicht aus! erfuhr Simmering). Delirierende brüllten. Männer verlangten eine Pistole, und erhielten sie auch, irgendwie und von irgendwem. In den Räumen gähnten leere Fensterhöhlen, davor stand die Nacht mit ihren Sternen. Die Stubenbelegschaften rissen die Fußbodenbohlen auf und un-

terhielten offene Feuer, um die sie herumhockten. Der rote Flackerschein lenkte das Feuer der feindlichen Artillerie auf das Haus. Ganze Räume mit ihren Belegschaften gingen in die Luft. Detonierende Granaten, die Luft war schwefelverpestet. Oberstabsarzt Simmering blickte auf die Straße hinunter. Das Haus selbst kämpfte offenbar nicht. Aber die kämpfende Truppe hatte hier ihren Sitz und huschte da unten in dem blauen Straßenschacht auf und ab und feuerte aus den Nachbarruinen heraus. Und noch etwas: auf der anderen Seite, auf der Platzseite, waren Haufen humpelnder und sich mühselig bewegender Gestalten zu sehen, die sich langsam der Hauseinfahrt näherten. Der Strom an hilfesuchenden Verwundeten war noch immer nicht abgerissen.
Oberstabsarzt Simmering ging den Weg zurück. Auf dem ersten Stock sprach er mit einigen Sanitätern und hier begegnete er auch dem leitenden Oberstabsarzt. Die Sanitäter hatten ihm erklärt, daß sie die Arbeit nicht mehr schaffen: »Dauernd die Erfrorenen und dazu geht eine Selbstmordwelle nach der andern durch das Haus!« Der Oberstabsarzt (Simmering kannte ihn von Berlin her und hatte ihn seither nicht gesehen) wandte sich an ihn, als hätten sie seither täglich im gleichen Operationsraum gestanden: »Da will ich die Arbeit beginnen, da reißt ein Panzergeschoß meinem Chirurgen beide Hände ab!«
Das sagte er und weg war er, verschwunden im Glast der offenen Feuer, in Rauch und Schwefelluft. Simmering blickte Bäumler an, der senkte seinen Blick.
»Also, Herr Stabsarzt, wir müssen beginnen!«
»Aber sagen Sie mir doch, was ist das hier für eine Einrichtung?« fragte er, auf den langen Gang hinaustretend, dessen Türen – es waren hohe bis zur Decke reichende Flügeltüren – geöffnet und mit Stricken festgebunden waren, was anscheinend auch am andern Ende der Fall war, denn ein eisiger Luftstrom fegte durch den langen Schlauch und fuhr über die auf Tragen abgestellten Kranken hinweg.
»Wir wissen uns nicht anders zu helfen, Herr Oberstabsarzt, als die hoffnungslos Schwerverletzten hierherzulegen, wo sie einen schnellen und schmerzlosen Tod durch Erfrieren ster-

ben. Wir schaffen so auch Platz für die ungeduldigen Leichtverletzten!«
»Das ist die hier geleistete Erste Hilfe?«
»Auch die humanste, wie mir scheint, Herr Oberstabsarzt!«
Beide Ärzte kehrten in den Keller zurück. Im Ärztezimmer hatte sich inzwischen der größte Teil der übrigen Ärzte eingefunden. Oberstabsarzt Simmering erklärte: »Wie Ihnen bekannt ist, meine Herren, ist das Kapitulationsverbot noch immer in Geltung. Aber was uns zu tun erlaubt ist, und was meines Erachtens nach die dringendste Handlung in dieser Stunde ist: das Haus durch Rote-Kreuz-Fahnen als Lazarett kenntlich machen. Das verlangt anderseits, daß unter dieser Flagge nur derjenige Zuflucht findet, der entweder verwundet oder krank ist oder der zum Sanitätspersonal gehört. Es gilt also, das Haus von der kämpfenden Truppe, von der Feldgendarmerie und von allen unverwundeten Versprengten zu säubern. Das ist unsere nächste und wichtigste Aufgabe, und dabei zu helfen, bitte ich Sie, meine Herren!«
Leutnant Lawkow bemerkte eine neue Bewegung im Keller. Von der einen Seite war ein neuer Zugang da, und es waren nur Verwundete, Leute mit Stümpfen, Einbeinige, Eingeschiente, solche mit Gipskorsetts, die unter den Mänteln schimmernden wochenalten Korsetts so schwarz wie die Gesichter, und auf der andern Seite waren es die unter Protest oder unter laut geäußertem Bedauern oder auch in stiller Resignation abziehenden alten Bewohner, Gestalten wie jener Oberleutnant Rohwedder oder wie sein eingeflogener Bataillonsführer oder wie jener Herr im Zivilanzug, der erklärte, daß er überhaupt kein Soldat, sondern ein Bahnbeamter sei und von Paris hierhergeholt worden wäre, um als Stationsvorsteher den Bahnhof Stalingrad zu übernehmen!
»Wirklich, sehr bedauerlich, und wir alle hätte Sie sehr gern auf dem Bahnhof mit der roten Mütze gesehen!« sagte Lawkow, der den Oberärzten bei dem allgemeinen Rausschmiß und den sich entspinnenden Auseinandersetzungen behilflich war: »Aber von hier müssen Sie weggehen, das hier ist wirklich kein Bahnhof, mein Herr!«
»Ich protestiere dagegen, daß ich nicht ausgeflogen wurde!«

»Da haben Sie wieder recht, aber auch dafür ist hier nicht der Ort. Diesen Protest reichen Sie am besten beim Armeestab ein!«

»Machen Sie schon schneller, nehmen sie schon Ihren Koffer in die Hand, Herr!« Das sagte einer der Feldgendarmen, die ebenfalls beim Räumen des Kellers behilflich waren. Die Abteilung der Feldgendarmerie hatte sich übrigens, anders als Oberstabsarzt Simmering gefürchtet hatte, überraschend schnell damit einverstanden erklärt, das Haus zu verlassen. Wir können sowieso nicht in die Gefangenschaft gehen. Wo uns von unserm Dienst her so viele Leute der Zivilbevölkerung kennen, bleibt uns sowieso nichts anderes übrig als bis zur letzten Patrone zu kämpfen; das war die Erwägung, die sie dazu bestimmt hatte, ohne Widerstand das alte Quartier zu räumen. Auch die kämpfende Truppe war nach einer Aussprache zwischen dem Oberstabsarzt und dem Kampftruppenführer geschlossen abgerückt.

Die Säuberung des Kellers machte Fortschritte. Raum nach Raum zogen die Leute ab, mit Sack und Pack oder so wie sie waren, mit leeren Händen. Der freigewordene Platz wurde augenblicklich von der von oben nachrückenden Flut der Verwundeten in Besitz genommen. Aber diese ganze Aktion war um einige Tage zu spät angesetzt. Der auf dem Hause liegende Beschuß wurde stärker. Das Dröhnen der Detonationen war bis in die Kellerräume hinein zu verspüren. Es genügte nicht, daß aus dem Haus heraus nicht gefeuert wurde; es war zu erreichen, daß die Gruppen außerhalb und in der Nähe des Hauses das Feuer einstellten. Dazu aber bedurfte es eines Befehls der Kommandeurs über diesen Stadtabschnitt. Einen solchen Befehl zu erwirken aber war von der Ortskommandantur schon technisch nicht möglich. Alle zu dem Gebäude führenden Fernsprechleitungen waren zerstört. Es mußte außerhalb des Hauses eine Verbindung erreicht werden und Leutnant Lawkow bot sich an, den Oberarzt, der diese Aufgabe übernommen hatte, zu begleiten und ihm dabei behilflich zu sein.

Der Schwarm der Ärzte war inzwischen bis zu dem Kellerloch des Generals gelangt. Das Abrücken des Generals wollten

Lawkow und der Oberarzt, neugierig darauf, wie sich die Sache abwickeln würde, noch abwarten. Augenscheinlich dachte der General nicht daran, sein Quartier aufzugeben. Dicht heran gelangen konnte Lawkow nicht. Die Tür zu der Kellerabteilung war von Landsern umlagert. Die Feldgendarmen verhielten sich abwartend und standen stumm dabei. Drin ging ein Wortwechsel zwischen den Ärzten und dem General hin und her. Es war nötig, Oberstabsarzt Simmering zu Hilfe zu holen. Draußen bei den Landsern ertönten Rufe: »Der will nicht! Der will ums Verrecken nicht! Der will da drinbleiben!« Auch der Spitzname wurde laut: »Baron von Schnullerich!«
Wieder erdröhnte die Erde, wieder knirschte es bis in die Fundamente hinunter. Der Keller lauschte einige Augenblicke lang auf etwas anderes als auf die Stimme des Oberstabsarztes und die des Generals.
Dann hieß es: »Endlich, er fängt an zu packen!«
Einer der aus dem Kellerraum zurückkehrenden Ärzte sagte: »Es hat aber wirklich sehr ernsthafter Vorstellungen bedurft!«
Das genügte Lawkow und das genügte auch dem Oberarzt. Das Packen wollten sie nicht abwarten. Sie machten sich auf den Weg nach oben, über den Hof hinweg, und hinaus in die weiße und grollende Nacht.
Anderthalb Stunden später kehrte Lawkow zurück.
Er war allein. Der Oberarzt war in einem Salvengeschützschlag liegengeblieben. Die Sterne waren nicht mehr zu sehen. Im Dunst blitzten die Feuer aus Salvengeschützen. Aus dem Dunstberg am unteren Ende des Platzes ragte die Ortskommandantur auf, ein riesiger, steiniger Kopf, verstümmelt und zerhackt, aus seinen Augen fuhr Rauch, und die Augen waren rot. Lawkow kam an einer feuernden 2-cm-Flakkanone und einer anschließenden und die Straße sperrenden Schützenlinie vorbei. Es war eine dieser Gruppen, die da noch kämpften und die nicht wußten, um was sie kämpften, und von denen auch nicht festzustellen war, wem sie eigentlich unterstanden. Die lagen da hinter Trümmern und Mauerbrocken, weil sie immer irgendwo gelegen hatten, und die schossen, weil sie es immer so getan hatten, wenn sich voraus was zeigte;

und sie fragten jetzt auch nicht danach, ob sie mit ihrem Geschieße den Untergang auf ein riesiges Haus voller Verwundeter herabzogen. »Was liegt ihr Rindviecher denn hier eigentlich noch immer?« fragte Lawkow eine Gruppe. »Wo sollen wir denn eigentlich liegen, etwa da drin in der Bude und nichts zu fressen kriegen und krepieren!« war die Erwiderung. Und das war die einzige Erklärung, sie lagen hier, weil sie, solange sie vordere Linie waren, damit rechnen konnten, immer wieder was zu essen zu bekommen, und weil sie andernfalls, das wußten sie genau, niemals mehr einen Bissen erhalten würden. Natürlich gab es hier in diesen Ruinenhaufen einen Hauptmann. Der hatte den Befehl erhalten, die Linie zu halten und das tat er oder strebte er an. Und über dem Hauptmann gab es einen Obersten und der war nicht zu finden. Und über dem Obersten ... da begann die Verwirrung – der Cönnern in der Pionierruine, der Vennekohl in der Balka, der Damme im Gefängniskeller, keiner will es sein, keiner will den Befehl gegeben haben, keiner will den Befehl zurücknehmen. Auf einem Umweg gelangte Lawkow von hinten an das Gebäude heran. Durch ein Fenster stieg er ein. Durch einen Gang kam er, Trage stand da neben Trage, dann war der Weg gesperrt, durch Mauertrümmer, noch mehr durch einen Vorhang herabhängenden, brennenden Gebälks. Der Widerschein des Feuers flackerte auf den Gesichtern der auf den Tragen Ausgestreckten und ließ sie rosig und wie lebend erscheinen. Lawkow mußte zurück. Durch ein Loch kroch er in ein Zimmer hinein, und durch eine übereinandergeschaufelte, eine betende und jammernde Menschheit, durch eine Masse, die nichts als ein fiepender, heulender Blasebalg, als ein nach Luft schnappender erstickender Lungenhaufen war, gelangte er in ein zweites Zimmer. Da ging es nicht weiter und er wollte wieder umdrehen und auch das ging nicht mehr. Da waren Köpfe, waren Arme, waren Beine, da war Rauch, da war die Erwartung der Katastrophe. Das Deckengebälk hielt noch und niemand wußte, wie lange es noch halten konnte. Es ging nicht weiter, nicht aus eigener Kraft, und nun war auch Lawkow nichts als aufheulende Lunge und rasender Schmerz, und vielleicht war der Kopf unten, waren die Beine oben, und viel-

leicht warf die Woge ihn bis gegen die Decke, und sie ließ ihn wieder fallen. Eine lange Woge und sie setzte ihn im Treppenhaus ab. Genau dort wollte er hin und hinunter in den Keller. Aber da wollten sie alle hin, nicht nur die aus dem Erdgeschoß, auch die aus dem ersten, auch die aus dem zweiten Stockwerk. So weit reichte die Treppe noch, bis zum zweiten Stockwerk. Doch eine Treppe – Stufen, Geländer, Podeste – war nicht zu sehen. Es war eine wild nach oben gedrehte Girlande, eine jauchzende, singende, brüllende Girlande, gebaut aus Körpern, aus gefesselten Körpern, aus bewegungslosen Körpern. Die Girlande brannte – es war die baumelnde Himmelsleiter aus hochgeworfenen Armen, aus Köpfen, aus Haaren fuhr Rauch. Der Klotz ohne Beine hatte ebensoviel Aussicht nach unten zu gelangen wie der, der noch Arme und Beine hatte. Man konnte sich fallen lassen, und man mußte sich fallen lassen, und sie ließen sich fallen, fielen auf der schrägen Treppenbahn nach unten, fielen auch durch die Luft nach unten, prasselten auf den großen Haufen wie Körner unter der Schütte eines Getreideelevators. Arme, Beine waren nicht mehr vonnöten. Man war ein Korn und fiel auf den Haufen. Da war ein Strudel und man wurde eingesuchtet. Man gelangte irgendwohin, vielleicht sogar in den Keller, lebendig oder als Leichnam.
Lawkow brüllte und dann brüllte er nicht mehr. Er gurgelte und blies Rauch durch Mund und Nase und ruderte mit seinem gesunden Arm und mit beiden Beinen. Ein Welle – aus verzerrten Gesichtern, gespreizten Händen, verdrehten Augen, Mündern voll Blutschaum – warf ihn auf den Gang, auf den langen Gang mit dem starken Luftstrom.
Da war der Vorhang aus herabhängendem brennenden Gebälk wieder, dieses Mal von der andern Seite zu sehen. Und alles war besser als Fauchen und Spucken und Spucken und Beißen und Zähneknirschen und die sich einkrallenden Hände, und er ließ sich los, setzte sich ab von dem Haufen, und das gelang, und er ging durch die brennende Wand. Dahinter war Stille, das wußte er. Und es war nur ein Schritt und da waren wieder die Tragen und die ausgelittenen Gesichter. Da war das offene riesige Fenster, durch das er eingestiegen war. Der

Himmel vor dem Fenster war roter Schaum. Lawkow sah jetzt, als er zurückging, daß er hinweg über eine Rampe aus Leichen eingestiegen war.
Er gelangte wieder an das 2-cm-Flakgeschütz. Er wollte weiter bis hin zu dem Draht, den er vorher benutzt hatte. Das war nicht nötig, auch in den Ruinenhaufen, vor dem er stand, führte ein Draht hinein. Da stand er dann, die brennende und stürzende Ortskommandantur vor Augen, vor dem Mund die Fernsprechmuschel und er rief:
»General ...
Es ist bereits zu spät! Ich berichte, was ich sehe. Die Mauern sind wie Glas, sind durchsichtig. Das Haus ist ein brennender Ofen, von oben bis unten. Was aus der aufklaffenden Seite herausquillt ist kein Fischrogen, das sind Menschen. Da sind überall, in den Zimmern, auf den Treppen, auf den einbrechenden Fußbodendecken, heulende Menschen. Ich habe sie gesehen, ich trage ihre Bisse an meiner Hand, trage die Kratzer ihrer Fingernägel an meinem Gesicht.
Das ist ein Lazarett, in Ihrem Befehlsbereich, General!«

Die Ortskommandantur brannte bis auf die Grundmauern nieder.
Als aus allen Fenstern Flammen brachen und schwere Mauerbrocken Stockwerke durchschlugen und auf die gewölbte Kellerdecke niederfielen, zogen sich rechts und links, an beiden Flanken des Hauses angelehnt, kämpfende Trupps zurück. An den Seiten und hinten wurde noch geschossen und die brennende und rauchende Fassade und ein Teil des vorderen Flügels ragte schon in wieder russisch gewordenes Land.
Und hier an der Frontseite des brennenden Hauses war es, wo sich alle Kellerluken öffneten, wo es aus allen Löchern, aus den Fenstern des Erdgeschosses, aus Mauerspalten herausquoll. Und das waren: ein Oberstabsarzt, ein Trupp Ärzte, eine weiße Fahne an der Spitze, mit den Überlebenden, gehfähige Verwundete und Kranke und auch solche, die nicht mehr gehen, die aber noch taumeln oder auf dem Schnee rutschen und gleiten und so in die Gefangenschaft gelangen konnten.

»Ich gehorche!«
Dieses Wort hatte Straßen in Todesstraßen verwandelt und Häuser in Beinhäuser und Lazarette in Kampfplätze, und es hatte das Land zwischen Wolga und Don und nach Süden bis zur Karpowka zu einem weiten Leichenland und es hatte Regimenter und Divisionen zu Herden hoffnungslosen Schindviehs gemacht, und einmal war dieses verhängnisvolle Wort ausgeblieben. In der Stunde, da dieses Wort nicht mehr das Fußvolk und die Hauptleute und Truppenführer betraf, da es die Spitze der Pyramide, den Kopf der militärischen Hierarchie, erreichte, und da es für den Kopf zur persönlichen Forderung wurde, war es ausgeblieben.
Das Wort war ausgeblieben!
Da war ein Mann mit einem durcharbeiteten müden Gesicht, da war eine Hand, die müde Schreibtischhand eines preußischen Generalstäblers. Die Hand hielt den Marschallstab, und der Stab war gegeben, damit sie ihn erkaltend umschließe. Der tote Feldmarschall an der Wolga: das war die Forderung, und nach sechs Milliarden verpulverter Reichsmark und nach zweimal hunderttausend Mann vertaner Menschenleben war es nicht nur die Forderung eines wahnsinnigen ›Führers‹, war es der gebieterische Imperativ der auf Eroberung ausgezogenen und zum zweitenmal innerhalb derselben Generation scheiternden Kaste. Der tote Feldmarschall an der Wolga und damit die erreichte Kammhöhe des Todeszuges, damit die Krone auf der bleichen Stirn der untergegangenen Armee, damit das aus Schneefeldern aufleuchtende Fanal, damit Wegweiser einer kommenden Generation und eines abermals zur Wolga brechenden Eroberungszugs: das war die Idee und es war der Befehl und es war das Gesetz, das in diesem Falle, im Hirn und im Herzen des Feldmarschalls, Blut vom eigenen Blute und Fleisch vom eigenen Fleische war.
Der Mann war todmüde und dabei von flackernder Unruhe. Das Zucken der Gesichtshälfte – vom Ohr verlief es bis zur Schläfe und Stirn und bis zum Kiefer – war in dieser Stunde nicht anders als eine aufs Brett gespannte und sich in letztem Krampf aufbäumende Handfläche, und nicht eine um den Marschallstab gespannte Totenhand, diese Gesichtsatrophie

wird das in die Zukunft wirkende Symbol dieser Stunde bleiben.
Das verhängnisvolle Wort, das bis zu dieser Stunde den Tod von zweihunderttausend Männern beschlossen hatte, war ausgeblieben. Da saß ein Mann hinter einer Portiere, im verdunkelten Nebengelaß eines Kellerraums. Er müßte jetzt aufstehen, durch den Kellergang gehen, seinen Chef aufsuchen und noch jetzt seinem Chef das nicht ausgesprochene Wort ins Ohr brüllen und damit das schon im Gange befindliche Geschehen wieder einholen und sein Wort müßte von vorn bis hinten durch den Keller hallen: ›Ich gehorche! Der Gefechtsstand wird verteidigt! Bis zur letzten Patrone: der Befehl gilt auch für dieses Haus!‹
Das Wort kam nicht. Der Mann saß im Dunkeln, das Gesicht gesenkt, die Hände schlaff auf den Knien. Die einzige Bewegung, aber das war eine ungewollte und unbewußte, war das Zucken des Gesichts. Im Nebenraum wurde der Tisch abgeräumt. Das Geschirr und die Reste wurden abgetragen. Der Raum wurde hergerichtet für den zu erwartenden Gast.
Das war geschehen: der Chef war dagewesen. Er hatte Worte gesprochen, unerhörte und von diesem rücksichtslosen und immer das Äußerste verlangenden Mann auch ganz unerwartete Worte, und das einzige, was er dagegen zu setzen hatte: ich will nichts damit zu tun haben, mit keinerlei Verhandlungen. Ich verlange, von diesem Moment an Privatperson zu sein! Das war jedenfalls in einem Schwall von leidenschaftlichen, von anklägerischen, von bösen, von nervösen Worten der feste und verwertbare Kern, und der wurde, darüber bestand kein Zweifel, in diesen Minuten verwertet.
Der Feldmarschall war ein Mann, der es liebte, die Geschichte, insbesondere die Kriegsgeschichte, zu Rate zu ziehen, und wenn es sich darum handelte, eine Schlacht anzulegen, waren ein ›Hochkirch‹, ein ›Kunersdorf‹, ein ›Sedan‹ gegebene Beispiele und Fehler, die dort und dort gemacht worden waren, hatten einkalkuliert und vermieden zu werden. Auch in dieser entscheidenden Stunde seines Lebens war er nicht ohne den Zuspruch einer geschichtlichen Parallele. Im November 1918, am Rande des verlorenen Krieges hatte eine Oberste Heeres-

leitung einen schon zur Führung der Waffenstillstandskommission bestimmten General der Infanterie, einen Herrn von Gündell, wieder zurückgezogen und damit die Waffenstillstandskommission ihres militärischen Charakters entkleidet, und ein Feldmarschall hatte gesagt: »Es ist wohl das erstemal in der Weltgeschichte, daß nicht Militärs den Waffenstillstand abschließen, sondern Politiker. Ich bin aber ganz damit einverstanden, zumal die Oberste Heeresleitung keine politische Richtlinie mehr auszugeben hat!«
Der den Krieg verloren hatte, schob die Verantwortung für die heraufziehende, nationale Katastrophe von sich. Das tat und sagte ein Feldmarschall im November 1918 am Rande eines verlorenen Krieges. Ergo: im Januar 1943, am Rande der verlorenen großen Schlacht sagt ein Feldmarschall: ›Ich will nichts damit zu tun haben, ich bin Privatperson!‹ Was das eine Mal möglich war, ist das zweite Mal schon ein begangener Weg! Aber zufriedenstellend war diese Schlußfolgerung nicht. Der Feldmarschall saß im Dunkeln und sein Gesicht zuckte.
Inzwischen nahm das Geschehen seinen Lauf.
Die Fakten sind dürr und wiegen so leicht, wie die an Idealismus, an Lebensglück, an Schweiß und Blut und Knochen geforderten und auch gebrachten Opfer schwer wiegen. Die handelnden Personen waren der Chef der Armee, der Dolmetscher der Armee und der frisch beförderte General Roske.
Auf der Kaufhausruine lag Artillerie- und Granatwerferfeuer, das dauerte zwanzig Minuten lang. Der Chef hatte eine kurze Besprechung mit dem Feldmarschall, eine zweite Besprechung hinter verschlossener Tür mit dem Dolmetscher und General Roske. Dolmetscher und General zogen ihre Pelzmäntel an und verließen das Haus. Der Chef blieb zurück, ragend wie ein Baum, die Schultern noch mehr zurückgebogen, die Augen womöglich noch leuchtender; er erteilte Befehle, kurz und unmißverständlich. Offiziere nahmen die Befehle entgegen und leiteten sie weiter.
›An Ia, Ib, Ic: alle Ia-, Ib-, Ic-Papiere verbrennen! An IIa, IIb: alle Listen und Bücher verbrennen! An III: alle Akten verbrennen! An IVa, IVb, IVc, IVd, IVz: verbrennen, verbrennen, verbrennen!‹

Auch der Armeenachrichtenführer erhielt den Befehl: ›Befehl vom Chef: Funkgeräte zerstören! Funkunterlagen zerstören!‹

Unmißverständlich genug, aber der Armeenachrichtenführer verstand nicht. Er hatte etwas anderes erwartet, den Kampfbefehl und Getümmel des Nahkampfes in den Kellerräumen und letzten Endes die Mine, die das ganze Haus und ihn selbst und auch sein Funkgerät in die Luft jagen und sicher genug zerstören würde. Er kam aus seinem Bau heraus (er wollte sich erst noch der Richtigkeit des Befehls versichern) und da traf er Ordonnanzoffiziere, Armeenachschub-, Sanitäts-, Veterinär-, Verwaltungs-, Feldpost-, Ordnungsoffiziere, Beamte, die alle die gleichen Befehle erhalten hatten. Auch Oberst Carras war da, der sagte zu dem einen, zu dem andern: »Machen Sie sich darüber keine Gedanken. Verbrennen Sie das Zeug, das hat ja nun doch keinen Wert mehr!« Zum Armeenachrichtenführer sagte er: »Die Sache geht in Ordnung, hauen Sie schon Ihren Laden kaputt!«

Das Haus dröhnte. Irgendwo in der weitläufigen Finsternis der Gänge war es, als ob Eisenbahnzüge rangiert würden. Brandgeruch, Kalkstaub. In einer Anzahl der Zimmer fiel die Beleuchtung aus. Hindenburglichter flammten auf und das waren hoffnungslose kleine Käfer in einer riesigen Grabeshöhle.

Oberst Carras führte den Armeenachrichtenführer hinter den Vorhang, um ihm etwas zu zeigen. Dort gab es zwischen dem Ia- und Chefzimmer und dem Zimmer des Oberbefehlshabers eine nach oben führende Treppe, die bis zum Deckengewölbe mit Sandsäcken verbarrikadiert war, und jetzt waren eine Anzahl Männer dabei, die aneinandergefrorenen Sandsäcke mit Brechstangen voneinander abzuheben und die Treppe freizulegen.

»Die Hintertreppe wird freigemacht für den Gast!« sagte Oberst Carras.

Der Nachrichtenführer kehrte in seinen Nachrichtenraum zurück und versammelte seine Leute um sich. Ehe er das befohlene Zerstörungswerk beginnen ließ, tat er noch etwas anderes. Er funkte die Nordgruppe an, erhielt auch die Verbindung

und übermittelte nach dorthin die Funkunterlagen, so daß diese abgetrennte Gruppe jetzt in der Lage war, direkt mit der Heeresgruppe und dem OKH in Verbindung zu treten. Dann wurden die Papiere verbrannt und die Geräte und das Bosch-Aggregat zerschlagen und nochmals verlöscht eine Anzahl Lampen und noch mehr Hindenburglichter flackerten auf. Über das Haus senkte sich Stille. Das ratternde Rangieren an den Kellerenden, die Scherbenstürze, über dem Kellergewölbe die heulenden Detonationen hörten auf. Das Bombardement war eingestellt worden.
Noch etwas war – als der Nachrichtenführer in die Finsternis mit den Leuchtkäfern hinaustrat, spürte er es: als er auf die von Kalkstaub überpuderten und wie aus hundertjähriger Erstarrung erstandenen Gestalten der Apathischen blickte, da wurde es ihm schon zur Gewißheit; als er aber durch den vom Vorhang abgetrennten Kellergang lief, der vom Stabsvolk, von roten Streifen, von Gold und Silber und Rot und Blau und Grün bevölkert war wie ein orientalischer Basar, und als er einen Blick in die Abteilung des Oberbefehlshabers hineinwerfen konnte, da sah er es sitzen, da hatte er es vor Augen.
Der Gast war gekommen.
Das aber war geschehen:
Der Feldmarschall hatte sein Wort nicht gesprochen. Der Chef hatte gehandelt, nicht als Chef der Armee, denn in diesem Fall hätte er die noch immer erreichbaren Armeeteile über seine geänderten Beschlüsse benachrichtigen müssen; er hatte gehandelt wie der Wirt eines von Tod und Verderben bedrohten Privathauses. Seine beiden Abgesandten waren der Dolmetscher der Armee und der Herr des Hauses, General Roske. Der Chef hatte noch ein übriges getan. Er hatte den in der Nachbarruine liegenden Artilleriekommandeur, einen Obersten Ludwig, der, wie ihm mitgeteilt worden war, eine Verbindung mit russischen Parlamentären aufgenommen hatte, zu sich befohlen. Oberst Ludwig hatte den Ordonnanzoffizier, der ihm den Befehl überbrachte, gebeten, erst noch sein Abendessen einnehmen zu dürfen, und bei der Lage der Dinge fragte er sich, ob es nicht die Henkersmahlzeit war, die

er einnahm. Um so erstaunter war er, als er den Chef ungewöhnlich höflich antraf, und er zuerst nur zu bestätigen hatte, daß er tatsächlich eine Verbindung mit russischen Parlamentären hatte.
»So, Sie verhandeln also mit den Russen! Aber was wird mit uns, mit der ›Armee‹?«
»Herr General können auch einen Parlamentär erhalten!«
»Dann leiten Sie das bitte ein, Ludwig!«
Oberst Ludwig erhielt vom Chef den Auftrag, die Kapitulationsverhandlungen auch für das Armeehauptquartier einzuleiten und Parlamentäre auch ihm zuzuschicken.
So hatte der Chef des Generalstabs der Armee diese Angelegenheit doppelt genäht.
Der Dolmetscher und General Roske hatten das Haus verlassen. Sie waren über den Hof und durch die Durchfahrt gelaufen und unter dem Hausflur war Roske stehengeblieben. Der Platz war dunkel. Die Scheinwerfer waren gelöscht. In der Höhe brummte eine Transportmaschine, zog Kreise und schien nicht zu wissen, wohin mit ihrer Ladung. Auf die Hausfassade hackte Artillerie ein. Der Dolmetscher, ein baltischer Oberst, lief weiter. Vor der Nachbarruine traf er den Obersten Ludwig, dessen Verhandlungen mit den Russen so weit gediehen waren, daß die Beschießung des von ihm bezeichneten Gebiets aussetzte. Es war der Moment, in dem das Feuer in Richtung Theaterkeller eingestellt wurde, um im nächsten Augenblick ebenfalls auf die Kaufhausruine niederzugehen. Oberst Ludwig suchte Funkverbindung zu den Russen, um auch für das Armeehauptquartier einen Parlamentär zu erhalten. Der Dolmetscher eilte und lief weiter. Er gelangte an eine Bahnunterführung, dort stand ein russischer Panzer. Die Einsteigluke des Panzers war geöffnet und in der Luke stand ein Leutnant.
Der Dolmetscher rief den russischen Panzerleutnant an.
Der Leutnant winkte den Rufer näher heran. Er hatte einen deutschen Offizier vor sich, der russisch sprach und der zu ihm sagte: »Herr Leutnant, lassen Sie das Schießen einstellen! Ich habe für Sie eine ganz große Sache, Beförderung und alle Orden, die Sie sich nur denken können! Sie können mit mir

kommen und den Feldmarschall und den ganzen Stab der deutschen Armee gefangennehmen!«
»Schto-takoi? Was ist das?« Beförderung, Orden, Feldmarschall – es war etwas viel und der Leutnant ließ sich das noch einmal wiederholen. Dann verschwand er in seinem Panzer, funkte nach hinten, tauchte wieder auf. Jetzt war es dem Offizier etwas wenig, das Benehmen des Leutnants war ihm zu wenig außergewöhnlich.
Der Leutnant sagte: »Ladno!« Das heißt: »Geht in Ordnung!«
Es kamen noch zwei Offiziere und einige Maschinenpistolenschützen, und geführt von dem Dolmetscher bewegte sich der Trupp dem Platz zu. Unter der Tordurchfahrt stand noch immer General Roske. Das Feuer hatte plötzlich aufgehört. Der General verließ seine Deckung nicht, aber er hob seine Hände an den Mund und rief den Näherkommenden etwas zu, in gebrochenem Russisch. Die Russen verstanden es nicht. Als sie in der Durchfahrt ankamen, sagte der General ihnen, ebenfalls in dürftigem Russisch, daß der große Chef der Deutschen mit dem großen Chef der Russen zu verhandeln wünsche.
Der große Chef des belagernden Truppenteils, der einundzwanzigjährige ukrainische Panzerleutnant Fjodor Jewtschenko, sagte: »Ladno!« Und General Roske und der Dolmetscher führten den Trupp nicht über den Hof und nicht die schräg nach unten führende Rampe hinunter, sondern durch einen minenfreien Nebeneingang direkt in die hinter dem Vorhang gelegene Abteilung des Kellers.
Und da sah der Nachrichtenführer der Armee und da sahen die andern, die aus ihren Löchern herauskamen, sie plötzlich am runden Tisch des Oberbefehlshabers sitzen, den hohen, windgebräunten und wie ein Filmschauspieler aussehenden Adjutanten des Oberbefehlshabers, den General Roske, den Dolmetscher, einen russischen Panzerleutnant, noch zwei russische Offiziere, auch Maschinenpistolenschützen, die standen herum. Der Chef der Armee zeigte sich nicht, der Feldmarschall war ebenfalls nicht zu sehen, der saß hinter der Portiere in dem nur von dem schwachen Licht eines Rundfunkempfängers beleuchteten Raum.
Es wurde verhandelt, obgleich da nicht viel zu verhandeln

war. Der Panzerleutnant erklärte, daß deutsche Soldaten und Offiziere, welche die Waffen strecken, so behandelt werden, wie es im Ultimatum der Generale Woronow und Rokossowski vorgesehen wäre. Und draußen auf dem Gang, auf der langen Rollbahn mit den Gruppen der herumstehenden Offiziere mit roten Hosenstreifen, mit goldenen, mit silbernen Achselstücken und Kragenspiegeln, in weißen Tarnkombinationen, war die Waffenstreckung schon in vollem Gange. Die Herren warfen ihre Pistolen auf einen Haufen, der höher anwuchs.
Der russische Panzerleutnant, General Roske, der Adjutant, der Dolmetscher standen auf und betraten das kleine Nebenzimmer. Der Russe blickte sich um. Es war eng hier, der Nachtwächter des Warenhauses könnte einmal hier gewohnt haben, dachte er. Auf einem Warenregal war eine Lagerstatt hergerichtet, darauf lag der Feldmarschall. Er richtete sich halb auf. Unter der Decke war er völlig angezogen. Am Waffenrock trug er die kleine Ordensspange und die Ehrenzeichen des ersten und zweiten Weltkriegs.
Der Feldmarschall legte seinen Revolver auf den Tisch, auch ein kurzes Dolchmesser legte er dazu. Der Russe nahm den Revolver an sich, in bezug auf den Dolch sagte er »Nje nushno!« Den Dolch brauche man nicht und der Feldmarschall konnte ihn zurückhaben.
Die Herren kamen in den großen Raum zurück, nahmen wieder Platz am runden Tisch. Der Chef, der jetzt eintrat, den Nebenraum aufsuchte und zurückkam, erklärte und der Dolmetscher übersetzte, daß der Feldmarschall fordere, als Privatperson betrachtet zu werden, und daß er die Bedingung stelle, daß er nicht zu Fuß durch die Stadt geführt, sondern in einem geschlossenen Wagen weggefahren würde. Das wurde auch einem eintreffenden russischen Obersten wiederholt.

Das Geschehen nahm seinen Lauf.
Aus der rauchenden Ruine der Ortskommandantur krochen und stolperten letzte Überlebende heraus und aus den Trümmerhaufen der Umgegend kamen sie ebenfalls an, Soldaten der kämpfenden Truppe, in größeren und in kleineren Haufen, mit geschwärzten Gesichtern und mit glühenden Augen;

sie zeigten die weiße Fahne und sie sammelten sich um den großen Haufen der mitten auf dem Platz stehenden Verwundeten und Kranken.

Einen halben Kilometer weiter, auf dem Bahnhofsplatz, wurde geschossen. Die Russen schossen und die Deutschen schossen, aus Gewehren, aus Maschinengewehren, aus Maschinenpistolen. Quer über den Platz und von Häuserseite zu Häuserseite surrte es wie von Scharen irrsinnig gewordener glühender Insekten. In Kiellinie rollte eine Reihe Panzer auf. Die Luken öffneten sich und plötzlich zerfiel das Feuer und Stille schwang zu dem milchig werdenden Himmel auf. Und in schwarzen Fensterhöhlen, aus denen heraus noch eben geschossen wurde, zeigten sich zuerst an einer, dann an zweiter, dann an dritter Stelle weiße Lappen. Nachdem der erste Mann und der erste Trupp sich auf den Platz hinaufgewagt hatte, ging es weiter. Auch aus anderen Richtungen leckte wie in grauen Zungen Soldatenvolk auf den Platz hinauf, die Hände erhoben, Pelzmützen oder spitze Kappen über den Köpfen und Ohren, die Gesichter gesenkt. Es dauerte nicht lange und auf dem Bahnhofsplatz standen zu einem Haufen geballt an siebenhundert deutsche Kriegsgefangene.

Major Buchner erwachte aus einer dröhnenden Nacht. Vor seinen Augen bildeten sich die Züge seines Adjutanten, des Leutnants Loose. Aber dann war es nicht Loose, dann war es Unteroffizier Januscheck. Und Januscheck sagte: »Herr Major! Wir müssen hier raus. Die Bude fällt uns über dem Kopf zusammen!« Auch die übrigen, der ganze Haufen, waren da. Major Buchner taumelte auf, hinaus auf den Hof. Die Mühle brannte. Das Lager stand in Flammen. Wie ein Sternregen ging Weizen in die Luft. Vielleicht einige hundert, vielleicht auch nur hundert Zentner. Wie war das doch – ein Kilo Mehl hat er erhalten, für seine siebenundzwanzig Mann, dafür hat er seine Zigaretten hergeben müssen, und nun geht das Mehl dort in einem Riesenfeuerwerk in die Luft und schwarze Flokken fliegen einem um die Ohren. Der Hof war dunkel von Menschen. Aber niemand wollte den Schritt hinaus auf die Straße machen. Vorn am Tor staute sich alles. Von hinten wurde gerufen. »Was ist los, ihr könnt doch sehen, da vorn! Legen die Russen die Gefangenen um?« – »Nein, nichts passiert, die stellen sie bloß alle zusammen!« – »Und die Offiziere bringen sie auch nicht um?« – »Offiziere sind auch dabei, denen passiert auch nichts!« Und auch aus der Dampfmühle (sie begann ohnehin auseinanderzubersten) wälzte sich eine Soldatenmenge auf die Straße hinaus, und wieder waren es vierhundert oder fünfhundert deutsche Kriegsgefangene, die sich neben einem Ruinenhaufen aufstellten.

Durch die Keller und durch die Erdgeschosse der großen Gefängnisruine hallten Rufe: »Alles raustreten, die Russen sind da!« Und die Russen waren da, standen mitten auf dem Hof. Die Türen gingen auf und es schwemmte heraus, aus dem Erdgeschoß, aus den Kellern, Offiziere, Soldaten. Ein Oberstleutnant tobte: »Ich schieße jeden nieder, der hinübergeht!« Ein Oberst brüllte: »Es wird weiter verteidigt!« Aber die Masse bewegte sich, es waren tausend, waren zweitausend Mann. Der Oberstleutnant, der Oberst waren Punkte, die in dieser sich langsam bewegenden langen Walze verschwanden. Plötzlich begann ein 2-cm-Flakgeschütz zu hämmern. Das Geschütz stand hinter einem Erdwall, Leute, die in der Nähe standen, riefen: »Der Chef des Panzerkorps!« Der Chef des Panzerkorps mit einigen jüngeren Offizieren standen hinter dem Geschütz mit verzerrten Gesichtern und feuerten heraus, was sie konnten. Auch die russischen Granatwerferbatterien begannen wieder den Hof mit Granaten zu belegen. Es gab Tote, es gab Verwundete, unter den Deutschen, unter den Russen. Der Hof brüllte: »Totschlagen, die Hunde! Niederschießen!« Aber die Masse stand da, die Waffen weggeworfen, viel zu apathisch, um etwas zu unternehmen. Im letzten Moment sich noch niedermachen lassen, nun, das wollten sie nicht! Sollen es die Russen machen! Und die Flak hämmerte weiter, und die Russen schossen weiter. Noch einmal stieg ein Irrsinnsschrei himmelan, aus zweitausend, aus dreitausend Kehlen. Es strömten von der Straße her noch immer neue Massen von Männern an, die sich ebenfalls gefangen geben wollten. Es vergingen Minuten, bis das Flakgeschütz zum Schweigen gebracht werden konnte. Es vergingen zwanzig Minuten, bis der russische Kommandeur mit einem Gespräch über einen herangezogenen Draht erreichen konnte, daß auch das Feuer von der russischen Seite her wieder eingestellt wurde. Fünftausend Soldaten und Offiziere, darunter eine Anzahl Oberste und einige Generale gaben sich hier gefangen.

Es war eine Stunde vor Tagesanbruch.

Vom Flugplatz, vom ›Tatarenwall‹ her rollten russische Panzer gegen den Stadtrand. An der einen Stelle hatten die Soldaten den ›richtigen Riecher‹. Sie legten ihre Waffen auf den Grabenrand, standen hoch auf, hoben die Hände und ließen ohne einen Schuß abzugeben, die Panzer vorbeirollen; und die Panzer rollten bis vor die Stabsquartiere. An einer andern Stelle begann das schwere MG noch einmal zu rattern, hoben sich noch einmal Hände mit geballten Ladungen und der Panzer kurvte durch den Graben und seine Ketten zermalmten die Männer und wer noch in Panzerlöchern hockenblieb, wurde von der abgesessenen Infanterie erschlagen. An noch einer andern Stelle (eine Anzahl Schützenlöcher, in der Mitte ein Erdbunker) fuhr plötzlich ein Feuergefecht auf. Im Bunker saß am Tisch der Bataillonskommandeur mit seinem Adjutanten, dem er schon seit Stunden Selbstmordgedanken auszureden hatte. Draußen begann es zu flackern. Die Tür flog auf. Ein Unteroffizier fiel blutend in den Bunker. Er rief: »Die Russen sind da!« Der Bataillonskommandeur befahl: »Die weiße Fahne raus!« Im gleichen Moment knallte ein Schuß. Der Adjutant brach zusammen, er hatte sich in die Schläfe geschossen. Das alles war so jäh, der in den Bunker hereinfallende und jetzt am Boden verröchelnde Unteroffizier, daneben der baumlange Leutnant mit dem Schläfenschuß, daß der Kommandeur ebenfalls nach der Pistole griff und nicht wußte, daß er es tat. Da packte ihn eine Hand und eine aufschreiende Stimme: »Herr Hauptmann, Sie dürfen nicht!« Und diese Hand und der Aufschrei und das in panischer Angst verzerrte Gesicht des Gefreiten und er begriff erst, und zusammen mit dem Gefreiten wartete er, bis die Russen in seinen Bunker hinunterkamen. An noch einer anderen Stelle war es der General Vennekohl, der von allen seinen Leuten verlassen auf dem von Russen schon durchsickerten Gelände, und ohne einen Posten vor dem Erdloch zu haben, in seinem Bunker saß und stun-

denlang die Frage bewegte: Gefangenschaft gehn – erschießen? Dann hörte er vorsichtige Schritte die Erdtreppe herunterschlürfen. Eine Gestalt in einer Wattejacke, gleich danach eine zweite, zwei breite russische Gesichter schoben sich in das Erdloch. »Na endlich, is ja jroßartig!« stöhnte Vennekohl auf, doch die Russen starrten verblüfft auf den Tisch und starrten den General an, offensichtlich hatten sie erwartet, den Bunker leer vorzufinden.
»Ruski Soldat?« fragte Vennekohl.
»Njet Soldat!« wurde ihm erwidert. Die beiden waren von einer deutschen Truppe geflüchtete russische Zivilisten, die nicht daran dachten, einen deutschen General gefangenzunehmen, und Vennekohl stürzte abermals in die quälende Frage zurück, die nun auch schon keine Frage mehr war, denn um gefangen zu werden, braucht man nur warten, um sich zu erschießen, bedarf es eines Entschlusses, aber gerade den konnte Vennekohl nicht aufbringen.
So begann die Gefangengabe, ohne gemeinsamen Entschluß, ohne gemeinsame Durchführung, wo sich organisierte Ansätze und Initiative der Truppenführer gezeigt hatte, wie beispielsweise auf dem Gefängnishof, waren sie vom Armeeoberkommando durchtrieben worden, und die Folgen waren, wie eben auf jenem Gefängnishof, blutige Massaker noch in der letzten Stunde. Es wurde kapituliert und es wurde geschossen, das ging nebeneinander und durcheinander, und das ging im gleichen Abschnitt und manchmal im gleichen Erdloch vor. Und die Männer, die im Laufe dieser Nacht die Hände hochhoben und sich in grauen Haufen zusammenballten, waren nur die ersten schweren Tropfen dessen, was weiterhin zu strömenden Rinnsalen und zu einer dahintreibenden Flut werden sollte.
Der Himmel wurde grau und über die Erde zog weißer eisiger Dunst. Da war ein Schuttfeld und es war mit dem Trümmerhaufen am Rande und dem Keller darunter wie eine weite Rundbühne. Fünf Panzer rollten herauf, weiß angestrichen, und sie standen in der weißen Flut wie die Torpedoboote. Ein Mann mit kurzen Beinen und mit einem schweren Kopf auf dem kurzen stämmigen Körper sah sich diesem stummen

Halbkreis plötzlich gegenüber. In der vergangenen Nacht hatte er seinem Kommandierenden General telephonisch zugesagt, seinen Gefechtsstand zu verteidigen, und jetzt kam er aus der Balka seines Kommandeurs, der sich dieses Versprechen noch einmal durch Handschlag hatte besiegeln lassen. Er trug wie auch in der Nacht vorher den Karabiner an der Schulter. Er besaß einen Karabiner und die Koppeltaschen waren mit Patronen gefüllt, und da standen die fünf weißangestrichenen Panzer mit erhobenen stummen Geschützrohren und vor dem Eingang zu seinem Bunkerloch stand ein Trupp Rotarmisten. Es war die ähnliche oder sogar die gleiche verzweifelte Situation, in der die Armee und seine Männer sich nun schon seit vielen Tagen befanden. Ferngespräch und Nahgespräch und Handschlag und den Karabiner an die Backe reißen und piff-paff, auf die Rotarmistengruppe, auf den Panzer, auf die Panzergruppe! Schießen, natürlich kannst du schießen und kannst dich umlegen lassen! Aber das ist doch lodernder Wahnsinn und nicht vernünftiges Tun des Kommandeurs einer Infanteriedivision und auch nicht eines vortragenden Rates der Kriegsgeschichtlichen Abteilung beim Oberkommando des Heeres! Und schließlich (auch diese Überlegung und Selbsterklärung kam) für solche Haltung und solch tolles Tun ist man doch nicht mehr jung genug, dafür ist man doch viel zu stumpf. General Cönnern ließ den Karabinerriemen unberührt. Auf dem Gesicht verzweifelte Entschlossenheit und auf etwas maschinenmäßig auftretenden Füßen legte er die zwölf Schritte bis zu seinem Bunkereingang zurück. Die Rotarmisten grinsten gutmütig und ließen ihn passieren. Der General kam unten an. Er öffnete die oberen Kragenknöpfe, er preßte die Hand fest gegen den Hals und atmete tief. Unten standen alle auf den Füßen, in der Mitte die beiden weißhaarigen Männer, der Kommandierende General aus dem Süden und der aus Gumrak. Cönnern sagte nicht ›Meine Herren‹, er sprach überhaupt nicht im Plural, und es konnte ebensogut an den einen wie an den andern wie an ihn selbst gerichtet sein, er sagte: »Nun, Herr General, draußen sind die Russen!« Das wußte man bereits und an den Augen las Cönnern es ab, daß auch der Entschluß bereits ge-

faßt war. Eine Minute der Stille verging, dann drehte Cönnern sich um; er ging den Weg zurück, ging die Stufen hoch und kam oben wieder an. Er faßte die Rotarmisten ins Auge, erkannte einen Offizier und sagte: »Herr Offizier, hier unten sind drei Generale, die die Waffen strecken wollen!«
Zur selben Stunde lag vierhundert Meter weiter draußen zwischen den Trümmern der Fliegerschule der zum Sterben entschlossene General Geest, der noch immer einen Haufen schießender Männer um sich her in den Schneelöchern liegen hatte. General Geest, ein gelbes Knochengesicht unter dem Stahlhelm, das Kinn auf die Fäuste gestützt, hockte vor seiner Tischplatte, als eine von draußen kommende Gestalt das durch die Tür einfallende Schneelicht verstellte, es war sein Adjutant, Major von Bauske. »Herr General, jetzt ist die Stunde da; ich würde vorschlagen, es jetzt zu tun!« sagte Bauske. »Fangen Sie doch nicht schon wieder damit an, Bauske. Sie kennen den Befehl, der Oberbefehlshaber hat es doch verboten!« – »Ich tue es, Herr General!« – »Ich tue es nicht, und wenn Sie es nicht lassen können, dann bitte nicht hier im Bunker!« Minuten später erblickte Geest, der ebenfalls seinen Bunker verlassen hatte, da draußen in der milchigen Welt nur wenige Meter von sich und in der ausgestreckten Hand die noch nicht abgezogene Handgranate, seinen Adjutanten. Beider Blicke begegneten sich und Geest wandte sich ab. Er suchte wieder seinen Bunker auf und da saß er wie vorher, den Kopf in die Hände gestützt. Wieder fiel ein Schatten auf den Tisch und der neben ihm stand, war sein Bauske. Er hatte es nicht getan und der General schrieb es der Kraft seines Blickes zu. Er stand jetzt auf und er wurde pathetisch (es war aber die Stunde, die Luft war bewegt und durch diesen grauen Morgen ging ein feierlicher Zug). Er drückte Baron von Bauske die Hand und sagte: »Es ist der größte Sieg, den Sie errungen haben, Bauske, den Sieg über sich selbst! Und dafür ...« Er beugte sich über seine Tischlade, zog sie auf, holte ein Eisernes Kreuz erster Klasse hervor – in besonderen Fällen kann es der Divisionskommandeur an Angehörige seines Stabes verleihen – und heftete es seinem Adjutanten an den Waffenrock. »Dafür (und er war doch auch sonst ein be-

währter und tapferer Offizier), dafür Bauske!« Wieder einige Minuten später, die Männer in den Schneelöchern schossen immer noch und sie zogen auch das Feuer der Russen auf sich, sah General Geest seinen Adjutanten Bauske mit einem Kopfschuß im Schnee liegen. Und nochmals einige Minuten später sah Geest seinen Nachbarn, General Vennekohl, von einem Trupp russischer Soldaten eskortiert, vorbeigehen. Jetzt rief Geest die Rotarmisten an und jetzt streckte auch er mit dem Rest seines Stabes und mit den sechzig Männern, die ihm noch von seiner Division geblieben waren, die Waffen.
Da war Vennekohl, und mit Geest war es ein weiterer General, und mit Cönnern waren es zwei Kommandierende Generale, die sich hier am Stadtrand gefangengaben. Die Generale und höheren Offiziere wurden von den übrigen getrennt und durch die Ruinenstadt zum Wolgalauf in die Bunker und Gefechtsstände des russischen Armeestabs gebracht; und so geschah es, daß die gefangengenommenen Generale Haufen deutscher Soldaten, die nun ebenfalls die Waffen niederlegten, nach sich zogen. Und Ruinen, aus denen noch eben Gewehrfeuer flackerte, fielen in Schweigen und in der nächsten Minute zeigten sich in den Höhlenausgängen und zwischen den Schutthaufen die erdigen Gestalten und hoben die Hände hoch. Ein Stück vom Cönnernschen Gefechtsstand entfernt befand sich eine Balka und aus der Balka führte ein Weg herauf auf einen von Ruinenfassaden umgebenen Platz. Auf dem Platz stand ein russischer höherer Kommandeur, da standen auch in losen Haufen deutsche Soldaten, die sich gefangen gegeben hatten, und da lugten aus hundert Löchern der Ruinenfassaden Gesichter von Soldaten, die sich noch nicht gefangen gegeben hatten. Den Weg von der Balka her kam ein deutscher General herauf, ein Graukopf in Mantel und Schirmmütze, am Halsausschnitt in Silber ein baumelndes Ritterkreuz. Der General schritt auf den russischen Kommandeur zu, streckte die Hand aus. Der Russe schüttelte ihm die Hand und klopfte ihm die Schulter. Das Volk stand herum und staunte. Die Gesichter in den hundert Löchern staunten. Und in den Ruinen wurden Rufe laut: »Na, wenn das hier so zugeht ...« Und es dauerte nicht lange, da brachen rings-

herum die Löcher auf und es quoll heraus, mit dem Rucksack in der Hand, mit dem Rucksack an der Schulter, die Decke über dem Arm, die Trümmer von Bataillonen, abmarschbereit und der Weisung des Befehls der anderen, der russischen Seite wartend.

Der graue Morgen war da!

Der Tag war da mit eisigen Wolganebeln, die durch hohe Steingerippe und durch kilometerlange fensterlose Straßen brauten. Bis hierher war es ein Überschwang und ein Herkulesspiel, ein Zug auf Rädern mit Feuerwerk und Tierhetze und Menschenopfer, ein durch Länder gezogener blutiger Korso, ein ins Unbekannte ausgesetztes Narrenschiff unter einem närrischen Oberhaupt, und erst vor dem Finish, und erst auf der letzten Strecke des Wegs hatte sich herausgestellt, daß man selbst der fette Ochse zu sein hat, mit vergoldeten Hörnern und mit bunten Bändern herausgeputzt und zur Schlachtbank geführt, bis hierher war es unernst und hier und in dieser Stunde begann es, hier begann die Umkehr: ›Gedenke, daß Du Asche bist und wieder zu Asche werden wirst!‹

Es begann der erste Tag der großen Wanderung.

Die Keller brachen auf, entlang der Wolga und von der ›Tennisschläger‹ genannten Gleisgabel bis zur Zariza (der Nordteil blieb von der Bewegung noch unberührt) an sieben und acht Kilometer und von der Wolga bis zum Stadtrand an drei Kilometer quoll es auf in den Nebel, mit fetzenumwickelten Füßen, in Mänteln mit Kapuze, in Feldbluse, in Übermänteln, in Lumpen, verlaust, schorfbedeckt, ausgehungert, voll Schwären und Wunden, eine Decke, ein zusammengerafftes Bündel in der Hand oder nichts in der Hand, graues Gesicht neben grauem Gesicht, staute sich straßenlang.

Von der Wolga her manschte ein ›T-34‹ schluchtaufwärts durch meterhoch liegende Leichen, daß die gefrorenen Fetzen hoch aufspritzten und die daneben standen, waren zu müde, um die Hand zu erheben und sich die Spritzer wieder aus dem Gesicht zu wischen. An einer aufgestellten Goulaschkanone faßte einer zehn Schläge und legte sich hin und starb, und die seinetwegen nichts erhalten hatten und leer geblieben waren, brachen nachher auf dem Marsch zusammen und starben und weder nach dem einen noch nach den andern blickten sich die Weiterziehenden um. Der Dachkranz eines eingesunkenen Schuppens war überkrustet von Hungergestalten mit lodernden Augen und alle arbeiteten, daß ihnen der Schweiß von Stirnen und Nasen tropfte, und sie warfen Tote und wieder Tote und auch Halbtote über die Seite und hinunter auf den Schnee. Da sie den Proviant, der hier eingelagert sein sollte, nicht fanden, suchten sie immer wütender. Sie waren unzweifelhaft geistesgestört, ebenso wie der Soldat, der plötzlich auftauchte und mit Kommandostimme aufbrüllte: »Alles Platz machen! Ich bin der General der Artillerie Heitz und muß hier in meinen Bunker!« Aber die große Menge der Männer, die da herumstand, zeigte entweder keinerlei Anteilnahme und wandte sich überhaupt nicht um oder die sich umwandten, begannen zu flackern und wurden in den ausbrechenden Massenwahn mit hineingerissen. Und da kam vom ›Platz der Gefallenen‹ her ein Zug von hundert und mehr Gestalten in dikken Mänteln mit Pelzkragen, mit großen Pelzmützen in fellgefütterten Tarnkombinationen, in warmen Stiefeln, die Gesichter von strapazierten Nerven aber von keinerlei körperlicher Not gezeichnet, und nachgetragen wurden Bekleidungssäcke, Tornister, Koffer. Und das lange graue Spalier stand da mit beschmierten Gesichtern, mit Armen, herabhängend und schwer wie Erde, und den Augen war nicht anzusehen, was die Männer dachten, und auch nicht, ob sie überhaupt dachten. Aus Kellern, aus Schuttwinkeln, aus Erdlöchern, aus Kanalisationsröhren, von Trümmerfeldern herunter und Balkas herauf stiegen immer neue Gesichter, und was sich sammelte in grauen Haufen und sich zu endlosem Zug aufstellte, und auf den Abmarsch wartete, hatte es nicht mehr nötig, Asche aufs Haupt zu streuen. Dieses Soldatenvolk war ›fertig‹, um die Beine herum, in den Hirnen und in den Därmen und in den Herzen, war ohne Vergangenheit und ohne Zukunft, der Zug zur Wolga konnte nicht als Vergangenheit gelten und war auch kein Grund für die Zukunft, das Volk war fertig, war ausgeglüht, war Asche.

Diese Straße der Hoffnungslosigkeit öffnete einen Durchlaß, ein Auto hupte und die Gestalten mit zerschlissener Decke

über dem Arm, mit leeren Händen, ohne Wegzehrung, traten auf die Seite. Das Auto kam vom ›Platz der Gefallenen‹ her. Es war ein geschlossener Wagen, aber die Fenster waren blank und die Gesichter draußen zogen vorbei wie Rauch, ein Rauchstreif an der einen und ein Rauchstreif an der andern Seite. Auch eine an einer Straßenecke aufgestellte Goulaschkanone, die wie auf einem Fladen von Gesichtern, von verdrehten Köpfen, von ausgestreckten Armen zu schwimmen schien, war zu sehen, ein Momentbild in dem grauen Menschenmeer. Ein ›T-34‹, aus einer Balka und aus Nebel aufsteigend und bis zum Lukendeckel bespritzt, war ein anderes Momentbild. Ein etwas rückwärtig gelegener Schuppen mit einer auf dem Dach versammelten und etwas sonderbar anmutenden ekstatischen Gesellschaft war ein drittes zurückbleibendes Bild. Vorn im Wagen saßen zwei Rotarmisten, hinten in der Kabine saß ein russischer Kommandeur, daneben ein Mann von hoher Gestalt, das Gesicht wie von einer Denkmünze, und es war eine Minute, in der auch die linke Gesichtshälfte (sonst wie der Wurmfraß an einem schönen und wohlgeformten Apfel) in Ruhe blieb, so schwer war die Last gewesen, die von diesem Manne abgefallen war, und so ledig fühlte er sich in diesem vorbeieilenden Augenblick der Bürde.
Da waren die Gesichter der vorbeitreibenden Soldaten, die ohne einen letzten Armeebefehl, ohne ein Abschiedswort, ohne einen Dank geblieben waren, und diese geschlagenen Haufen waren kein Thema für eine Konversation. Da war die Gesellschaft auf dem Dach und der Mann in dem geschlossenen Wagen wußte von Ruhr und Flecktyphus und Hungerparalyse, das hatte ihm zahlenmäßig vorgelegen; aber daß Abfalleimer der Operationsräume beraubt und die Abfallgruben der Chirurgen geöffnet und geleert und der Inhalt gegessen worden war, dafür hatte es keine Rubrik in den Zustandsberichten gegeben, das hatte ihm nicht vorgelegen, und so hatte er kaum eine Vorstellung davon, daß seine Armee in diesem Moment einen Zustand erreicht hatte, wo ein einziges Wort (wenn es noch dazu verborgene Lebensmittel versprach) Wahnvorstellungen erwecken konnte und Dutzende und Hunderte in einen aktiven Wahnsinn hineinzutreiben ver-

mochte. So war er selbst ohne Erklärung für das sonderbare und eifrige Gehabe der Männer da auf und um den Schuppen herum. Daß es Tote waren, die über den Dachrand gerollt wurden, das sah er allerdings, daß sich aber unter diesen hinabgestürzten marionettenhaft steifen Bündeln auch Verwundete befanden, dafür reichte die Vorstellung schon nicht mehr aus und das war völlig jenseitig, und jedenfalls konnte auch diese vorbeiziehende und zurückbleibende schreiende und gestikulierende und überaus seltsame Dachgesellschaft keinen Anlaß bieten für eine Unterhaltung zwischen dem gefangengenommenen deutschen Feldmarschall und dem begleitenden höheren russischen Offizier. Da war der ›T-34‹ – und gewiß, dieser russische Tank wird ebenso wie die russische MP, wie die deutsche ›Messerschmitt‹, wie das tschechische ›Bren-MG‹ einmal als das Höchste und das Bleibende seiner Art aus diesem Kriege hervorgehen; aber auch das war kein geeigneter Gegenstand und hätte das Gespräch unweigerlich auf zu vermeidendes militärisches Gebiet gelenkt.
Und da war das Thema (ein Rotarmist wickelte einem deutschen ›Landser‹ eine Zigarette), der russische Soldatentabak Machorka! »Das hat mich schon immer interessiert, Herr Polkownik«, sagte der Feldmarschall. »Der russische Soldatentabak, dieser sogenannte Machorka, enthält dieser Tabak eigentlich ebenso wie der echte Tabak Nikotin?« – »Unsere Soldaten rauchen ihn jedenfalls bevorzugt, Herr Feldmarschall und sie geben ihn für den echten Tabak nicht her. Meinem Wissen nach ist er auch nikotinhaltig!« – »Gewiß, das muß er wohl sein, wo käme wohl sonst die angenehme Erregung, das Gefühl allgemeinen Wohlbefindens her, das der Machorkagenuß doch offensichtlich ebenso eingibt. Wie sehen übrigens die Pflanzen aus, Herr Polkownik?«
Es war ein ergiebiges und ein weit ausspinnbares Thema.
Draußen vor dem Fenster Soldaten, immer neue Haufen Soldaten, zerschlissene Uniformen, ausgebrannte Gesichter, an Stöcken humpelnd, die Füße mit Sackfetzen umwickelt, voraus der Weg durch Schnee. Kein Quartiermeister, keine Versorgungstruppe hat ein noch so dürftiges Strohlager bereitet. Keiner hat daran gedacht und in ihrer Armee hat nur die Ord-

nungstruppe mit der Feldgendarmerie und die Abteilung III mit den Kriegsrichtern bis zur letzten Minute funktioniert. Und der Feldmarschall fährt vorbei und unterhält sich über eine Krautpflanze mit quirlförmig abstehenden Blättern.
Nicht der ›Führer‹, der ist weit weg, hat die grauen Haufen der Soldaten vor Augen, die geschlagener und elender sind als die geschlagenen und elenden Grenadiere von Kolin und Kunersdorf, und nicht dieser ›Führer‹, der ist der Mann am langen Hebelarm (und noch dazu ein vorgeschobenes Individuum), der Oberbefehlshaber der Armee, die in ihrer Einkesselung und ihrem Abgesplittertsein ebenso auf sich selbst angewiesen war, wie ein allein fahrendes Schiff, war der Vollstrecker des Untergangsbefehls; und nicht so sehr der Chef der Armee, der ist in seiner Ungeschlachtheit leicht genug zu erklären und als Nazi im Gefüge des preußischen Großen Generalstabs ist er nichts als episodische Figur, eine Versuchsform gewissermaßen, die sich schon nach knapp zehn Jahren als nicht lebensfähig erwiesen hat, nicht der wilde Nazigeneral, sondern der Mann von hoher Figur mit dem kameenhaft geschnittenen Gesicht, der einen persönlichen Weg durch zwei Kriege und eine Tradition zurück bis Kolin und Kunersdorf und auch bis Roßbach und Leuthen verkörpert und der bereits einen dritten Weltkrieg aufdammen sieht, ist der Verantwortliche für die Konsequenz auch im Wahnsinn, und er ist es, der dem Urteil erst das von weit hergeholte geschichtliche Gepräge gegeben hat.
Die Weltherrschaftsidee, aus kleinen Anfängen, aus den Verhältnissen eines kleinen mitteleuropäischen Staates, aus Untertanenschweiß und Kasernenluft aufgestiegen, vor die erste Weltentscheidung gestellt und gescheitert, und ungeheuerlich aufgebläht und mit allen Attributen skrupelloser Menschenverachtung und Menschenvernichtung ausgestattet zum zweitenmal angetreten und wieder scheiternd und im weit angesetzten Sprung zusammengebrochen und auf einem Schlachtfeld (nur auf einem auf kontinentweiten Kriegstheater) zerschmetterte Knochen von zweimalhunderttausend Männern. Ein Land trauert und da ist ein ausgepowertes Volk, Arbeiter ohne Macht, Bauern ohne Recht am eigenen Hof, die

Bürger deklassiert und auf den Trümmern ihrer zerbombten Habe. Und hier auf dem großen Scherbenfeld an der Wolga blüht eine Hemiatrophia auf dem Antlitz eines Feldmarschalls. Das war in der vergangenen Nacht und es war das Zeichen großer Erregung, der Ausdruck eines Dilemmas. Da war tief innen das Todesgebot und da war außen die eigene Haut. Und das war auch Logik, da war der Blitzstrahl (zweihundert Jahre dickes Gewölk durchbrach er): Ein Opfergang ist nur denkbar, wo es um die eigene Erde und um die Erhaltung und Sicherung der eigenen Volkssubstanz geht! Unmögliches Unterfangen aber einem gescheiterten Raubzug die Krone eines Opfers um hohe Ideale aufzudrücken! Das ist ja absurd, das ist einfach grotesk! Das war der Blitzstrahl – er leuchtete über dem Feld von zweimalhunderttausend Leichen und dem Feldmarschall leuchtete er über die dunkle Brücke hinüber. Und da war die Hemiatrophia facialis und sie vermochte nicht das Opfer zu adeln, aber sie besiegelte zweihundert Jahre alten Irrtum.
Das war am Rande dieser Nacht.
Und da saß im geschlossenen Wagen der Privatmann mit dem feingeprägten Gesicht und unterhielt sich über russischen Soldatentabak: »Die Blüten dieser Pflanzen sind also weiß oder rot und seltener sind sie gelb. Ach, jetzt verstehe ich, Herr Polkownik! Es handelt sich da um den auch bei uns vorkommenden gemeinen Weiderich aus der Gattung der Lythrazeen, es gibt da über zwanzig Arten. In der Tat sehr interessant . . .«
Der Feldmarschall unterhielt sich über Machorka.
Draußen vor dem Fenster Soldaten, die zerdroschenen Körner der gedroschenen Armee, leere Hülsen, was einmal gefüllte lebende Formen waren. Und wie der Wind durch Spreuhaufen fährt, so begann eine Bewegung. Ein Schlürfen, ohne daß Füße zu sehen gewesen wären, ein Dahinrinnen, langsam, unendlich langsam, wolgaabgekehrt, westwärts.
Keine erhobene Hand: kein ›Vivat Marschall!‹
Kein: ›Heil!‹
Einmal hoben sich die Gesichter. Am Wege Russen, unter einem rauchgeschwärzten Ruinentor stand ein ganzer Haufen

beieinander. Es waren andere als die von den Etappenstellen als ›Dienstwillige‹ Deklarierten und andere als die Kriegsgefangenen, die zusammengeballt zu halben Hunderten stekkengebliebene Lastkraftwagen durch Sumpf und Schnee zu schieben hatten, die Schlitten vorgespannt wurden, und die, zerlumpt und verhungernd, niedergebeugt waren bis an den Boden. Es waren andere, diese hier, ein Trupp russischer Soldaten der 62. sibirischen Armee, die aus dem schmalen Uferstreifen heraus, mit ihrem Generalsbunker nur dreihundert Meter von den deutschen Gräben entfernt, Stalingrad verteidigt hatten; Soldaten, herumstehend, gewickelte Zigaretten rauchend, an den Schafpelzen und Wattehosen Erde und Rauch. Sie hatten in dem gleichen Dreck gelegen, im Trommelfeuer, unter den Wellen der Panzer, unter den Bomben der Stukas, und sie hatten es durchgestanden, drei Monate lang. Und da waren sie und rauchten Machorka. Breite russische Köpfe, ruhige Gesichter, ruhig blickende Augen. Und die Gesichter der Vorbeiziehenden hoben sich und senkten sich wieder.

Die große Wanderung begann, vorbei an rauchgeschwärzten Umfassungsmauern, an hohen Hausskeletten, an bergehoch aufgewirbeltem Eisenschrott und Zementtrümmern, durch Straßen, die straßenlange Steinbrüche waren. Eine Balka ging es hinunter – im Schnee Stahlhelme, zerbrochene Geschütze, zusammengebrochene Autos, an den Wänden Loch neben Loch und Loch über Loch, Erdhöhle an Erdhöhle, da war auch schon eine Russenfrau mit zwei Kindern, die eine Unterkunft suchte und keinen Blick für den langsam vorbeitreibenden endlosen und frierenden Menschenstrom hatte, und da peitschten immer noch, einmal näher, einmal ferner, Gewehrschüsse – die Balka führte bis zum Stadtrand und da ging es wieder hoch. Rechts Ruinen, dahinter die Höhe 102. Auf einem Feld aus dem Schnee ragende Stümpfe abgehackter Bäume, ein Eisenbahndamm, über den Damm hinüber, und hier begann der Schnee, die endlose Wanderung durch den Schnee. Über den Flugplatz ging es weg, am ›Tatarenwall‹ vorbei, und weiter auf der Straße nach Gumrak. Aber bis Gumrak, das sind achtzehn Kilometer, wurden zwei Tage gebraucht.

In der Morgenstunde war es Dunst, der über der gefrorenen Wolga aufstieg, gegen die steile Uferböschung dammte, weiterkroch durch Haustore und Fensterhöhlen und Steinlabyrinthe, alle Höhlen unter sich ertränkte und dahinzog in eisigen Bahnen – und eine Bahn, dunkler in ihrer Masse, flacher an den Schnee gedrückt, und langsamer als der ziehende Nebel, und weiter und weiter sickernd, war der Gefangenenzug.
In der Mittagsstunde stand die Sonne am Himmel wie ein weißes Rad. In der Luft tanzten Myriaden Kristalle. Die Schneefläche war blendend, dermaßen, daß sich vor den Augen schwarze Fäden und Flecke zeigten, und eins der brauenden düsteren Gebilde war wirklich und schien unwirklicher als das Flimmern vor dem Auge.
Man mußte den Kopf halbrechts drehen und über die Schneefläche weg zurückblicken gegen Stalingrad-Nord. Dort saß die abgesplitterte Gruppe Nord, die von den Vorgängen in der Stadtmitte und im Südkessel nur eine unvollständige oder überhaupt keine Vorstellung hatte, die von ihrem Kommandeur noch einmal zusammengerissen und gegen die sich einkeilende Höhe 102, und in das Fabrikviertel am Stadtrand, in die Trümmerfelder des Werkes ›Roter Oktober‹, des Traktorenwerkes, der Arbeitersiedlung hineingeworfen wurde, und die in Ahnungslosigkeit nun plötzlich die freigewordene und zusammengefaßte Masse der russischen Artillerie auf sich herabzog. Über der weiten flimmernden Schneefläche war es zu sehen: Aufflatternder Rauch. Eiserne Hallenbogen, die bisher gestanden hatten, bewegten sich jetzt. Barrikaden aus Drehbänken, Dampfkesseln, Schalttafeln, hundertmal umgepflügt, flogen abermals in die Luft. Der Hügel Mamajew Kurgan, Schauplatz wochenlanger furchtbarer Kämpfe, veränderte in Feuer und Rauch seine Form. Ein Ausbruch – Eisen, Panzerfetzen, brennendes Öl. Eine Rauchspirale, sich wild hineindrehend in den kristallenen Himmel und sich umbiegend und den Zenit und das weiße Sonnenrad erreichend und Schauer schwarzer Flocken dahinjagend über das schneebedeckte Land.
Und da bewegte sich der Zug auf der Straße nach Gumrak, tauchte in eine Schlucht ab und hob sich am jenseitigen Ufer

wieder auf und spann sich weiter, ein langer grauer Faden, zehn-, zwanzig-, dreißigtausend Männer, die Hälfte der Armee oder was von ihr geblieben war, während die andere Hälfte nochmals eingesetzt, zerhackt, von Eisen überschüttet und in Hekatomben in die Luft geschleudert wurde. Es war noch immer nicht genug! Die deutsche Mutter hatte sie geboren für ein letztes Aufflattern des Spuks unter dem hellen Winterhimmel. Ihr Kommandeur, der von der Südgruppe die Funkunterlagen und der zugleich die mitgeschriebene Rede des Reichsmarschalls erhalten hatte, funkte in heller Empörung als noch die Fabrikhöfe und die fensterlosen Hallen von Eisen und Flammen und Staub durchtost waren, an das Führerhauptquartier: ›*Vorzeitige Leichenreden verbeten!*‹ Noch eine Stunde später sandte er den offiziell verlangten Funkspruch und meldete den Kampf bis zum letzten Mann! Nachdem das Oberkommando der Armee ohne Anmeldung und ohne letzten Klang verstummt war, war das die aus der letzten Zuckung der Armee gemünzte Formel, war indessen nichts als eine rhetorische Floskel. Eine Anzahl Truppenkommandeure konnten für dieses letzte Antreten kein Verständnis mehr aufbringen. Die von dem umkämpften Fabrikgelände abseits liegenden Truppen ließen sich in den Untergang nicht mehr hineinreißen. Am ›Tennisschläger‹, bei der Owrashnaja, an der Brotfabrik legten Soldaten die Waffen nieder und ließen die Panzer nach hinten durchrollen. Die Verwirrung war so groß, daß dem Kommandeur, als er zu einer Besprechung bei einem Stab weilte, sein vor dem Bunker abgestellter PKW gestohlen wurde und er seinen weiteren Weg zu Fuß zurücklegen mußte. Nochmals zwanzigtausend Soldaten und Offiziere, der Kommandeur der Nordgruppe mit dem Chef seines Stabs und mit ihm sieben Generale gingen in Gefangenschaft, und der nach Westen rinnende Zug bekam abends und nochmals am folgenden Morgen neuen Zufluß.

Fünfundvierzigtausend Männer waren es jetzt, die sich dahinbewegten, in Haufen, die sich in die Länge zogen, die abrissen, wieder Anschluß suchten und dichter aufschlossen, glitschend, taumelnd, mit verbundenen Köpfen, der eine mit gebrochenen Rippen, der andere mit zersplittertem Armknochen, da waren solche ohne Beine, bäuchlings auf Schlitten liegend und sich mit Stöcken in den Händen vorwärtsrudernd, alle leer in den Mägen, ohne Fett an den Bauchdecken, ohne Fettpolster an den Nieren, an den umwickelten Füßen gefrorenen Schnee, jeder Schritt eine Anstrengung, die Stundengeschwindigkeit ein Kilometer.

Fünfundvierzigtausend Mann und die letzte Brotkrume verzehrt, das letzte Verbandpäckchen verbraucht, der letzte Liter Sprit verfahren und die Restbestände in die Luft gejagt. Keine Transportmittel, die PKWs, LKWs, Sanitätskraftwagen, Kübelwagen, Zugmaschinen zuschanden gefahren oder gesprengt. Die Armee hatte für ihre Männer nur das Grab vorgesehen und hatte dahin gewirtschaftet. Da waren die dem Tode preisgegebenen Haufen. Es waren nicht nur die erdigen Gesichter, die hängenden Arme, die zerpulverten Mäntel – die Ruhr, der Flecktyphus, die Seuche zogen mit. Diese Todeshaufen nach Westen in Marsch setzen, die deutsche Front öffnen und sie denen wieder zuführen, die sie in solchen Zustand versetzt hatten, solcher Gedanke mußte fallengelassen werden. Nicht ein Mann, mit Ausnahme der Offiziere der Stäbe, hätte die vierhundert Kilometer überstanden und lebend die deutschen Linien erreichen können.

Rußland mußte diesen Zug des Chaos aufnehmen.

Fünfundvierzigtausend Mann und mit den an den vorangegangenen Tagen gefangengenommenen deutschen Soldaten waren es einundneunzigtausend Mann, eine plötzlich angefallene riesige Menge, die zu betreuen, zu versorgen, zu befördern war. Die eigenen Taschen leer. Die Steppendörfer dem Erdboden gleichgemacht. Die Viehzuchtfarmen ausgeschlachtet. Die Eisenbahnstrecken zerstört. Befahrbare Eisenbahnwege erst wieder jenseits der alten russischen Frontlinien. In der Richtung, in der sich der Gefangenenzug bewegte, war es an der Strecke nach Kotluban. Bis dorthin mußte der Weg zu Fuß zurückgelegt werden und als erste Marschetappe war Gumrak vorgesehen. Für diesen improvisierten Auffangort hatte die russische Fronttruppe einen Teil ihres Proviants und einen Teil ihrer Ärzte, ihrer Pfleger, ihres Sanitätsmaterials abgegeben. Die Gefangenenmasse aber bewegte sich mit einer Stundengeschwindigkeit von einem Kilometer, und für die Strecke, die in fünf Stunden zurückzulegen war, brauchte sie zwei Tage.

In der Abendstunde war der eisige Dunst wieder da und der kam nicht nur von der Wolga herüber, der brodelte aus allen Schluchten auf und es war der Atem des schneebedeckten Landes. Da war die Balka Krutaja, nicht sehr tief aber in wilde Nebenklüfte aufgespalten. Eine Holzbrücke (der Bohlenbelag verschleppt und die Löcher von Pferdegebein und gefrorenem Schnee verstopft) führte hinüber. Über diese Brücke hinweg bewegten sich die mit Mänteln und Lumpen vermummten ausgemergelten Gestalten, einmal war es ein Haufen, dann eine Gruppe, dann waren es zwei, die die Köpfe hängenließen und sich aneinanderhielten, dann war es einer vorgespannt und der andere auf einem Schlitten, und wieder eine aufgeschlossene Kolonne, und immer neue, schlürfend, taumelnd, ausgleitend, sich wieder aufhebend, und weiter, und neue, immer andere, nicht anders als ziehender Rauch.

Diese Bewegung hatte begonnen als die Sonne schon hoch stand, aber vorher war hier nichts als weiße Wüste gewesen. Mit dem Morgennebel war ein einzelner Mann über die Brücke gekommen. Das war der General im langen Fahrermantel gewesen. Mitten auf der Brücke war er stehengeblieben und hatte hinuntergeblickt. Unten hatte er ein totes Pferd gesehen und ein niedergebranntes Feuer. Um die Glut herum hatten vier Gestalten gehockt, aufgeplustert von ihren Mänteln, von übergehängten Zeltbahnen und eingesunken in angewehtem Schnee. Da hockten sie auch nachher noch, aber nachher waren es fünf. Es war so gewesen: der im Fahrermantel war stehengeblieben, hatte heruntergerufen: »He, ihr da unten, was hockt ihr da? Warum schert ihr euch nicht zu eurer Truppe zurück, auf was wartet ihr hier?« – »Auf das Ende!« war ihm erwidert worden, und die Stimme war ihm bekannt erschienen. Er war heruntergekommen und der geantwortet hatte, war der Unteroffizier Gnotke. Unteroffizier Gnotke hatte den Schnee von sich geschüttelt und war aufgestanden und hatte gesagt: »Herr Oberst (und Oberst oder General, darauf kam es nun schon nicht mehr an) es hat nun alles keinen Sinn mehr! Ich habe einmal gedacht, man muß unter allen Umständen leben, und das hat mir geholfen. Und nun weiß ich auch das nicht mehr, und das ist schlimm!« – »Sehr schlimm, eine sehr schwere Lage!« hatte Vilshofen erwidert und hatte die andern angeblickt. »Das ist der Soldat Altenhuden, der kann nicht mehr aufstehen!« hatte Gnotke ihm erklärt. »Und das ist der Soldat Franz Schiele, der kann auch nicht mehr aufstehen!« Das war ihnen anzusehen. Altenhuden (der war Vilshofen bekannt) sah wie immer aus und sein Gesicht war friedlich und von zartblauer Tönung. Franz Schiele (den kannte Vilshofen nicht) hatte das gleiche stille zartblaue Gesicht. »Und das ist Mathias Gimpf, der schläft jetzt, und wenn er aufwacht, spricht er von Schnee und einem großen Gefangenenzug!«

»Also setzen wir uns!«

Und Vilshofen und Gnotke hatten sich hingesetzt. »Eine sehr schwere Lage, und allein kommt man nicht raus!« So hatte Vilshofen den Faden aufgenommen, und es war wirklich der Faden, den er in der Hand hielt. Allein geht es nicht. Allein geht man keinen Schritt. Allein tritt man nicht ins Leben, und allein gestorben, bleibt man als Aas unter dem offenen Himmel liegen.

»Allein geht es nicht, Gnotke!«

»Nein, es geht nicht!« Keiner wußte es so wie Gnotke es wußte. Da saß Gimpf – bis zu den Schultern im Schnee, mit glühender Stirn, mit vertrocknenden Lippen – und er war von weit her der Zeuge der Furcht, die Gnotke vor dem Alleinsein gehabt hat.

»Nein, geht nicht, aber wir waren nicht allein!« hatte Gnotke erwidert und Vilshofen war, und zwar nicht ohne davon berührt zu werden, der Vorwurf in diesen Worten nicht entgangen.

»Nein, wir waren nicht allein. Wir hatten gewußt, daß neben uns der andere liegt, daß hinter uns . . .« Und da begann schon die Wirrnis: »Vorn der Mann mit dem Gewehr, einer neben dem andern. Hinten der Kommandeur, die Führungsgruppe, die Versorgungstruppe. Noch weiter hinten: die Devision, das Korps, die Armee, das OKH, das OKW, der Führer und Oberste Befehlshaber, und von unten bis oben ein Strom, ein Wille, ein Schicksal, und diese getürmte Pyramide Ausdruck der Volkskraft, Vollstrecker des Volkswillens, Hüter des Volksschicksals.«

Es schien alles klar, es schien glasklar ...

Glasklar und dazu etwas starr waren indessen nur die Augen des fünfzigjährigen Mannes, die auf dem zerknitterten Soldatengesicht und an den beiden blauen Leichengesichtern dahinter und dem schweißtreibenden geröteten Gesicht des Fiebernden ruhten; und glasklar und voll blitzender Kristalle war schließlich auch der Himmel, denn es war Zeit vergangen und Zeit verging noch und die hellen offenen Augen waren offenbar die eines schlafenden Mannes.

Und er erwachte wieder.

Die Wehrmacht auf Millionen genagelter Grenadierstiefel sich erhebend bis zur schimmernden Spitze von unten bis oben der glasklare Ausdruck der Volksseele, nahm er seinen Gedanken wieder auf. Alles klar, glasklar ... nur daß man da in einer Balka Krutaja saß, daß da einer gegenüberhockte, die Hände in den weiten Mantelärmeln vergraben, und ansonsten ein Mann, mit verschränkten Armen just in dem Moment sich untergehen zu lassen, ohne noch einen Schwimmstoß zu machen, und noch einer schon in großer Fahrt hinabsinkend, und noch zwei blaue Steine am Grunde des tiefen Meeres, und die Brücke, über die es dahinquillt, in Dutzenden, in Haufen, zu Paaren, grau, endlos, wieder Haufen, lebende Wesen, Larven ohne Augen, oder die Augen am Boden, tausend Füße, abertausend Füße, und keine Grenadierstiefel mehr, dahin, eine endlose, eine schleimige Spur; und nur, daß da plötzlich, während hier die Armee schon dahinsickernder Schlamm ist, eine Kanonade den Himmel zerdonnert, daß von Stalingrad-Nord her schwarzes Gewölk aufbrodelt, dicke Rauchflocken fallen, nochmals tausend ... dreitausend, viertausend Männer fallen. Das ist nicht Volkswille, diese überzählige Kanonade nicht, die über die Brücke kriechenden Wesen nicht, die in blaue Leichensteine verwandelten Männer nicht – und vieles, so vieles ist nicht Volkswille.

Und es war nicht mehr glasklar, es wurde trübe.

Dieses Mal schlief der von Müdigkeit Übermannte mit geschlossenen Augen. Doch der Gedanke spann sich weiter, und der Himmel dröhnte weiter, und der Zug auf der Brücke ging weiter, und in seiner Nähe war Gewese, da war der Fiebernde, der sich meldete, und war Gnotke, der sich um ihn bemühte.
Die Pyramide war nun kein glasklarer Ausdruck mehr. Die Volksseele hätte sich wohl keine zweitausend Kilometer weit bis in die Balka Krutaja verkrochen. Das Schlürfen oben auf der Brücke und der Zustand hier unter der Brücke hat nichts mit einer Seele, hat allenfalls etwas mit der W-Prop (Wehrmacht, Propaganda-Abtlg.) zu tun. Die Divisionen, Korps, Armeen, das OKH, das OKW, der Führer, diese gigantische Pyramide ist nicht Ausdruck des Volkes. Armes deutsches Volk, du hast Städte gebaut, hast Dome gebaut, du hast einen freien Bauern auf freien Grund gestellt, hast auf dem Gebiete der Kunst, der Wissenschaft, des Rechts, der Sprache Höhen erreicht, du hast die Hanse, hast Zünfte, hast das freie Gewerbe, hast mannigfaltigen Ausdruck für deine Wesenheit gefunden und deine Militärorganisation kann allenfalls als ein Zug deines Gesichtes gelten, als ein Ressort deiner gesamten gesellschaftlichen Verfassung. Dieses Ressort hat sich aufgebläht, ist übermächtig geworden, hat alles in sich einbezogen. Es hat alle Dämme niedergerissen und ist über die Landesgrenzen weggeschwemmt und der Bauer hat von seinem Land, der Arbeiter von seiner Arbeit, der Priester von seiner Gemeinde, der Lehrer von seinen Hörern, die Jugend von ihrer Jugend, der Mann von seiner Frau lassen müssen und das Volk hat als Volk aufgehört und ist nichts als Brennstoff für den ungeheuren rauchenden Berg und der einzelne ist nichts als Holz, als Torf, als brennbares Fett und zuletzt eine ausgespiene schwarze Flocke.
Das war das Gesicht im Halbschlaf, das Gesicht des Mannes, der einmal als stud. phil. in den ersten Weltkrieg eingetreten war, der Offizier geblieben war und unter dem Chef des Oberkommandos dem Auslands- und Abwehramt angehörte und der im Jahre 1939 auszog, das Unmögliche möglich zu machen.
Und noch einer in der Balka, Mathias Gimpf, befand sich im

Halbschlaf – vor sich hinmurmelnd, gestikulierend, traumbefangen aufblickend, den Kameraden Gnotke erkennend, und sich wieder verlierend in einer wüsten Schneenacht. Die Nasenlöcher Gimpfs und auch die Lippen waren schwarz von vertrocknetem Schleim und von dem stoßweise gehenden Atem. Das Gesicht war hochrot, aber war frei von den Flecken, die Hals und Brust bedeckten, die der Kranke sich bloßgemacht hatte. Gnotke führte ihm Schnee in den Mund und da er über heftigen Kopfschmerz klagte, hielt er ihm auch seine schneegekühlte Hand an die Stirn.
Gimpf war nun doch der Mund aufgegangen und war für Gnotke kein Rätsel mehr. In den lauten Delirien und auch in den Pausen, da er bei Bewußtsein gewesen war, hatte er alles herausgeredet. Gnotke wußte nun, wo er sein Gesicht verloren hatte – in einer mondlosen Schneenacht auf der Straße von Wjasma nach Smolensk.
Gnotke vernahm und auch der hellwache Vilshofen vernahm und für Gnotke war es nicht das erste Moment aus diesem Zug des Grauens, der sich in jener dreizehn Monate zurückliegenden verschollenen Novembernacht über die breite schneeüberpulverte Heerstraße Wjasma-Smolensk bewegt hatte.
»... zwei Kleine, mit den Pelzmützen und den kleinen Fäustlingen wie tapsige junge Hundchen, vier Jahre können sie gewesen sein, blieben zurück und sie fielen und konnten schon nicht mehr auf. Hauptmann Steinmetz befahl, die Kinder zu erschießen und Unteroffizier Leopold führte den Befehl aus ... dann waren es nachher drei und ich führte den Befehl aus ... Hauptmann Steinmetz befahl die Sache mit den Mützen und wir nahmen den Gefangenen die Mützen weg ...«
Die heisere Stimme rasselte weiter: »... fürchterliches Wetter, Kälte, Wind, Schnee ... in der Fabrik in der Fischerstraße standen sie wie die Heringe ...«
Vilshofen öffnete die Augen wieder. Die Schlucht rauchte, die Seitenklüfte rauchten, überall lagerte Rauhfrost, hob sich himmelan, eine wüste Dunstwelt. Neben der Brücke hing der Abendstern, glich der Ankerlampe eines stillstehendes Schiffes, ein bleicher Fleck im Nebel. Von der Brücke her hallten Stimmen (die feuchte Luft leitete den Schall wie ein Telephon-

draht). Russische Worte: »Taschtschitje saboi! Schleppt ihn doch mit!« Deutsche Worte: »Der ist fertig, der kann nicht mehr, wir können auch nicht mehr!«
Tappen, Schlürfen, müdes Schleifen von Füßen. Einer schlug lang hin und blieb liegen. Wimmern erstarb. Wieder Worte: »Lieber Pastor ... Sie haben doch noch! Da im Rucksack!« ... »Nichts als letzte Grüße! Aber hier in der Manteltasche, da hab ich das letzte Päckchen Knäckebrot ...« und schon verhallend, vom Ende der Brücke her: »So. Damit heißt es nun auskommen. Bis Gumrak!«
Halblaut gesprochene Worte, Tappen von Füßen, zwanzig Meter, dreißig Meter entfernt. Der Nebel leitet, aber das war nicht alles. Es war still, es war unfaßbar still. Siebenundsiebenzig Tage, hundert Tage, vom Mius her zweihundert Tage, und auch die Nächte zerdonnert von Panzern, von Stukas, von Sturmgeschützen und jetzt war es still, nicht zu fassen und kaum zu ertragen.
Himmel und Erde still! – Im Nebel Husten.
Ein heiserer Satz, nicht auf der Brücke, nicht unter dem bleichen Fleck im Nebel, unten von dem Kranken ausgesprochen: »Die Mützen warfen wir weg, raus in den Schnee!«
»Warum hinaus in den Schnee?« fragte Vilshofen.
Da war die Antwort, der Delirierende sagte: »Dann liefen sie und wollten sie wiederholen und dann wurde geschossen!«
»Wer lief?«
»Die russischen Kriegsgefangenen!« antwortete Gnotke.
»Wovon redet er?« fragte Vilshofen.
»Der war einmal Bewachungsmannschaft und davon redet er, von einem Gefangenentransport von Wjasma nach Smolensk ...« Und Gimpf schlug die Augen auf, es war eine jener eintretenden Pausen, in welchen die tiefe Benommenheit von ihm abfiel. Der Gesichtsausdruck veränderte sich, der Blick war vernünftig. Er erkannte seinen ehemaligen Kommandeur. – »Waren Sie dabei, Gimpf?« fragte Vilshofen.
»Sag es dem Oberst, wozu du nicht getaugt hast und weshalb du hauptsächlich ins Strafbataillon kamst!« sagte Gnotke.
»Ja, ich war Bewachungsmannschaft in Lager 271 in Wjasma«, sagte Gimpf mit leiser Stimme.

»Sag das von dem Gefangenentransport nach Smolensk und wieviel es waren!«
»Fünfzehntausend.«
»Wieviel sind angekommen?«
»Zweitausend!«
»Und wo blieben die übrigen?« Das fragte Vilshofen, der sich jäh aufrichtete und sein Gesicht dicht an das des Kranken brachte. – »Auf dem Wege ...« antwortete Gimpf. »Auf dem Wege? Und was haben Sie da vorher (Vilshofen entsann sich des halbwach vernommenen Wortes) von Kindern mit Pelzmützen und kleinen Fäustlingen geredet?« – »Starben auf dem Wege, die Soldaten, die Frauen, die Kinder ... auch die beiden kleinen Tapsigen, auch die drei ...«
»Dreizehntausend.« »Gimpf! Gimpf!« Vilshofen packte ihn am Arm. Aber Gimpf verzerrte sein Gesicht, das Weiße der Augen füllte sich mit Blut. Sein Bewußtsein verdunkelte sich wieder. Schwarzer Schaum trat ihm auf die Lippen und mit den aufbrechenden Schaumwellen gurgelte er zusammenhanglose Worte: »Hauptmann Steinmetz ... Keine Patrone mehr ... Mit dem Spaten ... Oh, oh ... Schnee ...«
Der Trott im Nebel – das blaue Gesicht des toten Soldaten Schiele – das Gesicht des toten Altenhuden – der über den zuckenden Gimpf gebeugte Gnotke –.
Die Todesstille.
Die Katastrophe ...
Nicht nur militärisch, nicht nur falsche Zirkelbogen auf Generalstabskarten, nicht nur fehlerhafte Zahlenkolonnen ... drei kleine Kinder, vier Jahre alt ... wie schwer wiegen drei ermordete Kinder und können drei gefallene Soldaten, können dreißig, können dreihundert die Schuld aufwiegen ... schwindelnder Gedanke ... da sind nicht nur diese drei Kinder, da ist nicht nur Wjasma ...
Wie schwer wiegt die Schuld?
Wieviel wiegt die tote Stalingradarmee, wieviel wiegt dieser gespenstische Gefangenenzug und was ist noch auf die Schale zu legen, ist die Schuld aufzuwiegen? Wie ist sie aufzuwiegen? Kinder erschossen, Frauen, Greise, hilflose Gefangene erschossen, wie der Befehl es verlangte, ›wie das Gesetz es be-

fahl!‹ Was ist das für ein Gesetz – ist es der Natur, der Vernunft, der Metaphysik, des Verkehrs der Menschen untereinander, bedeutet es die Erhaltung der Interessen aller? Wo ist der Ursprung, wer hat es beschlossen?
Ist es das Gesetz des deutschen Volkes, desselben Volkes, das einen Gutenberg, einen Mathias Grünewald, einen Martin Luther, einen Beethoven, einen Immanuel Kant hervorgebracht hat, eines schaffenden und von den Früchten seines Schaffens lebenden Volkes?
Hätte das deutsche Volk der Welt kein anderes politisches Gesicht zu zeigen?!
Entstelltes Gesicht! Ein Bauernjunge, sauerländisches altes Bauernvolk, alter Kulturboden, rote Flecke am Hals, das Haar naß, die Augen verdreht, aufplusternd schwarzer Schaum auf den Lippen, der verröchelnde Atem stinkig, und nicht das ist die Entstellung! Die Katastrophe ist nicht nur militärisch, der Bruch ist nicht nur ein Knochenbruch, es ist nicht nur Typhusschaum auf dem Gesicht. Deutsches Volk, welche Tollheit und wessen Tollheit mußt du hier ausschwitzen!
Mathias Gimpf starb. Er hatte noch nicht zu leben begonnen, in tiefem Pulverschnee auf der Straße von Wjasma nach Smolensk hatte sein Leben sich festgefahren, von dieser Straße kam er nicht mehr los, von einem Kinderantlitz, das nicht verstehen konnte, wie es plötzlich zu einem mutterlosen Wolfsjungen, das in den Schnee hinzusinken hatte, gemacht wurde, und das nicht verstehen konnte, wie ein Wesen mit Menschengesicht ihm solches Schicksal bereiten konnte, von diesem Kinderantlitz kam er nicht mehr los. Die Augen des russischen Kindes und die großen grauen Augen der sauerländischen Mutter waren eins und waren dieselbe Frage, die ohne Antwort bleiben mußte. Und Nacht ohne Licht, und Schritte im Schnee, Schritte dort und Schritte hier, und er starb und das Sterben war schwer, war ein Zusammenziehen des ganzen Körpers und Ausspeien von heißem Rauch, war schlaffes Zurückfallen, wieder Schnee und ausbrechende Schweißflocken und gegurgelte Worte, und wieder Krampf und Erbrechen, wo nichts mehr zum Hinbrechen war. Das Sterben dauerte lange und es ging dann nur stückweise vor sich. Das letzte war das

Zucken des linken Fußes. Es war der leicht erfrorene Fuß, der Wochen hindurch die Sorge Gnotkes gewesen war. Und Vilshofen faßte jetzt diesen Fuß ins Auge, eigentlich aber den fellgefütterten Stiefel, der einmal sein eigener gewesen war, den er einmal Gnotke geschenkt hatte, und der sich jetzt am Fuße des anderen fand.
»Wir müssen es durchstehen, Gnotke!« sagte Vilshofen nach einer Weile.
Der Blick Gnotkes ruhte ebenfalls an dem still gewordenen Fuß, hob sich zur Brücke, wandte sich dann Vilshofen zu, dem hageren unter den Backenknochen eingefallenen Gesicht mit der vorspringenden Nase und den großen Augen.
»Nein, Herr Oberst!«
»Doch, Gnotke!«
Und hier begann ein Gespräch zwischen einem, der nun ganz allein war und der nicht weitersah und dem andern, der durch Schnee und Wirrnis, durch Irrtum, Verbrechen und das von dunklen Mächten gewirkte Verhängnis hindurch wollte. Und er mußte sich erst sagen lassen, daß er als guter Offizier, der selbst mit vorn im Dreck gelegen und der Zigaretten und Brot und manches mit den andern geteilt hatte, verhängnisvoller als der schlechte Offizier gewesen wäre, und nicht der Unkameradschaftliche und nicht der Ausflieger und nicht der, der nur an die Rettung der eigenen Haut gedacht hatte und dem niemand Glauben schenkte, sondern er, der das Vertrauen besessen hat, hätte die Truppe in den Untergang geführt.
Und das war zuzugeben: alle moralischen und sittlichen Qualitäten müssen zuschanden werden und müssen das ihnen wesentlich Entgegengesetzte bewirken, wenn sie Befehle durchführen und einem Gesetz gehorchen, das nicht das *Gesetz* ist, sondern Satzung einer Verschwörung asozialer Besitzer, die immer mehr besitzen, mehr Kohle, Eisen, Boden an sich reißen, die sich ausgesprochenerweise ›gesundstoßen‹ wollen.
Am Brückenrand hing einer und heulte seine Seele in die Nacht hinaus. Es trottete an ihm vorbei und keiner, der sich um ihn und um sein Schreien kümmerte, und wieder eine russische Stimme, dieses ›Taschtschitje saboi‹, und wieder Lamentieren und dieses ›Wir können doch selbst nicht‹, und

Schimpfen und ein russisch gesprochener Befehl und der Daliegende wurde aufgehoben und mitgeführt, und vielleicht nur, um ein Stück weiter wieder losgelassen zu werden; und hier saß einer, der einen andern durch Wochen mitgeschleppt und der ihm seine eigenen Stiefel angezogen hatte, und solches Verhalten war auf diesem Grund, wo Menschen von flüchtenden Wagenkolonnen überwalzt, wo der Verwundete und Schwache von dem Gesunden und vermeintlich noch Starken in ganzen LKW-Ladungen im Schnee zurückgelassen worden war, wo ganze Lazarette in Rauch aufgegangen waren, selten geworden, und das war die Substanz, auf die es ankam, so einer aber wollte nicht mehr, ist durch Höllen gegangen und nun wollte er nicht mehr.
»Da sitzt Altenhuden«, sagte Gnotke, »gestern sagte er noch, er müßte zu Hause das Hoftor reparieren, die Angel ist ganz durchgerostet. Und da sitzt der Schiele, der hat eine Tochter und sonst hat er niemand mehr und der sagte, er müßte das Guthaben von der Sparkasse abheben, damit der Tochter das Muttergut erhalten bliebe. Wenn ich vor ein paar Jahren so ›blödes Gerede‹ hätte anhören müssen, hätte ich mit dem Stuhlbein dazwischengehauen, da war ich nämlich SA, und alles, was ich nicht verstand, das schien mir blöde und auch zugleich verdächtig. Da sitzen sie jetzt und ich bin nicht so ganz unbeteiligt daran, daß sie da sitzen, auch nicht daran, daß der Gimpf da liegt. Nun, da sitze ich auch, und da bleibe ich. Ich will nicht mehr weiter, ich habe genug davon!«
Das Volk zog über die Brücke, vom Mittag schon bis in die Mitternacht. Der Nebel war gefallen, hatte sich in die Schluchten zurückverkrochen, aus denen er aufgestiegen war. Eine Brücke ausgespannt von einem Ufer des Schnees zum andern und auch die Brücke war Schnee. Darüber wölbte sich der Himmel mit Sternen, und über die Brückenbahn zog es dahin wie ein bleicher Fluß. Die starren Gestalten unten in der Schlucht, wenn ein Blick sie traf, nahm er sie kaum auf; wenn der Blick eines russischen Begleitmannes sie traf, dann war es eine Gruppe starrer Schneegestalten, wie sie auch sonst rechts und links am Wege hockten oder lagen.
Die Niederlage ist die Niederlage auch jedes einzelnen. Die

Glieder lahm, die Seelen taub, was über die Brücke zieht, sind die ausgebrannten Schlacken der verlorenen Schlacht. Und Generale sind da, die wissen und reden auch schon vom verlorenen Krieg. Und dieser hier (Vilshofen betrachtete den Mann, der zusammengezogen und den Kopf auf die in den Mantelärmeln verschränkten Arme aufgelegt, schon ganz dem stumm gewordenen Kreis zugehörig dasaß, dieser hier hat die Niederlage von weit her erlebt und so viel weiß Vilshofen über ihn, daß er schon 1934 von der SA weggeblieben ist, daß er vor Moskau schon zum zweitenmal ein abgeschriebener Mann war, und die wilde Kraft des Unkrauts oder ursprüngliche Kraft überhaupt hat ihn Prüfungen überstehen lassen, wie sie über ihn hingebraust waren, und war ein Mensch geblieben, wußte von einem Altenhuden, einem Schiele, einem Gimpf an seiner Seite, ein Mensch mit seinen Wurzelfäden im Umkreis, und daher, aus dem Verwurzeltsein auch die Kraft, und er fühlt die Verantwortung für das bereitete dunkle Schicksal und weiß, was er einmal mit dem Stuhlbein angerichtet hat. Er ist den Weg zurückgegangen bis zum Grunde der deutschen Krankheit. Generale sind gegen die Sache des ›Führers‹, weil er den Krieg verliert – der ist dagegen, weil er den Krieg begonnen hat und weil er, und vor zehn Jahren schon, den Krieg gegen das deutsche Volk angefangen und das Volk für volksfeindliche Interessen mißbraucht hat. Und das ist ein Unterschied oder zumindest eine wesentlich andere Etappe der Erkenntnis, und so ist dieser hier mit dem knochigen, mit dem aus Hunger und Sterben und Feuer wieder aufgestiegenen Gesicht wirklich ein Salzkorn, einer von jenen, wie sie das belogene, geschlagene, hoffnungslose, taubgewordene Volk nötig hat, um wieder zurückzufinden, um wieder zu erstehen.

»Gnotke!« sagte Vilshofen.

Gnotke hob den Kopf wieder und er hörte zu. Er begriff, daß es auch ein Geschlagener war, der da zu ihm sprach. Auch einer, der wund war und zerrieben vom Denken, und hätte er noch vierzehn Tage früher solche Töne gefunden, ein Hauptmann Döllwang, ein Leutnant Latte, ein Soldat Liebig, Fell, Liebsch, Kalbach, Tünnes und hundert andere wären noch am Leben, und hätte er noch früher solche Töne gefunden, ein ganzes Panzerregiment hätte ihn gehört und hätte vielleicht auch gehandelt. Und jetzt horchte Gnotke auf, wahr ist es, und er selbst hatte es doch gesagt, man muß unter allen Umständen leben; und nochmals wahr ist es, man muß auch wissen, wofür man leben soll! Und dieser Oberst war ja nun wirklich wie einer, der mit der Laterne in der Hand sich auf den Weg durch die weite Finsternis machen wollte; und was war eigentlich an ihm selbst dran, daß er ihn durchaus auf diesem Weg dabeihaben wollte!

»Da sitzt Altenhuden, da sitzt der Schiele«, dieses Mal sagte Vilshofen es, »zerbrochene Hoftüren, verrostete Türangeln, ganz Deutschland ein zerbrochener Topf, da ist mehr als einmal das Muttergut untergegangen, da ist so viel verwaistes Volk, auch so viel richtungsloses, auch so viel verwahrlostes Volk, und so viel ist wieder gutzumachen, glauben Sie denn nicht, Gnotke, daß da jede Hand gebraucht wird und ebenso jeder Kopf!«

»Das glaube ich schon. Aber nun, ich muß es doch einmal aussprechen, ich komme aus dem Strafbataillon, also von unten das Unterste, und Herr Oberst . . .«

»Nicht grade von oben das Oberste, aber doch aus dem Führungsstab und da ist die Schuldbelastung natürlich viel größer als die eines Soldaten aus dem Strafbataillon!«

»An der verlorenen Schlacht, meint Herr Oberst?«

»Ich habe hier in den Stalingrader Nächten noch über anderes als nur über die Katastrophe auf dem Schlachtfeld nachgedacht; und wenn ich jetzt von Schuldbelastung spreche, so meine ich die gegenüber unserm wenn auch nicht verlorenen, so doch in die Irre geführten und in seiner physischen Existenz bedrohten Volk! Und da gilt es zu reparieren!«

»Ach so . . .«

»Was: ach so?«

»Herr Oberst denken da wohl an einen nächsten Waffengang?«

»Nein, Gnotke. Die Waffen waren zu grob: das zum ersten. Sie waren in falscher Stoßrichtung angesetzt, das zum zweiten. Ich denke daran, daß wir nicht in Europa und nicht in der wei-

ten Welt, daß wir vor allem bei uns zu Hause Ordnung zu schaffen haben!«
»Ach so, schwarze Reichswehr und so, das kenn' ich, das haben wir bei uns in Pommern gehabt! Und die Feme, die SA haben wir gehabt, und die SA-Abschlachtung haben wir gehabt.«
»Mensch, Gnotke! Jeder Mensch soll atmen, soll Wirt in seinem Haus sein, soll das, was er mit seinen Händen schafft, auch erhalten und auch verzehren dürfen, das ist grob gesagt, die Ordnung, die zu schaffen ist!«
»Ja, so etwa hieß es damals auch!«
»Mein Gott, alle Bilder verbraucht, alle Worte verdreht, alle Quellen verstopft, kein Glauben mehr, nichts mehr, ausgebrannt, nur noch Stümpfe ...«
Es war ein seltsames Gespräch zwischen einem General (der allerdings eine ungewöhnliche Erscheinung war) und einem Soldaten, aber es wurde auch in einer außergewöhnlichen Stunde geführt. Zwei gefrorene Leichengesichter, ein drittes in sich verknäueltes Leichenbündel waren die Zeugen. Tiefziehender Nebel umwehte die Gruppe. Über die Brücke zog das, was einmal eine Elitearmee gewesen war. Der Himmel hoch und kalt und voll funkelnder Sterne. Die Luft durchweht von Tod. Szenerie eines Kriegstheaters im Moment des herabgehenden Vorhangs.
Zwei Gesichter:
Der General und der Leichenbestatter, und nicht mehr General, nicht mehr Leichenbestatter, einer und noch einer, und wie kommen sie zueinander, wie ist es möglich? Da war Kampf und Vernichtung, und wenn der Kampf nicht notwendig, wenn er Frevel war, welchen Wert kann der Untergang ergeben. Ungeheure Schale der Tränen, ausgeschüttet im Schnee, und nichts soll bleiben, nichts ... oben und unten soll nicht zueinander finden, um einen ›Kreuzzug‹ wie den gewesenen, der nichts als ein Zug durch das Blut der Völker und Kreuzigung des eigenen Volkes war, und der noch immer kein Ende haben und der sich wiederholen soll, ein für allemal zu beschließen!
»Mensch, Gnotke, hinter diesem verlassenen Schlachtfeld und

hinter diesem verlorenen Krieg flimmern neue Schlachtfelder und neue künftige Kriegstheater!«
»Davon habe ich genug!«
»Ich auch!«
»Ich weiß nicht, Herr Oberst, wie wir beide zusammengehen können!«
»Eben das müssen wir wissen, darum geht es!«
Darum ging es, das war es, was die beiden unter dem fallenden Vorhang zu tun hatten und was sie zu klären unternahmen. Es war nicht das Ende der Tragödie, aber es war Aktschluß.
Und da war Schnee, da war der Morgen und der Abendnebel und da war der Himmel mit den Sternen und zum zweitenmal wallte aus allen Klüften weißer Dunst auf. Über allen Feldern war Stille und auf den Schutthaufen der zerstörten Dörfer war das Geschilpe von Spatzen. Und wieder war es Abend und war es Morgen und wieder entstieg das Sonnenrad der gefrorenen Wolga, rollte über die Giebel und Steinkamine und die dachlosen Hausskelette der Stalingrader Ruinenwelt hinweg, zog seine hohe blitzende Bahn, unter sich den von Rissen durchzogenen weißen Spiegel der Wolgasteppe, rollte abwärts den Rossoschkahöhen und dem Don entgegen und versank mit feurigem Aufglühen über den Feldern und Hügeln des Donischen Landes, und soweit die Sonne ihren Bogen schlug, von der Wolga bis zum Don und weit und breit über allen Stanizen der Donsteppe war Stille.
Durch Schnee und Stille bewegte sich der Zug, durch Tag und Nacht und quer über den von den Wolgahügeln und den Rossoschkahöhen eingesäumten weiten weißen Teller. Von Stalingrad-Mitte über den Flugplatz und hinweg über die Balka Krutaja, weiter über die flache Steppe, über den Bahndamm hinüber, neben dem Bahndamm her bis Gumrak und weiter auf der Donsteppe in Richtung Kotluban; und aus Stalingrad-Nord über Gorodischtsche und Alexandrowka und ebenfalls ausmündend auf die Donsteppe in Richtung Kotluban, wo vom Kriege unzerstörtes Land und die Eisenbahn den Strom aufnehmen konnte.
Durch Schnee und Stille und in den wüsten Dörfern schilpten Spatzen und auf der Steppe hoben sich Krähen in schwarzen

Klumpen von den Leichenhaufen auf, zogen mit schwerem Flügelschlag über die langsam dahinziehenden Haufen wankender Gestalten. Es ging durch Wegstrecken, von ragendem Pferdegebein markiert, und im Nebel tauchten Gestalten auf (auch das kam vor) in zerschlissenen deutschen Soldatenmänteln, standen da und starrten aus weiten fiebrigen Augen auf die Vorbeiziehenden. Und die vorbeizogen, hoben kaum den Blick; und als doch einer die Dastehenden anrief und sie aufforderte, sich anzuschließen, da antworteten sie mit hohlen Stimmen, sie müßten die Stellung halten und verschwanden wieder im Dunst. Im Nebel glichen die ziehenden Haufen einer dahinsickernden düsteren Schlammflut und im hellen Sonnenschein glichen sie aufgelockertem, treibendem Gewölk. Auf kurzen Marschpausen am Wege stauten sie sich in Erdlöchern, Gesicht an Gesicht und Bein an Bein, die Pritschen überkrustet von Menschentrauben, und wenn die oben Liegenden durchbrachen, hoben sie sich nicht auf, auch wenn die unten Liegenden erdrückt und erstickt wurden. Und draußen standen sie in der glitzernden Nacht und unter den Sternen, nicht anders als im Kreis aufgestellter Kälber, welche ihre Köpfe, um sie vor der grausamen Steppensonne zu bergen, eng zusammenstecken.
Und weiter mit der Geschwindigkeit von einem Stundenkilometer.
Am Horizont wuchs eine Steppensiedlung auf und herankommend war es nichts als ein Seite an Seite und Rad an Rad und Dach an Dach stehender riesiger Pulk zertrümmerter und ausgeplünderter LKWs und PKWs und Kübelwagen und Omnibusse, und wer dort an einer Wagenwand hinsank oder sich unter einen Wagen verkroch, um niemals mehr aufzustehen, wurde davon nicht abgehalten. In eine Schlucht fiel der Weg ab und die Schlucht war ein Grab von Panzern, Sturm- und Flakgeschützen und die Stätte schwarzer Krähenschwärme, und an der anderen Seite stieg der Weg wieder zur Ebene an. Die Füße trotteten und schleiften und glitschten über die Straße und es war eine ehemalige Fluchtstraße und der Weg einer dahinrollenden Panik gewesen, über die Überrollten und in den Boden Gestampften war Schnee, war Nebel,

war Sonnenschein und waren wieder Räder hingegangen, und jetzt war es ein in die Eisdecke eingeschliffenes Mosaik aus Köpfen, aus Händen, aus Gesichtern, über welches die Füße hinschritten. Die Haufen trieben durch Gumrak, vorbei an dem mit erfrorenen Leichen gefüllten Bahnhof und vorbei an den auf einem Dutzend Gleisen stehenden mit gefrorenen Leichen gefüllten Waggons, an denen unter Schnee Aufschriften zu lesen waren wie ›Deutsche Reichsbahn Düsseldorf‹ oder ›Deutsche Reichsbahn Hannover‹, aber auch Aufschriften wie ›France‹, ›Belgi‹, ›Danmark‹, ›Rszecsposolita Polska‹, ›Eesti‹, ›Magyaroszag‹, ›Romania‹, ›Hellenike Demokratia‹, ›Jugoslavia‹. Und weder bebte der mit Lumpen bewickelte Fuß, wenn er auf der ›Mosaik-Straße‹ auf ein breit ausgewalztes Gesicht trat, noch erinnerte der riesige stadtgroße Autofriedhof an den triumphalen Vormarsch, noch erinnerte das Panzergrab in der Schlucht an die Armee, die anstürmend schon einmal untergegangen war, noch weckten die mit Leichen gefüllten Waggons mit den Aufschriften aus aller Herren Länder Gedanken an den Völkerfriedhof, den die Armee hinter sich gelassen hatte, und an das Sklavenreich, das errichtet werden sollte.

Es gab den einen und gab den andern, der noch Gedanken dachte. Als ein Major Holms an den Eisenbahnwaggons vorbeimarschierte und die kalkweißen Buchstaben ›Eesti‹ und ›Romania‹ entzifferte, dachte er daran, daß in gleichen Waggons einmal Auswandererfrachten und einmal Naphtha und Blei und Mais und Rosinen nach Hamburg gerollt waren. Als Oberstabsarzt Simmering an der Bahnhofshalle vorbeikam und er neben einem großen Haufen abgeschnittener Arme und Beine auch die dazugelegten arm- und beinlosen Rümpfe sah, wandte er sich ab und blickte den neben ihm hermarschierenden jungen Oberarzt an. Das war Oberarzt Huth und der sprach es aus:

»Hilfe ist nicht immer Hilfe und wenn sie einem Verbrechen dient, wird sie selbst zum Verbrechen!«

Als Major Buchner aus trübem Dahinstapfen und Dahindämmern aufblinzelte und über den Bahndamm hingekegelte 8,8-cm-Flakgeschütze und verstreute Munitionskisten und

Tornister und zerspritzte schneeüberpulverte Leichenstücke erblickte, da sagte er sich: kein Jammern am Fernsprecher, sondern die Flakkanonen umgedreht und alles, was noch da war, auf den Tulewajagraben und auf das ganz und gar blödsinnig gewordene Stabsquartier gesetzt, das wäre nötig gewesen, und das hätte das Mordverfahren, und sonst war es doch nichts, erheblich abgekürzt! Der kleine Leutnant Lawkow dachte, als er südlich Stalingradski durch ein Bunkerfeld voll geplatzter Kisten und leerer Konservenbüchsen zog, so sah es aus, schon vor Tagen, als der Stab stiftengegangen war. Die hatten richtig kalkuliert, die hatten gedacht, der Laden platzt sowieso, ob man führt oder nicht, und weg waren sie und wir Rindviecher blieben und hielten die Stellung. Eine zu irrsinnige Kiste, gegen ›Rothschild und Ballin und Bleichröder und die international versippten Volksverderber‹ zogen wir in den Krieg und schließlich hier an der Wolga haben wir den ganzen Heckmeck an Verderbern und noch dazu mit roten Hosenstreifen und Glasscherben vorm Auge mitten unter uns und so was an Verderb wie dieses Volk, das hier dahinlatscht, hat die Welt noch nicht gesehen!

Und der Soldat Vidomec erinnerte sich der hungernden Griechen und Ukrainer und Polen und Slowaken in den Straßen Wiens und er dachte, das mußte über uns kommen, und da ist es!

Aber es waren wenige, die so oder anders dachten und die überhaupt noch dachten. Die Masse trottete dahin mit der Geschwindigkeit von einem Kilometer in der Stunde. Die Armee war eine Elitearmee gewesen und das Gros war nicht in Städten, sondern aus ländlichen Gebieten rekrutiert. Und die Bauernjungen schon durch ›Arbeitsdienst‹ und vormilitärische Ausbildung von ihrer Umgebung und ihrem Boden getrennt, und soweit sie Infanteristen waren, hatten sie einen Fußmarsch von mehr als zweitausend Kilometer hinter sich und ihre Därme waren, wie spätere Sektionen gezeigt haben, ohne Windungen und glattgeschliffen wie gläserne Bänder, und sie waren außen und an ihren inneren Organen deformiert, und befanden sich nun völlig im Bodenlosen und es war, als ob mit dem letzten Aufbrüllen ihrer Kanonen auch

ihre Seelen zerflattert wären, und die Stille, durch die sie zogen, war schon das Totenland. Die Masse zog dahin, erfrorene Zehen, vom Frost angenagte Gesichter, manche ohne Ohren, manche ohne Nase. Der Gefreitenwinkel, die Unteroffizierstressen waren Rangabzeichen der einzig denkbaren Ordnung gewesen und mit der versunkenen Bedeutung dieser Zeichen war auch die Welt der Ordnung zerfallen. Sie zogen dahin und es war eine Ausnahme, wenn einem Strauchelnden die Hand gereicht wurde. Es lag schon jenseits des in Betracht Kommenden, daß ein letztes Stück Brot geteilt wurde. Das Ganze war krank und die Zelle war krank und es gab keine Verbindlichkeit mehr. Der Organismus war aufgelöst in seine Säfte, in Blut und Schleim und gelbe Galle und schwarze Galle, und auch der einzelne befand sich vor der Auflösung. Nur ein Schritt trennte ihn noch davon, nur mit einer Hand hielt er sich noch am Lebensschiff, und viele ließen los, ihr Wille war verbraucht auf endlosem Weg und im Dröhnen der Schlacht von den Karpaten bis zur Wolga.
Das Chaos war befohlen worden und da war es!
Die graue Woge erreichte die Donebene, neben der Bahnlinie nach Kotluban strömte sie her. Bei einem Dorf, einer Pferdezuchtfarm, einer Traktorenstation standen Waggons und die Waggons nahmen die Flut auf und auf Eisenbahnachsen rollte sie weiter. Und es war noch nicht zu Ende. Der Kot, der aus den Abortabteilen der Waggons herausquoll und in dicken Stutzen unter den Fahrgestellen gefror und sich blutig rot färbte, ließ den Gast erraten, der mit den wunden Haufen mitfuhr.
Wie ein Pestschiff hatte dieser Zug auf dem Marsch durch das weiße Land und auch auf Eisenbahnachsen weiterrollend Tote hinter sich gelassen, solche, die an erhaltenen Wunden, die an der weißen und der roten Ruhr und am Flecktyphus, die an seelischer Gelähmtheit gestorben waren. Diese Toten zählen nicht, ihre Namen sind auf Schnee geschrieben. Aber da sind Gräber – von russischen Militärärzten und Pflegern und Pflegerinnen, die den Zug begleitet haben und die auf der Strecke geblieben sind – diese Gräber zählen, und sie sind im Buch der Menschheit eingeschrieben, und es sind allein auf

der ersten Etappe und bis in die ersten Auffanglager hinein zweiundvierzig.
Volk in die Irre geführt und versprengt, alle gezogenen Grenzen überschreitend, der entrollten Fahne des Wahnwitzes folgend, sich über die Landkarte Europas, über die Täler und Wälder, Felder und Meere hinbreitend, und bei diesem menschenfeindlichen Unternehmen zermahlen zu Schrott, zerpulvert zu Staub ...
Und dieses Volk in seiner tiefen Mitternacht soll an das Ufer eines neuen Tages geleitet werden, soll als Farbe auf der Völkerpalette nicht verlöschen, soll als Ton des Weltorchesters nicht verklungen sein. Deutschland soll leben, auch noch nach diesem Untergang. Dazu aber ist not, daß alle, die guten Willens sind, einander die Hände reichen, daß sie den begehbaren gemeinsamen Weg finden. Das war es, was die beiden in der Balka Krutaja miteinander zu besprechen hatten, und was trotz der gemeinsamen Sprache so schwer erschien, so tief war die Kluft, so verbaut waren alle Wege, so mißbraucht alle Worte, so verbraucht der gute Glaube.
Und es fuhr ein Wind auf, der kam über die weiten Schneewüsten des Ostens und war eisig, und da über allen Feldern vom Pamir und dem Balchaschsee her über den Aralsee weg bis zur Wolga die hohe Sonne stand und schwebende diamantene Helle die Luft erfüllte, war es ein erster Vorfrühlingswind und der zog klingend durch die hohlen Hallen und die ragenden Ruinen und die zerklafften Mauern der Stadt Stalingrad und zog weiter über das von Trichtern und Gräben zerfressene und von Haufen zerschlagener Kampfwagen und Rädern und Geschützen überstreute weite Land. Und nichts war am Himmel, kein Motorengeheul mehr und keine aufspritzende Rauch- und Erdfontäne mehr, nichts war als das Klingen des Windes. Und die Erde war leer und von Stalingrad-Mitte über Gumrak und weiter bis zu den Dörfern der Donsteppe zog sich eine breite von vielen Füßen ausgetretene Spur, eine lang hingezogene Kiellinie, die Schicksalslinie eines Volkes, einen Sterntag lang aufscheinend und wieder versinkend.
Da war auch die Balka Krutaja, wo drei nebeneinandergelegte Leichname unter einem Haufen aufgeschichteten Schnees

ruhten, und eine Spur führte schluchtaufwärts, zog sich über das weiße Feld hinüber zu dem in den Schnee getretenen breiten Marschband, in dem sie sich verlor.
Es war die Fußspur von zwei nebeneinander schreitenden Männern.

Nachwort

›Stalingrad‹
Zur Geschichte und Aktualität von Theodor Plieviers Roman

> *»Die Stätte der verlorenen Schlacht, des verlorenen Krieges, der Zenithöhe deutschen Machtstrebens, der schwersten Niederlage in der deutschen Kriegsgeschichte, des tiefsten moralischen und politischen Falles des deutschen Volkes [. . .]: das Gesicht dieses Sturzes und die Auflösung in heulende Atome: das sei nicht vergessen!«*

›Vergeßt nicht, vergeßt nicht!‹ beschwört ein Offizier zu Beginn des Buches die kriegsgefangenen Stalingradkämpfer; der Satz ›auch das sei nicht vergessen‹, kehrt im letzten Drittel des Romans refrainartig immer wieder. Theodor Plieviers Roman *Stalingrad* ist ein Appell gegen das Vergessen.

Daß der Roman in der vorliegenden Ausgabe den Lesern in Deutschland erstmals in der Urfassung von 1943/44 zugänglich gemacht wird, gibt Anlaß zu einer Reihe notwendiger Erinnerungen. Nicht vergessen sei der Autor von *Stalingrad*, dessen Werke in über zwanzig Sprachen übersetzt und in über drei Millionen Exemplaren verbreitet waren und doch erst ab 1983 in einer Gesamtausgabe zu erscheinen begannen. Nicht vergessen sei die Entstehungsgeschichte des Romans, an die sich in der Bundesrepublik zählebige Legenden ranken, und die Geschichte seiner Wirkung, die bereits ein Kapitel Zeitgeschichte darstellt. Nicht vergessen sei aber auch, daß die historische Rückbesinnung auf Autor und Werk den Blick nicht verstellen darf auf die gegenwärtigen Wirkungsmöglichkeiten des Romans.

Theodor Plieviers dokumentarisches Epos über die Vernichtung der sechsten Armee an der Wolga um die Wende der Jahre 1942 und 1943 ist zugleich ein sehr aktuelles Buch: ein wirkungsvolles Dokument des Antimilitarismus.

I

Theodor Plievier war literarischer Autodidakt. Am 17. Februar 1882 geboren, wuchs er in einer achtköpfigen proletarisierten Handwerkerfamilie in Berlin-Wedding auf. Seine Bildung erhielt er von einem anarchistischen Arbeiter und aus Berliner Leihbibliotheken; sein idealistischer Bildungsdrang entfremdete ihn seiner Familie. Mit siebzehn Jahren veröffentlichte er seine erste Erzählung in einer anarchistischen Zeitung, brach aus den bedrückenden Familienverhältnissen aus und vagabundierte ein Jahr zu Fuß durch Europa. Danach fuhr er vier Jahre als Matrose auf Segelschiffen zur See und arbeitete in Südamerika als Koch, Viehtreiber, Goldwäscher, Barmixer, Sekretär. Bei seiner Rückkehr nach Deutschland wurde er Ende 1914 zur Kriegsmarine eingezogen. Im November 1918 nahm er an der Matrosenrevolte in Wilhelmshaven teil. Die Nachkriegsjahre widmete Plievier der anarchistischen Bewegung, in der er sich als Schriftsteller, Wanderredner, Verleger und Agitator betätigte – stets rebellischer Einzelgänger und selbstgewählter Außenseiter der Gesellschaft. Ohne seine idealistische politische Orientierung an Kropotkin, Bakunin und Nietzsche aufzugeben, zog sich Plievier gegen Mitte der zwanziger Jahre auf seine schriftstellerische Arbeit zurück. Er begann mit einigen kurzen Erzählungen, die seine abenteuerlichen Erlebnisse in Südamerika schilderten. Den literarischen Durchbruch erzielte er 1930 mit *Des Kaisers Kulis,* einem dokumentarischen antimilitaristischen Roman über seine Kriegserlebnisse und die Matrosenrevolten von 1917 und 1918, der in achtzehn Sprachen übersetzt wurde. Von diesem Erfolg ermutigt, beschloß Plievier, einen fünfbändigen dokumentarischen Romanzyklus über die Entstehung und Geschichte der Weimarer Republik zu schreiben. Aus diesem Zyklus erschien 1932 nur der erste Band, der Roman über die Novemberrevolution *Der Kaiser ging, die Generäle blieben.* Nach der Machtübernahme Hitlers mußte Plievier, der für seine antimilitaristischen

Überzeugungen stets auch öffentlich eingetreten war, Deutschland verlassen; seine Bücher wurden verboten und verbrannt.
Über Prag und Wien floh Plievier nach Paris, wo er bis zum Frühjahr 1934 unter kärglichen Umständen lebte. In Paris erhielt er eine Einladung zum Ersten Allunionskongreß der Sowjetschriftsteller, an dem er im August 1934 in Moskau teilnahm. Im Anschluß an den Schriftstellerkongreß blieb Plievier in der Sowjetunion – ob er sie nicht verlassen konnte, weil er keinen gültigen Paß besaß, oder ob er sie nicht verlassen wollte, weil er hier von den Tantiemen seiner ins Russische übersetzten Bücher leben zu können glaubte, ist nicht geklärt. Die Jahre 1935 und 1936 verbrachte Plievier in Leningrad, wo er seinen Roman *Das große Abenteuer* abschloß, der eine spannende Abenteuerhandlung in Südamerika in eine antifaschistische Rahmenkonzeption einbindet. Im August 1936 zog Plievier nach Paulskoje in die deutsche Wolgarepublik; hier verbrachte er die Zeit der stalinistischen Säuberungen, denen viele kommunistische deutsche Exilanten zum Opfer fielen. 1938 konnte Plievier nach Moskau zurückkehren, wo er in dem Vorort Domodjedowo in einer selbstgebauten Datsche lebte. In Paulskoje hatte Plievier auf einem kleinen Bauernhof für seinen Lebensunterhalt selbst sorgen müssen und kaum Zeit zum Schreiben gefunden. In Domodjedowo hatte er Muße für seine schriftstellerische Arbeit, konnte unter den Bedingungen des Hitler-Stalin-Paktes jedoch nur über gänzlich unpolitische Themen schreiben. Plievier wandte sich wieder seinen Erlebnissen in Südamerika zu und schrieb zwei unpolitische Abenteuerromane, *Im letzten Winkel der Erde* und *Haifische;* sie erschienen 1941 in Moskau und nach 1945 in Deutschland und befestigten seinen Ruf als ›deutscher Jack London‹.
Im Herbst 1941 wurde Plievier mit den deutschen Exilschriftstellern aus Moskau evakuiert, als Hitlers Truppen sich nach dem Überfall auf die Sowjetunion der Hauptstadt näherten. Mit einer größeren Gruppe von deutschen Schriftstellern wurde er nach Taschkent gebracht, wo er bis Anfang 1942 blieb. Im Mai 1942 fuhr Plievier nach Ufa, wo er den Auftrag erhielt, Briefe deutscher Soldaten, die der Roten Armee in die Hände gefallen waren, auszuwerten, um die Stimmung in der Wehrmacht und im Reich zu erkunden. Eine große Anzahl dieser Briefe verwendete Plievier in den Kriegserzählungen, die er in den Jahren 1942 und 1943 schrieb; aus diesen Briefen zitierte er

auch in den Runfunktexten, die er seit April 1942 regelmäßig vor allem für den ›Deutschen Volkssender‹ verfaßte und die zu einem großen Teil von der BBC London übernommen wurden. Durch die Lektüre dieser Briefe erfuhr Plievier erstmals Details über den Vormarsch der deutschen Truppen, durch sie wurde er auch über die Einkesselung und Vernichtung der sechsten Armee in Stalingrad informiert, die er selbst nicht miterlebte.

Etwa im März 1943, als Plievier von Ufa nach Moskau zurückkehrte, entstand sein Plan, ein Buch über Stalingrad zu schreiben. Bei der Verwirklichung dieses Plans leistete ihm der kommunistische Schriftsteller Johannes R. Becher wertvolle Unterstützung. Becher sorgte dafür, daß Plievier zu dem Kriegsgefangenenlager deutscher Stalingrad-Offiziere in Ljunowo bei Moskau Zutritt erhielt, um für seinen Roman zu recherchieren; Becher ermöglichte es auch, daß *Stalingrad* in der Moskauer Exilzeitschrift *Internationale Literatur/ Deutsche Blätter* erscheinen konnte. Im September 1943 begann Plievier unter ungeheurem Zeitdruck mit der Niederschrift des Romans: von November 1943 bis September 1944 erschien *Stalingrad* in Fortsetzungen in der *Internationalen Literatur.*

II

Über die Entstehungsgeschichte von *Stalingrad* wurden in der Bundesrepublik zur Zeit des kalten Kriegs von interessierter Seite einige bösartige Legenden verbreitet, um Buch und Autor zu diffamieren. Im Novemberheft der *Informationen für die Truppe* der Bundeswehr war 1958 zu lesen, Plieviers Roman *Stalingrad* sei ›aus der Perspektive des Kommunisten‹ geschrieben. Vor der Sendung der Fernsehinszenierung von *Stalingrad,* die Claus Hubalek anläßlich der zwanzigjährigen Wiederkehr der Schlacht 1963 gedreht hatte, ließ der damalige Generalinspekteur der Bundeswehr Foertsch in einer ›Instruktion an die Truppe‹ wissen, der Fernsehfilm gehe auf dem Roman ›des damaligen kommunistischen Schriftstellers Plievier‹ zurück, der ›während des Krieges in sowjetischem Auftrag geschrieben‹ worden sei; der Film sei geeignet, die Soldaten in ihren Aufgaben zur Verteidigung der demokratischen Freiheiten ›zu beirren‹. Noch im Jahre 1980, lange nach der Beendigung des kalten Krieges, schrieb der amerikanische Germanist Hans Wagener, Plieviers Roman sei ein ›Tribut an Rußland und die Rote Armee‹.

Daß die letzte Behauptung falsch ist, kann jeder Leser des Romans selbst feststellen – es findet sich im ganzen Roman kein Loblied auf den ›heldenhaften Kampf der Roten Armee‹ im ›vaterländischen Kriege‹; das Buch ist ausschließlich dem Geschehen auf deutscher Seite gewidmet. Ferner ist unter Wissenschaftlern in Ost und West unbestritten, daß Theodor Plievier niemals Kommunist oder Mitglied der Kommunistischen Partei Deutschlands gewesen ist; dies mag im übrigen ein Grund dafür sein, daß Plievier die stalinistischen Säuberungen vergleichsweise unbehelligt überstanden hat.

Einen Beweis für seine Behauptung, daß Plievier *Stalingrad* in ›sowjetischem Auftrag‹ geschrieben habe, ist der Generalinspekteur der Bundeswehr schuldig geblieben. Plievier hat bereits 1947, als er aus der sowjetischen in die amerikanische Besatzungszone geflohen war, auf entsprechende Unterstellungen in einem ›offenen Brief‹ versichert, ›daß der Autor sich durch ein langjähriges Exil in Rußland nicht in einen Russen und Beauftragten des russischen Staates verwandelte‹ – ›sein schriftstellerischer Auftrag lag durch Herkommen und Geburt und eigene Einsichten von vornherein fest; er brauchte nur zu bleiben, wie er immer war, und ‚Stalingrad' konnte nichts anderes als ein deutscher Auftrag sein‹. Diese Feststellung Plieviers ist von politisch interessierter Seite nicht zur Kenntnis genommen worden, sein Roman *Stalingrad* blieb stets dem Verdacht ausgesetzt, ein Buch, das die sowjetische Zensur passiert hätte, könne nur ein kommunistisches Buch sein. Auch diese Vermutung ist falsch. Plievier hat nie geleugnet, daß sein Roman der Zustimmung der sowjetischen Zensur bedurfte. In einer autobiographischen Skizze aus dem Jahre 1953 erläuterte er dazu:

»›Stalingrad‹ schrieb ich in Moskau, wo ich elf Jahre – von 1934 bis 1945 – als Emigrant lebte. Und ›Stalingrad‹ konnte in Moskau unter den Verhältnissen der sowjetischen Zensur geschrieben werden, weil der dargestellte Untergang einer deutschen Armee der damaligen sowjetischen Literaturpolitik zweckmäßig erschien. Dennoch ist an dem Buch ›Stalingrad‹ nichts zu ändern und auch nichts hinzuzufügen. Es ist heute noch ebenso wahr wie zur Zeit seiner Niederschrift.«

Plieviers Darstellung wird bestätigt durch das Tagebuch Johannes R. Bechers aus dem Jahre 1950, das in diesem Fall besonders glaubwürdig ist, weil Becher Plievier nach dessen Flucht aus der sowjetischen Besatzungszone mehrfach heftig angegriffen hatte. Becher schreibt über Plieviers Roman:

»Als Redakteur der ›Internationalen Literatur, Deutsche Blätter‹ stellte ich Plievier alle Mittel zur Verfügung, das heißt, wir druckten und honorierten den Roman kapitelweise unter stillschweigendem Einverständnis der Zensur. War es schon ein großzügiges Entgegenkommen, daß die sowjetischen Behörden die Herausgabe einer deutschen Literaturzeitschrift während des Krieges gestatteten, so war diese Großzügigkeit der Zensur Plievier gegenüber besonders anzuerkennen: sein Roman konnte kapitelweise erscheinen, ohne daß seine Richtung im ganzen bekannt war. Plievier erhielt im Gefangenenlager Ljunowo alle Möglichkeiten, sich ungestört mit Offizieren und Mannschaften der 6. Armee zu unterhalten; die Aussagen dieser lebendigen Modelle halfen ihm wesentlich und ließen ›Stalingrad‹ zu der großartigen, zeitlich so unmittelbar geschaffenen Reportage werden, die sie ist und bleiben wird.«

Um zu erklären, weshalb ein deutscher Exilschriftsteller, der nicht der KPD angehörte, Ende 1943 unter ›stillschweigendem Einverständnis‹ der sowjetischen Zensur ein nichtkommunistisches Buch über die Vernichtung der sechsten Armee schreiben konnte, muß man einen Blick auf die sowjetische Frontpropaganda und Literaturpolitik des Jahres 1943 werfen. Im Sommer 1943 ist eine drastische Änderung der sowjetischen Frontpropaganda festzustellen, für die es mehrere Ursachen gibt. Zum einen hatte sich die Propaganda der Jahre 1941/42 auf Grund ihrer falschen Faschismustheorie und ihres falschen Deutschlandbildes als realitätsfern und unwirksam erwiesen: sie appellierte an den Antifaschismus der Deutschen im allgemeinen und die Klassensolidarität der Arbeiter im besonderen und zielte darauf ab, die deutschen Soldaten zum Überlaufen auf die Seite der Roten Armee zu bewegen. Die Schlacht von Stalingrad hatte die Wirkungslosigkeit dieser Propaganda noch einmal deutlich demonstriert: die deutschen Soldaten gingen lieber unter den elendsten Bedingungen zugrunde, als zu den sowjetischen Truppen überzulaufen.

Zum anderen wollten die Sowjets den großartigen Sieg über die sechste Armee verständlicherweise propagandistisch auswerten. Die auf Grund dieser beiden Faktoren notwendig gewordene Neuorientierung der Propaganda fiel zusammen mit einer Krise in den Beziehungen der UdSSR zu den Westalliierten, die sich einer Legalisierung der sowjetischen Annexionen aus den Jahren 1939 bis 1941 (Ostpolen, Karelien, baltische Staaten, Bessarabien) widersetzten und die versprochene ›zweite Front‹ im Krieg gegen Hitler zu verzögern schienen.

Der Kurswechsel, den die sowjetische Propaganda in dieser Situation vollzog, ist eng mit der Gründung des ›Nationalkomitees Freies Deutschland‹ (NKFD) verknüpft, das sich am 12./13. Juli unter entscheidender Mitwirkung sowjetischer Stellen in Krasnogorsk konstituierte. Das Nationalkomitee, in dem einerseits kommunistische Politiker und Schriftsteller, andererseits kriegsgefangene Soldaten vertreten waren, sollte nach den Vorstellungen der Sowjets eine breite nationale Sammlungsbewegung von Hitlergegnern unter den Kriegsgefangenen organisieren und die Frontpropaganda auf eine ganz neue Grundlage stellen. Das Ziel der neuen, betont nationalen und alle kommunistischen Untertöne vermeidenden Propaganda war es, nach Möglichkeit ganze Heeresteile zur Einstellung des Kampfes, zum ›Rückzug auf die Reichsgrenzen‹ und zur Eingliederung in die Anti-Hitler-Opposition zu bewegen. Darüber hinaus sollte die neue Propaganda der Heeresführung und der innerdeutschen Opposition im Reich signalisieren, daß die Sowjetunion bereit wäre, mit einem Deutschland ohne Hitler zusammenzuarbeiten. Von dieser Reorganisation der sowjetischen Frontpropaganda ging selbstverständlich auch ein beträchtlicher außenpolitischer Druck auf die Westalliierten aus, der durch Gerüchte über einen Sonderfrieden, den Stalin angeblich mit dem Deutschen Reich zu schließen beabsichtigte, noch verstärkt wurde.

Um den Bestrebungen des Nationalkomitees das größtmögliche politische und propagandistische Gewicht zu verleihen, mußten für die Organisation insbesondere hochrangige Offiziere gewonnen werden. Dies geschah durch die Sondergründung des ›Bundes Deutscher Offiziere‹ (BDO) am 11./12. September 1943 in Ljunowo, der bereits am 14. September mit dem Nationalkomitee vereinigt wurde.

Um höhere Offiziere in die Aufgaben des Nationalkomitees einzubinden, waren die Sowjets bereit, politisch einige erstaunliche Kompromisse zu schließen, die den exilierten deutschen Kommunisten beträchtliche Zugeständnisse abverlangten. Das Nationalkomitee und der Bund Deutscher Offiziere stellten eine Art nach rechts erweiterter Volksfront dar, eine Einheitsfront von Kommunisten bis zu erzkonservativen Militärs. Im Manifest des Nationalkomitees heißt es dazu treffend, es vereinige ›Menschen aller politischen und weltanschaulichen Richtungen, die noch vor einem Jahr einen solchen Zusammenschluß nicht für möglich gehalten hätten‹. Das schlagwortartige politische Programm des Nationalkomitees war alles andere als kommunistisch und noch bei weitem ›liberaler‹ als die Volksfrontstrategie der Kommunisten nach 1935. Das Manifest ging zu Recht davon aus, daß der Krieg für Deutschland bereits 1943 verloren war und daß ein alliierter Sieg über Deutschland ›das Ende unserer nationalen Einheit und unseres Staates‹, die ›Zerstückelung unseres Vaterlandes‹ bedeuten würde:

»Wenn das deutsche Volk sich jedoch rechtzeitig ermannt und durch seine Taten beweist, daß es ein freies Volk sein will und entschlossen ist, Deutschland von Hitler zu befreien, erobert es sich das Recht, über sein künftiges Geschick selbst zu bestimmen und in der Welt gehört zu werden. Das ist der einzige Weg zur Rettung des Bestandes, der Freiheit und der Ehre der deutschen Nation.«

Als Ziel nach dem Sturz Hitlers gab das Manifest ›die Bildung einer wahrhaft deutschen Regierung‹ an, die nur aus dem ›Freiheitskampf aller Volksschichten‹ hervorgehen könne; in diesem Kampf freilich müßten die ›volks- und vaterlandstreuen Kräfte der Armee‹ eine ›entscheidende Rolle‹ spielen.
Die zukünftige Staatsform Deutschlands sollte nach Auffassung des Nationalkomitees ›eine starke demokratische Staatsmacht‹ sein, ›die nichts gemein hat mit der Ohnmacht der Weimarer Republik‹ – einen symbolischen Ausdruck fand dieses Ziel darin, daß Kommunisten und Militärs im Nationalkomitee unter der schwarz-weiß-roten Fahne des Kaiserreichs tagten. Die ›wehrhafte Demokratie‹ des zukünftigen Deutschland sollte ein liberaler und sozialer Rechtsstaat sein; gefordert wurden im Manifest die

»Wiederherstellung und Erweiterung der politischen Rechte und sozialen Errungenschaften der Schaffenden. Freiheit des Wortes, der Presse, der Organisation, des Gewissens und der Religion. Freiheit der Wirtschaft, des Handels und des Gewerbes, Sicherung des Rechtes auf Arbeit und des rechtmäßig erworbenen Eigentums, Rückgabe des durch die nationalsozialistischen Machthaber geraubten Hab und Guts an die Eigentümer [. . .]«.

Daß die Frontpropaganda, die sich auf das Manifest des Nationalkomitees stützte, in der Folgezeit nur geringen Erfolg hatte, ist ebenso bekannt wie die Tatsache, daß ihr durch die Teheraner Konferenz der Alliierten um die Jahreswende 1943/44 weitgehend der Boden entzogen wurde. In Teheran wurde der Sowjetunion die Legalisierung ihrer Annexionen aus den Jahren 1939 bis 1941 zugesagt; die Errichtung einer zweiten Front gegen Deutschland wurde ebenso bekräftigt wie die Forderung der bedingungslosen Kapitulation.
Gleichwohl wurde mit der Gründung des Nationalkomitees und des Bundes Deutscher Offiziere vorübergehend eine vergleichsweise ›liberale‹ Phase sowjetischer Literaturpolitik eingeleitet; in dieser Phase konnten sowohl in der Zeitschrift des Nationalkomitees, *Freies Deutschland,* als auch in Kriegsgefangenenzeitungen nichtkommunistische Artikel erscheinen, sofern sie mit der Programmatik des Nationalkomitees übereinstimmten. Aus diesen Gründen konnte Plieviers Roman *Stalingrad* vom November 1943 bis zum September 1944 in der *Internationalen Literatur* erscheinen.
Ob Plievier, der dem NKFD seit dem 14. September 1943 angehörte, selbst an die Chance geglaubt hat, daß sich die Politik des Nationalkomitees werde verwirklichen lassen, ist nicht bekannt – immerhin scheinen einige Indizien des Romans dafür zu sprechen. So spielt der – von Plievier 1945 fortgelassene – Eingang des Romans, die Rede eines Stalingrad-Offiziers an seine Kameraden, mit einiger Sicherheit auf die Meinungsbildungsprozesse an, die zur Gründung des Nationalkomitees führten. Eine politische Programmatik für die Zukunft Deutschlands enthält *Stalingrad* nicht – lediglich Vilshofen deutet sie mit einem Satz an, wenn er gegen Ende des Romans zu Gnotke sagt: ›Jeder Mensch soll atmen, soll Wirt in seinem Haus sein, soll das, was er mit seinen Händen schafft, auch erhalten dürfen, das ist, grob gesagt, die Ordnung, die zu schaffen ist.‹

Während Plieviers Roman *Stalingrad* in der Bundesrepublik von der politischen Rechten als ›kommunistisch‹ diffamiert wurde, kritisierten Literaturwissenschaftler in der DDR die Zukunftsvorstellungen des Romans – unter Bezug auf das angeführte Zitat – als ›kleinbürgerlich‹. Auch diese Kritik ist unhaltbar. Die Ausführung zum Manifest des Nationalkomitees haben gezeigt, daß Plievier sich mit dem Vilshofen-Zitat völlig in Übereinstimmung mit der politischen Programmatik des Nationalkomitees befindet, das 1943 – nicht vor 1935, nicht nach 1945 – auch von den exilierten deutschen Kommunisten getragen wurde.
Auch der Schluß des Romans, jene symbolische ›Fußspur von zwei nebeneinander schreitenden Männern‹, scheint auf die politischen Zielvorstellungen des Nationalkomitees zu verweisen, auf ein Bündnis von Arbeitern in Uniform und Berufsoffizieren, das im Sommer 1943 als historische Chance erschien. Heute wissen wir, daß diese Spur ins Nichts führte.

III

Stalingrad ist in erster Linie ein dokumentarischer Roman, der mit großer Genauigkeit und Wirklichkeitstreue die Vernichtung der sechsten Armee und damit die Wende in dem ideologischen Vernichtungskrieg schildert, den Hitler gegen die Sowjetunion führte. Die historische Detailgenauigkeit, die Plievier in seinem Roman erreicht, ist ein Resultat der dokumentarischen Arbeitsmethode, die er bei der Konzeption des Romans wählte. Im Kriegsgefangenenlager Ljunowo, zugleich dem Hauptquartier des Nationalkomitees, interviewte Plievier mehr als hundert deutsche Offiziere und Soldaten und befragte sie eingehend nach dem Verlauf der Schlacht. Einige überlebende Offiziere haben in ihren Memoiren berichtet, daß Plievier ihnen die Niederschriften dieser Interviews vortrug, sie um Änderungsvorschläge und Präzisierungen bat und mit großer Hartnäkkigkeit an Korrekturen auch scheinbar geringfügiger Details arbeitete, um seinen Schilderungen die größtmögliche Authentizität zu verleihen. Diesem Ziel dient auch die Einfügung einer Vielzahl von Dokumenten in den Roman: die Wiedergabe von Briefen, Tagebuchauszügen, Befehlen deutscher Generäle, Rundfunkansprachen von NS-Größen usw.

Stalingrad steht in der Tradition des dokumentarischen Romans der Weimarer Republik, in die schon Plieviers Romane *Des Kaisers Kulis* und *Der Kaiser ging, die Generäle blieben* gehören. Bereits der letztere Roman umfaßte eine Vielzahl von Akteuren und Schauplätzen; in seiner Konzeption war er deutlich von John Dos Passos beeinflußt. Auch *Stalingrad* ist ein ›Roman ohne Helden‹: aus der grauen Masse der sechsten Armee werden deutlich hervorgehoben nur die Gestalten des August Gnotke und des Oberst Vilshofen, die im Roman diskontinuierlich immer wieder auftauchen; die übrigen Gestalten sind, wie präzise sie mitunter auch charakterisiert sein mögen, eher repräsentative Typen, die für eine Episode in den Vordergrund des Geschehens rücken, um darauf wieder in die Masse der namenlosen Soldaten zurückzutauchen.
Plievier schildert die ›Agonie einer Armee‹ in einer wohlkalkulierten Handhabung der ›erzählten Zeit‹, die, filmisch ausgedrückt, vom Zeitraffer bis zum Standfoto reicht. Der Beginn der sowjetischen Gegenoffensive (19. November 1942), die Einschließung der sechsten Armee bis zum Kapitulationsangebot der Sowjets am 8. Januar 1943 nehmen nicht einmal ein Zehntel des Romans ein; die Vernichtung der Armee vom 22. Januar bis Anfang Februar 1943 umfaßt hingegen die gesamte zweite Hälfte des Romans. Diese kontinuierlich gesteigerte Dehnung des Geschehens in der Zeit erreicht Plievier, indem er immer weniger die zeitliche Aufeinanderfolge und immer mehr die Gleichzeitigkeit verschiedener Vorgänge schildert: das Prinzip der zeitlichen Sukzession wird durch das der Simultaneität abgelöst. Verbunden mit dieser Technik der ›Zeitdehnung‹ tritt in *Stalingrad* die Technik der ›konzentrischen Einkreisung‹ auf der Ebene der Schauplätze auf: von den Rändern des Kessels verlagert sich das Geschehen immer schneller zu dessen Zentrum hin, zum Sitz des Oberbefehlshabers der Armee, an dem schließlich die Kapitulation erfolgt. Gleichwohl wechseln bis zum Ende des Romans die Schauplätze auf immer engerem Raum ständig. Plievier bedient sich eines filmischen Standort- und Schauplatzwechsels: kameraartig geht der Erzähler auf einzelne Figuren zu, berichtet in erlebter Rede oder innerem Monolog über ihre Erlebnisse und ›schwenkt‹ zur nächsten Figurengruppe. Dieser nur scheinbar unkoordinierte Schauplatzwechsel unterstützt wirksam den Eindruck der Chaotik des Geschehens auf seiten der deutschen Truppen, die zumeist den

Kontakt zu den höheren Befehlsstellen verloren haben. Dieser Eindruck der weitgehenden Planlosigkeit militärischen Handelns in den Tagen der Auflösung der sechsten Armee wird noch dadurch unterstrichen, daß Plievier in einem nicht zu übersehenden Parallelismus das endlose Sterben von Soldaten mit den endlosen Beratungen von höheren Offizieren kontrastiert.

Plieviers Roman schildert jedoch nicht nur die physische und moralische Auflösung einer Armee. Dieser absteigenden Linie der Handlung, die das Romangeschehen dominiert, steht, vorsichtig nur angedeutet, eine aufsteigende Handlung gegenüber, die zum Romanende hin deutliche Konturen gewinnt. Exemplarisch dargestellt wird diese aufsteigende Handlung an den Gestalten August Gnotkes und Oberst Vilshofens, die unter extremen Bedingungen einem politischen und moralischen Wandlungsprozeß zugänglich werden, der sie von Hitler-Anhängern bzw. ›Mitläufern‹ zu Hitler-Gegnern und Antifaschisten in einem sehr allgemeinen Sinne werden läßt.

Es ist wiederholt beobachtet worden, daß Plieviers konzeptionell moderner dokumentarischer Roman mit seinem Insistieren auf der Schuld-Sühne-Problematik ein sehr traditioneller ›moralischer‹ Roman ist. Das Ideenzentrum von *Stalingrad* bildet keine Faschismustheorie, keine Erklärung des ideologisch motivierten Vernichtungskrieges, den Hitler mit Unterstützung der deutschen Generalität gegen die Sowjetunion führte, sondern ein moralische Frage: welche Schuld tragen die einzelnen Romanfiguren an dem Geschehen, für das sie mitverantwortlich sind oder dessen Opfer sie werden? Eine derartige Moralisierung politischer Fragen, die auch bei kommunistischen Schriftstellern in den vierziger Jahren häufiger zu beobachten ist, stellt bei Plievier eine bewußte Strategie dar. Durch die Lektüre der Briefe deutscher Soldaten aus den Jahren 1942 und 1943 mußte Plievier sich in einem schmerzlichen Lernprozeß davon überzeugen, daß eine entscheidende Annahme der deutschen Exilierten nicht nur in der Sowjetunion falsch war, diejenige nämlich, daß die deutschen Soldaten, innerlich vom Nationalsozialismus unberührt, unter der Knute des Faschismus zum Kriegsdienst gezwungen waren. Bei der Lektüre der Briefe aus dem Reich mußte Plievier lernen, daß das unter den Exilierten gängige Bild eines ›wahren Deutschland‹, das vom Faschismus überwältigt, aber nicht besiegt war, mit der Realität nicht übereinstimmte. In einer Art Wirklichkeitsschock stellte Plievier noch bei den gefangenen Soldaten im Lager Ljunowo fest, daß sie in ihrer überwältigenden Mehrzahl als überzeugte, bereitwillige oder bewußtlose Werkzeuge des Nationalsozialismus in den Krieg gezogen waren. In seinem Aufsatz ›Zur deutschen Katastrophe‹ vom November 1944 gelangte Plievier zu der bitteren Einsicht, daß in diesem Krieg ›Abertausende in den Krieg hineingelogener und hineingetriebener armer Schächer das Raubgeschäft ihrer Herren zu ihrer eigenen Sache gemacht‹ hatten. Es würde nichts nützen, vermutete Plievier in diesem Aufsatz, diesen Soldaten ›richtige‹ politische Lehren zu erteilen oder ihnen in einem zukünftigen Deutschland einfach ›die verlorenen Freiheiten zu dekretieren‹: ›Die Wurzel des Übels ebenso wie des Wohls ist der einzelne Mensch. Von der Art des Einzelnen [...] hängt es ab, welcher Art das Ganze sein wird‹. Ein Neubeginn müsse, so folgerte Plievier – übrigens in Übereinstimmung mit den Grundsätzen seiner anarchistischen Weltanschauung aus der Zeit der Weimarer Republik – beim Einzelnen anfangen, es müsse ein moralischer Selbstreinigungsprozeß sein. Zu einem solchen moralischen Neubeginn ist *Stalingrad* ein bedeutender Beitrag, weil der Roman die falsche Heroisierung des Krieges bekämpft, die politisch und militärisch für die Vernichtung einer Armee Verantwortlichen klar benennt und schließlich an den Gestalten Gnotke und Vilshofen einen moralischen Läuterungsprozeß als Lernprozeß exemplarisch gestaltet. Plievier schildert, wie Hunderte von Verwundeten in der gespenstischen Kulisse des halb zerstörten ›Theaterkellers‹ in Stalingrad sich mit der Rundfunkrede Görings vom 30. Januar 1943 ihren eigenen Nekrolog anhören müssen, in dem die Vernichtung der eingekesselten Armee als ›der größte Heroenkampf unserer Geschichte‹ bezeichnet wird – eine grauenvollere Entlarvung dieses zynisch verlogenen Heroismus ist kaum denkbar. Dennoch ist auch nach dem zweiten Weltkrieg immer wieder versucht worden, die sinnlose Vernichtung der sechsten Armee zu einem heroischen Opfer zu stilisieren. So schrieb z. B. der ehemalige Generalfeldmarschall Erich von Manstein, einer der Mitverantwortlichen für die Schlacht von Stalingrad, in seinen Memoiren:

»Mag diese Tapferkeit vergeblich gewesen, mag diese Treue einem Mann gehalten worden sein, der sie weder verstand noch erwiderte und darum auch nicht verdiente, hat diese Pflichterfüllung auch in

den Tod oder in die Gefangenschaft geführt, so bleibt doch diese Tapferkeit, diese Treue, diese Pflichterfüllung ein Hoheslied deutschen Soldatentums!«

» ›Sie starben, damit Deutschland lebe!‹ Und das ist Lüge, meine Herren!«, läßt Plievier Oberst Vilshofen den Generälen in Stalingrad zurufen. Die bis heute weiter verbreitete heroische Stalingradlegende widerlegt Plievier in seinem Roman gleich in dreierlei Hinsicht. Zum einen läßt er Vilshofen den Generälen verdeutlichen, daß es einen wertfreien und bindungslosen Heroismus nicht geben kann: heroisch mag die Verteidigung eines zu Unrecht auf seinem Territorium angegriffenen Volkes sein – ›unmögliches Unterfangen aber, einem gescheiterten Raubzug die Krone eines Opfers um hohe Ideale aufzudrücken!‹ Zum zweiten schildert Plievier in Hunderten von Einzelszenen, daß der Tod von über 200 000 Soldaten in einer militärisch aussichtslosen Situation sich keiner heroischen Interpretation fügt; er war ein sinnloses Krepieren, und viele Soldaten wußten das: ›Wir sind Objekte ... wir sterben um nichts, es ist grauenvoll‹. Zum dritten macht Plievier in seinem Roman klar, daß das Lob des Heroismus der gemeinen Soldaten nur einen Versuch darstellt, vom säkularen politischen, strategischen und moralischen Versagen der militärischen Führung abzulenken. Militärhistoriker aller Nationen sind sich heute darüber einig, daß die eingekesselte sechste Armee nicht aus der Luft versorgt werden konnte und daß sie nach der sowjetischen Offensive vom 10. Januar 1943 keine strategische Aufgabe mehr zu erfüllen vermochte. Hitlers Durchhaltebefehl und seine Befolgung durch die verantwortlichen Befehlsstellen waren in der Konsequenz, so schreibt der Schweizer Militärhistoriker Hans-Adolf Jacobsen, ›ein einziges sinnloses Aufopfern und ein verbrecherischer Mißbrauch deutschen und rumänischen Soldatentums‹. Jacobsen hat untersucht, in welcher Weise die führenden Offiziere der Luftwaffe, des Chefs des Oberkommandos der Wehrmacht, des Wehrmachtführungsstabes, des Chefs des Generalstabes des Heeres und der Heeresgruppe ihre Verantwortung nach der Entscheidung Hitlers wahrgenommen haben:

»Die Bilanz ist erschütternd: keiner der genannten Offiziere ist in dieser militärischen Ausnahmesituation über sich hinausgewachsen, kei-

ner der durchweg hochbefähigten Führer hat die Entschlossenheit aufgebracht und den persönlichen Mut bewiesen, gegen die Entscheidung Hitlers beziehungsweise seiner vorgesetzten Kommandobehörde zu handeln, obwohl sie den Ernst der Lage erkannt und die wahrscheinlich beste Lösung immer wieder vorgeschlagen haben.«

›Was geschieht, ist vorausgesehene vorsätzliche Tötung von Menschen, es ist: Mord‹, heißt es in Plieviers Roman. Auch die letzte beschämende Inkonsequenz der Generäle, die ›auch gegen besseres Wissen, auch gegen Gewissen, auch gegen Ehre‹ zum ›Henker der eigenen Armee‹ wurden, beschreibt Pliever authentisch: in die sowjetische Gefangenschaft begeben sich am Ende jene deutschen Generäle, die ihren Soldaten das Kämpfen bis zum Tode befohlen, eigenmächtige Kapitulationsangebote verboten und in einigen Fällen mit dem Tode bestraft hatten. Der westdeutsche Historiker Bodo Scheurig schreibt dazu:

»Die Konsequenz bitteren Sterbens, die zuletzt ohne Gewissen befohlen worden war, galt allein für den Soldaten an der Front. Eine Führung, die zunächst gehorcht hatte, schließlich aber nur noch würdelos handelte, hatte sich einen unrühmlichen Abgang gewählt. Indem sie mit ihm die Haltung verhöhnte, die sie nur zu oft gefordert hatte, verlor sie ihr Gesicht.«

Stalingrad, so zeigt Plieviers Roman wie die Militärgeschichtsschreibung nach dem zweiten Weltkrieg, ist kein Symbol des Heroismus deutschen Soldatentums, sondern das Symbol für den politischen, strategischen und moralischen Bankrott der für die sinnlose Vernichtung einer ganzen Armee verantwortlichen politischen und militärischen Führung.

Plieviers Roman jedoch schildert nicht nur die Verantwortlichen und die Opfer einer in der Militärgeschichte einzigartigen Niederlage: er deutet an den Gestalten Gnotkes und Vilshofens zugleich auch die Konsequenzen an, die lernfähige und einer moralischen Prüfung zugängliche Soldaten aus dem Fiasko des Hitlerschen Eroberungskrieges zu ziehen vermögen. Der ehemalige SA-Mann Gnotke wendet sich gegen die ›Sache des Führers‹ nicht, wie einige Generäle, ›weil er den Krieg verliert‹, sondern ›weil er den Krieg be-

gonnen hat und weil er, vor vierzehn Jahren schon, den Krieg gegen das deutsche Volk begonnen‹ hat. Oberst Vilshofen wandelt sich vom gehorsamen Offizier zum scharfen Kritiker des blinden Gehorsams seiner ›Berufskaste‹. Sein politischer und moralischer Lernprozeß führt Vilshofen zu dem Ergebnis: ›Jenseits Stalingrad: das heißt Kampf gegen militärischen Wahnsinn, gegen militärisches (und wohl nicht nur: militärisches) Verbrechen!‹
In einem Ende 1947 veröffentlichten Brief hat Plievier diese Wandlungsprozesse als den Kern seines Romans bezeichnet:

> *»Ohne dieses schwelende Feuer, das nur an wenigen Stellen zu klarem Ausdruck gelangt, wäre ›Stalingrad‹ nichts als eine Reportage über den Untergang einer Armee. Erst durch den Blick über die Trümmerwelt hinweg und erst durch den Glauben an eine aus physischem und moralischem Untergang wieder aufsteigende Zukunft sprengt es den Rahmen eines Tatsachenberichts [. . .].«*

IV

Die Wirkung, die Plieviers Roman *Stalingrad* in der unmittelbaren Nachkriegszeit hatte, läßt sich heute kaum noch im einzelnen rekonstruieren, ihre Intensität läßt sich nur mittelbar ablesen an der ungeheuren Verbreitung des Romans und der Vielzahl von Rezensionen, die ihm gewidmet wurden. Bevor *Stalingrad* im sowjetisch lizensierten Aufbau-Verlag in Berlin in einer bald über eine Million erreichenden Auflage erschien, wurde der Roman nicht nur von der sowjetamtlichen *Täglichen Rundschau* und der *Deutschen Volkszeitung* abgedruckt, nicht nur im Berliner Rundfunk in voller Länge vorgelesen, sondern in Berlin auch in periodisch erfolgenden Anschlägen als eine Art Wandzeitungsroman veröffentlicht. Der Rowohlt-Verlag brachte Anfang 1947 eine Lizenzausgabe von 100 000 Exemplaren im Rotationsdruck heraus; ab 1948 erschien der Roman in einem Münchner Verlag, wurde in über zwanzig Sprachen übersetzt und erreichte eine Weltauflage von mehr als zwei Millionen Exemplaren. *Stalingrad* war am Ende der vierziger Jahre das meistrezensierte Buch nach Thomas Manns *Doktor Faustus*. Anders als Thomas Manns Roman wurde *Stalingrad* aber nicht nur in Kulturzeitschriften und Feuilletons rezensiert: die Debatten über *Stalingrad* fanden häufig im redaktionellen Teil und unter der Rubrik ›Leserbriefe‹ der Tagespresse statt. Im Zentrum der Debatten über den Roman, der eine Wirkung weit über den Kreis der an Belletristik interessierten Leser hinaus erreichte, stand die Frage nach der Schuld des deutschen Volkes am zweiten Weltkrieg, die bald in politischen, bald in moralischen, philosophischen oder religiösen Zusammenhängen erörtert wurde.

Mit lobenden Beiwortern sparten die Rezensenten nicht: Alfred Andersch nannte *Stalingrad* 1948 ›das erste große Kunstwerk der deutschen Nachkriegsliteratur‹.

Kritische Stimmen richteten sich in der unmittelbaren Nachkriegszeit weniger gegen die politisch-moralische Herausforderung, die der Roman darstellte, als gegen dessen künstlerische Qualität. Einige Rezensenten stellten, zweifellos zu Recht, fest, daß Plieviers dokumentarisches Epos sprachlich und stilistisch nicht einheitlich und künstlerisch nicht hinlänglich durchgearbeitet sei. Diese Einwände, die sich gegen die zweite, von Plievier noch im sowjetischen Exil überarbeitete Fassung von *Stalingrad* richteten, gelten auch für die hier gedruckte Erstfassung. Für die Ende 1945 in Berlin erschienene zweite Fassung hatte Plievier falsche Namen, Daten und historische Details korrigiert und versucht, einige Romanfiguren plastischer herauszuarbeiten, die Motive ihres Handelns überzeugender zu schildern und einige kompositorische Mängel im ersten Teil des Romans zu beseitigen. Weder an der Gesamtkonzeption des Romans noch an dessen politisch-moralischem Kern hat Plievier indes irgendwelche Änderungen vorgenommen; er hat auch nicht versucht, aus seinem dokumentarischen Roman ein geschlossenes Kunstwerk zu machen. Die stilistische Uneinheitlichkeit und kompositorische Ungefügigkeit des Romans, dem jede Kapiteleinteilung fehlt, wurden jedoch nicht nur als Mangel, sondern häufig geradezu als Vorzug von *Stalingrad* betrachtet, als eine dem Chaos der Vernichtung und des Sterbens angemessene Form. So schrieb der marxistische Literaturhistoriker Victor Klemperer, der als erster auf das schroffe Nebeneinander von ›Stilarten des Verismus, Impressionismus, Expressionismus, Pathos des Predigers, unstubenreinem Jargon des Soldaten, betonter Ruppigkeit des Berliners, dokumentarischer Wiedergabe der Sprache des Dritten Reiches‹ im Roman hingewiesen hatte, er sei überzeugt, ›daß dieses Buch zu den dauernden klassischen Werken zählen wird.‹

In der DDR wurde *Stalingrad* indes recht schnell ›vergessen‹: 1947 floh Plievier aus der sowjetischen Besatzungszone, 1948 erschien der Roman im Aufbau-Verlag zum letzten Mal. Bis zu seinem Tod im Jahr 1955 war der Romanautor Plievier in der DDR allenfalls Gegenstand der politischen Polemik; sein Roman *Stalingrad* wurde auch nach dem Ende des kalten Krieges in wissenschaftlichen Publikationen der DDR ›ausgelassen‹: so erfährt man beispielsweise noch aus dem 1979 in Leipzig erschienenen Buch über das ›Exil in der UdSSR‹ nicht, daß Plievier dieses Buch 1943 in der Sowjetunion geschrieben hat, obwohl es der bedeutendste deutsche Roman ist, der im sowjetischen Exil entstand.

V

›Jenseits Stalingrad: das heißt Kampf gegen den militärischen Wahnsinn.‹

Klassische Werke, zu denen Victor Klemperer *Stalingrad* zählen wollte, haben die Eigenschaft, daß sie für den Leser von unmittelbarer Bedeutung sind, ohne daß er ihre Entstehungs- und Wirkungsgeschichte zu kennen braucht. Daß *Stalingrad* 1983 in der Bundesrepublik und auch – erstmals seit 1948 – in der ehemaligen DDR wieder erscheinen konnte, deutete darauf hin, daß der Roman nach wie vor – oder wieder – aktuell war. Angesichts der gigantischsten Aufrüstung, die die Welt je erlebt hatte, angesichts des kaum noch verhüllten Nachdenkens über die ›Führbarkeit‹ begrenzter Atomkriege und die Siegeschancen einer ›Strategie abgestufter Atomschläge‹ kam der Vergegenwärtigung des letzten Krieges zweifellos eine besondere Bedeutung zu. Plieviers Roman *Stalingrad* vermag den heutigen Leser nicht nur daran zu erinnern, in welche Katastrophe Deutschland eine Tradition des Nationalismus, des Militarismus und des Kadavergehorsams geführt hat. *Stalingrad* zeigt, welche Schrecken und Greuel ein mit ›konventionellen‹ Waffensystemen geführter Krieg bereithält; wer die Augenzeugenberichte der Überlebenden des amerikanischen Atomschlags gegen Hiroshima und Nagasaki gelesen hat, weiß, daß diese Greuel noch steigerungsfähig sind. Plieviers Feststellung, daß

die Opfer von Stalingrad sinnlos gestorben sind und daß keine Idee ihren Tod nachträglich zu rechtfertigen vermag, gilt zwingender noch für die Opfer eines künftigen Krieges - ein Komitee katholischer Bischöfe in den USA hat dazu erklärt: ›Wir meinen, daß die moralische Verantwortung für einen Atomkrieg durch keinerlei rationale politische Ziele zu rechtfertigen ist‹.
Theodor Plievier beschreibt in seinem Roman *Stalingrad* die Konsequenzen eines zweiten Weltkrieges, vor dem er als Schriftsteller und Publizist in der Weimarer Republik unablässig gewarnt hatte. *Stalingrad,* heute gelesen, ist ein Buch nicht nur über den Krieg, sondern gegen den Krieg: ein eindringliches Plädoyer für den Frieden.

Editorische Anmerkung zu ›Stalingrad‹

Die Grundsätze für die Edition der Plievier-Ausgabe finden sich im ersten Band der Werkausgabe, *Des Kaisers Kulis* (Köln 1981, S. I–III).

Der hier gedruckte Text folgt der Erstfassung von *Stalingrad,* die 1943/44 in der Zeitschrift ›Internationale Literatur‹ in Fortsetzungen erschien. Offensichtliche Druckfehler wurden stillschweigend berichtigt. Darüber hinaus wurden Korrekturen dieser Fassung nur in äußerst geringem Umfang vorgenommen. So wurde zum Beispiel stets das Komma fortgelassen, das Plievier vor einem Gedankenstrich regelmäßig zusätzlich einfügte. Im übrigen wurde die unorthodoxe Interpunktionsweise Plieviers beibehalten.

Die für die zweite Fassung (Berlin, Aufbau Verlag 1945) vorgenommenen Änderungen Plieviers wurden nicht berücksichtigt – auch dort nicht, wo sie strategische Angaben, Ortsnamen und Daten betreffen. Lediglich die Schreibung eines Eigennamens (General Hoth) wurde korrigiert.

Für die großzügige Überlassung von Rezensionen und Materialien, die für das Nachwort ausgewertet wurden, habe ich Marc Schweyer (Université de Strasbourg) zu danken. Für eine kritische Diskussion des Nachworts danke ich Hans-Albert Walter (Hofheim), für editionstechnische Ratschläge Günter Dammann (Hamburg).

D. S. Lichatschew/G. Wagner
G. Wsdornow/R. G. Skrynnikow:

Rußland

488 Seiten, Format 24,0 x 21,5 cm,
gebunden mit Schutzumschlag,
durchgehend farbig bebildert
Best.-Nr. 278 523
ISBN 3-86047-319-0
Sonderausgabe nur DM 49,80

Rupert Butler:

Illustrierte Geschichte der Gestapo

240 Seiten, Format 17,5 x 23,0 cm,
gebunden mit Schutzumschlag,
durchgehend s/w-Bebilderung
Best.-Nr. 279 406
ISBN 3-86047-163-5
Deutsche Neuerscheinung DM 29,80

James P. O'Donnell:

Die Katakombe

440 Seiten, Format 14,5 x 21,8 cm,
gebunden
Best.-Nr. 293 076
ISBN 3-86047-559-2
Sonderausgabe nur DM 19,80

Heinz Höhne:

**Der Orden unter dem Totenkopf –
Die Geschichte der SS**

600 Seiten, Format 13,5 x 21,5 cm,
gebunden, s/w-Abbildungen
Best.-Nr. 201 616
ISBN 3-89350-549-0
Sonderausgabe nur DM 19,80

Shawn Vestal · Loretta

LESEEXEMPLAR

Sperrfrist: Bitte Rezensionen erst ab dem
31. Januar 2017. Herzlichen Dank!

Kontakt Presse:
Friederike Jacob, f.jacob@keinundaber.ch

Kontakt Vertrieb:
Kathrin Döring, k.doering@keinundaber.ch

Shawn Vestal

Loretta

ROMAN

Aus dem Amerikanischen von
Verena Kilchling

KEIN & ABER

Die Originalausgabe erschien 2016 unter dem Titel
Daredevils bei Penguin Press,
an imprint of Penguin Random House LLC, New York

Deutsche Erstausgabe

Coverbild: Maud Chalard
Covergestaltung: Herburg Weiland
Satz: Dörlemann Satz, Lemförde
Druck und Bindung: GGP Media GmbH, Pößneck
ISBN 978-3-0369-5745-6
Auch als eBook erhältlich

www.keinundaber.ch

Für meine Brüder und Schwestern

ZWEI WÜSTEN

EVEL KNIEVEL WENDET SICH AN EINE BEGEISTERTE NATION

Wann wir zum ersten Mal darüber nachdachten, über einen Canyon zu springen? Aus heutiger Sicht scheint es, als hätten wir schon immer darüber nachgedacht. Als wäre der Gedanke schon immer da gewesen. Wie nennt man das, wenn einen die Welt ganz automatisch auf ihr Ziel hinführt? Wir glaubten daran, Amerika. Wir glaubten, wir könnten alles schaffen, was wir uns vornahmen. Wir glaubten, wir könnten alles schaffen, was wir ankündigten. Wir glaubten an uns selbst und die Dinge, von denen wir sprachen. Wir glaubten, dass sie bereits Wirklichkeit wurden, indem wir über sie redeten.

6. Juli 1974
SHORT CREEK, ARIZONA

Loretta schiebt das Fenster ihres Zimmers auf und wartet, lauscht ins Haus hinein. Sie drückt das Insektenschutzgitter aus seiner Halterung und zieht es langsam nach drinnen. Die Sommernacht ist blau und schwarz, voll mit drallen, stachligen Sternen und dem blumigen Duft von Luzernen und bewässerten Feldern. Sie schwingt ein Bein nach draußen, dann das andere, und sitzt auf dem Fensterbrett. Ein kurzes, gedämpftes Knarren ertönt, und sie vermag nicht zu sagen, ob es aus dem Haus oder der Nacht oder ihrem aufgewühlten Kopf kommt. Sie verbringt inzwischen jeden Tag damit, an die Nacht zu denken, und dieser Moment ist immer gleich – der beglückende Übergang von hier nach dort. In die kurze, flüchtige Zukunft. Zu Bradshaw.

Sie lässt sich auf den Boden plumpsen und macht sich auf den Weg über den Rasen, wobei sie gebeugt geht, als versuche sie, unterhalb eines suchend umherschweifenden Lichtstrahls zu bleiben. Sie trägt Jeans, das einzige Paar, das ihr Vater ihr für die Hausarbeit gestattet, und dazu Clogs. Ihre Heidenkleidung. Die Berge, die tagsüber rot sind, heben sich schwarz und zerklüftet vom satten Tintenblau der Nacht ab. Ihr Zuhause ist dort draußen am Rand, am Rand der Gemeinde Short Creek, genauso, wie Loretta und ihre Familie am Rand stehen – halbe Außenseiter, noch nicht ganz angekommen in den Armen des Propheten. Das macht es leichter, sich davonzuschleichen, ohne von den Männern des Propheten erspäht zu werden. Das Gotteskommando nennt Bradshaw sie. Wenn Loretta Autoscheinwerfer sieht, kauert sie sich ins hohe Gras im Straßengraben, bis sie vorbeigefahren sind, aber heute kommt kein Auto. Sie geht fünfhundert Meter den Graben entlang, spürt die kühlen Grashalme an ihren Knöcheln. Dann mündet die unbefestigte Piste in eine Landstraße, und sie sieht Bradshaws Chevy Nova am breiten Straßenrand stehen, mit hell schimmernden Kotflügeln und Standlichtern, die orange leuchten wie die glühenden Augen eines Tiers, das sich auf der Erde zusammengerollt hat.

Als sie zum Auto kommt, geht wie von selbst die Beifahrertür auf, und dort sitzt er, im grellen Schein der Innenbeleuchtung: Bradshaw, ein schiefes Lächeln auf seinem harten, glücklichen Gesicht. Da ist es wieder, dieses Gefühl, dass sie nicht weiß, ob sie ihn liebt oder auch nur mag, weil sie sich manchmal nach einem flüchtigen Blick auf ihn verzehrt und andere Male nicht schnell genug von ihm wegkommen kann – Bradshaw, die Handgelenke lässig übers Lenkrad gelegt, wie ein

König. Fest steht, dass sie seiner Anziehungskraft nicht widerstehen kann. Sie stürzt mit unkontrollierbarer Geschwindigkeit auf ihn zu.

»Da ist sie ja«, sagt er, als sie einsteigt. »Heiliges Kanonenrohr, Lori, du siehst umwerfend aus.«

Er beugt sich herüber und drückt seine spröden Lippen auf ihren Mund. Er schmeckt nach Bier, ein säuerlicher Hefegeschmack. Nachdem er sich von ihr gelöst hat, betrachtet er sie prüfend, aus gespenstischen Augen, die irgendwie zu glühen scheinen, den Kopf schräg gelegt, eine gelockte Kotelette vom grünen Schimmer des Armaturenbretts erhellt.

»Hast du mich vermisst, süße Lori?«

»Ich habe dich vermisst.«

»Hast du viel an mich gedacht?«

»Ich habe die ganze Zeit an dich gedacht.«

Sie findet es toll, dass er sie so sehr zu lieben scheint. Er küsst sie wieder, umfasst mit der Hand ihren Hinterkopf. Sie legt ihre Hand auf seinen Rücken, spürt die Wölbungen seiner Muskeln. Manchmal hat sie das Gefühl, er wolle sein Gesicht durch ihres hindurchschieben. Um sie zu verschlingen. Sie sehnt sich die ganze Zeit danach – nach dieser Sünde –, aber wenn es dann so weit ist, genießt sie es nicht, weil Bradshaw sich vergisst. Er spreizt eine Hand über ihren Brustkorb, der Daumen nur wenige Zentimeter von ihrer Brust entfernt, dann rückt er noch näher.

Sie lösen sich voneinander, und Bradshaw atmet schwer, als hätte er einen Sprint hingelegt.

»Hast du noch mal darüber nachgedacht?«, fragt er.

Er will, dass sie mit ihm fortgeht. Für immer davonfährt und The Crick im Rückspiegel verschwinden sieht. Damit sie zusammen sein können, sagt er. *Wirklich* zusammen.

»Habe ich«, antwortet sie. »Ich will es. Aber noch nicht, glaube ich. Nicht jetzt.«

»Ach Lori«, seufzt er. »Sag das nicht. Sag doch so was nicht zu mir.«

Sie will mit ihm abhauen, will in ihre Zukunft fliegen, hat jedoch das Gefühl, dass sie dabei sehr umsichtig und präzise vorgehen muss, weil sie diese Zukunft sonst verpasst. Für Loretta ist sie ein konkreter Ort, ein Ziel, das sie entweder erreichen oder verfehlen kann. Es wartet irgendwo dort draußen auf sie, weit weg von allem, was hier ihr Leben ausmacht. Weit weg von den langen Baumwollkleidern. Von den langweiligen Tagen in der Kirchenschule, wo sie dieselben Bibelstellen studieren, über denen sie auch sonntags den ganzen Tag brüten. Von der strikten und dennoch halbherzigen Rechtschaffenheit ihres Vaters und der ständigen Fügsamkeit ihrer Mutter. Und vor allem weit weg von der drohend näher rückenden Realität, über die niemand je ein Wort sagt: Sie ist fünfzehn, sie ist heiratsfähig, sie ist nun eine Möglichkeit für ihren Vater, seine eigene Rechtschaffenheit weiter voranzutreiben. Er selbst kann keine weitere Frau heiraten, aber er kann trotzdem dem Glaubensgrundsatz dienen – dem Grundsatz der Vielehe. *Celestiale Ehe.* Gewisse Brüder aus der Gemeinde wurden schon zu ihnen zum Abendessen eingeladen. Die Männer haben immer viele Fragen an Loretta.

Bradshaw ringt noch eine Weile mit ihr und drückt sie auf den Sitz, dann fahren sie und reden. Er liebt es, wenn man ihm zuhört. Er liebt es, ihr zu erzählen, wie er gewisse Situationen gemeistert hat, wie er jemanden in seine Schranken gewiesen hat. Er spricht über seinen neuen Chef, den Rollrasen-Hersteller, der seine Farm außerhalb von St. George hat.

»Er gibt mir also immer wieder den Siebzehner-Schlüssel, obwohl ich nach dem Zwanziger frage. Und dann macht er es schon wieder!«, erzählt er und schlägt mit der Hand aufs Armaturenbrett. »Ich sage: Kumpel, hast du heute deine Brille nicht auf?«

Sein Lachen klingt wie ein tuckernder Motor. Warum glaubt er, dass sie das hören will? Das Seltsame ist, sie will es hören. Sie lauscht ihm gern, seinen eigenwilligen Ausdrücken, seiner derben Sprache. *Ich habe so einen Hunger, ich könnte den Arsch einer Kuh verspeisen*, sagt er zum Beispiel. *Ach du Scheiße. Dieser schleimige Bastard.* Nie kommt ihm ein rechtschaffenes Wort über die Lippen. Es ist noch gar nicht lange her, dass Loretta ihn für ihren Erlöser hielt, den Mann, der sie befreien würde. Seit sie dreizehn ist, ist sie nachts unterwegs, zusammen mit ihrer Freundin Tonaya. Sie haben sich mit den Jungs aus Hurricane getroffen, den Jungs aus St. George, den Jungs, die der Prophet verbannt hat. Das sind die Typen, denen Loretta und Tonaya nachstellen, so oft sie können. Sie schleichen sich nachts aus ihren Häusern, unternehmen Spritztouren auf unbefestigten Straßen, trinken Bier, machen Lagerfeuer in der Wüste, klauen im Lebensmittelgeschäft, warten auf der

Rückbank, während die Jungs Briefkästen kaputt schlagen oder mit dem Schlüssel fremde Autos zerkratzen. Vor der Morgendämmerung kommen sie wieder nach Hause, klettern zurück durch ihre Fenster, zurück in eine Welt, in der niemand fernsieht, in der jeder ständig betet oder die Bibel studiert oder Kirchenlieder singt oder die Gärten der Nachbarn jätet. Zuerst nach draußen, in die weltliche Welt, und dann zurück nach Hause zu Andacht und Langweile.

In der Nacht, in der Loretta Bradshaw kennengelernt hat, saßen Tonaya und sie eingezwängt auf der Rückbank eines alten Rambler Kombis, der einem der Jungen gehörte. Sie standen vor dem 7-Eleven in Hurricane und hielten Ausschau nach jemandem, der etwas für sie kaufte – ein Sechserpack Bier, eine Flasche lieblichen Wein. In jener Nacht war es Bradshaw. Nachdem er aus dem Supermarkt zurückgekommen war und die Tüte ins Auto gereicht hatte, spähte er sofort zur Rückbank und suchte Lorettas Blick. Er war älter als die Jungen, mit denen sie sonst herumhing, aber jünger als die Männer in Short Creek, die Männer, deren Blicke sie sonntags in der Kirche auf sich spürte, die Männer, die erröteten, wenn sie die Blicke erwiderte. Bradshaw errötete niemals. Alles an ihm verriet, dass er Zweifel nicht kannte: sein schneller, o-beiniger Gang, das verwaschene Blau seiner Augen, sein kantiges Gesicht und die Tatsache, dass er ständig irgendetwas Interessantes und Markantes mit seinem Kiefer machte, ihn mal hierhin und mal dorthin schob. Bald traf sie sich allein mit ihm, und jedes Mal, wenn sie in sein Auto stieg, wirkte er völlig hingerissen und sagte »Da ist sie ja«, als würde er etwas verkünden, worauf die Welt schon lange gewartet hatte.

Jetzt, in dieser Nacht, biegt Bradshaw auf eine unbefestigte Straße ab und drückt auf die Tube, katapultiert den Nova mit schleuderndem Heck in die Wüste hinein. Sie fahren zu einer Ansammlung kleiner Hügel hinauf, wo er einen Grund finden wird, erneut stehen zu bleiben. Es ist nach Mitternacht, schon fast eins, schätzt Loretta, und ihr fällt ein, dass morgen Fastensonntag ist, der erste Sonntag im Monat, und dass sie vergessen hat, etwas zu essen zu verstecken.

»Um die Zeit hat wahrscheinlich nichts mehr offen, oder?«, fragt sie.

»Was willst du denn kaufen?«

»Was zu essen. Irgendwas. Morgen ist Fastensonntag.«

»Morgen ist *was* für ein Sonntag?«

Weiß Bradshaw etwa nicht, was der Fastensonntag ist? Der Tag des Fastens? Er hat sein ganzes Leben hier in der Gegend verbracht.

»Fastensonntag. Da wird nicht gegessen. Ich kriege Kopfschmerzen, wenn ich nicht heimlich was beiseiteschmuggle.«

Bradshaw brüllt vor Lachen. »Ein Tag, an dem nicht gegessen wird? Ihr Mormonen. Ich fass es nicht.«

Ihr Mormonen. Loretta betrachtet sich selbst – ihre Familie, die Bewohner von Short Creek – nicht wirklich als Mormonen, auch wenn alle hier glauben, dass sie die einzig wahren Mormonen sind. Ihrer Meinung nach waren sie und ihre Familie Mormonen, bevor sie vor sieben Jahren hierhergezogen sind. Mormonen waren sie, als sie noch in Cedar City wohnten und die Kirche an der Hauptstraße besuchten, das hellbraune Backstein-Gemeindehaus an einer Straße mit normalen Wohnhäusern und einem Lebensmittelgeschäft und einer Tankstelle. Mormonen, findet sie, leben in der echten Welt, oder zumindest näher an der echten Welt. Damals hatten sie noch einen Fernseher und ein Radio in der Küche. Ihre Mutter hörte Countrymusik. Sie zogen sich an wie echte, weltliche Leute, auch wenn sie, das ist ihr klar, bäuerlicher und ländlicher waren als die Mormonen von Salt Lake City, die reichen, blonden Mormonen, bei denen man kaum merkt, dass sie überhaupt Mormonen sind. Mormonen, findet Loretta, heiraten nur eine Person.

Sie sind hergezogen, als Loretta acht geworden ist und damit das Alter ihrer Taufe erreicht hatte. Ihr Vater ist in Short Creek aufgewachsen, am Rand der Wüste zwischen Utah und Arizona, unter Polygamisten und Fundamentalisten. Aber er ist als Jugendlicher von hier fortgegangen, ein rebellischer junger Mann, den der Prophet dazu ermunterte, die Gemeinde zu verlassen. Er ging nach Cedar City, wo Lorettas Eltern acht Kinder großzogen und ihr Vater beim örtlichen Autohändler PKWs reparierte. Loretta kam spät und unerwartet, zu einer Zeit, als ihr Vater begann, sich wieder dem Glauben zuzuwenden, von dem er sich entfernt hatte, und die lockeren Gepflogenheiten der etablierten Kirche abzulehnen. Als es darum ging, Loretta zu taufen, stellte er fest, dass er es nicht fertigbrachte, nicht in Cedar City. Also zogen sie zurück nach The Crick, wie Short Creek auch genannt wurde – dort lebten seine Brüder, dort waren seine Eltern gestorben. Loretta weiß, dass man dieser Kirche nicht einfach beitreten kann; man kann nicht einfach auftauchen und zur Fundamentalistischen Kirche Jesu Christi der Heiligen der Letzten Tage konvertieren, aber wegen seiner Familie und seiner Vergangenheit, und wegen seiner Bereitschaft, sich zu fügen, durfte ihr Vater zurückkehren, wenn auch nicht als vollwertiges Mitglied. Selbst jetzt, so viele Jahre später, sind sie immer noch nicht in den Vereinigten Orden aufgenommen – den inneren Kreis der Rechtschaffenen, die nach dem Grundsatz der Vielehe leben. Doch sie dürfen hoffen und streben, probeweise.

Sie erinnert sich noch an den Frühlingsabend, als ihr Vater ihnen mitteilte, dass sie zurückkehren würden. Die Familie saß um den kleinen Küchentisch herum, und der scharfe Geruch von frisch geschnittenem Gras wehte durch die Fliegengittertür herein. Vor ihnen stand ein Hackfleischauflauf in einer gläsernen Auflaufform, ein von Nudelfäden und bräunlichen Tomatenklumpen durchzogenes Fleischgericht. Ihre Mutter trug ein knöchellanges Kleid, ganz anders als die Sachen, die sie normalerweise anhatte. Ein Schatten der Erschöpfung lag über ihrem Gesicht, und sie sagte kein einziges Wort. Lorettas Vater, stämmig und schwerfällig, sprach mit der bedächtigen Stimme, die ihn manchmal ein wenig dumm erscheinen ließ. Seine Hände ruhten, schwarz geriffelt vom Motoröl, neben seinem Teller auf dem Tisch. Lorettas Fragen beantwortete er in einem Tonfall, der keinen Zweifel an der Unumstößlichkeit seiner Entscheidung ließ.

»Wir tun es für deine ewige Seele, Loretta«, sagte er. »Auch wenn du das vielleicht nicht verstehst.«

Lorettas Mutter knetete unterdessen ihre Hände, während sich Galaxien roter Punkte auf ihrem Gesicht und ihrem Hals ausbreiteten. Ihre Eltern waren alt, das wusste Loretta damals schon – alt wie Großeltern. Ihr Vater war ständig erschöpft und schleppte sich mühsam durch die Gegend, um sich stöhnend der nächsten Aufgabe zu widmen, und ihre Mutter bewegte sich mit übermüdeter, resignierter Langsamkeit. Und nun saß sie da, gekleidet wie eine Schwesterehefrau, gekleidet wie die Frauen von Short Creek, wenn sie in die Stadt kamen. Loretta wünschte sich, ihre Mutter würde auch etwas zu dem Thema sagen. Würde überhaupt irgendetwas sagen.

In Short Creek hat sich Loretta von Anfang an fehl am Platz gefühlt. Sie hasst es, sich die Haare zu flechten. Sie hasst es, stillzusitzen, während die Jungen herumrennen und schreien. Sie will nicht in einem jener seltsamen, riesigen Familienverbände leben, in denen Konstellationen von Ehefrauen und Kindern um das männliche Familienoberhaupt kreisen. Wenn sie sich ihre Zukunft ausmalt, dann sieht sie aus wie die Werbeanzeigen in den Zeitschriften, die Loretta manchmal in Geschäften oder beim Friseur in St. George durchblättert – wenn ihre Mutter sie ausnahmsweise zum Friseur gehen lässt:

moderne Kleider und schnelle Autos und Make-up und glänzende hohe Gebäude, die nachts beleuchtet sind, und Zigaretten und Cocktails und alles, was verboten ist. Vor allem eine Lippenstiftwerbung hat es ihr angetan, auf der sich ein hübsches Mädchen in schwarzen Jeans auf der Motorhaube eines rosa Ford Mustang rekelt und verführerisch in die Kamera lächelt. Der Name des Lippenstifts ist wie ein Losungswort: Tussy.

Bradshaws Hand hat sich in ihre Bluse geschoben und wandert über ihren Rücken. Ihr Mund ist wund vom Küssen, ihr Nacken schmerzt. Er legt seine Hand auf die Innenseite ihres Oberschenkels und drückt zu, nimmt die Haut an ihrem Hals zwischen die Zähne und beißt sanft hinein, aber nicht sanft genug. »Irgendwann werde ich mich nicht mehr zurückhalten können«, sagt er mit glühendem Atem. »Das ist dann aber nicht meine Schuld.«

Manchmal packt er ihre Handgelenke so fest, dass er rote Striemen hinterlässt. Er sagt, er kann nicht anders, und sie glaubt ihm, denn er verhält sich auch so, als könnte er nicht anders. Sie will es auch mit ihm tun, hat jedoch Angst, dass sie etwas Unaufhaltsames in Bradshaw entfesselt. Außerdem ärgert es sie, dass er sie so unter Druck setzt. Trotzdem verbringt sie ihre Tage damit, davon zu träumen, wie sie mit Bradshaw in die Nacht hinausfährt. Allmählich fragt sie sich, ob er vielleicht doch kein Erlöser ist, sondern ein Dämon, da sie auch weiterhin zu ihm kommt, obwohl sie es sich immer weniger wünscht.

Schließlich hören sie auf zu fummeln. Er fragt wieder, wann sie endlich abhauen.

»Noch nicht, Baby«, sagt sie. »Jetzt noch nicht.« Sie nennt ihn Baby, weil sie ihn beruhigen will, wie man ein Baby beruhigt, und weil sie weiß, dass die Leute in der Welt, in der ihre Zukunft liegt, so miteinander reden.

»Heilige Scheiße, Lori, worauf warten wir noch?«

»Auf Geld«, antwortet sie. »Einen Plan oder so was.«

»Hier hast du deinen Plan«, sagt er und nimmt ihre Hand, um sie auf die harte Wölbung in seiner Jeans zu legen.

Sie reißt ihre Hand weg und erklärt: »Ich meine es ernst.«

Wenn sie jetzt abhauen, wird sie nur noch ihn haben.

Rosa Licht umspielt die Bergspitzen, als sie zurückkommt. Es ist die kühlste Zeit des Tages, der sehr frühe Morgen, und sie ist todmüde. Wie soll sie heute nur ein wenig Schlaf abzwacken? Nachdem sie den unebenen, durchlöcherten Garten durchquert hat, kommt sie an ihr Fenster. Im Haus, einem kleinen, hell- und dunkelblau gestrichenen Ranchgebäude, ist alles still. Loretta tritt zwischen die Blumenbüsche ihrer Mutter, schiebt mit einem Finger das Fenster hoch und stemmt sich auf die Fensterbank. Nachdem sie ins Zimmer gerutscht ist, nimmt sie das Fliegengitter und setzt es wieder ein. Als sie sich endlich umdreht, zuckt sie zusammen und schnappt nach Luft, erschrocken über den Anblick ihres Vaters, der auf ihrem Bett sitzt.

»Ich hätte nicht gedacht, dass du so eine widerspenstige Hure bist«, flüstert er.

Loretta ist erstarrt, ihre Gedanken laufen Sturm.

»Sagst du nichts dazu? Kannst du dir nicht eine Lüge ausdenken?«

Aus irgendeinem Grund hat sie keine Angst, auch wenn sie nicht weiß, was sie sagen oder tun soll. Ihr Vater steht auf. Er kommt langsam auf sie zu, mit seiner schmerzenden Hüfte, das Gesicht vor Wut puterrot. Ihre Mutter sieht von der Tür aus zu. Loretta könnte ihnen davonlaufen, sie wahrscheinlich sogar überwältigen, aber sie tut es nicht. Er packt ihren Pferdeschwanz und schlägt ihr seitlich gegen den Kopf. Eine Ohrfeige in Zeitlupe. Sie tut weniger weh als erwartet. Er hat einen ausladenden Bauch und einen großen Kopf, sieht aus, als könnte er jederzeit umkippen, eine Vorstellung, an der sie sich festhält, während er wieder und wieder mit dem Arm ausholt. Jede Ohrfeige schmerzt weniger, als sie erwartet, und jede Ohrfeige durchbricht die Ereignisse der Gegenwart und schlägt eine Schneise nach vorn, denkt Loretta, nach vorn in ihre Zukunft. Er spricht mit ihr, knurrt und grunzt, doch sie hört ihn nicht, und bald spürt sie auch seine Schläge nicht mehr. Die malträtierte Seite ihres Gesichts wird dick und schwillt an, geht auf wie ein Teig. Er ist alt, er ist alt, und sie ist auf dem Weg an einen anderen Ort.

Der Tag folgt, reglos und still. Es wird nicht ausgesprochen, dass sie in ihrem Zimmer bleibt. Auf was sie dort wartet, weiß sie nicht. Ihr Vater geht nicht zur Ranch seines Bruders, um das Vieh zu versorgen, das sie für den Vereinigten Orden züchten und mästen. Sie gehen auch nicht in die Kirche. Ihr Vater kommt, um ein Schloss an ihrer Tür anzubringen, den Werkzeugkasten in der linken, das Schloss in der rechten Hand. Er sieht sie nicht an, dreht seinen Kopf weg, als wollte er einem strafend hellen Licht ausweichen. Murmelnd hantiert er herum. Ihre Mutter kommt mit Toast und Eiern auf einem Tablett herein, rotäugig und blass in ihrem Hausmantel. Loretta fragt sich, ob ihre Eltern wohl vergessen haben, dass Fastensonntag ist.

Sie hätte mit Bradshaw abhauen sollen. Hätte sie mit Bradshaw abhauen sollen? Welchen unbekannten Pfad soll sie wählen, und wie soll sie ihn wählen? Sie weiß nur, dass die Pfade sich geschlossen haben, während sie noch auf eine Antwort gewartet hat. Bradshaw wird nicht einmal erfahren, warum sie nicht mehr auftaucht.

Ihr Vater beendet seine Arbeit und geht wieder. Dann hört sie ihn außerhalb ihres Zimmers an ihrem Schiebefenster herumbasteln. Stunden vergehen. Loretta, die immer noch ihre Jeans und ihre Arbeitsbluse trägt, liegt auf dem Bett. Alles fühlt sich zäh und verdickt an, als wäre von nun an das ganze Leben auf das hier reduziert: ein Zimmer, ein wenig Nahrung, verstreichende Zeit. Sie schläft tief und fest ein, und als sie vom Klicken des Schlosses an ihrer Tür geweckt wird, ist sie schlaftrunken und desorientiert. Sie setzt sich auf und sieht ihre Mutter hereinkommen.

Loretta fällt auf, dass ihre Mutter immer noch ihren Hausmantel aus kariertem Flanell trägt. Loretta schweigt. Sie hat kein Wort zu ihren Eltern gesagt, seit sie durch das Fenster zurück ins Haus geklettert ist. Ob sie wohl je wieder ein Wort zu ihnen sagen wird? Das Gesicht ihrer Mutter sieht älter aus als je zuvor, es ist in sich zusammengefallen wie eine schrumpelige Frucht. Ihre Mutter spricht zaghaft, ist den Tränen nahe.

»Dein Vater hat eine Entscheidung getroffen«, sagt sie.

Die Worte dringen wie durch Wasser an Lorettas Ohren.

»Was du getan hast …« Ihre Mutter bricht ab. »Er hat das Gefühl …«

Sie streicht mit ihren zitternden Händen an ihren Beinen entlang, als würde sie Brotkrumen zu Boden fegen. »Wir haben das Gefühl, dass du in Gefahr schwebst. Dass deine Seele in Gefahr schwebt.«

Weder sie noch ihre Mutter haben irgendetwas mit der Sache zu tun. Ihr einziger Anteil besteht darin, zu gehorchen. Lorettas Vater habe eingewilligt, sie bei Bruder Harder unterzubringen, Dean Harder, dem Mann, der Zion's Harvest betreibt, den Lebensmittelhandel, einem rechtschaffenen Mann, einem gläubigen Mitglied des Ordens, der bereit sei, seine himmlische Familie zu vergrößern.

»Mich unterzubringen?«, fragt Loretta.

»Du weißt schon«, antwortete ihre Mutter so leise, dass Loretta sie über das Prasseln des Rasensprengers hinweg kaum versteht. »Du weißt es seit Langem.«

8. September 1974
TWIN FALLS, IDAHO

»Ein bisschen Unfug ist gut für die Seele«, teilt Grandpa Jason mit und richtet seinen dicken, gekrümmten Finger nach vorn auf die Straße, als würde der Unfug direkt dort auf dem Highway 10 lauern, fett und grinsend.

»Daran ist nichts auszusetzen«, fügt er hinzu.

Der Highway führt kerzengerade durch die Wüste bis zum Horizont, und die warme Luft flattert geräuschvoll an den offenen Fenstern des alten Ford-Pick-up vorbei und übertönt Grandpas leises Gebrumm.

»Dein Vater war noch nie ein guter Zuhörer«, sagt er und lacht in sich hinein. Herumwirbelnde Heuhalme kitzeln Jasons Ohren. Sie sitzen in Grandpas Arbeits-Pick-up – abgewetzte Bodenmatten, rissige, fleckige Sitze. Ein Durcheinander aus leeren Schachteln, Werkzeug und Pressengarn hat sich in der Einbuchtung zwischen Windschutzscheibe und Armaturenbrett angesammelt. Grandpa erzählt Geschichten, von denen

Jason in der windumtosten Fahrerkabine nur einzelne, unzusammenhängende Fetzen versteht.

»Als wir endlich ankamen, war der Packard schon fast völlig im Kanal versunken«, erklärt Grandpa.

Er erzählt Geschichten über Jasons Vater. Wie dieser als Fünfjähriger beim Klauen von Karamellbonbons erwischt wurde. Wie wild er immer mit seinem älteren Bruder Dean gekämpft hat, als beide Teenager waren. Wie er einmal ohne Erlaubnis das Auto der Eltern entwendet hat und damit im Kanal gelandet ist.

Jason versteht nicht, warum er ihn mit diesen Familienanekdoten überhäuft. Es scheint bedeutsam zu sein. Wie eine Ankündigung. Er sieht seinen Großvater an, dessen Gesicht und Hals unregelmäßig von der Sonne verbrannt und dessen herabhängende Ohren rot und dick wie Schinken sind. Er sagt wieder etwas, aber der Wind bläst es dröhnend davon. Die Landschaft fliegt vorbei, eine flache, von Lavafelsen und Salbeibüschen durchzogene Ebene. Lichter Himmel, Wolkenfetzen. Der frühe Herbst zeigt sein Gesicht aus hellen Brauntönen und kurz geschorenen Feldern, und der erste Hauch von bitterem Sterben liegt in der Luft.

»Ich dachte, dein Dad würde ihm das Ohr abbeißen«, sagt Grandpa.

Auf dem Sitz zwischen ihnen, auf einem Paar harter lederner Arbeitshandschuhe und zwei Keilriemen, thront – in einem Lederetui mit Reißverschluss – Grandpas Sammlung heiliger Schriften: die Bibel, das Buch Mormon, Lehre und Bündnisse, die Köstliche Perle.

Obwohl sie nicht zur Kirche unterwegs sind, tragen Jason und sein Großvater ihre Sonntagsanzüge.

Sie kommen durch Wendell und erreichen die Interstate 84, nehmen Kurs auf Twin Falls. Grandpa peitscht den Ford auf hundertzehn, hundertzwanzig Stundenkilometer hoch und versucht nicht mehr, gegen den Lärm anzuschreien. Er sieht gut aus, besser als der Rest der Harder-Männer: groß, gepflegt, sonnengegerbt. Neben ihm kommt sich Jason mager und verweichlicht vor. Er hasst sein Aussehen, sein dichtes Gestrüpp rotbrauner Haare, seine Sommersprossen, seine schlaksige Knochigkeit. Grandpas dunkelgraue Haare sind geölt, die mit dem Kamm gezogenen Furchen so ordentlich wie die Kornreihen eines Gerstenfelds, und sein Anzug riecht nach Old Spice und Männerschweiß.

Ein Adrenalinstoß durchzuckt Jason, dann noch einer. Sie sind nicht auf dem Weg zur Kirche, obwohl sie Jasons Eltern erzählt haben, sie würden nach Rupert fahren, damit Grandpa vor der dortigen Kirchengemeinde spricht. Ein durchaus plausibler Vorwand – Grandpa ist Hoher Rat und hält oft Ansprachen vor anderen Mormonengemeinden im südlichen Idaho. Jason ist trotzdem erstaunt über die Lüge.

»Das wird ja heute was geben!«, ruft Grandpa.

Jason nickt. *Allerdings*, würde er gern sagen, verkneift es sich jedoch. Den heutigen Tag umgibt eine Haut, eine Membran, die das falsche Wort zum Platzen bringen könnte. Sie sind unterwegs, um zuzuschauen, wie Evel Knievel in einer dampfbetriebenen Rakete über den Snake River Canyon springt.

»Was glaubst du?«, fragt Grandpa. »Schafft er's?«

»Bin mir nicht sicher.«

»Grundgütiger. Natürlich bist du dir nicht sicher. Aber was *glaubst* du?«

Wer kann das schon wissen? Jason sieht sich jeden Sprung an, wenn er kann, verfolgt auf dem Panasonic-Fernseher andächtig jedes Ereignis, bei dem Evel Knievel wieder einmal auf ein Motorrad steigt und durch die Luft fliegt. Es fing damit an, dass Jason mit neun Jahren in der Sendung *Wide World of Sports* den spektakulären Sturz vor dem Caesars Palace in Las Vegas sah: Evel Knievel, wie er auf die Landerampe prallte, wie sein Körper durchgerüttelt wurde und sein Motorrad wie ein wütender Stier hinter ihm herbrauste. Da musste er dem Tod bereits ins Auge geblickt haben, doch Evel Knievel überlebte und tat es immer und immer wieder.

Der heutige Sprung jedoch – Rakete, Canyon – ist etwas vollkommen anderes.

»Was glaubst *du*?«, ruft Jason.

Grandpa lacht.

»Er könnte es schaffen. Könnte. Schließlich muss er nur dasitzen und sich über eine weite Distanz durch die Luft schießen lassen.«

»Ein Astronaut muss auch nicht mehr machen. Deshalb ist es noch lange nicht leicht.«

Das hat Evel Knievel selbst so gesagt, in einem Artikel, den Jason aus der *Times-News* geschnitten und in sein Sammelalbum geklebt hat.

»Na ja«, sagt Grandpa, als hätte er keine Lust, mit

einem derart unterlegenen Gegner über ein so banales Thema zu diskutieren. »Die Mondlandung ist das heute nicht gerade.«

Jason hätte Grandpa gern nach ihrer Lüge gefragt. Er hätte gern genauer gewusst, warum sie akzeptabel ist, obwohl Grandpa und die anderen Kirchenältesten immer mahnen: Du sollst nicht falsch Zeugnis reden. Jasons Eltern hatten mit einem anderen Gebot begründet, dass er nicht zum Canyon-Spektakel durfte: Du sollst den Sabbat ehren. Jason war tagelang beleidigt gewesen, bis Grandpa sich eines Morgens – Jason hatte gerade die Kälber gefüttert – auf seine Wir-starren-beide-Schulter-an-Schulter-zum-Horizont-Art näherte und ihn fragte, ob er schon von diesem Knievel gehört habe.

Jason kann verstehen, dass Grandpa den Sprung sehen will. Er ist früher Motorradrennen in der Wüste gefahren und hat sich in Boise die Stockcar-Rennen angesehen. Aber die Lüge. Warum hat er gelogen und die Lüge dann einfach mit einem Zwinkern heruntergespielt? Jason beginnt die Antwort zu ahnen: Die Regeln sind die Regeln sind die Regeln und die ewigen Wahrheiten unveränderlich, doch innerhalb der Bruderschaft der Menschen gibt es Durchlässe und Umgehungen, Geheimnisse und Ausnahmen.

Sie verlassen die Schnellstraße und durchqueren die Wüste Richtung Süden. Schon bald kommt der Canyon in Sicht, ein großer grauer Spalt in der Landschaft. Menschenmassen drängen sich am gegenüberliegenden

Rand, und dahinter steht ein von Bäumen beschattetes Ranchhaus.

Seitlich der Menschenmenge erhebt sich die Abschussrampe, ein Erdwall mit einer Metallkonstruktion, die an eine Turmspitze erinnert, und daneben warten mehrere Fernsehübertragungswagen und ein weißer Wohnwagen. Die steilen Basaltwände des Canyons reflektieren das Nachmittagslicht aus seltsamen Winkeln, lassen es mal silbrig, mal gräulich wirken. Nach unten hin zerbröckeln sie zu gestapelten Felsen und schließlich zu Steinen, bevor am Fuß des Canyons grasbewachsene Abhänge folgen, durchschnitten vom schweren, wabernden Snake River.

Sie biegen nach Osten ab, stadtauswärts, und reihen sich in eine nur langsam vorankommende Autoschlange ein. Bald hören sie die Klänge einer Marschkapelle – das metallene Schmettern der Bläser, das dumpfe Hämmern der Trommeln. Grandpa lässt den knatternden Motor aufheulen. Links von ihnen laufen auf einem etwa hundert Meter breiten Streifen zwischen Straße und Canyon große Mengen von Menschen hin und her oder stehen in Grüppchen zusammen, Motorräder jaulen. Jenseits davon ragt die Startrampe auf. An ihr ist bereits die dampfbetriebene, rot-weiß-blau gestrichene Rakete namens Skycycle befestigt, deren Spitze gen Himmel ragt. Auf der Flanke der Rakete steht in goldenen Buchstaben EVEL KNIEVEL, und auf ihrem Heckruder prangt die Zahl Eins.

»Skycycle«, lacht Grandpa höhnisch. »Als ob das Ding im Kreis fliegen könnte.«

Sie kommen zum Tor, und der Mann, der dort mit vorgewölbtem Bauch und Händen voller Geldscheinen steht, guckt zweimal hin, als er ihre Anzüge sieht. Grandpa gibt ihm einen Fünfziger und fährt dann aufs Gelände, rumpelt über die Wiese.

»Ist das nicht irre?«, fragt er fröhlich, während er parkt.

Hinter dem Parkplatz erspäht Jason die Zeltdächer. Die Leute kampieren hier schon die ganze Woche, sie feiern, trinken, raufen, baden nackt in den Felsbecken des Canyons, erschrecken die Anwohner und verstimmen die Handelskammer.

Grandpa macht eine ausschweifende Handbewegung. »Dem meisten, was du hier siehst, musst du aus dem Weg gehen, vor allem jetzt, wo du älter wirst. Besäufnissen und was nicht alles. Ungehobeltem Benehmen. Aber verstecken kann man sich auch nicht davor. Man muss in dieser Welt leben und sie irgendwie von sich fernhalten. Allerdings …« An dieser Stelle klopft er mit der Faust gedankenverloren gegen die in Leder gebundenen Schriften. »Allerdings sollte man auch ein bisschen Spaß haben, wenn sich die Gelegenheit ergibt. Und die Sache hier wird auf jeden Fall ein Spaß, meinst du nicht auch?«

»Ich schätze schon.«

»Du schätzt schon.«

Jason errötet. Dieser seltsame Tag schüchtert ihn ein.

Sie ziehen ihre Mäntel und Krawatten aus, legen sie gefaltet auf die Sitze und stürzen sich in die Menge. Grandpa steuert in steifem Laufschritt auf die Rampe zu, schlängelt sich an Kerlen mit Baseballkappen und

Cowboystiefeln vorbei, an langhaarigen Jugendlichen, die Frisbee spielen. Die Menge wird dichter, je näher sie der Rampe kommen, aber Grandpa schlüpft hindurch, bahnt sich einen Weg, bis sie etwa dreißig Meter vor der Rakete stehen. Was sie um sich herum beobachten, wirkt wie eine Szene aus dem Film *Billy Jack* – Männer mit nackten Oberkörpern, langen Haaren, Bärten und ausgeblichenen Tätowierungen auf den Unterarmen; Frauen mit abgeschnittenen Jeans und wilden Haaren; Zigarettenqualm und Marihuana. So etwas hat Jason noch nie gesehen in dieser Gegend, wo die Männer ihre Haare kurz und die Frauen ihre Röcke lang tragen und die meisten Leute finden, dass Richard Nixon ungerecht behandelt wurde. Ein paar Typen mit Lederwesten haben Mädchen auf ihre Schultern gestemmt, Mädchen in ärmellosen Oberteilen ohne BHs, und Jason beobachtet, wie es im Inneren dieser Oberteile wogt und wackelt. Jemand ruft »Verfickt, ist das geil!«, und Jason geniert sich, weil sein Großvater vielleicht noch nie mit so viel Weltlichkeit zu tun hatte oder glaubt, es ihm, Jason, nicht zumuten zu können. Hoffentlich bereut er es nicht, ihn mitgenommen zu haben, und überlegt es sich anders. Doch dann ertönt der Lärm eines Hubschraubers, ein lauter werdendes Knattern und Dröhnen. Gewaltiger Jubel brandet auf. Jetzt ist es zu spät für Meinungsänderungen. Es geht los.

Der Hubschrauber kippt zur Seite und nähert sich im Sinkflug der offenen Wüste auf der anderen Seite des Satellitenwagens. Fernsehkameras schwenken über die Menschen, die mit glänzenden Augen zusehen.

Die blau gekleidete Marschkapelle schmettert vor sich hin, während der Hubschrauber landet und dabei einen Staubrand aufwirbelt. Dann taucht er auf: Evel Knievel, flankiert von zwei stirnrunzelnden Männern mit Spiegelglasbrillen und Cowboyhüten. Die ganze Aufmerksamkeit und Energie fliegt ihm zu, wie Metallspäne einem Magneten. Er geht am Außenrand der Menge entlang, angezogen wie jemand, der samstags im Supermarkt einkauft – Jeans, Hemd mit Druckknöpfen, Cowboystiefel. Nur der Gehstock mit dem silbernen Knauf fällt aus der Reihe. Er fasst ihn am unteren Ende und hält ihn hoch, und die Silberkugel brennt in der Sonne und bildet eine Lichtsäule. Die Menge jubelt, ruft seinen Namen, und Evel Knievel und sein Gefolge verschwinden im Wohnwagen. Der Beifall lässt nach, die Kapelle verstummt.

»Tja«, sagt Grandpa. »Da ist er.«

Jason erträgt die Warterei kaum und will dennoch nicht, dass sie endet. Er hat eine aberwitzige Vorahnung, ein Gefühl, dass seine Zukunft mehr wie der heutige Tag sein wird als wie alles andere, was er bisher erlebt hat – der allwöchentlich wiederkehrende heilige Sabbat, das ständige Beten, das Melken und Füttern, Mähdreschen und Ernten. Der Gestank von Kuhmist, der an allem hängt, die ganze Zeit, sogar an ihm, ein Gestank, der unmissverständlich klarmacht: Er hat täglich mit schmutzigen, niederen Dingen zu tun. Jason möchte den Moment am Canyon festhalten, möchte ihn immer bei sich tragen. Das Stimmengewirr, den feuchten Druck aneinandergedrängter Körper, den hellen, gewölbten Himmel, das Summen hinter allem, wie ein Motor im Leerlauf, leise, aber hartnäckig, das Ding dahinter, das Ding hinter allem, das Ding, das uns bringt, was für uns bestimmt ist.

Die Motorradrocker brüllen und recken die Fäuste in die Luft, weil jetzt *Under My Thumb* von den Rolling Stones aus den Lautsprechern des Fernseh-Übertragungswagens schallt. Die Menschenmenge ist ordinär und dreckig und unsagbar schön. Vor Jason und seinem Großvater wiegt sich ein Mann in verschlissenen Jeans zur Musik hin und her. Seine schulterlangen Haare haben die Farbe von Heu, es sind Jesushaare, und er trägt ein rot-weiß-blaues Stirnband. Eine Zigarette hängt zwischen seinen Lippen, wird steif, wenn er daran zieht, und baumelt dann wieder schlaff herunter. Neben ihm reckt ein braunhaariges Mädchen in abgeschnittenen Jeans und einem abgewetztem T-Shirt von der Boise State University den Hals und fragt: »Kommt er jetzt bald mal raus, oder was?« Der in die Musik vertiefte Hippie fragt zurück: »Hältst du jetzt bald mal die Fresse, oder was?« Grandpa tritt verärgert von einem Fuß auf den anderen.

So viel Warten, so viel aufgestaute Anspannung. Das Gefühl ins Stocken geratener Zeit, das Jason vom Sabbat kennt. Und dann fliegt die Tür des Wohnwagens auf, und Evel Knievel springt heraus, prächtig anzusehen in seinem weißen Overall mit den blauroten Sternenbändern, vor der Brust gekreuzt wie Patronengürtel. Weiße Stiefel. Ein hoher, offener Elvis-Kragen und goldbraune wallende Haare. Er winkt wieder mit dem Gehstock und geht dann auf die Zuschauermenge zu, die sich vor ihm teilt. Die Lautsprecher kommentieren knisternd. Evel Knievel scheint zu schweben, obwohl sein Gang etwas hakt. Er ist nur noch wenige Meter von Jason und Grandpa entfernt, sie spüren, wie die Körper der Umstehenden nach hinten wogen. Evel Knievel ist ihnen so nah, dass Jason die Falten in seinem Gesicht erkennt und seinen starren, steinharten Blick, der suchend über die Menge schweift und schließlich an Jason hängen bleibt. Evel Knievel reckt seinen Gehstock gen Himmel und sagt etwas, was Jason nicht versteht. Die Geste scheint nur für ihn bestimmt zu sein.

Evel Knievel kommt noch näher, und Jason streckt ihm die Hand entgegen, genau wie die anderen Menschen um ihn herum. Er erwartet, dass Evel Knievel ebenfalls den Arm ausstreckt, in die Masse aus ihm zustrebenden, huldigenden Händen hinein, um ausgerechnet Jasons Hand zu ergreifen.

Und genau das tut Evel Knievel.

Ein schnelles Zupacken, ein kurzes Schütteln. Die Knochen in Evel Knievels Hand fühlen sich an wie ein Bündel Zweige. Sein Blick trifft erneut auf Jason – »Danke fürs Kommen, Kumpel« – und gleitet dann davon. Jemand ruft »Viel Glück, Evel!«, und er antwortet, ohne sich umzudrehen: »Jetzt liegt es in Gottes Hand.«

Mit großen Schritten geht er zum abgesperrten Bereich neben der Startrampe. Der Hubschrauber erhebt sich wieder in die Luft und bringt einen herabhängenden Korb zu Evel, der die Hände in Richtung Menschenmenge hebt, als wollte er sie segnen. Er klettert in den Korb und entschwebt in die Luft, wird zur Rakete auf der Startrampe hinaufgetragen. Informationen dringen aus den Lautsprechern, zwischendurch rauscht es. Grandpa drückt Jasons Schulter, und Jason sieht, dass er mit wildem, ehrfürchtigem Blick Richtung Skycycle nickt, als wollte er sagen: *Lass dir bloß nichts entgehen!* Die Rakete erinnert Jason an ein Flugobjekt aus der Serie *Die Jetsons*, nur dass sie viel cooler ist. Sie hat hinten Flossen und ist glatt und stromlinienförmig. Auf den Seiten steht groß »Evel Knievel«, umgeben von bunter Werbung: Mack Trucks, Chuckles Candy. Evel hält im Cockpit den Daumen hoch. Die Crew zieht sich zurück, und die Skycycle-Rakete bleibt allein auf der Rampe zurück. Eine gedämpfte Pause und dann ein Beschleunigen, ein schrilles Heulen, das immer lauter wird, enormer Druck, der sich aufbaut und schließlich entlädt – die Skycycle schießt von der Rampe in den Himmel, wobei sie sich anmutig um die eigene Achse dreht und in die Atmosphäre schraubt. Jason hat das Gefühl, auf der Erde festgeheftet zu sein, und in seinem Magen rumort etwas, wie ein Gebet, wie eine Hoffnung. Evel Knievel wird es schaffen, natürlich wird er es schaffen, das erkennt Jason an dem Bogen, den die Rakete beschreibt. Sie herrscht über die Erde und all ihre Untertanen, ein glänzendes Geschoss, das mitten hineinzielt in den Wüstenhimmel.

Etwas fällt hinten aus der Skycycle heraus. Was ist es? Ein Fallschirm? Ein Blitz geht durch die Menge, sticht wie eine Nadel in die spannungsgeladene Stimmung. Die Rakete wird immer langsamer und zieht einen weißen Schirm hinter sich her.

»Ach, du meine Güte«, sagt Grandpa. »Um Himmels willen!«

Die Rakete sackt jetzt mit der Spitze voran nach unten und driftet auf den Grund des Canyons zu. Sie sieht aus wie ein Löwenzahnsamen, der über einem Kanal schwebt. Jason fühlt sich wie geprügelt, erdrückt. Die Leute rennen zur Kante des Canyons nach vorn, aber Grandpa und Jason bleiben zurück, umgeben von einem Strudel aus Körpergeruch und Zigarettenrauch. Jason hat Angst, in Tränen auszubrechen.

Später sitzen sie im Auto und fahren lange Zeit schweigend vor sich hin. Keine Anekdoten. Der Tag hat seine Richtung geändert, ist nun zur Erde hin ausgerichtet, zu allem, was langweilig und enttäuschend ist. In Grandpas Pick-up riecht es nach Schmutz. Ein grauer Staubfilm liegt auf Jasons Schuhen und Socken. Er starrt die zarten Rostsäume an, die sich entlang der Lüftungsschlitze der Heizung gebildet haben.

Als sie sich Wendell nähern, lacht Grandpa plötzlich glucksend in sich hinein.

»Das tut ihm mal ganz gut«, sagt er. »Der Kerl hat angefangen, seinen eigenen Mist zu glauben.«

13. Januar 1975
SHORT CREEK, ARIZONA

Ruth bürstet Lorettas Haare, als hätte sie es mit einem Pferd zu tun: reißen, festhalten, reißen, festhalten. Loretta versteift sich bei jedem Bürstenstrich. Im trüben runden Spiegel über der Kommode beobachtet sie Ruths Gesicht. Der gleiche entschlossene, resignierte Ausdruck wie immer. So sieht sie auch aus, wenn sie Teig knetet. Es riecht noch leicht nach Farbe im ersten Stock, und von unten dringt der Geruch von Ruths Johannisbrot-Blechkuchen mit Datteln herauf. Lorettas Blick sinkt nach unten, gefolgt von ihrem Kopf. Ruth legt ihr fest die Hände über die Ohren und zieht ihren Kopf unsanft zurück in Position. Sie scheitelt Lorettas Haare ordentlich, eine elfenbeinfarbene Linie entlang ihrer Kopfhaut, und fängt dann an zu flechten, den Mund zu einer beharrlichen kleinen Faust geballt.

»Ich finde es offen schöner«, kann es sich Loretta nicht verkneifen zu sagen.

Ruth dreht den Zopf, den sie gerade zu Ende geflochten hat, straff nach innen.

»Heute ist zwar ein Freudentag, Tante Loretta«, sagt sie, »aber auch ein heiliger Tag, an dem es wichtig ist, vor den Augen des Herrn Bescheidenheit zu bewahren.«

Irgendetwas versucht, aus Lorettas Bauch emporzukriechen. *Tante Loretta.* So werden die Kinder sie nennen.

»Ich glaube, das weißt du«, sagt Ruth. Sie blickt in den Spiegel, in Lorettas Augen, ohne dass sich ihr Gesichtsausdruck verändert. Loretta erwidert den Blick und ahmt dabei Ruths Ausdruckslosigkeit nach. Anfangs dachte sie, die ältere Frau wäre verärgert oder frustriert. Mit der Zeit hat sie verstanden, dass Ruth sich einfach nur vollkommen entleert hat, dass sie in allem nur den Aspekt der Pflicht sieht. Sogar im Umgang mit ihren Kindern. Sogar an dem Abend, als Dean und sie zu Lorettas Eltern nach Hause gekommen sind und sie alle zusammen auf der Veranda gekniet und gebetet haben. »Der Herr hat mir bezeugt, dass unsere Entscheidung rechtschaffen und gut ist«, hat Ruth damals mit ausdruckslosem Gesicht erklärt. »Ich weiß, dass wir dafür ins Himmelreich kommen.« Als hätte sie ihren eigenen Willen abgestreift, sich aus sich herausgelöst. Dean errötete daraufhin, und seine riesigen Ohren leuchteten blutrot. Obwohl Loretta ihn kaum kannte und obwohl sie erst fünfzehn war, erkannte sie in seinen Kaninchenaugen, dass es nicht das Himmelreich war, das er in diesem Moment im Sinn hatte.

Die Wände des Zimmers sind nackt und leer, und

irgendwo jenseits des heller werdenden Fenstervierecks scheint die Sonne des späten Vormittags. Bett, Kommode, bronzefarbener Teppich. Loretta tut sich schwer damit, sie als ihr Zimmer zu betrachten, diese kahle Ecke in diesem scheunenähnlichen Haus. Alles, was ihr gehört, befindet sich in einem Schuhkarton ganz hinten im Schrank: Christbaumschmuck, der einmal ihrer Großmutter gehört hat – ein silberner Stern mit roter Umrandung und eine funkelnde Schneeflocke; ein Tagebuch, in das sie mit elf Jahren siebzehnmal hineingeschrieben hat, unter anderem, um die Eigenschaften des Mannes aufzulisten, »den ich einmal heiraten werde«; drei Fotos mit verschlissenen, aufgerollten Ecken und verschwommenen gelblichen Geisterflecken – ihre Eltern, die sie als Kleinkind im Arm halten, Loretta mit drei oder vier Jahren im Kleidchen, wie sie dasteht und zu etwas außerhalb des Bildausschnitts späht, und ein Border Collie, den sie und ihre Geschwister früher hatten und der auf dem Bild die Schnauze im Schnee vergräbt; eine aufklappbare Grußkarte mit einem Storch darauf und einem in der Mitte festgeklebten Silberdollar; zwei Zinnringe und ein Paar Ohrringe mit winzigen smaragdgrünen Kristallsteinen, die noch am Pappstreifen befestigt sind; ein kleiner Lederbeutel mit Pfeilspitzen und Gesteinssplittern, die sie in der Wüste gesammelt hat; und schließlich ein von ihrer Mutter besticktes Taschentuch, auf dem *Loretta Sara Buckton* steht, gefolgt von ihrem Geburtsdatum: *21. Mai 1959*.

Sonst gehört ihr nichts, nirgends.

Ruth ist fertig mit dem Kranz, den sie um Lorettas

Kopf geflochten hat, er endet in einem einzelnen Zopf auf ihrem Rücken. Ruth streicht ihr noch einmal mit den Händen über die Haare und übers Kleid. Sie riecht nach Hitze und Putzmittel und mustert Loretta streng, blickt überallhin, nur nicht in ihre Augen, zupft ihr einen Faden von der Schulter. Ruth trägt das gleiche weiße Kleid wie Loretta: aus gestärkter Baumwolle, kastenförmig, mit mottenlöchriger Stickerei an Kragen und Armbündchen und bis zum Fußknöchel reichendem Saum.

»Ich lasse dich jetzt allein, damit du beten kannst«, sagt Ruth.

Sie stehen auf. Ruth nimmt Loretta bei den Schultern und blickt ihr in die Augen, als versuchte sie, ihr etwas einzuimpfen. Wie alt ist Ruth? Vierzig? Älter? Sie hat sieben Kinder und wirkt oft eher wie deren Großmutter mit ihrer hageren Figur, ihrer trockenen Haut und den Fältchen um den Mund. Die Schwestern tuscheln über ihr kurz geschnittenes Haar, nennen es unweiblich, rebellisch. Was das angeht ist sie wie Dean, der einen Bart trägt, obwohl die Brüder nichts davon halten. *Schwesterehefrau*, denkt Loretta, und das Wort landet mit falschem Gewicht in ihrem Kopf. Sie hat es ihr ganzes Leben lang gehört, ohne seine tiefe Widersprüchlichkeit zu bemerken.

Loretta wird Ruth niemals »Schwester« nennen, erkennt in der älteren Frau jedoch den Weg, diese Situation zu ertragen: Man muss stärker sein als das, was sich einem entgegenstellt.

»Wir werden dem Herrn eine prachtvolle Saat erwecken«, sagt Ruth und umfängt Loretta in einer zaunartigen Umarmung, bei der sie sie kaum berührt. Sich selbst gegenüber beharrt Loretta darauf, dass das nicht stimmt. *Ich werde keine Saat erwecken.* Sie wird sich in ihrem Inneren verschließen, unerreichbar für alle um sie herum.

»Willkommen in unserer Familie«, flüstert Ruth über Lorettas Schulter hinweg, mit einer Stimme, die kaum abweisender sein könnte. »In unserer ewigen Familie.«

Sie warten auf Onkel Elden, den Propheten. Das Wohnzimmer ist betont schlicht gehalten, mit beigefarbenem Teppichboden und zwei langen, sich gegenüberstehenden Sofas, die durch zwei kleinere Sofas zu einem Rechteck ergänzt werden. Alle Polstermöbel sind mit dunkelblauem, weiß geblümtem Stoff bezogen. Das ganze Haus wirkt unbewohnt, denkt Loretta, obwohl Dean und Ruth und die Kinder schon fast drei Jahre hier leben. Schon als die Harders damals in dieses riesige neue Haus an der nördlichen Ortsgrenze gezogen sind, etwa hundert Meter von der Grenze zu Utah entfernt, fing das Gerede an, dass Dean sich eine zweite Ehefrau nehmen würde.

Lorettas Eltern sitzen auf einem Sofa und blicken den Ereignissen des Tages ehrfürchtig entgegen. Loretta spürt, dass ihre Mutter ihren Blick sucht. Ihr Vater hingegen sieht sie nicht an, das weiß sie. Er hat sämtliche Vereinbarungen ohne sie getroffen, darunter auch die, dass Dean bis zu ihrem sechzehnten Geburtstag mit dem Vollzug der Ehe warten muss. Es widert sie an, wie unbeteiligt sie selbst bei der ganzen Sache war.

Loretta, Ruth und Dean stehen zwischen den Sofas vor dem Kamin, und Ruth hält ein kleines Kissen auf Taillenhöhe, als würde sie einen Schatz hüten. Loretta weiß, dass darauf der Ring aus drei silbernen Strängen ruht, den sie am Ringfinger ihrer linken Hand tragen wird. Die Kinder stellen sich der Größe nach auf. Samuel, mit dreizehn der Älteste, macht ein finsteres Gesicht und hat eine dicke Eiterbeule hinter dem Ohr. Er trägt einen schwarzen Anzug mit weißem zugeknöpftem Hemd, genau wie der siebenjährige Dean junior. Dazwischen stehen Ruth und Elizabeth, die nur wenig jünger sind als Samuel. Mit ihren bodenlangen Baumwollkleidern und den langen Zöpfen sehen sie aus wie Schwestern im Miniaturformat. Sogar die vierjährige Sarah und die fünfjährige Janeen tragen lange weiße Kleider. Nur Benjamin, der Kleinste, ist wie ein Kind angezogen, mit schwarzer kurzer Hose und einem kurzärmeligen weißen Pullover. Er zappelt herum, beherrscht jedoch sein Gesicht, presst mit komischem Ernst die Lippen aufeinander, als befürchte er, es könnte ein Laut hervorbrechen. Benjamin ist Lorettas Liebling. Sie sucht seinen Blick und lächelt, und er antwortet mit einem kurzen verstohlenen Grinsen.

Schließlich erscheint der Prophet, betritt gebeugt und langsam am Arm seines korpulenten Sohnes den Raum und begrüßt die Anwesenden mit einem grauen, murmelnden Lächeln. Eins seiner milchigen Augen schweift umher. Er sieht aus wie eine Walnuss – winzig und verdorrt, skelettartig, dahinschwindend –, und der nahende Tod erhöht noch seine Autorität. Alle versammeln sich vor Onkel Elden, der die knotigen, zitternden Hände verschränkt.

Ruth und Loretta flankieren Dean, während der Prophet krächzend von Erhöhung und Erlösung und Gottes heiligem Grundsatz der Vielehe doziert. Er spricht gedämpft und monoton, hält oft inne, als müsste er sich ausruhen. »Es ist alles bereits in der Entstehungsgeschichte vorhanden, meine Brüder und Schwestern«, sagt er. »Von Anfang an. Lamech und Esau und … Moses und Jacob. Alle leben sie … nach dem Grundsatz.«

Der Prophet fährt fort, spricht von den vergessenen Geboten und der Schmähung der wahren Heiligen. »Die Regierung der Vereinigten … Staaten hat diese Priesterschaft verfolgt. Sogar die Mormonische Kirche hat …« Ein Hustenanfall hält ihn davon ab, weiterzusprechen. Sein Sohn reicht ihm ein Taschentuch, und als Onkel Elden es wieder vom Mund nimmt, glitzert ein Speichelfaden im Licht. »Hat diese Priesterschaft verfolgt«, flüstert er.

Seine Stimme wirkt auf Loretta wie eine Droge. Sie wird von einem einlullenden Gefühl der Heiligkeit erfasst, das nicht ihren Verstand anspricht, sondern tiefer geht, das ihr zuflüstert, sie irre sich, dies alles sei doch gottgewollt. Onkel Elden redet von »der Razzia von '53«, als der Satan die Bundesagenten aussandte, die Männer von Short Creek zu verhaften und die Frauen und Kinder mitzunehmen, vom ständig drohenden nächsten Angriff durch die Feinde der Rechtschaffenheit. »Kein rechtschaffenes Volk … lebt ohne die Erinnerung an die Opfer seiner Väter.«

In Gedanken fliegt Loretta in ihre weltliche Zukunft davon. Dort trägt sie Hosen, die unten weit sind, und farbenfrohe Blusen mit kurzen Ärmeln – sogar T-Shirts! – und dazu lange, offene Haare. Dort tuscht sie sich die Wimpern mit Mascara. Dort tut sie alles, was hurenhaft ist. Sie wünscht sich, sie könnte ihrem Vater ihre Zukunft zeigen und zusehen, wie er daran zugrunde geht. An ihrer Tussy-Zukunft, rosa und dreist. Diese Zukunft könnte überall sein, nur nicht hier. Sie wird ein Auto haben, einen schnittigen Wagen wie in den Zeitschriften, vielleicht den rosafarbenen Mustang aus der Tussy-Werbung, und sie wird Rockmusik hören und fernsehen. Es wird keinen Dean und keine Ruth geben, natürlich nicht, keinen Onkel Elden, aber auch keinen Bradshaw. Überhaupt keine Männer. Na ja, es wird schon einen Mann geben, einen, den sie noch nicht kennt. Er ist eine warmherzige, anonyme Gestalt, dieser Mann, eine Person, die keinerlei Gewalt ausübt.

Onkel Elden räuspert sich, ein rasselndes Geräusch, und fährt dann fort. Loretta kommt zu dem Schluss, dass sie die Namen der verschiedenen Automarken lernen und sich überlegen muss, welche ihr gefallen, damit sie sich in ihrer Zukunft das beste aussuchen kann, ein Auto, mit dem sie der Welt zeigen wird, dass sie frei ist, dass sie diese Art von Mensch ist und nicht jene. Der Prophet redet nun vom Schleier des Himmels, und es beginnt eine Scharade, bei der Dean und Ruth auf der einen Seite eines Vorhangs stehen, den Lorettas Eltern hochhalten, und bei der Dean durch den Schleier hindurch nach Loretta greift und sie hindurchzieht, zu sich und Ruth, weil Loretta auf diese Weise in den Himmel aufsteigen wird, gezogen von Dean und Ruth.

Später kommt Dean in Lorettas Zimmer, die unpersönliche Kammer, die nie richtig warm wird in der Wüstenkälte. Er schließt die Tür, setzt sich neben Loretta aufs Bett, umfasst seine Knie mit den Händen. Es entströmt ihm in spürbaren Wellen, wie sehr er sich wünscht, ihr näherzukommen. Dicke Venen ziehen sich über seine Handrücken und treten hervor, als er seine Knie drückt.

»Ich habe es deinem Vater versprochen, kleine Schwester«, sagt er leise. »Aber du bist weiß Gott eine schmerzhafte Versuchung.«

Sie hört auf zu atmen. Ein Schwall Luft füllt ihre Lunge. Loretta fühlt sich überrollt, auch wenn die Situation nichts Überraschendes hat. Sie kommt schon seit Längerem auf sie zu, ein enormer, vom Himmel stürzender Meteorit, ein riesiger, unabwendbarer Felsbrocken, vor dem sie die Augen abgewendet hat, so getan hat, als gäbe es ihn nicht. So scheint das ganze Leben zu funktionieren: Langeweile und Ehrfurcht lullen den Verstand ein, und man sieht die Katastrophe nicht kommen.

Irgendwo draußen in der Nacht stimmen zwei Hunde ein wildes Gebell an und verstummen dann wieder.

»Ich glaube ebenfalls, dass es am besten für uns wäre, noch zu warten«, sagt Dean.

Er spricht mit Bedacht, als versuche er, ihr etwas auszureden. Sie nimmt ihn aus dem Augenwinkel wahr: ein schwarzer, entlang der Manschetten und an den Knien verblichener Wollanzug, dazu glänzende schwarze Halbschuhe. Ein nicht unangenehmer Geruch nach Körper und Stoff. Gekämmte Barthaare in Braun, Rot und Weiß, kleine spröde Hautareale an den knochigen Wangen, wie die roten Bäckchen einer Puppe.

Sie ruft sich in Erinnerung, dass die Ehe nicht legitim ist. Sie zählt nur, wenn man an sie glaubt, und Loretta wird nicht an sie glauben.

»Stimmst du mir nicht zu?«, fragt er.

Er legt seine Hand auf ihre, drückt sie sanft. Seine Fingernägel sind gespalten und weißlich. Dean ist jünger als Lorettas Vater, aber abgearbeiteter. Größer. Schlanker. Stärker. Sie fragt sich, wo Ruth jetzt gerade ist und was sie denkt. Ob sie glaubt, dass er sein Versprechen halten wird?

»Es ist unsere Aufgabe, dem Herrn eine rechtschaffene Saat zu erwecken«, sagt er. »Das ist der heiligste Grundsatz.«

Sie würde gern lachen, denn die Sprache, der er sich bedient, hat etwas Irrwitziges an sich. Doch sie kann nicht lachen, vielleicht nie wieder. Er beugt sich über sie und flüstert ihr feucht etwas ins Ohr. Ein sprödes Haar seines Oberlippenbarts kitzelt sie. »Du zitterst, kleine Schwester.«

Er packt ihren Oberschenkel oberhalb des Knies und drückt ihn. Seine Hand ist riesig. Schweiß tropft unter Lorettas Haaren hervor und läuft ihr den Rücken hinunter.

»Ich zittere auch«, flüstert er.

Seine Hand wandert ein paar Zentimeter ihren

Oberschenkel hinauf und drückt ihn erneut. Sie weiß jetzt, dass der Meteorit nicht verschwunden ist, nur weil sie ihn ignoriert hat. Im Gegenteil, es ist schlimmer, als sie befürchtet hat, dieses Schicksal, dieser Felsbrocken, denn sie spürt ein Kribbeln – ein kleines, Abscheu erregendes Flattern – zwischen ihren Beinen. Seine Hand umfasst ihren Oberschenkel fast vollständig und hält ihn fest, und obwohl Loretta diesen Mann hässlich und abstoßend und einfältig findet, will sie sich dem Kribbeln hingeben, sich dagegendrücken.

Dean schnauft wie ein stampfendes Pferd und nimmt seine Hand weg.

»Es ist schwer, kleine Schwester, unendlich schwer«, sagt er. »Aber wir werden warten.«

Er sagt es, als würde er sie abweisen. Als würde er sie beide durch seine Rechtschaffenheit und Selbstbeherrschung vor Lorettas Gelüsten bewahren.

»Du wirst merken, dass es besser so ist.«

Er steht auf und macht sich nicht die Mühe, die Wölbung unter seiner schwarzen Anzughose zu verbergen. Ihre Augen brennen, und sie wird von Schwäche übermannt, die in ihre Adern und Knochen und Poren und Haare strömt.

»Willkommen in unserer Familie, Loretta«, sagt er. »Wir wandeln im wahren Licht des Herrn.«

Er legt ihr die Hand auf den Kopf und steht vor ihr. Zeigt ihr die Wölbung. Sie blinzelt heftig.

Dean greift sie beim Kinn und sagt: »Dein Vater hat mir von deinen nächtlichen Ausflügen erzählt.«

Bestimmt spürt er, wie ihr Kinn bebt.

»Das hat jetzt natürlich ein Ende.«

Sie nickt.

»Ich würde gern hören, wie du es sagst.«

Sie versucht dreimal, das Wort hervorzubringen, das Wort *Ja*, und als es ihr gelingt, stürzt alles in sich zusammen. Tränen verbrühen ihr das Gesicht, und sie schnappt nach Luft und hustet. Er streichelt ihren Kopf, ihre Haare, die an den Wurzeln feucht sind. Sie hasst es, wenn sie weinen muss.

»Pst, kleine Schwester«, sagt er. »Schon gut.«

Er geht, und sie liegt zitternd da, seitlich zusammengerollt auf dem unvertrauten Bett, auf der Steppdecke, die Ruth aus alten, mit weißem Garn umsäumten Jeansflicken genäht hat. Dort liegt sie lange Zeit, eine Ewigkeit, starrt an die Wand und denkt: *Bradshaw hatte recht, Bradshaw hatte recht.* Dann reißt sie sich zusammen, wird wieder sie selbst und schwört sich, dass sie mehr tun wird, als einfach nur abzuhauen.

EVEL KNIEVEL WENDET SICH AN EINE BEGEISTERTE NATION

Das Erste, worüber wir gesprungen sind, war eigentlich nicht der Rede wert, ein Erdhügelchen im Flachland bei Butte, ein mickriger kleiner Klumpen. Wir brausten gerade auf der Super Hawk unseres Großvaters dahin, dieser Schrottmühle mit Viertaktmotor, als irgendetwas oder irgendjemand uns dazu bewegte, auf diese kleine Bodenwelle zuzufahren. Seither haben wir viel darüber nachgedacht, Amerika, und glauben, dass es nicht übertrieben ist, von einer göttlichen Fügung zu sprechen.

Wir flogen regelrecht. Verfluchte Scheiße, wir flogen.

Geschätzte 1,8 bis 2,3 Sekunden in der Luft. Sagen wir zwei. Zwei Sekunden Flug. Zwei Sekunden, in denen das Leben so war, wie wir es niemals für möglich gehalten hätten. So verblüffend. So beglückend. Aber auch so unfassbar ungerecht. Da lebt man und lebt und lebt, und alles konzentriert sich auf einen winzigen Augenblick, einen vorbeirasenden Moment, der unglaublich schnell vorüber ist. Man kann nur eines tun: ihn in Erinnerung behalten, ihn sich zurückwünschen. Und trotzdem, diese zwei Sekunden – heilige Scheiße! Warmes Blut dehnte sich in unserem Herzen aus und durchströmte uns, wie es danach nie wieder der Fall war, obwohl wir diesem Gefühl seither hinterherjagen, überall auf dem Planeten, obwohl wir von jenem bescheidenen kleinen Erdhügel bei Butte bis zu dem Meer aus Fotzen und Verehrung gereist sind, in dem wir schon so lange schwimmen.

Natürlich sind wir gestürzt mit dem Motorrad. Wir waren fünfzehn. Unsere Eltern waren traurig und alt und woanders hingezogen, Grandpa hustete den ganzen Tag schwarzes Zeug aus und stank nach Pisse und Whiskey, und Grandma ignorierte alles und wahrte nach außen hin den Schein. Wir fanden es toll, mit Grandpas alter Maschine herumzufahren. Mein Gott, wie wunderschön sie damals war, auch wenn sie aus heutiger Sicht eine elende Schrottmühle ist. Wir schnappten sie uns und fuhren mit ihr durch das Straßengewirr unterhalb des Bergwerks, hinauf zu dem giftigen Bergeteich, in dem jeden Winter Gänse starben. Und dann brausten wir wieder hinunter, am Fuß der Berge und der Jesus-Statue entlang, die das ganze Summit Valley segnete, um anschließend übers Flachland zu rasen.

An jenem Tag flogen wir also für zwei Sekunden und fanden unseren Platz auf der Welt – den Platz, zu dem wir immer wieder aufbrechen werden. Die kleine Einbuchtung in der Atmosphäre, die so geformt ist wie wir. Wir landeten auf dem Vorderrad, vollkommen falsch, und das Motorrad schlingerte und rutschte unter uns davon. Wir krachten auf den Boden und zerschrammten uns gehörig die Schulter und die Hüfte. Der Tank bekam auch einen ziemlichen Kratzer ab. Grandpa bemerkte ihn, als er am Abend aus der Kneipe nach Hause kam, und trat die Tür zu unserem Zimmer auf, um uns den Kopf zu waschen. Bobby dies und Bobby das. Bobby, Bobby – der Name, der nie zu uns gepasst hat. Als er uns am Arm packte, revanchierten wir uns und packten ihn ebenfalls, vorne beim Hemd, wie ein Filmheld aus alten Zeiten. Wir drängten ihn gegen die Wand und sahen die Überraschung in seinem Gesicht: weil wir nicht waren, wofür er uns gehalten hatte.

17. Februar 1975

SHORT CREEK, ARIZONA

Ruth kontrolliert die Bestellscheine, während Samuel und Loretta die Ware zusammensuchen, die schweren viereckigen Eimer von den Paletten wuchten und sie neben dem Garagentor stapeln, wo bereits die Säcke stehen. Es ist noch früh – sie stehen um fünf Uhr morgens auf, und Ruth klopft alle zwei Minuten an Lorettas Tür, wenn sie nicht erscheint. Ihr Atem bildet Wölkchen im eisigen, gelblichen Licht. Die Garage ist riesig, groß genug für zwei Autos, mit Betonboden, nackten Gipskartonwänden und Paletten voll Weizen, Gerste, Mehl, Hafer, Milchpulver.

Samuel hievt einen dritten Eimer Naturreis auf einen Stapel und macht sich auf den Weg zurück zur Palette, während Loretta mit einem Sack Hafer an ihm vorbeikommt.

»Dort fehlt noch eine Milch«, sagt Ruth.

Samuel verdreht die Augen in Lorettas Richtung und

murmelt leise: »Was? Noch eine?« Ruth wirft ihm einen strengen Blick zu.

»Die Bestellung ist für das Altersheim in Cedar«, erklärt sie. Das ist neu, denkt Loretta. Ausnahmsweise keine Familie mit zwanzig Kindern, sondern ein Großkunde, ein richtiges Unternehmen. Bestimmt ein weiteres Anzeichen für die Segnungen, die der Familie zuteilwerden, seit sie angefangen hat, nach dem Grundsatz der Vielehe zu leben.

»Ein Altersheim?«, fragt Loretta.

»Ein Altersheim«, bestätigt Ruth und zeigt dann mit ihrem handgespitzten Bleistiftstummel auf einen Hafersack. »Das müssen zehn Kilo sein, nicht fünf.«

Bei allem, was Loretta bezüglich dieses Lebens erwartet und befürchtet hat, hat sie eines nicht vorhergesehen: wie sehr Zion's Harvest jeden Tag dominiert. Der Lebensmittelhandel bestimmt den Zeitplan der ganzen Familie – Vorbereitung der Lieferungen am Morgen, Inventur und Auffüllen der Lagerbestände am Nachmittag, und dazwischen die eigenartige Pufferzeit am Mittag, in der Ruth zum schweigenden Studium der Schriften aufruft und dafür ein Buch aus der Bibel oder dem Buch Mormon, der Köstlichen Perle oder Lehre und Bündnisse festlegt. Die kleinsten Kinder beschäftigen sich still mit den zum Buch Mormon gehörenden Malbüchern, aber schon von Elizabeth und Dean junior mit ihren neun und sieben Jahren wird erwartet, dass sie die Mittagsstunde mit dem Lesen der heiligen Schriften verbringen und dabei mit dem Zeigefinger die winzigen Textzeilen nachfahren. »Und wenn ihr sagt, es gebe kein Gesetz, so sagt ihr damit, dass es keine Sünde gibt.« Für Loretta ist es die schlimmste Zeit des Tages, weil sie ihr verdeutlicht, dass kein Zipfel ihres Lebens mehr ihr gehört.

Der neue Fahrer kommt um sieben. Der letzte hat im Januar gekündigt, und Dean behauptet, er sei zu beschäftigt, um persönlich die Ware auszuliefern und zu kassieren, was Loretta nicht ganz versteht. Jeden Tag fährt er nach dem Frühstück in seinem großen Pick-up davon und kommt erst zum Abendessen zurück. Ruth sagt, er rekrutiere neue Kunden, putze Klinken, baue das Geschäft weiter aus, tue all die wichtigen Dinge, die gern unterschätzt würden. Vielleicht funktioniert es ja, der Umsatz ist gestiegen. Im Dezember hat Dean die monatliche Spende an den Vereinigten Orden im Vergleich zum November verdoppeln können. Alle brauchen jetzt ihren »Jahresgrundstock«, ihre Absicherung gegen Katastrophen, ihren Vorrat für die letzten Tage der Menschheit, aber in dieser Gemeinde werden sämtliche angelegten Vorräte umgehend von den riesigen, heißhungrigen Familien aufgefressen. Dagegen kommt niemand an. Das Geschäft hat daher immer schon floriert, doch seit Dean auch die Berechtigung zur Annahme von Lebensmittelmarken beantragt hat, boomt Zion's Harvest regelrecht.

Als Dean vor einigen Wochen beim Abendessen von der Kündigung des Fahrers erzählt hat, hat Loretta angeboten, dass sie die Ware ausliefern könnte. Ruth hat ihr über den Tisch hinweg einen finsteren Blick zugeworfen, und die Kinder haben aufgehört zu essen.

»Was denn?«, hat Loretta gefragt und das Gefühl gehabt, schon wieder ein Tabu gebrochen zu haben, auch wenn sie keine Ahnung hat, welches. Tabus lauern überall.

Dean hat innegehalten, einen Brei aus halb gekautem Essen im Mund.

»Wir brauchen dich hier«, hat er schließlich gesagt.

Sie vervollständigen die Lebensmittelstapel, indem Samuel und Loretta gemeinsam die letzten Dreißigkilosäcke nach vorn tragen, während Ruth noch einmal ihre Liste durchgeht. Nachdem sie zufrieden ist, klebt sie eine Rechnung an jeden Stapel. Im Haus kochen die Mädchen Haferbrei, den gleichen faden Schleim, mit dem jeder fade Tag beginnt, nur mit Honig und Milchpulver, weil Ruth behauptet, durch Industriezucker würde Luzifer Krebs über die Menschen bringen. Sie ist besessen vom Thema Krebs und den vermeintlichen Auslösern: Zucker, zu viel Fleisch, Sünde. Dean ist oben im ersten Stock und betet und studiert die Schriften. Er gehört jetzt dem Ältestenrat an, wie er gern und häufig anmerkt.

Heute sind acht Bestellungen auszuliefern: Die Senioren vom Jordan-Pflegeheim bekommen Weizen, Reis, Hafer, Milchpulver, braunen Zucker und die Spezial-Gewürzmischung; die Johnsons bekommen Puffreis-Frühstücksflocken, Milchpulver, Trockenzwiebeln und verschiedene Fertigsuppen; die Hales bekommen von allem etwas, von manchem sogar die doppelte Ration, da Bruder Hale vier Frauen und vierunddreißig

Kinder hat; die Millers probieren es mit der fleischlosen Bulgur-Mischung; das Gemeindehaus bekommt das wöchentliche Gesamtpaket, das Ruth »Manna« getauft hat, bestehend aus jedem Artikel, den sie auf Lager haben. Und dann sind da noch die Einzelbestellungen, der Kleinkram.

An diesem Nachmittag und am nächsten Morgen werden sie die bisher größte Bestellung vorbereiten: drei Mannas fürs Bezirksgefängnis. Ein neuer Jahresvertrag. Manchmal bedankt sich Dean in seinen Gebeten für diesen Geschäftsabschluss.

Loretta, Samuel und Ruth gehen ins Haus und essen den Pferdefraß, den die Mädchen zubereitet haben. In ihrer Fantasie flieht Loretta in ihre Zukunft, in der das Frühstück ein köstlicher Genuss sein wird, ein Festmahl aus Früchten und Marmelade und Zucker, aus löffelweise krebserregenden Süßigkeiten. Dann hören sie Autoreifen auf dem Kies, der neue Fahrer ist da. Sie gehen zurück in die Garage, und Ruth rollt das Tor hoch. Als Loretta nach draußen späht, stockt ihr der Atem, denn dort ist er und lehnt an seinem Pick-up, die Beine gekreuzt, den Daumen in seine Gürtelschlaufe geschoben. Dieses plötzlich durchbrechende teuflische Lächeln. Die hellen Augen. Bradshaw.

Als Loretta elf Jahre alt wurde, hat ihre Mutter ihr ein Tagebuch zum Geburtstag geschenkt. Sie hat hineingeschrieben: »Ich liebe den Herrn mehr als alles andere, außer Mom und Dad, vielleicht liebe ich sie alle drei gleich, und danach kommen meine Geschwister, zuallererst Tommy.« Tommy, der Älteste, der fortgegangen ist und den Kontakt zur Familie abgebrochen hat. Hat sie den Herrn damals wirklich so sehr geliebt? Oder hat sie nur gewusst, was von ihr erwartet wurde? »Wenn ich in der Kirche die Lider singe, spüre ich den Geist in mir. Mein Lieblingslid ist Forwärts Christi Streiter und Gott sei mit euch, bis wir uns wiedersehen.« Den ganzen Tag hat sie Kirchenlieder vor sich hin gesummt. Damals, als elfjähriges Mädchen. Jetzt findet sie sie deprimierend.

Manchmal, wenn Loretta nachts nicht schlafen kann, geht sie ihren Schuhkarton mit Habseligkeiten durch. Alles, was ihr gehört – alles, was sie ausmacht –, ist winzig und vergänglich. Der Inhalt des Schuhkartons ist alles, was sie von zu Hause mitgebracht hat, abgesehen von ihrer Kleidung und einem Satz Buntpapier und Kohlestiften, einem Geburtstagsgeschenk ihres Vaters. Nur ein einziges Mal hat sie versucht, etwas zu zeichnen: eine halbe Katze, so unförmig, dass sie wieder aufgegeben hat. Nachdem sie sich sämtliche Gegenstände im Karton angesehen hat – die Fotos von sich als Kleinkind und vom längst verstorbenen Familienhund, den Christbaumschmuck, die Pfeilspitzen –, liest sie jedes Mal ihr Tagebuch, und der letzte Eintrag in dieses Tagebuch, der letzte von siebzehn, aus Gründen, an die sie sich nicht mehr erinnert, ist eine Liste mit Eigenschaften, die er haben soll, »der Mann, den ich einmal heirate: rechtschaffen, lieb, gutaussehend, stark, ein guter Sänger, ein Held, ganz für mich allein!!!!«.

Bradshaw grinst und sagt mit schiefem Mund: »Hey, Leute. Mein Name ist Rex Baker. Ich bin dann wohl euer neuer Fahrer.«

Loretta wackeln die Beine, in ihrem Kopf macht sich nervöses Chaos breit. *Rex Baker?* Ruth nickt und ruft die Kinder, die alle zum Helfen kommen – sogar Benjamin tapst herbei. Ruth betrachtet die gestapelten Lebensmittel und stellt gedanklich Berechnungen an. Bradshaw zwinkert Loretta unterdessen verstohlen zu. Sie hat das Gefühl, dass sie gleich in Ohnmacht fällt.

Während er die Heckklappe seines Pick-ups öffnet, fragt Bradshaw: »Wie heißt'n ihr alle?«

»Machen Sie sich darüber keine Gedanken, Mr Baker«, antwortet Ruth.

»Kein Problem. Okay, kein Problem.« Er hält die Hände hoch, als wollte ihn jemand verhaften. »Nichts für ungut, Ma'am. Wollte mich nur'n bisschen gesellig zeigen.«

»Schon in Ordnung.«

»Ich hab Verwandte unten bei den LeBarons, müssen Sie wissen. In Mexiko. Von mir haben Sie nichts zu befürchten.«

Mit einem knappen Nicken kontert Ruth seinen Versuch, sich bei ihr beliebt zu machen, aber Loretta weiß, dass er nicht so leicht aufgeben wird. Sie weiß auch, dass er gerade gelogen hat, zumindest wenn das, was er ihr vorher erzählt hat, die Wahrheit war: dass er in Cedar City aufgewachsen ist, ganz nah dran an der Welt von Short Creek und doch nie Teil von ihr, geschweige denn von Ervil LeBarons Welt in Mexiko. LeBaron und seine Anhänger mit ihren Waffen und ihrer Offenbarung halten sich für die wahrsten der wahren Gläubigen und warten ungeduldig auf die Apokalypse.

»Ich bin nicht irgend so ein Außenseiter«, fügt er hinzu. Loretta hat plötzlich ein Bild von ihm im Kopf, wie er draußen vor einem Fenster steht, einem beleuchteten Fenster in dunkelster Nacht, und hereinblickt. *Rex Baker.* Sie muss unbedingt daran denken, ihn Baker zu nennen.

Es ist ihre Nacht. Dean kommt gegen acht herein, während sie so tut, als würde sie das Buch Mormon lesen. Seine Füße sind nackt und weiß, und seine Ärmel bis zum Bizeps aufgerollt. Sie weiß, dass er sich die Füße und Hände gewaschen, sich die Unterarme eingeseift und Gesicht und Hals gereinigt hat. Er lächelt ihr müde zu, mit gesenktem Kopf, und sinkt dann in den Schaukelstuhl. Seine Knie stehen seitlich ab wie Ellbogen, und er umfasst sein Kinn mit einer Hand und reibt es sorgenvoll.

»Der neue Mann macht einen annehmbaren Eindruck«, sagt er mit seiner bedächtigen, tiefen Stimme. »Hat alle Lieferungen erledigt. Sehr annehmbar.«

»Ja?«, erwidert sie und gibt vor, in einen Textabschnitt vertieft zu sein, den sie noch nicht ganz verinnerlicht hat. »Gut.«

»Ja, der Kerl ist in Ordnung.«

Seit dem Abend ihrer Eheschließung hat Dean sie

nicht mehr berührt, auch wenn er zweimal pro Woche ihr Zimmer aufsucht. »Wir sind jetzt Partner, du und ich«, sagt er manchmal. »Partner in jeglicher Hinsicht.« Er hat sie nicht berührt und auch nicht sein Versprechen an ihren Vater erwähnt oder seine Begierde. Stattdessen sitzt er bei seinen Besuchen im Schaukelstuhl und reibt systematisch seine Fingerknöchel, wandert von Knöchel zu Knöchel, von Finger zu Finger, und spricht über Themen, die ihn gerade beschäftigen, oder macht simple, nichtssagende Bemerkungen. Obwohl er sie regelmäßig nach ihrer Meinung fragt, sagt sie nur wenig, liefert ihm nur die Zustimmung, die er braucht, und zieht sich ansonsten in sich selbst zurück. Sie spürt, dass er stolz ist auf seine Selbstbeherrschung, dass er glaubt, sie werde belohnt.

An diesem Abend streckt er die Beine und gähnt.

»Ich fürchte, ich bin ein wenig in Bedrängnis geraten«, erzählt er. »Eine ziemliche Zwickmühle.«

Er wartet. Loretta klappt ihr Buch zu und fragt: »Was ist denn passiert?«

»Die Ältesten verlangen mehr von mir, als ich für angemessen halte. Mehr als meiner Ansicht nach das Gesetz der Weihung erfordert.«

Das Gesetz der Weihung. Darüber predigt Onkel Elden ständig von der Kanzel herab, genau wie über das Gesetz der Keuschheit, das Sexualverkehr nur in der Ehe erlaubt, und das Gesetz der Sarah, das Ehefrauen das Recht gewährt, Schwesterehefrauen abzulehnen. Das Gesetz der Weihung ist grundlegend für die Überzeugung der hiesigen Gläubigen, dass sie anders sind, besser, rechtschaffener, denn jeder von ihnen teilt seinen gesamten Wohlstand mit den Ältesten, die ihn verwalten und nach Bedarf an die Familien zurückgeben. Wir sind eine Gemeinschaft Gottes, predigt Onkel Elden, und keine Gemeinschaft menschlicher Gelüste.

»Sie verlangen von mir, dass ich die mit Zion's Harvest erzielten Einkünfte komplett an sie abtrete«, sagt Dean mit klagendem Unterton. »Sie verlangen Einsicht in meine Geschäftsbücher.«

Loretta stutzt in Gedanken: Schreibt das nicht das Gesetz der Gemeinde vor? Und ist Dean nicht ein Ältester dieser Gemeinde?

»Dabei gebe ich schon jetzt mehr als das Doppelte des Zehnten ab, den ich vor unserer Eheschließung geleistet habe«, sagt er. »Meine Seele hat zu kämpfen, kleine Schwester, weil sie nicht versteht, was noch alles von mir verlangt wird.«

»Musst du nicht alles abgeben?«

»Das behaupten sie, ja.« Er fummelt mit seiner Zunge an einem Backenzahn herum und sagt dann mit anschwellender, schneller werdender Stimme: »Ist es nur Habgier, die mich dazu bringt, nach dem Warum zu fragen? Gibt es keinen Punkt, an dem ich meinen Anteil geleistet habe, mehr als meinen Anteil, viel mehr sogar, und den Rest behalten darf, ohne gleich mangelnder Rechtschaffenheit bezichtigt zu werden?«

Er verstummt, als wäre es ihm peinlich, sich derart offenbart zu haben. Loretta weiß nicht, was sie sagen soll. Damit hat sie nicht gerechnet. Bisher hat Deans zunehmender Wohlstand – seine Heirat mit ihr, das Wachstum von Zion's Harvest, seine Wahl in den Ältestenrat – den Anschein erweckt, ein großes Glück für ihn zu sein, ein unerwarteter Zuwachs an Ansehen und Autorität. Und doch wirkt er, wie er nun dasitzt, sich die Schläfen reibt und tief durch die Nase ein- und ausatmet, wie ein zutiefst bekümmerter und missverstandener Mann. Sie weiß, dass er Gold gekauft hat, weil er Papiergeld misstraut. Er erwirbt ausschließlich Goldadler-Münzen von einer Unze, denn alttestamentarische Bibelverse besagen, dass man »nicht zweierlei Gewicht« in seinem Sack haben soll, sondern ein »völlig und recht Gewicht«. Er tritt das Gold nicht an die Brüder ab. Bezahlt keinen Zehnten davon. Er behält es für sich.

»Mir scheint, dass honoriert werden sollte, was du leistest«, sagt sie langsam, woraufhin sich Dean in seinem Stuhl aufsetzt.

»Das scheint mir auch so«, entgegnet er. »Absolut. Es ist nicht so, als wollte ich die Gemeinde nicht unterstützen oder meinen Wohlstand nicht teilen. Und es ist hoffentlich auch nicht so, dass ich mir aus reiner Eitelkeit oder obszöner Gewinnsucht diese Gedanken mache. Meine Seele kämpft, Loretta, und ich habe lange gebetet. Ich habe nicht den Wunsch, irgendetwas für mich zu behalten, was der Herr nicht für mich vorgesehen hat.«

Er beugt sich im Schaukelstuhl vor und stützt die Ellbogen auf die Knie. Verengt die Augen, senkt seine Stimme und sieht sie mit einer Intensität an, die er für

Zeiten größter spiritueller Tragweite reserviert – wenn er glaubt, dass man ihm zuhört, auf der Kanzel oder beim Gebet. In solchen Momenten überkommt ihn ein solcher Ernst, ein solcher Sinn für die eigene Wichtigkeit, ein solches Bewusstsein für das eigene Auftreten, dass seine verwundbarste Stelle in aller Deutlichkeit zutage tritt: seine Auffassung von sich selbst als rechtschaffener Mann.

»Es entspricht dem Wunsch des Herrn, dass ich einen Teil der Früchte meines Wohlstands für meine Familie behalte, davon bin ich überzeugt«, sagt er.

Loretta nickt. Natürlich entspricht das dem Wunsch des Herrn. Die Frage ist nur, wie Dean diese Überzeugung vor sich selbst rechtfertigen wird. Sie denkt an sein Büro mit den abgeschlossenen Schubladen und Aktenschränken. Sie denkt daran, dass er die Schlüssel für den Pick-up und den Kombi versteckt wie wertvolle Schätze. Sie denkt daran, wie er in sein Büro geht, die Tür hinter sich schließt und mit gefalteten Geldscheinen wieder herauskommt, wenn er Loretta oder den Kindern für irgendetwas Geld gibt – für Ruth gilt das nicht, Ruth genießt sein Vertrauen. Sie denkt an den dicken Holzpflock, der das Schiebefenster ihres Zimmers blockiert. Dean hat ihn selbst zurechtgesägt und ist mit einer Leiter zu ihrem Fenster im ersten Stock hinaufgestiegen, um ihn dort anzubringen, sodass sie das Fenster selbst an heißesten Tagen nicht aufschieben kann. Sie denkt an das Gold. Einen Sack Gold wie im Märchen. Sie denkt daran, Dean das Gold wegzunehmen und es für sich zu behalten.

»Würde der Herr mich nicht für meinen Erfolg segnen wollen? *Uns* dafür segnen wollen?«, fragt Dean.

»Doch, das würde er, Dean. Ja. Er würde wollen, dass wir alle gesegnet sind.«

22. März 1975
GOODING, IDAHO

Jason und sein Freund Boyd streichen Strychninpulver durch ein Sieb in die Quetschgerste, wobei sie Handschuhe und Mundschutz tragen. Wie Chirurgen im Fernsehen, denkt Jason. Im Schuppen hängt der schwere Geruch von Staub und Petroleum, Holz und Maschinen in der Luft. Draußen ist es so heiß wie im August, und die Hasen vermehren sich in der Wüste wie Insekten. Sie sind nun schon seit Wochen aktiv, hoppeln durch die Salbeibüsche, jagen einander hinterher und stoppen ab, um sich wie Boxer gegenseitig mit den Vorderpfoten zu knuffen, die Weibchen, um die Männchen abzuwehren, die Männchen vor lauter Lust.

»Wie die Karnickel«, hat Jasons Mom vor ein paar Wochen zu ihm gesagt, als sie die Tiere im Heuschober neben dem Kuhstall erwischt haben. »Jetzt weißt du, woher das kommt.«

»Woher was kommt?«, hat Jason sarkastisch gefragt.

Seine Eltern sind so lächerlich. Manchmal glaubt er, daran ersticken zu müssen – an seinen lächerlichen Eltern, an ihrer lächerlichen Kirche, an dieser lächerlichen Farm und diesem lächerlichen Ort.

»Das ist Kaninchenmord, was wir da machen«, sagt Jason, während er den letzten Sack auf den Anhänger wuchtet. »Füttere dieses dämliche Tier, töte jenes dämliche Tier, melke das andere dämliche Tier, vergifte dieses dämliche Tier.«

Er räuspert sich und spuckt eine staubige Schleimspur auf die Erde, wo sie sich ringelt und dunkel wird, wie ein Wurm. Er mag die Hasen irgendwie.

»Also *ich* liebe Kaninchenmord«, sagt Boyd, der neuerdings ständig widerspricht. »Am liebsten würde ich rund um die Uhr Kaninchen ermorden.«

Es ist spät am Samstagnachmittag. Jason hat eigentlich gehofft, mit dem Chrysler LeBaron nach Twin Falls fahren und vielleicht dortbleiben und sich *Der weiße Hai* ansehen zu können. Stattdessen hat ihm sein Vater diesen Auftrag erteilt. Jedes Wochenende Zusatzaufgaben – die Strafe dafür, dass er sein Missionsgeld für Achtspurkassetten ausgegeben hat und für Hamburger im Oh-So-Good Inn und für Benzin, um auf der Main Street hin- und herzufahren. Es ist über einen Monat her, dass seine Mom den Stapel Achtspurkassetten in seinem Kleiderschrank gefunden hat – Bowie und BTO, The Sweet und die Doobie Brothers –, woraufhin eins zum anderen führte. Jetzt weiß sie, dass das meiste Geld auf seinem Sparkonto weg ist, Geld, das er verdient hat, indem er seine eigenen Rinder gezüchtet und auf Viehauktionen versteigert hat. Er hätte es eigentlich für seine zweijährige Mission sparen sollen, der Heidenbekehrungsmission, zu der alle männlichen Mormonen mit neunzehn Jahren aufbrechen. Jason weiß bereits, dass er nicht auf Mission gehen wird, aber seine Eltern wissen es noch nicht. Deshalb sind sie durchgedreht, als sie das mit dem Geld herausgefunden haben. Jetzt brummt ihm sein Vater jedes Mal, wenn er fragt, ob er irgendwohin darf, irgendeine lästige Pflicht auf. Zum Beispiel die, Hasen zu vergiften.

»Die kleinen Drecksviecher kriegen von uns die volle Dröhnung«, verkündet Boyd und grinst hinter seinem Mundschutz.

Jasons Vater will zuerst das Gift ausprobieren. Wenn das nicht hilft, werden sie zu anderen Methoden greifen – Fallen, Arsen, Jagd. »Gift wirkt am besten«, hat er gesagt, »aber es wirkt leider auch auf alles andere. Hunde. Vögel. Man tötet quasi alles, nur weil man das eine töten will.«

Alle Farmer versuchen, die Hasen von ihren Gärten und Feldern fernzuhalten, und keiner schafft es. Zäune. Blutmehl in den Gärten. Nächtliche Fahrten in die Wüste mit Taschenlampen und Gewehren. Die Hasen kommen trotzdem.

Boyd wirft seine dichten schwarzen Ponyfransen zurück und fügt hinzu: »Sollen sie aus ihren kleinen Hasenärschen verbluten.«

»Wie reizend«, erwidert Jason. »Du Naturbursche.«

Boyd ist halb Shoshone und seit einiger Zeit ziemlich politisch. »Mir ist mein Erbe bewusst geworden«, erklärt er manchmal, mit gespielt ernstem Tonfall, der nicht etwa bedeutet, er meine es nicht ernst. Jeden Tag scheint er sich für eine neue Sache zu engagieren: das American Indian Movement, das Massaker von My Lai, das Pine Ridge Reservat, die Watergate-Prozesse. Boyd will Leonard Peltier befreien, ist gegen die Regierung und wettert gegen die Verschwörung zur Vertreibung Farbiger aus den Innenstädten. Für Jason ist das alles Neuland. Er selbst ist in einem warmen Kokon aus Familie, Glauben und konservativen Ansichten groß geworden. Aber er hört Boyd gern zu, so rätselhaft ihm dessen Ausführungen auch sind. Sie geben ihm das Gefühl, ein Rebell zu sein, ein Gesetzloser.

Sie koppeln den Anhänger an den Traktor, Boyd setzt sich auf den Radkasten und Jason fährt auf die Landstraße hinaus. Sie legen die fünfhundert Meter zu Grandpas Haus zurück, einem kleinen quadratischen Backsteingebäude inmitten einer Rasenfläche voller Unkraut, die an den Rändern in die umliegenden Felder übergeht. Ein Lastwagen fährt vorbei und hupt. Jason biegt ab und folgt dem Feldweg auf die Äcker und Wiesen hinaus. Sie rumpeln eine Viertelstunde dahin, bis sie die Südgrenze der neunhundertachtundvierzig Hektar Land der Harders erreicht haben, wo sie anfangen, entlang der Außenlinie der Familienfelder Gift zu streuen.

Jason fährt langsam dahin, während Boyd eine Spur aus Gerstenkörnern auf den Boden schüttet und die schwarze Erde damit markiert, als würde er Kreidelinien auf ein Baseballfeld malen. Der Traktor rattert und vibriert und stinkt nach verbranntem Motoröl. So früh im Jahr wächst zwar nur Winterweizen, aber Grandpa hat gesagt, dass sie vielleicht genug Hasen töten können, um den Rest abzuschrecken, wenn sie jetzt schon anfangen. Als die Sonne untergeht, halten Jason und Boyd inne und blicken über die Wüste, die sich nach Westen hin erstreckt. Der runde Sonnenball berührt den geriffelten Horizont, die Schatten drehen sich in ihre Richtung und dunkle Punkte flitzen über den Wüstenboden.

»Hier, Häschen, Häschen, Häschen«, lockt Boyd.

Als sie mit dem klappernden leeren Anhänger zu Grandpas Haus zurückkehren, liegt heller, geisterhafter Staub in der Luft. Boyd pfeift schräg eine Nummer von Led Zeppelin vor sich hin – *Going to California* –, und Jason hört ein Geräusch, das er nicht identifizieren kann. Ein Keuchen oder Husten. Dann sieht er seinen Großvater auf allen vieren auf dem Rasen kauern.

»Heilige Scheiße«, sagt Boyd und springt vom Radkasten. Nachdem Jason den Motor des Traktors ausgestellt hat, hört er seinen Großvater würgen. Der alte Mann dreht ihnen das Gesicht zu, und Jason ist erschrocken über die Angst, die sich darin abzeichnet, die Anspannung, die weit aufgerissenen Augen. Der Schreck lässt ihn auf dem Traktorsitz verharren, bis Boyd ihn anblafft: »Hey!«

Sie verfrachten Grandpa in seinen Pick-up, schieben ihn in die Mitte und stützen ihn von beiden Seiten. Jason fährt. Grandpas Atmung wird allmählich langsamer, weniger hektisch.

»Geht es Ihnen so weit gut, Mr Harder?«, fragt Boyd.

Grandpa nickt. »Kann … kann nicht richtig atmen«, flüstert er.

»Ach nee«, erwidert Boyd, und Jason rügt ihn: »Sei kein Klugscheißer.«

Grandpa kichert. Hustet und hustet.

»Tut mir leid«, sagt Boyd kleinlaut und klingt, als würde es ihm ausnahmsweise wirklich leidtun.

»Nein, nein«, flüstert Grandpa. »Bleib ruhig weiter ein Klugscheißer.« Er kichert und hustet.

Sie erreichen den Ortsrand. Auf einer kleinen Anhöhe zur Rechten steht die verlassene Tuberkulose-Klinik wie ein baufälliges Schloss. Der Highway 10 wird zur Main Street, und Jason bremst kaum ab, als sie an der Leuchtreklame des Bowlingcenters vorbeikommen, an der grellen Neonlicht-Insel des Oh-So-Good Inn, dem Safeway-Supermarkt und der Mormonenkirche, am Händler für landwirtschaftliche Geräte und an der staatlichen Schule für Taube und Blinde. Sie biegen Richtung Osten ab, fahren weitere vier Häuserblocks und halten vor dem kleinen, einstöckigen Backsteinkrankenhaus. Gooding Memorial Hospital.

Sie helfen Grandpa hinein, wo er zur Untersuchung mitgenommen wird, und setzen sich unter surrenden Neonröhren auf zwei Plastikstühle. Jason hat das Gefühl, dass es vieles gäbe, was er tun oder sagen könnte, weiß jedoch nicht, womit er anfangen soll.

»Wär' vielleicht nicht schlecht, wenn du deine Alten anrufen würdest«, merkt Boyd an.

Jason hat seinen Großvater noch nie unterwürfig oder bedürftig erlebt. Wo auch immer sie hingehen, wird er als Anführer begrüßt, als Patriarch, als Mann, auf den man sich verlassen kann. Viele Leute scheinen ihn für gütiger zu halten, als er ist, aber selbst das trägt in Jasons Augen zu seiner Autorität bei. Sein Großvater kann im Handumdrehen einen Hund treten oder ein Kind ausschimpfen. Jason hat einmal gesehen, wie er einen Hilfsarbeiter entlassen hat, weil der sich von der Milch bediente. Dabei wusste jeder, dass er sich Milch nahm, es wurde sogar erwartet. Doch eines Tages beobachtete Grandpa, wie Bart einen leeren Krug aus seinem Pick-up holte, ihn am Milchtank in der Scheune füllte und wieder mit nach draußen nahm. Grandpa räusperte sich und kratzte verärgert seinen Handrücken. Dann ging er zu Bart und blaffte: »Was schuldet dir mein Sohn noch an Lohn?«

Bart tat Jason natürlich leid, allerdings nicht so sehr, dass dies seine Bewunderung für seinen Großvater geschmälert hätte. Es war gemein, den Hilfsarbeiter zu feuern, aber nicht schwach. Das war ein paar Monate vor Evel Knievels Canyon-Sprung gewesen. Jason hatte seine Eltern um Erlaubnis gebeten, hinzufahren, und seine Mom hatte Nein gesagt mit der Begründung: »Wir wollen doch den Sabbat heiligen.« In seinen Eltern war die Überzeugung herangereift, dass sein Interesse an »weltlichen« Dingen – an Draufgängern und Rockmusik und Romanen über Hobbits und den leichten und angeblich willigen Mädchen von Wendell – allmählich außer Kontrolle geriet. Voller Wut hatte Jason gedacht: *Sobald ich von hier weg bin, werde ich sonntags alle möglichen sündigen Dinge tun.* Aber das hatte er natürlich nicht gesagt. Er hatte gesagt: »Okay.« Und dann war sein Großvater gekommen und hatte ihm gezeigt, was man tut, wenn man etwas tun will. Man tut es einfach.

Ab da fing Jason an, sein Missionsgeld auszugeben.

Soweit er weiß, hat Grandpa nie jemandem von dem Tag erzählt, an dem sie losgefahren sind, um sich Evel Knievel anzusehen, und er ist auch nie wieder auf das Thema zu sprechen gekommen. Nur wenn er ihm hin und wieder beim Abendessen zuzwinkert, hat Jason das Gefühl, dass ihr Geheimnis für einen flüchtigen Moment wieder heraufbeschworen wird. Der einzige Mensch, dem er selbst davon erzählt hat, ist Boyd, aber das bereut er bereits. Vor dem Canyon-Sprung hat sein Freund Evel Knievel lediglich als Angeber und Trottel abgetan. Seither kennt er keine Gnade mehr.

»Fünfundzwanzig Dollar!«, höhnte er, als Jason ihm am Telefon von seinem Ausflug berichtete. »Das Geld hättest du genauso gut verbrennen können, wenn du mich fragst.«

»Es war nicht mein Geld.«

»So was von lächerlich, die ganze Aktion. Ich hätte mir fast in die Hose gemacht.«

»Wie üblich.«

Jason flüsterte seine Antwort, weil er zu dem Zeitpunkt gerade in der Küche stand, das lange grüne Telefonkabel um den Arm gewickelt. Seine Mutter kam herein und stellte eine Topfpflanze in die Spüle, woraufhin Jason die halbe Wand umrundete, die Küche und Wohnzimmer trennte.

»Hast du dich schlappgelacht?«, fragte Boyd. »Ich wette, du hast dir den Arsch abgelacht.«

Jason hat sich ganz und gar nicht den Arsch abgelacht. Er hat das, was passiert ist, als Übelkeit erregendes Pochen unter dem Brustbein empfunden. An jenem Tag am Canyon gab es einen Moment, in dem er sich sicher war: Evel Knievel wird über den Canyon springen. Diese Überzeugung gedieh kurzzeitig in ihm und stellte sich als so falsch heraus, wie eine Überzeugung nur sein kann. Weil Jason daran gewöhnt ist, Ereignissen eine Bedeutung beizumessen – Geschichten eine Moral anzuheften, Gottes Hand in den kleinsten Dingen zu erkennen –, hat er beschlossen, dass dieser Irrtum etwas über ihn verrät, etwas Großes und Definitives und Grundlegendes. Nämlich das Unvermögen, klar zu erkennen, was er vor sich hat.

Jasons Eltern treffen im Krankenhaus ein und bleiben am Rand des Wartebereichs stehen, der nicht einmal ein Zimmer ist, nur eine durch einen dünnen Läufer und zwei Kunstledersofas gekennzeichnete Ecke. Sein Vater räuspert sich. »Und?«

»Weiß nicht genau«, antwortet Jason. »Die machen da drinnen irgendwas mit ihm. Es sollte eigentlich jemand rauskommen und uns sagen, was los ist, aber es ist schon ungefähr eine Stunde her, dass sie ihn mitgenommen haben.«

Seine Eltern stellen sich hinters Sofa, als wollten sie

gleich wieder gehen. Jasons Vater ist groß und schlank, in der Körpermitte jedoch ein wenig eingesackt, und errötet bei jeder Gelegenheit. Jasons Mutter ist kleiner, hübsch aus der Ferne und reizlos aus der Nähe. Sie hat etwas Pragmatisches, Wortkarges an sich mit ihren kurzen braunen Haaren, ihrer kleinen Nase und ihren haselnussbraunen schmalen Augen.

Die beiden setzen sich, und Jasons Mutter überschüttet ihn mit Fragen: Wie sie ihn gefunden hätten, wie schwergängig seine Atmung gewesen sei, ob er gesagt habe, was genau passiert sei, ob die Ärzte einen besorgten Eindruck gemacht hätten.

»Ich würde gern mit euch ein Gebet sprechen«, verkündet Jasons Vater.

Jasons Nacken kribbelt vor Scham, weil Boyd dabei ist und weil sie hier in der Öffentlichkeit sitzen, wo jederzeit jemand vorbeikommen kann. Aber er senkt den Kopf und verschränkt die Arme zur Gebetshaltung.

»Unser Herr im Himmel«, beginnt Jasons Vater mit seinem brummenden Bass, der klingt, als würde er jedes Wort aus einem tiefen Loch ziehen. »Wir treten heute Abend vor dich, um dich zu bitten, über unseren Vater und Großvater zu wachen und ihn in seiner schweren Zeit zu behüten.« Jason schielt zu Boyd hinüber und zieht eine Grimasse. »Wir bitten dich, o Vater, ihm die Kraft zu verleihen, gegen seine Gebrechlichkeit anzukämpfen, und uns dabei zu helfen, stark zu bleiben, damit wir ihm die Hilfe leisten können, die er braucht, und für ihn tun können, was er sein Leben lang für so viele andere getan hat. Im Namen Jesu Christi, Amen.«

In letzter Zeit spürt Jason bei jedem Amen einen kleinen Hohlraum in seinem Inneren, an der Stelle, wo früher etwas war. Schon vor Monaten hat er begonnen, sich von seinem Glauben zu lösen, Fragen zu stellen, zu zweifeln, sich zu langweilen. Drei Stunden Kirche am Sonntag, Familienabend am Montag, Jugendgruppe am Mittwoch, gefühlte fünf Millionen Gebete pro Tag. Er hat dieses Leben von allen Seiten beleuchtet und beschlossen, dass er es nicht will. Dass er anders sein will als die Mitglieder seiner Gemeinde und dass die Leute das merken sollen. Als ihm das klar geworden ist, war er bereits anders.

Mit acht Jahren ist er getauft worden. Er denkt oft an den damaligen Tag – an das schimmernde Taufbecken und das kratzige, frisch gewaschene Gefühl des Taufgewands, eines Ganzkörperanzugs aus Frottee. Das Becken war eine große, in den Boden eingelassene Wanne in einem kleinen Raum im Gemeindehaus, in dem Familienangehörige und Freunde auf Klappstühlen saßen. Nachdem der Bischof ein Gebet gesprochen und aus der Heiligen Schrift vorgelesen hatte, trat Jason an den Rand des Beckens, von dem aus gekachelte Stufen hinunterführten. Sein Dad wartete unten, bis zur Taille im Wasser, die Hände vor dem Körper gefaltet und die Ärmel seines Gewands dunkel vor Nässe. Er war ernst und lächelte nicht, aber Jason wusste trotzdem, dass es ein freudiger Moment für ihn war. Während Jason ins Wasser hinunterging, hatte er das Gefühl, dass die Menschen um ihn herum immer höher stiegen – Mom in der ersten Reihe, mit Tränen in den Augen, Tante Bonnie und

Tante Jenna, jeweils mit Anhang, Freunde aus der Gemeinde. Dad las langsam das Gebet und legte Jason dann nach hinten in das kühle gechlorte Wasser und tauchte ihn unter. Als Jason wieder auftauchte, fühlte er sich wie ein geschmeidiges Tier, ein Gepard oder Puma, glitzernd und schnell. Beim Ausstieg aus dem Becken hing das Gewand schwer an seinem Körper, und er schlurfte zurück in den Umkleideraum, wo der Tag sich in die banalsten Sinneswahrnehmungen auflöste: sein an der feuchten Haut klebendes Anzughemd, der Geruch von Handtüchern und getragenen Socken, der Anblick der verschlungenen schwarzen Haarkringel auf der Brust seines Vaters, das Echo, als er mit seinem Kamm gegen das Waschbecken klopfte.

Mom machte Hackfleischpizza zum Abendessen, und Dad und sie schienen glücklicher über die Taufe zu sein als über alles, was Jason jemals geleistet hatte – viel glücklicher als über das Zeugnis voller Einsen, das er einmal mit nach Hause gebracht hatte, oder das Ehrenabzeichen, das ihm bei den Pfadfindern verliehen worden war. Er war jetzt ein vollwertiges Mitglied der Kirchengemeinde, verantwortlich für seine Sünden, die ins ewige Sündenregister eingetragen wurden. Als seine Mutter ihn an diesem Abend ins Bett brachte, sprach sie mit ihm über die Ewigkeit, über die niemals endende Zeit, die vor ihnen lag. Obwohl Dad der Patriarch war, war es Mom – die Konvertitin –, die am meisten mit ihm über Glauben und Rechtschaffenheit sprach und sich diese Themen im täglichen Leben am meisten zu Herzen zu nehmen schien.

»Von jetzt an hat dein Handeln immerwährende Folgen, mein Sohn«, sagte sie und strich ihm das störrische Haar glatt. »Wir können bis in alle Ewigkeit als Familie zusammenleben und müssen niemals getrennt sein, aber wir müssen rechtschaffen sein. Du musst rechtschaffen sein. Das wirst du doch, oder, mein Sohn?«

Was auch immer Jason in diesem Moment hätte empfinden sollen, er empfand es nicht. Aber weil es offenbar von ihm erwartet wurde, sagte er: »Ja, ich werde rechtschaffen sein, Mom.«

Der Arzt erscheint, gut aufgelegt und lächelnd, mit einer eckigen Metallbrille auf der Nase. Er teilt ihnen mit, dass Grandpa vermutlich ein fortgeschrittenes Lungenemphysem hat und mindestens noch einen Tag im Krankenhaus bleiben muss.

»Zur Beobachtung«, erklärt er nickend. »Und damit wir Bilder von seiner Lunge machen können.«

Ein Emphysem. Obwohl Grandpa nie geraucht oder in einer Asbestmine gearbeitet hat.

»Das kommt manchmal vor«, sagt der Arzt. »Ohne ersichtlichen Grund.«

Jasons Eltern wollen im Krankenhaus bleiben, also fährt Jason mit zu Boyd nach Hause. Er übernachtet gern bei Boyd, weil es dort keine Regeln gibt. Boyds Mom ist meistens nicht da. Wenn sie Unordnung machen, beschwert sich niemand, und beim Fernsehen muss er keine Angst haben, dass seine Eltern hereinkommen und mitten in einer Folge *Kojak* beschließen, dass es sich um eine »unangemessene« Sendung handelt.

Bei Boyd schieben sie sich zwei Tiefkühlpizzen in den Ofen und sehen fern, während Boyds Mom ihre Schicht im Lincoln Inn ableistet. Boyd thront im Schneidersitz auf dem Sofa – auf Indianerart, wie er sarkastisch sagt. Wo Jason schlaksig und unbeholfen ist, ist Boyd gedrungen und erdverbunden. Sein Kopf ist groß wie ein Medizinball, und er hat eine breite, flache Nase, dicke schwarze Haare, schwarze Augen und ein schiefes Lächeln, das früher schüchtern wirkte und jetzt trotzig. In der Schule nennen ihn die anderen Kinder »Häuptling« oder »Kleiner Bär«, worauf er antwortet: »Der war gut, George.« Oder: »Zum Kaputtlachen, George.« Nur Jason weiß, dass mit »George« Oberstleutnant George Armstrong Custer gemeint ist und dass Boyd insgeheim davon träumt, sich mit seinen indianischen Brüdern und Schwestern zu verbünden und die Gooding Highschool dem Erdboden gleichzumachen.

»Also: ja oder nein?«, fragt Boyd.

Ja oder nein – ihr altes rhetorisches Spielchen. Gott? Ja oder nein? Alles kann ein Argument dafür oder dagegen sein, von Corinne Jensens knallenger HASH-Jeans bis zu Evel Knievels gescheitertem Sprung über den Canyon.

»Das ist doch ätzend«, antwortet Jason. »Lass das jetzt.«

Boyd schüttelt den Kopf. »Wieso? Jetzt ist der perfekte Zeitpunkt.«

Jason starrt auf den Fernsehbildschirm. *Notruf California.* Die Sanitäter versuchen gerade, einen Feuerwehrmann wiederzubeleben, der in einem brennenden

Gebäude zusammengebrochen ist. Mithilfe von Elektroschocks sind sie dabei, sein Herz zu reanimieren.

»Diesmal bin ich für … ja«, erklärt Boyd.

Jason starrt ihn an.

»Weil das mit deinem Grandpa so durch und durch schlecht ist«, fügt Boyd hinzu. »So ordentlich. So sauber, so präzise. So *konstruiert*. Eine gottlose Welt wäre chaotisch. Widersinnig.«

»Und das mit ihm ergibt einen Sinn?«

Auf dem Fernseher erwacht der Feuerwehrmann hustend wieder zum Leben.

»Nein, es ist vollkommen unsinnig, geradezu pervers. Eine Krankheit, die er in keiner Weise verdient. Da hat der Kerl nie geraucht, und dann das.«

»Was es in einer gottlosen Welt tatsächlich nicht geben würde, wäre ein Sinn für Recht und Unrecht«, sagt Jason. »Selbst wenn es Ursache und Wirkung geben würde – was zählt, sind Recht und Unrecht. In einer gottlosen Welt würde das Böse triumphieren, und das Gute würde bestraft oder versklavt werden oder so. Oder unverdiente Krankheiten kriegen. Wie in Mordor.«

Boyd schüttelt den Kopf. »Du musst auch überall deine bescheuerten Hobbits unterbringen.«

Sie betrachten schweigend den Abspann: die zu einem Standbild der Tapferkeit, Anteilnahme und Freude erstarrten Sanitäter.

»Ich weiß nicht«, sagt Boyd. »Gott scheint es irgendwie total Spaß zu machen, sich mit den Leuten anzulegen. Vielleicht findet er das witzig, oder er verarscht uns aus purer Langeweile. *Uns* ist doch schon langweilig, wie viel langweiliger muss ihm dann erst sein?«

Eine Tampon-Werbung läuft, die das zweihundertjährige Jubiläum der Vereinigten Staaten zum Thema hat: eine Turnerin in makellosem Trikot, die durch wehende Flaggen springt.

»Mein Gott«, stöhnt Boyd. »Wenn wir tatsächlich alle so frei wären, müssten wir dann ständig daran erinnert werden? Laufen freie Menschen herum und reden die ganze Zeit über ihre Freiheit? Tampons und Freiheit, Hamburger und Freiheit – alles und Freiheit. Ein wirklich freies Volk würde doch gar nichts davon merken, weil es so vollkommen wahnsinnig frei wäre.«

Boyds Mom kommt nach Hause, als sie gerade *Saturday Night Live* schauen. Der Fernseher taucht den Raum in blaues Licht, und Boyds Mutter, eine Frau mit aufgedunsenem Gesicht und rauchiger Stimme, starrt schon darauf, bevor sie ihre Handtasche abstellt, wobei sie sich mit geraden Beinen nach vorn beugt. Ihre spröden, fusseligen Haare – braun wie das Fell eines Kaninchens – bedecken nur spärlich ihre Kopfhaut, und sie flucht mehr als jede andere Frau, die Jason kennt. Sie lässt sich in den Fernsehsessel plumpsen und schaut mit hängendem Kopf Richtung Bildschirm. Der Geruch, der von ihr ausgeht, ist süßlich und alkoholisch, vermischt mit Zigarettenqualm. Im Fernsehen hüpfen Belushi und ein paar andere in Bienenkostümen herum. Das Bild wird schlechter, und die quer verlaufenden Streifen durchschneiden die Szene und stellen sie vorübergehend schräg. Der Kopf von Boyds Mom sinkt nach vorn, bevor sie ihn abrupt wieder hebt. Sie steht auf und stützt sich mit der Hand am Sessel ab.

»Puh«, sagt sie. »Jungs, ich bin betrunken.«

Boyd lacht ausdruckslos, ohne den Blick vom Fernseher zu lösen. Seine Mutter steht wankend da und starrt zum Bildschirm. Jason findet sie düster und geheimnisvoll, diese Welt außerhalb seiner Welt.

»Bienen«, lallt Boyds Mutter.

21. Mai 1975
SHORT CREEK, ARIZONA

Auf dem Tisch im Esszimmer wartet ein Blechkuchen. *Herzlichen Glückwunsch zum Geburtstag, Tante Loretta,* steht mit Rosinen geschrieben darauf. Der Kuchen wartet dort und wartet, auf dem langen Holztisch mit den Sitzbänken, die aussehen wie in einem Kloster oder Zuchthaus. Wartet dort auf seinem Blech, schmucklos, auf einem rot-weiß karierten Geschirrtuch. Hier macht niemand viel Aufhebens um Geburtstage. Jedes Mal, wenn Loretta am Tisch vorbeigeht, will sie zur Tür hinausrennen, Bradshaw suchen und abhauen.

In seinen Briefen bittet er sie immer wieder, noch zu warten. Er sei dabei, etwas zur Seite zu schaffen. Ein bisschen Geld. Halte durch, Baby. Bald ist es so weit.

Er weiß nicht, dass heute ihr Geburtstag ist.

An diesem Morgen hat er wie immer die Lieferungen abgeholt, und Loretta hat ihm einen Zettel zugesteckt, als sie ihm einen Sack Reis übergeben hat. Er wiederum hat ihr eine Nachricht in die Hand geschoben, als sie zusammen eine Kiste mit kleineren Bestellungen zu seinem Pick-up getragen haben. Das machen sie fast jeden Tag – sich zuzwinkern, Zettel austauschen, sich verstohlen mit den Fingern streifen. Was Loretta für unmöglich gehalten hat, hat sich als simpel herausgestellt, genau wie es sich als simpel herausgestellt hat, dieses Leben zu führen. Sie weiß noch, dass sie sich gefragt hat, wie sie ihr wahres Ich vor diesen Leuten verbergen soll, nur um festzustellen, dass es ganz leicht ist, weil ohnehin nie jemand etwas über sie wissen will.

Wenn Dean an diesem Abend zu ihr kommt, wird es umso mehr so sein. Nicht sie wird neben ihm im Bett liegen, sondern ihr Schatten. Allzu schlimm wird es schon nicht werden. Es wird nur eine weitere Situation sein, die sie durchstehen kann, indem sie sich in sich selbst zurückzieht. Mit ihrem Körper ist sie nicht zimperlich.

Du gehörst mir lorry und daran kann auch keine unechte Vielehe was ändern. Baby wir werden zusammen sein das verspreche ich.

Sie hat überlegt, ob sie Bradshaw per Briefchen mitteilen soll, dass heute ihr Geburtstag ist. Er weiß es nicht, da ist sie sich sicher. Bradshaw ist kein Mensch, der sich an Geburtstage erinnert, auch wenn er es mag, wenn um seinen eigenen ein gehöriger Wirbel veranstaltet wird. Er glaubt, dass es schon passiert ist. Dass es regelmäßig dazu kommt. *Ich liebe dich so sehr lorry dass es nicht zählt was er mit dir macht.* Sie hat ihn nicht eines Besseren belehrt, weil ihr das Thema seltsamerweise zu intim war. Jetzt bereut sie es. Vielleicht wäre er vor dem heutigen Tag aktiv geworden, wenn er von Deans Versprechen an Lorettas Vater gewusst hätte. Dann wären sie längst weg.

Mit Ausnahme des ersten Abends ist Dean behutsam und freundlich gewesen, hat geduldig darauf verzichtet, ihr zu sagen, wie sehr er sie begehrt, hat sich ihr nie auf unsittliche Weise genähert. Bradshaws Augen hingegen strahlen und hüpfen morgens und abends, wenn er Loretta sieht, und er legt sich bei jeder Gelegenheit mächtig ins Zeug. Sein gieriger Blick ruht die ganze Zeit auf ihr. Wenn sie in seine Richtung späht, kann sie sicher sein, dass er sie bereits anstarrt. Daher weiß sie: Wenn einer der beiden Männer ein Dämon ist, dann ist es Bradshaw.

Meine lorry du hast mein Wort dass wir uns an dem alten Hurensohn rächen werden. Ich wache jeden Tag auf um dich zu sehen.

Ruth hat Hühnchen-Tortilla-Auflauf gemacht, mit Dosentomatenstückchen, die Samuel und Benjamin wie immer beiseiteschieben werden, während Ruth darauf beharrt, dass sie sie essen. Der Auflauf steht in einer rechteckigen Auflaufform in der Mitte des Tisches, neben einer großen Schüssel grüner Bohnen und einem Stapel vom Laib geschnittener Weizenbrotscheiben. Eiswasser in einem Krug und keine Butter zum Brot.

Dean sitzt am Kopfende, Ruth zu seiner Rechten und Loretta zu seiner Linken, gefolgt von den Kindern. Dean senkt den Kopf, stützt die Ellbogen vor sich auf den Tisch und faltet die Hände. Alle anderen verschränken die Arme zur mormonischen Gebetshaltung und beugen ebenfalls den Kopf. »Unser Vater im Himmel«, beginnt Dean, und sofort schweifen Lorettas Gedanken ab. Dean betet mehrmals am Tag und findet es toll, sich selbst dabei zuzuhören. Manchmal zieht er seine Gebete in die Länge, fügt ein eigenes Thema hinzu oder rügt ein Kind. *Und wir beten, lieber Gott, dass du Elizabeth die Geduld gibst, in Zukunft besser zu gehorchen.* Er beendet sein Gebet, und alle flüstern »Amen«, bevor das Essen auf dem Tisch herumgereicht wird.

»Ich hätte gern, dass ihr euch alle überlegt, was ihr am Tisch über Loretta erzählen könntet«, sagt Ruth. »Etwas, das sie eurer Meinung nach zu unserer Familie beigetragen hat, etwas, das ihr besonders an ihr mögt.«

Samuel murmelt »Sie ist nett« in seinen Teller, und Ruth nickt energisch. »Sie ist sogar sehr nett, Samuel«, gibt sie ihm recht. Elizabeth sagt zaghaft: »Sie liebt den Herrn?« Wieder stimmt ihr Ruth zu, auch wenn sie Loretta einen Blick zuwirft, während sie nickt. Benjamin verkündet laut »Sie lest mir vor!«, woraufhin alle lachen. Auch Loretta. Als es wieder still wird, räuspert sich Dean und sagt: »Ich finde, Loretta bereichert unser Heim mit ihrem lieben Wesen.« Erneut nickt Ruth ihre Zustimmung, mit geschürzten Lippen.

Loretta hat sich nie an die Schweigsamkeit dieser Kinder gewöhnen können, an ihren Gehorsam. Den Grund dafür erlebt sie immer wieder, wenn sich die Kinder doch einmal widersetzen. Ruth schlägt sie gnadenlos mit ihrem großen Holzlöffel oder kneift sie in strategisch gewählte Körperstellen. Vor der Eheschließung hat Loretta Deans erste Frau als strenge, humorlose Frau betrachtet. Inzwischen ist ihr klar, wie wenig sie damals wusste. Ruth ist nicht nur humorlos, sie glaubt, dass das Leben eine Prüfung ist und ihre Aufgabe darin besteht, ihre Kinder in den Himmel zu befördern, ihnen beizubringen, im Streben nach Erlösung auf jeden Genuss und jede Freude zu verzichten.

Genau das hat sie auch zu Loretta gesagt: *Du musst jegliche Anwandlung unterdrücken, ein Kind aus Schwäche zu verhätscheln. Wenn du weltliche Nachgiebigkeit zeigst, bringst du ihre Seelen in Gefahr. Das Schwerste an der göttlichen Liebe ist es, streng mit deinen Kindern zu sein.* Ruth verweist oft auf Lorettas zukünftige Kinder. *Deine Kinder.* Sie existieren bereits, diese Kinder, ihre Seelen warten nur auf die Chance, zur Erde herabzukommen. Es ist Lorettas Aufgabe, ihnen diese Chance zu bieten. Daran glaubt Ruth, daran glaubt Dean, daran glauben Lorettas Eltern und daran glaubt nahezu jeder, den Loretta kennt. Auch sie selbst glaubt daran. Sie redet sich zwar das Gegenteil ein, doch wenn sie sich ihre kinderlose Zukunft vorstellt – ihre glamourösen Tage und Nächte voller Freiheit –, dann gibt es in dieser Vorstellung immer auch Seelen, die dafür büßen müssen, die nicht auf die Erde herabkommen dürfen. Sie hat ein schlechtes Gewissen deswegen, zumindest ein bisschen, aber sie fühlt sich auch mächtig und groß, ein Selbstbild, wie es vermutlich auch Dean besitzt, ein Selbstbild als jemand, dem sich andere fügen müssen.

Der traurige flache Kuchen wird aufgetragen, mit

dem Geburtstagsgruß aus Rosinen und einer einzelnen brennenden Kerze. Die Kinder singen *Zum Geburtstag viel Glück*. Loretta hatte schon überlegt, ob die Kinder, oder vielmehr Ruth, so etwas als weltliche Extravaganz betrachten würden. Janeen, die Sechsjährige, singt am lautesten und strahlt Loretta an, als das Lied vorbei ist, wobei sie ihre breite Zahnlücke und die gezackte Linie ihrer Vorderzähne entblößt. Loretta errötet und wünscht sich, sie könnte das Gefühl unterdrücken, das in ihr aufsteigt, denn es ist Liebe.

Wenn Ruths Vorstellungen von Erziehung eines bei Loretta bewirkt haben, dann, dass sie die Kinder noch mehr verhätscheln möchte. Sie empfindet eine starke Zärtlichkeit für sie und leidet mit ihnen, wenn sie sich verletzen oder jemand sie kränkt. So bringt sie es nicht mehr übers Herz, dem kleinen Ben die Fingernägel zu schneiden, weil sie einmal versehentlich zu tief geschnitten und er daraufhin eine halbe Stunde geweint und gewimmert hat, ein warmes Bündel in ihren Armen. Sie frisiert den Mädchen gern die Haare und genießt ihr Lächeln, wenn sie ihnen sagt, wie hübsch sie aussehen. Samuel, den Ältesten, zieht sie oft auf, woraufhin er jedes Mal rot anläuft. Wenn sie sich nachts ihre Zukunft auszumalen versucht, wenn sie überlegt, was Bradshaw wohl mit dem vielen Geld macht, das jeden Tag beim Kassieren durch seine Hände geht, wenn ihr aufgeht, wie sehr sie Dean anfangs gehasst hat und dass sich dieser Hass inzwischen in so etwas wie Einvernehmen verwandelt hat, wenn sie daran denkt, dass all dies seinen Platz in ihrem Inneren gefunden hat, dann wird ihr bange bei dem Gedanken, die Kinder nie wiederzusehen, bei dem Gedanken, sie könnten ebenfalls Liebe für sie empfinden und traurig sein, wenn sie weggeht.

Sie essen den Kuchen. Er schmeckt furchtbar, nach Ei und etwas Undefinierbarem.

»Sarah!«, blafft Ruth, denn ihre jüngste Tochter hat mit vollem Mund gelacht und einen kleinen feuchten Brocken Kuchen auf ihr Kleid gespuckt. Das Mädchen versucht, ihn rasch und stumm wegzuwischen, bevor Ruth aufsteht, zu ihr kommt und ihr unsanft die Serviette aus der Hand nimmt, um sie in ihr Wasserglas zu tunken und den Fleck damit zu bearbeiten.

Dean tupft sich den Mund ab, streicht sich über den Bart und lehnt sich mit zufriedenem Gesichtsausdruck zurück. »Danke, Mutter«, sagt er zu Ruth, schiebt seinen Stuhl nach hinten und erhebt sich. Plötzlich ist es wieder präsent in Lorettas Gedanken: was in dieser Nacht passieren wird. Sie hat sich vorbereitet, hat sich selbst zu beschwichtigen versucht. Wie schlimm kann es schon werden? Wie lange wird es dauern? Sie geht von einer Stunde aus, und eine Stunde ist nicht so lang. Sie hat schon viele andere Stunden durchgestanden. Trotzdem ist sie ganz schwach vor Angst.

Ruth, Loretta und die Mädchen räumen ab und spülen das Geschirr. Dean und die Jungen beginnen in der Garage mit den Lieferungen für morgen. Kurz darauf ist Schlafenszeit, und Loretta macht sich an ihre allabendlichen Aufgaben. Janeen und Sarah sind heute mit dem Baden dran, und die älteren Mädchen brauchen Hilfe beim Hochstecken der Haare. Ruth bewegt sich unentwegt durch das riesige Haus, von der Küche, in der sie ein Glas ausspült, zum Wohnzimmer, wo sie die Schriftbücher der Kinder auf einem Regal geraderückt, zur Garagentür, wo sie Dean eine Frage stellt, und schließlich die lange Treppe hinauf und den mit Teppichboden bedeckten Flur entlang, vorbei an den Kinderzimmern bis zum Badezimmer am Ende, wo sie Sarah vorwirft, zu lange in der Wanne zu liegen.

Loretta geht ins Zimmer der Jungen, ihre liebste Zeit des Tages. Benjamin wartet schon auf sie mit seinen kurz geschorenen Haaren und seinen großen, glänzenden Augen. Sein ganzes volles, pausbäckiges Gesicht leuchtet vor Vorfreude. Sie setzt sich auf das untere Stockbett, legt die Füße hoch und lehnt sich gegen das Kopfteil des Betts, während er es sich in dem einfachen weißen Pyjama, den Ruth für ihn genäht hat, in ihrem Schoß bequem macht. Er liebt das Kinderbuch *Das kleine Hündchen*, eins der wenigen Bücher, die Ruth toleriert, weil der Hundewelpe darin bestraft wird. Benjamin schmiegt sich in Lorettas Armbeuge, und sie fängt an zu lesen. Nach der halben Geschichte legt er seinen Kopf auf ihre Brust. Seine mollige kleine Hand krümmt sich zu einer lockeren Faust und ruht auf ihrem Bauch. Sie riecht seine Haare und seine Haut, ein vertrauter Geruch: Gras, Schweiß, Spielen im Dreck, kleiner Junge, und noch etwas, was sie mit Familie assoziiert. Loretta liest das Buch zu Ende, und der widerspenstige Hundewelpe bekommt, was er verdient – er wird ohne Nachtisch ins Bett geschickt. Sie glaubt, dass Ben eingeschlafen ist, aber er hebt den Kopf und verlangt: »Noch mal!« Also beginnt sie von vorn und liest vor, wie der kleine Hund in der Erde buddelt und nicht hören will. Ben verändert seine Position, und Loretta drückt ihre Wange gegen seinen Kopf. Was für ein warmes, zerbrechliches Wesen. Knochen und Fleisch. Bauch und Kopf. Und er hat nur diese Menschen, diese Familie, die sich um ihn kümmert.

Loretta liegt in ihrer Unterkleidung auf dem Bett, die Decke bis zum Kinn hochgezogen, und sieht zu, wie Dean erst einen Hosenträger über die Schulter zieht, dann den anderen, um anschließend vorsichtig aus seiner schwarzen Wollhose zu steigen, ohne sie auf den Boden fallen zu lassen. Er zieht sein Hemd aus und hängt es übers Fußende des Betts. Seine Schamesröte zieht sich von der Seite seines Gesichts, wo sie die glänzende, halbmondförmige Narbe an seinem Ohrläppchen hervortreten lässt, in einem Streifen den Hals hinunter zu seiner Brust, wo sie im V-Ausschnitt seiner hauchdünnen Unterkleider verschwindet, der gesegneten Tempelunterkleider, die ihn vor allem Bösen beschützen. Sein Atem geht flach und schnell. Er hat bereits eine Erektion, eine dunkle Wölbung, die von innen gegen den Stoff drückt. Während er zum Bett geht, hält er die Hände davor und sagt: »Ich entschuldige mich, falls dir das vulgär erscheint.« Dann schlüpft er unter die Decke, stützt sich auf seinen Ellbogen und macht ein ernstes Gesicht, ein Gesicht, wie wenn er in der Kirche spricht. »Und es tut mir auch leid, kleine Schwester, wie ich mich an unserem ersten Abend verhalten habe. Ich habe das Gefühl, dass ich von einem Dämon besessen bin, wenn es um dich geht, wunderschöne Loretta. In meinem Kampf gegen ihn und in den Qualen meines Fleisches habe ich in den letzten Monaten ein wenig spirituellen Trost gefunden. Ich vermute, dass ich auf die Probe gestellt wurde, und da ich ernsthaft gegen meine Fleischeslust angekämpft habe, habe ich wie immer bei solchen Kämpfen etwas für die Seele hinzugewonnen. Nur damals, an unserem ersten Abend, war ich noch nicht stark genug.«

»Schon gut«, flüstert Loretta. Sie hat gehofft, dass es wortlos und schnell vonstattengehen würde. Dass sie sich hindurchträumen könnte, um es durchzustehen. Aber sein Anblick am Fußende ihres Betts, seine Erektion, die den Stoff gespannt hat wie ein Zelt, hat sie überrascht. Sie ist fasziniert. Nicht erregt, das nicht, nur neugierig auf die Bewegungen, die er mit dieser Erektion ausführen wird. Ob sie wohl so sein werden wie die von Bradshaw, dessen Erektion sie nur durch seine Jeans gespürt hat, obwohl er sie zu mehr gedrängt hat? Wenn sie sich ihre Zukunft vorstellt und überlegt, wie sie dorthin gelangen soll, wird ihr klar, dass dazu womöglich Bradshaw und sein Penis nötig sein werden. Sie fragt sich, ob es auch noch andere Männer geben wird und wie sie ihnen gegenüber empfinden wird. Werden diese Männer nur Mittel zum Zweck sein oder das Ziel an sich? Wegen all dieser Fragen ist sie nun neugierig, so neugierig, wie sie es auch bei anderen Dingen ist, die sie zum ersten Mal sieht. Ein Teil von ihr ist schon immer der Ansicht gewesen, dass all das – Romantik, Leidenschaft, Liebe,

Sex, Männer und Frauen –, überdreht ist, überzogen, übermäßig ausgereizt, ob nun in der weltlichen Welt oder in der Welt der Kirche. Beide Welten behandeln dieses Thema wie etwas Magisches, wenn es doch eigentlich etwas Körperliches ist, etwas Animalisches. Sie will, dass Dean endlich anfängt, statt über Gott und die Versuchung und das schwache Fleisch zu faseln, aber er kann es nicht lassen. Loretta wundert sich darüber, dass er zu glauben scheint, der Zeitpunkt würde eine Rolle spielen, dabei läuft es doch auf dasselbe hinaus, ob es nun heute, gestern oder morgen passiert.

Dean liegt immer noch auf seinen Ellbogen gestützt da und blickt auf sie herab. Sie selbst liegt flach auf dem Rücken, die Arme an den Körper gedrückt, und er betrachtet sie mit einem Lächeln voll aufrichtiger Zärtlichkeit, wie sie zugeben muss. Unter der Decke strahlt er eine Hitze aus wie eine dampfende Milchkuh an einem kalten Tag. Er legt ihr die Hand zwischen die Beine und übt leichten Druck aus, während er sich über sie beugt, um sie auf den Mund zu küssen. Seine Barthaare piken. Er küsst sie einmal, zweimal, dreimal, und seine Erektion, von der die Hitze auszugehen scheint, drückt sich gegen ihr Bein. Seine Finger schieben sich in den Schlitz ihres Untergewands und gleiten eine Zeit lang auf und ab, bevor er seine Hand wieder herauszieht und nach dem kleinen Tiegel Vaseline greift, den Ruth ihr mit den Worten gebracht hat: »Das hilft manchmal.« Jetzt redet er über »himmlischen Trost«, darüber, dass dies eine von Gottes wahren Segnungen für die Rechtschaffenen sei. Loretta versucht ihm nicht zuzuhören, sich nur auf ihren Körper zu konzentrieren. Sie macht eine Aufgabe daraus, eine Pflicht. Dean schiebt sanft ihre Beine auseinander, dehnt ihre Öffnung ein wenig und gleitet dann auf sie drauf, noch immer in seinen Unterkleidern, aus deren Schlitz jetzt sein Penis ragt. Er stößt gegen sie, und Dean greift nach unten und hilft ihm hinein. Sie spürt das Fett, mit dem er ihn eingerieben hat. Ihr kommt der Gedanke, wie viel größer Dean ist als sie, ein größeres und breiteres menschliches Wesen, eigentlich eher ein Esel oder eine Ziege. Seine Füße ragen fast über die Bettkante hinaus, und seine Brust mit ihren knochigen, sich vorwölbenden Rippen ist jetzt auf Höhe ihres Gesichts, als wollte er sie damit erdrücken und zum Schweigen bringen. Er dringt in sie ein, und es ist nicht allzu schlimm, nicht so schmerzhaft, wie sie befürchtet hat. Es fühlt sich nur eng und voll an, und Dean fängt an, sich zu bewegen und zu keuchen und zu japsen. Er schraubt sich in sie hinein wie ein Tier, Zähne und Haare, Haut und Knochen und Gier, und es gefällt ihr nicht, es gefällt ihr überhaupt nicht. Aber sie ist nun einmal in dieser Situation und weiß, dass es mitten in einer unangenehmen Lage, egal welcher, nichts bringt, mit ihr zu hadern. Also versucht sie, ihre Gedanken an einen anderen Ort abschweifen zu lassen, doch vergeblich, es gibt keinen. Dann ist es vollbracht, Dean spannt sich an und krümmt den ganzen Körper. Sein Gesicht verzerrt sich auf groteske Weise, als wäre es ein Gemälde und würde von einer unsichtbaren Hand verschmiert. Es hat nicht einmal ansatzweise eine Stunde gedauert.

Danach zieht Dean die Decke zurück und blickt auf sie herab, auf sich selbst.

Loretta weiß, was er tut, und sagt: »Es ist gerissen, als ich auf einem Pferd geritten bin.«

Als Dean einige Zeit später schnarchend neben ihr liegt, geht sie ins Badezimmer am Ende des Flurs und nimmt den letzten zusammengefalteten Brief von Bradshaw und das Fläschchen mit, das sie versteckt hält, das Fläschchen mit der Essig-Ammoniak-Lösung, von der Tonaya ihr erzählt hat, damals, als sie sich nachts aus den Häusern geschlichen haben. Die Lösung, die immer funktioniert, wie Tonaya versichert hat. *Bei diesem Zeug überlebt nichts.*

Es brennt dort unten, tut mehr weh, als Dean ihr wehgetan hat, und sie versucht vergeblich, das Brennen wegzuwaschen. Was, wenn sie gerade ein Baby weggeätzt hat? Wie schnell geht so etwas? Auf der Toilette sitzend faltet sie das Briefchen auseinander.

Lorry Schatz ich kann es kaum erwarten bis dieser Abschnitt unseres Plans vorbei ist aber du sollst wissen dass es funktioniert. Richtig gut sogar. Halte durch dann sind wir bald bereit zum Aufbruch. Und haben mehr Geld als du dir vorstellen kannst. D vertraut mir jeden Tag mehr. Meine Gedanken sind nur bei dir. Ich liebe dich lorry. Du musst jetzt einfach auf mich warten, mir Zeit geben. Bald ist alles vorbei und wir können gehen wohin du willst.

Sie zerreißt den Brief in kleine Fetzen und lässt sie zwischen ihren Beinen in die Toilette rieseln. Obwohl sie nicht genau weiß, was Bradshaw treibt, kann sie es sich lebhaft vorstellen: Er zwackt Geld ab von Dean. Sie hofft, dass er vorsichtig ist, denn Dean hat seine Finanzen genau im Blick. Während seiner Abende bei ihr hat er vom Ältestenrat und dessen Forderungen erzählt, hat ihr auseinandergesetzt, wie viel die Ältesten von ihm verlangen, wie viel er zu geben bereit ist und wie groß die Kluft dazwischen allmählich wird. Er hat ihr jeweils vorher angekündigt, dass er im Januar 2291,66 Dollar abgeben wird; im Februar 1891,34 Dollar; im März 1996,12 Dollar – *und keinen Cent mehr, kleine Schwester, das schwöre ich.* Weil das die Hälfte seiner Einkünfte sei und er beschlossen habe, dass die Ältesten das Gesetz der Weihung missbrauchten. *Die Hälfte meiner Einkünfte, kleine Schwester! Wie kann da noch jemand behaupten, das wäre kein großzügiger Zehnter?* Loretta weiß, dass der Ältestenrat es anders sieht.

Sie hat Bradshaw nichts von dem Gold erzählt. Dean redet mit ihr darüber, ist stolz auf die Genauigkeit von Goldadler-Münzen – auch Fünfzig-Dollar-Münzen genannt – und ihr solides, rechtschaffenes Gewicht. Er verrät ihr alles darüber, nur nicht, wo sie sind. Loretta verspürt den Wunsch, ihm das Gold wegzunehmen. Sie will, dass er es nicht mehr hat und dass sie der Grund dafür ist.

Sie betätigt die Toilettenspülung. So schrecklich war es nicht. Nichts ist jemals so schrecklich.

EVEL KNIEVEL WENDET SICH AN EINE BEGEISTERTE NATION

Man muss erst einmal hineinkommen. Wie auch immer die Umstände oder die Situation sind, der Weg nach drinnen ist entscheidend. Er ist die Startrampe, die Brechstange, der gespannte Hahn einer Pistole. Hat man diesen Weg gefunden, kann man Gewöhnliches in Außergewöhnliches verwandeln.

Er ist immer gleich, der Weg. Manchmal braucht man Jahre, um das zu verstehen, weil man denkt, man müsste ihn für jede Situation neu finden. Irrtum. Der Weg nach drinnen besteht darin, so zu tun, als wäre man schon drin.

An etwas zu glauben, noch bevor es sich verwirklicht.

Das ist wie beim Sex, Amerika. Am meisten Erfolg hat man, wenn man sich benimmt, als wäre es unvermeidlich, dass es dazu kommt, als gäbe es ohnehin kein Zurück mehr – unabhängig davon, was die jeweilige Braut denkt. Man weiß sozusagen schon, dass sie es mit einem treiben wird, noch bevor sie es selbst weiß. Man verführt sie nicht, sondern stellt klar, dass Verführung unnötig ist. Weil der bevorstehende Fick außer Frage steht.

Es vergehen also die Jahre, und wir vollbringen unsere Wahnsinnssprünge, unsere Wundertaten, und irgendwann stellen wir fest, dass der Traum vom Grand Canyon gar nicht so verrückt ist, gar nicht so wirr und abgehoben. Und dann schaltet sich ein Promoter aus New York ein, so ein jüdischer Bastard – natürlich, was auch sonst. Aber er ist voll dabei und glaubt, dass er den Traum wahr machen kann. Er fängt an, sich schlauzumachen, und findet heraus, dass das Land entlang des Canyons der Regierung gehört – deiner Regierung, Amerika – und dass die so etwas nicht genehmigt. Warum auch immer. Der New Yorker Promoter, dieser Menschenhändler, bleibt trotzdem dran, er gibt nicht auf und findet einen anderen Ort für das Geschehen: den Snake River Canyon, direkt vor den Toren von Twin Falls in Idaho. Dort gibt es einen Farmer, der bereit ist, ihm das nötige Land für die Startrampe und die Zuschauer zu verpachten. Man muss natürlich ein paar Genehmigungen einholen, die Einheimischen überzeugen, ein paar Schwänze lutschen, aber das kann er gut, der Promoter, und es dauert nicht lang, da ist alles bereit.

Der Weg nach drinnen lief über die Kohle. Er wollte uns 25000 Dollar zahlen, plus einen Teil der Eintrittsgelder. Sein Plan bestand darin, das Ganze live in den Kinos zu zeigen und im ganzen Land Eintrittskarten zu verkaufen. Ein Mann, der über einen Canyon springt! Ein Mensch, der den physikalischen Gesetzen trotzt! Aber das war nicht der Weg nach drinnen. Geld war der Weg nach drinnen. Geld – das Konzept von Geld, die Vorstellung von Geld, die magnetische Anziehungskraft von Geld.

Dem Promoter war das klar, und uns auch, also trafen wir uns in New York City, und er zog einen großen Pappscheck hervor, mit einer großen falschen Zahl darauf: 6 Millionen Dollar. Den überreichte er mir, und von diesem Moment an war es die Wahrheit, sechs Millionen Dollar, in allen Schlagzeilen und Berichten. Natürlich hat Amerika alles beobachtet, natürlich hat das Land seinen bewundernden Blick auf uns gerichtet, natürlich konnte es nicht schiefgehen, denn jetzt speiste sich die bevorstehende Heldentat aus den Quellen von Tod und Geld, und der Zauber von Tod und Geld wirkt immer.

DIE BUNDESAGENTEN

26. Juli 1953
SHORT CREEK, ARIZONA

Es donnert irgendwo in der Nacht. Dreimal. Explosionen, weit entfernt. Das Echo wandert. Ist es der Herr? Ist es der Feind? Ruth schwitzt und strampelt die Decke weg. Das Donnern ist wie Traumlärm. Wie Himmelslärm, Höllenlärm.

»Guten Morgen, ihr kleinen Vögel«, flüstert Ruths Mutter. Es ist so dunkel wie im Wandschrank bei geschlossener Tür. »Kommt, ihr kleinen Vögel.« Ihre Mutter ist eine dunkle Gestalt inmitten von noch mehr Dunkelheit. Sie beugt sich über das Bett, in dem Ruths jüngere Schwestern schlafen. Und jetzt kommt sie zu Ruth herüber, beugt sich auch über sie, legt ihr leicht die Hand auf die Schulter. »Beeil dich, Ruth. Du musst Alma und Sarah anziehen und nach unten kommen. *Schnell.*«

Der Bart ihres Vaters ist wie ein Baum. Oder ein Wald. Dicht und üppig an den Wurzeln, und nach außen hin, wo das Licht eindringt, dünner und heller. Wenn sich sein Kiefer bewegt und er zum Herrn spricht, ist sein Gesicht ein Gehölz aus schlanken Herbstbäumen, die hin und her wogen, weil die Erde bebt.

Die ganze Familie ist da. Ihr Vater und ihre Mutter und die anderen Frauen ihres Vaters – Tante Olive und Tante Desdemona und Tante Eliza. Alle ihre dreizehn Geschwister. Ihre himmlische Familie. Ruth ist elf und die Älteste der vier Kinder ihrer Mutter. Die Familienmitglieder drängen sich auf den Stühlen und den Bänken am langen Tisch und auf dem Boden. Ruth sitzt auf einem Stuhl, einen Arm um Alma und den anderen um Sarah gelegt. Alma drückt ihre Stoffpuppe mit dem handbemalten Gesicht an sich, und dann tritt ihre Mutter von hinten heran und umfängt sie alle in einer Umarmung. Der Raum ist warm von den unbeweglichen Körpern, und stumm.

Ihr Vater betet, und Ruth späht zu ihm hinüber und beobachtet, wie sein Bart wackelt. »Und wenn heute der Tag der Rückkehr deines Sohnes ist, o Herr, wenn es der Tag ist, auf den die Rechtschaffenen gewartet haben, unser Vater im Himmel, dann bitten wir dich, uns für würdig zu erachten, obwohl wir wissen, dass wir es nicht sind, obwohl wir wissen, dass wir Sünder sind. Wir bitten dich, uns unsere Sünden zu vergeben und uns bei dir aufzunehmen, uns emporzuheben in den Himmel.«

Ist das der Grund für die ganze Aufregung? Ruth kneift die Augen zu. Irgendwo außerhalb von ihr, irgendwo außerhalb dieses Raumes, irgendwo außerhalb der Dunkelheit, die noch immer das Haus im Griff hat, irgendwo außerhalb der sichtbaren Welt, gibt es eine Macht, die sich gegen sie alle wendet. Gegen die Rechtschaffenen. Das weiß Ruth, aber sie versteht nicht, wer oder was diese Macht ist. Seit Tagen reden die Erwachsenen nun schon von den Bundesagenten. Den Bundesagenten, die von den Abtrünnigen geschickt werden, den falschen Mormonen in Salt Lake, die die wahren Heiligen hier in Short Creek schikanieren. Und doch spricht ihr Vater nun über etwas anderes: die letzten Tage. Die Abrechnung. Die Wiederkunft. Sie hält die Augen so fest wie möglich geschlossen. Furcht schlängelt sich kribbelnd um ihr Herz herum. Sie hätte niemals während des Gebets zu ihrem Vater schauen dürfen. Innerhalb seines Gebets beginnt sie nun ihr eigenes und fleht den Herrn um Vergebung dafür an, dass sie die Augen geöffnet hat. Sie ist ungehorsam. Sie ist eigensinnig. Das sagen die Erwachsenen immer wieder. *Verzeih mir, o Herr.* Sie kneift ihre Augen so fest zu, dass es das Öffnen hoffentlich wieder wettmacht. *Verzeih mir, o Herr, und ich werde auf ewig deine rechtschaffene Dienerin sein.* Sie spürt es nun in ihrem ganzen Körper, eine Ahnung im Blut, ein Wissen in den Knochen: Heute ist die Wiederkunft. Was, wenn ihre Familie ohne sie in den Himmel auffährt? Was, wenn sie von unten zusehen muss, wie ihre Angehörigen errettet werden, während sie von dem tausendjährigen Feuer verschluckt wird?

Sie gehen zum Schulhaus, wo bereits einige Familien warten und weitere eintreffen. Die Erwachsenen sind wie für die Kirche gekleidet. Der Prophet ist von Männern umringt, zu denen sich auch ihr Vater gesellt. Der Prophet. Elden Johnson. Onkel Elden. Er ist kleiner als die anderen Männer, und trotzdem irgendwie größer, denkt Ruth. Eins seiner Augen ist milchig, das andere klar. Er trägt einen dreiteiligen Anzug, und seine kurzen weißen Haare sind ebenso ordentlich frisiert wie sein Schnurrbart. Er lächelt friedlich. Onkel Elden spricht mit Gott. Und Gott spricht mit ihm.

Ruths Mutter teilt jedem älteren Kind ein oder mehrere jüngere Kinder zu, auf die es aufpassen soll. Ruth ist für Sarah und Alma zuständig. »Gib auf sie acht, kleine Schwester«, sagt ihre Mutter. »Lass sie nicht aus den Augen.« Alle paar Minuten macht Ruths Magen ein Geräusch, das für jeden in der Nähe Stehenden zu hören ist. »Was passiert jetzt?«, fragt sie ihre Mutter, und die antwortet: »Wir wissen es nicht.«

Draußen weicht die Dunkelheit langsam dem grauen Morgenlicht. Im Schulhaus werden Kirchenlieder gesungen. *Steh auf, o herrliches Zion. Stemmt die Schulter an das Rad.* Es wird stumm gebetet. Die Erwachsenen unterhalten sich mit düsteren Mienen und grüßen einander wie in der Kirche. Obwohl der Tag in einen dunklen Mantel gehüllt scheint, liegt auch etwas eigenartig Fröhliches in der Luft, was Ruth verwirrt. Und es macht ihr Angst, denn sie glaubt zu wissen, was es bedeutet: dass alle freudig die Wiederkunft Gottes erwarten und sich ihrer eigenen Rechtschaffenheit sicher sind. Im Gegensatz zu ihr. Eine Ewigkeit ohne ihre Familie, denkt sie. Eine Ewigkeit auf sich allein gestellt.

Draußen ertönt ein Schrei, und dann eilt Bruder Miller ins Schulhaus. »Sie kommen die Partham Road herunter«, hört sie ihn zum Propheten sagen und den Brüdern, die ihn umringen. »Acht oder neun Autos.« Die Bundesagenten, denkt sie. Die Bundesagenten. Sie weiß nicht, was das Wort genau bedeutet. Natürlich weiß sie, was *Bundes-* heißt, nämlich dass die Männer von der Regierung sind, und sie weiß auch, dass sie kommen, weil die Abtrünnigen sie schicken, aber sie hat keine Ahnung, was sie tun werden, wovor sie sich fürchten muss. Draußen geht tief am Himmel die Sonne auf, ein gedehnter Streifen, und Ruth fragt sich, ob sie bereits beginnt, die Wiederkunft. Ist die Sonne dabei, sich aufzulösen, kommt sie näher oder entfernt sie sich? Ruths Bauch macht wieder das Geräusch, und sie hat das Gefühl, als wäre ihr Körper eine Hülle um sie herum, als wäre sie nicht damit verbunden, sondern würde sich nur darin verstecken. Ein heißer Urinstrahl spritzt in ihre Unterwäsche, und sie reibt die Beine zusammen, damit der Stoff ihn aufsaugt.

Die Familien gehen auf die Straße hinaus. Sie stehen in Gruppen zusammen und singen. Die Autos der Bundesagenten kommen langsam herangefahren, und Onkel Elden stellt sich vor die Gemeinde und blickt ihnen entgegen. Alma und Sarah stehen links und rechts von Ruth, die ihnen die Hände auf die Schultern legt.

Als die Autos näher kommen, entdeckt Ruth auf einer Autotür die Aufschrift: ARIZONA STATE POLICE. Sie kennt den Unterschied zwischen State Police und Bundespolizei, hat ihn erst letzten Monat gelernt, im Gemeinschaftskundeunterricht an der Hurricane School. Sie rätselt, warum die State Police hier ist, wenn dies doch angeblich Bundesagenten sind. Warum sagen alle »die Bundesagenten«, wenn es sich in Wirklichkeit um Beamte der State Police handelt? Ein Mann in brauner Uniform mit einem Stern auf der Brust steigt aus, schiebt sich den Gürtel Richtung Bauch hoch und fängt an, krächzend in ein Megafon zu sprechen. Alma beginnt zu weinen, und Ruth drückt sie an sich und beruhigt sie, obwohl auch in ihren Augen die Tränen brennen.

Die Brüder stellen sich nebeneinander auf, die Hände hinter dem Rücken, bereit, sich Handschellen anlegen zu lassen. Der Prophet spricht mit den Heiligen, weist sie an, auf den Herrn zu vertrauen. »Da seht ihr, was tapfere Männer sind«, sagt er zu den Bundesagenten. »Ihr seid Feiglinge, dass ihr so über uns herfallt.« Er steht da in seinem Dreiteiler, ordentlich, gepflegt, die Hände mit Handschellen auf den Rücken gefesselt. Der Mann, der mit Gott spricht. Ruths Vater ist in seiner Nähe und blickt Ruths Mutter an, teilt ihr wortlos irgendetwas Dringendes mit, und dann tritt einer der Bundesagenten hinter ihn und bringt ihn weg, hält ihn bei seinen in Handschellen steckenden Händen und steuert ihn damit, als wäre es die Pinne eines Boots. Das Gesicht von

Ruths Vater verkrampft sich vor Wut. Ruth sieht, wie er die Augen verschließt, wie er das ganze Gesicht verschließt vor dem, was hier geschieht. Er ist schwächer als das Ding, das ihn vernichtet, schwächer, als Ruth ihn jemals gesehen hat.

Alle Väter werden abgeführt. Die Mütter weinen und flehen, zum Schweigen gebracht und zurückgehalten von den Bundesagenten. Ein Mann hält das Geschehen mit einer großen Kamera fest, die schwer um seinen Hals hängt. Er kaut Kaugummi. Ruth beobachtet, wie er die Kamera auf Schwester Taft richtet, die umringt von ihren Kindern auf der Bank vor der Schule sitzt. Der Mann mit der Kamera bewegt sich hin und her, geht in die Hocke, richtet sein Objektiv auf Schwester Taft und ihre Kinder, mit ratterndem Blitz. Als gerade der letzte Mann abgeführt wird, beginnt irgendjemand, schrill zu heulen, ein Wehklagen, das ein kleineres, leiseres Geräusch übertönt: das Weinen der Kinder. Ruths Bauch hört jetzt gar nicht mehr auf zu grummeln. In ihrem Inneren scheint es noch Leben zu geben, während sich ihr Äußeres tot anfühlt. Ihre Mutter kommt zu ihr, mit angespanntem Gesicht, und Ruth fragt sich, ob sie wohl auch weiß, dass dies die Wiederkunft ist. Die Mutter kniet vor ihr und umarmt die kleine Sarah, und erst in diesem Moment geht Ruth auf, dass das schrille Heulen von ihrer kleinen Schwester ausgeht.

Dann bringen sie auch die Mütter weg. Die Kinder müssen ins Schulgebäude. Der Raum ist zu klein für so viele von ihnen, sie werden zusammengepfercht. Ruth spürt die Wärme der anderen Kinder, sieht sie jedoch nicht an und redet auch nicht mit ihnen oder denkt an sie. Sie starrt auf das Jungenhemd vor ihrer Nase, auf einen ausgefransten Faden, der daran hängt, und behält dabei eine Hand auf Sarahs Schulter und die andere auf Almas. Jemand raucht, ein unangenehmer Geruch. Drei Bundesagenten und zwei Frauen, die wie weltliche Lehrerinnen aussehen, betrachten die Kinder und beraten sich mit einem Mann, der am Lehrerpult sitzt. Der Mann weist auf einige Kinder, und eine der Frauen bringt sie aus dem Raum, bevor das Prozedere von Neuem losgeht.

Sind die Väter und Mütter in den Himmel aufgefahren?

Die Kinder werden in Zweier- und Dreiergruppen weggebracht, sie weinen. Ruth sieht stumm dabei zu, genau wie Sarah und Alma. Ruth starrt auf die Tafel, starrt auf den Satz, der dort noch steht, in Schreibschrift: *Warum rennt der Mann?* Die kleinen Brüder und Schwestern, die hinaussollen, machen Einwände. Sie werden dennoch weggebracht, in Zweier- und Dreiergruppen. *Warum rennt der Mann?* Ein Überbleibsel aus einer Unterrichtsstunde. Es muss eine Antwort darauf geben, denkt Ruth. Eine Lösung. Wenn sie ganz stillhält, passiert das alles vielleicht gar nicht. Die Frauen und die Bundesagenten kommen bei Ruths Familie an und beginnen, ihre Geschwister wegzubringen.

»So.« Eine der Frauen lächelt. Sie lächelt Ruth an und dann Sarah und Alma und dann wieder Ruth. Sarah und Alma versuchen, sich unsichtbar zu machen und in Ruth hineinzukriechen. »Warum kommt ihr beide nicht mal kurz mit mir mit?« Ruth schüttelt den Kopf und schlingt die Arme noch fester um ihre Schwestern.

Die Bundesagenten beobachten die Szene. Der Mann mit der Kamera ist wieder da, er lehnt Kaugummi kauend an einer Wand. Die Bundesagenten flüstern ihm etwas zu, und er lächelt.

Ruth wird nicht schlau aus dem Ganzen. Sind die Väter und Mütter in den Himmel aufgestiegen? Sind alle Kinder auf der Erde zurückgeblieben? *Warum rennt der Mann?*

Die Frau trägt eine nach außen hin spitz zulaufende Brille, ihre Haare sind zu einem wogenden Knoten aufgetürmt. Sie riecht nach teurer Lotion. »Jetzt kommt«, sagt sie und versucht, die Kinder aus Ruths Armen zu lösen, sanft, sanft, grausam. »Schon gut, ihr zwei. Ihr kommt mit mir.«

Ruth lässt nicht locker. »Nein«, stößt sie hervor. Das Wort ist wie ein Brocken Essbares, den sie ausspucken muss, um nicht daran zu ersticken. Die Frau zieht weiter an den beiden Mädchen. Der Bundesagent am Lehrerpult sagt »Euch passiert nichts«, woraufhin Ruth den nächsten Brocken noch entschiedener ausspuckt: »Nein!« Sie hat Angst, ihre Schwestern nicht fest genug halten zu können.

Die Frau und der Bundesagent hören auf zu zerren, bleiben jedoch neben ihnen stehen. Die Hände der Frau berühren immer noch Alma und Sarah, ruhen immer noch auf ihren Schultern, sind immer noch bereit, zuzupacken und die Mädchen von Ruth zu lösen.

»Nein«, sagt Ruth und wiederholt es dann noch einmal: »Nein.«

Sie starrt sie an, diese Leute. Betet darum, dass der Herr ihnen Einhalt gebietet. Sie tötet. Darum bittet sie in ihrem Gebet: dass der Herr diese Leute tötet. Sie fleht, dass dies nicht die Wiederkunft sein möge. Sagt ganz leise: »Nein, nein, nein, nein, nein.«

Im Haus des Mannes und der Frau, deren Namen sie sich nicht merken kann, sitzt Ruth mit ihren Schwestern auf einem Sofa. Sie sind zusammen, immerhin. Ruths Gedanken lösen sich immer wieder auf, schweifen ab. Sarah und Alma sitzen neben ihr, die Beine gerade vor sich ausgestreckt, die Gesichter leer und bleich. Ruth hätte ihnen gern gesagt, dass sie sich in sich selbst zurückziehen sollen. Wie eine Schildkröte. Sie hätte ihnen gern geraten, drinnen zu bleiben und alles außerhalb ihres Panzers zu ignorieren. Einfach abzuwarten. Aber der Mann und die Frau, deren Namen sie sich nicht merken kann, sitzen bei ihnen, jeder in einem Sessel, der zum Sofa passt. Sessel und Sofa sind sauber und neu und schick, genau wie alles andere im Haus. Teppichboden verläuft bis zu den Wänden und ist dort sauber umgeschlagen wie ein gemachtes Bett. Die Schranktüren sind aus geschliffenem Glas, und in den Schränken stehen Teetassen. Die Frau, deren Name sich Ruth nicht merken kann, sagt gerade etwas, dem sie nicht folgen kann, in einem Tonfall, der süßlich und charmant und künstlich ist. Ruth kann sich nicht auf ihre Worte konzentrieren, aber jetzt scheint die Frau auf irgendetwas zu warten. Wenigstens sind sie zusammen. Wenn sie es Alma und Sarah doch nur sagen könnte, wenn sie doch nur eine Möglichkeit finden könnte, ihnen zu raten: *Zieht euch zurück, Schwestern. Zieht euch zurück und wartet.* Die Frau kniet nun vor ihrem Sessel, dem Sessel, der zum Sofa passt, und Ruth glaubt, dass sie beten will. Sie überlegt, ob es klug wäre, mit ihr zu beten. Mit diesen Leuten zu beten ist wahrscheinlich eine Sünde, doch dann geht ihr auf, dass die Frau sie und ihre Schwestern umarmen will. Sie hört, dass eine von ihnen wieder angefangen hat zu weinen. Welche ist es? Alma. Ruth würde ihr gern sagen, dass sie sich zurückziehen und warten soll, aber das geht nicht. Die Frau kniet vor ihnen auf dem Boden und sagt leise etwas, mit geöffneten Armen. Sie riecht nach Lotion, und Alma weint, und Ruth möchte ihren Rat loswerden, kann es jedoch nicht. Also sagt sie einfach: »Lasst euch ruhig umarmen.« Es spielt ohnehin keine Rolle.

FAMILIENTREFFEN

23. August 1975
GOODING, IDAHO

Boyd senkt die Schulter, dreht den Gasgriff ganz nach unten. Die Kawasaki faucht und rast auf eine natürliche Absprungrampe aus Lavafelsen zu. Jason hat diesen Ort entdeckt – einen kleinen Felsvorsprung, von dem es einen Meter in die Tiefe geht, auf ein flaches Stück Wüste hinab. Jetzt sieht er zu, wie Boyd über die Kante schießt und wie das Vorderrad nach unten sackt. Das Heulen der Maschine verstummt abrupt. Boyd stürzt mit dem Kopf voran über die Lenkstange, und die Kawasaki fliegt durch die Wüste. Für einen kurzen Moment befürchtet Jason, dass sich Boyd ernsthaft verletzt hat, aber er springt sofort wieder auf und hält sich dabei mit einem irren Grinsen den Ellbogen. Jason hat nicht wirklich Lust auf den Sprung. Er wäre lieber irgendwo anders, allein.

Die Kawasaki liegt auf der Seite im trockenen Gras, das Hinterrad dreht sich langsam. Drei Hasen nähern sich vorsichtig, schnüffeln daran und hoppeln wieder davon.

»Ich weiß, was ich falsch gemacht habe«, erklärt Boyd schwer atmend. »Man muss schneller anfahren und den Lenker stärker nach hinten ziehen.«

Jason hat nicht etwa Angst. Glaubt er zumindest. Er hat schon ganz andere Sprünge gemacht – jede Menge – und ist normalerweise der Erste, der einen neuen Versuch wagt.

Aber Boyds Sturz macht ihn nervös, zumindest ein bisschen, und zusammen mit diesem anderen Gefühl, einer fahrigen Erschöpfung, die ihn seit Grandpas Tod erfasst hat, reicht es aus, um ihm die Lust zu nehmen.

»Du siehst gerade voll behindert aus«, sagt Boyd. »Dein Mund steht offen.«

Jason zuckt mit den Schultern, und Boyd geht das Motorrad holen. Boyd wird mich schon nicht allzu sehr zusammenstauchen, wenn ich es nicht mache, denkt Jason. Es ist nicht der richtige Zeitpunkt für solche Sachen. Andererseits fragt er sich, für was es der richtige Zeitpunkt ist. Seine Mutter sagt, es sei eine Phase des Nachdenkens, in der man sich der Bedeutung der Familie wieder bewusst werde, der ewigen Wahrheiten, des Himmelreichs und so weiter. Stattdessen: Anekdoten und hohle Phrasen. Sinnlose Sätze, mit denen die Leute sich selbst trösten. *Es war besser so. Jetzt hat er keine Schmerzen mehr. Er ist jetzt im Himmel. Bei Gott. Bei Grandma. Er hat seinen Frieden gefunden.* Jeder hat etwas zu Grandpas Tod zu sagen. Alle wollen eine Lektion loswerden, eine Anekdote erzählen, die eine Moral und anschließend ein kleines Kopftätscheln nach sich zieht. Was für ein großer, stinkender Haufen Mist. Nur Boyd hat die richtigen Worte gefunden: »Oh Mann. Voll beschissen, Kumpel.«

Genauso ist es. Vor fünf Tagen hat Dad Grandpa auf seinem Gartenstuhl gefunden, auf dem er in letzter Zeit jeden Abend saß und den Sonnenuntergang über der Wüste genoss und die Kühle der Stunde danach. Er saß einfach nur da und atmete durch seine Sauerstoffmaske. Es war furchtbar heiß und hatte seit Wochen nicht mehr geregnet, jeder Zentimeter verdorrter Landschaft war nur einen Funken von einem Flammeninferno entfernt. Trotzdem war der dritte Heuschnitt fällig. Es wimmelte nur so von Hasen, die sich schneller durch die Gerste und die Heuschober nagten, als man sie vergiften oder erschießen konnte.

Danach kam Jasons Vater ins Zimmer seines Sohnes, was er sonst nie tat. Jason lag auf seinem Bett und las *Der Hobbit*, und seine nackten Füße ragten über den Rand der Matratze. Bilbo und die Zwerge hatten gerade den Düsterwald betreten, ein dunkles, bedrohliches Labyrinth aus Bäumen. Dad setzte sich aufs Bett und starrte die holzgetäfelte Wand an, mit fahlen, schlaffen Wangen. Draußen gab die Bewässerungsanlage immer wieder ihr feuchtes Zischen von sich, und über ihnen auf den Regalen standen Trophäen von Viehauktionen und Baseball-Turnieren, kleine goldene Kälber und Schlagmänner. Die Wände waren tapeziert mit Fotos von Evel Knievel – schwarz-weiß oder in Farbe, bei Stürzen oder gelungenen Landungen.

»Dein Grandpa ist von uns gegangen«, sagte sein Vater, und Jason dachte für einen Moment, sein Großvater sei nur irgendwo hingefahren, zum Beispiel nach Boise oder Salt Lake. »Du musst jetzt stark sein, deiner Mutter zuliebe.«

Dad seufzte und senkte den Blick auf den Boden. Jason wartete darauf, dass die angemessenen Gefühle bei ihm ankamen – Kummer und Verzweiflung –, aber nichts geschah. Er war müde, traurig und ein wenig hungrig. Als er ein Glitzern in Dads Augenwinkel zu erkennen glaubte, war er froh darüber. Bisher hatte er seinen Vater nur dann emotional erlebt, wenn er der Gemeinde im Rahmen einer Zeugnisversammlung seinen tiefen und beständigen Glauben bezeugte. Es gab also doch etwas, was die Macht besaß, ihn traurig zu machen.

»Tut mir leid, Dad«, sagte er.

Dad drehte den Kopf zu ihm. Seine Augen glänzten zwar, waren jedoch trocken. Es waren dieselben funkelnden Goldnuggets, die er auf Jason richtete, wenn dieser in der Kirche herumalberte oder die Kälber zu spät fütterte.

Dad schüttelte den Kopf. »Es war an der Zeit.«

An der Zeit. Warum war es an der Zeit? Warum war der Zeitpunkt seines Todes besser als beispielsweise der Tag danach? Oder der Tag davor? Warum hatte er nicht noch siebenunddreißig Stunden oder zweiundvierzig Stunden oder sechsundfünfzig Stunden, siebenundzwanzig Minuten und dreizehn Sekunden weiterleben können? Was war an dem Zeitpunkt so richtig gewesen, dass Grandpa nicht noch ein Jahr leben durfte? Noch fünf Jahre? Noch zehn Jahre? *Es war an der Zeit.* Jason hatte wieder einmal das Gefühl, von Menschen umgeben zu sein, die mit einem Lächeln jeden gottverdammten Schicksalsschlag schluckten, ohne je etwas zu hinterfragen.

Boyd kommt mit dem Motorrad angelaufen. Jason wird nicht springen. Nicht heute. Er ist erleichtert darüber, dass er es einfach auf einen anderen Zeitpunkt verschieben kann. Von allen Menschen auf der Welt ist Boyd der Einzige, der ihn versteht. Er wird ihm bestimmt nicht vorwerfen, dass er sich drückt.

Boyd bleibt stehen, legt den großen Kopf schief und mustert Jason mit prüfendem Blick.

Dann sagt er: »Steig auf die Kiste, Mann. Du kannst nicht dein ganzes Leben lang die Memme spielen.«

Das ist der Grund dafür, dass Jason – so erzählt es ihm seine Mutter an jedem Geburtstag – das einzige Einzelkind unter sämtlichen Mormonenkindern ist, die er kennt:

Stundenlange Wehen. Eine Nacht und ein Tag und eine weitere Nacht voller Schmerzen und Verzweiflung. Gebete und Wehklagen. Eine Zeitspanne von dreizehn Minuten, in der jeder im Kreißsaal dachte, er wäre tot, gefolgt von seiner Geburt, seinem Durchbruch, die Nabelschnur ordentlich um den Hals gewickelt. Darüber blau und darunter rot. Und dann sein Wiedererwachen. »Ein Wunder. Du bist mein Wunderknabe.« Nach ihm bekam seine Mutter keine weiteren Kinder mehr, aus

Gründen, die nie ganz klar wurden – Komplikationen, Risiken. Weitere Kinder wären zu gefährlich gewesen. Jason blieb also der Einzige, und obwohl er von fünf-, sechs-, sieben-, achtköpfigen Familien umgeben ist, fruchtbaren, rechtschaffenen Familien, kann er sich nichts anderes vorstellen, als dass im Grunde jeder wie er ist: das einzige Kind, ein Wunder.

Jason landet den ersten Sprung und stürzt beim zweiten. Es ist schon Nachmittag, als er mit blutendem Ellbogen und schmerzender Schulter zu Hause ankommt und feststellt, dass Tante Bonnie und Onkel Ben mit ihren sechs Kindern aus Pocatello angekommen sind, in ihrem umgebauten Flughafentransporter. Jason bringt das Motorrad in den Schuppen und lungert dort in der staubigen Hitze herum, um noch nicht ins Haus zu müssen. Im Inneren des Schuppens ist es dunkel und drückend, beißender Schweiß rinnt in seine Kratzer und Wunden.

Er tritt gerade nach draußen, als ein rostiger goldfarbener Chevy Nova in die Einfahrt geschossen kommt. Onkel Roy. Aus Boise. Ein nicht-praktizierender Mormone, der nie geheiratet hat und im Verdacht steht, unerlaubten Genüssen wie Kaffee und Bier zu frönen. Jasons Lieblingsonkel.

»Hey, Kleiner!«, ruft Roy, dessen Ellbogen lässig aus dem Autofenster ragt, während der Motor rasselnd und tickend verstummt. »Bist du auch immer schön brav?«

»Nicht wirklich.«

»Gut so.«

Onkel Roy steigt aus, schlägt die Tür zu, stemmt die

Hände in die Hüften und begutachtet Haus und Hof. Ein großer Mann mit einem weichen, runden Körper. Das abgewetzte Frotteehemd spannt über seinem Bauch, und seine ausgefranste Schlagjeans verdeckt fast seine Füße. Das Gesicht ist mollig und fröhlich, mit gelockten Koteletten, einer widerspenstigen Haarmähne und einem Grinsen, das verrät: Dieser Kerl weiß, wo der Spaß zu finden ist.

Er kommt herüber, wuschelt Jason durch die Haare und umarmt ihn fest. Dann gibt er ihm einen Klaps auf den Rücken, legt ihm den Arm um die Schultern und drückt ihn an sich.

»Scheiße das mit dem Alten«, sagt Roy.

»Ja, echt Scheiße«, gibt Jason zurück.

»Eine gottverdammte Schande«, erklärt Roy. Jasons Augen füllen sich mit Tränen.

»Und was jetzt kommt, wird sogar noch schlimmer: sich das ganze Geplärre anhören zu müssen«, fährt Roy fort.

Er tätschelt Jason die Schulter und lässt ihn dann los. »Dean auch hier?«

Dean. Onkel Dean. Jason ist ihm angeblich einmal begegnet, als er zwei oder drei Jahre alt war, weiß jedoch nichts mehr davon. Er weiß nur, dass Dean und seine Familie irgendwo in Arizona oder Utah wohnen, mit ihren hunderttausend Kindern und ihren komischen Gebräuchen. Mormonen vom alten Schlag, Fundamentalisten. Wie extrem Dean und seine Familie genau sind, kann er nicht sagen, aber sie leben da, wo die Polygamisten leben. Unter anderem. Polygamisten gibt es oben in British Columbia und unten in Arizona und Mexiko. Sogar in Hagerman, nur ein paar Kilometer entfernt im Snake River Canyon. Überall kleine Polygamisten-Nester. Für anständige, normale Mormonen sind sie ein peinlicher Dorn im Auge, was Jasons Eltern immer wieder beweisen, indem sie es tunlichst vermeiden, über Dean zu sprechen. Er ist tabu bei ihrem ständigen Gerede über Familie, Familie, Familie. Die geheiligte Familie.

»Ich glaube nicht.«

»Wenn er hier wäre, hättest du es mitbekommen, glaub mir.«

»Was? Warum?«

Roy verzieht das Gesicht, als würde er sich schwertun mit der Antwort. »Er kommt schon noch früh genug. Ich will dir die Überraschung nicht verderben.« Er klopft Jason energisch auf die Schulter. »Also gut, dann lass uns mal die heiß geliebte Familie begrüßen.«

Sie gehen hinein. Umarmungen. Küsse. Jasons Cousins und Cousinen sind fast alle jünger als er. Während sie sich schüchtern Hallo sagen, treffen Tante Jenna und ihre fünf Kinder in ihrem Kombi aus Salt Lake City ein. Jenna ist ohne ihren Mann Verl vorausgefahren, der zur morgigen Beerdigung nachkommen wird. Das Haus ist plötzlich so voll, dass man keinen Fuß mehr auf den Boden bekommt. Jasons Cousins drängen sich in seinem Zimmer, laden ihre Schlafsäcke ab. Seine Mutter hat Ventilatoren in die Fenster gestellt, die die feuchte Luft herumwirbeln, und ein Büfett aus Aufschnitt und Salaten auf der Küchentheke hergerichtet. Das ununterbrochene Essen geht los, das jedes Familientreffen kennzeichnet, eine beständige, zwanglose Nahrungsaufnahme im Stehen, die nur von den förmlicheren Mahlzeiten unterbrochen wird. Die Familie gruppiert sich um die Küchentheke, pickt im Essen herum, isst direkt aus den Schüsseln und lässt die Pappteller weitgehend unberührt.

Überall stapeln sich Koffer und Kissen. Jason und sein Vater stellen Feldbetten im Wohnzimmer und im Arbeitszimmer auf. Es ist glühend heiß, über fünfunddreißig Grad, und auch der näher rückende Abend verspricht kaum Abkühlung. Die vielen Gespräche verschwimmen miteinander.

»Robbie hat erzählt, dass du wieder diese eine Färse von der Herde absondern musstest.«

»Ist da Sauerrahm drin?«

»Ich glaube, diese Jungs wären nicht mal zu einem Tackle fähig, wenn ihr Leben davon abhinge.«

»Ja, sie ist viel öfter krank als der Rest.«

»Nein, nur ein bisschen Naturjoghurt.«

»Ja. Bindehautentzündung.«

»Sie zieht also ihre Kleider aus und rennt ins Meer.«

»Das Team aus Glenns Ferry spielt sie in Grund und Boden.«

»Mom! Mooooom!«

»Und während sie dort draußen nackt am Baden ist, wird sie plötzlich unter Wasser gezogen.«

»Hast du Pong?«

»Roy! Was erzählst du den Kindern da?«

»Mom!«

»Pong und noch vier andere Spiele. Hab sie zu Weihnachten gekriegt.«

»Das ist nur ein Film, Becky.«

»Manchmal ist das einfach so, dass ein Tier kränklicher ist.«

»Habt ihr neulich die Rede von Präsident Ford gesehen?«

»Ach du lieber Himmel, ich wünschte, wir hätten jemand Besseren.«

»Dürfte ja wohl nicht so schwierig sein.«

Es klopft an der Fliegengittertür. Jemand ruft: »Herein!« Eine ganz in Jeansstoff gekleidete Familie tritt ein. Drei Jungen in dunklen Jeanshosen, hellen Jeanshemden und Hosenträgern. Vier Mädchen in langen, schlichten, hellblauen Präriekleidern. Mutter und Vater genauso, als wären sie die jeweils größten Puppen zweier Matroschka-Sets. Das Zirpen der Grillen ist plötzlich zu hören. Der Mann hält seinen Hut in der Hand und blinzelt in den Raum hinein, als wäre er gerade aus dem Jahr 1875 eingetroffen. Er wartet, bis seine Augen sich an das Licht gewöhnt haben. Sein Bart bildet entlang seines Kiefers eine saubere Linie, und sein knochiger Adamsapfel verleiht ihm das Aussehen eines Ichabod oder Abraham.

»Die Todesanzeige muss uns irgendwie entgangen sein«, sagt er zu niemand Bestimmtem.

Er hat die unverkennbare schlaksige Statur und blasse Haut der Harders.

Dad errötet und geht zur Tür, um zu sagen: »Mensch, Dean, woher sollten wir denn wissen, wie wir dich erreichen können?«

Es ist schon nach acht. Jenseits der Fliegengittertür, hinter der Familie aus *Unsere kleine Farm*, geht der Himmel von Rosa zu Lila und schließlich zu Orange über und wird dabei immer dunkler. Dad und Dean stehen im rechten Winkel zueinander. Dad nickt grundlos vor sich hin, und Deans Familie rückt enger zusammen, als wollte sie sich wärmen. Deans Frau macht ein beunruhigtes Gesicht, als Mom und die Tanten zum Angriff übergehen: »Um Himmels willen, ihr müsst ja völlig ausgehungert sein!«, ruft Mom. »Kommt und nehmt euch was zu essen!«

Dean umarmt stirnrunzelnd seine Schwestern und Jasons Mom, während seine Frau mit einem grimmigen Lächeln klarmacht, dass sie niemanden umarmen wird. Dean sagt: »Danke, aber ich denke, wir gehen direkt rüber ins Haus und richten uns ein.«

Ins Haus. Grandpas Haus. Dad hört auf zu nicken, und Mom fängt mit dem Nicken an, ganz langsam. Vom hinteren Ende des Raums ruft Roy: »Wehe, ihr lasst das Tafelsilber mitgehen!« Dad sagt vorwurfsvoll: »Roy!« Deans Gesichtsausdruck hat sich nicht verändert. Während er seine Kinder hinausschiebt, sagt er lediglich: »Hallo, kleiner Bruder.«

26. August 1975
SHORT CREEK, ARIZONA

Als Loretta aufwacht, ist es ungewohnt still. Irgendwo draußen beschleunigt ein Auto. Vogelgezwitscher dringt durchs Fenster herein. Hat sie je zuvor einen Vogel gehört in diesem Haus? Die Familie übertönt normalerweise sämtliche Geräusche von draußen, und jetzt, wo der tägliche Lärm verschwunden ist, ist die Stille zart und pur und gewaltig. Ein Hund bellt, irgendwo in weiter Ferne.

Sie bleibt im Bett liegen, obwohl die Sonne bereits aufgegangen ist. Niemand klopft. Niemand ruft sie zum Frühstück oder bittet sie, beim Anziehen der Kinder zu helfen, oder zeigt auf Eimer und Schwamm oder küsst sie auf den Kopf oder sagt ihr, dass sie neuen Honig aus der Vorratskammer holen soll. Niemand zupft an ihrem Rock oder tippt ihr – klopf, klopf, klopf – auf den Arm; Ruth hat den Kindern beigebracht, sich auf diese Weise bei Erwachsenen bemerkbar zu machen. Kein Kind weint, weil es beim Sprung vom Schuppendach gestürzt oder mit der Hose im Stacheldrahtzaun hängen geblieben ist oder mit strenger Stimme gesagt bekommen hat, dass es die streunende Katze, die es angeschleppt hat, nicht behalten darf – die Katze, die Ruth schließlich mit gekonnten Steinwürfen verjagt hat. Heute Nacht wird nicht Lorettas Nacht sein, denn Dean ist nicht da. Sie wird nicht tun müssen, worauf sie sich normalerweise den ganzen Tag innerlich vorbereitet, indem sie sich in Erinnerung ruft, dass es sich um eine rein körperliche Angelegenheit handelt. Sie wird sich nicht Deans Fragen anhören müssen, der neuerdings ständig wissen will, ob sie morgens von Übelkeit heimgesucht wird.

All das wird heute nicht stattfinden, und noch etwas passiert nicht: Sie haut nicht ab und plant auch nicht ihre Flucht. Dabei könnte es keine bessere Gelegenheit geben, keine offenere Tür. Aber sie wird nicht gehen und sie weiß es.

Bis vor Kurzem wäre Loretta niemals in den Sinn gekommen, dass auch Dean Eltern haben könnte, dass auch er mit Geschwistern aufgewachsen ist. Bis er einen Anruf von einem Freund aus der Reorganisierten Kirche Jesu Christi der Heiligen der Letzten Tage in Hagerman, Idaho, erhielt. Dieser Freund hatte in der *Times-News* die Sterbeanzeige für Deans Vater entdeckt, und da Dean nicht als Hinterbliebener genannt wurde, ging er davon aus, dass es seine Familie versäumt hatte, ihn zu benachrichtigen.

»Genau diese Art von Verrat habe ich von Louis erwartet«, sagte Dean am selben Abend, nachdem die

Kinder im Bett waren und er mit Ruth und Loretta am Tisch saß und das weitere Vorgehen besprach. Bestimmt war nun Land oder Geld zu verteilen. Bestimmt gab es ein Erbe, auf das es Anspruch zu erheben galt.

»Und wenn ich meine Geschwister zur Herausgabe zwingen muss«, sagte er.

»Das wäre nur recht und billig, Vater«, pflichtete ihm Ruth bei. »Man ist niemals im Irrtum, wenn man für das Richtige eintritt.«

Dean lächelte ihr zu. Loretta wusste, dass Ruth sich ihm zuliebe so verhielt, sie bestätigte ihn in seiner Haltung. Zu Loretta kam Dean manchmal mit dem gleichen Anliegen, mit der gleichen unausgesprochenen Bitte, seine Interpretationen der Schriften gutzuheißen oder seine erzieherischen Entscheidungen bezüglich der Kinder, seine Auswahl der Produkte, die er ins Sortiment von Zion's Harvest aufnahm, oder die Kämpfe, die er neuerdings mit dem Ältestenrat ausfocht. Er bat nicht etwa um Erlaubnis – Dean tat, was er für richtig hielt. Und dennoch war da ein Teil von ihm, der Zuspruch und Bestätigung brauchte.

Dean trank an jenem Abend heißen Kaffee-Ersatz mit Trockenmilch. Ruth knabberte Rosinen, immer nur eine auf einmal, auf aggressive Weise. Obwohl sie am meisten redete, behielt Dean stets das letzte Wort. Ab und zu sah er Loretta an, als wäre ihm plötzlich eingefallen, dass auch sie einbezogen werden musste. Loretta hatte Hunger, allerdings nicht so sehr, dass sie aß, was ihr hier zur Verfügung stand. Bei ihren Eltern hatte es immer Süßigkeiten und Snacks in Hülle und

Fülle gegeben, zuckrige Frühstücksflocken und Kartoffelchips und gekaufte Kekse. In diesem Haus hatte sie manchmal das Gefühl zu verhungern. Wenn die Kinder über Hunger klagen, rät Ruth ihnen, rohe Weizenkörner zu kauen, und das tun sie tatsächlich, sie kauen und kauen, bis der Weizen eine Art Kaugummi bildet, aber Loretta will nichts mit Ruths Essen zu tun haben, mit rohem Weizen und Johannisbrot und Rosinen, die einzeln gegessen werden.

»Vielleicht eröffnet sich dir ein neuer Weg«, sagte Ruth. »Vielleicht bietet dir der Herr eine Chance, die Hürden in deinem Leben zu überwinden. Zum Beispiel was den Ältestenrat angeht.«

Dean war inzwischen aus dem Ältestenrat ausgeschieden. Es war sogar die Rede davon, ihn zu exkommunizieren.

»Wie wäre es, wenn wir es so machen, Vater?«, fuhr Ruth fort. »Du und ich und die Kinder fahren nach Idaho zur Beerdigung, und Loretta bleibt hier, hütet das Haus und nimmt die Bestellungen entgegen. Auf die Weise können wir uns erst einmal ansehen, wie die Lage vor Ort ist. Es ist doch unnötig, deine Verwandtschaft jetzt schon mit gewissen Dingen zu konfrontieren. Das erfordert nur zusätzliche Erklärungen.«

Dean und Ruth warfen Loretta kühle, abwägende Blicke zu, und sie fühlte sich eher wie ein Kind als wie ein Ehepartner. Ihr war klar, dass sich die beiden fragten, ob sie ihr vertrauen konnten.

»Was du sagst, hat Hand und Fuß, Mutter«, erklärte Dean schließlich. »Wie üblich.«

Es ist kurz vor halb acht. Loretta erinnert sich an eine Zeit in ihrem Leben, in der ihr das früh vorgekommen wäre. Sie hat keine Ahnung, wann sie das letzte Mal einfach gemütlich im Bett geblieben ist. Jeden Tag quält sie sich aus den Federn, gegen ihren Willen, noch vor Sonnenaufgang.

Warum haut sie nicht einfach ab?

Die widersprüchlichen Impulse kennt sie auswendig: Geh jetzt. Geh allein. Geh mit Bradshaw. Warte und schmiede Pläne und treffe »Vorkehrungen«, wie er es in seinen Briefen nennt, und brenne mit Bradshaw durch. Oder geh ohne ihn. Oder. Oder. Oder. Seit Tagen kreisen ihre Gedanken ununterbrochen um die verschiedenen Optionen. Jetzt wird ihr klar, dass sie gar nicht darauf wartet, eine davon möge die Oberhand gewinnen. Sie wartet auf etwas anderes: eine weitere Option. Einen weiteren Ausweg. Die Grübelei ist nicht der Grund dafür, dass sie nicht abhaut. Sie hat es einfach im Gefühl: Sie wird nicht abhauen.

Dabei genießt sie ihr derzeitiges Leben keineswegs. Sie hasst es, empfindet es als Netz, in dem sie gefangen ist. Aber es ist ihr vertraut, es ist alles, was sie kennt. Von den Zukunftswünschen, die sie sich einredet – Freiheit, ein weltliches Leben, Musik, Glamour, lange Hosen und Make-up –, von der Welt, die sie sich erträumt, weiß sie hingegen absolut nichts. Sie denkt an die Tussy-Reklame. »Gewinne einen Mustang passend zu deinem Lippenstift!« Die freche junge Frau auf der Motorhaube des rosa, rosa Autos, so farbenfroh und kühn und unerreichbar. Eine Ewigkeit entfernt vom Hier und Jetzt.

Loretta gesteht sich nicht ein, dass sie Angst hat.

Viertel vor acht. Bradshaw kommt jeden Morgen um acht. Er weiß noch nichts von den neuesten Entwicklungen. Dean vertraut ihm. Es liegt die Idee in der Luft – eine Andeutung, ein noch nicht beschlossener Gedanke –, dass sie alle einfach von hier weggehen könnten, um den Problemen mit den Brüdern zu entfliehen, und dass Bradshaw helfen könnte, das Geschäft weiter zu betreiben, während sie fort sind. Wenn Bradshaw kapiert, was los ist, wird er mit ihr abhauen wollen. Er wird wegwollen, weg, weg, weg.

Dean hat Loretta seine Geschichte erzählt, und sie misstraut seiner Darstellung, weil sie so akkurat ist – ein Mosaik aus Ursache und Wirkung, in den Dienst des Bildes gestellt, das Dean über sich selbst vermitteln möchte: dass er mit einem fehlgeleiteten Glauben aufgezogen wurde, mit einer irregeführten Version der Wahrheit, und erst seinen Weg ins Licht finden musste.

Er ist innerhalb der etablierten Kirche aufgewachsen, als Ältester von fünf Kindern. Sein Vater hatte eine führende Rolle in der örtlichen Gemeinde inne, als Bischof oder Angehöriger der Bischofschaft, als Hoher Rat und Pfahlpräsident. Die Familie nahm aktiv und regelmäßig am Gemeindeleben teil, sonntags in der Kirche, montags in der Farmerkooperative, freitags bei der Viehauktion. Obwohl die Kirche einen wichtigen Stellenwert hatte und die Ansprüche an ihre Anhänger hoch waren, wünschte sich Dean schon in jungen Jahren mehr Strenge. Mehr Feuer. Beim Beten, beim

Sakrament, beim Lesen der Schriften hatte er das Gefühl, in der Schmiede des Herrn zu schmelzen, wohingegen seine Kameraden hinterher immer noch die gleichen Tonklumpen waren wie vorher. Sie begaben sich nicht in das Feuer Gottes. Wenn Dean seinen Vater zu einer Viehauktion oder in ein Café begleitete und beobachtete, wie er mit den weltlichen Männern lachte und ihnen freundlich die Hände schüttelte, wenn er beobachtete, wie die Farmer derbe Witze erzählten oder Zigaretten rauchten, dann verübelte er es seinem Vater, dass er diesen Männern und ihren Gepflogenheiten nicht den Rücken kehrte.

Irgendwann lernte er Mitglieder der Reorganisierten Kirche in Hagerman kennen. Die Reorganisierte Kirche Jesu Christi der Heiligen der Letzten Tage war eine kleine Glaubensgemeinschaft, die sich vor über hundert Jahren von der etablierten Mormonischen Kirche abgespalten hatte. Kleine Zellen der ursprünglichen Kirche blieben ihren Prinzipien treu, kleine, im ganzen Land verteilte Gemeinden. Sie hatten etwas Geheimnisvolles an sich, das Deans Sehnsüchte nährte. Die Anhänger dieser kleinen Zellen waren Polygamisten, und als Dean sich die Ursprünge seines Glaubens ansah, erkannte er, dass der Grundsatz der Vielehe immer wieder auftauchte – dass immer wieder fromme Männer Blutlinien der Rechtschaffenheit begründet hatten. Er vertiefte sich in die Schriften von Joseph Smith und Brigham Young, las das Alte Testament anschließend mit ganz neuen Augen und begann zu verstehen, dass es im Land ein breites Spektrum an mormonischen Gläubigen gab, eine Vielzahl an kleinen Nebenflüssen und Kanälen, die von der Hauptströmung abwichen. In einem davon musste die Wahrheit zu finden sein, von der sich die etablierte Kirche entfernt hatte, und im Zentrum dieser Wahrheit stand der Grundsatz der Vielehe, davon war Dean inzwischen überzeugt.

Als er dreiundzwanzig Jahre alt war – er bewirtschaftete in dieser Zeit mit seinem Vater die Farm, während Louis auf Mission war –, fielen die Bundesagenten über die Heiligen von Short Creek her. Sie rissen Kinder aus den Armen ihrer Mütter und bedrohten rechtschaffene Männer mit der Waffe, niederträchtig und hochmütig, während gedungene Journalisten Fotos schossen. *Das war ein Fanal, ein Weckruf für alle Rechtschaffenen*, flüsterte Dean Loretta zu, als er ihr bis spät in die Nacht hinein diese Geschichte erzählte. *Und eins dieser Kinder war deine Tante Ruth.*

Sein religiöser Eifer wuchs immer weiter, bis die Hagermann-Gemeinde ihm nicht mehr genügte. Fünf Jahre später reiste er am Ende der Erntezeit nach Short Creek. Danach kehrte er nur noch einmal nach Hause zurück, und zwar einen Monat später, um mit seinem Vater und seinem Bruder zu sprechen, sich mit ihnen in die Schriften zu vertiefen und sie zu drängen, sich von der etablierten Kirche abzuwenden und stattdessen den Brüdern in Short Creek anzuschließen. Als sie ihm mitteilten, dass sie nichts dergleichen tun würden, wusste er, dass sie nicht nur von Sündhaftigkeit erfüllt waren, sondern auch von dem gefährlichsten Glauben auf Erden – dass ihre Sündhaftigkeit Rechtschaffenheit sei.

Sie wartet darauf, Bradshaws Pick-up in die Einfahrt rollen zu hören, noch in ihrem Nachtgewand, einem dicken Baumwollhemd. Sie trägt es über den Tempelunterkleidern, zweiteiliger langer Unterwäsche mit Markierungen an Brustwarzen und Bauchnabel. Diese Tempelunterkleider hat sie am Tag ihrer Trauung bekommen und muss sie rund um die Uhr tragen. *Eigentlich könnte ich sie jetzt einfach ausziehen*, denkt sie.

Es klopft, und sie macht die Tür auf. Als sie ihm auf diese Weise gegenübersteht, unbewacht und ohne eine Rolle zu spielen, ist er zu viel für sie. Gieriges Grinsen, blinzelnde, türkis glitzernde Eisaugen. Die eine Hand am Türpfosten, die andere an der Hüfte, ein Fuß vor den anderen gestellt, die Wrangler-Jeans über den Stiefelabsatz hängend, die Hemdsärmel abgeschnitten und ausgefranst, dazu eine Baseballkappe mit gekrümmtem, vorne abgewetztem Schild und der verschnörkelten Aufschrift »Sandy Excavation«.

»Liebling«, sagt er. »Meine süße Lori.« Dann fällt er über sie her.

Er küsst ihr das Gesicht ab, küsst sie, als wollte er sie verschlingen. Nach kurzer Zeit sind ihre Lippen wund und ihr Kiefer schmerzt. Er hat seine Hände überall. Seine Berührungen gefallen ihr und gefallen ihr nicht. Fast könnte man meinen, er versuche ihr wehzutun. Ihre Hände liegen auf seinem Rücken, der straff vor Muskeln ist, ganz anders als Deans schlaffes, schwammiges Fleisch. Sie schiebt Bradshaw weg und sagt: »Stopp, stopp, mach langsam.« Es dauert eine Weile, bis es ihr gelingt, ihn aus seinem fiebrigen Zustand zu reißen. Als er endlich zu sich kommt, sieht er sie voller Schmerz und Fassungslosigkeit an, um anschließend zu stöhnen und sich jammernd in die Sofaecke zu rollen. »Lori«, sagt er flehend. »Lori.«

Ob sie es will oder nicht, scheint ihr die falsche Frage zu sein. Bradshaw sieht besser aus als Dean, ist witziger, jünger, besser in jeder Hinsicht. Sie würde es viel lieber mit ihm tun als mit Dean, aber die Entscheidung lautet nicht Bradshaw oder Dean, sie lautet jetzt oder später. Sie lautet: Bradshaw oder Dean oder etwas ganz anderes. Natürlich könnte sie es tun. Problemlos. Inzwischen erträgt sie fast alles. Sie versteckt sich einfach in sich selbst, und was auch immer mit ihr geschieht, geschieht zwar nach wie vor, aber sie nimmt weniger davon wahr, ist gerade noch anwesend genug, um mit sich selbst sprechen zu können, um sich einzureden, was sie sich einzureden beschlossen hat, so lange, bis es vorbei ist.

»Nicht so, Baby«, sagt sie. »Ich will, dass alles richtig ist. Nur wir beide, irgendwo anders, in unserem eigenen Leben. Nicht hier. Nicht in Deans Haus.«

Bradshaw stöhnt wieder und hält sich den Kopf, als hätte ihn jemand geschlagen. Obwohl Loretta Zeitpunkt und Ort nicht gleichgültiger sein könnten, weiß sie, dass Bedenken dieser Art von einem Mädchen zu erwarten sind und daher plausibel klingen.

Sie könnte einfach einlenken. Es würde Bradshaw glücklich machen, mit ihr zu schlafen. Vielleicht würde es sogar sie selbst glücklich machen. Aber darum geht es nicht – nicht um ihr Verlangen oder um seins, nicht um diesen Mann oder jenen, nicht darum, ob sie verheiratet ist oder frei oder ob sie es will oder nicht.

Nein, es geht allein um die Möglichkeit zu wählen. Sonst nichts. Um die Möglichkeit und darum, dass sie diejenige ist, die wählt.

Als er später sein Lächeln wiedergefunden hat, teilt er ihr mit: »Tja, Süße, tut mir leid. Die Kohle ist futsch.«

Dean hat vor seiner Abreise noch alle Rückstände eingetrieben und die Buchhaltung auf den neuesten Stand gebracht. Zuvor hat er einmal die Woche mit Bradshaw abgerechnet und dessen Behauptungen geglaubt, einige Zahlungen hätten sich »verspätet«. Auch sonst hat er Bradshaw kleinere finanzielle Ungenauigkeiten gestattet, aber das ist jetzt vorbei. Bradshaw musste sämtliche Beträge, die er von den Kundenzahlungen an Zion's Harvest abgezweigt hat, an ihn zurückgeben.

»Mir blieb nichts anderes übrig. Aber Deans Laden läuft wie geschmiert, die Verkaufszahlen schießen durch die Decke. Sobald sich die Lage wieder beruhigt hat, ist es überhaupt kein Problem, ein bisschen was abzuschöpfen, vielleicht so um die … ich weiß nicht …« Er tut so, als würde er in Gedanken Berechnungen anstellen. »Jedenfalls eine Menge, Baby. Einen Arsch voll Geld.«

Denn die Liebe zum Geld ist eine Wurzel für alles Böse. Es ist leichter, dass ein Kamel durch ein Nadelöhr gehe, denn dass ein Reicher ins Reich Gottes komme. Euer Gold und Silber ist verrostet, und sein Rost wird euch zum Zeugnis sein. Ihr ganzes Leben lang hat Loretta diese Worte zu hören bekommen, und sie hat sich immer gefragt: Wie kann man Geld nicht lieben? Ist das überhaupt möglich?

Bradshaw versucht nicht einmal mehr, sie zum Abhauen zu überreden. Auch er will nun auf das Geld warten.

EVEL KNIEVEL WENDET SICH AN EINE BEGEISTERTE NATION

Die Kneipen. Ach, die Kneipen. Das Muddy Bumper in Reno. Das Silver Pony in Baker. Das Mint in jedem hintersten Kaff von Montana. Die Kleinstadtbars. Das staubige Nachmittagslicht, das in schummrige Lokale fällt, und überall dicke Holzbalken. Der gespenstische Schimmer der in bernsteingelber Flüssigkeit eingelegten Eier, die auf dem Tresen stehen, und die beißende Schärfe der siebten Zigarette. Das Rocking R in Bozeman. Das John's Alley in Moscow. Das Dry Dock in Moses Lake. Kleinstadtkneipen, unangekündigt. Reingehen, auf Publikum warten, der Nacht beim Wachsen zusehen. Runden schmeißen, die Spitze des Gehstocks abschrauben, Wild Turkey daraus schlürfen. Bei der erstbesten Gelegenheit dem hübschesten Mädchen zuzwinkern. Das Sports Page in Pocatello. Das Bawdy Dog in Orem. Die Baby Bar in Spokane. Das Stockmen's in Elko. Menschen, die sich so dicht um uns drängen, dass wir ihre Hitze spüren, ihr Leben, das in uns hineinfließt. Wir betreten den Laden und warten darauf, dass sich die Köpfe drehen, dass es losgeht mit den Blicken, dass die Leute sich nähern, es nicht fassen können – ihre Begeisterung, wenn wir uns zu ihnen setzen, uns mit ihnen teilen, ihr Anhimmeln. Sie schenken uns die beste Art von Liebe, die es gibt, die einzige: wild, flüchtig, vollkommen.

1. September 1975
GOODING, IDAHO

Jasons Vater sitzt in der hohen Fahrerkabine des Traktors, der die Ballenpresse hinter sich herzieht. Das gemähte Heu wird hineingewirbelt und als Reihe dicht gepackter Quader wieder ausgespuckt. Jason und Boyd wechseln sich ab: Der eine wuchtet die Ballen auf den Pritschenwagen, der andere sitzt am Steuer. Sie müssen bis Einbruch der Dunkelheit fertig sein. Fertig für den Tag, fertig für die Heusaison, fertig für immer. Genau das geht Jason im Kopf herum: dass es der letzte Tag ist, an dem er bei der Heuernte helfen wird. Sein letztes Highschool-Jahr beginnt, und deshalb ist es für alles das letzte Mal. Nächstes Jahr um diese Zeit wird er ein achtzehnjähriger Highschool-Absolvent und längst über alle Berge sein. Diese Aussicht hilft ihm, die heutige Tortur durchzustehen: das Pochen in seinen Schläfen, den trockenen Mund, die schmerzenden Schultern.

Der Tag glitzert so hell, dass man am liebsten die Augen zukneifen würde – weißgoldene Felder, ein Staubschleier in der Luft. Sie machen Heu hinter Grandpas Haus, auf der Wiese neben dem halb zerfallenen grauen Schuppen und dem alten, mit Unkraut überwucherten Traktor. Während der Mittagspause sitzen Jason und Boyd im Führerhaus des Pritschenwagens, schweißnass und voller Heustaub, während Dad die Zinken der Ballenpresse von Unkraut befreit.

Die beiden Jungen essen schweigend vor sich hin, bis sie jenseits der Wiese Dean aus der Hintertür von Grandpas Haus kommen und zum Schuppen gehen sehen. Alle anderen Angehörigen sind kurz nach der Beerdigung wieder abgereist, nur Dean und seine Familie sind geblieben, ohne jede Erklärung. Jetzt stehen ein Pick-up und ein Pferdeanhänger voller Kisten in der Einfahrt.

»Ziehen die hierher?«, will Boyd wissen.

»Keine Ahnung.«

»Dein Onkel und seine Familie sehen aus, als würden sie in einem Pionierfilm mitspielen.«

Jason verspürt den eigenartigen Drang, seine Verwandtschaft zu verteidigen. Die lästigen Fesseln der Familie.

»Was treiben die so den ganzen Tag? Square Dance?«, fragt Boyd.

»Wahrscheinlich.«

»Spinnen sie auch Wolle und machen ihre eigene Butter?«

»Bestimmt machen sie eine Wahnsinnsbutter.«

Jasons Eltern waren bisher nicht sehr auskunftsfreudig, was das Thema angeht. Sein Vater ist in letzter Zeit besonders kurz angebunden und tut so, als verstünde er überhaupt nicht, wie sich jemand für Dean und seine Pläne interessieren kann. Am Ende der Wiese taucht Dean nun wieder aus dem Schuppen auf und geht mit großen Schritten zum Pferdeanhänger. Ruth tritt aus der Hintertür und fängt an, unzählige Overalls von einer Wäscheleine abzuhängen, während zwei kleine Kinder wie Hundewelpen um sie herumtollen.

»Eine absolut spektakuläre Butter«, sagt Jason. »Eine Butter, mit der man sich am liebsten einreiben würde.«

Es ist mittlerweile so heiß, dass es sich schon gar nicht mehr heiß anfühlt. Jasons Mund bleibt pelzig, wie viel warmes Wasser er auch aus der Thermoskanne trinkt. Er sinkt schläfrig in den weichen, federnden Sitz, schließt die Augen und überlegt, wie schnell sie es durch die verbleibenden Heureihen schaffen werden. Noch vier Stunden? Fünf?

Danach ist es für immer geschafft.

Boyd spuckt aus dem Fenster. »Ich kapiere nicht, wie du nicht wissen kannst, ob sie hierherziehen«, sagt er. »Warum ist das so ein großes Geheimnis?«

Jasons Familie ist Boyd ein ewiges Rätsel, weil sie fast nie Klartext miteinander redet, während er und seine Mutter sich jedes noch so peinliche Detail erzählen. Jason hat keine Ahnung, was er zum Thema Dean sagen soll. Schon jetzt spürt er, dass Deans Anwesenheit Einfluss darauf haben wird, wie er in der Öffentlichkeit dasteht. Ein ganz neues Ausmaß an vorsichtiger Zurückhaltung wird zwischen ihm und seinen Mitmenschen Einzug halten.

»Sie sind halt einfach altmodisch«, sagt er. »So ähnlich wie die Amish People. Normalerweise wohnen sie irgendwo unten an der Grenze zwischen Utah und Arizona.«

»Bei den Polygamisten?«

»Weiß nicht genau.«

Dad kommt zum Pritschenwagen, und die Heustoppeln knirschen unter seinen Stiefeln. Er zieht seinen Hut ab und späht mit zusammengekniffenen Augen zu ihnen herein. Sein Gesicht schimmert vor Schweiß, und seine Nasenspitze und seine Ohren sind tiefrot.

»Auf geht's, Jungs, lasst uns weitermachen«, sagt er.

»Hey, Mr Harder«, spricht ihn Boyd an. »Zieht Ihr Bruder jetzt hierher, oder wie?«

Dad streift sich die Arbeitshandschuhe über und zupft an ihnen herum, bis sie richtig sitzen.

»Das versuchen wir gerade herauszufinden«, antwortet er.

Grandpa ist jetzt seit zwei Wochen tot und die Beerdigung längst vorbei, aber alles wirkt immer noch wie aus den Fugen geraten. Seit Jason zurückdenken kann, war dies die Ordnung der Dinge: er, seine Eltern, und Grandpa ein Stück die Straße hinunter. Seine Großmutter ist gestorben, als er vier war, er hat keinerlei Erinnerungen an sie. Daher ist die Familienkonstellation, wie sie bis zu Grandpas Tod existierte, für Jason Normalität. Er hat sie immer für unveränderlich gehalten.

Und jetzt ist nicht nur Grandpa tot, sondern es sind auch Dean und Ruth und ihre Kinder in Jasons Leben getreten, mit ihrer unübersehbaren Merkwürdigkeit. Dean nennt Ruth »Mutter«, mit strenger Stimme, und sie ziehen sich an wie Menschen aus der Pionierzeit und tragen ihre selbstauferlegte Entbehrung zur Schau. Keins der Familienmitglieder redet viel, alle warten darauf, dass Dean das Wort ergreift. Die Familie sieht nicht fern und geht auch nicht ins Kino oder zu Tanzveranstaltungen. Und sie hat komische Essgewohnheiten. Bevor nach der Beerdigung alle wieder abgereist sind, hat Ruth fleischlose Hamburger aus Bulgur zubereitet. Während die gesamte Verwandtschaft lustlos in ihrem Essen herumstocherte, hielt sie Vorträge über die Vorteile einer fleisch- und zuckerarmen Ernährung. Es war die schweigsamste Mahlzeit der ganzen Woche, weil alle damit zu tun hatten, an den bröckeligen Bratlingen herumzukauen.

Im Anschluss an die Mahlzeit fuhr Roy mit Jason in die Stadt auf ein paar Cheeseburger, Kroketten und gemischte Softdrinks im Oh-So-Good Inn, wo sie Tränen lachten über Ruths Essen.

»*Hei-li-ge Scheiße.* Die armen Kinder«, sagte Roy und tauchte eine Krokette in ein Schälchen mit einer rosa Mischung aus Ketchup und Mayonnaise. »Eigentlich müsste sie dringend jemand aus ihrem Elend befreien. Niemand sollte gezwungen sein, so etwas zu essen.«

»Warum tun sie es dann?«

»Das könnte man sich doch bei allem fragen, was diese Familie macht. Keine Ahnung.« Roy wirkte auf fröhliche Weise gleichgültig. »Meinen Freunden habe ich früher immer erzählt, dass Dean *Crooked Calf Disease* hat. Weißt du, was das ist? Wenn die Gliedmaßen der Kälber nach hinten gebogen und verdreht sind. Man kann nichts dagegen tun, die Krankheit ist unheilbar. Genauso ist es bei Dean auch – total deformiert. Von Grund auf. Seine Gliedmaßen kannst du vergessen.«

Jason ist versucht zu sagen, dass er Dean und seine Familie hasst, aber warum sollte er sie hassen? Es fühlt sich an wie eine scharfe Klinge im Fleisch, wie Seitenstechen – der Groll darüber, dass diese Leute auf die Spitze treiben, was er an seiner eigenen Familie und Kirche und Heimat nicht mag, den eingeschränkten Horizont, die stumpfe Andacht, die Ahnung, dass jene Menschen, die als besonders weise gelten, im Grunde die dümmsten sind. Und dahinter die Wahrheit, die Realität: seine Angst, dass sie wie er sind. Dass er wie sie ist. Wie diese Verrückten.

In den Tagen vor der Beerdigung verbrachten sein Dad, Dean und Roy viel Zeit damit, sich zusammenzusetzen, leise zu diskutieren und dabei immer wieder die Köpfe zu schütteln. Manchmal beteiligten sich auch Bonnie und Jenna an der Diskussion um das Erbe. Grandpa hatte jedem der fünf Geschwister einen Anteil an seinem Land vermacht. Jasons Dad besaß bereits hundert Hektar, die er seinem Vater vor Jahren mitsamt der Molkerei abgekauft hatte. Es wurde beschlossen, dass die Brüder die Schwestern auszahlten, aber es blieben dennoch unausgesprochene Spannungen zurück.

Am Abend vor der Beisetzung kam Jason in die Küche und fand die Brüder am Tisch vor. Mom stand an der Spüle, mit dem Rücken zu den Männern, und wirkte im trüben Licht der Deckenbeleuchtung kleiner als sonst. Die Harder-Männer überragten sie um Längen – sogar Jason war schon einen Kopf größer als sie. Man hatte trotzdem nie den Eindruck, dass es ihr an Körpergröße mangelte, denn sie hatte eine sehr bestimmte Art, den Blick ihres Gegenübers auf sich zu ziehen, und konnte mit ihrer Direktheit selbst einen Hohepriester in Verlegenheit bringen. An diesem Abend spülte sie Einweckgläser mit kochendem Wasser aus, weil die Frauen am nächsten Tag grüne Bohnen und Tomaten einmachen wollten.

»Ich habe es aber *gekauft*, Dean«, sagte Dad. »Wieso sollte ich deswegen benachteiligt werden?« Dean starrte auf einen Punkt zwischen seinen langen, knochigen Händen, die gespreizt vor ihm auf dem Tisch lagen. Die Haut um seine Augen war derart gespannt, dass sie ganz weiß war. Roy saß neben ihm und zwinkerte Jason zu.

Jason öffnete den Kühlschrank und spähte hinein, während er darauf wartete, dass die Männer ihr Gespräch wiederaufnahmen. Er griff nach einer Plastikbox, machte sie auf und erblickte einen Klumpen Rinderhack, der offenbar übrig geblieben war. Er sah aus wie vulkanisches Gestein, wie flüssige Lava, die zu einer festen Masse erstarrt war. Hinter seinem Rücken tippte ein Fingernagel auf die laminatbeschichtete Tischplatte. Jason stellte sich einen winzigen Bergsteiger vor, der sich vom Rinderhackberg in eine ölige weiße Felsspalte abseilte. »Jason, du lässt die ganze kalte Luft raus«, rügte ihn sein Vater.

»Es ist nicht so, als gäbe es nur eine bestimmte Menge kalte Luft, die man da drinnen einsperren müsste«, widerspricht Jason.

Manchmal glaubt er, an der Dummheit seines Vaters zu ersticken.

Roy lacht. »Ganz Unrecht hat er nicht, Louis.«

»Danke für die Belehrung, mein Sohn«, sagt Dad und ignoriert Roy einfach. »Und jetzt raus mit dir, wir wollen uns unterhalten.«

»Unterhaltet euch doch. Bitte.«

Mom drehte sich zu ihm um, mit einem seifig glänzenden Einweckglas in der Hand. »Ich weiß nicht, wo diese große Klappe plötzlich herkommt«, sagte sie. »Es reicht jetzt.«

Jason schloss die Kühlschranktür und trottete vor Wut schäumend aus der Küche. Unglaublich, dass die Harder-Brüder sich um dieses Stück Land stritten. Wer wollte hier schon leben?

Sie nehmen sich die letzte Wiese vor, zwanzig Hektar zwischen Grandpas Haus und Shoestring Road. Nach außen hin liegt kaum Heu zum Pressen bereit, weil hier die Hasen zugeschlagen haben. Die kahlen Stellen und gewundenen Pfade, die sie in die Wiese genagt haben, sahen von oben aus wie das Gekritzel eines Riesen.

Dad stoppt den Traktor und klettert kopfschüttelnd heraus. Ein plötzliches Rascheln am Rand der Wiese erschreckt Jason. Kurz darauf springt ein Hase in die

Luft, die langen Ohren flach angelegt, bevor er mit Dreimetersätzen in die Wüste flüchtet. Boyd zielt mit einer imaginären Waffe auf ihn und macht: »Peng!«

Als sie am Nachmittag die halbe Wiese hinter sich haben und das Ende endlich in Sicht ist, kommt Dean über die Stoppeln auf sie zu, umgeben von einer flachen Staubwolke. Jason sitzt in der drückend heißen, nach Öl stinkenden und vom ohrenbetäubenden Dröhnen des Motors erfüllten Fahrerkabine des Traktors, während Dad mit dem Pritschenwagen hinterherfährt und Boyd die Ballen auf die Ladefläche stemmt. Alle drei halten sie inne und blicken Dean entgegen. Er winkt nicht und sie auch nicht, und als er bei ihnen ankommt, verstreichen einige angespannte Sekunden.

Endlich sagt Dean etwas, und Dad zuckt mit den Schultern und zeigt auf die rumpelnde Fahrerkabine des Traktors. Offenbar ist Dean zum Helfen gekommen, dabei sind sie doch fast fertig. Jason schaltet den Motor aus, und Dad ruft: »Lass doch bitte deinen Onkel Dean für einen Moment ans Steuer, ja?«

Dean klettert herauf und nickt ihm zu. »Jason.« Sein Jeanshemd ist bis zum Hals zugeknöpft und am Kragen dunkel vor Schweiß. Dazu trägt er eine grüne John-Deere-Kappe mit steifem Schild. Er riecht säuerlich und elementar, nach selbst gemachter Seife und Zelttuch. Sein Blick schweift durch die Fahrerkabine, wandert von den Pedalen zum Schalthebel und zurück. Die Sonne beleuchtet den verkalkten Schmutz an den Fenstern. Dean dreht den Schlüssel, und der Motor erwacht mit einem Knall.

»Kupplung nicht vergessen!«, ruft Jason.

»Ich benötige keine Anweisungen von dir.«

Jason überlegt, ob Dean ihn nur auf den Arm nimmt oder ob er es ernst meint. Sein Onkel tritt die Kupplung, legt den ersten Gang ein und gibt langsam Gas. Der Schaltknüppel beginnt zu schleifen und zu vibrieren, und sein Fuß rutscht vom Gas. Der Motor tuckert und geht aus.

»Himmel noch eins«, sagt Dean.

Er dreht den Schlüssel, betätigt die Kupplung und versucht es erneut. Dieses Mal macht der Traktor einen Satz nach vorn, hustet und geht aus. Jason ist gereizt, ungeduldig; sie waren doch schon fast fertig. Dean stampft mit dem Fuß auf und murmelt ungehalten vor sich hin.

Er versucht es noch einmal und würgt wieder den Motor ab.

»Weißt du, du musst …«

Dean zeigt mit dem Finger auf Jason, ohne ihn anzusehen, wie ein Prophet, der einen Dämon verbannt. »Untersteh dich!«, faucht er.

Dad und Boyd beobachten das Ganze von der Wiese aus und schirmen sich die Augen vor der Sonne ab. Dad ruft: »Vielleicht solltest du es dir von Jason zeigen lassen!«

»Louis!«, brüllt Dean, und Jason hört den Tonfall des älteren Bruders heraus. »Ich brauche bestimmt keine Anweisungen von einem Jungen, um eine einfache Landmaschine bedienen zu können. Wenn du deine Geräte ordentlich warten würdest, hätten wir das Problem nicht. Diese Kupplung flutscht überall herum.«

Jason späht aus dem Fenster und fängt den Blick seines Freundes auf. Boyd grinst.

»Das ist wirklich eine ganz schön widerspenstige Kupplung, Mr Harder«, ruft er.

Dean starrt Boyd an und atmet langsam und tief ein und aus. Dann greift er erneut nach dem Schlüssel und dreht ihn im Zündschloss, wobei er langsam den Fuß von der Kupplung hebt. Dieses Mal gibt er zu wenig Gas, und der Motor stirbt stotternd ab.

Dean schwingt die Beine zur Seite, klettert vom Traktor und stakst über die Wiese davon, zurück zu Grandpas Haus.

»Dean! Herrgott noch mal!«, ruft Dad, aber Dean marschiert weiter Richtung Sonne, bis er nur noch ein Schatten ist. Sie machen sich wieder an die Arbeit.

Nach dem Heumachen fährt Jason mit dem Moped auf die Gerstenfelder hinaus, um die Bewässerungsrohre zu verschieben. Für immer fertig mit dem Heumachen, denkt er, und wenn bald die Gerste geerntet ist, wird er auch damit für immer durch sein. Durch mit dem Verschieben von Bewässerungsrohren, mit dem Einatmen von Heustaub, mit dem Absammeln von Steinen, mit dem Melken, *durch mit allem.* Er überlegt, sich ein Achtspur-Abspielgerät für den LeBaron zu kaufen, ein Gerät, wie er es in Roys Chevrolet Nova gesehen hat. Dort hing es unter dem Armaturenbrett, ein gedrungenes Metallgesicht mit silberfarbenen Drehknöpfen als

Augen und einem vorstehenden Stück Kunststoff, das aussah wie eine herausgestreckte Zunge. »Die neue von Zappa«, sagte Roy und drehte die Lautstärke auf. Jason hatte keine Ahnung, was er damit meinte. War das ein Code? Eine Geheimsprache? Die Musik war eigenartig und klirrend, mit einem unregelmäßigen Rhythmus. Roy trommelte aufs Lenkrad und sang fürchterlich schräg mit: *»Watch out where the huskies go, and don't you eat that yellow snow.«*

Jason dreht am Gas und treibt das Moped zur Höchstgeschwindigkeit an – dreiundfünfzig Stundenkilometer. Die Sonne wird bald untergehen, ein leuchtendes Indigoblau breitet sich entlang der dunklen Linie des Horizonts aus. Als Jason von Roy wissen wollte, wie viel das Achtspurgerät gekostet hat, fragte dieser zurück: »Meinst du, dein Alter lässt dich eins kaufen?« Jason zuckte mit den Schultern, und Roy sagte: »Sechzig Mäuse oder so.« Auf den Gerstenfeldern machen die Sprinklerdüsen an den Wasserrohren *tschk-tschk-tschk*, während die kurz gemähten Heuwiesen staubtrocken danebenliegen. Jason besitzt sechzig Mäuse. Auf seinem Sparkonto sind hundertvierunddreißig Dollar. Wahrscheinlich könnte er das Abspielgerät im LeBaron einbauen, ohne dass seine Eltern irgendetwas davon mitkriegen würden.

Er fährt durch eine Wolke abgekühlter Luft, kommt über die Anhöhe und nähert sich Grandpas Haus. Im Garten steht ein Mädchen, oder eine junge Frau, mit dem Rücken zu Jason. Über ihre weiße Bluse und ihr knöchellanges Kleid fällt ein glatter Vorhang aus langen braunen Haaren. Er hat keine Ahnung, wer sie ist. Sie hängt gerade ein Hemd an die Wäscheleine, eins von Deans weißen Hemden, und Jason fragt sich, ob diese Leute je etwas anderes tun, als Wäsche aufzuhängen. Dann ist er an ihr vorbei, und auf einmal macht sich nervöse Erregung in ihm breit, obwohl es keinen Grund dafür gibt. Was hat er denn schon gesehen? Gar nichts. Haare, ein Kleid, einen Hinterkopf. Ein Bücken und Aufrichten, wie im Wind wippende Gerste. Gar nichts. Und dennoch spürt er sie – die Nervosität, die Mädchen in ihm auslösen, die Erregung des Verehrers.

Sie essen spät zu Abend. Dad beantwortet mürrisch Moms aufgekratzte Fragen, zur Ernte, zum Ertrag, zu den Hasen. Er nickt zu den Plänen, die sie für Jason schmiedet, jetzt, da sein letztes Highschool-Jahr anbricht – zu den Stipendien, die sie im Sinn hat, den Zuschüssen und möglichen Colleges. Aus irgendeinem Grund hat sie es sich in den Kopf gesetzt, dass er Agrarwirtschaft studieren und ein gebildeter Farmer werden wird, wohingegen Jason seit Neuestem glaubt, dass er Architektur studieren wird, einfach nur, weil es so beeindruckend klingt. Mom überlegt, wie sich seine Missionsjahre am besten um seine Studienzeit herumplanen lassen. Schließlich hört sie auf zu reden, und Dad seufzt und starrt den Käse-Hackfleisch-Auflauf auf seinem Teller an. Es ist ungewöhnlich, dass er ihn nicht sofort verschlungen hat, dass nicht längst eine zweite Portion auf seinem Teller liegt. Die drückende Stille am Tisch löst ein diffuses Verlangen in Jason aus. Er wird definitiv ein Achtspur-Abspielgerät für den LeBaron kaufen. Und vielleicht auch diese Neue von Zappa. Wen interessiert es, wenn er dabei erwischt wird?

»Ich schätze, Dean und Ruth haben sich drüben häuslich eingerichtet«, sagt Dad schließlich.

»Für immer?«, fragt Jason.

Dad zuckt mit den Schultern. »Fürs Erste.«

Mom legt ihm die Hand auf den Unterarm.

»Wir werden das Beste daraus machen«, sagt sie.

»Ganz genau«, erwidert er, aber es klingt erschöpft.

Mom lächelt Dad mit Nachdruck zu. Es ist ihre Art, ihn aus seiner Schwermut zu reißen und fröhlich darauf zu bestehen, dass er nicht in seine eigene Gedankenwelt verschwindet. Er weicht ihrem Blick aus, hustet kräftig, um die Kehle freizubekommen, und erklärt: »Die beiden haben ein junges Mädchen bei sich. Ruths Nichte, behauptet Dean.«

Mom hört auf zu kauen. Und zu blinzeln. Sie starrt Dad an, und er starrt zurück. Jason scheinen sie ganz vergessen zu haben. Ihre Blicke drücken ihr Entsetzen aus. Bald werden alle, die sie kennen, davon wissen. Alle aus der Kirche. Alle aus dem Ort. Einfach jeder.

»Oh nein, Lou«, flüstert Mom.

Sehr bedächtig und sehr langsam entgegnet er: »Laut Dean ist sie Ruths Nichte und hat kein Zuhause mehr.«

Mehrere Sekunden herrscht Schweigen.

»Und mir ist auch nichts anderes zu Ohren gekommen«, sagt er und blickt stur zur Mitte des Tischs.

Jason hat große Lust, sich zu übergeben. Es erscheint ihm angebracht, sich angesichts dieser neuen Entwicklung einfach zu erbrechen, direkt hier auf den Tisch, zwischen sich und seine Eltern.

»Ach nein?«, fragt er. »Echt nicht?«

Dad stößt scharf die Luft aus. Es klingt wie ein Getreidesack, den man auf den Boden fallen lässt. Er hat nichts mehr zu dem Thema zu sagen.

7. September 1975
GOODING, IDAHO

Dean sagt, sie müssen, also müssen sie. Als die Zeit gekommen ist, als die alte Uhr in diesem moderigen Haus einen dumpfen, widerhallenden Gong von sich gibt, schwingt Loretta daher ihre Beine aus dem Bett und steht auf, streicht sich mit den Händen übers Kleid und atmet tief durch die Nase ein. Sie kennt diese Leute nicht, also kann es ihr egal sein, was sie von ihr denken. Trotzdem hat sie vor lauter Unsicherheit gerötete Wangen. Überhaupt umrankt ein ständiges Geflecht aus heißen Flecken ihren Hals, ihre Ohren und ihre Schläfen, seit sie hier draußen in der weltlichen Welt ist.

Sie geht die Treppe hinunter. Ruth treibt gerade die Kinder zusammen. Sie sind angezogen wie für die Kirche, obwohl sie hier keine Gottesdienste besuchen werden, wie Dean ihnen mitgeteilt hat. Die Familie wird ihre eigenen, von ihm geleiteten Gottesdienste abhalten. Er mahnt immer wieder, wie wachsam sie alle sein müssen angesichts der Gefahren und Versuchungen dieser Welt, in der der Satan herrscht. Loretta hat sich davon beeinflussen lassen und wittert an jeder Ecke Dämonen; bis jetzt ist sie enttäuscht, weil dieser Ort eigentlich genau wie zu Hause ist. Die Wüste ist nicht so spektakulär hier, nur ein unkrautbewachsener Streifen Land voller trockener Gräser und zeckenverseuchter Salbeibüsche. Ansonsten gleicht das, was sie bisher von Gooding und Umgebung gesehen hat, in vielem Short Creek: Farmen und Zäune und bellende Hunde. Aufgebockte, verrostete Pferdeanhänger neben Wohnwagen, Unterstände voller Schrott und Unkraut hinterm Haus. Eine Art Galaxie zieht sich um den Ort – je weiter man sich vom Zentrum entfernt, desto größer der Abstand zwischen den Häusern, bis man zum Land der Harders und den anderen großen Farmen gelangt. Noch ein Stück weiter draußen fangen die menschlichen Behausungen bereits wieder an zusammenzurücken, weil Gooding hier in Wendell übergeht, die nächstgelegene Kleinstadt.

Und doch auch Unterschiede: Es gibt hier keine Menschen wie sie, keine Grüppchen von fünf, acht, elf Geschwistern am Straßenrand, keine Frauen mit langen züchtigen Kleidern und geflochtenem Haar, keine Jungen mit Wollhosen und langärmeligen Hemden.

Dean betet laut eigener Aussage unablässig, damit der Herr ihm sagt, was er tun soll. Damit er ihm sagt, ob sie hier vielleicht ein neues Zuhause finden, auf dem Land seiner Vorfahren. Im Haus seines Vaters. Das erzählt Dean zumindest Ruth und den Kindern, und das erzählt er Loretta, seit er nach Short Creek zurückgekommen ist, um sie zu holen. Von Bradshaw weiß sie jedoch, dass er bereits plant, das Unternehmen hierher zu verlagern, nach Idaho. Dean hat Bradshaw sogar gefragt, ob er mitkommt und weiter für ihn arbeitet.

»Er will mich dafür bezahlen, dass ich nach Idaho ziehe. Ist das nicht toll?«, hat Bradshaw begeistert erzählt. »Sind die Wege des Herrn nicht unergründlich?«

Ein Dämon. Dessen ist sie sich jetzt sicher. Wie sonst hätte es dazu kommen sollen? Wie sonst hätte es sein können, dass ihr Mann ausgerechnet Bradshaw in die Familie holt? Loretta hat immer mehr das Gefühl, dass Deans Gott ein großer Schwindel ist. Dass er nur in seinem Kopf lebt. Aber der Ort, der jenseits der Welt existiert, ist echt. Irgendetwas muss hinter allem stehen – lenken, formen, dirigieren. Sie kann es sich nicht anders vorstellen, und Bradshaw kommt von jenem Ort.

Dean tritt in seinem schwarzen Anzug ins Wohnzimmer, sein Bart ist dunkel und feucht. Er hat die ganze Familie bezüglich seines Bruders Louis und dessen Frau und Sohn belehrt: Sie meinten es gut, seien jedoch auf dem Irrweg, man solle freundlich zu ihnen sein, ihnen aber misstrauen. Die Kinder stehen in perfekter, militärischer Ausrichtung da, dem Alter nach aufgereiht: Samuel, Ruth, Elizabeth, Dean junior, Janeen, Sarah, Benjamin. Und Ruth vorneweg, wie ein Feldwebel. Loretta stellt sich hinter die Parade.

»Ich erwarte, dass ihr euch heute vorbildlich benehmt«, sagt Dean. »Gute Tischmanieren, Höflichkeit gegenüber eurer Tante und eurem Onkel. Macht eurer Mutter und mir keine Schande. Nicht, dass ich wieder zum Gürtel greifen muss.«

Dean greift etwa einmal pro Tag zum Gürtel. Loretta weiß, dass die Rückseiten von Samuels Beinen mit Schwielen übersät sind, die er für seine dickköpfigen, stummen Aufstände erntet – beispielsweise die Weigerung, Aufgaben im Haushalt zu Ende zu bringen oder seinen Bulgur-Hackbraten aufzuessen. Dean nörgelt schonungslos an ihm herum und ermahnt ihn, dass er der Älteste sei und den an ihn gestellten Erwartungen gerecht werden müsse.

»Ihr versteht sicher, dass wir nicht ganz ehrlich sein können, was eure Tante Loretta angeht«, fährt er fort. »Uns bleibt diesbezüglich keine andere Wahl. Wir sind hier nicht mehr in Short Creek, unter anderen Rechtschaffenen. Wir sind hier nicht mehr unter jenen, die wissen, dass der Grundsatz der Vielehe Rechtschaffenheit bedeutet. Hier regiert der Satan.«

»Bei Onkel Lou zu Hause?«, fragt Samuel, und Dean wirft ihm einen strengen Blick zu.

»Überall. Auf der ganzen Welt. Euer Onkel ist kein böser Mann, aber er ist auch kein rechtschaffener. Und der Satan ist immer darauf aus, die Rechtschaffenen in Versuchung zu führen und zu schikanieren.«

Loretta weiß, dass Dean sich selbst als durch und durch rechtschaffenen Mann betrachtet, auch wenn er das niemals laut sagen würde – schließlich kennt ein durch und durch rechtschaffener Mann keine Eitelkeit. Wie schafft man es, eine solche Meinung von sich zu haben? Wie schafft man es, derart im Reinen zu sein mit sich und der Welt? Es muss schön sein, dieses Gefühl. Manchmal sind Dean und Bradshaw für Loretta die beiden gegensätzlichen Pole der Erde. Dann wiederum sind sie zwei Seiten der gleichen, vor Selbstbewusstsein strotzenden Medaille.

»Also gut«, sagt Dean, und Ruth öffnet die Haustür, woraufhin die Kinder im Gänsemarsch das Haus verlassen: durch die Fliegengittertür über die Eingangsstufe, deren rote Farbe in der Mitte schon ganz abgetreten ist, auf den Pfad, der quer über den Rasen vor dem Haus verläuft. Auf die Kinder folgen Loretta, Dean und schließlich Ruth. Nachdem alle draußen sind, bleiben die Kinder stehen und warten darauf, dass Dean die Führung übernimmt. Dann gehen sie auf den kiesbedeckten Seitenstreifen der schmalen Landstraße hinaus, um die fünfhundert Meter bis zu Onkel Lous und Tante Beckys Haus zurückzulegen. Die Hitze des vergangenen Monats kühlt sich langsam ab, aber Loretta ist es trotzdem zu warm in ihrem langen Kleid und den Wollstrümpfen. Sie spürt bereits einen Anflug von Feuchtigkeit im Inneren ihrer Schnürschuhe und entlang des engen Halsausschnitts ihres Kleids. Die Straße führt die kleine Anhöhe hinauf, die die beiden Häuser voneinander trennt, zur Linken gesäumt von abgeernteten Heuwiesen und zur Rechten von Kuhweiden. Ein Pick-up-Truck braust über den höchsten Punkt der Anhöhe, ein schlammverkrusteter Ford F-150 mit einem Riss in der Windschutzscheibe. Der dicke, rotgesichtige Fahrer dreht sich im Vorbeifahren nach ihnen um und wirkt gleichzeitig verblüfft und erfreut, hier auf dieser gewöhnlichen Straße, die er bestimmt ständig entlangfährt, einem überraschenden Anblick zu begegnen.

Als Dean nach Short Creek kam, um Loretta und die restlichen Habseligkeiten der Familie zu holen, um den Pferdeanhänger mit Kisten vollzuladen, unterstützt von Bradshaw, der mit Dean scherzte und ihn dazu brachte, lachend den Kopf zu schütteln, als er kam, um Loretta zu holen, und mit ihr durchs Haus ging und überlegte, was gebraucht wurde und was fürs Erste zurückgelassen werden konnte, nahm er sie auch mit in sein Büro, wo er ein paar Dokumente zusammensuchte und andere in seinem stählernen Aktenschrank verschloss. Er zog die unterste Schublade dieses Schranks auf und holte eine Geldschatulle heraus, die er mit einem zweiten kleinen Schlüssel öffnete. Dann zeigte er ihn ihr und freute sich an ihren staunend aufgerissenen Augen: einen Haufen sorgfältig polierter Goldmünzen, Goldadler-Münzen von jeweils einer Unze, Gold im Wert von Tausenden Dollar. Er nahm acht Münzen aus der Schatulle, verschloss sie wieder und verstaute sie im Aktenschrank.

»Lässt du den Rest hier?«, fragte Loretta.

»Vorerst«, antwortete Dean. »Vorerst.«

Er sah sie ernst an, mit zusammengepressten Lippen und immer noch leuchtenden braunen Augen. Sie spürte in ihm eine abwägende Stimmung, eine einschätzende Haltung – und eine Ernsthaftigkeit, wie sie ihn manchmal im Gebet oder in seiner Rolle als geistiger

Führer überkam, wenn sein Selbstempfinden übergroß wurde, obwohl er sich den Anstrich von Bescheidenheit gab.

»Was?«, fragte sie.

»Wenn ich dir jetzt etwas zeige«, sagte er, »musst du mir versprechen, es als heiliges Geheimnis zu bewahren.«

»Ich verspreche es, Dean.«

Er holte einen mit einer Schnur zugebundenen Lederbeutel hervor, der der Form nach eine unförmige Grapefruit zu enthalten schien und den er ihr hinhielt, die Hand fest um den oberen Teil geschlossen. Seine spröden roten Fingerknöchel waren groß wie Walnüsse, und quer durch seinen Daumennagel verlief ein schwarzer Riss.

»Nimm«, forderte er sie auf. »Spüre das Gewicht.«

Als sie danach greifen wollte, warnte er: »Mit beiden Händen.« Dann stellte er ihr den Lederbeutel in die hohlen Handflächen und sagte: »Lass ihn nicht fallen, kleine Schwester.« Er lächelte voller Begeisterung und sah aus, wie er manchmal im Bett aussah, bevor er sie bestieg, die braunen Augen von einem intensiven Leuchten beseelt. Sie spürte, wie der Inhalt des Beutels sich auf ihrer Hand verteilte. Dann sackten ihre Hände nach unten, so groß war der Unterschied zwischen dem erwarteten und dem tatsächlichen Gewicht.

»Was ist das?«

»Das ist Gold, kleine Schwester.«

Er flüsterte es, nur Zentimeter von ihrem Gesicht entfernt. Sie hatte sich noch nie so eng mit ihm verbunden gefühlt. Nachdem sie den Lederbeutel auf dem Boden abgestellt hatte, öffnete sie ihn.

»Dieses Gold stammt vom kalifornischen Goldrausch«, flüsterte er. »Es gehört zum ersten Gold, das je entdeckt wurde – von Heiligen. Von Heiligen, kleine Schwester.«

Zitternd schob sie das Leder auseinander. Die Goldklumpen im Inneren des Beutels waren dunkel und bräunlich, bis auf einige wenige schimmernde Stellen, auf die das Licht fiel.

»Gefunden von Heiligen, Loretta, auch wenn du das niemals aus dem Mund eines Heiden hören wirst. Die Ungläubigen behaupten, ein Mann namens John Sutter habe dieses Gold entdeckt, an einem Ort namens Coloma in Kalifornien. Dieser Ort heißt heute Sutter's Mill, benannt nach ihm. In den Geschichtsbüchern kannst du alles darüber nachlesen, die Schulbücher der Heiden beschreiben die angebliche Geschichte ausführlich.«

Loretta griff in den Beutel und entnahm ihm einen Goldbrocken. Er fühlte sich fast weich an zwischen Zeigefinger und Daumen, als könnte sie ihn zerdrücken.

»Aber du wirst die Heiden nie von den Heiligen in Sutter's Mill reden hören, nie davon, dass Heilige in Kalifornien siedelten und das Gold entdeckten. Darüber wird kein Heide jemals die Wahrheit sagen, kleine Schwester, denn was wäre dann? Was wäre, wenn sie die wahre Geschichte der Nation anerkennen müssten? Dass es nämlich die Heiligen waren – jene Heiligen, die von allen verleugnet wurden, die von allen verachtet wurden und bis heute verachtet werden, die von ihrer eigenen Kirche im Stich gelassen und ausgegrenzt wurden –, dass sie es waren, die vorwegmarschierten, Loretta, die mit ihrem Beispiel allen anderen vorangingen.«

Loretta nahm nichts mehr wahr außer dem kleinen Klumpen Gold in ihrer Hand. Gold. So hatte sie es noch nie betrachtet, als irdenes Material, als ein Stück Felsen. Dean griff nach dem Nugget und verstaute es wieder im Beutel, während er weiterredete und ihr erzählte, dass es heiliges Gold sei, Mormonengold, und dass genau *dieses* Gold seit mehr als hundert Jahren durch die Hände wahrer Heiliger gehe. Die Heiligen hätten Utah verlassen und seien nach Kalifornien gegangen, und von dort sei das Gold nach Salt Lake gekommen und habe das neue Zion unter Brigham Young gestärkt.

»Und woher hast du das Gold?«, fragte Loretta.

Dean schüttelte nur den Kopf. Das spielte keine Rolle. Er band den Lederbeutel wieder zu, legte ihn zurück in die unterste Schublade des Aktenschranks und verriegelte sie.

Sie verließen das Büro, und er schloss die Tür hinter ihnen ab. Dann erklärte er ihr, dass sie nun eine Welt voller Gefahren, Verfolgung und Feindseligkeit betreten würden. Er erzählte ihr zum hundertsten Mal von der Short-Creek-Razzia, von den Bundesagenten, die über die Häuser der Rechtschaffenen hergefallen waren, Mütter und Kinder hinausgejagt und ihre Väter eingesperrt hatten.

»Das ist noch gar nicht so lange her, kleine Schwester«, sagte er. »Deine Tante Ruth war unter den Kindern. Bis heute leben wir in dieser Welt, in der uns so etwas angetan wird.«

Die zwei Tage mit Dean waren schrecklich. Loretta kam es vor, als würde er sie jede halbe Stunde besteigen. Irgendwann war sie so wund, dass sie ihn bat, damit aufzuhören, auch aus Angst, bei dieser Flut seines Samens nichts mehr gegen eine Schwangerschaft unternehmen zu können. Als sie die Lösung auftrug, brannte es so sehr, dass sie sich weinend auf den Daumen biss.

Aber sie hatte sich genau gemerkt, welche Schlüssel an Deans üppigem Schlüsselbund in die vier Schlösser passten: Haustür, Bürotür, Aktenschrank, Geldschatulle.

Sie treffen im Gänsemarsch an ihrem Ziel ein, gehen quer über die ungeteerte Einfahrt und nehmen direkten Kurs auf die Seitentür. Beide Häuser, dieses und das von Deans Vater, sind gedrungene, quadratische Backsteingebäude, deren Haustüren und Seitentüren auf die Einfahrten hinausführen. Vor jeder Tür befindet sich ein Betonwürfel als Stufe. Hinter Onkel Louis' Haus ist ein Schuppen angebaut, und jenseits der Einfahrt steht der Melkstall. Umgeben ist das Ganze auf allen Seiten von Kuhweiden, und hinter dem Melkstall folgen der Heuschober und eine Reihe niedriger Kälberboxen. Loretta findet den Geruch – frischer Kuhmist und gemähtes Heu – auf tröstliche Weise vertraut.

Dean klopft an die Fliegengittertür, und Tante Becky trällert: »Kommt rein, kommt rein!« Also drängen sie sich hinein in den Raum mit dem hellgelben Linoleumboden. Weil Loretta nicht genug Platz hat, die Tür hinter sich zufallen zu lassen, bleibt sie im Türrahmen stehen, während Tante Becky sich die Hände an einem Geschirrtuch abtrocknet und die ganze Familie mit großem Trara begrüßt, von einem Mitglied zum anderen wandert, Hände schüttelt, Wangen tätschelt, lächelt und nervös hin und her trippelt. An der Küchentheke lehnt ein hochaufgeschossener, knochiger Junge mit einem Gestrüpp rötlicher Haare auf dem Kopf und einer mit Butter beschmierten Brötchenhälfte in der Hand. Als Loretta zu ihm hinüberspäht, wendet er rasch den Blick ab, aber sie spürt, wie er sie aus den Augenwinkeln verfolgt, wie er rasche visuelle Vorstöße in ihre Richtung wagt. Dass er sie derart taxiert, kitzelt ihre Nerven. Sie ist diese Art von Aufmerksamkeit gewohnt, allerdings nicht von Jungen. In Short Creek verlassen die Jungen ihre Familien normalerweise freiwillig mit fünfzehn oder sechzehn Jahren oder werden von ihnen vor die Tür gesetzt. Loretta fühlt sich gleichzeitig jünger und tausend Jahre älter als dieser weltliche junge Mann in Jeans und T-Shirt, obwohl sie weiß, dass *er* älter ist, dass er Jason heißt und siebzehn ist, dass er genau genommen ihr Neffe ist, wenn man es auf dem Familienstammbaum aufzeichnen würde, auch wenn er nichts von ihrer Verwandtschaft weiß.

Die Kinder gehen weiter in die Küche hinein, und Loretta lässt die Fliegengittertür hinter sich zufallen. Auf dem T-Shirt des Jungen ist eine große rote Zunge abgebildet, die aus einem Paar knallroter Lippen ragt, eine provozierend obszöne Darstellung. Darunter stehen die Worte »Hot Rocks«. Sie spürt, wie sie rot wird.

Der Junge sagt: »Willkommen in Idaho.« Er sagt es direkt zu ihr, aber es ist Dean, der ihm antwortet: »Vergiss nicht, dass ich hier aufgewachsen bin.«

Onkel Louis setzt sich ans Kopfende und bietet Dean den Platz zu seiner Rechten an. Tante Beckys Stuhl zu seiner Linken bleibt zunächst frei, weil sie und Ruth zwischen Küche und Tisch hin- und herlaufen und die Speisen auftragen: mehrere gebratene Hühnchen, Kartoffelbrei, grüne Bohnen, Brötchen aus dem Ofen, Krüge mit Milch. Loretta sitzt zwischen den Kindern an dem langen Tisch, schräg gegenüber von Jason. Sie werfen sich gegenseitig Blicke zu, und selbst wenn er sie nicht direkt ansieht, scheint er sie zu beobachten. Er ist nicht gerade gutaussehend – schlaksig, die Hüften breiter als die Schultern, kurz geschnittene rötliche Locken, dazu die großen Harder-Ohren und kleine, hinter einer sommersprossigen Knollennase versteckte Augen. Sie erkennt trotzdem eine unbeholfene Schönheit in ihm, wie bei einem Kalb oder Fohlen. Er benimmt sich wie ein schüchterner Junge, und sie ertappt sich dabei, dass sie sich wie ein schüchternes Mädchen fühlt. Erschrocken nimmt sie zur Kenntnis, wie einfach und angenehm es ist, wie kindlich und unschuldig, schüchtern und verlegen und nervös zu sein, wie normal, wie durch und durch typisch für Teenager, überall auf der Welt, für jeden, außer für sie.

Onkel Louis blickt lächelnd in die Runde und wartet, bis sich alle ein wenig beruhigt haben. Dean und er weichen einander aus, berühren das Besteck, kratzen sich am Kinn, betrachten ihre im Schoß gefalteten Hände. Als Louis erneut die am Tisch Versammelten ansieht, gleitet sein Blick zunächst an Jason vorbei, bleibt dann an seinem T-Shirt hängen. Dieser Mund. Diese Zunge. Er starrt sie an.

»Sohn«, sagt er leise. »Geh und zieh dir etwas Anständiges an.«

Jason hebt zweimal den Kopf, als wollte er etwas sagen, schluckt es beide Male hinunter und senkt den Blick auf seinen Schoß. Tante Becky stellt gerade einen Teller voller Brötchen auf dem Tisch ab und gibt ihrem Sohn von hinten einen Klaps auf die Schulter.

»Na los«, sagt sie.

Er zieht trübselig den Kopf ein, schiebt seinen Stuhl zurück und stapft aus dem Zimmer.

Loretta würde gern mit ihm gehen, um zu sehen, wie sein Zimmer aussieht. Aus welchen Kleidern er sich ein neues T-Shirt aussuchen wird, was für Decken auf seinem Bett liegen, was an seiner Wand hängt. Wie sieht es aus, sein weltliches Leben?

Ruth und Tante Becky unterhalten sich. Dean und Onkel Louis starren unterdessen auf ihr Essen hinab, während sie es vom Teller zum Mund führen. Jason kommt zurück, er hat sich ein anderes T-Shirt angezogen. Darauf hält eine gespenstische Gestalt eine Laterne über Wörter und Symbole, die Loretta nicht versteht. »Led Zeppelin« steht da. Irgendwann fragt Jason sie, ob sie weiß, dass Evel Knievel heute in London über dreizehn Busse springt, im Wembley-Stadion, sein erster Sprung nach dem Snake River Canyon.

»Wer ist Evel Knievel?«, fragt Loretta lächelnd.

Jason starrt sie dämlich an. Dean beobachtet ihn. Ruth beobachtet ihn. Seine Verliebtheit ist nicht zu übersehen.

»Sie zeigen es später bei *Wide World of Sports*«, sagt er.

Dean schüttelt den Kopf. »Fernsehen gibt es bei uns nicht.«

Immer noch wird gegessen, werden die Speisen am Tisch herumgereicht. Die Kinder sind still, nur die jüngeren kichern hin und wieder, verstummen jedoch, wenn sie Ruths schroffe Blicke sehen. Dean beschwert sich über die Hasen, und Louis sagt: »Ich weiß wirklich nicht, was wir sonst noch gegen sie unternehmen könnten.« Darauf antwortet Dean: »Aber ich weiß es.«

Becky unterbricht das Gespräch, um zu fragen, ob sie Loretta an der Highschool anmelden wollen. Dean, Ruth und Loretta hören gleichzeitig auf zu kauen.

»Das Schuljahr beginnt morgen«, fügt Tante Becky hinzu.

Dean räuspert sich und sagt: »Sie ist bereits fertig mit der Schule. Man hat sie vom Unterricht befreit. Loretta ist eine äußerst schlaue junge Dame.«

»Und was ist mit dem Seminarunterricht?«, will Tante Becky wissen.

Seminarunterricht. Die Religionsstunde am frühen Morgen. Wenn Loretta ein ganz normales Mormonenmädchen wäre, eine Nichte, die bei der Familie lebt, würde sie bestimmt am Seminarunterricht teilnehmen. Was ist also damit?

Dean und Ruth sehen sich an. Es ist deutlich erkennbar, wie sie die Lage abschätzen, das Für und Wider abwägen.

Dean räuspert sich erneut. »Daran hatten wir noch gar nicht gedacht.«

»Sie könnte mit Jason hinfahren«, schlägt Dad vor.

Jason spitzt die Ohren wie ein Jagdhund. Er ist so süß, dieser Junge. Und er findet sie so toll.

EVEL KNIEVEL WENDET SICH AN EINE BEGEISTERTE NATION

Die meisten Stürze sind ein verschwommener Knall, eine Sinnesexplosion, die viel zu schnell abläuft, als dass man sie bewusst wahrnehmen könnte. Da ist nur das Davor, gefolgt von einem vernichtenden Gefühl, einer Zerstörung, die erstaunlicherweise nicht alles zerstört, und dann das Hinterher, wenn man eins und eins zusammenzählt, die Ereignisse zurückverfolgt, sie ergründet, alles wieder instand setzt.

Aber dieser Sturz, Amerika … *Scheiße.* Dieser Sturz hat sich bemerkbar gemacht, von Anfang bis Ende. Wir haben ihn alle gespürt.

Nach der Sache mit dem Canyon blieb uns keine andere Wahl. Wenn die Welt versucht, einen zu zerschlagen, bleibt einem nichts anderes übrig, als zurückzuschlagen. Deshalb: Wembley-Stadion. Dreizehn Busse. *Wide World of Sports.* Das famose alte England.

In der Hölle muss es ungefähr so sein wie in England. Auf den ersten Blick wirkt alles irgendwie normal. Irgendwie unauffällig. Und dann unterhält man sich mit jemandem, und derjenige sagt: *Ich kenne Sie aus dem TV-Gerät.* Oder: *Nehmen Sie doch Brummis statt Omnibusse.* Oder: *Beabsichtigen Sie, den Versuch zu wagen?* Was diese Leute halt so sagen. Man kippt fast aus den Latschen, wenn man das hört, und dann erlebt man eine komische Sache nach der anderen: auf der falschen Straßenseite fahren, Könige und Königinnen, Desserts, die allesamt Pudding heißen. Wir trafen zwei Wochen vor dem Sprung ein, ließen Linda und die Kinder zu Hause – die Kinder, meine Güte, das darf man ja eigentlich gar nicht sagen, aber die gingen uns in letzter Zeit so was von auf den Keks. Und dann haben wir dort drüben so richtig die Sau rausgelassen.

Irgendwie waren wir sauer auf die Engländer.

Wir hatten das Gefühl, dass sie nicht richtig zu schätzen wussten, was Amerika ihnen geschenkt hatte. Diese elenden kleinen Mistkerle mit ihren verfaulten Zähnen.

»Ihr solltet euch einfach jedes Mal bedanken, wenn ihr einen Amerikaner seht«, teilten wir unserem britischen Pressesprecher Harry O mit, während er ein Foto von uns schoss, wie wir umgeben von Geldscheinen auf unserem Bett im Tower Hotel unsere hübsche Smith & Wesson Kaliber 38 luden. »Ihr solltet euch verdammt noch mal dafür bedanken, dass ihr dank uns nicht zu Deutschland gehört.«

»Beabsichtigen Sie, den Versuch zu wagen?«, fragte er uns. *Beabsichtigen Sie, den Versuch zu wagen!*

»Ihr Engländer braucht offenbar Geschichtsnachhilfe«, erklärten wir.

Aus Spaß richteten wir das Prachtstück von Revolver direkt auf ihn. Direkt auf seine Kameralinse.

»Und Sie«, konterte er, »können Ihre Geschichte nicht von Ihrem Hintern unterscheiden.«

Du wirst nie erfahren, Amerika, wie schwer es uns fiel, an jenem Nachmittag nicht abzudrücken, und wie lebensmüde es von ihm war, unsere Persönlichkeit infrage zu stellen, unsere Ehre, unser edles Hinterteil. Aber wir ließen es dabei bewenden, ließen ihn noch einmal davonkommen, ließen ihn am Leben. Das Foto war auf der Insel wochenlang in allen Zeitungen zu sehen.

Tja, das war alles nach dem vermasselten Canyon-Sprung, nach der Scheiße, den diese »Ingenieure« gebaut haben. Zwei Jahre lang arbeiten sie an der Skycycle-Rakete, ziehen jede Schraube fest, optimieren jede Zündkerze, berechnen alles ganz genau, und dann kriegen sie die Fallschirmvorrichtung nicht hin? Die *Fallschirmvorrichtung?*

Was für eine peinliche Geschichte. Wir haben unseren guten Ruf dafür riskiert, haben unser Leben aufs Spiel gesetzt, uns geopfert, um das Volk zu belustigen. Wir sind in dieses Ding geklettert, bereit, alles zu verlieren, wie ein moderner Gladiator, wie Jesus Christus, und dann versauen es diese Vollidioten mit ihren Schraubenschlüsseln, die auf unsere Kosten im ganzen südlichen Idaho gesoffen und Steaks gefressen haben, die unseren Ruf und unsere Ehre kaputt gemacht haben! Und niemand erfährt, wer sie sind. Über sie existieren keine Zeitungsartikel, keine Vorwürfe, was für einen Schwindel sie angeblich abgezogen haben, keine Lügengeschichten in der *Los Angeles Times* oder im *Rolling Stone.*

Es gab nur eine Möglichkeit für uns: ein noch größeres Ding abzuziehen.

Das war nicht so schwer, wie man vielleicht vermuten mag.

In Wembley kündigt sich jeder Moment des Sturzes an. Jedes Atom in unserem Körper verändert sich, ein knackendes Geflecht aus Bruchstellen durchläuft unseren Körper, jeder Augenblick ist spürbar.

Wir landen auf unserer rechten Schulter, pulverisieren den Oberarmknochen und das Schlüsselbein, jagen uns einen großen Riss durchs Schulterblatt und durch zwei Rückenwirbel, und dann geht es durch die komplette rechte Körperhälfte: Wir quetschen und brechen uns Rippen, Brustbein, Becken, Oberschenkelknochen, Schienbein, Wadenbein, kippen nach hinten und rutschen auf dem Rücken weiter die Rampe und schließlich den Boden entlang, raspeln uns hier einen Dornfortsatz ab, dort einen Querfortsatz, ziehen uns Risse in den Facettengelenken und im Wirbelkörper zu, aber durchbrechen wie durch ein Wunder nicht den Spinalkanal, verlieren nicht unsere Würde, Amerika, unser Leben. Wir überschlagen uns, schleifen über den Asphalt, und der darüber ausgerollte Fertigrasen wölbt sich unter uns, schiebt sich zusammen. Das Netz aus Brüchen und Verletzungen verlagert sich nun auf unsere andere Körperhälfte, und die Harley XR750, diese schwere Scheißmaschine, landet auf uns drauf, bricht uns an sieben Stellen die Beine, unter anderem an unseren alten Bekannten Wadenbein, Schienbein und Oberschenkelknochen, und als wir endlich liegen bleiben, fühlen wir uns wie ein Behälter, der bis oben hin mit glitzernden Glasscherben gefüllt ist, oder wie ein Hirschlederbeutel voller Münzen.

Zuerst schweigt er noch, der gewaltige Schmerz. Irgendwo dort draußen sind neunzigtausend Menschen, die Lärm machen oder auch nicht, und dann rückt das Gesicht des Fernsehschönlings über uns ins Blickfeld. Er glaubt offensichtlich, dass wir tot sind, aber was auch immer hier passiert ist: Scheiß drauf. Scheiß auf ihn und seine Überzeugung, dass wir tot sind, *denn wir sind nicht tot*.

Wir lassen uns von ihm aufhelfen, von dem Schönling, wir lassen uns von ihm vor dieser riesigen Menschenmenge auf den Beinen halten und drängen es ihm regelrecht auf: die Brüche und das Blut in unserem Atem, das Blut, das nach Eisen und Wild Turkey schmeckt. Und dann stehen wir vor den Zuschauern, die daraufhin verstummen, alle neunzigtausend, wie Kirchgänger in einer Kathedrale, und fangen an zu sprechen.

Seltsam. Noch heute erinnern wir uns an die genaue Reihenfolge der Verletzungen. Den Verlauf der Bruchstellen. Die Anordnung der Demontage. Wir erinnern uns, wie wir dastanden, gestützt von dem Fernsehschönling und noch jemandem, und wir erinnern uns, wie die Sonne langsam hinter dem Stadionrand verschwand und dabei eine Reihe von sich ausdehnenden und zusammenziehenden Kreisen in Gelb und Rot in unserem verschwommenen Sichtfeld tanzen ließ.

Aber wir erinnern uns nicht an das, was wir an jenem Tag gesagt haben, und können es auch nicht glauben.

Als wir im Krankenhaus zu uns kamen, waren Linda und die Kinder da. Wir überlegten, ob sie wohl schon im Tower Hotel gewesen waren und das Zimmer gesehen hatten. Wir überlegten, welche Beweise für unsere Ausschweifungen darin zu finden waren, konnten uns nicht erinnern, in welchem Zustand es sich zuletzt befunden hatte. Nur das Defilee der vorangegangenen Tage hatten wir noch genau in Erinnerung: die englischen »Miezen«, die so rasch aufeinanderfolgten wie die amerikanischen, die Wild-Turkey-Flaschen, die Golfschläger auf dem Balkon, den neuen roten Lamborghini, der vor dem Hotel parkte. All das war davor gewesen. Dann der Sprung, und jetzt das: Familie, Vaterschaft.

Das Leben ist bescheuert, Amerika. Aber gar nicht mal so übel.

Und hier unsere Worte im Stadion:

»Ladys und Gentlemen, Bürger dieses wunderbaren Landes. Ich muss Ihnen mitteilen, dass Sie die Letzten sind, die mich jemals springen sehen. Denn ich werde niemals, niemals wieder springen. Ich bin fertig.«

SEMINARUNTERRICHT

8.–12. September 1975

Montag

Am ersten Morgen seines letzten Highschool-Jahrs hält Jason mit dem langsam über den Kies knirschenden LeBaron vor dem Haus seines Großvaters und hupt. Es ist 6.45 Uhr an einem kühlen, in Zartlila und Grau getauchten Morgen. In Jasons Bauch rumort es, eine nervöse Faust krampft sich in ihm zusammen, während er von widerstreitenden Gefühlen geplagt wird. Die ganze Nacht lang hat er überlegt, was er zu Loretta sagen soll. Er hat beschlossen, ihr eine dreiste, direkte Frage zu stellen, eine Frage, wie sie die guten Sportler an seiner Schule stellen würden, die beliebten, muskelbepackten Raufbolde. Jason hat nämlich keine Ahnung, wie man mit Mädchen redet, aber die beliebten Jungen an seiner Schule offensichtlich schon. Und die flirten aggressiv und nehmen sich Freiheiten heraus. Er wird sie fragen, als wäre sie ein ganz normaler Teenager: »Findest du es nicht ätzend, dass du zum Seminarunterricht musst?«

Um ihre Reaktion abzuschätzen. Einen Eindruck von ihr zu bekommen.

Am Vorabend hat er sein Evel-Knievel-Sammelalbum durchgeblättert, das Album mit den ausgeschnittenen Zeitungs- und Zeitschriftenartikeln, auf der Suche nach inspirierenden Zitaten, nach echtem Wagemut. »Man kommt an einen Punkt in seinem Leben, an dem einem absolut egal ist, was die Leute über einen denken. Man interessiert sich nur noch dafür, was man selbst über sich denkt.« »Wenn man im Leben hinfällt, spielt das keine Rolle. Solange man versucht, wieder aufzustehen, ist man niemals ein Versager.« Auf diese Weise hat Jason sich einen Vorrat an Selbstvertrauen angelegt, der gerade dabei ist, sich wieder zu verflüchtigen. Loretta muss unbedingt gerettet werden, gerettet vor Dean und der ganzen Situation, und Jason hat das Gefühl, dass er derjenige ist, der sie retten muss.

Wenn er doch nur der Richtige dafür sein könnte.

Sobald er sie jedoch aus der Seitentür kommen sieht – angezogen wie ein ganz normales Mädchen, in Jeans und einer langärmeligen Bluse, die Haare zu einem Pferdeschwanz gebunden, die Züge zart und ebenmäßig und angespannt und hübsch –, fängt Jason an zu fluchen, weil er weiß, dass er eben nicht der Richtige ist.

Sie steigt ins Auto. Sagt sehr, sehr leise Hallo. Blickt in die andere Richtung, über die Wüste, zeigt ihm die blasse Säule ihres Halses. Er fährt rückwärts aus der Einfahrt.

»Freust du dich auf deinen ersten Tag Seminarunterricht?«, kiekst er lahm.

»Ich weiß nicht«, antwortet sie, ohne sich zu ihm umzudrehen.

Heute Morgen ist sie nicht mehr ganz so schön. Ein wenig abgehärmt, mit müden Augen. Jason bemerkt einen schrägen Höcker auf ihrer zarten Nase, was ihn überhaupt nicht stört. Da sie um Längen besser aussieht als er, ist ihm alles willkommen, was die Kluft weniger groß erscheinen lässt.

Sie fahren sieben Minuten lang schweigend vor sich hin. Es ist viel schwieriger, als er gedacht hat, allein neben ihr zu sitzen und zu versuchen, ein Gesprächsthema zu finden. Als die verlassene Tuberkulose-Klinik am Ortsrand in Sicht kommt, stößt sie einen tiefen Atemzug aus – ein sattes, überdrüssiges Geräusch – und sagt: »Ich hoffe, es wird nicht allzu komisch für mich.«

»Bestimmt nicht«, verspricht Jason.

Er irrt sich gewaltig. Es wird mehr als nur komisch. Sie treffen vor der Kirche ein, als die aufgehende Sonne gerade gleißend durch die Baumwipfel scheint und Dächer, Stromleitungen und Kirchtürme poliert. Sie parken und gehen hinter zwei Jungen und einem Mädchen aus der Neunten hinein. Die Neuntklässler sagen kein Wort, sehen sie nicht an. Jason und Loretta folgen ihnen ins Gebäude und dann einen gekachelten Flur entlang zum Unterrichtsraum. Drei Reihen Klappstühle sind vor einer Tafel und einer kleinen Kanzel aufgestellt. Dort, auf der Kanzel, steht Bruder Kershaw, liest aus einem Arbeitsbuch vor und kaut auf einem Bleistift herum, während sich sein Bauch über die mageren Beine wölbt. An die Tafel hat er mit weißer Kreide drei Wörter geschrieben: *Reue, Buße, Sühne.*

»Bruder Harder!«, sagt Kershaw. »Wie schön, dich in alter Frische wiederzusehen!«

Dann entdeckt er Loretta, und seine fröhliche Energie versiegt jäh. Jason errötet, stellt Loretta als Ruths Nichte vor, die gerade für eine Weile, vielleicht auch für länger zu Besuch sei, und sieht, dass auch ihr das Blut ins Gesicht gestiegen ist. Loretta setzt sich allein in die hinterste Reihe, und Jason nimmt in der Reihe vor ihr Platz, wobei er gebührenden Abstand zu seinen Nebensitzern hält. Sie meiden beide die Blicke der anderen Schüler. Außer ihnen sind es noch fünfzehn, nur die Hälfte der aufgestellten Stühle ist besetzt. Im Raum wird sofort wild spekuliert. Loretta sitzt unterdessen schweigend da und füllt eine Seite ihres Notizbuchs mit kleinen Quadraten, die sich zu einem Fächer verbreitern. Kershaw spricht sie nur einmal an, nachdem er eine Textstelle aus Die Köstliche Perle vorgelesen hat:

»›Darum lehre dies deine Kinder, dass alle Menschen, wo auch immer, umkehren müssen, sonst können sie keinesfalls das Reich Gottes ererben, denn nichts Unreines kann dort wohnen oder in seiner Gegenwart wohnen.‹ Warum müssen alle Menschen umkehren, also sich vom Bösen abwenden?«, fragt Kershaw. »Loretta?«

Mit ihrer herrlichen Stimme antwortet sie leise: »Ich weiß es nicht.«

Nach dem Seminarunterricht bringt sie den LeBaron zurück nach Hause, während Jason mit Ben Jenkins und Jed Story zur Schule weiterfährt. Die beiden reden über

Football. Ben ist Fullback und Linebacker, und Jed spielt auf der Position des Wide Receiver. Sie sehen aus wie zwei Variationen des gleichen Themas: Jeans mit weiten Hosenbeinen, kurzärmelige Hemden aus Frotteestoff, helmartige Haarschnitte, in der Mitte gescheitelt und fedrig gestuft. Sie schalten den Rocksender aus Twin Falls ein, Z103 FM, und drehen *Ballroom Blitz* auf volle Lautstärke.

Jason ist froh, dass sie ihn bei ihrem Gespräch außen vor lassen. Aber als sie auf den Parkplatz der Highschool einbiegen, sagt Ben: »Hey, Harder.« An seinem höhnischen Grinsen erkennt Jason, dass er nichts Gutes zu erwarten hat.

»Was denn?«

»Deine Cousine ist echt scharf.«

Jed prustet los.

»Sie ist nicht meine Cousine.«

»Was ist sie dann?«

»Die Nichte meiner Tante.«

»Also deine Cousine, was denn sonst?«, sagt Jed.

»Jedenfalls kannst du sie nicht bumsen«, fügt Ben hinzu.

Jed kichert. Ein Buschfeuer lodert in Jasons Gedärmen auf, und eine Messerklinge bohrt sich in seine Seite. Jed schlägt mit der flachen Hand aufs Armaturenbrett. »Weil sonst ein behindertes Baby rauskommt.«

»Aber einer von *uns* könnte sie bumsen«, erklärt Ben und wackelt mit dem Daumen zwischen sich und Jed hin und her. »Vielleicht könntest du das ja für uns einfädeln.«

In Jasons Magen zerspringt eine Ampulle mit Säure. Ben und Jed lachen und lachen, bis sie nach Luft ringen und sich die Seiten halten.

»Hört auf damit«, fleht Jason kläglich.

»Na gut«, erwidert Ben. »Dann zeug halt ein behindertes Baby.«

Jason trottet allein ins Schulgebäude. In der ersten Stunde hat er Biologie und redet mit niemandem. In der zweiten Stunde hat er Trigonometrie und sagt lediglich ein unbeholfenes und unerwidertes »Hallo« zu Corinne Jensen, dem ehemaligen Mädchen seiner Träume. In der dritten und vierten Stunde redet er wieder mit niemandem.

Er stellt sich vor, die Wissenswolke aus dem Seminarunterricht würde ihm folgen, würde sich in alle Ecken der Schule ausbreiten. Beim Mittagessen fragt ihn Boyd, wie es mit den Pionieren so läuft.

»Alles bestens«, antwortet Jason.

»Angeblich ist ein neues Mädchen aufgetaucht.«

»Ein neues Mädchen?«, fragt Jason in hartem, sarkastischem Tonfall zurück. »Was soll denn das heißen?«

»Hey, ich bin's«, sagt Boyd. »Du weißt genau, was das heißen soll. Und du weißt, was alle behaupten.«

»Wieso? Sie ist die Nichte meiner Tante«, erklärt Jason.

Boyd starrt ihn an. Jason betrachtet unterdessen den Kroketten-Auflauf auf seinem Teller: ein sahniger Ozean, pilzig und zähflüssig, mit gelbbraunen Kroketten-Inseln, an die sich abgekämpfte Schwimmer klammern können, um sich auszuruhen. Jason stellt sich vor, er säße auf einer dieser Inseln und Loretta auf einer anderen. Und der Rest – seine Familie, die Schule, die Kirche, die Gemeinde, der Bundesstaat, das Land, die Welt – ist das graue, klebrige Meer.

»Mann!«, sagt Boyd und schüttelt den Kopf.

»Voll komisch«, murmelt Jason. »Ich finde, sie passt nicht zu denen.«

»Kein Mensch aus dem zwanzigsten Jahrhundert passt zu denen.«

Dienstag

Loretta hat das Gefühl, als würde sie von innen leuchten. Als könnten die Leute nicht aufhören sie anzustarren, weil sie im Dunkeln glüht, weil sie aus dünnen, zerbrechlichen Neonröhren besteht. Seit sie gestern das Gemeindehaus betreten hat, fühlt sie sich in jedem Moment, sogar zu Hause im Bett, beobachtet und beurteilt und durchleuchtet.

Sie hasst dieses Gefühl noch mehr, als sie Ruths Bulgur-Hackbraten hasst. Sie hasst es mehr, als mit Dean zu schlafen. Sie hasst es, weil es ihr das Beste in ihrem Leben verdorben hat – ihre Zukunft, die magische Zeit, die anbrechen sollte, sobald sie die Außenwelt betritt, die Welt der rosa Mustangs und dazu passenden Tussy-Lippenstifte. Weil es ihr die Wahrheit darüber gezeigt hat, wie sie in dieser Außenwelt wahrgenommen wird.

Ruth sagt, dass sie nicht aufhören darf mit dem Seminarunterricht. Noch nicht. Ihr Verhältnis zur hiesigen

Gemeinde sei noch nicht stabil genug. Wenn Bradshaw hier wäre, würde Loretta mit ihm abhauen, irgendwohin, würde unter Brücken schlafen, unter Salbeibüschen, würde Hasen, Gras, Erde, Insekten essen. Mutig genug ist sie. Wenn sie jemanden hätte, mit dem sie sich zusammentun könnte, dann würde ihr Mut ausreichen, das weiß sie. Aber Bradshaw ist in Short Creek und führt dort das Geschäft weiter, während Dean sich hier in Gooding nach potenziellen Kunden umsieht.

Am frühen Morgen holt Jason sie ab, schmachtend und nervös. Er erinnert sie an die Kinder – abwechselnd liebenswert und nervig.

»Hallo, da bin ich wieder«, begrüßt er sie.

»Guten Morgen.«

Es behagt ihr nicht, wie sehr er die Fahrt mit ihr genießt. Drei Minuten verstreichen. Auf dem Handschuhfach steht ein verschnörkeltes Wort: *LeBaron.* Sie muss an Ervil LeBaron denken, den polygamistischen Mormonenführer aus Mexiko mit seinen dreizehn Frauen, der sich von den Brüdern aus Short Creek losgesagt hat. Ein Mann der Blutsühne – der Kerl ließ seinen eigenen Bruder umbringen. Dean hat einmal zu ihr gesagt: *Ervils Methoden sind extrem, aber seine Überzeugungen sind richtig.*

Sie gähnt, könnte sofort wieder einschlafen. In ihrer Zukunft wird Loretta nie wieder vor der Sonne aufstehen und schlaftrunken durch die grauen Stunden wanken. Sie wird keine häuslichen Pflichten erledigen und keine Kekse backen. Und sie wird nie wieder so eng mit Rindern zusammenleben, dass der Kuhmist alles ist, was sie riecht, die ganze Zeit.

»Wie hat dir dein erster Tag gestern gefallen?«, fragt Jason.

»Eine weitere vom Herrn gesandte Freude«, antwortet sie sarkastisch. Überrumpelt prustet er los und dreht dann mit knallroten Ohren den Kopf weg. Sie fühlt sich ein kleines bisschen besser.

Im Seminarunterricht setzt sie sich wieder in die hinterste Ecke. Sie weicht den Blicken der anderen Schüler aus – sieht auf den Boden, über ihre Schultern hinweg, auf ihre Füße –, und niemand spricht mit ihr, nicht einmal Bruder Kershaw. An der Beharrlichkeit, mit der sie alle zu ignorieren vorgeben, erkennt sie, dass sie in Wahrheit im Mittelpunkt des Interesses steht.

Sie hat geglaubt, es gäbe unter Mormonen ein Gefühl der geistigen Verwandtschaft. Eine gewisse Ähnlichkeit. Aber diese Jugendlichen sind durch und durch weltlich. Die Mädchen tragen Jeans mit hohem Bund, die sich eng um ihre Hüften schmiegen, und ihre offenen Haare sind gescheitelt und fallen ihnen in stufigen Wellen über die Schultern. Alle sind geschminkt, und selbst die unscheinbarsten Mädchen kleiden sich wie Huren. Und die Jungen sehen aus wie kleine Dreikäsehochs mit ihren Schlaghosen und T-Shirts, bis auf die drei Farmersöhne mit ihren Wrangler-Jeans und Stiefeln und lila Jacken vom Nachwuchszüchterverband. Ihr Kleidungsstil ähnelt noch am ehesten dem von Short Creek. Die drei Farmerjungen gehören eindeutig der niedrigsten Kaste an. Jason und ein paar weitere Jungen stehen etwas darüber, und die oberste Kaste besteht aus zwei Schlaghosenträgern, den beiden größten Jungen mit den muskulösesten Körpern, Football-Spielern mit kantigen Gesichtern und Aknenarben. Ben und Jed heißen sie. Sie werfen ihr ununterbrochen anzügliche Blicke zu und stoßen sich gegenseitig mit dem Ellbogen an, zeigen ihr Interesse deutlicher als der Rest.

Es ist Deans Nacht. Heute ist es noch unerträglicher als sonst. Er riecht wie ein zu oft benutzter Waschlappen, und der Leberfleck an seinem Hals ist absurd groß und runzlig. Deans Gesicht ist zu einer Grimasse verzogen, der jegliches Bewusstsein, jegliche Zurückhaltung fehlt, und sie weiß, dass sie nie wieder ein Mensch sein wird, der so etwas nicht erlebt hat. Sie ist für immer gezeichnet.

Danach sagt sie: »Ich habe nachgedacht … Da wir hier ja nicht in die Kirche gehen, ist es doch eigentlich unlogisch, dass ich am Seminarunterricht teilnehme, oder? Aus Sicht der Leute hier, meine ich.«

Dean wirkt überfragt. Er liegt in seinen Unterkleidern auf dem Rücken, und die stacheligen schwarzen Haare, die seinen ganzen Körper bedecken, drücken sich von innen in Wirbeln und Kringeln gegen den Stoff. Er reibt sich mit beiden Handballen die Augen, während er zu sprechen beginnt.

»Äh … na ja, kleine Schwester, da hast du vielleicht recht. Vielleicht.«

Er verstummt wieder. Trommelt mit den Fingern auf seine Brust, starrt an die Decke. Hinterher wird er immer von einer gewissen Trägheit erfasst. Loretta überlegt, ob er wohl heute noch einmal über sie herfallen wird. Es frustriert ihn, dass sie noch nicht schwanger ist, zumal er sich für äußerst zeugungsfähig hält. Seine Zeugungsfähigkeit ist ein wichtiger Maßstab seiner Rechtschaffenheit. Loretta hält ihre Methode nach wie vor erfolgreich geheim, aber ihr ist klar, dass die ausbleibende Schwangerschaft in der Familie allmählich als Misserfolg betrachtet wird, als Mangel an Rechtschaffenheit und Glaube und Hingabe, ein Misserfolg, für den man irgendjemandem die Schuld zuweisen wird.

»Vielleicht sollte ich lieber nicht mehr hingehen«, sagt sie und streicht mit ihren Fingerspitzen durch seinen Bart.

»Vielleicht«, brummt er. »Wir werden sehen.«

Mittwoch

Während er im LeBaron auf Loretta wartet, entdeckt Jason einen Hasen, der am Rand der Einfahrt auf einem Felsen hockt, die schmalen Ohren in die Luft gereckt. Seine erdige Farbe verschwimmt mit der Morgendämmerung. Er ist kaum zu sehen und bewegt sich nicht, als Loretta aus dem Haus huscht und einsteigt.

»Guck dir den an«, sagt Jason. »Sitzt da und beobachtet uns. Ohne jede Angst.«

»Dean sagt, dass wir drastische Maßnahmen ergreifen müssen.«

»Wir haben es früher mit Karotten gemacht.«

»Was? Füttert man sie damit?«

»Ja. Man schneidet die Karotten in Stücke, weicht sie in Strychnin ein und legt dann eine Reihe davon am Feldrand aus. Man muss erst mit ein paar unvergifteten Stücken anfangen. Funktioniert ziemlich gut. Eine Zeit lang haben wir acht oder zehn pro Tag aus den Büschen gezogen.«

Sie antwortet nicht.

»Andere Gifte haben wir auch schon probiert. Mit Gerste als Köder.«

»Dean sagt, dass man sie gar nicht schnell genug erschießen oder vergiften kann.«

Sie führen tatsächlich ein Gespräch. *Okay, Jason*, denkt er. *Weiter so.*

»Ja, das hat mein Grandpa auch immer gesagt«, erwidert er.

»Dean will eine Treibjagd veranstalten.«

Eine Treibjagd. Ein Hasengemetzel. Dabei werden die Hasen in einen Kreis wartender Männer getrieben, die sie dann mit Stöcken totprügeln. Jeder normale Mensch lehnt so etwas heutzutage ab. Über die letzte Treibjagd drüben in Mud Flats hat sogar die *New York Times* berichtet und ein Foto von einem prügelnden Vater-Sohn-Gespann mit blutverschmierten Hemden abgedruckt. Die Sache wurde groß aufgebauscht, und die Leute gingen in die Defensive. An Tankstellen gab es Autoaufkleber zu kaufen, auf denen innerhalb des Visiers einer Waffe ein Hippie mit Kaninchen im Arm zu sehen war. Die lokalen Zeitungen brachten Leitartikel über tierverrückte Städter, und die Leserbriefe steckten voller rechtschaffener Empörung über Linke, Hippies,

Umweltschützer und die Medien. Jason selbst hat noch nie eine Treibjagd erlebt, und die Hasen sind ihm egal. Manchmal gehen Boyd und er mit 22-Kaliber-Gewehren in die Wüste und versuchen sie zu erschießen, aber die Tiere hüpfen meist unversehrt davon. Trotzdem: Wenn er eines im Moment nicht will, dann noch mehr öffentliche Aufmerksamkeit für die Harder-Farm.

»Super«, sagt er sarkastisch. »Ich freu mich riesig.«

»Ach, keine Ahnung«, entgegnet sie. »Sind doch nur blöde Nagetiere. Irgendwie muss man sie ja loswerden. Dean sagt, sie haben die halbe Ernte weggefressen.«

Ihre defensive Haltung führt Jason zur plötzlichen Erkenntnis: Sie schläft mit Dean. Natürlich. Sie empfängt ihn bei sich im Zimmer – wie oft? Jede zweite Nacht? Nach einem festen Zeitplan? Sein unheimlicher Onkel besteigt sie und grunzt und furzt dabei vermutlich, mit seinen Leberflecken und seiner stacheligen Körperbehaarung. *Heilige, gottverdammte Scheiße.* Jason glaubt, sich übergeben zu müssen. Bestimmt hasst sie Dean. Natürlich. Anders kann es gar nicht sein. Und trotzdem muss sie ihn verteidigen, wenn andere ihn angreifen.

Loretta schaltet das Radio ein. Jason fällt auf, dass ihre Fingerknöchel groß und rot sind, ein Kontrast zu ihren schmalen Fingern. Als würde sie sie zu oft knacken lassen. Ihm ist jedes unvorteilhafte Detail willkommen. Das Radio ist auf KART eingestellt, den örtlichen Mittelwellensender, den sein Vater immer hört. Also lauschen sie auf der ganzen Fahrt zur Kirche dieser schrecklichen Musik, dem grässlichen Soundtrack zu

Jasons Leben – *Grandma's Feather Bed, Rhinestone Cowboy* –, während Loretta leise mitsummt.

Beim Mittagessen erzählt Jason nichts von Loretta, und Boyd fragt auch nicht nach. Er denkt darüber nach, seine Mutter um ihr Auto zu bitten, damit er zu einer Kundgebung für Jonathan Raincounter nach South Dakota fahren kann.

»Die wollen ihn abknallen«, erklärt Boyd.

»Wer ist das noch mal?«

»Mann, pass doch ein bisschen auf, was in der Welt passiert!«

Boyd hilft ihm auf die Sprünge: Jonathan Raincounter ist ein Oglala Sioux, der zu Unrecht im Gefängnis sitzt, weil er angeblich zwei FBI-Agenten erschossen hat. Die meisten Leute, die Jason kennt, sehen den Fall ganz anders als Boyd. Für sie ist die Sache – Indianer, die FBI-Agenten erschießen! – ein weiteres Anzeichen dafür, dass die letzten Tage angebrochen sind, dass die sündige Welt trocken wie Zunder ist und bald dem apokalyptischen Feuer zum Opfer fallen wird, dass die Wiederkehr Christi bevorsteht und die Rechtschaffenen in Kürze vom Herrn in den Himmel heraufgeholt werden. Zu dem genannten Grund für die bevorstehende Apokalypse kommen noch viele weitere, darunter die folgenden:

- Nacktheit und unzüchtige Dialoge in Filmen
- Schmutziger Rock'n'Roll
- Frauenbewegung

– Zusatzartikel für die Gleichstellung von Männern und Frauen
– Enge Jeans
– Ungezügelte sexuelle Perversionen und Sittenlosigkeit
– Unrasierte Männer mit langen Haaren
– Grundsatzentscheidung zum Schwangerschaftsabbruch
– Der Fall von Saigon
– Hasen, die Farmern die Haare vom Kopf fressen
– Schwule und Hippies, die auf den Straßen der Städte demonstrieren
– Linksliberale, die die Sonderstellung der Familie angreifen
– Aufhebung der Dollar-Konvertierbarkeit in Gold
– Drogen
– Ölpreiskrise
– Schleichende Ausweitung staatlicher Einmischung

Für Jasons Glaubensgenossen ist das ihr einziger Kontext. Ihre Atmosphäre. Sie sind das auserwählte Volk des Herrn, werden aufgespart für die letzten Tage, in denen Sündhaftigkeit den Planeten überwuchern wird, bis Christus wiederkehrt und die Erde davon befreit. Auf tausend Jahre Feuer folgt das Jenseits, aufgeteilt in drei Grade der Herrlichkeit. Es kommt jeden Tag näher, ist überall um sie herum.

Was sich Jason nur immer wieder fragt: Wenn wir uns in den letzten Tagen befinden, warum leben wir dann so? Schule, Arbeit, Kirche, häusliche Pflichten, Rechnungen, Machtstreben, Streit, Keuschheit, Ölwechsel, Kühemelken, Heuernte? Er möchte lieber so leben, als würde die Zeit wirklich knapp werden. Wie die Hippies am Snake River Canyon. Wie Evel Knievel. Wie Boyd, der nach South Dakota fahren will, um dort Krach zu schlagen, wie er selbst, der sich in die zweite Frau seines Onkels verliebt hat. So als würde die kostbare Zeit tatsächlich bald zu Ende gehen und nicht für immer dahinplätschern.

»Was glaubst du, was du dagegen tun kannst?«, fragt Jason.

»Gar nichts.«

»Warum willst du dann hinfahren?«

»Spaß. Abenteuer. Freiheit. Ich will ausnahmsweise mal auf der richtigen Seite stehen.« Boyd vollführt mit seiner Gabel eine ausschweifende Geste, die nicht nur die Schulmensa mit ihren Klapptischen auf der freien Fläche zwischen Zuschauerbänken und Bühne umfasst, sondern ihr gesamtes Universum. »Dieses *Provinzkaff*. Diese verdammten Indianerwitze. Die zurückgebliebene Politik. Die Leute hier finden Nixon immer noch gut. Das ist doch unglaublich, Mann.«

Jasons Eltern finden Nixon auch immer noch gut. Zwei von den beliebten Muskelprotzen schlendern vorbei, in ihren Bomberjacken aus rotem Filz mit schwarzen Lederärmeln. Einer der beiden fragt: »Wohin glotzt du, Tonto?«

»Nirgendwohin, George«, antwortet Boyd und zeigt ihm den Mittelfinger.

Dann fährt er fort: »Ich muss einfach hinfahren. Ich

muss hier weg. Zumindest muss ich schon mal üben, von hier wegzukommen.«

»Vielleicht kann ich ja mitfahren.«

Boyd lacht. »Das wäre zum Totlachen. Ein Pfadfinder auf Abwegen. Damit würdest du deinen Eltern das Herz brechen.«

»Leck mich.«

»Da ist aber noch was«, sagt Boyd. »South Dakota. Ich glaube, da könnte ich meinen Dad finden.«

»Und warum glaubst du das?«

Boyd zuckt mit den Schultern.

»Karma. Kismet. Was auch immer. Indianische Intuition.« Er kaut, den Blick nachdenklich auf seinen Teller gesenkt. »Irgendwann wird der Tag kommen, an dem wir endlich wiederkriegen, was uns gehört. Wenn ich meinen Dad finde, können wir gemeinsam dafür kämpfen. Und dann Gnade euch Europäern.«

»Jetzt komm aber. Du bist ungefähr so indianisch wie ich.«

Boyd hört auf zu kauen und starrt auf den Tisch. Vor lauter Frust treten seine Augen hervor.

»Weißt du was, du Dumpfbacke?«, fragt er. »Alle denken, das Problem wäre der Typ, der irgendeine Scheiße brüllt, dich Rothaut nennt oder ein Kreuz verbrennt.«

»Ist er das nicht?«

»Er ist *ein* Problem, aber *das* Problem seid ihr, Leute wie du. *Das* Problem sind Leute, die einem verklickern wollen, es gäbe kein Problem. Die einem sagen, man solle sich beruhigen.«

»Beruhig dich.«

Boyd ist der einzige Indianer, den Jason kennt. Es gibt noch ein paar mexikanische Jugendliche an der Schule, ansonsten kennt er hier eigentlich nur Weiße. Deshalb versteht er nicht, warum Boyd die ganze Sache nicht auf sich beruhen lässt. Jason ist der Ansicht, dass alle Menschen gleich erschaffen sind und dass er seine Schuldigkeit getan hat, indem er einen dreiseitigen Aufsatz über *Wer die Nachtigall stört* geschrieben hat.

»Das Problem«, sagt Boyd, »sind Dumpfbacken wie du.«

Und dann lässt er das Thema fallen und richtet seinen Ärger gegen seine Mutter, die ihm – davon ist er überzeugt – nicht die Wahrheit sagt über seinen Vater.

Boyd weiß lediglich, dass er Indianer ist. Vor Jahren hat ihm seine Mutter erzählt, sein Vater sei Shoshone, doch sobald er anfing nachzuhaken, räumte sie ein, dass er vielleicht auch nur *aus* Shoshone gewesen sei, dem Ort, nicht dem Stamm. Sie wisse nur, dass er vor ungefähr siebzehn Jahren in der Gegend um Boise gelebt habe, ein echter Herzensbrecher, groß, mit strahlend weißen Zähnen und vernarbten Händen. »Angeblich ist das Letzte, was sie von ihm gehört hat, dass er auf Ranches in Montana und Wyoming gearbeitet und an Rodeos teilgenommen hat. Aber das ist schon zehn Jahre her. Sie sagt, er könnte inzwischen überall sein. Oder tot – das würde sie auch nicht überraschen.«

»Wahrscheinlich wäre es besser, wenn du die Sache auf sich beruhen belässt.«

»Du hast leicht reden. Du hast einen Vater.«

»Den kannst du gerne haben. Er gehört dir.«

»Das sagst du so.«

Donnerstag

Wieder im Auto, auf dem Weg zur Kirche. »Ich war echt traurig, als ich das mit deinen Eltern gehört habe«, sagt Jason.

Loretta ist verwirrt. Was hat er denn gehört? Sie denkt fieberhaft nach – wie die offizielle Darstellung lautet, wem was erzählt wurde.

»Als du was gehört hast?«, hakt sie nach.

»Ich dachte, ich hätte mitgekriegt, dass deine Eltern … gesundheitliche Probleme haben. Oder sogar gestorben sind?«

»Wirklich?«

»Vielleicht habe ich es falsch in Erinnerung.«

»Nein, nein, es gibt sie noch. Glaube ich zumindest.«

»Ah. Gut.«

Sie blickt zu ihm hinüber. Rosige Flecken blühen auf seinen Wangen und Ohren und gehen in seinen rotbraunen Haarschopf über. Seine Anspannung vibriert durchs ganze Auto. Sie stellt sich vor, sie seien zwei gewöhnliche Teenager. Schüchtern, nervös und jung. Kinder. Er dreht den Kopf und errötet noch tiefer, als er merkt, dass sie ihn ansieht. Es fühlt sich rein und unschuldig an, derart angehimmelt zu werden, mit naivem, unbeflecktem Interesse. Irgendwann wird er sicher ein gutaussehender Mann sein, dieser Junge, wenn er erst seine weichen, flaumigen Wangen verloren und ein wenig schärfere Konturen bekommen hat. Sie kann sich allerdings nicht vorstellen, dass er jemals etwas anderes sein wird als simpel und leicht durchschaubar, und an diesem Morgen erscheint ihr das als beste Eigenschaft, die ein Mensch nur haben kann.

»Was?«, fragt er.

»Nichts«, antwortet sie.

Er zögert. »Ich … ich habe es irgendwie so verstanden, dass deine Eltern gestorben sind und du deshalb bei Dean und Ruth wohnst.«

Sofort ist sie wieder da – die Verärgerung, die Befangenheit. Sie erzählt ihm die offizielle Geschichte, die Lüge, kurz und bündig. Das Unternehmen ihres Vaters in Cedar City sei bankrottgegangen, und ihre Mutter habe wegen ihrer Erkrankung an Morbus Crohn die meiste Zeit im Bett verbracht. Irgendwann sei einfach kein Geld mehr da gewesen.

»Mom und Dad brauchten ein bisschen Unterstützung«, erklärt sie. »Mehr ist nicht dran an der Sache.«

»Seltsam«, sagt er.

»Was soll daran seltsam sein?«

»Nichts. Ich meine … nichts.«

Er starrt nach vorne auf die Straße und weiß ganz offensichtlich nicht, was er sagen soll. Die Lüge über ihre Eltern hat Loretta an die Wahrheit über ihre Eltern erinnert: dass sie sie an Dean ausgeliefert haben. Und als sie danach aufgehört hat, mit ihnen zu sprechen, sonntags in der Kirche oder bei zufälligen Begegnungen in Short

Creek und Umgebung, haben sie ihrerseits aufgehört, mit Loretta zu sprechen. Als wäre ihre Tochter ihnen genauso egal, wie sie ihr egal sind. Und diese Gleichgültigkeit hat natürlich dafür gesorgt, dass Lorettas Interesse wiedererwacht ist.

Schließlich fragt Jason: »Bereit für einen weiteren spannenden Morgen mit Bruder Kershaws moralischen Geschichten und Lektionen?«

»Ich weiß nicht.«

Er schluckt hörbar, scheint seinen ganzen Mut zusammenzunehmen und platzt dann heraus: »Bist du sauer auf Dean, weil er gesagt hat, du musst zum Seminarunterricht?«

Sie blickt aus dem Fenster und sieht verschwommen die Landschaft vorbeiziehen: Lavafelsen, Salbeibüsche, Zaunpfähle, Heuhaufen, gelbbraune abgeerntete Felder. Wie Schrotkugeln prasseln plötzlich dicke Regentropfen auf die Windschutzscheibe. Jasons Frage fühlt sich wichtiger an, als sie ist. Der Regen wird heftiger, ein Windstoß fährt in die Bäume, die um ein Farmhaus am Straßenrand herumstehen. »Ja«, antwortet sie.

Was wird er dazu sagen?

»Ich hasse den Seminarunterricht auch. Eigentlich hatte ich meinen Eltern schon klargemacht, dass ich nicht mehr hingehen werde. Bis sie dich ins Spiel gebracht haben.«

»Was bist du doch für ein Rebell«, zieht sie ihn auf und kommt sich vor wie Bradshaw.

An diesem Abend steht Dean hinter dem Haus und blickt auf die Felder hinaus, während Loretta mit den

Kindern um den Fliederbusch neben der Wäscheleine herum Fangen spielt.

»Kleine Schwester!«, ruft Dean plötzlich nachdrücklich. »Lauf ins Büro und hol mir meine Pistole aus der untersten Schreibtischschublade. Sie liegt hinter der Geldschatulle.«

Ein Rudel Hasen tanzt auf den Feldern – hüpft, schlägt Haken, fliegt durch die Luft. Man hat den Eindruck, dass es Dutzende sind, dunkle Flecken in der Abenddämmerung. Loretta rührt sich zunächst nicht. Dean hat sie noch nie gebeten, an seinen Schreibtisch zu gehen, an seine persönlichen Dinge. Darum macht er sonst ein großes Geheimnis.

»Beeil dich, Loretta!«

Sie rennt nach drinnen, an Ruth vorbei, die an der Spüle steht, zu der kleinen Kammer neben der Kellertreppe, in die Dean seinen Schreibtisch gezwängt hat. Dort zieht sie die unterste Schublade auf und entdeckt als Erstes einen Stapel in Mappen abgehefteter Dokumente. Dahinter findet sie einen Leinenbeutel, dessen Öffnung nach unten geklappt ist, sowie eine Metallkassette, und dahinter wiederum, ganz am Ende der Schublade, Deans Revolver.

Loretta greift nach dem Leinenbeutel und hebt ihn hoch. Er ist schwer. Schwerer, als er aussieht. So schwer, dass eigentlich nur eins darin sein kann. Sie blickt hinein und sieht Münzen – dreißig oder vierzig Goldadler-Münzen im Wert von jeweils fünfzig Dollar –, jedoch keine Nuggets. Kein Sutter-Creek-Gold. Aber er hat ihr ja gesagt, dass er es vorerst in Short Creek lassen will.

»Loretta!«

Ihr wird heiß und kribbelig, und ihre Gedanken rasen. Sie bringt die Pistole und das abgenutzte, schwere Kästchen mit der Munition hinaus zu Dean. Er steht da und schießt, bis es dunkel ist, lädt viermal die Pistole nach, während Loretta so tut, als würde sie ihm von hinten dabei zusehen. In Wirklichkeit versucht sie, ihren aufgewühlten Körper zu beruhigen. Ihr entgeht, dass Dean jeden Schuss verfehlt, dass er kein einziges Tier trifft, bis er einen halb erstickten, frustrierten Schrei ausstößt und die Waffe in die schwarz werdende Wüste schleudert.

Freitag

Beim Frühstück fragt Jasons Mutter ihn über Loretta aus. Was sie über das Zusammenleben mit Dean erzählt? Hat sie erwähnt, ob die Familie vorhat zu bleiben? Oder was sie dort drüben ausheckt? Zieht sie in absehbarer Zeit nach Short Creek zurück?

Das Verhör folgt auf ein viertägiges Schweigen seiner Eltern bezüglich Dean und Grandpas Haus. Nur einmal hat Jason nachzufragen versucht, woraufhin sein Vater in schroffem Ton erwidert hat: »Ich habe keine Ahnung, was die dort drüben vorhaben, Sohn.« Und als Jason weiter nachhaken wollte, hat ihn sein Dad verärgert unterbrochen: »Was habe ich gerade gesagt, Jason?«

»Jetzt reden wir also doch über das Thema, oder wie?«, will Jason von seiner Mutter wissen.

Sie presst die Lippen aufeinander, bis sie weiß werden. Ihr Duldsamkeitsgesicht. Dann dreht sie ihm den Rücken zu, steht am Spülbecken und lässt den voll aufgedrehten Wasserhahn laufen. »Dein Onkel macht sich vollkommen lächerlich!«, zischt sie.

Du wolltest doch, dass ich sie mit zum Seminarunterricht nehme, hätte Jason fast gesagt. Er verkneift es sich.

Während er zu Grandpas Haus fährt, um Loretta abzuholen, überlegt Jason, was er in das neue Achtspur-Abspielgerät von Sanyo einlegen soll, das er unter dem Armaturenbrett eingebaut hat. Er entscheidet sich für Sweet. *Fox on the Run*. Perfekt, denkt er, aber es dauert keine Minute, bis Loretta ihn fragt, ob sie etwas anderes hören können. Sie stellt den Country-Sender ein, auf dem gerade *Rhinestone Cowboy* läuft. Jason stöhnt. »Ich kann mir diese Musik nicht anhören.«

Sie dreht die Lautstärke hoch und schmettert laut: *»›There'll be a land of compromisin' / On the road to my horizon …‹«*

»Neeeein!«, schreit er und dreht am Regler. Sie lacht und fühlt sich zum ersten Mal in dieser Woche wach und lebendig. Die vergangenen Tage fallen von ihr ab wie eine große Last, und Jason interpretiert ihr Lachen als etwas Gemeinsames. Als einen zarten Keim der Liebe.

»Ich glaube nicht, dass ich Bruder Kershaw auch nur eine weitere Minute ertrage«, sagt er.

»Dann gehen wir halt nicht hin.«

So einfach. So erstaunlich.

»Und wo gehen wir dann hin?«, fragt er.

»Keine Ahnung. Mach einen Vorschlag.«

Er weiß genau wohin. »Wir fahren nach Twin Falls«, verkündet er. »Dort zeige ich dir Evel Knievels Abschussrampe.«

Sie zuckt mit den Schultern. »Okay.«

Loretta ist das schönste menschliche Wesen, das Jason jemals gesehen hat. Sie strahlt vor Liebe zu ihm. Oder etwa nicht? Ihr Haar ist zurückgebunden, und ihre braunen Augen leuchten, während sie auf die Wüste hinausblickt. Sie braucht jemanden, der sie rettet, und das Schicksal hat Jason als Retter vorgesehen. Aber wie soll er das anstellen? Dass sie gerettet werden will, nimmt er als gegeben an. Dieser Gedanke ist so selbstverständlich, dass Jason ihn gar nicht wirklich denkt. Es ist nun einmal das, was Männer tun: Frauen retten. Superman, Spider-Man, Batman – sie alle retten Frauen. John Wayne rettet Frauen, genau wie Clint Eastwood. Auch die Kerle aus *Notruf California* und *Baretta* und *Kojak* und *Detektiv Rockford – Anruf genügt* retten Frauen. Das ist ihre Aufgabe.

Während der halben Stunde, die sie nach Twin Falls brauchen, erzählt Jason Loretta von Evel Knievel. Er beschreibt seine Sprünge, berichtet ausführlich, in welchen Stadien er sich welche Knochen gebrochen hat, über wie viele Busse und Autos er geflogen ist, was er dabei anhatte und wie oft er sich schon zur Ruhe gesetzt hat und dann doch wieder zurückgekehrt ist. Jason erzählt ihr von seinen eigenen selbst gebauten Rampen und seinen Motorradsprüngen auf der Zufahrtstraße, verschweigt jedoch die Poster in seinem Zimmer und die Evel-Knievel-Actionfigur in seinem Regal. Als sie Twin Falls erreichen und über die Perrine Bridge in die Stadt hineinfahren, ist die Sonne bereits aufgegangen, doch der Canyon ist immer noch in Schatten getaucht. Sie halten am Aussichtspunkt, und Jason zeigt ihr die Rampe, einen schrägen Erdhügel ein paar Hundert Meter entfernt am Rand des Canyons.

Loretta starrt hinüber. »Das ist alles?«

»Das ist alles.«

»Du bist mit mir hierhergefahren, um mir einen Haufen Erde zu zeigen?«

»Na ja. Ich bin mit dir hierhergefahren, weil ich nicht zum Seminarunterricht wollte.«

Sie kichert. Ist das ein gutes Zeichen? Er glaubt schon. Trotzdem ist er ein bisschen enttäuscht, weil sie die Pracht der Abschussrampe nicht erkennt. Er fährt wieder auf den Highway. Auf der Rückfahrt nach Gooding erzählt er ihr, wie er mit Grandpa nach Twin Falls gekommen ist, um sich den Sprung über den Canyon anzusehen. Er erwähnt auch die vorangegangene Notlüge und gesteht, wie toll er es fand, ein Geheimnis vor seinen Eltern zu haben. Es sei ein großer Spaß gewesen, vor Ort zu sein und Evel Knievel leibhaftig zu sehen und alle diese verrückten Leute zu beobachten. Dass der Sprung fehlgeschlagen sei, habe ihn total fertiggemacht, aber Evel Knievels Umgang mit seinem Scheitern sei auch irgendwie beeindruckend gewesen. Als man ihn mit einem Kran aus dem Canyon gezogen habe, habe er den Leuten mit dem gleichen grimmigen, fest entschlossenen Gesichtsausdruck zugewinkt wie vor dem Sprung, als wäre es ihm nicht einmal peinlich.

»Es war trotzdem irgendwie cool«, sagt Jason. »Ich weiß auch nicht, warum.«

»Ich schon. Vielleicht. Ich meine, er hat da wirklich etwas Unglaubliches versucht.«

»Ja!«, gibt ihr Jason recht. »Stimmt genau. Er hat etwas Unglaubliches versucht.«

Er bemüht sich, Loretta einen bedeutungsvollen Blick zuzuwerfen, eine tiefere Botschaft mit ihr auszutauschen. Sie erwidert den Blick, wirkt jedoch ein wenig verwundert. Jason denkt an Evel Knievels Sturz in England, an seine völlig zermalmten Knochen und sein Beharren darauf, trotzdem aufzustehen und das Wort an die Menge zu richten. Er denkt: *Okay. Los.*

»Findest du es okay, mit Dean und Ruth zusammenzuleben? Ich meine, bist du glücklich und so?«, fragt er.

»Ich glaube schon.«

»Weißt du, was die Leute über euch denken?«

Sie antwortet nicht. Er versucht es erneut.

»Ist es so, wie die Leute denken?«

»Nein«, sagt sie, so leise, dass Jason es kaum hört. Er beschließt, ihr zu glauben, weil sie ihn nicht anlügen würde, jetzt, wo sie Evel Knievel miteinander teilen. Sie fügt etwas hinzu, was er nicht versteht.

»Was?«, fragt er.

»Es geht niemanden was an, wie es bei uns ist.«

Sie starrt nach vorne, mit angezogenem Kinn, und weigert sich, den Kopf zu ihm zu drehen. Jason sinkt tiefer in seinen Sitz. Blickt auf den Highway hinaus, die Hände ums Lenkrad geschlossen.

»Das ist reine Privatsache«, sagt sie.

Später erzählt Jason Boyd von diesem Gespräch, erzählt ihm endlich die ganze Geschichte.

»Was hast du denn gedacht, was sie sagen würde, Mann?«, lautet Boyds Reaktion.

EVEL KNIEVEL WENDET SICH AN EINE BEGEISTERTE NATION

Wir saßen einfach da in diesem Pick-up-Truck, getönte Scheiben, die ganze Fahrerkabine voll mit Buddys gottverdammtem Zigarillo-Rauch, und haben darauf gewartet, dass dieser armselige Wichser aus dem Konzerthaus kam. Dieser »Schriftsteller«. Der Kerl, der das Buch geschrieben hat, dessen Namen wir nicht nennen. Wir hatten einen Schläger, einen dieser neuen Softballschläger aus Metall, und Buddy hatte seinen Polizeischlagstock aus Eisenholz dabei. Wir kamen uns vor, als würden wir vom Ende der Anlaufbahn auf die Absprungrampe blicken, unser Innenleben eine elektrisch aufgeladene Gelatinemasse, als würden wir uns von einem stumpfsinnigen, dummen Wesen in etwas Großartiges verwandeln, und wir kannten dieses Gefühl gut genug, um zu wissen, dass wir uns darauf konzentrieren mussten, dass wir es auskosten mussten, versuchen mussten, es in Besitz zu nehmen, auch wenn es sich nicht in Besitz nehmen ließ, denn wir waren unterwegs in die Luft, an den göttlichen Ort, und würden nur ein paar Sekunden dortbleiben, flüchtige Blicke und Eindrücke erhaschen und dann wieder herunterkommen, und die Landung würde vielleicht hart werden, vielleicht aber auch weich, jedenfalls würde es eine Landung sein.

Er kommt aus dem Gebäude. Guckt euch dieses Arschloch an. Helle Jeansschlaghose, Stiefel wie irgend so eine kalifornische Schwuchtel, schön sauber poliert, aus glänzendem Leder und mit kleinen Absätzen, so richtige Schwuchtelstiefel, dazu ein Hemd aus diesem flauschigen Zeug, wie ein Handtuch, und die Haare so Farrah-Fawcett-mäßig, und in seinem dicklichen Gesicht eine bronzefarbene Sonnenbrille und ein kleines Lächeln, ein kleines, selbstsicheres Grinsen. Mit Erleichterung stellten wir fest, dass wir bei seinem Anblick nichts von unserem Verlangen nach diesem Moment verloren, dass wir neue Energie und Inspiration daraus zogen. Es war ein rechtschaffener Pfad, den wir eingeschlagen hatten, denn in seinem Buch hatte er alle möglichen Lügen über uns geschrieben – über uns, über unsere Mutter –, und er würde jetzt und hier dafür bezahlen. Für jede einzelne Verleumdung und anschließend für seinen größten Verstoß gegen uns: dass er unsere Geschichte an sich gerissen und sie pervertiert hatte, die Heilige Schrift unseres Lebens.

Er rannte nicht einmal davon. Fiel einfach nur um und ließ uns machen. Sein weicher Körper fühlte sich an wie ein Sack Weizen unter unseren Schlägen. Die Knochen in seinen Unterarmen gaben nach, als wir sie mit unserem Softballschläger bearbeiteten. Mit dem Tennessee Thumper. Bestes Aluminium.

Die Leute haben viele Lügen über die Sache verbreitet – haben uns einen Feigling genannt, weil Buddy dabei war, um ihn festzuhalten. Wir hatten keine Angst vor ihm. Er sollte nur fixiert werden, damit es noch schlimmer war, wenn wir ihn schlugen. Damit er sich nicht zusammenrollte, seinen Kopf nicht verdeckte, sich nicht auf irgendeine Weise schützte. Was er getan hatte, war so viel schlimmer. So unheimlich viel schlimmer, und dies war seine Strafe. Wir wählten sie sorgfältig und waren darauf vorbereitet, dass er starb, Amerika. Die Rache ist mein, spricht der Herr, und damit spricht er uns aus der Seele.

Er schrie wie ein Mädchen, dieser Schreiberling. Genauso, wie man es bei diesen Schwuchtelstiefeln und dieser Frisur erwarten würde.

In den Jahren zuvor waren wir ins Unermessliche gewachsen. Wir waren so groß geworden, so unüberschaubar, dass wir manchmal das Gefühl hatten, wir würden die Grenzen unseres Körpers sprengen.

Sie drehten sogar einen Film über uns. Mussten ihn nur *Evel Knievel* nennen, verkaufte sich von allein. George Hamilton machte das Ding. Schrieb das Drehbuch und spielte die Hauptrolle. Als er kam, um unsere Erlaubnis einzuholen, als er in unser Hotelzimmer im The Sands in Vegas kam, damit wir den Vertrag unterschrieben und den Scheck entgegennahmen, zwangen wir ihn, uns das Drehbuch vorzulesen, von Anfang bis Ende. Zuerst wollte er nicht, aber wir zogen unsere funkelnagelneue Luger hervor, richteten sie auf ihn und sagten: »Lies, Motherfucker.« Und er las und zitterte dabei, und wir unterschrieben den Vertrag.

Es war ein Fehler. Kann passieren. Im Film sah George Hamilton weich und schwächlich aus, und er schaffte es irgendwie, dass sich unsere Geschichte, unsere Heilige Schrift, total beschissen anhörte: »Ladys und Gentlemen, Sie haben keine Ahnung, wie gut es sich anfühlt, heute hier zu sein. Es ist wahrlich eine Ehre, mein Leben für Sie zu riskieren. Bevor ich mit diesem Motorrad über diese neunzehn Autos springe – und ich möchte betonen, dass sich kein einziger Volkswagen oder Datsun darunter befindet –, bevor ich über diesen letzten Lastwagen dort hinten segle, möchte ich Ihnen erzählen, dass gestern Abend ein Junge zu mir kam und sagte: ›Mr Knievel, sind Sie verrückt? Dieser Sprung, den Sie vorhaben, ist unmöglich, aber ich habe mir trotzdem eine Eintrittskarte besorgt, weil ich sehen will, wie das Blut spritzt.‹ Ganz recht, genau das hat er gesagt. Und ich habe diesem Jungen gestern Abend erwidert, dass nichts unmöglich ist.«

Als ob man uns imitieren könnte. Als ob man so tun könnte, als wäre man wir.

Wir saßen für die Tracht Prügel, die wir dem Schreiberling verpasst hatten, unsere Zeit im Gefängnis ab und brachten sie mit einem Lächeln hinter uns. Wir bestellten uns Limousinen, die uns zu unserer Zwangsarbeit brachten – dem Scheiße-Schaufeln, Besen-Schwingen, Tablett-Beladen, mit dem sie uns zu bestrafen versuchten. Wir riefen unsere Leute an und ließen uns von ihnen sechzehn Limousinen vors Bezirksgefängnis von Los Angeles stellen, und damit wurden dann alle unsere Leidensgenossen zu ihren Jobs kutschiert, tauchten in einer schicken Limousine bei ihrer Drecksarbeit auf, dank unserer Wenigkeit, und sie haben es uns nicht vergessen, diese Kerle, haben uns angebetet, genau wie alle anderen. Und als sich die Wärter beschwerten und der Richter uns einbestellte und uns mitteilte, dass er gute Lust hätte, uns unsere volle Strafe absitzen zu lassen – schwere Körperverletzung, hat er es genannt, dafür gebe es zwei Jahre –, haben wir nur gelächelt und uns entschuldigt und zu ihm gesagt: »Euer Ehren, ich wollte diesen Männern nur ein bisschen von der Würde zurückgeben, die ihnen hinter Gefängnismauern verloren gegangen ist. Auf keinen Fall wollte ich die Strafe ins Lächerliche ziehen, Euer Ehren. Diese Männer sollten ein Gefühl für ihre naturgegebene Herrlichkeit zurückbekommen, für ihre angeborene Erhabenheit, damit sie sich nicht mehr als niedere Wesen betrachten, als Kriminelle, und stattdessen mit Hoffnungen und Träumen in die Gesellschaft zurückkehren und so vielleicht bessere Menschen werden.« Trotzdem lautete seine Vorgabe: keine Limousinen mehr und keine Pressekonferenzen an der Hintertür des Gefängnisses, und wir erwiderten: Ist gut, Euer Ehren, Dankeschön.

Es war hart. Es war demütigend und hart, Amerika, vergiss das nie. Wir schluckten es, und wir schluckten auch alles andere, was damals passierte. Die Spielzeugleute kündigten ihre Verträge, und das war am härtesten, weil wir zu der Zeit bergeweise Geld mit Spielzeug verdienten – mit dem Aufzieh-Rennfahrer, den Actionfiguren, den Fahrrädern mit Evel-Knievel-Namensschild, den Evel-Knievel-Spazierstöcken. Spielzeug in einem fort, kleine Abbilder des Motorradgottes in jedem Haus, und die Käufer dieser Spielsachen bedachten uns mit der reinsten amerikanischen Liebe, die es gibt: dem Dollar. Und nun verloren wir diese Liebe. Unser Agent riet uns, uns eine Weile unauffällig zu verhalten, bis der Sturm vorübergezogen war, aber nichts da: Wir beriefen eine Pressekonferenz ein und entschuldigten uns beim Richter – blinzel! – dafür, dass wir uns im Gerichtssaal über ihn lustig gemacht hatten, falls das sein Eindruck gewesen sei, und gelobten, die Justiz von nun an ernster zu nehmen.

Wir zwinkerten den Jungs von der Presse zu, und sie johlten vor Begeisterung. Sind wie Bräute, diese Zeitungsknaben. Schenk ihnen ein Zwinkern und eine gute Story, und schon fallen sie vor dir auf die Knie.

Nach dieser ganzen Geschichte kamen wir nach Hause nach Butte, Montana, und was fanden wir dort vor? Am Tor – dem prachtvoll verschnörkelten Tor, diesem verdammten Kunstwerk von einem Tor – hing ein kleines, handgeschriebenes Schild: SEHT EUCH DEN

SPRUNG VON EVIL KNIEVELS SOHN AN. EINTRITT FÜNFUNDZWANZIG CENT.

Elf Jahre alt war er da. Der kleine Mistkerl. Konnte nicht mal den Namen seines Vaters richtig schreiben.

TREIBJAGD

4. Oktober 1975
GOODING, IDAHO

Loretta ist wach und liegt auf ihrer improvisierten Kellerpritsche hinter an der Decke befestigten Decken, während das Licht durch die Regale voll eingemachter Pfirsiche und Tomaten zu ihr hereinsickert. Ruth tappt die Treppe herunter und ruft: »Guten Morgen, Schwester!« Sie wartet auf Lorettas Antwort, bevor sie wieder nach oben geht. Loretta setzt sich auf. In ihrem Inneren zieht sich alles zusammen und entspannt sich dann wieder. Sie ist schon seit Stunden wach.

Sie putzt sich die Zähne an dem tiefen Waschbecken, wäscht sich Gesicht und Hände mit einem schwarz gewordenen Stück Industrieseife und zieht sich ihr Kleid an. Dabei kann sie nicht aufhören, an Bradshaw zu denken, der vermutlich bereits oben am Tisch sitzt und aus dem Grinsen gar nicht mehr herauskommt. Er ist *hier.* Hier, um bei der Hasentreibjagd zu helfen. Hier, um Zion's Harvest am neuen Firmensitz aufzubauen. Hier in der Welt, in der sie von allen Seiten unter Beobachtung stehen. Er wartet oben auf sie, und die Wahrheit über ihn und sie wird auf ihrem Gesicht zu lesen sein.

Sie kommt in die Küche, und dort sitzt er, die Backen vollgestopft, die Augen auf sie gerichtet. Sein Anblick erfüllt sie mit nervöser Übelkeit. Draußen, eingerahmt vom Fenster über der Spüle, diskutiert Dean lautstark mit einem Mann, der vor einem Fernsehübertragungswagen steht – von KMVT-11, »Ihrem führenden Sender für Lokalnachrichten«. Pick-up-Trucks und Transporter parken in der Einfahrt, und es laufen überall Männer herum. Fremde. Dean sagt, auf diese Weise könnten sie sich in der Gemeinde etablieren, und er könnte klarmachen, dass er anders ist als sein Bruder.

»Das wird so etwas wie unsere Einweihungsparty«, hat er gesagt.

Jason stapft mit seinen Gummistiefeln über den Hof und geht in die Milchkammer neben dem Melkstall. Hinter einer Schwingtür sieht er seinen Vater arbeiten, er hantiert zwischen den Verschlägen herum und richtet den starken, zischenden Strahl eines Wasserschlauchs auf ein mit Kuhscheiße bespritztes Euter. Das Saugen und Röcheln der Melkmaschine übertönt jedes andere Geräusch, und die milcherfüllte Luft dringt bis in Jasons Nasennebenhöhlen vor. Am Waschbecken hinter dem silbrig schimmernden Milchtank füllt er die Flaschen, bestückt sie mit großen roten Saugern und stellt sie in den Tragekorb aus Draht. Stumpfsinnig vor Müdigkeit macht er sich auf den Weg zum Kälberstall, betrachtet die Ränder seiner Stiefel, die mit Kuhmist verkrustet sind, mit halb verdauten Gras- und Heuresten, und denkt an den Tag, an dem er so lange ausschlafen wird, wie er will, an dem er beim Aufwachen nichts als wohlriechende Luft schnuppern wird.

Das Melken und Kälberfüttern ist ätzend, aber nicht so ätzend wie der Seminarunterricht. Heute ist Samstag, aber Jason ist neuerdings auch an Wochentagen wieder frühmorgens im Einsatz auf der Farm, seit dem Tag, als Loretta und er den Seminarunterricht geschwänzt haben. Am gleichen Abend hat Ruth nämlich seine Mutter angerufen und ihr gesagt, dass Loretta nicht mehr hingehen wolle, weil die anderen Kinder ihr das Gefühl gäben, fehl am Platz zu sein. »Das glaube ich gern«, hat Jasons Mom trocken kommentiert, als sie der Familie beim Abendessen von dem Telefonat erzählt hat. Sonst hat niemand etwas dazu gesagt. Jason ist wütend, weil sich niemand Gedanken über Loretta zu machen scheint. Darüber, was man für sie tun könnte. Seinen Eltern geht es nur darum, was die anderen Leute über sie denken.

Also hat auch er aufgehört, zum Seminarunterricht zu gehen. Ein kleiner, unbedeutender Akt des Widerstands, aber einer, der seinen Eltern jeden Tag zu schaffen macht. Er spürt, wie sie ihn wachsam beäugen, wie sie nach einem guten Ansatz suchen, um seine Gegenwehr zu überwinden und ihn wieder auf den rechten Weg zurückzuführen. Als er ihnen verkündete, dass er nicht mehr zum Seminarunterricht gehen würde, hielt sein Vater inne und blinzelte, als hätte er ihn nicht richtig verstanden. Dann sagte er: »Das ist doch lächerlich.«

Daran hält sich Jason Tag für Tag fest, auch an diesem Morgen, während er die Flaschen mit dem Sauger nach unten in die Halterungen legt und zusieht, wie die Kälber gierig schmatzend ihre Milch trinken. *Na, findest du es jetzt immer noch lächerlich, Dad?* Drüben bei Grandpa macht sich Dean für sein Hasengemetzel bereit. Apropos lächerlich. Apropos Gespött. In sämtlichen Zeitungen wurde darüber berichtet, sogar in den Fernsehnachrichten. Die Tierschützer haben einen Mordskrach geschlagen deswegen. Das zum Thema lächerlich.

Jason sammelt gerade die leeren Flaschen wieder ein, als sein Vater in seiner Arbeitsjacke und seiner rotschwarzen Schottenkappe zu ihm herübergeschlurft kommt. Er ist unrasiert, und die fahle Färbung seiner hohlen Wangen verleiht ihm ein schwächliches, beinahe kränkliches Aussehen. In letzter Zeit zerbröckelt irgendetwas in ihm, und Jason nimmt ihm diesen Zerfall übel.

»Meinst du, wir müssen schon die Sauger austauschen?«, fragt Dad.

»Nö.«

»Hast du den kleinen Rüpel mit dem weißen Gesicht von der Milch der anderen ferngehalten?«

»Ja.«

Jason weiß, dass sein Vater mühsam versucht, einen Zugang zu ihm zu finden, und hat Spaß daran, sich abweisend zu geben. Vom Kuhstall aus blickt er über die Kuhweide und einen Streifen felsiger Wüste zu Grandpas Haus hinüber, Deans Haus, und sieht, wie sich die Autos und Motorräder in der Einfahrt drängen. Die Außenbeleuchtung im Hof ist an, und er beobachtet, wie Dean und ein paar andere Männer rollenweise orangefarbene Behelfszäune aus einem Kleinlaster laden. Ein paar Hundert Meter vom Haus entfernt parken zwei VW-Busse auf dem Randstreifen, und es laufen Menschen im Straßengraben herum. Jason weiß aus der Morgenzeitung, dass eine Handvoll Tierschützer aus Sun Valley eine Protestaktion plant.

»Gehst du rüber?«, fragt Jason seinen Vater.

»Nein. Ich verzichte.«

»Ich gehe.«

Dad nickt. Zieht seine Kappe ab und kratzt sich energisch die Kopfhaut. »Diese Aktion bringt niemandem was, das steht fest.«

Jason macht sich daran, die restlichen leeren Flaschen einzusammeln.

»Man könnte meinen, es wäre der richtige Weg, einfach zu tun, worauf man Lust hat, ohne Rücksicht auf andere«, sagt sein Dad. »Der ehrenhafte Weg. Weil alle anderen ja dumm oder verlogen oder auf dem Irrweg sind. Das denkt dein Onkel – dass alle anderen unrecht haben, in sämtlichen Belangen, und man sie daher am besten ignoriert. Manchmal mag das so sein, aber normalerweise besteht der ehrenhafte Weg darin, auch an andere zu denken. Rücksicht auf seine Mitmenschen zu nehmen und darauf, welche Auswirkungen das eigene Handeln auf sie hat.«

»Auf uns, meinst du.«

»Ich meine auf alle. Uns natürlich auch, allerdings nicht nur. Im ganzen Land wird man von dieser Aktion erfahren. Wenn die Reporter erst einmal hier sind, um über die Treibjagd zu berichten, werden sie sich auch für deinen Onkel interessieren und für das, was dort drüben vor sich geht. Und dann …«

»Dann was?«

»Dann wird die Geschichte plötzlich noch viel besser.« Er hustet. »Beziehungsweise schlechter.«

Die Sonne ist jetzt vollständig aufgegangen, und die Luft erwärmt sich langsam. Sie wissen beide, dass die Geschichte längst nicht mehr zu stoppen ist. Ein Flächenbrand. Seit Ruth die Ankündigung der Treibjagd auf mit amerikanischen Flaggen bedrucktes Briefpapier geschrieben und Dean die Zettel im Genossenschaftsladen aufgehängt hat – HASENTREIBJAGD! SIE BRINGEN IHREN SCHLAGSTOCK MIT, WIR STELLEN DAS ESSEN! –, steht die ganze Gegend kopf. Die Getreidepreise sind mies, und die örtliche Football-Mannschaft verliert nur, weshalb sich die Leute regelrecht auf die Hasenjagd stürzen. In Jasons Schule gibt es kein anderes Gesprächsthema mehr. Die beliebten Muskelprotze sind dafür, viele andere Schüler eher dagegen, mit der Begründung, so etwas sei hinterwälderisch und uncool. Einige Farmer – die wütenden, die politischen – haben Briefe an den Herausgeber des *Gooding County Leader* geschrieben und der Kritik vorgegriffen: »Wenn die feinen Herrschaften aus New York nicht wollen, dass wir uns diese Schädlinge vorknöpfen, können sie sie gerne mit nach Hause in den Central Park nehmen.«

»Außerdem«, fährt Dad fort, »macht die Sache ja nicht nur den Anschein, als wäre sie barbarisch. Sie *ist* barbarisch. Einfach nur schrecklich. Unglaublich, dass irgendjemand Spaß an so einem blutigen Gemetzel finden kann.«

Er legt seine Hand auf Jasons Schulter und drückt sie.

»Die ineffektivste Art, Hasen loszuwerden, besteht vermutlich darin, mit einem Stock in der Wüste herumzustehen und zu versuchen, sie alle totzuschlagen«, sagt er. »Das ist doch bescheuert.«

Jason ignoriert ihn und geht Richtung Scheune davon. Er selbst will ja gar keine Hasen niedermetzeln. Aber dabei sein will er trotzdem.

Loretta und Samuel bauen den Verkaufstisch von Zion's Harvest auf, während Dean und Bradshaw Zäune auf einen Pick-up laden. Sie muss unbedingt daran denken, Bradshaw Baker zu nennen. Zion's Harvest spielt am heutigen Tag eine wichtige Rolle. »Zwei Fliegen mit einer Klappe«, hat Dean gesagt. Das Ganze war Ruths Idee. Wenn sie hierherzögen, müssten sie das Geschäft möglichst schnell in Gang kriegen, so ihre Argumentation, und die Hasentreibjagd sei die ideale Absatzmöglichkeit. Ruth hat ein Gespür für so etwas – für den Bedarf der Leute und wie man ihn befriedigen kann. Loretta und Samuel kleben das auf Butterbrotpapier geschriebene Schild an die Vorderseite des Tischs, der im rechten Winkel zur Einfahrt aufgebaut ist, damit jeder, der hereinkommt, das Schild sieht: ZION'S HARVEST LEBENSMITTELHANDEL.

Ruth ist wachsam, sie spürt, dass etwas in der Luft

liegt. Etwas, das mit Bradshaw zu tun hat. Loretta hat es schon beim Frühstück gemerkt – dass Bradshaws Aufmerksamkeit voll auf sie gerichtet war und Ruth es mitbekommen hat. An diesem Morgen fühlt sich Loretta von beiden beobachtet. Und sie ist nervös wegen der Treibjagd, wegen der vielen Leute, die kommen werden, der vielen Blicke, die sie auf sich ziehen wird. Der Beachtung, die man ihr schenken wird.

»Hol ein paar von den Eimern raus«, sagt sie zu Samuel.

Er ist mürrisch und lässt den Kopf hängen, weil er nicht bei den Männern sein darf.

»Na los«, drängt sie ihn. »Und bring auch einen Stapel Handzettel mit.«

Beim Frühstück hat Bradshaw riesige Portionen Rührei in sich hineingeschaufelt, und Loretta ist ihm mit nie da gewesener Gleichgültigkeit begegnet. Nachdem sie monatelang Ruths Pferdefraß frühstücken musste, hat sie sich deutlich mehr zu dem dampfenden Teller Rührei hingezogen gefühlt als zu Bradshaw, der in Socken und mit verschlafenen Augen am Tisch saß. Mit erwartungsvollem Blick hat sie zu Ruth gesagt: »Es gibt Eier?« Woraufhin diese mit einer Schüssel Haferbrei ankam und sie vor Loretta auf den Tisch stellte. »Für dich nicht.«

Die Leute schlendern in die Einfahrt, bilden Grüppchen und unterhalten sich, halten dampfende Becher in den Händen. Dean hat den Imbisswagen des Viehauktionators angemietet, um heiße Getränke und Mittagsmahlzeiten anzubieten. Alle Männer tragen entweder einen Baseballschläger, ein Stück Rohr oder ein Kantholz bei sich.

Bradshaw kommt an den Zion's-Harvest-Tisch.

»Hi, Lori«, sagt er und tut so, als würde er das Klemmbrett betrachten, auf dem sich die Leute für den Rundbrief anmelden können. »Heiliger Strohsack, machst du mich heiß. Ich springe gleich über diesen Tisch.«

Loretta sieht Ruth aus dem Augenwinkel durch den Garten gehen und zögernd an der Wäscheleine stehen bleiben.

»Sei bloß auf der Hut«, warnt sie ihn leise. Dann widmet sie sich intensiv dem Schild, vergewissert sich, dass es gerade vor dem Tisch hängt.

»Der geht mir aber jeden Moment hoch, der Hut«, erwidert Bradshaw.

Er rückt seine Kappe gerade. Reibt sich die Stirn. Holt tief Luft. Atmet wieder aus. Sein Gesicht ist angespannt und fleckig, und Loretta riecht ihn über den Tisch hinweg – Achselhöhle und Arbeitskleidung und Überreste der Nacht.

»Ich hoffe, du bist bereit, Süße«, sagt er. »Ich bin es nämlich.«

Er ist weder ein Dämon noch ein Engel und auch sonst nichts dergleichen. Sie erkennt jetzt, was er ist, weil er von seinesgleichen umgeben ist – von o-beinigen Männern mit ausgefransten Jeans, spitzen Stiefeln und Baseballkappen, Männern mit Kautabakdosen in den Gesäßtaschen, die ausspucken und mit ihren Absätzen über den Boden scharren, langweilig und dumm. Bradshaw wartet darauf, dass sie endlich reagiert, und als sie es nicht tut, schleicht sich etwas Fieses in seinen Blick.

»Du *bist* bereit«, sagt er. »Du bist es.«

Boyd erscheint mit dem Aluminium-Softballschläger seiner Mom, einem Tennessee Thumper. Er schlägt ihn in seine Handfläche, als Jason die Tür aufmacht, und wippt auf den Fußballen wie ein Boxer, wobei ihm seine ausgefransten weiten Hosenbeine um die Fußknöchel schlackern.

»Na los, lass uns ein paar Kaninchen plattmachen!«, ruft er. Jason tritt zu ihm nach draußen, und sie gehen gemeinsam hinüber.

»Ich mache keine Kaninchen platt«, stellt Jason klar. »Ich bin nur als Zuschauer da.«

»Du bist so ein Waschlappen«, erklärt Boyd fröhlich. »Du müsstest dringend mal was töten.«

»Das ist doch bescheuert.«

»Der totale Waschlappen.«

Jason hat Boyd schon lange nicht mehr so glücklich gesehen. Nachdem seine Mutter ihm verboten hatte, zu dem Protestmarsch des American Indian Movement nach South Dakota zu fahren, war er wochenlang gehässig und niedergeschlagen. Jason hatte seine Enttäuschung nicht verstanden, nicht einmal ansatzweise. Wie konnte er denn erwarten, seine Mutter würde ihn dorthin fahren lassen? Für Boyd kam das Verbot einer schlimmen Kränkung gleich. »Dieses Scheißkaff«, schimpfte er angewidert. »Diese Scheißschule. Dieser Scheißzeitpunkt in der Scheißgeschichte dieses Scheißplaneten.«

Boyd und er sind in letzter Zeit durch die Tage geschlurft wie Gefängnisinsassen, die in der Kantine Schlange stehen. Jason holte Boyd jeden Morgen vor der Schule ab, und dann nörgelten sie während der Fahrt herum und hörten *Houses of the Holy*, besuchten ihre Unterrichtsfächer, trafen sich in der Mittagspause, um noch ein wenig herumzunörgeln, bevor sie am Nachmittagsunterricht teilnahmen und sich nach der Schule für weiteres Genörgel trafen. Lehrer, Eltern, Bullen, Gesetze, Direktoren, Bischöfe, Onkel, Tanten, Cousins und Cousinen, Mädchen, Autos, Verkäufer, Kellnerinnen, Fernsehstars, die Zweihundertjahrfeier. Dean und Loretta. Das konnte doch nicht wirklich ihr Leben sein! Sie bekamen keine Luft mehr. Boyd wiederholte immer wieder, dass er trotzdem zum Protestmarsch fahren würde. Zum Protestmarsch oder woandershin.

»Einfach abhauen«, sagte er. »Irgendwann in den nächsten Tagen – einfach über Nacht verschwinden. Und zwar nicht nur für ein paar Tage.«

Als sie sich Deans Haus nähern, fängt Boyd an, seinen Schläger vor dem Körper zu schwingen wie ein Schwert.

»Spürt meinen Zorn, ihr Hasen!«, ruft er. »Ich bin der Racheengel! Bereut euer gottloses Tun!«

Sie gehen weiter die Landstraße entlang. Die Reihe der geparkten Pick-ups und Autos reicht von Deans Einfahrt auf die Straße hinaus. Die Tierschützer haben sich im Straßengraben jenseits der Einfahrt versammelt. Noch ein Stückchen weiter steht ein Fernsehübertragungswagen aus Twin Falls, und dazwischen hat sich ein stämmiger Mann mit üppiger Haarpracht und Mikrofon aufgebaut, der eine Frau im Flickenkleid mit langen offenen Haaren interviewt. Jason spürt, wie sich die Scham anschleicht, wie sie prickelnd seinen Nacken hinaufkriecht, ihm die Röte ins Gesicht treibt, ihm das Gefühl gibt, dass er von allen Seiten angestarrt wird.

Er hält nach Loretta Ausschau, kann sie jedoch nicht entdecken. Der Imbisswagen steht hinter dem Haus, neben einem Picknicktisch, auf dem Teller mit Donuts und eine Thermoskanne mit heißer Schokolade warten. Jason erspäht einen Tisch mit einem Schild, das Werbung für Deans Lebensmittelhandel macht, und dahinter Samuel – Deans Ältesten –, der mit niemandem ein Wort spricht. Es wird allmählich wärmer, und der Frost schmilzt von den Fenstern und Zäunen. Man könnte fast seine Jacke ausziehen. Männer mit Baseballschlägern, Kanthölzern oder Neunereisen in der Hand stehen zu dritt oder viert herum und unterhalten sich. In der Wüste jenseits des Gerstenfelds stellt eine Gruppe Männer orangefarbene mobile Zäune auf, die in einer Schleuse münden. Dahinter liegt eine Fläche mit trockenem Steppengras, das angezündet werden soll, woraufhin die Männer die Hasen mit Motorrädern auf die Schleuse zutreiben werden. Diese wird die Nagetiere zu den im Halbkreis auf sie wartenden Männern und Jungen führen. Im Anschluss an die Treibjagd will man das Fleisch angeblich Gefängnissen und Armenspeisungen stiften.

Boyd trifft einen Mann, den er aus der Softball-Mannschaft seiner Mutter kennt, und die beiden scherzen darüber, wer von ihnen mehr Hasen umbringen wird. Der Mann hat einen kleinen Holzknüppel dabei, der zum Töten von Fischen gedacht ist, und zeigt Boyd und Jason, wie schnell er damit zuschlagen kann.

»Dieses Riesending von einem Schläger macht dich auf Dauer fertig, Junge«, warnt er Boyd, während er in rasendem Tempo auf imaginäre Kaninchen einprügelt. »Siehst du, wie schnell ich bin? Da kommst du nie hinterher.«

»Und du kriegst sie nicht tot mit deinem Mini-Knüppel«, kontert Boyd und hält demonstrativ seinen Schläger hoch. »Bei mir werden die Hasen jedenfalls wissen, dass sie von mir getroffen wurden.«

Jason geht zum Picknicktisch. Er schnappt sich einen Donut vom Pappteller, und der erste Bissen zerfällt wie Sand in seinem Mund. Sein Blick fällt auf Grandpas Haus. Er hat es seit dessen Tod erst zweimal wieder betreten. Jetzt würde er am liebsten hineinlaufen und es genauso vorfinden, wie es früher gewesen ist – dieselben Sofas, dieselben Möbel, dieselben Vorhänge, dieselbe saubere, ordentliche Küche, die entweder nach dem Brot von gestern oder dem Braten von heute duftete, derselbe große, kastenförmige Fernseher mit dem Zierdeckchen und den Glasfiguren, derselbe kühle, staubige Geruch. Er möchte diesen verschwundenen Ort vorfinden und darin einschlafen.

Lorettas Kopf erscheint im Küchenfenster. Sie starrt für einen Moment teilnahmslos nach draußen, entdeckt Jason, winkt schnell und zieht den Kopf zurück. Jason schluckt mühsam einen Bissen Donut hinunter. Plötzlich erscheint Dean in seinem Blickfeld, Jason erkennt aus dem Augenwinkel seinen steifen Rücken und seinen Bart. Dean hält einen Styroporbecher in der Hand, begrüßt ihn mit einem Nicken. Jason fragt sich, ob Loretta ihm von ihrem Gespräch erzählt hat – von Jasons Frage nach den genauen Verhältnissen, in denen sie hier zusammenleben. Dean sieht ihn einige unbehagliche Sekunden lang an.

»Brauchst du einen Knüppel?«, fragt er schließlich.

»Ich glaube nicht.«

»Nimmst du einfach die bloßen Fäuste?«

Dean sieht nicht so aus, als hätte er gerade einen Scherz gemacht. »Vielleicht kannst du ja den Frauen mit dem Essen helfen«, schlägt er vor, als Jason nicht antwortet. »Wo ist denn dein Vater?«

»Zu Hause.«

Dean nickt.

»Hätte ich mir denken können.«

Die Männer stecken etwa zweihundert Meter vom Haus entfernt einen Streifen Wüste in Brand – ein flackernder orangefarbener Gedankenstrich in der Landschaft. Loretta geht mit Ruth ein Stück dem Feuer entgegen und bildet mit dem Rest der Zuschauer einen Halbkreis, etwas versetzt hinter dem Halbkreis der Hasenprügler, der nur aus Jungen und Männern besteht. Ein paar Meter abseits der übrigen Schaulustigen steht Jason, die Hände in die Taschen geschoben. Loretta beobachtet, dass sein Freund, der stämmige, gar nicht mal so unattraktive Indianer, sich den Stockschwingern angeschlossen hat. Es sind etwa fünfundzwanzig, und sie beginnen zu johlen, als das Feuer angezündet wird. Bradshaw brüllt am lautesten und schwingt seinen Knüppel, den er selbst gebastelt hat, indem er Nägel in ein großes Kantholz getrieben hat. Dabei lässt er anzüglich die Hüften kreisen und legt ein Tänzchen hin. Loretta weiß, dass die Show ihr gilt. Ein paar junge Männer fangen an, mit ihren Keulen auf den Boden zu schlagen und Staubwolken aufzuwirbeln.

Hasen tauchen vor ihnen aus der Wüste auf, umherirrende schwarze Punkte, die sich zu einer dunklen Masse verdichten. Drei Männer flitzen auf Motorrädern hin und her und treiben die Herde zusammen wie Cowboys bei einem Viehtrieb. Die Flammen des Feuers erreichen unbeachtet von den Männern einen dicht mit Salbeigestrüpp zugewucherten Bereich und lodern hoch in die Luft auf. Dean, der mitten im Kreis der Wartenden steht, ruft: »Wer hat das Feuer im Blick? Wer kümmert sich um das Feuer?« Keiner reagiert, aber in der feuchtkalten Luft werden die Flammen ohnehin nicht weit kommen. Die Hasen bilden jetzt eine chaotische, sich sträubende Einheit, einen dunklen Teppich, der schlingernd durch die Wüste walzt.

Loretta will nicht sehen, was jetzt passiert. Sie blickt zu Ruth hinüber, die mit entschlossener Miene dasteht, nun jedoch den Kopf zu ihr dreht. Ihre Züge werden kaum merklich weicher, und fast hätte sich ein Hauch von Unbehagen in ihre Haltung geschlichen. Dann zuckt sie mit den Schultern. Die Hasen kommen näher, sind nur noch hundert, dann fünfundsiebzig Meter entfernt. Sie strömen durch die Salbeibüsche wie ein über die Ufer getretener Fluss. Loretta beobachtet, wie der indianische Junge sich nach Jason umdreht und in irres Gelächter ausbricht. Jason steht immer noch abseits von allen, allein, und das erfordert einen gewissen Mut, findet sie. Die schnellsten Tiere rennen vorweg, sausen hierhin und dorthin, können jedoch nicht zurück, weil hinter ihnen die große Masse heranwalzt. Als die Hasenmeute näher kommt, ist ein dumpfes Trommeln zu hören wie von einer weit entfernt galoppierenden Pferdeherde, und dann wird der erste Hase vom weit geöffneten Maul der Zäune verschlungen.

»Haltet euch bereit!«, ruft Dean, und die Männer schlagen mit ihren Knüppeln und Stöcken auf den Boden. Jetzt scheint alles viel zu schnell zu gehen, die Hasen springen und schlagen Haken, walzen über andere Hasen hinweg, die langsamer werden oder straucheln. Und dann ein majestätischer Anblick: Hasen, die aus der Meute ausbrechen und in die Luft springen, drei Meter hoch, fünf Meter hoch, über die wabernde Masse hinweg, die nun nur noch zwanzig Meter entfernt ist, dann zehn Meter. Die springenden Tiere scheinen zu schweben, sich in Zeitlupe zu bewegen, während unter ihnen alles im Zeitraffer abläuft.

»Meine Güte«, sagt eine Stimme, und Loretta merkt, dass es Ruth ist, überwältigt und blass. Als Loretta den Blick wieder nach vorn richtet, haben sich die Männer bereits an die Arbeit gemacht, schwingen vornübergebeugt ihre Waffen und lassen sie wieder und wieder nach unten sausen. Die Luft ist erfüllt von schmatzenden, knackenden Geräuschen und dumpfen Schlägen. Ein paar wenige Hasen kämpfen sich Haken schlagend durch, Flüchtlinge mit panischen Augen, aber die allermeisten fallen zu Füßen der Männer. Blutiger Dunst steigt auf, es riecht immer strenger. Die Angst der todgeweihten Geschöpfe prägt sich in Lorettas Gedächtnis ein. Ein Hase entkommt, ein Bein hinter sich herziehend. Er schreit fast wie ein Kind. Der Geschmack von Kupfer flutet Lorettas Mund, während der verletzte Hase sich kreischend in Richtung Zuschauer schleppt, weg von den Schlächtern, weg von den Männern, die prügeln und prügeln, auf den fleischigen Hügel einschlagen, den die Hasen vor ihnen bilden, dunkel vor Feuchtigkeit und Staub. Alle paar Sekunden spritzt eine Blutfontäne in den Himmel wie Wasser aus einem geplatzten Sprinklerventil.

Plötzlich stürmt Ruth nach vorn, bückt sich und hebt einen großen Brocken Lava vom Boden auf. Sie stemmt ihn mit beiden Händen über den Kopf und schleudert ihn zu Boden, woraufhin das Kreischen unvermittelt verstummt.

Während Jason die Männer betrachtet, die sich blindlings verausgaben, die sich an diesem blutigen Zeitvertreib berauschen und zu allem Überfluss ihre Kinder mit hineinziehen, die Hand in Hand ihre blutige Arbeit verrichten, mit ihrer Farmerkleidung, ihren Arbeitsoveralls, ihren am Rücken spannenden Hemden mit Druckknöpfen, ihren lauten *Hurras* und *Jiiihas*, wird seine Verachtung mit jedem Hieb größer. Er verspürt einen inneren Bruch, eine Endgültigkeit.

Mit all dem hat er nichts zu tun. Mit diesen Leuten.

Als Ruth den Hasen mit dem gebrochenen Bein zerschmettert, das Tier in eine stumme Masse aus zähflüssigem Blut und rot schimmernden Organen verwandelt, hat Jason bereits innerlich abgeschaltet. Das Gemetzel berührt ihn nicht mehr, und dann hört es plötzlich auf und alles ist still. Langsam verlassen die Männer den Ort des Geschehens. In dem Berg aus Tierkadavern zuckt es hin und wieder, rudert hier und da verzweifelt eine Gliedmaße, wo die Verstümmelung nicht vollständig ist. Dean tritt vor die Gruppe und nimmt die Haltung eines Patriarchen ein, mit Blutspuren auf dem Hemd, die Jason an Farbspritzer erinnern.

»Wir sind euch Männern zu tiefem Dank verpflichtet«, sagt er. Sein Gesicht ziert ein Staubgeflecht, und über seinem linken Auge prangt ein schwarzer, verschmierter Streifen. Er verschränkt die Arme und senkt den Kopf.

»Unser Vater im Himmel«, beginnt er, und Jason findet, dass er beim Beten genau wie sein Dad klingt. »Wir treten heute vor dich mit Dankbarkeit im Herzen, weil du uns geholfen hast, unsere Ernte und unser Land zu beschützen. Wir danken dir, o Herr, dass du uns die Kraft und den Willen gegeben hast, diese Aufgabe zu erfüllen, so unerfreulich sie auch war …«

Er betet weiter und dankt dem Herrn für das Essen, das er ihnen geschenkt hat, für Gesundheit und Familie, für den Überfluss, in dem sie alle leben. Er dankt ihm für das Evangelium – was in Jason die Frage aufwirft, was genau Dean darunter versteht und wie sich seine

Auffassung von der seiner Eltern oder der von Katholiken, Methodisten oder Lutheranern unterscheidet –, und er dankt ihm dafür, dass er seinen eingeborenen Sohn geschickt hat, um die Menschheit zu erlösen.

Jason sieht sich um. Die meisten Männer haben die Köpfe gesenkt und die Hände gefaltet. Auch Boyd beobachtet die Betenden. Ihre Blicke begegnen sich, und Boyd lächelt. Die Schlagfläche seines Baseballschlägers ist dunkel verschmiert und voller stacheliger Haare. Jason befindet sich in einem Zustand der Erschütterung, in einem Zustand der gepolsterten Distanz zum Geschehen. Er dreht den Kopf und sieht, dass Loretta zu Boden starrt. Sie ist blass um die Nase. Neben ihr steht Ruth, deren Augen geschlossen sind.

Nach dem Gebet stopfen die Männer die Tierkadaver in Jutesäcke und laden sie auf einen Wagen. Boyd und Jason gehen zusammen mit den meisten anderen Teilnehmern zurück zu Deans Haus. Boyd ist in taumeliger, euphorischer Stimmung, und Jason schweigt. Es ist sonnig und kühl, und der herbe Geruch von verbrannten Gräsern zieht über die Wüste herüber, gut zu unterscheiden vom süßlichen Duft des angeschmorten Salbeis. Die Protestrufe von der Straße sind beinahe verstummt, und der Fernsehübertragungswagen ist verschwunden. Es ist fast Mittagszeit. Ein kleiner Pulk abgekämpfter Schläger versammelt sich um den Imbisswagen, der Würstchen, Hamburger und Chili con Carne im Angebot hat.

»Diese kleinen Mistviecher sind schnell, ich sags euch.«

»Schnell wie der Blitz. Du kannst dir unmöglich einzelne Tiere rauspicken.«

»Keine Chance. Du musst einfach irgendwo in den Haufen schlagen.«

»Keine Ahnung, wie viele von den Kerlen ich erwischt habe – bestimmt dreißig oder vierzig.«

»Wahrscheinlich doppelt so viele, wie du denkst.«

»Hat eigentlich sogar Spaß gemacht.«

»Auf jeden Fall wars für ne gute Sache.«

Boyd steuert auf den Imbisswagen zu, und Jason bleibt am Rand des Gartens stehen und blickt zu der Stelle hinüber, an der sie gerade noch gestanden haben. Ein paar Männer mit Pick-ups bringen die Aufräumarbeit zu Ende. Der Rauch des erloschenen Feuers liegt wie ein dünner Schleier in der Luft. Und dann ist plötzlich Loretta neben ihm, mit gesenktem Kopf. Sie wirkt winzig in ihrem Kleid und sieht ihn so eindringlich an, dass er zurückweicht, bevor er sich wieder im Griff hat.

»Unfassbar«, flüstert sie.

»Ich weiß«, sagt er.

Er ist nah genug, um die Hand nach ihr auszustrecken. Sie zu berühren. Sie stehen Seite an Seite da und blicken über die Wüste. Loretta schnieft. »Ich muss von hier weg«, murmelt sie.

Die Wolken in Jasons Verstand lichten sich, und irgendwo in seinem Kopf rastet ein Zahnrad ein. Es wäre ganz einfach. Und absolut möglich. Sein Großvater schwebt aus dem Jenseits herbei, und Jason hört wieder seine Stimme im Pick-up, an jenem beglückenden Evel-Knievel-Sabbat, als er Jason erzählte, wie er mit siebzehn von zu Hause weggegangen war, um Soldat zu werden: »Ich hatte Hummeln im Hintern, wollte unbedingt irgendwo hin. Egal wohin, Hauptsache weg.«

Siebzehn – Jasons Alter.

Er sitzt hier nicht fest. Sie sitzen hier nicht fest.

»Und wo möchtest du hin?«, fragt er.

Sie starrt auf die Wüste hinaus, scheint sie jedoch nicht wahrzunehmen. Ruth ruft nach ihr, mit einer Stimme ohne Melodie, und der Moment huscht davon.

Loretta macht kehrt und eilt zum Haus davon. Wo sie hinmöchte? Sie stellt sich für ihre Zukunft alle möglichen Erfahrungen und Freiheiten vor, besitzt modische Kleidung, isst den ganzen Tag Süßigkeiten und Rindfleisch, fährt ein rosa Auto und trägt Tussy-Lippenstift. Aber wo ist diese Zukunft? An welchem Ort?

Sie macht an einem Picknicktisch halt, um Pappteller und Becher einzusammeln. Bradshaw geht vorbei und tänzelt ein paar Schritte seitwärts, um sie zu beeindrucken. Eine Staubschicht überzieht das Blut an seinen Händen, seinen Unterarmen, seinem Hemd und seiner Hose. Die schmutzigste Stelle befindet sich zwischen Hüfte und Oberschenkel. Er zwinkert ihr zu.

Aus dem Augenwinkel nimmt Loretta Ruths Gestalt im Küchenfenster wahr. Bradshaw ist inzwischen an ihr vorüber, aber nun kommt Jason angelaufen, schlaksig und schüchtern, mit gerötetem Gesicht. *Geh weg*, hätte sie am liebsten gesagt, weil es ihr zu viel wird und weil

Ruth in der Nähe ist und sie beobachtet. Warum beobachtet sie sie eigentlich ständig?

Jason greift nach einem mit Ketchup beschmierten Teller und fragt auf eine schrecklich offensichtliche Weise, die er für unauffällig zu halten scheint: »Wo möchtest du hin?«

Bradshaws schallendes Gelächter übertönt das Stimmengewirr. Ruths Gesicht scheint sich dauerhaft im Küchenfenster festgesetzt zu haben. Loretta geht zu einem anderen Picknicktisch weiter, konzentriert sich aufs Einsammeln von Papptellern. Jason rührt sich nicht, sieht ihr schweigend hinterher. Ihm ist anzumerken, dass er eine Entscheidung getroffen hat, und diese Entscheidung macht ihr Angst. GEH WEG. Was auch immer sie während der Hasenjagd in ihm gesehen hat – unabhängigen Eigensinn, mutigen Widerstand –, kommt ihr jetzt nur noch wie Trotz vor. Kindischer Trotz. GEH WEG. Ruth geht mit großen Schritten über den Rasen, in der Hand eine Mülltüte. Loretta spürt Jasons Verletzung, er verströmt sie aus jeder Pore, für jeden klar erkennbar. Ruth bleibt vor Loretta stehen und reißt die Tüte auf. Loretta wirft ihren Müll hinein, und Ruth dreht sich zu Jason um und wiederholt die Geste, woraufhin Jason den einen Teller, den er in der Hand hält, in die Tüte fallen lässt.

Ruth schüttelt die Tüte, damit der Inhalt nach unten rutscht. »Okay«, sagt sie demonstrativ.

Jason – *hör auf, hör jetzt auf, geh einfach* – sieht Loretta stur an und sagt: »Wir sehen uns später.«

Loretta antwortet nicht.

»Richte deiner Mutter aus, dass wir euch schon bald zum Essen einladen werden«, erklärt Ruth an Jason gewandt.

»Gibt es dann Kaninchen?«, fragt Jason.

Loretta findet die Frage lustig und schrecklich zugleich.

»Warum nicht? Die lassen sich gut in die Pfanne hauen«, erwidert Ruth.

Jason geht nach Hause. Er lässt Boyd stehen und geht einfach. Bisher war sein Leben zu leer, und jetzt ist es zu voll, er kann gar nicht mehr alles in sich aufnehmen. Werden Loretta und er zusammen abhauen, oder hat er das Ganze nur geträumt?

Zu Hause sieht er sich ein Football-Spiel im Fernsehen an, ohne etwas davon mitzubekommen. Danach folgen die Lokalnachrichten, in denen unter anderem über das Hasengemetzel berichtet wird. Dean ist zu sehen, wie er mit dem Reporter diskutiert. Die Bilder von der Hasenjagd sind aus der Ferne aufgenommen. Das Ganze sieht aus wie ein Football-Spiel, wie ein Massengedränge auf einer Wiese. Mom ruft Fragen aus der Küche herüber.

»Ruth sagt, dass sie uns zum Essen einladen wollen«, richtet er aus.

»Da warten wir wohl besser nicht drauf«, lautet ihr Kommentar.

Beim Abendessen kommt Dad erst auf die Treibjagd zu sprechen, nachdem er mit seiner zweiten Portion begonnen hat. Er tut es, ohne dabei von seinem Teller aufzublicken.

»Überall, wo ich heute war, haben mich die Leute gefragt, was das für ein Zirkus war«, sagt er und zeigt mit seiner Gabel aufgebracht zu Deans Haus hinüber. »Er hat nicht mal zwei Monate gebraucht, um uns alle lächerlich zu machen.«

»Lou«, beschwichtigt Mom. »Deans Hof hat doch nichts mit uns zu tun.«

»Deans Hof ist unser Hof«, entgegnet er. »Wir leben alle am selben Ort.«

Er kaut so heftig, als wollte er seine Wut am Rinderbraten auslassen. Rote Flecken breiten sich an seinem Haaransatz aus. Ohne aufzublicken, fragt er Jason: »Was ist mit dir? Wie fandst du es?«

»Schrecklich«, antwortet Jason. »Es war … widerlich.«

Er denkt an den verletzten Hasen, an Ruth, an den Stein.

»Ich hatte dich ja gewarnt«, erklärt Dad knapp und lässt seine Gabel mit einem Scheppern auf den leeren Teller fallen.

In Jason brodelt es. Diese Selbstgerechtigkeit. Diese sinnlose Gewissheit. Alles ist eins. Alles gehört zusammen, was hier passiert und was dort passiert. Sein Hof ist unser Hof ist sein Hof.

Wo möchtest du hin?

EVEL KNIEVEL WENDET SICH AN EINE BEGEISTERTE NATION

Die Absätze unserer Stiefel klangen nie so ganz richtig in dem Ding. Das hätte uns eine Warnung sein müssen. Die X-2 Skycycle – rot-weiß-blau bemalt, geschmückt mit unserem Namen, unsere eigene, ganz persönliche Rakete. Aber wenn man sie betrat und mit den Stiefeln den Metallboden streifte, schepperte es wie in einer Konservenbüchse. Man zwängte seinen Hintern hinein, und das Ding knarrte und ächzte. Soll das etwa das Gefährt sein, das uns zum Ruhm katapultiert?, fragten wir uns.

So viel Zeit und Anstrengung und Ärger gehen diesem Moment voraus. Jedem Moment. Jeder einzelne ist schwach und zerbrechlich, wird vorangeschoben von allem, was davor kam, was man versprochen hat, wovor man Angst hat. Wir träumten schon von einem Canyon-Sprung, bevor wir überhaupt über irgendetwas gesprungen waren. Der Glaube daran steckte in uns.

Zuerst war es der Grand Canyon, den wir überwinden wollten, und dann wurde es der Snake River Canyon. Die Zeit schob uns den eingeschlagenen Pfad entlang, und der Canyon-Sprung wurde von einem geäußerten Vorhaben zu einem häufig geäußerten Vorhaben und schließlich zu einem Gelöbnis, einem Versprechen. Die Zeit schmiedete es, ließ es Realität werden. Sie schuf den Stahl und die Nieten und den Dampfmotor und den Pachtvertrag und die Journalisten und unsere Worte, Worte, die sie weiter vorantrieben, und die Rakete und den Fallschirm und die Marschkapelle und unsere Worte, das Gebet, das in ihnen lag, ihr Hervorbringen, unsere Worte, die in Form von Lauten und Schriftzeichen in die Welt hinausdrangen, die Atome und Moleküle ansammelten, die verdammt noch mal Gewicht zulegten, Amerika, an Einfluss gewannen, an Macht und Masse, bis sie richtige, greifbare Dinge wurden, für sich stehend, unbestreitbar, zu einem Fahrzeug wurden, das uns vorwärtstrug, einem Geschoss – einem Zug, einem Projektil, einer mit Sternen bemalten Rakete, einem was auch immer, einem universellen Schleudersitz, dem die Gesetze der Physik und die Grenzen des Ruhms gleichgültig waren.

Und genau dort saßen wir an jenem Nachmittag. An der Spitze jenes Projektils. 8. September 1974: Wir gingen durch die Menschenmenge, berührten die Leute und sahen, was wir mit ihnen gemacht hatten. Wir ließen uns auf einem Thron zur Abschussrampe emporheben, und die Menge grölte. Wir dachten an Cäsar und Kennedy, an Alexander den Großen. Wir dachten an

Christi Himmelfahrt. Wir glaubten an das Geschoss des Moments, den Druck des Augenblicks, die Noblesse, die in uns schlummern musste. Es konnte gar nicht anders sein, denn wir sahen, wozu unsere Worte herangewachsen waren, was aus ihnen geworden war, und sie sahen es auch, all diese Leute, und kamen, um uns zu huldigen.

Und dann stellten wir unseren Fuß ins Cockpit und spürten, wie unser Absatz den blechernen Boden der Skycycle zum Scheppern brachte.

Und da wussten wir es.

GOLD

18. Oktober 1975

Boyd

Nicht in einer Million Jahren hätte Boyd geglaubt, dass Harder die Sache durchziehen würde. Noch vor einer Stunde, als er mit gepackter Reisetasche zu Hause saß und betete, dass seine Mom nicht früher vom Lincoln Inn nach Hause kam, hätte er niemals geglaubt, dass sie wirklich abhauen würden, dass Harder – der brave Junge, der Pfadfinder, der flüsterte, wenn er fluchte, und zusammenzuckte, wenn man so tat, als würde man ihn schlagen – den Mumm dafür aufbringen würde.

Und jetzt sind sie hier, fahren los, fahren auf und davon. Es ist Mitternacht, als sie in dem großen LeBaron den Nachbarort Wendell durchqueren. Jason hält sich an die Geschwindigkeitsbegrenzung, und sie fahren unter dem Schild im Ortszentrum durch – IM HERZEN DES MAGIC VALLEY –, vorbei am Hotel, am Lebensmittelgeschäft, an der Bar und dem Getreidesilo, bis sie sich schließlich der I-84 nähern.

Jason sitzt am Steuer, Loretta auf dem Beifahrersitz und Boyd hinten. Wenn er ganz ehrlich ist, versteht er nicht, was an Loretta so besonders sein soll. Ein dünnes braunhaariges Mädchen. Kann bestimmt schon backen wie eine Großmutter. Vom Ausreißen an sich ist Boyd begeistert, aber er wundert sich über Harder, seinen ältesten Freund, der ihm immer noch ein Rätsel ist. Es erstaunt ihn, dass er die Sache wirklich durchzieht. Warum flüchtet er aus einem Leben im Wohlstand? Den Wagen hat Jason seinen Eltern geklaut, obwohl es auch ein bisschen sein Auto ist. Er fährt ständig damit herum, mit dem Chrysler Imperial LeBaron Baujahr 1970. Erbsengrün mit schwarzem Verdeck, weich gefedert, schwer zu lenken. Ein richtiges Schiff. Die gesteppten Sitze sind breit und tief, und der riesige Tacho mit der oben angebrachten Nadel zieht sich quer übers Armaturenbrett. Die Alles-oder-nichts-Heizung bläst lautstark vor sich hin, und Jasons neues Achtspur-Abspielgerät hängt unter dem Armaturenbrett. Während Wendell hinter ihnen verschwindet, macht sich im Inneren des Wagens Schweigen breit, und die Anspannung wächst, weil keiner von ihnen weiß, wie er mit der Gesellschaft der anderen umgehen soll. Auf der Zufahrt zur I-84 drückt Jason aufs Gaspedal, verlangt dem Motor alles ab. Die Tachonadel klettert an der Achtziger- und an der Neunzigermarke vorbei und pendelt sich irgendwo knapp oberhalb ein. Der LeBaron hat sein Tempo gefunden, sie fahren auf die Schnellstraße. Für Boyd fühlt es sich so an, als hätten sie den Boden verlassen und würden in die Luft abheben.

»Will jemand Kuchen?«, fragt Loretta.

Ausreißer, denkt Boyd. Wie lang wird es wohl gehen, bis man sie offiziell so nennt? Wird seine Mutter vor dem nächsten Morgen merken, dass er weg ist? Werden die Radiosender eine Suchmeldung bringen? Werden Fotos von ihnen in der Zeitung erscheinen? *Ausreißer.* Schwer zu sagen, wie das alles enden wird, denkt Boyd. Immerhin ist er jetzt etwas, was er vorher nicht war, und das ist ziemlich cool.

»Klar will ich Kuchen. Her damit«, sagt er.

Jason sitzt schweigend am Steuer. Er fährt und fährt. *Zieh ja nicht den Schwanz ein, Harder*, denkt Boyd. Loretta beugt sich vor und zieht einen in Folie eingewickelten Kuchen aus der Tüte zwischen ihren Füßen. Nachdem sie sich auf ihrem Schoß daran zu schaffen gemacht hat, reicht sie ein Stück Kuchen nach hinten, aus dem seitlich eine blutige Masse quillt.

»Rhabarber«, erklärt sie mit einem schiefen, verschmitzten Lächeln.

»Igitt. Okay.«

»Wegen mir musst du es nicht essen«, sagt sie und wendet sich wieder dem Kuchen auf ihrem Schoß zu. »Jason?«

»Tja, mit Rhabarber ist das so eine Sache … Wer, glaubt ihr, war der Erste, der beschlossen hat, so was in einen Kuchen zu tun? Das ist wie beim Rauchen. Wer war der Erste, der geraucht hat? Und nachdem dieser Mensch es zum ersten Mal gemacht hat, warum hat er dann weitergeraucht? Ich verstehe ja, was passiert, wenn man fünfzig Mal raucht und der Körper sich daran gewöhnt und so. Dann findet man es so toll, dass man nicht mehr damit aufhören kann. Aber der Kerl, der damit angefangen hat – warum hat *er* weitergeraucht?«

»Ich nehme gern ein Stück Kuchen. Danke«, sagt Jason.

»Und die erste Person, die Rhabarberkuchen gebacken hat – warum hat die ihn weiterhin gebacken?«, fährt Boyd fort.

Der Kuchen liegt schwer in seiner Hand, er fühlt sich an wie ein totes Tier. Während Loretta Jason sein Stück auf einer Serviette reicht, lugt ihre Zunge wie eine feuchte Knospe aus ihrem Mundwinkel.

»Ruths Rhabarberkuchen!«, erklärt sie triumphierend. »Die ist bestimmt stinksauer.«

Jason beißt ab und verzieht stöhnend das Gesicht. Loretta wischt ihm einen glibberigen Klecks vom Kinn, als wäre er ein Kleinkind. Boyd probiert nun ebenfalls ein Stück, woraufhin sich sein Mund unwillkürlich zusammenzieht: Der Kuchen ist so sauer, als hätte er in eine Zitrone gebissen.

»Heilige Scheiße«, murmelt er und kurbelt das Fenster herunter, um den Bissen in die vorbeirauschende kalte Luft zu spucken, eine gallertartige Masse, die an die Seite des Autos klatscht. »Der Kuchen ist ein Scherz, oder?«

Loretta antwortet nicht. Sie hält ein drittes Stück Kuchen auf dem Schoß und starrt es gedankenverloren an, bevor sie sagt: »So macht sie ihn immer.«

Sie öffnet ihr Fenster und versetzt dem Kuchen von unten einen Stoß in die eisige Nacht hinaus. Ein frischer Wind strömt herein, und Boyd wirft sein Stück ebenfalls hinaus. Jason übergibt seins an Loretta, die es nach draußen befördert und dann nach der Kuchenform greift, die auf dem Boden des LeBaron steht. Sie hält sie mit beiden Händen, wie ein Lenkrad, dreht sich zur Seite und macht sich bereit, den Kuchen in die Nacht hinauszuwerfen.

»Tu es«, fordert Boyd sie auf. »Na los.«

Sie wartet und wartet. Vor ihnen taucht ein Ausfahrtschild auf: TWIN FALLS I. Sie manövriert den Kuchen sanft in die Luft – sehr gekonnt, findet Boyd, wie ein Mensch, der genau weiß, wie man etwas aus einem fahrenden Auto gegen ein Straßenschild werfen muss, damit man auch trifft. Das Scheppern des Blechs folgt ihnen als verzerrter Laut. Boyd johlt wie ein Cowboy, und Loretta hat ein leichtes Grinsen auf den Lippen, als sie sich wieder nach vorne dreht. Und was macht Jason so schweigsam auf dem Fahrersitz? Bereut er es bereits? Hat er Schiss?

Hoffentlich verbockt er es nicht.

Sie verlassen die Schnellstraße und fahren über die Brücke nach Twin Falls hinein. Schmale Wolkenfetzen verhängen die Sterne. Es ist kurz nach eins, und die Lichter der Stadt können das Gefühl nicht vertreiben, dass sie sich in einer leeren, verlassenen Welt befinden. Boyd wartet nur darauf, dass Jason etwas über Evel Knievel sagt, über die Startrampe, deren Umrisse sich an der

Kante des Canyons abzeichnen, doch erstaunlicherweise hält er den Mund. Loretta dreht am Radioknopf, woraufhin mal lauteres und mal leiseres Rauschen aus den Lautsprechern dröhnt, bis sie bei einem Prediger landet, dessen sanfter Südstaaten-Bariton aus der Dunkelheit zu ihnen spricht: »›Und ich sah, dass es das sechste Siegel auftat, und siehe, da ward ein großes Erdbeben und die Sonne ward schwarz wie ein härener Sack, und der Mond ward wie Blut.‹«

Boyd stöhnt und sagt: »Stell was anderes ein!«

»›Und die Könige auf Erden und die Großen und die Reichen und die Hauptleute und die Gewaltigen und alle Knechte und alle Freien verbargen sich in den Klüften und Felsen an den Bergen und sprachen zu den Bergen und Felsen: Fallt über uns und verbergt uns vor dem Angesichte des, der auf dem Stuhl sitzt, und vor dem Zorn des Lammes! Denn es ist gekommen der große Tag seines Zorns, und wer kann bestehen?‹«

»Ich kann!«, ruft Boyd, und Loretta schaltet das Radio aus. Jason legt *Hotter Than Hell* von Kiss ein, und Loretta lächelt ihm zu, während sie die Lautstärke herunterdreht und eine Landkarte aufklappt. »Fahr weiter bis zum Highway 93«, instruiert sie Jason. Sie ist diejenige, die ihre Route festgelegt hat: durch Nevada nach Short Creek, wo sie ein paar Sachen holen muss. Und dann werden sie überlegen, was ihr nächstes Ziel sein soll. Jason will nach Ohio, um Evel Knievels nächsten Sprung zu sehen; Loretta will ans Meer, weil sie es noch nie gesehen hat; und Boyd will nach Pine Ridge. Allerdings scheint keiner von ihnen überzeugt zu sein, dass es wirklich ein nächstes Ziel geben wird.

»Verdammt, wir tun es tatsächlich!«, sagt Boyd. »Wir sind unterwegs. Wir sind frei. Absolut total frei, Leute. Zieht es euch rein. Achtet mal drauf: So fühlt sich Freiheit an. Gut, oder? Ein geniales Gefühl.«

Loretta gähnt. »Sollen wir irgendwo anhalten?«, fragt Jason.

»Elko?«, fragt sie zurück. »Ich hatte an Elko gedacht.«

»Auf keinen Fall«, widerspricht Boyd. »Wir müssen weiter, immer weiter.«

»Vielleicht mache ich mal für eine Sekunde die Augen zu«, sagt Loretta.

»Weiter, immer weiter!«, wiederholt Boyd und trommelt mit den Händen gegen die Sitzlehnen.

Sie lassen Twin Falls hinter sich und fahren auf den Highway. Die Nacht wird zur schweren, samtenen Decke, die die Scheinwerfer abzuschwächen scheint, während sie schnurgerade Richtung Süden fahren, Richtung Nevada. Einmal steht unverhofft ein Reh am Straßenrand, unbeweglich. Seine Augen leuchten rot im Licht des LeBaron.

Loretta setzt sich aufrecht hin, reibt sich die Augen und schlägt vor: »Lasst uns ein Spiel spielen.«

»So was wie Monopoly?«, fragt Boyd.

»Nein. Jeder von uns sagt etwas über sich. Der Reihe nach, immer nur eine Sache auf einmal. So lernen wir uns besser kennen. Einfach irgendeine schnelle Information. Egal welches Thema. Ich fange an: Ich bin mit

Dean verheiratet. Um das gleich mal aus dem Weg zu schaffen. Wir wurden letztes Jahr getraut. Meine Eltern haben das Ganze eingefädelt, ich wollte nicht.«

»Wow, Moment mal, ganz langsam«, täuscht Boyd ungläubiges Erstaunen vor. Ein bisschen geschockt ist er wirklich. *»Wie bitte?«*

»Krieg dich wieder ein«, erwidert sie und lächelt zu ihm nach hinten. »Die Ehe ist nicht legitim. Genug davon. Du bist dran, Jason.«

»Können wir das Thema nicht noch ein bisschen vertiefen?«, fragt Jason.

Sie knufft ihn in die Schulter. »Los jetzt.«

»Mir fehlen noch zwei Pfadfinderabzeichen zum Eagle Scout. Werde ich wahrscheinlich nicht mehr schaffen.«

»Boyd?«, sagt Loretta.

»Ich bin Pilot für Hyperschall-Jets«, behauptet er. »Außerdem bin ich Schlangenmensch und studiere die dunklen Künste. Ich kenne die Geheimnisse des Bermudadreiecks. Und ich habe viermal *Der weiße Hai* gesehen.«

»Nur *eine* Sache«, sagt Loretta amüsiert. »Okay, jetzt ich wieder: Ich stehe auf Countrymusik.«

»Und ich auf Rockmusik«, erklärt Jason.

»Und ich auf Zeppelin, Foghat, Bad Company, Cream, Kiss, Pink Floyd, die Rolling St…«

»Nur eins«, unterbricht sie Boyd.

»Ah. Nur *eins*.«

»Okay«, fährt sie fort. »Ich bin in Sedona, Arizona, geboren.«

»Ich in Gooding, Idaho«, sagt Jason.

»Und ich in Emmett, Idaho«, ergänzt Boyd.

»Ich hasse es, in die Kirche zu gehen.«

»Ich auch.«

»Kirche? Was ist das?«

»Also gut: Ich glaube noch nicht mal an Gott«, setzt sie noch eins drauf.

Boyd findet das unglaublich sexy. Er sagt: »Ich bin Halbindianer. Das behauptet so ziemlich jeder hier in der Gegend, aber bei mir stimmt es. Man sieht es ja auch. Diese Nase? Das ist eine Nez-Percé-Nase. Vielleicht auch eine Shoshonen-Nase. Meinen Dad kenne ich nicht. Er ist Indianer, nur weiß meine Mom leider nicht mehr, von welchem Stamm. Das ist so, als hätte sie es mit einem Kerl aus Europa getrieben, ohne sich zu merken, ob er aus Frankreich oder Italien kommt. Mein Dad heißt Francis Daubert. Frank.«

»Nur eine Sache, Boyd.« Loretta dreht sich lächelnd zu ihm um.

»Oh. Vergessen.«

»Ich will später in Texas leben«, verkündet sie.

»Warum Texas?«, fragt Jason.

»Keine Fragen. Vielleicht auch Montana.«

»Okay. Ich bin mein ganzes Leben jeden Sonntag in die Kirche gegangen. Mehr oder weniger«, sagt Jason.

»Ich will überall leben, nur nicht in Gooding. Ich *hasse* Gooding. Die Dumpfbacken-Hauptstadt Amerikas. Ich kann es kaum erwarten, hier wegzukommen. Ach, wartet mal: Ich muss ja gar nicht mehr warten, ich bin schon weg. Hurra!«

Ihre Aussagen über sich selbst bauen thematisch aufeinander auf, so einigermaßen wenigstens. Jason redet über *Herr der Ringe* und den unerschütterlichen Samweis Gamdschie. Über die Kälber, die er für die Viehauktion gezüchtet hat. Natürlich auch darüber, dass er zu Evel Knievel fahren will. Boyd wiederum erzählt, wie er seine Mom einmal abholen musste, weil sie im Mirage sturzbetrunken umgekippt war. Und Loretta schildert einen Streit mit Ruth, bei dem es darum ging, dass sich Loretta standhaft weigerte, Stricken und Nähen zu lernen, woraufhin Ruth Stricknadeln und Wollknäuel in ihrem Zimmer deponierte. »Ich würde lieber ins Gefängnis gehen, als weiter in dieser Familie zu leben«, sagt sie. »Obwohl ich die Kinder wirklich gernhabe.«

Sie beenden das Spiel. Loretta und Boyd diskutieren über die Hasenjagd. Loretta fand es furchtbar – das Blut, die Gewalt, die Brutalität, den Spaß, den die Männer daran hatten. Boyd hingegen verteidigt die Aktion. Es seien doch nur Nagetiere, die man ohnehin töten müsse. Gift auszulegen und sich davonzuschleichen sei keinen Deut besser, als sich hinzustellen und die Sache mit den eigenen Händen zu erledigen.

»Finde ich schon«, widerspricht Loretta. »Wenn man die Hasen vergiftet, tut man es nicht, weil es einem Spaß macht. Bei Leuten, die so viel Tod und Blut toll finden, stimmt doch was nicht. Das ist gruselig.«

Sie dreht sich um und zeigt mit gespielter Empörung auf Boyd.

»*Du* bist gruselig.«

Boyd kann gar nicht anders, als es zu bemerken: Es scheint sie sehr glücklich zu machen, ihm das zu sagen.

Jason

Es ist alles schiefgegangen, innerhalb kürzester Zeit. Wie lang fahren sie nun schon? Zwei Stunden? Auf Jasons Uhr ist es fast zwei Uhr morgens, und vor ihnen leuchtet mondähnlich ein Kasino, eine farbenfrohe Insel innerhalb eines perlmuttartig schimmernden Parkplatzes. Loretta hat gerade verkündet, dass sie ans Steuer möchte.

Jason zögert mit seiner Antwort. »Bitte! *Bitte*, Jason!«, fleht sie, und Boyd sagt: »Mein Gott, Harder.« Jasons ganze Vorstellung von ihrer gemeinsamen Flucht löst sich in Luft auf. Eigentlich schon seit dem Tag der Hasenjagd. Da war sie es, die zum ersten Mal vom Abhauen gesprochen hat, und später war sie ebenfalls diejenige, die früh am Morgen zu ihm in den Kälberstall gekommen ist, um einen genauen Plan auszuhecken. Sie ist es, die die Route nach Short Creek festgelegt hat, weil sie dort etwas holen möchte, auf das sie nicht näher eingegangen ist, und die gesagt hat, sie sollten durch Nevada fahren, weil dieser Bundesstaat nachts eine Einöde sei, während es in Utah von Cops wimmle. Jason überlegt, was es zu bedeuten hat, dass Loretta weiß, wie Nevada nachts ist und wie viele Cops es in Utah gibt.

Und jetzt flirtet sie mit Boyd. Ihm hingegen hat sie nicht einen bedeutungsvollen Blick zugeworfen oder ihm sonst irgendwie ein Zeichen gegeben. *Lass uns unterwegs in Elko haltmachen*, hat sie vorgeschlagen, und als er gefragt hat, *Warum ausgerechnet Elko?*, hat sie geantwortet: *Na komm, das wird lustig.*

Noch sind sie erst kurz hinter der Grenze zu Nevada, in Jackpot. Jason lenkt den LeBaron auf den hintersten Winkel des Parkplatzes. Auf dem Schild über dem Kasino steht CACTUS PETE'S, und daneben ragt ein riesiger beleuchteter Kaktus in den Nachthimmel.

»Yippie!«, ruft Loretta und hüpft auf ihrem Sitz herum. »Bring uns bitte nicht um, Lori«, sagt Boyd, und Jason denkt: *Lori? Lori?!* Er sagt: »Sei vorsichtig, das ist das Auto von meinen Eltern.« Was an dieser Aussage nicht stimmt, merkt er selbst sofort, aber Loretta fragt trotzdem: »Sicher, dass es noch ihnen gehört?« Dann lacht sie und schlägt mit der Handfläche aufs Armaturenbrett.

Es läuft alles in die völlig falsche Richtung. Wenn Jason ehrlich ist, hat diese Entwicklung schon ihren Anfang genommen, als sie ihn in seinem Rolling-Stones-Shirt mit der fetten, lüsternen Zunge gesehen hat. Als sie gesagt hat: »Ich muss von hier weg.« Als sie in den Tagen nach dieser Verkündigung eine Möglichkeit gefunden hat, mit ihm in Kontakt zu treten und ihre gemeinsame Flucht zu planen.

Jeder einzelne Schritt ist bisher von ihr ausgegangen. Er redet sich immer wieder ein, dass *er* ihr Retter ist, denn das ist die Rolle, die er eigentlich spielen müsste, wenn alles mit rechten Dingen zugehen würde, aber die treibende Kraft ist von Anfang an sie gewesen.

Nach dem Hasengemetzel nutzte Jason jede sich ihm bietende Gelegenheit, um einen Weg zu Loretta zu finden. Zwei Tage nach der Treibjagd fuhr er nach der Schule bei ihr vorbei, unter dem Vorwand, sich einen Zaunspanner von Grandpa ausleihen zu wollen, aber Onkel Dean stand gerade im Hof und holte den Spanner einfach aus dem Schuppen. Keine Spur von Loretta. Am darauffolgenden Tag brachte Jason den Zaunspanner zurück, und Ruth machte ihm die Tür auf und sagte, ohne ihn hereinzubitten, er solle das Gerät doch bitte wieder in den Schuppen stellen. Beide Male war er vorher kribbelig vor Nervosität gewesen und hatte krampfhaft überlegt, was er zu Loretta sagen sollte. Hinterher fühlte er sich leer und betrogen. In jener Woche rief er noch dreimal bei Loretta an, woraufhin jedes Mal Ruth ans Telefon ging. »Harder«, meldete sie sich, so barsch, als wäre sie wütend auf den Namen. Jason legte einfach auf.

In der Zwischenzeit mutierte er zum schmachtenden Mädchen, obwohl die Situation einen Mann der Tat erfordert hätte. Wenn er abends im Bett lag und nicht einschlafen konnte, stellte er sich vor, wie Loretta und er zusammen durchbrannten, trunken vor Liebe. Er malte sich aus, wie sie am Meer in den Wellen tobten oder Drachen steigen ließen, wie sie Arm in Arm auf der Aussichtsplattform am Grand Canyon standen und in die gigantische Schlucht hinunterblickten oder an den Niagarafällen im Sprühnebel Händchen hielten. Diese Sehenswürdigkeiten kannte er nur aus Zeitschriften und aus dem Fernsehen. In seinen Fantasien kamen niemals Orte vor, an denen er tatsächlich schon einmal war – das neue Einkaufszentrum in Twin Falls beispielweise oder die Tribüne des Highschool-Footballfeldes. Stattdessen ersann er Szenarien, in denen er es Dean heimzahlte – indem er ihm einen Boxhieb verpasste oder ihm ein Kantholz über den Rücken zog oder ihn mit einer Waffe bedrohte, während Loretta und er rückwärts die Flucht antraten. Aber meistens träumte er einfach nur davon, dass Loretta und er zusammen waren, dass sie wie die Newharts in einer Stadtwohnung lebten, mit Glasschiebetüren, die das Abendlicht hereinließen. Er malte sich aus, wie sie auf ihn zukam, die Arme um ihn schlang und ihre Nase an seinem Hals vergrub. Unschuldige Szenen, die seltsam leblos blieben. Wann immer er sich eingestand, dass er sie eigentlich überhaupt nicht kannte, ergänzte er die fehlenden Facetten ihres Charakters mithilfe seiner Fantasie und verlieh ihr eine einzige, hervorstechende Eigenschaft: eine blinde, unbeirrbare Zuneigung zu ihm.

Nachdem er sie tagelang nicht zu Gesicht bekam, begann er sich zu fragen, ob er ihr Gespräch an jenem blutigen Nachmittag vielleicht missverstanden hatte. Waren sie nicht übereingekommen, dass sie wegwollten? Nicht nur theoretisch, sondern tatsächlich? Zumindest war das sein Eindruck gewesen. Also wartete er und schmiedete Pläne und bauschte die Sache in seiner Fantasie immer weiter auf, bis sich aberwitzige Vorstellungen und Erwartungen entwickelt hatten. Endlich glaubte er zu verstehen, wovon die Leute immer sprachen und worüber sie Lieder sangen – den qualvollen, verzehrenden Schmerz der Liebe. War es nicht großartig, dass jeder miese Radio-Song nur für ihn bestimmt zu sein schien? Für sie beide? *»How sweet it is to be loved by you.« »Lovin' you is easy 'cause you're beautiful.« »Love will keep us together.«*

Acht Tage nach der Hasenjagd stand Jason morgens um halb sechs auf, tappte durch die starre Stille des Hauses zur Dreckschleuse, um sich die Stiefel und die Arbeitsjacke anzuziehen, und trat in die eisige Kälte hinaus, die bereits vom nahenden Winter kündete. Er überquerte den Hof und tauchte im Melkstall die acht großen, festen Plastikflaschen in den Milchtank, bevor er die roten Gummisauger daran befestigte. Jenseits der schmutzigen Schwingtür mit dem gelblichen Fenster stand sein Dad, und es waren die üblichen Zisch- und Spritzgeräusche zu hören. Jason trug das schwere Gestell mit den Milchflaschen zu den Kälberboxen hinaus und befestigte pro Drahthalterung jeweils eine auf den Kopf gestellte Flasche. Dann blieb er neben der Box des kleinen buntgescheckten Kalbs stehen und sah zu, wie es schlürfend und sabbernd seine Milch trank und dabei ungeduldig herumzappelte. Irgendwo in der Wüste hörte er einen Automotor aufheulen, gefolgt von einem Rascheln hinter dem Schuppen. Die trübe Sonne schien Mühe zu haben, vom Horizont aufzusteigen, und Jason vernahm ein Zischen aus Richtung des Schuppens, übertönt vom Muhen eines Kalbs. Dann wieder ein Zischen.

Als er sich zu dem Geräusch umdrehte, erklang plötzlich sein Name.

»Jason!«

Lorettas Gesicht lugte hinter dem Schuppen hervor, angespannt und rot von der kalten Luft. Ihre Haare waren zurückgebunden und von einer grauen Wollmütze verdeckt, einer dicken, selbst gestrickten Wollmütze, unter der ihr Gesicht zart und klein wirkte. Spröde, rosige Wangen, spitzes Kinn, weit aufgerissene, glänzende Augen. Sie trug einen lammfellgefütterten Jeansparka und statt des sonst üblichen Kleids die etwas ausgeleierte, kastenförmige Jeans, die sie zum Seminarunterricht angehabt hatte. Mit einem nervösen Lächeln spähte sie zu ihm herüber, und er gab sich Mühe zurückzulächeln. Endlich war es so weit. Nachdem er sich vorsichtig umgesehen hatte, ging er zu ihr hinüber. Jasons Gesicht zuckte, und er fragte sich, wie er wohl auf sie wirkte. Da sie auf irgendetwas zu warten schien, fragte er: »Was machst du denn hier?«

»Ich versuche schon seit einer Ewigkeit, mit dir zu sprechen«, erwiderte sie.

»Nein, *ich* versuche seit einer Ewigkeit, mit *dir* zu sprechen.«

»Ich habe angerufen. Und bei euch geklingelt.«

»*Ich* habe angerufen und bei euch geklingelt.«

Sie runzelte mit einem skeptischen Lächeln die Stirn, als glaubte sie, Jason wolle sie veralbern.

»Okay, egal.« Sie holte tief Luft. Ihr sachlicher Tonfall

glich dem einer Lehrerin, die einem Schüler die Regeln erklärte. Oder wollte sie nur ihre eigenen Ängste und Zweifel dahinter verbergen? »Wir müssen uns unterhalten. Oder sehe ich das falsch? Dass wir uns unterhalten müssen?«

»Nein, das siehst du richtig.«

»Ich dachte nämlich, wir hätten neulich so etwas wie eine Vereinbarung getroffen. Wenn nicht, auch gut.« Sie wirkte nicht wirklich nervös, eher irgendwie befreit. »Aber du hast mich doch gefragt, oder? Du hast mich gefragt, wo ich hinwill. Und ich konnte es dir nicht sagen, konnte nicht mit dir sprechen, weil bei mir zu Hause alles so verkorkst war. Bei dir offenbar auch. Ich habe nämlich bei euch angerufen, ohne dass du mich je zurückgerufen hast. Also bin ich mit ein paar Konserven zu euch rüber und stand vor deiner Mutter. Am Samstag war ich da, um einen Rechen zurückzubringen – wieder kein Jason. Ich dachte schon, ich hätte mir alles nur eingebildet, und das war echt furchtbar, weil ich mich schon so gefreut hatte.«

Sie machte eine Pause, damit er auch etwas sagen konnte, allerdings keine besonders lange.

»Ich habe es mir doch nicht eingebildet, oder?«, fragte sie.

»Nein, ich glaube nicht.«

»Du glaubst nicht? Du meinst also, du bist dir nicht sicher? Du meinst … was?«

»Du hast es dir nicht eingebildet.«

Sie musterte ihn eindringlich. Nichts an ihrem forschen verbalen Vorstoß entsprach seinem Bild von ihr.

»Weiß Dean, dass du hier bist?«, fragte er.

Sie riss die Augen auf.

»Spinnst du? Als ob ich Dean unter die Nase reiben würde, dass ich zu dir will, um Pläne für meine Flucht zu schmieden!«

Plötzlich war ein Geräusch zu hören, das Jason als Schritte im Kies interpretierte. Er sprang fast in die Luft vor Schreck. Loretta grinste und sagte: »Ganz ruhig, Bronco.«

So hätte es nicht sein dürfen. *Er* hätte der Coole sein müssen, nicht sie!

»Also gut. Du weißt noch, worüber wir gesprochen haben?«, fragte sie. »Bei dieser Hasenveranstaltung?«

»Ja.«

»Und du weißt auch noch, was du mich gefragt hast?«

War es etwa so weit? Würden sie jetzt abhauen? Der Gedanke machte ihm Angst. Er war so lange ein braver Junge gewesen, dass er gar nicht wusste, ob er auch anders sein konnte.

»Wo möchtest du hin?«, zitierte er sich selbst.

»Genau.«

Die Kälber muhten und trotteten unruhig in ihren Boxen herum. Dad würde ihn bald mit den leeren Milchflaschen zurückerwarten.

»Ich weiß, wohin ich möchte«, sagte sie.

Sie hatte alles durchgeplant. Bis ins kleinste Detail.

Loretta ist eine schnelle Fahrerin, eine sehr schnelle. Manchmal sieht sie nicht auf die Straße, und dann schert der LeBaron aus, und Jason muss sie darauf ansprechen, damit sie es merkt. Aber sie lacht nur.

Gerade spricht sie über den Zwischenstopp in Elko. Sie will ihnen ein Hotelzimmer organisieren und mit einem Scheck zahlen, den sie Dean entwendet hat. Um alles will sie sich kümmern. Dabei hat Jason sein Bankkonto geplündert und das gesamte restliche Missionsgeld mitgenommen – 71,53 Dollar. Nicht einmal das braucht sie. Alles läuft schief.

»Dean hat Schecks?«, fragt Jason ungläubig, weil er weiß, dass Dean den Banken misstraut.

»Nur für geschäftliche Dinge. Für Notfälle«, antwortet sie fröhlich. »Und das hier ist doch ein Notfall, oder?«

Großer Gott, ist sie schön, denkt Jason.

»Moment mal«, schaltet sich Boyd ein. »Warum sollten die einen Scheck von dir annehmen, der nicht auf deinen Namen ausgestellt ist?«

»Man kann die Leute zu allem überreden, wenn man es wirklich will«, entgegnet sie.

Loretta

Sie hat Elko vorgeschlagen, weil sie gedacht hat: Warum nicht? Sie hat Elko vorgeschlagen, weil sie jetzt, wo sie frei ist, alles ausprobieren will, was man als freier Mensch tun kann. Sie hat Elko vorgeschlagen, weil Bradshaw ihr Geschichten über diesen Ort erzählt hat. Und sie hat Elko vorgeschlagen, weil sie sehen wollte, wie die

Jungen – diese übereifrigen Kinder – reagieren. Das Ergebnis war wirklich aufschlussreich.

»Das liegt doch gar nicht auf der Strecke, oder?«, fragte Jason.

Woraufhin Boyd sagte: »Heilige Scheiße, Harder, du bist echt eine Spaßkanone!«

In den frühen Morgenstunden nähern sie sich Elko. Die Straße führt mitten durch die Berge, die zu der Ansammlung von Leuchtreklamen hin flach auslaufen. Boyd schnarcht mit offenem Mund. Während der letzten Stunden hat Lorettas anfängliche Euphorie merklich nachgelassen. Trübsinn hat sie erfasst, denn sie ist enttäuscht von diesem Moment, der so gar nichts Überragendes hat. Dabei hat sie zu Beginn der nächtlichen Fahrt noch gedacht, was für ein netter Junge Jason doch ist und was für eine einfache, pure Freundschaft sich zwischen ihnen entwickelt hat. Dass sie ein Team sind, was auch immer das heißt, und dass das alles etwas zu bedeuten hat, weil vielleicht mehr wachsen wird aus dieser puren, unschuldigen Verbindung. Doch schon bald hat sie Jasons Ärger über Boyd wahrgenommen, seine Verwirrung und Eifersucht, und da ist ihr klar geworden, dass auch er nur ein weiterer Teil dieser Welt ist, die Loretta ständig anstarren und zu ihrem Eigentum machen will, genau wie Boyd.

Es ist nach drei Uhr morgens, als sie den großen, schmuddeligen LeBaron auf den Parkplatz vor dem hell erleuchteten Stockmen's lenkt, das mitten im Ortszentrum liegt. Eine Fensterreihe, ein beleuchteter Stierkopf und darüber rot glühend wie der Eingang zur Hölle die Aufschrift: STOCKMEN'S HOTEL.

»Ich weiß nicht recht«, sagt Jason, und Loretta könnte ihn umbringen dafür.

Sie parkt den Wagen, sagt »Wartet hier«! und marschiert los. Beim Überqueren des Parkplatzes kehrt das erhebende Gefühl zurück, die Freude, das innere Vibrieren. Sie tritt durch die Eingangstür, riecht Zigarettenrauch und vernimmt das schrille Klingeln und adrenalingeladene Trällern der weltlichen Welt.

Der Eingangsbereich des Stockmen's wirkt höhlenartig. Auf dem Brokatteppich sind Pfade ausgetreten, und die Einrichtung soll offenbar an eine Western-Scheune erinnern, denn es dominieren Lassos und gemasertes Holz. Der Raum ist taghell beleuchtet, jedoch so gut wie leer. Hinter dem langen Rezeptionstresen befinden sich fünf Arbeitsplätze, von denen um diese Zeit nur einer besetzt ist, und zwar von einem jungen Mann mit Cowboykrawatte und pickligem Haaransatz, der Loretta anstarrt, als hätte sie ihn aus dem Schlaf geschreckt.

Das Vibrieren in ihrem Inneren erreicht seinen Höhepunkt, als sie sich der Rezeption nähert. Sie bleibt vor dem Tresen stehen, täuscht Verunsicherung vor und stammelt verlegen: »Ich habe ein kleines Problem und dachte, Sie könnten mir vielleicht helfen.«

Sie tischt ihm ihre Geschichte auf und zeigt ihm den Blankoscheck.

»Ich weiß nicht«, sagt der Nachtportier zögernd.

Er hält den Scheck zwischen Daumen und Zeigefinger, als wäre er schmutzig, und liest sich die Daten der ausstellenden Person durch – »Dean Harder, handelnd als Inhaber von Zion's Harvest« –, bevor sein Blick zu Loretta und dann wieder zurück zum Scheck wandert.

»Das ist mein Vater. Er hat mir diese Schecks für Notfälle gegeben«, beteuert sie. »Sie können sich darauf verlassen, dass alles seine Ordnung hat.«

Der junge Mann stößt hörbar die Luft aus und verzieht das Gesicht.

»Ich weiß nicht«, wiederholt er noch einmal.

Sie hat weder einen Führerschein noch einen Ausweis dabei, um die Geschichte beweisen zu können. »Ich bitte Sie«, sagt sie mit flehendem Blick.

»Da muss ich erst die Geschäftsleitung fragen«, erklärt er und geht davon, um kurz darauf mit einer großen, dünnen Frau zurückzukommen, die durch ihre hochtoupierten Haare noch größer wirkt. Ihre Haut ist faltig, und ihre goldblonden Haare haben einen unnatürlichen, beinahe orange wirkenden Farbton. Sie riecht stark nach Parfum und hält eine lange, dünne Zigarette in der Hand. Nachdem sie ihre großen braunen Augen auf Loretta gerichtet hat, zieht sie stark an der Zigarette. Die Falten in ihrem Gesicht werden zur Mitte hin tiefer.

»Eventuell müssten wir am Montag Ihre Bank anrufen«, sagt sie und spricht es »eventwell« aus. Loretta ist sich sicher, dass sich keiner diese Mühe machen wird, und erwidert: »Natürlich, gerne.« Die Geschäftsführerin zuckt mit den Schultern, gibt ihr Okay und reicht dem jungen Mann den Scheck zurück, bevor sie sich ohne ein weiteres Wort zurückzieht.

Loretta fliegt wieder innerlich und fragt: »Kann ich den Betrag ein wenig höher ausstellen?«

Auf dem Rückweg zum Auto entdeckt sie Richtung Osten den ersten blassen Anflug von Morgengrauen am Horizont. Eine leichte Aufhellung der Dunkelheit, mehr nicht. Zu Hause, denkt sie, sind die anderen noch nicht einmal wach. Niemand weiß, dass sie abgehauen sind.

Becky

Wie jeden Morgen erwacht sie gemeinsam mit Lou, und nachdem ihr Mann aufgebrochen ist, um mit dem Melken zu beginnen, lässt sie sich neben dem Bett auf die Knie nieder und betet. Sie dankt dem Herrn für diesen Tag, dieses Leben, für ihren Mann und ihren Sohn, Louis und Jason, für ihre Farm hier in Gooding, für ihren Glauben, ihre Freunde und ihre Familie, sogar für die Neuankömmlinge, die so viel Kummer und Konflikte gebracht haben. Sie betet und betet und denkt dabei nicht in Worten – wie Lou es tut, wenn er betet, mit seinen sorgfältig durchdachten, geläufigen Formulierungen –, sondern in Bildern und Empfindungen. Wie immer stellt sie fest, dass das Beten sie mit Wärme erfüllt, dass ihr Körper auf eine Weise reagiert, die sie sich nur mit einer gewissen Präsenz erklären kann, einer Präsenz, die ihre Nervenenden stimuliert, ihrem Fleisch Substanz verleiht und ihr das Gefühl gibt, nicht allein zu sein. Es ist die sinnliche Offenbarung des Herrn, seine Anwesenheit in ihrem Körper, sein Gewicht. Dadurch weiß sie, dass es ihn gibt, und dieses Wissen hat sie dazu bewegt, der Mormonischen Kirche beizutreten. Nicht ihr Glaube oder ihre Religiosität, sondern reine Physik. Kraft und Masse. *Wissen.* Deshalb ist sie so standhaft gegenüber all jenen, die sie zurückgelassen hat – ihrer ungläubigen Familie in Wyoming, ihren katholischen Freunden aus Studienzeiten. Sie können nichts für das, was sie nun einmal nicht wissen.

Sie ist damals als Lehrerin nach Gooding gekommen und hat Lou über einen Kollegen kennengelernt. Ihre Bekehrung ging ganz schnell: Schon bei ihrer zweiten Teilnahme am sonntäglichen Gottesdienst hat sie das Gewicht des Herrn gespürt. Sie weiß, dass ihre Eltern und Geschwister nicht anders können, als die Geschichten nachzuplappern, die man ihnen über Mormonen erzählt hat, die ketzerischen, fanatischen Schmähungen, und obwohl sie schon seit Langem nicht mehr versuchen, Becky eines Besseren zu belehren, ist es nach wie vor da, wie sie weiß: das Gefühl, sie an diese Kirche verloren zu haben, die sie Sekte nennen. Seit der Ankunft von Dean und Ruth und ihren Kindern und diesem Mädchen ist in Becky die Angst aufgeflammt, dass die Neuankömmlinge den Zweiflern recht geben könnten, dass sie die schlimmsten Überzeugungen der Unwissenden bestätigen. *Mormonen sind Polygamisten!*, haben ihre Freunde und ihre Familie sie immer gewarnt. Und sie hat beharrlich erwidert, dass das nicht stimmt. Doch hier sind sie nun, die Polygamisten, in ihrer eigenen Familie. Und deshalb betet Becky, sie betet gegen Dean und Ruth an, betet, dass sie wieder verschwinden mögen, dass alles nur ein böser Traum gewesen sei, dass es sie und alles, wofür sie stehen, nie gegeben habe.

Es ist noch dunkel. Fünf Uhr morgens. Sie zieht ihre Hausschuhe und ihren Bademantel an und geht die Treppe hinunter. Als sie das Licht in der Küche anmacht, brennt eine Birne an der Deckenlampe durch. Sie klettert auf einen Küchenstuhl und wechselt sie aus, bevor sie die Milchglasabdeckung der Lampe an der Küchenspüle von Staub und Insekten befreit. Draußen wirkt das Licht des Melkstalls vor dem langsam heller werdenden Himmel weich und verschwommen. Die Melkmaschine brummt vor sich hin, einzelne Kühe muhen. Becky setzt eine Pfanne mit Würstchen auf, vermengt Eier, Milch und Zimt und schneidet einige Scheiben von dem halben Weizenbrotlaib, der noch da ist. Sie gießt einen Spritzer Apfelsaft in die Pfanne mit den Würstchen und deckt sie ab, bevor sie sich auf den Weg macht, um Jason zu wecken. Ihr ist klar, dass er nörgeln und brummen wird, dass er sich beschweren und verlangen wird, ausschlafen zu dürfen; es sei doch Sonntag, Wochenende, nur ein kleines bisschen länger, bitte. Becky wappnet sich, denn es wird ihr wie immer schwerfallen, sich durchzusetzen, weil sie ihn so sehr liebt, diesen Jungen, weil sie möchte, dass er in jedem Moment seines Lebens glücklich ist. Seit seiner Geburt ist es ihre größte Herausforderung, gegen den Wunsch anzukämpfen, ihn in jeder Hinsicht zu verwöhnen. Nichts erscheint Becky wichtiger, als früh aufzustehen – früher, als es der Körper möchte – und sich ins Leben zu stürzen, und das muss sie auch Jason beibringen, muss ihn immer wieder zwingen, aufzustehen und hinauszuziehen in die Welt, muss ihm die Trägheit austreiben, die sie auch sich selbst ausgetrieben hat, Morgen für Morgen.

Als sie an seiner Tür klopft, erhält sie keine Antwort. Sie klopft erneut, und wieder regt sich nichts – kein Brummen, kein Meckern. Also öffnet sie die Tür einen Spalt und späht hinein. Ungläubig starrt sie auf das leere Bett, das leere Zimmer, ohne sofort zu verstehen, was dort fehlt.

Bradshaw

Bradshaw erwacht auf der Liege im Keller, umgeben von neu aufgestellten Holzregalen und Einmachgläsern, von denen einige farbenfroh leuchten, pfirsichgelb und rotebeterot, während andere grau und pelzig vor Staub sind. Genau hier hat Lori geschlafen, bis er nach Gooding gekommen ist. Es ist winterkalt hier unten, Beton und freiliegende Rohre und unsichtbares Gescharre in den Ecken. Jeden Morgen ist Bradshaw aufs Neue verwirrt und muss seine Umgebung erst auf sich wirken lassen, bevor er wieder weiß, wo er ist.

Oben hört er Schritte in der Küche. Ruth kocht

wieder ihren Pferdefraß. Es kann nun jeden Tag so weit sein, dass sie aufbrechen, Lori und er. Er ist bereit. Zu Lori hat er gesagt, dass sie nichts bräuchten, um abzuhauen, dass er sich geirrt habe in The Crick, als er erst noch auf mehr Geld warten wollte. Jetzt ist sie es, die ihn hinhält, und das ist ein weiterer Fehler, den er begangen hat: ein Nein von ihr zu akzeptieren. Bei jeder Gelegenheit redet er murmelnd und flüsternd auf sie ein, obwohl er sich inzwischen absolut sicher ist, dass Ruth den Braten gerochen hat. Loretta sagt dennoch: Warte noch, warte, bald ist es so weit, bald. Sie weiß etwas, sie hat etwas vor, aber sie können sich nie lang genug unterhalten.

Ja, es war ein Fehler, zu sagen, sie sollten noch auf mehr Geld warten, denn zu dem Zeitpunkt hatte sich bereits alles verändert. Es herrschte eine vollkommen andere Wetterlage, doch das fiel ihm erst auf, als ihr gemeinsamer Moment vorüber war. Wie ist es zu der Veränderung gekommen? Was hat sie gesagt? Nein. *Nein.* Noch nie hat er einem Mädchen erlaubt, Nein zu ihm zu sagen. Noch nie. Und es hat viele von ihnen gegeben, schon damals in Vegas. Highschool. Sein Dad wochenlang auf Bohrinseln, seine Mom wer weiß wo, das ganze Haus für ihn allein. Und auch später in Cedar City hat es nicht an Mädchen gemangelt, die alles taten, was er von ihnen verlangte, ob sie nun wollten oder nicht. Diese Mormonenmädchen … der Hälfte konnte es gar nicht schnell genug gehen, und die andere Hälfte hielt einfach den Mund. Ab einem bestimmten Punkt, wenn Gliedmaßen und Münder miteinander verschlungen waren, war Bradshaw nicht mehr bereit, ein Nein zu akzeptieren.

Bei Loretta hat er es dennoch getan. *So eine* Mormonin ist sie. Ganz neues Terrain für ihn. Bei ihr hat er das Nein akzeptiert, weil er wusste, dass irgendwo in Zukunft ein Ja für ihn herausspringen würde. Wie nennt man so etwas, wenn nicht Liebe? Bestimmt sieht sie es genauso, seine Lori. Bestimmt weiß sie, was er für sie getan hat, was er für sie aufgegeben hat, was sie ihm deswegen schuldig ist.

Schritte auf den obersten drei Stufen der Treppe. Dann Ruths Stimme.

»Mr Baker? Guten Morgen.«

Die Schritte ziehen sich wieder zurück. Über ihm sind die Geräusche des Hauses zu hören: Stühle, die über den Boden gezogen werden, Gabeln, die über einen Teller kratzen. Und dann schwerere Schritte und eine tiefere Stimme: Dean.

Bradshaw zieht seine Jeans und sein Arbeitshemd an und steigt in seine Stiefel. Auf der Pritsche sitzend schnürt er sich die Schuhe und denkt über eine der Überraschungen nach, die die letzte Zeit gebracht hat: Er mag Dean. Bewundert ihn in gewisser Weise. Genießt es, dass Dean ihm zu vertrauen scheint, das Gefühl zu haben scheint, Bradshaw könne ein loyaler Mitstreiter werden, nicht nur, was Zion's Harvest angeht, sondern vielleicht auch in Deans größeren Schlachten – seinem Streit mit den Brüdern in Short Creek, seinem ständigen Zwist mit der weltlichen Welt. Natürlich wird Bradshaw trotzdem durchziehen, wozu er hergekommen ist. Aber manchmal malt er sich aus, ein Leben wie Dean zu führen, und der Gedanke fasziniert ihn: all diese Menschen, diese Frauen und Kinder, die um einen kreisen, einem ganz allein gehören, sich einem zuwenden, als wäre man die Sonne.

Zum Frühstück gibt es Brei. So nennt Ruth die Haferflockenpampe, die so lange gekocht wird, bis sie eine schwammartige, weiche Konsistenz hat: Brei. Gesüßt mit Rosinen und Honig. Dazu ein wenig Vollkorntoast mit ihrer selbst gemachten Marmelade. Keine Butter. Bei den Mahlzeiten in diesem Haus sehnt sich Bradshaw regelmäßig nach einem Diner, einem Ort, an dem es Kaffee gibt und ölige Eier und fettglänzende Kartoffelpuffer, an dem große Zuckerdosen auf dem Tisch stehen und Zigarettenqualm vorbeiwabert. Sein einziger Trost ist Lori, jeden Morgen, wie sie mit gebeugtem Kopf ihren Haferschleim isst und ihre Augen verbirgt. Liebe, denkt er jeden Morgen. Liebe, Liebe, Liebe. Er hat nie an Liebe geglaubt – nicht an die Art von Liebe, von der immer alle sprechen, mit völliger Hingabe und Kontrollverlust. Auf so etwas war er nicht aus, bis sich Lori in seine Gedanken schlich.

Allerdings sitzt sie heute nicht am Tisch, um den sich wie immer die Kinder drängen, schlürfend und klappernd. Dean ragt über allen anderen auf, sitzt mit gespreizten Beinen und gesenktem Kopf vor seinem Teller. Er löffelt seinen Brei so gleichmäßig und gezielt in sich hinein, als würde er einen Nagel einschlagen.

Als Bradshaw hereinkommt, blickt er auf und begrüßt

ihn mit einem »Guten Morgen«, bevor er sich wieder dem Haferbrei zuwendet. Auch Samuel – ein pickliger kleiner Mistkerl, der bestimmt einmal richtig fies wird – sieht Bradshaw an und nickt. Sonst dreht sich niemand in seine Richtung oder sagt etwas. Bradshaw wünscht sich mehr Ansprache, als es in diesem Haus üblich ist. Er sagt: »Und was für ein wunderbarer Morgen das ist, bei diesem leckeren Frühstück! Danke, Schwester Ruth.«

»Nichts zu danken«, erwidert sie und stellt ihm seine Schüssel hin. Er überlegt, ob er fragen soll, wo Loretta ist, entscheidet sich jedoch dagegen.

Nachdem sie minutenlang schweigend gegessen haben, sagt Dean zu Ruth: »Vielleicht musst du sie heute wach rütteln.« Ruth wischt sich die Hände an einem Geschirrtuch ab und geht aus der Küche. Bradshaw hört, wie sie die Treppe hinauf und dann den kurzen Flur entlanggeht, der zu Lorettas Zimmer führt, dem Raum, in den sie bei seiner Ankunft gezogen ist, während die Kinder seither in Schlafsäcken im Wohnzimmer schlafen. Und er hört ein leises Klopfen, gefolgt von einem Murmeln, dann noch ein Klopfen und ein Murmeln, und schließlich Ruths Schritte, die über den Flur und die Treppe zurückkehren. Sie erscheint wieder in der Küche und beugt sich über Deans Schulter, um ihm etwas ins Ohr zu flüstern, woraufhin sie zusammen nach oben gehen. Bradshaw spürt, dass irgendetwas faul ist. Später, als er erfährt, dass Loretta nicht in ihrem Zimmer ist, dass niemand weiß, wohin sie verschwunden ist, kehren seine Gedanken zu dem Moment zurück, als Dean und Ruth zusammen die Küche verließen. Da wusste er es bereits, und dieses Wissen fuhr ihm als stechender Schmerz in die Eingeweide, denn auch das ist Liebe.

Niemand redet mit ihm. Niemand sieht ihn an. Dean und Ruth flüstern laut miteinander, ihre Wut ist hörbar, nicht jedoch der genaue Wortlaut. Die Kinder werden ins Wohnzimmer verfrachtet, und Ruth sagt zu Samuel: »Ihr bleibt bitte alle hier drinnen und seid still.« Dann dreht sie sich zu Bradshaw um, der immer noch vor seiner Schüssel mit Brei sitzt. Sie scheint nicht genau zu wissen, was sie zu ihm sagen soll, starrt ihn einfach nur mit aufgebrachtem Gesicht an. Nach einer Ewigkeit hebt sie einfach die Hand, als wollte sie sagen: *Bleiben Sie, wo Sie sind.*

Dean stapft die Treppe hoch und kommt wieder herunter, tuschelt mit Ruth und stürmt erneut nach oben. Kurz darauf ertönen vier laute Schläge, begleitet vom Geräusch splitternden Holzes. Bradshaw springt auf, und Ruth gebietet ihm mit einem Blick Einhalt.

»Kann ich irgendwie helfen?«, fragt er.

Ruth schüttelt energisch den Kopf. »Danke. Nein. Vielen Dank.«

»Dann gehe ich mal raus.«

Er zieht seine lammfellgefütterte Jeansjacke über und tritt aus der Hintertür, lässt das Fliegengitter hinter sich zufallen. Er weiß es einfach. Nicht alles. Nicht das Wie und das Warum. Aber er weiß es, und in seiner Brust macht sich Fäulnis breit. Seine Gedanken flattern wie Kolibris, bewegen sich viel zu schnell, und er fühlt sich eigenartig entblößt, veralbert und dumm, während er sich über die brachliegende Heuwiese schleppt, über gefrorene Erdklumpen und alte Spreu.

Als er zurück ins Haus kommt, telefoniert Ruth. Dean sitzt am Küchentisch und macht einen ruhigen, nachdenklichen Eindruck. Bradshaw wird von plötzlicher Zuneigung zu ihm ergriffen: So muss man als Mann Haltung bewahren, so muss ein richtiger Mann sein. Ruths Blick schießt zu Bradshaw, den Telefonhörer hat sie zwischen Hals und Ohr geklemmt. Dann dreht sie ihm den Rücken zu und senkt die Stimme.

Sie legt auf und sagt zu Dean: »Jason auch.« Verwirrung kräuselt die ruhige See auf Deans Gesicht, und er fragt: »Was?« Dann zieht sich alles – Stirn, Augen, Bart – zur Mitte hin zusammen, und Dean fragt noch einmal lauter: »Was?« Ruth antwortet nicht.

Er wird sie verfolgen. Das ist alles, was er weiß. Nachdem er das Haus verlassen hat, bleibt er unschlüssig im Hof stehen. Erwägt, ob er Deans weißen, schmutzverkrusteten Pick-up nehmen soll. Der Sturm in seinem Kopf legt sich, und er hört seine eigene Stimme: *Was ist denn an mir falsch, verdammt noch mal?* Wie hat sie ihm das antun können? Und was soll er deswegen unternehmen?

Er geht zu seinem Chevrolet Nova. Steigt ein und sitzt da, die Hände ums Lenkrad gekrallt. Ein paar von seinen Sachen sind noch im Keller, aber nichts Wichtiges. Die beiden sind ihm zuvorgekommen, Lori und dieses kleine Arschloch, und er muss sich beeilen.

Ein diffuser Druck in seinem Kopf erschwert es ihm, klar zu denken. Das war noch nie seine Stärke: Weitsicht, strategisches Vorgehen. *Ich habe zugelassen, dass sie Nein zu mir sagt.* Er umklammert das Lenkrad noch fester, spannt den Kiefer an. Stößt einen Schrei aus. Dann steigt er wieder aus dem Auto und knallt die Tür zu. »Verfickte *Scheiße*«, entfährt es ihm. Wenn er jetzt einfach so losfährt, hat er keine Ahnung, wohin.

Loretta

Das heiße Wasser bleibt heiß. Es fließt über ihren Kopf, durch ihre Haare, strömt in Flüssen und Rinnsalen über ihren Körper und ist immer noch heiß, erfüllt die Luft mit Dampf. *So wird das Leben von jetzt an immer sein*, denkt sie. Stets heißes Wasser und niemand, der überwacht, wie viele Minuten sie duscht. Keine Ruth mehr, die ihnen Vorträge über den sparsamen Verbrauch von Toilettenpapier hält und Zucker als Teufelswerk betrachtet. Keine Standpauken von Dean beim Abendessen: Es genüge, sich unter der Dusche kurz nass zu machen, danach das Wasser abzudrehen und sich einzuseifen und anschließend den Schaum abzuspülen – minutenlang dazustehen und sich aufzuwärmen sei verschwenderisch und egoistisch.

Die schläfrig machende, betäubende Behaglichkeit des warmen Wassers bringt Loretta auf die nächste Idee.

Ein Klopfen an der Tür.

»Bist du ertrunken?«

Boyd. Dieser interessante Junge.

»Kann schon sein!«, ruft sie.

»Soll ich Rettungsmaßnahmen einleiten?«

Sie dreht das Wasser ab. Der Dampf verhüllt den Raum wie eine Wolke. Sie zittert – allein der Gedanke, dass er jetzt hereinkommen könnte!

»Ich glaube, ich schaffe es auch so«, sagt sie.

Sie trocknet sich energisch ab, als würde sie die Schale von einer gerösteten Roten Bete rubbeln. Dann zieht sie sich an und tritt hinaus ins Hotelzimmer, die Haare noch verheddert und nass. Boyd sitzt auf dem einen Bett und Jason auf dem anderen, im Fernsehen läuft *Die Pyramide.* Die Kandidaten der Quizsendung sind bei der letzten Runde. Die Kategorie heißt »Diskothek«. Es ist fast drei Uhr nachmittags, und es fühlt sich – genau wie das heiße Wasser – luxuriös und ein wenig verboten an, so lange geschlafen zu haben, bis weit in die produktiven Stunden des Tages hinein. Loretta hat Lust zu tanzen. Sie hat Lust, sich im Kreis zu drehen und durch die Gegend zu hüpfen. Im Fernsehen gibt eine Frau Stichworte: »Glitzerkugel. Tanzmusik.« Loretta hat Lust zu tanzen. Ist das hier ihre Zukunft? Ihre Tussy-Zukunft? Lippenstift und schnelle Autos? In der Sendung sagt der Kandidat: »Diskothek!« Loretta denkt: *Eine Disko!* Darauf hätte sie jetzt Lust. Sie hätte Lust zu fluchen. Sie hätte Lust zu *trinken.* Damals, vor einer Million Jahren, hat sie immer an den Bierdosen genippt, die Bradshaw im Fußraum seines Chevy Nova abgestellt hatte, während sie zusammen durch die Wüste fuhren. Als Loretta noch dachte, Bradshaw wäre ihr Ticket in die Freiheit.

Boyd und Jason lächeln ihr schüchtern zu. Jasons dichter krauser Haarhelm ist auf einer Seite platt gedrückt. Sie rennt zurück ins Bad, schnappt sich ein Stück Seife und kritzelt damit auf den Spiegel: *19. Oktober 1975, HERZLICHEN GLÜCKWUNSCH ZUM GEBURTSTAG!*

»Wer hat denn heute Geburtstag?«, fragt Jason sie.

»Wir alle«, antwortet Boyd.

Er hat es kapiert. Sie stellt fest, dass sie Spaß daran hat, Boyd anzusehen. Sie mag seine ungewöhnliche Hautfarbe, sattbraun, mit einer hellen, trockenen, fast durchscheinenden Schicht darüber. Seine schwarzen Haare sind schwärzer als alle Haare, die sie bisher gesehen hat, so schwarz, dass sie bläulich schimmern. Und dann seine riesigen, wachsamen, leuchtenden Augen.

»Herzlichen Glückwunsch, Lori!«, sagt Boyd.

Er kommt auf sie zu, mit einem hinterhältigen Grinsen, das von Bradshaw stammen könnte, gutaussehend und mysteriös, bereit, sie zu umfangen, die Arme ausgestreckt wie Jesus.

Jason

Es ist Sonntagnachmittag, und das fühlt man. Alles ist stumpf und leer, ohne jede Verheißung. Seltsam, denkt Jason. Da sind sie hier in diesem Hotelzimmer, haben es wirklich durchgezogen, und trotzdem fühlt er sich wie jeden Sonntag. *Lori? Umarmung?* Er steht auf, um den Kanal zu wechseln, und Loretta fordert ihn auf: »Na komm, Jason, du auch!« Aber er will nicht.

Klick, klick. Eine Tierreportage. Im lautlos gestellten Fernseher jagt ein Löwe einen Hasen über eine afrikanische Steppe. Als das Raubtier in Zeitlupe seine Tatzen in die Beute gräbt, folgt ein Schnitt, und die Kamera zeigt ein anderes Bild.

Warum hat er Boyd überhaupt mitgenommen? Sie sind seit Ewigkeiten befreundet, schon in der Grundschule waren sie bei Ausflügen immer als Zweierteam unterwegs. Jason sieht noch immer den schwarzen raspelkurzen Igelhaarschnitt vor sich, den Boyd in der dritten Klasse hatte. Die eigenartigen Gerüche bei ihm zu Hause lösten damals in Jason ein vertrautes, wohliges Gefühl aus, und er akzeptierte bereitwillig die Kuriositäten und Peinlichkeiten in Boyds Leben – seine betrunkene Mutter, seine Vaterlosigkeit, seine indianische Abstammung –, weil er selbst genauso ein Sonderling war. Und deshalb hat er Boyd mitgenommen, mit hierher in dieses Hotelzimmer, und jetzt hat er ein schlechtes Gewissen, weil er es bereut.

Boyd ist im Badezimmer. Die Dusche läuft. Loretta tanzt im Zimmer herum und summt vor sich hin, irgendeinen schrecklichen Country-Song. *I'm not Lisa.* Sie ertappt ihn dabei, dass er sie ansieht, und lächelt. Es schlummert immer noch irgendwo, denkt er, was auch immer das zwischen ihnen ist. Wenn er doch nur herausfinden könnte, wie es sich aufwecken lässt.

Sie lässt sich bäuchlings aufs Bett fallen, stützt ihr Kinn in ihre Hände.

»Wir sollten was unternehmen«, sagt sie.

»Fahren wir denn nicht weiter?«

»Ich finde, wir sollten uns ein bisschen amüsieren. Denk dir was Lustiges aus.«

Jason gibt sich große Mühe, sich etwas Lustiges auszudenken. Die Dusche wird ausgeschaltet.

»Wir könnten mit dem Auto eine Runde durch den Ort drehen«, schlägt er vor.

»Yeah«, antwortet sie, aber es hört sich eher an wie: *Och nö.*

Boyd kommt in den Kleidern von gestern aus dem Bad – Jeans und ein T-Shirt mit Dreiviertelärmeln, auf dem ein sepiagetöntes Bild der Band Foghat zu sehen ist.

»Worüber redet ihr zwei?«, fragt er.

»Wir überlegen, was wir machen wollen«, antwortet Loretta. »Wir könnten das Kasino ausprobieren.«

»*Du* willst ins Kasino?«, fragt Boyd.

Sie zuckt mit den Schultern. »Wir könnten doch mal hingehen. Uns ein Bier holen.« Sie setzt sich auf dem Bett auf. Jason kauert am Ende des anderen Betts, nur einen Meter vom Fernsehbildschirm entfernt, auf dem nun ein Leopard eine springende Antilope verfolgt. Boyd steht noch immer in der Badezimmertür. Loretta hüpft auf der Matratze herum. »Habt ihr zwei Lust, ein paar Bier holen zu gehen?«

»Ich weiß nicht«, antwortet Jason, und Boyd sagt: »Irgendwie mag ich euch altmodische Mormonen.« Loretta blickt zwischen ihnen hin und her und verkündet: »Jungs, ihr müsst lernen, wie man sich amüsiert!«

»Wir könnten in einem Bordell vorbeischauen«, schlägt Boyd vor.

»Vorbeischauen?«, fragt Loretta.

»Jason könnte uns bestimmt was leihen«, sagt Boyd.

»Was kostet so was?«, erkundigt sich Jason.

»Kommt wahrscheinlich ganz drauf an«, antwortet Loretta vielsagend, und Boyd klatscht sich auf die Oberschenkel.

»Ich schnalls nicht«, sagt er. »Wie kannst du so sein, nachdem du so gelebt hast?«

»Ich bin halt erfinderisch«, erklärt sie. »Und clever.«

Und jetzt das, denkt Jason. So viel, so schnell. Das Bier schmeckt sauer und weizenartig und steigt ihm sofort zu Kopf, als hätte es schon immer auf ihn gewartet. Die Welt wird warm und einladend, und er selbst wird redselig. Die ganze Beklommenheit fällt von ihm ab, und seine Umgebung bildet plötzlich einen eigenen Kosmos: dieses Hotelzimmer, sie alle drei, das Bier, das Loretta aus der Kasinobar geordert hat, weil sie diejenige ist, die weiß, wie man so etwas macht.

Jason erzählt eine Geschichte, und Loretta lacht. Er macht sich über Boyd lustig, nimmt ihn auf den Arm, und wieder lacht sie. Sie wirken alle drei schon halb betrunken, bevor die ersten Dosen leer sind. Beschwipst und kichernd sitzen sie da. Jason trinkt von seinem Bier und hat Mühe, nicht ständig Grimassen zu schneiden. Allmählich kommt er richtig in Fahrt. Er hat vorher schon ein- oder zweimal Bier probiert, und es hat ihm nicht geschmeckt. Das scheint sich zu ändern. Sämtliche Probleme und Sorgen der Welt, der vergangenen ebenso wie der zukünftigen, befinden sich irgendwo außerhalb der warmen, behaglichen Blase dieses Raums. Boyd rülpst. »Igitt«, sagt Loretta, aber dann trinkt sie die zweite Hälfte ihres Biers in einem Zug leer und rülpst ebenfalls. Vor Lachen steigen ihr die Tränen in die Augen.

Sie zieht ein zweites Bier aus der Papiertüte, die neben dem Fernseher steht, und erzählt ihnen Geschichten darüber, wie sie sich früher nachts aus dem Haus geschlichen hat, Geschichten über die Party-Jugend von Short Creek. »Die Leute waren ganz schön wild da unten«, sagt sie bewundernd. Jason nimmt einen ländlichen Akzent bei ihr wahr, der ihm vorher nicht aufgefallen ist. Boyd berichtet, wie er seine Mutter einmal bewusstlos im Badezimmer gefunden hat, mit Erbrochenem in den Haaren. »Wie eklig«, sagt Loretta, und Jason wird von einer heißen Welle der Dankbarkeit ergriffen, weil es Boyds beschissenes Leben ist und nicht seins, über das sie dieses Urteil fällt. Er steht auf und geht zum Fenster, um auf die Berge zu blicken, die über Elko aufragen, über dem gleißend hellen Tag.

»Jetzt mal im Ernst, Jason«, sagt Loretta, lässt sich aufs Bett plumpsen und verschüttet ihr Bier. »Wir sind dir was schuldig. Und wie.«

»Ich bin ihm nichts schuldig«, widerspricht Boyd.

Sie tut so, als hätte sie ihn nicht gehört, sieht Jason einfach nur mit berauschtem Blick an.

»Also ich bin dir jedenfalls was schuldig«, sagt sie. »Unglaublich, dass wir es wirklich durchgezogen haben!«

Sie erhebt sich vom Bett, geht zu ihm hinüber, legt ihm eine Hand – leicht wie Balsaholz – auf den Unterarm und drückt ihm einen Kuss auf die Wange.

Louis

Der beleibte, rotgesichtige Deputy am Empfang will Louis weismachen, sein Sohn sei streng genommen noch gar kein Ausreißer.

»Wir müssen achtundvierzig Stunden warten, bevor wir etwas unternehmen können«, erklärt er ein wenig verlegen, wobei er weiter seinen Kaugummi kaut. Allein dafür würde Louis am liebsten über den Schalter steigen und ihn vermöbeln.

»Mit wem würden Sie sich denn Ärger einhandeln, wenn Sie vor Ablauf der achtundvierzig Stunden als Ordnungshüter aktiv würden?«, fragt Louis vorsichtig. »Ich meine, in Anbetracht der Tatsache, dass ich, der Vater des Jungen, Sie darum bitte?«

»Hören Sie, Bruder Harder«, beginnt der Deputy, der Sid Moody heißt und sich nur hin und wieder zu den Gottesdiensten in Louis' Kirchengemeinde blicken lässt. »Ich bin nicht derjenige, der die Gesetze …«

»Sie haben ein Auto und den Schlüssel zu diesem Auto. Sie haben ein Funkgerät. Sie haben eine Waffe und eine Polizeimarke und die Autorität des Gesetzeshüters, und Sie wurden gerade darüber informiert, dass mein minderjähriger Sohn mein Auto entwendet hat und damit letzte Nacht mit einem weiteren unter Vormundschaft stehenden Kind abgehauen ist. Und alles, was Sie mir bieten können, sind Vorschriften, die es Ihnen ermöglichen, hier tatenlos herumzusitzen? Ist das wirklich alles, Sidney?«

Die Uhr springt auf 13.50 Uhr. Louis wäre schon vor Stunden hier gewesen, hätte er sich nicht mit Dean herumschlagen müssen, der erst mit Argumenten und dann mit eisernem Beharren zu erreichen versuchte, dass Louis die Polizei außen vor ließ. Becky reagierte mit Entsetzen darauf, dass er auf Deans Wunsch eingegangen war, woraufhin Louis schließlich doch noch voller Beschämung zur Polizei fuhr. Und jetzt sagt man ihm hier, er sei *zu früh* dran! Er erinnert sich plötzlich wieder, wie er sich als streitsüchtiger Jugendlicher gefühlt hat – damals, als er sich mit Dean vor dem Haus geprügelt hat, mit ihm und jeder Menge anderer Jungen, sogar Freunden. Das war zu Highschool-Zeiten, als sie auf den Schotterpisten rund um Gooding Rennen ausgetragen haben, lange bevor er sesshaft geworden ist und geheiratet hat. Er weiß noch genau, wie sich vor einer Prügelei oder einem Rennen der Druck in ihm aufbaute, bis er kurz vor dem Platzen stand.

»Ich weiß, wie schwer so etwas ist, Louis«, sagt Moody und senkt den Blick auf seine Hand, die träge den Handrücken der anderen Hand kratzt.

»Woher wollen Sie das wissen, Sidney? Woher um

alles in der Welt wollen Sie wissen, wie schwer so etwas ist?«

Louis bemüht sich, die Ruhe zu bewahren.

»Vielleicht sollten Sie lieber mit dem Sheriff reden.«

»Vielleicht sollte ich das, Sidney. Vielleicht sollte ich das verdammt noch mal tun.«

Offenbar ist seine Stimme lauter geworden, denn der Sheriff tritt aus dem Labyrinth der neonbeleuchteten, linoleumbelegten Flure hervor, hält beide Hände hoch und lächelt beschwichtigend, ganz der Friedensstifter.

Louis befasst sich nun schon so lange mit den Problemen anderer Leute, dass er fast vergessen hat, wie es ist, eine Krise am eigenen Leib zu erfahren. Seit fünf Jahren ist er Bischof der hiesigen Gemeinde, und seit Neuestem betreut er zusätzlich die Gemeindegruppe für junge Männer. Ständig kommen die Leute zu ihm, auf der Suche nach Rat oder Trost. *Mein Mann gibt unser ganzes Geld für Glücksspiele aus. Ich habe mit sexuell unreinen Gedanken zu kämpfen. Mein Chef verlangt von mir, dass ich sonntags arbeite. Meine Frau verrät mir nicht, wo sie samstagnachmittags hingeht. Mein Sohn klaut seiner Großmutter Geld.*

Was wollen diese Leute? Normalerweise sagt er ihnen einfach, was sie seiner Ansicht nach tun sollen – *verlassen Sie Ihren Mann, verzeihen Sie Ihrem Mann, zeigen Sie Ihren Sohn bei der Polizei an* –, aber das ist nie das, was sie hören wollen. Fast immer wissen die Leute schon vorher, was sie eigentlich tun müssten. Sie kommen, damit man sie tröstet, ihnen schwierige Entscheidungen abnimmt, sie als die Person bestätigt, für die sie sich halten, obwohl sie etwas tun, was diese Person niemals tun würde. Sie kommen, um der Situation für eine Weile zu entfliehen, die ihnen gezeigt hat, dass sie eben nicht diese Person sind. Um Abstand zu gewinnen, Dinge rückgängig zu machen, den Status quo wiederherzustellen. Jahrelanges Zuhören hat diesen Eindruck in Louis verfestigt – den Eindruck, dass die Leute lediglich auf Liebe und Wiederherstellung aus sind, nie auf guten Rat. Und es hat auch die Ahnung in ihm verfestigt, dass er beides nicht liefern kann, dass er die Menschen nicht wirklich lieben kann, jedenfalls nicht genug, um sie wieder zusammenzuflicken.

Und deshalb hat er sich von ihnen distanziert, von ihren Problemen und ihrer Scheinheiligkeit, ihrem Drang, auf andere abzuwälzen, was sie ganz allein betrifft. Louis ist mittlerweile genauso geschäftsmäßig und abgebrüht wie Sid Moody, und gerade weil er die Teilnahmslosigkeit des Deputys versteht, durchschaut er auch, wie Moody seinen Kummer und seine Notlage und seine Machtlosigkeit vorher kalkuliert und das alles von sich weggeschoben hat, noch bevor ihr Gespräch überhaupt begonnen hatte.

Becky und er fahren die Straßen von Gooding und Umgebung ab. Er gibt vor, es deshalb zu tun, weil die Kinder womöglich irgendwo dort draußen einen Unfall hatten und verletzt sind oder Schlimmeres. In Wahrheit glaubt er nicht daran, er will nur in Bewegung bleiben und nicht tatenlos herumsitzen müssen. Becky ist endlich in ein fassungsloses Schweigen verfallen, nachdem sie ihn mit Fragen und Erwartungen bombardiert hat, als er von der Dienststelle des Sheriffs zurückkam. Der Sheriff hatte sich schließlich bereit erklärt, die Vermisstenmeldung an andere Dienststellen weiterzugeben und ein paar Anrufe bei den Sheriffs der benachbarten Bezirke zu tätigen.

»Und was noch?«, wollte Becky wissen.

»Wie, was noch?«

»Ist das alles?«

»Ich glaube nicht, dass man sonst noch etwas tun kann.«

Er erkennt ihre Wut am kieksenden Ton ihrer Stimme. Seine Passivität ist ein ewiger Streitpunkt zwischen ihnen, und sie stürzt sich auch jetzt darauf und reibt ihm seine Unzulänglichkeiten unter die Nase, auch wenn sie, wie immer, im gemäßigten Tonfall von Menschen darüber reden, die alles unter Kontrolle haben.

»Es muss noch mehr geben, was wir tun können, Louis. Irgendwas.«

Also sitzen sie im Auto. Sie fahren auf der Old Shoshone Road Richtung Osten, auf der Pole Line Road Richtung Süden und auf dem Highway 26 wieder zurück nach Westen. Dann auf dem Highway 46 nach Süden und anschließend einfach quer durch sämtliche ländlichen Wohngebiete, vorbei an Feldern und Farmen. Becky fragt ihn erneut, wohin Jason seiner Meinung nach verschwunden sei, und er antwortet ihr erneut, er wisse es nicht. Nicht einmal eine Ahnung? Nein, beteuert er. Ob sie eine habe? Auch nicht.

Zur Melkzeit kehren sie auf ihre eigene Farm zurück. Inmitten des Lärms im Melkstall, des feuchten Schmatzens der Maschine und des Geruchs nach Milch und Kuhmist, verspürt Louis eine gewisse Erleichterung und hört für einen kurzen Moment auf nachzudenken. Mit aller Macht versucht er, sich in den Arbeitsschritten aufzulösen, die diesen Tag wie jeden anderen erscheinen lassen.

Loretta

Auf einmal scheint alles möglich. »Wer hat Lust auf Spielkasino?«, fragt sie, und Jason, der zu taumeln und zu lallen scheint, obwohl er schweigend dasitzt, rülpst und grinst, während Boyd erwidert: »Wie soll denn das gehen, wir sind doch noch nicht mal achtzehn.« Loretta verdreht die Augen. »Meine Güte. Ich dachte, *ich* wäre behütet aufgewachsen«, sagt sie und denkt, dass sie einfach hierbleiben und so weiterleben könnten, sie alle drei. Oder nur zwei von ihnen – Boyd und sie. Alles, was weltlich ist, ist hier zu finden. Alles, was sündig ist.

Sie gehen ins Spielkasino, und sie behält recht: Niemand behelligt sie. Loretta besorgt Jetons für die Spielautomaten an einem Schalter, indem sie ihren Zimmerschlüssel vorzeigt. Es werden keine Fragen gestellt. Obwohl das Kasino fast leer ist, ist die Luft erfüllt von

Zigarettenqualm und dem Klingeln der Spielautomaten. Hin und wieder wabert der Geruch von Spirituosen vorbei, und Loretta atmet tief ein. Sie setzt sich vor einen Spielautomaten, und Jason und Boyd nehmen neben ihr Platz. Irgendwann greift Boyd herüber und sagt: »Lass mich mal.« Er zieht den Hebel des Spielautomaten und ist ihr so nah, dass sie seinen Geruch wahrnimmt: Seife und Bier und etwas Süßliches, Fremdartiges. In ihr erwacht der Wunsch, sich seine Haut aus der Nähe anzusehen, sie genauer zu betrachten, seine dunkle Haut, die sie noch nie berührt hat. Sie erscheint ihr exotisch und interessant mit ihren helleren Flecken an den Ellbogen, den Fingerknöcheln, an zerschrammten Stellen und in seinen Handflächen. Ihr kommt in den Sinn, was dunkle Haut in der Welt bedeutet, die sie hinter sich gelassen hat: dass sie nämlich als Strafe Gottes gilt. Dieser Umstand bewirkt, dass sie Boyds Haut umso mehr berühren will, dass sie an ihr riechen will, wissen will, was sie ausmacht, was der Unterschied ist. Loretta denkt über Menschen und Dämonen nach, über Wesen jenseits der menschlichen Welt. Ihr ist völlig schleierhaft, warum sie an so etwas glaubt, während sie das meiste andere aus ihrer ehemaligen Welt hinter sich gelassen hat. Was, wenn Boyd ein Dämon ist? Was, wenn das die Bedeutung seiner dunklen Haut ist? Und was, wenn sie ihn trotzdem will?

Die Kellnerin, die ihre Runden durchs Kasino dreht, fragt, ob sie etwas trinken möchten, und Loretta antwortet für alle drei: »Drei Bier und drei Schnäpse, bitte.« Die Kellnerin notiert die Bestellung und geht.

Nachdem Loretta am Hebel gezogen hat – Kirsche, Banane, Kirsche –, taucht die Kellnerin wieder auf und bringt ihre Getränke. Loretta zeigt den Jungen, wie man den Kopf in den Nacken legt und den Schnaps auf ex trinkt, obwohl sie es selbst noch nie gemacht hat. Woher weiß sie, wie das geht? Ihre Zukunft hat es ihr beigebracht.

Jason wirkt am betrunkensten, auch wenn sie alle drei einen gehörigen Schwips haben. Es ist fast sechs Uhr abends. Aus den Lautsprechern dröhnt laute Rockmusik. *I … wanna rock and roll all night and party e-ve-ry day.* Loretta zieht immer wieder am Hebel des Spielautomaten und verliert ein ums andere Mal. Hinter ihr streiten sich Boyd und Jason.

»Ich kaufe dir gern eine Busfahrkarte zurück nach Hause«, sagt Jason, und Boyd erwidert: »Das kann ich mir vorstellen.«

Loretta geht zu einem Roulettetisch und lässt sich von dem Mann in weißem Hemd und schwarzer Weste die Spielregeln erklären, die sie nicht versteht. Sie setzt ein paar Jetons auf die Zahl Dreizehn, weil sie findet, dass in ihrem neuen Leben alles auf den Kopf gestellt ist und die Dreizehn daher ihre Glückszahl sein muss. Falsch gedacht, sie gewinnt nicht. Der Mann mit der schwarzen Weste sammelt von den anderen Spielern Geld ein. »Voll der Beschiss«, sagt Boyd. Das Rouletterad dreht sich funkelnd, und die Kugel hüpft und landet in einem schwarzen Spalt. Der Mann mit der Weste zieht Lorettas Jetons quer über den Filztisch zu sich heran. Boyd verschwindet und kehrt kurz darauf zurück. Loretta hört ihn zu Jason sagen: »Ich hab echt im Strahl gekotzt da drinnen. Über die ganze Klobrille.«

Ein neuer Song beginnt. Langsamer. Trauriger. *And it's one more beer, and I don't hear you anymore …*

Loretta setzt Jetons auf die schwarze Dreizehn. Boyd sagt zu Jason: »Was machen wir hier eigentlich genau? Ich meine, was machst *du* hier?«

Loretta verliert. Die Jetons gleiten über den Tisch davon. Jason erwidert etwas, was sie nicht versteht.

»Was ich meine«, sagt Boyd und rülpst, »ist Folgendes: Mir ist klar, warum sie abhauen wollte, und bei mir sind die Gründe auch offensichtlich, aber ich verstehe nicht, warum du wegwolltest.«

»Tja.«

Der Sänger singt: *And someone saved my life tonight sugar bear …*

»Du hattest es doch eigentlich ganz gut«, fügt Boyd hinzu.

Eine Weile ist es still hinter Lorettas Rücken, zwischen den beiden Jungen muss irgendetwas Wortloses ablaufen. Sie gewinnt und jubelt, und Boyd sagt: »Mann, ich hatte dich immer für schlau gehalten.«

Sie gehen hinüber in die Bar, um etwas zu essen. Loretta zeigt den Schlüssel vor, und alles ist in bester Ordnung. Sie bestellen Getränke und je einen Cheeseburger Deluxe. An der Wand hängen Fotos von Viehtrieben und Cowboys, es wimmelt von Langhornrindern. Dazu eine Wandtäfelung aus knorrigem Holz und rote Kunstledersitze. Auf allen Tischen leuchten Kerzenhalter aus rotem Glas wie kleine Feuerschalen. Der Barkeeper trägt ein aufwändig besticktes Westernhemd und eine Cowboykrawatte, und seine zurückgekämmten Haare glänzen feucht. In der Bar ist nur ein weiterer Tisch besetzt, von einer Gruppe aus vier Männern. Ab und zu johlt einer von ihnen laut, oder es bricht kollektives Gelächter aus.

»Wir sollten wohl lieber ein bisschen sparsam sein mit unserem Geld«, warnt Jason.

»Ach, mach dir um Geld keine Sorgen«, erwidert Loretta.

Einer der Männer vom anderen Tisch steht auf und geht quer durch die Bar Richtung Toilette, wobei er an ihnen vorbeimuss. Loretta sieht, wie in Jason eine Veränderung vorgeht – wie er erstarrt, weil etwas seine Aufmerksamkeit erregt hat. Sein Kopf dreht sich und folgt dem Mann.

»Heilige Scheiße«, sagt er.

Loretta wendet sich jetzt ebenfalls dem Mann zu. Er hat einen staksigen Gang, leichte O-Beine, die sie an Bradshaw erinnern, und einen verwegenen Blick. Jason wiederholt es noch einmal, flüstert es vor sich hin, als würde er beten: *»Heilige Scheiße.«*

»Was ist?«, fragt Loretta, und Jason sagt: »Ich fass es nicht.« Sie fragt erneut: »Was ist los, Jason?« Und er erwidert: »Schau dir den Kerl an, wenn er vom Klo zurückkommt.« Was denn mit ihm sei, will sie wissen, woraufhin er wiederholt: »Schau ihn dir einfach an.«

Zitternd nimmt er einen Schluck Bier und weist mit dem Kinn zu dem Mann, der gerade von der Toilette zurückkehrt. »Siehst du?«, fragt er, und sie antwortet:

»Was denn?« Auch Boyd hakt nach: »Was? Jetzt sag endlich!« Jason flüstert: »Seid endlich still.« Doch der Mann ist bereits auf sie aufmerksam geworden und stehen geblieben, um ihnen mit schräg gelegtem Kopf zuzulächeln. Es ist das Lächeln eines Entdeckers, der einen neuen Pfad durch den Dschungel erspäht. »Ist was?«, fragt der Mann, und Jason fragt zurück: »Sind Sie der, für den ich Sie halte?« Der Mann antwortet: »Kommt drauf an, Kumpel. Für wen hältst du mich denn?«

Jason

»Sich das Leben zu eigen machen, das ist es, was ich meine«, erklärt Evel Knievel. »Ihr jungen Leute müsst das Leben bei den Eiern greifen – entschuldigt die Ausdrucksweise –, es am Sack packen und kräftig zudrücken. Denn genau darum geht es: Wie viel Leben ihr festhalten könnt. Job, Familie, Prestige – scheiß drauf. Am Ende des Tages, wenn die Pferde zurück im Stall sind, kommt es nur auf eins an: sich die Dinge *geschnappt* zu haben, das Leben *gepackt* zu haben, sich egal was *geschnappt* zu haben, was auch immer, und es festgehalten zu haben. Einfach … *zugegriffen* zu haben.«

Er hält beide Hände vor den Körper und ballt die Fäuste, als würde er Zitronen auspressen, wobei sich sein Gesicht im selben Rhythmus verzieht. Nach dem anfänglichen Wortwechsel hat er sich zu ihnen an den Tisch gesetzt und eine Runde goldgelbes Bier bestellt. Boyd gibt sich amüsiert, und Loretta ist fasziniert, während Jason vor Ehrfurcht völlig erstarrt ist, erfüllt von der Ahnung, dass dies das Leben ist, wie es sein sollte, genau hier, in ebendiesem Moment, und dass er sich keine Sekunde entgehen lassen darf.

»Versteht ihr?«, fragt Evel. »Versteht ihr, was ich meine? Natürlich nicht. Wie könntet ihr auch. Ich behaupte nicht, ich selbst hätte alles richtig gemacht oder so. Auch nicht, dass ich so was wie ein Held bin, aber ich habe tatsächlich versucht, mir *das Leben zu packen.* Versuche ich immer noch. Das muss man mir zugestehen, wie viel Verleumdung und Bockmist man auch sonst über mich verbreitet. Wenigstens das. Nicht wahr?«

Er sitzt nun seit ungefähr zehn Minuten an ihrem Tisch in der Lounge des Stockmen's und hat seither nicht aufgehört zu reden. Den Tisch seiner Kumpels am anderen Ende der Bar hat er verlassen und scheint sich bei ihnen häuslich niedergelassen zu haben.

»Genau das versuchen wir, Mr Knievel«, sagt Jason. »Wir versuchen, uns das Leben zu packen, genau wie Sie sagen.«

»Mr Knievel? Was hatten wir vereinbart?«

Evel Knievels Wörter sind zähflüssig, kleben an seiner Zunge. Wenn er nicht spricht, atmet er schwer durch den Mund.

»Evel«, korrigiert sich Jason. »Sorry.«

»Ich meine, seht euch doch mal um. Seht euch die Leute an.«

Es sind nicht viele andere Gäste in der Bar, die sie sich ansehen könnten, nur zwei kleinere Gruppen und der

Barkeeper, der sich eine Folge von *Notruf California* im Fernsehen anguckt. Eine Sirene ertönt; irgendjemand wird gerade gerettet.

»Überall um euch herum. Seht sie euch an«, wiederholt Evel Knievel, beugt sich vor und verfällt in feindseliges Flüstern. »Einfach nur erbärmlich. Die Leute leben ihr klägliches Leben und versuchen nicht mal, irgendetwas Echtes zu schaffen. Etwas Authentisches. Irgendwas, was ihnen zwischen den Beinen ein gewisses Kitzeln verschaffen könnte. Lasst euch eins gesagt sein: Wenn ich mit meinem Motorrad lande, ist das echt. Wenn ich dort oben durch die Luft segle und der Lärm der ganzen Leute einfach weg ist – einfach verschwindet –, dann ist das verfickt noch mal echt.« Sein Blick wandert zu Loretta. »Entschuldige bitte meine Ausdrucksweise, Schätzchen. Wenn ich lande und mir mal wieder die Knochen breche, könnt ihr euren Arsch darauf verwetten, dass das echt ist. Ich bin nicht perfekt. Das würde ich niemals von mir behaupten. Wer ist schon perfekt? Niemand ist perfekt. Ich bin ganz sicher kein … wie nennen die Leute das … kein Vorbild oder so was. Und ich sage auch nicht unbedingt, dass ihr wie ich sein müsst. Nicht jeder ist für diese Art von Leben geschaffen.«

Er sagt es in melancholischem Tonfall, als handle es sich um eine einfache, schmerzliche Wahrheit. Gerade hat er eine Runde Wild Turkey bestellt. Die Farben in Jasons Glas sind wunderschön, der bernsteinfarbene Schimmer des Whiskeys, die Kanten des geschliffenen Glases und der Eiswürfel. Er tut sein Bestes, nicht nur zu nippen, sondern mehr zu trinken, aber die Flüssigkeit brennt ihm in der Kehle. Aus seinem Magen steigt Säure hoch. Der Raum neigt sich und schwankt, und Jason schließt die Augen und legt eine Hand auf den Tisch.

»Er verträgt nicht viel«, hört er Loretta zu Evel Knievel sagen, der in Jasons Richtung erwidert: »Daran ist nichts Verwerfliches, Kleiner.«

Jason öffnet die Augen. Loretta nippt an ihrem Glas und beobachtet Evel Knievel, ihre Wangen und ihr Hals sind gerötet. Boyd hat sich auf seinem Stuhl zurückgelehnt und umschließt sein Glas mit beiden Händen. Seine skeptische Haltung versetzt Jason in Rage.

»Wisst ihr, die Leute denken immer, dass es so was von toll sein muss, Evel Knievel zu sein. Dabei darf man nicht vergessen, dass die meisten Zuschauer meiner Shows, die meisten Leute, die mich angeblich so sehr *bewundern*, nur kommen, um mich sterben zu sehen.« Er hebt die Hand, um ihre Proteste abzuwehren. »Ganz recht, sie wollen mich sterben sehen. Sie wollen sehen, wie ich stürze, mir die Knochen breche, abkratze. Ich meine, das ist doch eine Wahnsinns-Story, die sie ihren Freunden erzählen können, oder? Ich war dabei, als Evel Knievel den Sprung gewagt hat, der zu viel für ihn war.«

Er leert sein Glas und streckt den Arm in die Luft wie ein Bullenreiter, der das Signal zum Öffnen des Tors gibt. Der Barkeeper kommt an den Tisch und beginnt nachzuschenken. Evel stützt sich auf die Ellbogen.

»Hört zu, Kinder, ich bin müde. Mir tut alles weh. An manchen Tagen denke ich, dass ich vielleicht aus dem Spiel aussteigen sollte.« Jason will rufen »Nein, das dürfen Sie nicht!«, aber dann sieht er Loretta teilnahmsvoll nicken. »Ich bin auch nur ein Mensch. Ein ganz normaler Mensch. Es gibt Dinge, die selbst für mich nicht zu schaffen sind, wie sehr ich es auch versuche. Gut möglich, dass ich eines Tages dabei draufgehe. Das könnte passieren. Das könnte absolut passieren.«

Er atmet geräuschvoll aus. Evel Knievel riecht nach Alkohol und Old Spice, und seine Haare sind rötlicher und weniger blond, als Jason sie in Erinnerung hat. Alles in allem wirkt er weniger heldenhaft als in Jasons Vorstellung, auch wenn er durchaus einen harten, zähen, abgekämpften Eindruck macht. Zumindest hat er den gemacht, bis er angefangen hat zu reden.

»Und ich glaube, wenn es tatsächlich dazu kommen sollte, wenn ich tatsächlich irgendwann dort draußen draufgehen sollte, weil ich versucht habe, über meine Grenzen zu gehen, weil ich mich zu sehr bemüht habe, die Anforderungen zu erfüllen, die alle an mich stellen, dann würde das viele Leute ziemlich glücklich machen. Weil es sie in ihrer Haltung bestätigen würde, niemals etwas Riskantes oder Abenteuerliches zu tun. Siehst du, was passiert, wenn man verrückte Sachen macht, Schatz? Siehst du, wie es einem ergeht, wenn man versucht, das Leben bei den Eiern zu packen? Der alte Evel hat genau das getan. Er hat das Leben mit beiden Händen festgehalten, und jetzt guck dir mal an, was dabei herausgekommen ist.«

»Ich will Sie nicht sterben sehen«, betont Jason, und

Loretta sagt: »Nein, ich auch nicht.« Und Boyd erklärt: »Ich will, dass gar niemand stirbt.« Loretta legt für zwei Sekunden ihre Hand auf Evels Hand, tätschelt sie und lässt sie wieder los. Die flaumigen Härchen hinter ihren Ohren leuchten, heben sich hell von ihrer rosigen Haut ab.

Evel starrt auf die Hand, die sie berührt hat, und lächelt erschöpft. Er trägt sein Selbstmitleid zur Schau wie sonst seinen weißen Overall mit den Sternenbändern.

»Ihr Kinder seid echt lieb, wisst ihr das? Richtig liebe junge Leute. Lasst uns noch einen trinken. Wollen wir? Darf ich euch noch einen ausgeben? Was magst du trinken, Schätzchen?«

»Also ich bin raus«, verkündet Boyd und erhebt sich, um aufs Zimmer zu gehen. Evel zuckt mit den Schultern, und Loretta sagt: »Okay. Gute Nacht, Boyd.« Wieder entgeht Jason nicht, dass da etwas ist – etwas zwischen Loretta und Boyd, etwas in Lorettas Verhalten ihm gegenüber. Er schweigt, während Boyd davongeht.

Hier einige Punkte, die Jason an Evel Knievel komisch vorkommen:

Er ist klein und in keiner Weise körperlich beeindruckend. Jason überragt ihn bei Weitem.

Seine Augen sind unglaublich, absolut unerwartet, ein kühles Lindgrün mit gelben Sprenkeln. Hinter ihnen scheint ein verglühendes Licht zu leuchten, ein schwächer werdender Glanz. Ganz am Anfang, als er sich zu ihnen an den Tisch gesetzt hat, hat er Jason angesehen und ihm neugierig zugelächelt, und Jason glaubte in seiner hellen, wechselnden Augenfarbe alles Mögliche zu erkennen – Intelligenz, Freundlichkeit, Weisheit, Liebe.

Er ist durch und durch unzufrieden, beklagt sich die ganze Zeit.

Er humpelt nicht, obwohl er noch nicht allzu lange aus dem Krankenhaus sein kann nach dem Wembley-Sprung – jenem spektakulären Sturz, den Jason verpasst hat, weil er mit Deans Familie zu Abend essen musste, am Nachmittag, nachdem er Loretta kennengelernt hat.

Er trägt ganz normale Kleidung, genau wie die Männer, die Jason in Gooding oder Twin Falls oder Boise kennt: Jeans, Ledergürtel mit Metallschnalle, langärmeliges Hemd mit Druckknöpfen und darunter ein T-Shirt, Cowboystiefel, die vom vielen Tragen an den Zehen eingedrückt sind.

Er ist eher dumm, hält sich jedoch für hochintelligent, was ebenfalls auf die meisten anderen Männer zutrifft, die Jason kennt.

Sein Blick stiehlt sich zu allem davon, was auch nur im Entferntesten einer Frau ähnelt. Zu der über Fünfzigjährigen mit den aufgetürmten weißen Haaren, die allein in einem Rauchschleier an der Bar sitzt. Zu den beiden Frauen mittleren Alters, die etwa eine Stunde lang zwei Tische weiter saßen und bei jedem seiner anzüglichen Blicke gekichert haben. Zu Cheryl Tiegs in einer Fernsehreklame für Deodorant, die er sich aus gut fünf Metern Entfernung von Anfang bis Ende angesehen hat. Und natürlich zu Loretta. Loretta.

Er ist älter als Jasons Vater und sieht auch so aus, seine Haut ist genarbt wie die Oberfläche eines Footballs.

Er ist betrunkener als jeder andere, den Jason jemals betrunken erlebt hat. So betrunken wie Dean Martin. Als er auf ihren Tisch zukam, ist er gegen einen Stuhl gestoßen und anschließend zu weit in die andere Richtung ausgewichen, woraufhin er stehen bleiben und die Balance wiederfinden musste, die Arme seitlich ausgestreckt wie ein Seiltänzer.

Das alles ist Jason egal. Er liebt ihn deswegen nicht weniger, und das ist das einzig treffende Wort für seine Gefühle: Liebe. Denn es erfüllt ihn mit Energie und Hoffnung, ihm hier zufällig begegnet zu sein. So kann es also sein, das Leben. Zwangloses gemeinsames Trinken mit lebenslangen Helden. Evel Knievel in Elko, und wer weiß, wer als Nächstes dran ist. Farrah Fawcett in Boise? Lee Majors in Twin Falls? Das Leben steckt voller Möglichkeiten. Sein Leben – seines und das von Loretta. Ihr Leben.

Sie haben das Richtige getan. Jason hat das Richtige getan: Er hat erkannt, wie mies sein Leben war – Melkstall und morgendliche Fütterung und Kirche und Highschool-Schönheitsköniginnen und Hasengemetzel und Sexlosigkeit und verschwitztes Polyester und holzbeschichtete Kombis und Mittelwellenradio und Rindfleisch-Termingeschäfte und drei Gebete pro Tag, jeden Tag, mit schmerzenden Knien vor lauter Unterwerfung, und die niemals endende Langeweile der Rechtschaffenen und Selbstgerechten, Gebete und Gebete und Kuhmist und Gebete –, und ist ausgezogen, sich ein neues Leben zu suchen, ein Leben, in dem Evel Knievel herumsitzt, der verdammte Evel Knievel, ein verrückter, gutaussehender Dämon, er sitzt darin herum mit einem Whiskey in der Hand und redet mit Jason, redet mit Jason und Loretta, schweißt sie an diesem Ort und in diesem Moment zusammen, Loretta und ihn, und keine zwei anderen Menschen auf der Welt werden jemals in der Lage sein, diese Erinnerung zu teilen, diese Geschichte ihre eigene zu nennen.

Ruth

Die Kinder sind im Bett, und Dean telefoniert mit Lorettas Vater in Short Creek. Ruth ist tief betrübt über die Unaufrichtigkeit des hinter ihr liegenden Tages. *Tante Loretta ist nach Short Creek gefahren, um etwas für euren Vater zu erledigen.* Samuel hat sie angesehen, als wüsste er ganz genau, dass das gelogen war, aber was hätte sie anderes sagen sollen?

Mit dem Mädchen hat von Anfang an etwas nicht gestimmt. Mit dem Mädchen hat überhaupt nichts gestimmt, doch Dean war blind, wollte es nicht wahrhaben. Ruth hat damals gebetet und eine Antwort erhalten, eine Antwort, von der sie seither überzeugt ist: Mit dem Mädchen stimmt etwas nicht. Als sie Dean davon erzählte, ergriff er schweigend ihre Hände und zögerte lange, bevor er das erste Wort sagte, und da wusste sie, dass es beschlossene Sache war, dass er in Gedanken bereits alles geplant hatte und dies nun ihr Schicksal war, so wie es immer schon ihr Schicksal gewesen ist, sich zu fügen. Trotz ihres überlegenen Wissens. Es ist ihr Schicksal, sich dem Willen eines Menschen zu fügen, der voller menschlicher Schwäche steckt, und durch ihre Unterwerfung den ewigen Segen zu erlangen.

Eine andere Sichtweise gibt es nicht. Und wenn sie dieses Thema in ihren Gebeten anschneidet, wenn sie in Momenten der Rebellion den Herrn fragt, warum *sie* immer *ihm* gehorchen muss, warum sie jede Weisheit, die in ihrer eigenen Brust wohnt, zurückweisen muss, um seine Torheit zu unterstützen, dann erhält sie nur eine Antwort: weil sie muss.

An diese Wahrheit glaubt sie ebenso leidenschaftlich, wie sie sie hasst. Sie nimmt sie hin, obwohl alles in ihr ihrer eigenen Meinung zustrebt, ihrer eigenen Sichtweise. So ist es immer schon gewesen. Aber ihr Gehorsam Dean gegenüber ist Gehorsam dem Herrn gegenüber, und indem sie gehorcht, indem sie ihren eigenen fruchtlosen Widerstand überwindet, erfüllt sie ihr Versprechen.

Das Mädchen hat das Gold mitgenommen – zumindest einen Teil davon. Die Münzen, nicht das Sutter-Creek-Gold. Nicht das Gold, das Dean geradezu anzubeten scheint, den schnöden Mammon, der seine Seele verdorben hat. Auch in diesem Punkt hat er sie ignoriert, so wie er sie in letzter Zeit bei allem ignoriert, bei jedem Schritt auf diesem scheußlichen Pfad, der zu all seinen Verfehlungen geführt hat: seinem Bruch mit dem Propheten und den Brüdern von Short Creek, dem Ehrgeiz, der ihn seit dem Erfolg von Zion's Harvest und seiner Ehe mit Loretta gepackt hat, seiner Gier nach dem Sutter-Creek-Gold und seinem Stolz darauf, der Wollust, die er dabei empfindet, es zu besitzen, es zu berühren, es zu betrachten, es vor sich zu sehen. Ruth hat sich gegen den Kauf des Goldes gesträubt, hat ihn gedrängt, sich an das Gesetz der Weihung zu halten und der Bruderschaft alles abzugeben, bis er irgendwann aufgehört hat, sie diesbezüglich nach ihrer Meinung zu fragen. Er kaufte das Gold, ihren Warnungen zum Trotz, und als sie ihm nahelegte, es wenigstens vor Loretta zu verstecken, versprach er es ihr.

Und hielt sich dann doch nicht daran.

Trotzdem wird Ruth sich fügen und ihre Bürde tragen. Sie wird Vorsorge treffen für ihre eigene Seele und die Seelen ihrer Kinder, und sie wird am Tag des Jüngsten Gerichts stolz vor dem Herrn stehen. Auf ihrem Schoß ist das Buch Mormon aufgeschlagen, aber ihre Augen sind geschlossen, sie ist tief in ihre Meditation versunken. Es ist nicht direkt als Beten zu bezeichnen, was sie in Momenten wie diesen tut, wenn sie in ihrem Inneren nach Kraft sucht, wenn sie in ihre Seele hineinblickt, um die Negativität auszulöschen, die sich an sie heranschleicht, wenn sie das Gefühl hat, gegen den Satan und sein Geflüster ankämpfen zu müssen, sein hochmütiges, zorniges Geflüster, das Dean und andere verurteilt. Sie atmet bewusst und konzentriert sich auf ihr Unbehagen, darauf, was dieses Unbehagen ausgelöst hat. Sie ruft sich in Erinnerung, dass es Erlösung verspricht, dass der irdische Schmerz nur der Preis ist, den sie für die ewige Herrlichkeit zu zahlen hat, und diese wird sie erlangen, wenn sie rechtschaffen ist, wenn sie gehorsam ist, wenn sie sich fügt.

Dean legt auf und setzt sich neben sie aufs Sofa. Sie öffnet nicht die Augen. Draußen herrschen Minusgrade, und die Kälte kriecht aus dem Keller nach oben und schmiegt sich eisig um ihre Füße. Alles an diesem Ort fühlt sich fremd an für Ruth. Es ist erst das zweite Mal in ihrem Leben, dass sie Short Creek verlassen hat; das erste Mal war nach der Razzia, als die Bundesagenten sie von zu Hause fortgeholt haben. Auch jetzt spürt sie wieder den Satan, genau wie sie ihn damals gespürt hat, Satan in der Atmosphäre, in der Luft und im Wasser. Sie öffnet ihre Augen nicht, selbst dann nicht, als Dean das Wort an sie richtet.

»Mutter«, sagt er.

»Ja.«

»Ihre Eltern sind betrübt, Mutter, wenn auch nicht besonders überrascht.«

Ruth nickt ruhig. »Sie hat die Münzen mitgenommen?«

»Ja, Mutter.« Er erträgt ihr Schweigen.

»Aber nicht die Schatulle?«

»Nein.«

Es ergibt keinen Sinn. Warum hätte das Mädchen den Sack mitnehmen sollen – diesen eitlen, unbedachten Sack Goldmünzen –, nicht jedoch die verschlossene Metallkassette, die in der Schublade direkt dahintergestanden hatte?

Sie merkt, dass er ihre Fragen lediglich über sich ergehen lässt, dass er sie erträgt wie eine Pflicht, der er nun einmal nachzukommen hat. Bei ihr ist es genauso. In ihrer Vorstellung ist dieses Gespräch Teil des Preises, den sie zahlen muss, um im Himmelreich leben zu dürfen, im Glanz der Herrlichkeit des Herrn. Sie stellt sich vor, welche Freude der Herr darüber empfindet, dass sie diese Prüfung erfolgreich durchläuft. Ruth weiß immer noch nicht, was sie hier in Idaho überhaupt wollen, ob sie Short Creek für immer hinter sich gelassen haben. Wenn sie nachhakt, sagt Dean, er wisse es nicht, er bete noch, um die Antwort zu erlangen. Nicht ein einziges Mal hat er sie um ihre Meinung gebeten oder gefragt, ob sie ebenfalls gebetet habe, dabei hat sie das, und der Herr hat ihr eine Antwort gegeben.

Ruth öffnet die Augen und sagt: »Vielleicht ist es der Wille des Herrn, dass sie das Gold genommen hat.«

»Das sehe ich nicht so, Mutter.«

»Vielleicht nutzt der Herr dieses Ereignis, um uns zu ermahnen.«

»Uns zu ermahnen?«

»Ja. Weil wir die eiserne Stange nicht mehr fest genug halten«, flüstert Ruth.

»Vergib mir, Mutter. Vielleicht war ich geblendet. Vielleicht habe ich geirrt.«

Ruth weiß, dass Dean keineswegs glaubt, er habe geirrt. Sie hört, wie er seinen Groll hinunterschluckt. Er ist stolz auf seine Demut, zufrieden mit sich, weil er so geduldig ihre Kritik hinnimmt.

»In welcher Hinsicht geirrt, Vater?«

Dean sagt lange nichts. Die Dunkelheit im Wohnzimmer hat sich vertieft. Aus der Küche scheint ein schwaches Licht herüber, das die Glasabdeckungen der Wohnzimmerlampen und das Holz der Sofalehnen zum Schimmern bringt und schmale Schatten über den Teppichflor wirft. Dean beugt sich vor, die Ellbogen auf die Knie gestützt, die Hände gefaltet, fast so, als wollte er beten. Er senkt den Kopf, hebt ihn, wie um etwas zu sagen, und senkt ihn wieder.

Schließlich spricht er: »Vielleicht in allem, Mutter. Vielleicht in allem, was ich je zu tun versucht habe.« Und auch dies, sein Selbstmitleid, ist eine weitere Bürde, die Ruth in diesem irdischen Leben zu tragen hat.

Mit dem Mädchen hat von Anfang an etwas nicht gestimmt. Und mit Deans Fahrer auch nicht. Gegen ihn hat Ruth sich ebenfalls von Beginn an gewehrt, aber Dean hat darauf beharrt, dass Mr Baker vertrauenswürdig sei, dass er seine Verlässlichkeit bewiesen habe. Im Gegensatz zu ihrem Mann kennt Ruth die Wahrheit: dass die weltliche Welt und ihre verkommenen Werte auf diesem Weg in das Leben der Gläubigen eindringen und es zersetzen, einen scheinbar harmlosen Schritt nach dem anderen, einen scheinbar unschuldigen Zentimeter nach dem anderen, einen arroganten Heiden nach dem anderen, bis man die Verdammten nicht mehr von den Erretteten unterscheiden kann.

Sie fügt sich, fügt sich wie immer. Dean liegt neben ihr im Bett und schläft, wohingegen sie mit jeder verstreichenden Minute wachsamer wird. Sie kommt jede Nacht zu ihr, diese Schlaflosigkeit. Vielleicht ist es der Wille des Herrn, der sich zu ihr gesellt, der sich mit ihrem Willen verbündet. Vielleicht ist eine Demütigung genau das, was Dean braucht. Vielleicht werden die jugendlichen Ausreißer niemals zurückkehren, genau wie Ruth es sich wünscht.

Loretta

Irgendwo tief in den wogenden Stunden der Nacht sagt Loretta zu Evel, dass sie ihn bei seinem echten Namen nennen möchte. Sie hat das Gefühl, dass er dieses Geheimnis nur mit wenigen Menschen teilt, dass es sein Talisman ist, sein Haar des Samson.

»Kommen Sie schon«, fordert sie ihn auf. »Wie heißen Sie wirklich?«

»Das weißt du nicht?«

Er wirkt aufrichtig überrascht.

»Aber ich weiß es!«, blubbert es aus Jason hervor wie eine Blase aus einem zähen Eintopf. »Robert Craig Knievel!«

Evel Knievels Blick ruht schwer auf Jason, als versuchte er, ihn durch die Macht seiner Gedanken zu verscheuchen. Dann sagt er: »Alle Achtung, Kleiner.«

»Ich habe alle Ihre Sprünge gesehen, bis auf einen«, erklärt Jason mit wackelndem Kopf und ziellosem Blick. »Den letzten habe ich verpasst. Wembley. Meine verdammten Eltern haben mich nicht fernsehen lassen. Weil ich zu so einem Familienessen musste.« Er dreht sich abrupt zu Loretta um. »Abendessen bei *deiner* Familie. Hey, stimmt ja.«

Sie setzt ein Lächeln auf. Für Evel. Evel und sie lächeln Jason gemeinsam an, ein geduldiges Lächeln.

»Meine verdammten Eltern«, wiederholt Jason. »Sie wollten auch nicht, dass ich mir den Snake-River-Sprung ansehe.«

»Aha«, macht Evel Knievel.

»Sind Sie sicher, dass Sie sich nicht an mich erinnern? Sie sagten: ›Danke fürs Kommen, Kumpel.‹«

»Ja. Nein«, erwidert Evel. Er grinst Loretta an.

»Aber meine Eltern! Unglaublich, oder? Absolut unglaublich. Da steigt die größte Sache aller Zeiten. Der größte Tag, den wir je erlebt haben.« Er sieht Evel an, lässt seine Aussage einen Moment wirken. »Und die wollen nicht, dass ich hingehe! Wollen nicht, dass ich dabei bin!«

»Das ist nicht gerade mein Lieblingsthema, Kumpel.«

»Ach was, Mann«, winkt Jason ab. »Lassen Sie sich davon nicht runterziehen. Jeder macht mal Fehler.«

Sie sind alle sturzbetrunken, das ist Loretta klar. Ihr eigener Rausch hat sie in einen Zustand der Glückseligkeit versetzt, der sie vor der Welt beschützt und alles auf das Wesentliche reduziert, aber Jasons Trunkenheit hat etwas Geschmackloses an sich, etwas Loses, Undiszipliniertes, Hilfloses, als wäre er eine Marionette, deren Schnüre zur Hälfte durchgeschnitten sind. Evel starrt sie anzüglich an. Niemand hat sie je so lüstern angesehen. Nicht einmal Bradshaw.

Jason rülpst und hält den Oberkörper krampfhaft still. Dann atmet er mehrmals tief durch die Nase ein. Evel lehnt sich zurück und dreht sein Glas in den Händen.

»Mein Gott, Sie sind echt unglaublich«, schwärmt Jason.

Evel rutscht unbehaglich auf seinem Stuhl herum und sieht Loretta stirnrunzelnd an.

»Nein, ernsthaft, Mann«, beteuert Jason. »Ich bin noch nie jemandem wie Ihnen begegnet.«

Evel starrt ihn unnachgiebig an – *Lass das*, scheint sein Blick zu sagen –, bevor er sich zu Loretta umdreht, die einen bellenden Laut von sich gibt, ein Lachen, das einer ganzen Salve von Lachern in ihrem Inneren entstammt. Evel Knievel lächelt ihr zu, und seinem Lächeln scheint ein ursprüngliches Licht innezuwohnen, ein Licht, das aus ihm herausscheint. Jason unterdrückt ein Rülpsen und sieht erneut so aus, als müsste er sich übergeben, weshalb Evel fragt: »Alles okay, Kumpel? Bleibt alles drinnen?« Dann lächelt er wieder Loretta an, ein Lächeln aus purem Licht. Ein säuerlicher, ekelerregender Geruch weht zu ihr herüber. Sie begreift, dass so ihre Zukunft ist. Nicht statisch und hübsch wie in den Zeitschriftenreklamen, sondern schön und hässlich zugleich. Darin kann ein berühmter Mann vorkommen, ein weltlicher Mann, der sich einfach zu einem an den Tisch setzt, aber auch die Möglichkeit, dass man das Erbrochene eines Jungen aufwischen muss.

Loretta fängt an, Evel die Wahrheit über sich und die beiden Jungen zu erzählen, zumindest ansatzweise: dass sie die Nase voll gehabt hätten von ihren Familien und deshalb abgehauen seien. Die Sache mit Dean lässt sie weg. Irgendwann schreckt Jason auf und lallt: »Aber das ist noch lange nicht alles!« Sie greift unter den

Tisch, packt ein dickes Stück Haut über seinem Knie und dreht es.

»Mann, was soll das?«, jault Jason.

Loretta lächelt Evel unschuldig an.

»Wie alt seid ihr eigentlich?«, fragt er.

»Also ich bin achtzehn«, antwortet Loretta.

Er fängt an, gute Ratschläge vom Stapel zu lassen. *Bleibt euch immer treu. Lasst diese Arschlöcher niemals gewinnen. Habt keine Angst, auch mal zu scheitern. Scheitert, bis euch der Arsch abfällt, nur so ist man am Ende erfolgreich. Seid nett. Das ist das Allerwichtigste: Seid nett.*

»So ein nettes junges Paar«, sagt er mit gesenktem Kopf und fuchtelt mit der Hand herum, als wollte er sie segnen. »Seid nett zueinander.«

»Ja«, erwidert Jason.

»Nein«, erwidert Loretta. »So ist es nicht zwischen uns.«

Jason sieht sie erstaunt an. »Wir sollen nett zueinander sein«, sagt er und greift nach ihrer Hand. Sie zieht sie weg und legt sie in ihren Schoß.

»So ist es nicht zwischen uns«, wiederholt sie noch einmal an Evel Knievel gewandt.

»Doch, so ist es«, widerspricht Jason laut. »Jetzt komm schon. So ist es.«

Sie ignoriert ihn, sieht nicht einmal in seine Richtung. Richtet den Blick einfach weiter auf Evel und schüttelt den Kopf.

Jason ist auf seinem Stuhl ganz nach hinten gerutscht. Er entdeckt kleine Brandlöcher im roten Kunstleder der Sitzfläche, kleine geschwärzte Ränder, die ihn an den Anfang von *Bonanza* erinnern, an die brennende Landkarte. Er glaubt, dass er hier schlafen wird. Der Whiskey ist ihm in die Nase gestiegen, in die Augen, alles wirkt seltsam. Loretta und Evel ignorieren ihn, und er fragt sich, ob er überhaupt noch da ist oder das alles nur träumt. Dann fallen ihm wieder die Brandlöcher auf, und er denkt an *Bonanza* und Cowboys und Helden und Sonntagnachmittage.

Er schreckt aus dem Schlaf, als Loretta so laut und heftig lacht, dass sie fast keine Luft mehr bekommt. »Sie sind so *witzig*«, kreischt sie.

Die Bar ist jetzt leer bis auf sie drei und den Barkeeper, der fernsieht und sich dabei auf einen Ellbogen stützt.

»Und du bist ein echt hübsches Mädchen«, sagt Evel.

Jason rappelt sich in eine sitzende Haltung auf und erklärt: »Das können Sie laut sagen.«

Loretta verdreht die Augen und säuselt: »Danke, Robert.«

Daraufhin erwidert Evel etwas, das Jason nicht versteht, weil es zu leise ist. Als er das nächste Mal die Augen öffnet, flüstert Evel ihr etwas ins Ohr, und sie zieht ruckartig die Schulter hoch, als würde er sie kitzeln, und er sagt »Du zerquetschst mich, du Dummchen«, vielleicht aber auch: »Du verhext mich, du Nymphchen.« Das gefällt Jason gar nicht, aber seine Augen sind wie zugeklebt.

Irgendwann sagt er: »Vielleicht sollten wir die Party oben auf dem Zimmer weiterfeiern.«

Möglicherweise sagt er es aber auch nicht selbst. Möglicherweise ist es Evel, den er hört. »Vielleicht sollten wir die Party oben auf eurem Zimmer weiterfeiern.« Oder es ist Loretta. »Vielleicht sollten wir die Party oben auf unserem Zimmer weiterfeiern.«

Ist Boyd sauer, als sie um zwei Uhr morgens betrunken ins Zimmer poltern, mit einer Flasche Alkohol und einem Kübel Eis? Wacht er auf und springt aus den Federn, als er ihren Gast sieht, um mitzufeiern? Oder stürmt er wutentbrannt hinaus? Lauschen sie gemeinsam Evels Geschichten vom Caesars Palace, vom Wembley-Stadion, aus Reno, Twin Falls? Sitzen Loretta und Evel dabei auf Lorettas Bett, während Boyd und Jason auf ihren Betten sitzen? Ist das die Aufteilung? Rufen die Leute aus dem Nachbarzimmer an der Rezeption an, um sich über ihr lautes Gelächter und ihr vergnügtes Gejohle zu beschweren? Unterhält Jason Evel Knievel mit den vielen verschiedenen Ausprägungen, die seine Verehrung im Laufe der Jahre angenommen hat? Erzählt Boyd Evel von ihren ersten Versuchen, mit Fahrrädern und Mopeds über Rampen zu springen, die Jason aus Kanthölzern und Betonsteinen gebaut hat? Ist Jason in diesen Geschichten die Zielscheibe von Boyds Spott? Berichten sie Evel Knievel von der Hasentreibjagd? Und wie lautet seine Meinung dazu? Sagt er zu Boyd »Gut gemacht, ich hasse diese kleinen Mistviecher«? Und hat das irgendeine Auswirkung auf Loretta? Schreckt sie vor seiner Herzlosigkeit zurück, oder ist sie im Gegenteil erst recht fasziniert und fühlt sich von ihr angezogen? Hat Grausamkeit nicht oft einen gewissen Reiz? Etwas Elementares, Männliches, Attraktives? Wird Jason sich dessen im Laufe des Gesprächs bewusst? Erkennt er sein eigenes Versagen und bereut es, sich nicht am Töten beteiligt zu haben? Bläst er deswegen Trübsal? Zieht Evel Knievel ein kleines Bündel aus seiner Hemdtasche und schnupft etwas daraus? Tut Loretta das Gleiche? Lehnt Jason dankend ab, und grinst Evel Knievel daraufhin höhnisch? Übergibt sich Jason schließlich doch noch, oder schafft er es, seinen Mageninhalt bei sich zu behalten?

Als Jason aus dem Badezimmer kommt, fühlt er sich besser, erleichtert, auch wenn er immer noch torkelt. Loretta und Evel haben einen hysterischen Anfall, während Boyd ihnen verwirrt dabei zusieht. Jason denkt: *Dieser Mann ist nicht Evel Knievel. Die Haare sind falsch. Das Verhalten.* Irgendwann macht er die Augen auf und stellt fest, dass er auf der Seite liegt, voll bekleidet. Seine Füße jucken heftig in seinen Tennisschuhen. Die Lichter im Zimmer brennen noch, und er hört, wie jemand gegen den Eiskübel stößt. Dann steht er plötzlich zu Hause auf dem Hof, vor dem Melkstall, mitten in der Nacht, und sein Vater ruft aus dem Inneren des Stalls zu ihm nach draußen: »Jason Reed Harder! Bist du fertig mit dem Kälberfüttern?« Er blickt an sich herunter und stellt fest, dass er ein Gestell voller Kälberflaschen in der Hand hat, Kälberflaschen voller Bier. Er muss die Flaschen zu den Kälbern schleppen und sie zum Trinken bewegen, aber die Kälber wollen nicht, sie kauen nur auf den Flaschen herum, bis sie glitschig vor Schleim sind, und Jasons Vater ruft erneut: »Wehe, ich stelle fest, dass du mit dem Kälberfüttern noch nicht fertig bist!« Also trinkt Jason selbst aus den Flaschen und spürt den glitschigen, mit Gräsern gespickten Speichel der Kälber auf den Saugern, und Evel Knievel, der hinten in einer Kälberbox sitzt, sagt: »Na los, Kleiner, eine schaffst du noch.« Dann steht Jason mit einigen Männern in der Wüste hinter Deans Haus, umgeben von blutigen, deformierten Hasen, einem klebrigen Haufen Fell und Fleisch. Ein gesichtsloser Mann mit Schottenkappe und Jeansjacke fragt: »Wie sollen wir die denn alle essen?« Jason dreht sich um und sieht Boyd vor sich stehen, Gesicht und T-Shirt triefend vor Blut. Er kaut mit vollem Mund und hält einen Hasen in der Hand, aus dem ein Stück herausgebissen ist. »Willst du denn nicht die Kälber fertig füttern?«, fragt er, und Jason möchte am liebsten heulen, möchte auf die Knie sinken und schlafen, bis alles vorbei ist. »Ich weiß nicht, wie!«, antwortet er verzweifelt, und Boyd sagt: »Mal wieder typisch.« Hinter Jasons Schläfen pocht es, und sein Schädel brennt wie glühende Kohlen. Sein Mund ist trocken, so unendlich trocken, und er hört ein Knarren, ein metallenes Hüpfen, bevor sich Lorettas Stimme aus der Dunkelheit schlängelt und flüstert: »Nein.« Dann macht sie leise

»Pssst«, und Jason denkt, sie würde mit ihm sprechen, und will gerade fragen »Was meinst du mit Nein?«, als er eine Stimme hört, keine Worte, nur ein tiefes Brummen, gefolgt von ihrem Kichern. Jason kneift fest die Augen zu, weigert sich, sie zu öffnen, weil er weiß, dass Loretta und Evel dort drüben miteinander zugange sind. Ein leises, gleichmäßiges Quietschen beginnt, ein Strapazieren der Sprungfedern, und dann ertönt ein Stöhnen, und Loretta macht wieder »Psssst«. Es ist ein gleichzeitig entzücktes und alarmiertes Geräusch, und Jason spürt, wie ihn Boyd von hinten anstößt, fest, mit dem Finger, und dann ist nichts mehr zu hören außer dem Quietschen des Betts, gleichmäßig wie das Metronom, das auf dem Klavier von Jasons Mutter steht, *tick-tick-tick-tick-tick*, eine Stunde lang, sieben Stunden lang, neun Tage lang, monatelang, für den Rest von Jasons Leben, *tick-tick-tick-tick-tick-tick*, und dann ein Erstarren, ein Verkrampfen, ein einzelnes lautes *Doing* einer Sprungfeder und ein finales »Pssst«.

Jason hat das Gefühl, innerlich zu verrotten. Irgendetwas ist in ihm gestorben und erfüllt ihn mit Gestank. Er späht durch die Augenlider. Das Zimmer ist in Dunkelheit gehüllt, bis auf einen hellen Lichtstreifen, der durch einen Schlitz im Vorhang hereinfällt und zwei Gestalten in Lorettas Bett beleuchtet sowie einen Stoffknäuel auf dem Nachttisch, nur wenige Zentimeter von Jasons Gesicht entfernt. Er liegt auf der Seite, mit dem Rücken zu Boyd. Winzige abstehende Fasern leuchten an dem Stoffknäuel, und Jason geht auf, dass es Lorettas lavendelfarbene Unterwäsche ist. Genau in diesem Moment taucht ihre Hand aus der Dunkelheit auf und greift danach. Evel Knievel fängt an zu schnarchen wie ein schnaufender Motor, in tiefen, zitternden Luftstößen, gefolgt von langem, pfeifendem Einatmen. So schnarcht auch Boyd. Und Grandpa. Die Schnarchlaute besitzen genau die Tonlage und den Rhythmus von Jasons totem Großvater und zerreißen den Frieden der Nacht. Das Zimmer kommt ihm plötzlich vor wie ein Grab.

Dean

Immer dann, wenn man sich vom Herrn verlassen fühlt, geschieht etwas, was einen an seine Liebe erinnert.

Am Montag ruft gegen elf Uhr vormittags die Bank an. Baker macht sich gerade bereit, in den Pick-up zu steigen und die Lebensmittel auszuliefern. Wie nennt man so etwas? Göttliche Intervention?

Dean bittet Ruth, Baker aufzuhalten, und als sie ihm einen fragenden Blick zuwirft, bedeutet er ihr mit scheuchenden Handbewegungen, dass sie sich beeilen soll.

Ein Kasino? Ein gestohlener Scheck?

Dean fühlt sich wie vor den Kopf gestoßen. Seine Knie wackeln, und er muss sich mit der Hand an der Wand abstützen, damit er nicht zu Boden sinkt. Was ist er nur für ein Narr. Jemand versucht, alles ins Lächerliche zu ziehen, wofür er steht. Gott höchstpersönlich ins Lächerliche zu ziehen. Jemand. Loretta. Er war sich ihrer so sicher. So sicher, dass er sie auf seinen Weg gelenkt hat, den Weg des Herrn.

Er weist die Bank an, den Scheck auszuzahlen. Das gehe in Ordnung. Er will nicht, dass sonst noch jemand davon erfährt.

Das Zittern seiner Hände lässt sich nicht eindämmen, und sein Bauch grummelt laut, krampft sich zusammen. Dean hat Angst, die Kontrolle über seine Gedärme zu verlieren, muss sich zwingen, ganz still dazustehen, sich gegen diese Schmach zu stemmen, gegenzuhalten, während sich sein Bauch krümmt und windet. Ein plötzlicher scharfer Schmerz verleiht ihm das Gefühl, ein Tier zu sein, ein niederes Tier, das sich selbst beschmutzt. Nachdem der Krampf vorübergegangen ist, ohne dass er sich besudelt hat, ballt sich alles in ihm zu einem einzigen, glühenden Wunsch zusammen: dass diese schreckliche Unordnung beseitigt werde.

Er erzählt Baker nur, was dieser unbedingt wissen muss: Elko, das Stockmen's Hotel, die beiden Jugendlichen, die Adresse in Short Creek, falls es zum Äußersten kommt.

Dabei vergeht er fast vor Scham und Anspannung. Er fühlt sich entblößt vor Baker.

Der hingegen entspannt sich sichtlich. Scheint sich plötzlich äußerst wohlzufühlen.

»Wollen Sie, dass ich irgendwas mit dem Jungen mache?«, fragt er.

»Dass Sie irgendwas mit ihm machen?«

Baker zuckt lächelnd mit den Schultern.

Dean hätte liebend gerne, dass Baker das tut. Noch

lieber würde er es selbst übernehmen, aber er zögert mit seiner Antwort. Er möchte das Richtige sagen, möchte ein guter Mensch sein. Und er möchte das zurückhaben, was er nun einmal haben möchte.

»Vielleicht lieber nicht«, sagt er.

EVEL KNIEVEL WENDET SICH AN EINE BEGEISTERTE NATION

War Magie im Spiel, Amerika? Wurden wir von den Göttern emporgehoben, als wir über all diese Busse, diese Autos, diese nachgebauten Pionierwagen sprangen?

Es liegt nicht an uns, das zu beurteilen. Falls wir jemals von magischen Kräften beseelt waren, sind wir es jetzt, wo wir tot sind, jedenfalls nicht mehr. Hier ist es nicht so, wie wir erwartet haben, ganz und gar nicht so, wie die Leute es prophezeit haben. Aber wenigstens geht es weiter, so langweilig es auch ist, so furchtbar es auch ist. Wir leben in einem einfachen Zimmer und essen in einer Kantine, und abgesehen davon gibt es hier nichts zu tun – nichts als essen und erinnern, essen und erinnern.

Der Tod war immer so wichtig für uns. Er war jedes Mal präsent, wenn wir diesen rot-weiß-blauen Overall anzogen, jedes Mal, wenn wir vor einem Sprung am

Fuß einer Absprungrampe auf der Maschine saßen und am Gasgriff drehten, während wir den Hartschaumsitz zwischen unseren Beinen spürten, während unsere Innereien durchgerüttelt wurden und unser Atem zu schnell ging, während wir uns an die Stürze erinnerten, an ihren schwarzen Zorn, das Gefühl unserer einknickenden Wirbelsäule, die unmittelbare Erkenntnis, dass wir mal wieder Händchen halten mit dem Tod, in einer Weise, die keiner dieser Menschen auf der Tribüne jemals erfahren wird, nicht einmal, wenn er in den Krieg zieht, nicht einmal, wenn er mit vorgehaltener Waffe ermordet wird, weil der Moment so konkret für uns ist, dass ihn sich kein anderer auch nur ansatzweise vorstellen kann.

Der Tod war unser Partner. Unser Freund. Jedenfalls für eine Weile. Und jetzt hat auch er sich gegen uns gewandt.

In den guten Jahren hätten wir überall auftauchen können. In jedem beliebigen kleinen Rattenloch von einer Bar. In jedem Laden oder Restaurant, selbst in der hintersten Provinz. Jeder Ort, den wir besuchten, wurde zum Tempel. Wir waren ein Gott, und die Anbetung unserer Jünger erreichte uns als Liebe, als reinste, süßeste Liebe. Damals gab es nichts anderes für uns – je mehr wir davon bekamen, desto größer wurde unser Appetit. Desto ausgehungerter fühlten wir uns. Bis es nichts mehr gab, was unseren Hunger hätte stillen können.

Du kanntest uns nicht, nicht wirklich, Amerika, aber wir hielten uns in jedem deiner Winkel auf. Wir lebten in Butte und Las Vegas. Spokane und Reno. Boise und Grand Rapids und Tuscaloosa und Elmira. Wir waren überall. Manchmal befanden wir uns an einem bestimmten Ort und konnten deshalb nicht an anderen Orten sein, wo wir gebraucht wurden. Wo es dem Land an Mut oder Selbstvertrauen mangelte, wo es seinen größten Draufgänger brauchte. Wir gaben unser Bestes. Sag nicht, wir hätten uns nicht ins Zeug gelegt.

Die Jahre zogen ins Land. Gingen einfach vorüber. Wenn wir nach Spokane kamen, fragten die Leute nach der Geschichte damals im Davenport Hotel, als wir diesem Bullen eins übergezogen hatten. Und unten in Reno tauchte bestimmt irgendein Arschloch auf und erinnerte uns daran, wie wir einmal aus dem Sands in Vegas flogen, weil wir am Spieltisch unseren Schwanz rausgeholt hatten. In den Läden gab es Spielzeug nach unserem Vorbild und Comics über uns, in denen wir vom Himmel herabgeflogen kamen, um Raubüberfälle zu vereiteln und Bösewichte zu fangen. In den Darstellungen waren wir für immer fünfundzwanzig Jahre alt und strotzten vor Muskeln.

Gegen Ende wurde es ziemlich verrückt, Amerika. Im Internet kursieren Fanseiten – evelistdergrößte.com, evelrettetdasuniversum.com –, auf denen die Leute Geschichten über uns erfinden. Geschichten über »uns«. Durchgeknalltes Zeug. Superheldenfantasien. Wir fliegen um die Welt und feuern aus der Luft die unglaublichsten Waffen ab. Wir verhindern die atomare Vernichtung, stoppen Überflutungen und Tsunamis, stützen die Erde bei Beben, befördern zerstörerische Bomben ins All. Und dann sind da noch die anderen Geschichten.

Die Bösewicht-Geschichten. Darin sind wir Verbrecher und Schlimmeres. Wir überfallen Banken und fliegen durch die Schatten der Nacht. Wir betreiben Spielhöllen und Bordelle in den Innenstädten. Wir werden zur Strecke gebracht, explosiv und spektakulär, und zwar von anderen Superhelden – den X-Men, Spider-Man, Captain America.

Irgendwann wurde das verrückte Zeug noch verrückter. So funktioniert einfach die amerikanische Anziehungskraft, die vorherrschende Kraft in diesem verdammten Land, in dem Verrücktes immer noch Verrückteres anzieht. Die Welt ist voll mit dämlichem Mist, dämlicher, als man es jemals für möglich halten würde, und all dieser Mist stammt von unseren Mitmenschen. Mitmenschen. Man arbeitet sich sein ganzes Leben lang an ihnen ab, versucht sie zu beeindrucken, ihre Liebe zu gewinnen, ihre Aufmerksamkeit, und dann verwandeln sie das alles einfach in Geschichten und danach in Lügen und danach in etwas wie das hier:

Cheryl beugte sich vor, und Evel fuhr von hinten in sie hinein. »Mach dich auf den Ritt deines Lebens gefasst!«, rief der gutaussehende Draufgänger und stieß zu, während er die Maschine die Rampe hinauf und anschließend in die Luft steuerte, und sie vögelten und flogen, bis das Motorrad mit einem heftigen Ruck auf dem Boden landete und sie stürzten und zum Höhepunkt kamen, sich die Knochen brachen und ihr Blut vergossen …

Die Welt ist im Arsch, Amerika. Sogar die Liebe ist völlig verkorkst.

PIONIERTAG

24. Juli 1958
SHORT CREEK, ARIZONA

Es ist Pioniertag, und der Himmel ist regenschwanger. Über dem morgendlichen Festzug und den Gottesdiensten hängen dicke Wolken, die sich jederzeit entladen können. Eigentlich sehnen alle den Regen herbei. Bei jedem Schritt steigt Staub auf, und der Weizen und die Gerste sind schlaff und welk. Trotzdem beten alle, dass das Gewitter noch wartet, nur noch bis zur Nacht, bis nach dem Tanz. Die Leute nehmen die Wolken als Zeichen des Herrn und versuchen es zu deuten, und auch Ruth macht es so. Sie beobachtet den Himmel und hofft, dass er ihrer Bitte Folge leistet und die Schleusen eben doch früher öffnet, damit der Regen auf sie herabprasselt und der Tanz ausfällt. Sie hofft es, obwohl sie weiß, dass es nicht dazu kommen wird, denn der Tanz wird auch bei Regen stattfinden, entweder im Gemeindehaus oder in der Schule. Natürlich wird sie daran teilnehmen, und auch Bruder Billy wird da sein. Er wird da sein, um mit ihr zu tanzen, und er wird wissen, was es bedeutet, dass er mit ihr tanzt, genauso, wie sie es wissen wird und alle um sie herum, sogar die Kinder.

Am Nachmittag pflücken die Brüder und Schwestern Maiskolben für das große Picknick am Abend. Die Wolken verziehen sich für eine Weile und kehren dann zurück, aber es fällt kein Regen. Ruth bleibt so lange sie kann im Maisfeld, atmet Staub und Maisfäden ein, genießt die dichten, schattigen Tunnel der Pflanzenreihen und hofft, weder Bruder Billy noch ihren Eltern zu begegnen. Sie knickt die Kolben nach unten, bis sie abbrechen, und verstaut sie in einem Jutesack, den ihre Schwestern Alma und Sarah halten. Die beiden singen ein Lied zusammen, ganz leise, wie sie es immer tun, als wäre ihr gedämpfter Gesang ein Geheimnis. *»Vater, ich will ruhig sein, und leise gehn im Hause dein.«* Sie sind immer leise, diese beiden, immer zusammen und normalerweise in Ruths Nähe, seit jenen Tagen, als unklar war, ob sie jemals wieder nach Hause zurückkehren würden, den Tagen, die sie im Haus des Mannes und der Frau verbracht haben, deren Namen sich Ruth nicht merken kann. Obwohl es vielleicht korrekter wäre zu sagen, dass Ruth die Erinnerung an ihre Namen nicht zulässt. Sie alle kamen damals mit unterschiedlichen Erfahrungen nach Hause zurück. Ruths Vater hatte vier Tage im Gefängnis verbracht, und ihre Mutter und ihre Tanten waren zu Hause gewesen, ohne Nachricht von ihren Kindern. *»Voller Andacht hör ich zu, in diesem Haus bist nahe du.«* Die Kinder hatte man auf verschiedene Familien verteilt, Heiden und vom Glauben abgefallene Mormonen in Hurricane und Cedar City und St. George, jedes Kind in einem anderen Zuhause, das keines war. Ruth und Sarah und Alma hatten jene Tage schweigend im Haus des Ehepaars in Hurricane zugebracht, des Ehepaars mit dem Fernseher und dem feinen Geschirr und dem sanften Geflüster. Sie waren sozusagen im Exil gewesen. Ruth weiß, dass sie noch Glück hatten, weil manche Kinder überhaupt nicht zurückkamen, Kinder, die die Bundesagenten von der Gemeinde fernhielten und die in fremden Familien weiterleben mussten. Die Eltern dieser Kinder sind weiterhin in Short Creek, laufen herum wie Geister. *»Mög' mein Denken immer rein, und was ich sag voll Ehrfurcht sein.«*

Ruth stopft noch zwei Kolben in den Sack. »Gut, die könnt ihr jetzt rüberbringen«, sagt sie, und Alma und Sarah trotten durch den Maistunnel davon.

Ruth selbst tritt durch die abgeernteten Maispflanzen hindurch in eine neue Reihe und stolpert in jemanden hinein. Sie entschuldigt sich, woraufhin ihr ein Mann mit tiefer Stimme antwortet und sich zu ihr umdreht. Ein Neuling. Ein Unbekannter. Er ist groß und jung – junge Männer sind eine Seltenheit in der Gemeinde –, und gutaussehend, trotz seiner großen, schlaffen Ohren. Ruth fühlt sich, als ob ihr jemand einen angenehmen Streich spielen würde. Sie möchte ihn anstarren, diesen jungen Mann. Ihn genau betrachten. Das Blut steigt ihr heiß in den Nacken.

»Hallo, junge Dame«, sagt er, die Arme voller Maiskolben, und verbeugt sich auf eine Weise, die man als verschmitzt deuten könnte. »Hallo, alter Herr«, entgegnet Ruth und flüchtet zurück durch die Maispflanzen in die Reihe, aus der sie gekommen ist. Sie hört ihn kichern und steht schwer atmend da, als müsste sie sich von einem Schreck erholen, bis lachend ihre Schwestern angerannt kommen.

Auf dem Weg nach Hause ziehen Ruths Schwestern sie wegen Bruder Billy auf. Eigentlich müssten sie ihn Bruder Adler nennen, aber dafür kennen sie ihn zu gut von früher, als sie manchmal mit seinen kleinen Schwestern gespielt haben. Ruth jedenfalls kann sich nicht vorstellen, ihn anders zu nennen als Bruder Billy.

»Du musst beim Tanzen aufpassen, dass du nicht seine Ellbogen abkriegst«, warnt Sarah leise, und Alma kichert und fügt hinzu: »Sonst hast du im Handumdrehen ein blaues Auge.« Ruth zischt den beiden zu, dass sie den Mund halten sollen, woraufhin Sarah mit gespielter Bestürzung nach Luft schnappt und Alma damit droht, Ruth zu verpetzen. »Mach doch«, entgegnet Ruth, und die beiden Mädchen kichern noch heftiger.

Seine mangelnden Tanzkünste sind nur einer von vielen Gründen, warum Bruder Billy in Ruths Augen eine inakzeptable Partie ist. Den wichtigsten Grund kann sie nicht äußern oder meint, ihn nicht äußern zu dürfen: Sie findet ihn einfach unattraktiv. Er zieht sie nicht an, erfreut ihre Sinne nicht, hat keine Wirkung auf sie. Sie möchte nicht mit ihm tanzen. Ruth ist eine hervorragende Tänzerin, die sich sehr genau an die

Tanzfiguren hält, und Bruder Billys alberne, nachlässige Art zu tanzen ist ihr peinlich. Er stößt gegen andere Tänzer, bringt seine eigenen Füße durcheinander, reagiert zu spät, wenn der Ansager eine neue Figur aufruft. Auch auf die übrigen Dinge, die man als Mädchen tut, wenn ein Junge um einen wirbt, hat sie mit ihm keine Lust. Sie hat keine Lust, seine Hand zu halten, und sie hat definitiv keine Lust auf das Undenkbare, das ihr in letzter Zeit so oft in den Sinn kommt. Nicht mit ihm.

Jedes Mal, wenn ihr Vater neuerdings das Wort an sie richtet, befürchtet sie, Bruder Billy habe ihn offiziell gebeten, um sie werben zu dürfen. Sie fragt sich, ob ihr Vater ihr erlauben würde, Nein zu sagen. Ruth ist die Letzte gewesen, die Bruder Billys Interesse bemerkt hat, und kommt sich deswegen furchtbar lächerlich vor. Im Mai und Juni ist Bruder Billy drei Mal sonntags zum Abendessen zu ihnen gekommen, jedes Mal ohne seine junge Frau und die beiden gemeinsamen Kinder. An allen drei Abenden hat Ruths Mutter besonderes Augenmerk auf die Kleidung und die Frisur ihrer Tochter gerichtet, und ihr Vater ist ungewöhnlich großzügig und freundlich zu ihr gewesen, hat sich herzlich bei ihr für das Essen bedankt, sie Schatz genannt, ihr liebevoll zugelächelt, ein Theater, das für alle außer Ruth offenbar klar ersichtlich war. Als sie nach dem Abendessen in der Küche standen und das Geschirr abspülten, war es Sarah, die erst elfjährige Sarah, die sagte: »Da hat wohl jemand einen Verehrer.« Daraufhin brachen alle in Gelächter aus, während Ruths Gesicht vor Scham brannte.

Wie hatte ihr das nur entgehen können? Warum hat sie nichts mitbekommen, obwohl es klarer nicht auf der Hand liegen könnte? Ruth ist sechzehn. Drei der Mädchen, mit denen sie aufgewachsen ist, haben bereits geheiratet, zwei von ihnen als Schwesterehefrauen. In der Welt um sie herum läuft es nun einmal so – Brautwerbung findet um mehrere Ecken statt, und Absprachen werden hinter den Kulissen getroffen. Dennoch fühlt sich Ruth angegriffen, ausgeschlossen aus ihrem eigenen Leben. Sie glaubt an den Grundsatz der Vielehe, das tut sie wirklich. Sie glaubt, dass er von Gott bestimmt ist, glaubt, dass sie irgendwann in einer celestialen Ehe mit ihren Schwesterehefrauen und ihrem zukünftigen Ehemann verbunden sein wird.

Aber nicht so. Nicht ohne jede Wahlmöglichkeit von ihrer Seite.

Die Wolken sind nach Süden weitergezogen, und so findet das Picknick wie geplant auf der Wiese hinter dem Schulhaus statt. Die langen Tische sind mit Essbarem beladen, mit Mais und Salaten und Hühnchen und Pasteten. Auf dem kurz gemähten Rasen dahinter befindet sich die Tanzfläche, begrenzt von vier Pfosten, zwischen denen Lichterketten gespannt sind. Ruth und ihre Mutter treffen schon früher ein, um beim Aufbau des Essens zu helfen, und Ruth beobachtet aufmerksam, wie nach und nach die Familien eintrudeln, wie die Kinder davonrennen zu ihren Freunden und wie die Männer und Frauen sich zu Grüppchen zusammenfinden. Auch Bruder Billy erscheint mit seiner Familie. Er wirkt sorgfältig zurechtgemacht, geschniegelt und gekämmt. Sein umherschweifender Blick gilt ihr, das spürt sie. Kurz darauf entdeckt sie den Mann aus dem Maisfeld, den Unbekannten. Er begleitet die Barlows, und Ruth fragt sich, wer er ist, woher er kommt und warum er hier ist. Auch er wirkt geschniegelt und gekämmt, und Ruth möchte am liebsten nur dastehen und ihn ansehen.

Die Leute füllen ihre Teller und setzen sich an die Tische. Ruth trägt Speisen und Geschirr zwischen Schulhaus und Wiese hin und her. Sie beobachtet, wie Bruder Billy zum Büfetttisch geht und dabei suchend um sich blickt, und flüchtet auf die andere Seite der herumstehenden Leute. Er setzt sich wieder zu seiner Familie, und sie behält ihn im Auge, genau wie den Mann aus dem Maisfeld, den großen, gutaussehenden Mann.

Onkel Elden tritt vor die versammelten Menschen, die daraufhin verstummen. Er betrachtet sie ruhig und lässt das Schweigen eine Weile andauern. Ruth überlegt, ob er darauf wartet, dass der Herr in seine Gedanken fährt. Er fängt an, die Geschichte der mormonischen Pioniere und ihrer Handkarren zu erzählen, die Geschichte der mühseligen Wanderung der Heiligen, die vor ihren Verfolgern in Nauvoo, Illinois, fliehen mussten, auf der Suche nach einem Ort, an dem sie ihre Religion in Frieden ausüben konnten.

»Sie wurden aus ihren … *Häusern* vertrieben«, sagt er, »nachdem ihr Prophet von einem Mob ermordet worden war. So wanderten sie voller Angst und voller … Glauben, im Vertrauen darauf, dass Gott sie führen würde.«

Viele Tage und Nächte in unwirtlicher Landschaft. Ein verheerender Winter. Der Tod, der ihnen allen auflauerte – Kindern und Alten, Jungen und Starken.

»Könnt ihr euch vorstellen, Brüder und Schwestern, wie … mächtig der *Zweifel* war?«, fragt der Prophet. »Könnt ihr euch vorstellen, wie schwer es ist, seinen Glauben in der Wildnis nicht zu verlieren, umgeben vom Tod, sondern … sein ganzes Vertrauen in den Herrn zu setzen?«

Die Heiligen hatten durchgehalten und waren Bruder Brigham gefolgt, bis sie im Tal des Great Salt Lake angekommen waren, an ebendiesem Tag im Jahr 1847.

»Doch immer noch … führten die Heiden Krieg gegen uns, Brüder und Schwestern, Krieg gegen *diese Priesterschaft*. Sie versuchten, uns vom Wählen abzuhalten. Sie brannten unsere Häuser nieder, zerstörten unsere Felder. Bis selbst die … Kirche … sogar unsere eigene Kirche … sich von den heiligen Grundsätzen abwandte.

Und immer noch verfolgen sie uns, und immer noch geben wir nicht nach.«

Er hält inne. Alle wissen, was jetzt kommt.

»Da war ein Mann«, fährt er fort, »ein Mann namens … *Pyle*, der Gouverneur von Arizona. Dieser Mann gab sich besondere Mühe, unser Volk zu schikanieren.«

Die Razzia von ’53. Jetzt, fünf Jahre später, erinnert sich Ruth an ihre Rückkehr nach Hause, an die verzweifelte Umarmung ihrer Mutter. Sie erinnert sich, wie die anderen Kinder in ihre Familien zurückkamen, ein paar an diesem Tag, ein paar am nächsten. Ganz langsam, Stück für Stück, wurde die Gemeinschaft wiederhergestellt. Ruth und ihre Schwestern wichen ihrer Mutter wochenlang nicht von der Seite, verfolgten sie auf Schritt und Tritt, vom Garten in die Küche, zur Kirche und zurück. Weil es ihnen nicht richtig vorkam, zu erzählen, wo sie gewesen waren und was dort passiert war, ließen sie es bleiben. Alle anderen schienen es genauso zu halten, und so wurde über die Razzia kaum je ein Wort verloren, außer in der Kirche, wo die Brüder ununterbrochen davon sprachen, als Lektion in Sachen Verfolgung und Erlösung.

»Sie wollten die Kinder forttragen, wollten sie … Fremden zur Adoption anbieten und die Unterlagen vernichten, damit die Kinder ihre Abstammung vergaßen. In den Herzen vieler Menschen wird dies für immer unvergessen sein.«

Ruth sieht, dass der Mann aus dem Maisfeld die Augen geschlossen hat.

»Heute blicken wir zurück und freuen uns über die Befreiung … die der Herr uns gebracht hat. Aber damals wussten wir nicht, was passieren … und wie die Sache enden würde.«

Er macht eine Pause und lässt den Blick über die Tische schweifen. Bruder Billy nimmt seiner Frau ein jammerndes Kleinkind aus dem Arm. Der Mann aus dem Maisfeld starrt Onkel Elden hingerissen an. Ruth spürt seine leidenschaftliche Reaktion. Allen anderen scheinen die Worte des Propheten so vertraut zu sein, dass sie ohne große Wirkung verhallen. Die Razzia ist zu einer oft erzählten Geschichte geworden und hat dadurch ein wenig von ihrem Schrecken verloren, aber der Mann aus dem Maisfeld wirkt tief betroffen. Ruth spricht ein stummes Dankesgebet, weil sie zu den auserwählten Dienern des Herrn hier in Short Creek gehört.

»Und deshalb«, sagt der Prophet lächelnd und breitet die Arme aus, »lasst uns nun tanzen!«

Die Gemeinde spendet ihm begeistert Beifall, und Ruth beobachtet, dass der Mann aus dem Maisfeld sich beim Klatschen erhebt. Gutaussehend. Rechtschaffen. Neu und fremd. Er sieht zu ihr herüber und nickt ihr zu. Sie merkt, was in ihrem Inneren vor sich geht: Sie will ihn nicht mehr anstarren. Sie will ihn nicht mehr beobachten. Sie will auch nicht mit ihm tanzen oder reden. Sie will ihn berühren. Sie will jeden Zentimeter von ihm berühren.

Auf der Tanzfläche nähert sich ihr Vater mit Bruder Billy. Ruth überlegt, ob sie behaupten soll, sie wäre krank. Oder hätte sich beim Maispflücken den Knöchel verstaucht. Oder könne nicht tanzen, wisse überhaupt nicht, was tanzen sei. Dort kommen sie, ihr Vater vorneweg und Bruder Billy wie ein Bittsteller hinterher. Der ganze Vorgang liegt außerhalb ihrer Kontrolle, ist ebenfalls ein Tanz, dessen Schritte vorgegeben sind, erdacht und entworfen von anderen, von ihrem Vater und Bruder Billy einerseits, aber auch von ihren Urahnen, die die Musik geschrieben und die Tanzfiguren festgelegt haben, ohne dass Ruth darauf irgendeinen Einfluss hätte.

»Guten Abend, Ruth«, sagt Bruder Billy.

»Guten Abend, Bruder Adler.«

»Ich hatte gehofft, dass Sie mir die Freude machen, den nächsten Tanz mit mir zu tanzen.«

Hinter der Schulter ihres Vaters steht einige Meter entfernt der große junge Mann aus dem Maisfeld. Ruth glaubt, dass er sie ansieht. Er ragt über allen anderen auf.

»Kleine Schwester?«, drängt ihr Vater.

»Ich fürchte«, will sie beginnen, doch es dringt kein Ton aus ihrem Mund, also räuspert sie sich und fängt noch einmal von vorn an. »Ich fürchte, ich habe den nächsten Tanz bereits anderweitig versprochen.«

»Ach?«, entgegnet Bruder Billy und blickt zu ihrem Vater hinüber, der verwirrt die Stirn runzelt und fragt: »Und wem hast du den nächsten Tanz versprochen?«

Ruth zeigt auf den großen jungen Mann. Sie drehen sich zu ihm um, und ihr Vater sagt: »Ah. Der Neue. Der Konvertit.«

»Bruder Harder?«, fragt Bruder Billy, und ihr Vater nickt.

Bruder Billy neigt den Kopf und sagt: »Dann vielleicht den Tanz danach?«

»Leider sind heute Abend bereits alle meine Tänze versprochen«, antwortet Ruth. »Jeder einzelne.«

SHORT CREEK

20. Oktober 1975

ELKO, NEVADA

Loretta erwacht, völlig ausgedörrt und ohne jedes Zeitgefühl. Boyds Hinterkopf ist fünfzehn Zentimeter entfernt, ein Flügel aus glänzendem schwarzem Haar liegt auf dem Kissen. Auf den anderen Betten macht sie die Umrisse von Jason und dem Motorradkerl aus. Die Vorhänge sind zugezogen, durch einen Spalt schlüpft Licht herein. Körpergeruch hängt in der Luft. Von ihrem Kopf strahlt ein pochender Schmerz in ihren ganzen Körper aus, und ihre Kehle fühlt sich an, als würde sie von Säure verätzt. Wenn sie vollkommen still liegt, ist es nicht ganz so schlimm. Irgendetwas Diffuses hängt wie eine Wolke zwischen Loretta und den Ereignissen, die diesem Moment vorausgegangen sind – irgendetwas, was die Erinnerung zwar nicht vollkommen ausgelöscht, aber aus ihrer unmittelbaren Reichweite verdrängt hat.

Sie steht auf und geht pinkeln. Das Geräusch ist ihr peinlich. Sie sitzt so lange mit in die Hände gestütztem

Kinn auf der Toilette, dass ihr die Beine einschlafen. Nachdem sie aufgestanden ist und rauschend die Spülung betätigt hat, muss sie erst warten, bis das Blut prickelnd und kribbelnd in ihre Beine zurückgekehrt ist, bevor sie wieder gehen kann. Als sie zurück ins Zimmer kommt, setzt sich Evel Knievel gerade auf, kratzt sich am Nacken und sagt: »Morgen, Schätzchen.« Loretta wendet den Blick ab und murmelt: *»Schätzchen.«*

Jede ihrer Entscheidungen war falsch. Dabei hat sie sich für so cool gehalten. So interessant. Die Sache mit Boyd. Falsch. Sie will ihr ganzes Leben abstreifen, es wegschrubben wie eine alte Farbschicht.

Sie stellt sich unter die Dusche, bleibt unter dem heißen Wasser stehen, bis es kalt wird. Als sie aus der Duschkabine tritt, sagt Jason gerade etwas, was sie nicht versteht, woraufhin Boyd schnaubt und entgegnet: »Jetzt krieg dich mal wieder ein.« Alle sind wach. Evel Knievel ist dabei, in seine Jeans zu steigen, und Boyd und Jason sitzen aufrecht da, umgeben von Bettdecken. Jason sieht aus, als hätte jemand auf ihn geschossen. Sein Blick wandert zu Loretta und dann zu Boyd, der mürrisch auf seinen Schoß starrt.

»Wenn ihr Jungs Freunde bleiben wollt«, sagt Evel Knievel und verharrt mit seinem Hemd in den Händen, »dann müsst ihr lernen, wie man die Ladys in die Schranken weist.«

Jason ignoriert ihn. »Ich bin derjenige, der dich hierher mitgenommen hat, du Arschloch«, flüstert er. »Du warst zu allen meinen Geburtstagen eingeladen. Du warst auf der Beerdigung meines Großvaters. In der

Grundschule waren wir ein gottverdammtes Zweierteam!«

Boyd starrt aufs Bettlaken hinunter.

»Und es ist *mein* Auto!«, stößt Jason wütend hervor.

Boyd nickt müde. »Ja. Ich weiß. Das Auto von deinem Dad.«

Loretta wünscht sich sehnlich eine Hintertür, aus der sie verschwinden kann. Sie setzt sich mit einem Handtuch aufs Bett und rubbelt sich gedankenverloren die Haare. Boyd hebt den Blick zu ihr und lächelt schüchtern, und sie hasst die Hoffnung, die sie in seinen Augen sieht. Loretta weiß nicht mehr genau, wie es dazu gekommen ist, dass sie getan hat, was sie getan hat, aber jetzt, an diesem neuen Tag voller Übelkeit und Kopfschmerzen, stellt sie sich vor, ihre Eltern wüssten davon, oder ihre Brüder und Schwestern aus der Gemeinde. Ihre Gedanken wandern zu Dean und sogar zu Ruth, und sie fühlt sich als Sünderin, trotz allem, was sie über sich und ihre Zukunft zu wissen glaubt.

Evel Knievel hat inzwischen sein Hemd fertig zugeknöpft und klatscht sich auf die Oberschenkel. »Da haben wir ja ne ganz schöne Party gefeiert!«, stellt er fest.

Jason dreht sich zu ihm um und starrt ihn misstrauisch an. Seine dichten Locken sind auf einer Seite platt gedrückt vom Schlafen, und die roten Flecken in seinem Gesicht und an seinem Hals verraten seinen Gefühlswirrwarr.

»Sie sehen nicht besonders vernarbt aus«, sagt er.

Evel blickt zu Boyd hinüber und zwinkert.

»Wer *sind* Sie?«, fragt Jason.

»Du weißt, wer ich bin, Kumpel«, gibt Evel zurück.

»Dein Held«, sagt Loretta. »Weißt du nicht mehr?«

Sie kann seinen Schmerz nicht ertragen.

Evel, der sich gerade die Stiefel anziehen will, hält in der Bewegung inne und starrt Jason aus halb zugekniffenen Augen an. Boyd geht ins Badezimmer.

»Wie kommst du überhaupt dazu, mich das zu fragen?«, erkundigt sich Evel Knievel.

Im Bad wird die Dusche aufgedreht.

»Kann ich mal eine von Ihren Narben sehen?«, verlangt Jason.

»Soll ich dir vielleicht auch noch meinen Führerschein zeigen?«

»Okay«, sagt Jason, und Evel Knievel lacht.

»Hör zu, Kumpel, es ist mir scheißegal, ob du mir glaubst oder nicht«, erklärt er. »Wer hat Lust auf Frühstück?«

»Ich«, antwortet Jason.

»Ich nicht«, sagt Loretta.

»Verraten Sie mir wenigstens, wie Sie es schaffen, keine Angst zu haben?«, fragt Jason.

»Mein Gott, nicht schon wieder«, entgegnet Evel Knievel. »Also gut. Man muss die Angst einfach niederringen.« Er steht auf und stampft mit der Ferse auf den Boden, damit sie in den Stiefel hineinrutscht. Dann nimmt er eine gebeugte Karate-Stellung ein. »Man muss sie auf den Boden werfen, die Angst, muss sich auf sie setzen, sie treten und schlagen, sie beim Hals packen und würgen, bis sie tot ist. Und man muss wissen, dass man beim nächsten und übernächsten Mal wieder das

Gleiche machen muss. Man killt sie und killt sie und killt sie, immer wieder aufs Neue. Man rammt diese verfickte Angst in den Boden.«

Er schlägt mit beiden Handkanten auf sie ein – killt die Angst und killt sie und killt sie.

»Macht sie platt!«, brüllt er, bevor er sich aufrichtet. »Frühstück!«

Jason geht mit ihm nach unten. Der Teppichboden fühlt sich schwammig an unter seinen Füßen. Fünfzig Jahre Zigarettenrauch und Gestank nach frittiertem Essen hängen in der Luft. Jason empfindet so viele Dinge, dass er sie nicht einzeln bestimmen kann. Er weiß nur, dass »schlecht« auf alle zutrifft. Einerseits hat er großen Hunger und andererseits bezweifelt er, dass er auch nur einen Bissen hinunterbekommen wird. Warum hat sich seine Meinung über diesen Kerl geändert? Es muss irgendetwas mit seiner morgendlichen Ungepflegtheit zu tun haben, mit dem öligen Glanz seines Gesichts. Das ist nicht Evel Knievel. Hinzu kommt: Der Kerl in Lorettas Bett war nicht der Kerl, der nicht Evel Knievel ist. Es war Boyd. Jason versteht die Welt nicht mehr, aber er versteht, dass er hier der Idiot ist, böswillig hereingelegt von allen, von seinem großen Helden, von seiner großen Liebe und von seinem besten Freund. Sie alle haben sich miteinander verschworen, um ihm diesen miesen Brechanfall von einem Tag zu bescheren.

Evel Knievel schnalzt fröhlich mit der Zunge, während sie über den bordeauxrot-golden gemusterten Teppich gehen. Als sie am Eingang des Kasinos vorbeikommen, dringen Rauch und das Klingeln der Automaten zu ihnen nach draußen, und eine Stimme ruft: »Hey, Mann, wir haben dich schon gesucht!«

Evel Knievel sieht sich um und entdeckt seine Freunde vom Vorabend, die ihm von einem Blackjack-Tisch aus zuwinken. »Ich glaube, ich muss los«, sagt Evel und streckt ihm die Hand entgegen. Jason schüttelt sie, unsicher, wie er sich verhalten soll.

»Es war schön, Sie kennenzulernen«, sagt er.

Evel Knievel klopft ihm auf die Schulter.

»Das war echt eine Wahnsinnsparty, Kumpel«, sagt er. »Erinnerst du dich, dass du nackt im Zimmer herumgerannt bist? Ungefähr um drei Uhr morgens?«

»Was? Nein. Nein!«

Auf keinen Fall hat er das getan. Auf keinen Fall würde er jemals so etwas tun. Auf keinen Fall ist dieser Kerl Evel Knievel.

»Schon gut«, entgegnet Evel Knievel. »War ja nur ne Frage.«

»Moment mal«, sagt Jason. »Sie verarschen mich doch! Ich bin nicht nackt im Zimmer herumgerannt!«

Evel Knievel kichert und boxt Jason gegen die Schulter.

»Du weißt es nicht mehr? Echt nicht? Tja. Also, ich muss los. Machs gut.«

Er schlendert davon und gesellt sich zu seinen Kumpels. Die Runde lacht und klopft sich gegenseitig auf den Rücken. Jason bildet sich ein, dass einer der Männer Evel Knievel Bob nennt oder vielleicht auch John, aber er kann sich verhört haben. Die anderen Kerle tragen

Jeans und Cowboystiefel, genau wie Evel Knievel, und einer von ihnen hat eine John-Deere-Kappe auf dem Kopf. Sie ähneln ganz normalen männlichen Idaho-Bewohnern, wie Jason sie kennt. Er spürt, wie ihm die Hitze ins Gesicht steigt. Die Männer scharen sich um Evel Knievel, und er ist nicht mehr zu sehen.

Jason frühstückt allein, ölglänzende Eier und durchweichte Kartoffelpuffer und vor Butter triefenden Toast, wobei er die *Elko Daily Free Press* durchblättert und den Geräuschen der Spielautomaten lauscht. Das Essen liegt ihm wie ein Stein im Magen, und irgendwann wird klar, dass es dort überhaupt nicht mehr liegen möchte. Er rennt quer durchs Café zu den Toiletten – KERLE und MÄDELS – und stürzt in eine Kabine, wo das ganze Essen wieder hochkommt, noch warm. Jason betätigt die Spülung und erspäht in der Kabine nebenan zwei kastanienbraune Polyesterhosenbeine, die sich um ein Paar Cowboystiefel bauschen. Er wartet, bis Stiefel und Hosenbeine verschwunden sind, und tritt erst dann aus der Kabine, geht zurück durchs Café, bezahlt seine Rechnung und betrachtet das magere Bündel Geldscheine in seiner Brieftasche – der Erlös von den Viehauktionen, sein Missionsgeld. Er zählt einen Zwanziger, einen Zehner, einen Fünfer, noch einen Fünfer, einen weiteren Fünfer und sieben Ein-Dollar-Scheine.

Im Kasino beugen sich die Leute über die Tische, während dünne Rauchsäulen von den Aschenbechern aufsteigen. Das Ganze sieht aus wie die von Asteroideneinschlägen durchlöcherte Oberfläche eines Planeten. Jason geht zum Vordereingang des Hotels hinaus und bleibt unter dem großen Vordach stehen, geschützt vor der grellen Sonne. Die Luft ist klar und kalt. Er fühlt sich, als wäre er sechs Jahre alt und auf dem Rummelplatz verloren gegangen. Am liebsten würde er heulen.

Er geht zurück aufs Zimmer. Wie soll er den beiden gegenübertreten? Was werden sie sagen? Er dreht den Schlüssel im Schloss, öffnet die Tür und steht in einem dunklen Raum. Die Ablagen sind leer, das Gepäck der beiden ist verschwunden. Auf dem Fernseher liegt ein Zettel, beschwert mit einem Wasserglas.

Wir sehen uns später. B & L

Die Welt weicht zurück, flüchtet in rasendem Tempo vor Jason, in alle Richtungen. Sie will nichts mehr mit ihm zu tun haben. Er ist der letzte Mensch auf Erden. Der allerletzte.

Boyd schläft, zusammengesunken gegen die Beifahrertür gelehnt. Loretta versucht, nicht ständig auf den Kilometerzähler zu blicken. Es ist bereits dämmerig, die Sonne hat sich an einen Ort zurückgezogen, an dem sie nicht mehr zu sehen ist – entweder hinter den grauen Wolkenschleier oder einen der Bergrücken, die sie auf ihrer Fahrt nach Süden auf beiden Seiten flankieren. Loretta hat seit einer Ewigkeit kein Gebäude mehr gesehen. Der Gedanke gefällt ihr – dass sie alle Menschen hinter sich gelassen hat, außer Boyd. Um Jason macht sie sich keine Sorgen. Er kommt wieder auf die Beine. Es wird sich schon jemand um ihn kümmern.

Erst jetzt, nachdem Boyd und sie ein paar Stunden unterwegs sind und sie Jasons große alte Wackelkiste lange genug gesteuert hat, um vorhersagen zu können, wann sie vom Kurs abweicht oder auszugehen droht, wagt sie es, sich ganz auf das Gold zu konzentrieren. Deans Gold. Das Gold, das sie ihm bereits gestohlen hat, und das Gold, das sie sich noch holen wird. Das Sutter-Creek-Gold. Es war so lange hinter einer hohen Mauer der Unmöglichkeit versteckt, dass sie sich noch gar nicht mit den praktischen Fragen befasst hat. Zum Beispiel damit, wie man Gold zu Geld machen kann.

Und noch eine Frage beschäftigt sie: ob ihr das Gold nicht inzwischen völlig egal ist. Will sie es überhaupt noch besitzen? Und warum ist dieser Wunsch überhaupt je in ihr aufgekommen? Kaum ist sie endlich zu ihrer Mission aufgebrochen, fühlt sie sich darin gefangen.

Boyd wacht auf und stöhnt.

»Guten Morgen«, sagt sie. »Fühlst du dich besser?«

»Nö.«

»Vielleicht musst du noch ein bisschen weiterschlafen«, schlägt sie vor. »Wir haben eine ziemlich weite Strecke vor uns.«

Schlaf, denkt sie. *Verschwinde.*

Boyd klappt mit dem Finger einen Lüftungsschlitz hoch und runter. Dann sieht er sie an und sagt: »Das ist das Schlimmste, was ich je getan habe.«

»Ach, hör auf.«

»Nein. Das Allerschlimmste.«

Er schmollt. Sind alle Männer so? Ist jeder einzelne von ihnen nur ein großes, verletztes Baby?

»Warum hast du es dann getan?«

»Wegen dir.«

»Wegen mir?«

»Um mit dir zusammen zu sein.«

»Jetzt bist du mit mir zusammen. Und bist trotzdem nicht zufrieden.«

Er klappt wieder den Schlitz hoch und runter.

»Fühlst du dich denn nicht wenigstens ein bisschen scheiße?«, fragt er.

»Ein bisschen scheiße schon, ja. Ein bisschen.«

»Warum hast du es dann getan?«

»Keine Ahnung.«

»Nicht, um mit mir zusammen zu sein.«

»Okay. Um mit dir zusammen zu sein.«

Sie bringt es kaum über die Lippen. Was hat sie letzte Nacht für diesen Jungen empfunden? Hat sie sich etwa selbst ausgetrickst? Er war es bestimmt nicht, der sie ausgetrickst hat. Nicht wie Bradshaw. Der trickreiche Bradshaw. Plötzlich weiß sie, was sie sich dabei gedacht hat: Sie hat einfach die Chance genutzt, das Schlimmste zu tun, was sie hätte tun können – das Schlimmste für Dean, das Schlimmste für alle, die sie hinter sich gelassen hat. Nämlich mit diesem Indianer zu schlafen, diesem Lamaniten, diesem Kind der Sünde, denn das ist es, was die Ältesten lehren: dass braune Haut die Strafe für Unsittlichkeit ist. In ihrem Rausch hat sie die Vorstellung begeistert, sich ihm hinzugeben, aber jetzt ist er hier bei ihr im Auto, und sie muss feststellen, dass er auch nur ist wie alle anderen.

Sie schaltet die Scheinwerfer ein. Boyd starrt sie an, ein Mondgesicht mit schwarzen Augen in der Dunkelheit des Autos. Sie weiß, dass er auf eine Absichtserklärung wartet, auf eine Äußerung, wie sie sie im Hotelzimmer gemacht hat, bevor sie aufgebrochen sind – *Wir werden allein miteinander sein, nur du und ich. Willst du das nicht auch? Willst du nicht mit mir allein sein, Boyd?* Jetzt fühlen sich diese Sätze an wie Fesseln um ihre Füße, Fesseln, in denen sie sich bei jeder Bewegung verheddern wird.

»Das klären wir, wenn wir in Short Creek sind«, sagt sie schließlich.

»Er war mein bester Freund. Mein einziger Freund. Auf der ganzen Welt habe ich nur meine Mom und ihn und sonst nichts. Niemanden. Überall nur Arschlöcher. Was für ein Mensch tut einem Freund so etwas an?«

»Boyd, er wird darüber hinwegkommen.«

»Das ist nicht unbedingt das, was ich im Moment von dir hören will, Loretta. Ich wünschte, *er* wäre es, um den ich mir Sorgen mache, aber so ist es nicht.«

»Du bist kein schlechter Mensch.«

»Das ist es auch nicht.«

Eine kleine Ansammlung von Lichtern taucht vor ihnen in der Ferne auf wie ein Feuer in einer finsteren Höhle. Ely, Nevada. Die Hälfte der Strecke.

»Was ist mit der Loretta von gestern passiert?«, fragt Boyd.

»Ich bin doch hier.«

»Die Loretta von gestern Nacht?«

Auf einmal wird Loretta von Gewissensbissen heimgesucht, weil sie es mit einem fast völlig Fremden getrieben hat, wie eine Hure. Ihre Reinheit ist früher immer ein großes Thema für ihren Vater gewesen. Er hat sie mit Mahnungen überhäuft, abends vor dem Schlafengehen mit ihr über ihre Tugend geredet, ihr entsprechende Verse aus den Schriften vorgelesen. Das ganze Gerede über Rechtschaffenheit rief erst recht sündige Gedanken in ihr hervor. »Der Herr erfreut sich an der Keuschheit seiner Kinder«, lautete ein häufig bemühter Vers. Glaubt sie etwa immer noch daran? Glaubt sie daran, obwohl sie sicher war, diese Überzeugungen überwunden zu haben? Ist es falsch von ihr, einfach selbst zu entscheiden, woran sie glauben möchte?

»Die Gleiche wie gestern«, behauptet sie.

Jason sitzt mit dem Zettel im Zimmer des Stockmen's Hotel. Fünfundsiebzig Stunden vergehen. Hundertdreiundvierzig Stunden vergehen. Fünftausenddreihundertvierundfünfzig Stunden vergehen. Er wird für immer in diesem schummrigen Zimmer leben. In seinem benommenen Schädel meldet sich ein zartes Pochen: der LeBaron! Das Auto seines Vaters. Der Schlüssel liegt nicht mehr auf der Kommode neben dem Fernseher. Jason sieht sich um, durchwühlt verschiedene Taschen. Geht hinunter und tritt auf den Parkplatz hinaus, wo kein erbsengrüner Chrysler Imperial LeBaron Baujahr 1970 mehr steht. Der Himmel leuchtet, sommerblau und winterkalt.

Er wird hier leben. Im Stockmen's. Zimmerreinigung. Essen am Büfett. Perfekt.

Er hat noch zweiundfünfzig Dollar und zweiundfünfzig Cent. Nachdem er wieder hineingegangen ist, bezahlt er für eine weitere Nacht. Elf Dollar. Hinter der

Rezeption ist ein Spiegel angebracht, und er betrachtet sich prüfend: schlaksig und groß, Monsterohren, Haare, die sich in alle Richtungen kräuseln, sommersprossige, vor Verlegenheit gerötete Wangen. Er hasst sein Aussehen. Jedes Mal, wenn er sich selbst nach äußeren Anzeichen dafür absucht, dass er ein Versager ist, wird er fündig. Das Scheitern steht ihm ins Gesicht geschrieben.

Er setzt sich auf das Sofa in der Hotel-Lobby, eine rostrote Ledercouch mit einem auf rustikal getrimmten Holzrahmen. Am liebsten würde er sich hinlegen. Irgendwann wird das alles hier eine Anekdote werden, vielleicht sogar eine mit Moral. Seine Mom würde bestimmt eine finden. Er überlegt, ob er ihr jemals erzählen wird, was passiert ist, und ob er zuhören wird, wenn sie eine Lektion daraus ableitet. Und ob er seinem Vater Beachtung schenken wird, wenn der ihm seine Fehler aufzählt.

Er kann sich noch drei weitere Nächte hier leisten.

Jason muss an seinen Großvater denken, den bärbeißigen alten Grandpa. Wie konnte ein derart harter Kerl den Familienzweig begründen, aus dem Jason hervorgegangen ist? Als Grandpa in seinem Alter war, ist er von zu Hause fortgegangen und hat in einem fremden Land Menschen umgebracht. Und Jason heult schon beim kleinsten Kratzer. Als Boyd ihm letzten Sommer versehentlich mit einer Luftpistole in den Arm geschossen hat und er einen grauen Klumpen unter der Haut hatte, sind sie zu Grandpa gegangen, um ihn um Hilfe zu bitten. Jasons Unterlippe hat gezittert, und Grandpa hat sich peinlich berührt weggedreht. »Jetzt fang nicht an zu flennen«, hat er gesagt, während er die Kugel herausgedrückt hat wie Eiter aus einem Pickel.

Jason öffnet die Augen und wird von hellem Sonnenlicht geblendet. Er liegt auf dem Sofa in der Lobby, sein Kopf ruht auf einem großen Lederkissen. Die Nachmittagssonne scheint schräg durchs Fenster herein und zieht eine Grenze auf dem bordeauxrot-golden gemusterten Teppichboden. Lautes Klimpern dringt aus dem Kasino nach draußen. Offenbar ist jemandem das Glück hold.

Glück. Dies wird der Ort sein, an dem Jason darauf wartet.

Er geht nach draußen. Aus irgendeinem Grund tut sein Kopf nicht mehr weh, auch wenn der Kater von gestern nach wie vor seine Bewegungen verlangsamt. Galle brennt ihm in der Kehle. Die Kälte strafft sein Gesicht, ein gutes Gefühl. Seine Kleider sind riesig und schwer – er scheint geschrumpft zu sein. Wie absurd von ihm, derart zu schrumpfen. Er denkt ans Jenseits, an die Vorstellung, dass sein Leben im Himmel noch einmal ablaufen und auf dem Prüfstand stehen wird. Wird dort auf einer Filmleinwand zu sehen sein, was ihm gerade widerfährt und wie er geschrumpft ist? Früher hat Jason in der ständigen Angst gelebt, jeder im Himmel – seine Familie, seine Freunde, die Engel, die himmlischen Heerscharen und Gott persönlich – könne gezwungen sein, ihm siebentausend Mal beim Masturbieren zuzusehen. Und jetzt kehrt die Vorstellung von einer derartigen Prüfung im Jenseits mit der Wucht des reinen Glaubens in seine Gedanken zurück, obwohl er die Nase voll hat von Gott, gelangweilt ist von ihm.

Alle, die sich im Himmel seinen Film ansehen, werden stärker sein als er. Jeder, den er kennt, ist stärker. Boyd und Loretta sind stärker. Evel Knievel ist stärker – beziehungsweise der Kerl von letzter Nacht, wer auch immer er war. Mom und Dad. Jeder Schulkamerad, jeder langweilige alte Farmer aus der Kirche und auch dessen Frau – alle stärker. Onkel Dean, dieser Irre: viel stärker.

Jason beschließt zu beten.

»Unser Herr im Himmel«, flüstert er, auf dem hellen Betonboden vor dem Stockmen's stehend, mit verschränkten Armen und gesenktem Kopf.

Seine Augen brennen und füllen sich mit Tränen. *War ja klar*, denkt er.

Er weiß nicht weiter. Öffnet die Augen. Lässt die Arme wieder hängen. Worum sollte er Gott auch bitten? Mach mich bitte glücklich? Gib mir, was ich haben will?

Er isst allein in der Bar des Stockmen's. Cheeseburger Deluxe und Pommes frites für 1,95 Dollar. Bis vor Kurzem hat ihn die Vorstellung, jeden Tag Hamburger zu essen, noch begeistert, aber heute schmeckt ihm dieses Essen wie Fraß. Wie Futter. Er geht auf sein Zimmer. Zieht die Schuhe aus. Schaltet den Fernseher ein. Eine Wiederholung der Serie *Baretta*, mitten am Nachmittag. Eigenartig. Er liegt auf dem Bett, den Kopf auf zwei Kissen gestützt, und starrt zwischen seinen Füßen hindurch auf den Bildschirm. Tony Baretta spricht gerade mit seinem Kakadu. Die Zehen von Jasons weißen Socken sind ausgeleiert und stehen nach oben wie kleine

Elfenmützen. Er denkt an die Elben in *Herr der Ringe*, flink und tödlich mit ihrem Bogen, helle magische Wesen, und er denkt an Samweis Gamdschie, den treuen Freund. Vielleicht sollte er das Buch hervorholen und sich nach Mittelerde flüchten, aber dann fällt ihm ein, dass das Buch in der Kiste im Kofferraum des LeBaron liegt. Genau wie sein Evel-Knievel-Sammelalbum und der Karton mit seinen Achtspurkassetten.

Jemand klopft laut an die Tür und ruft: »Jason?«

Ist das Boyd? Es klingt wie Boyd. Das müssen Boyd und Loretta sein! Eine gewaltige Flut entströmt Jason, spült ihn aus dem Bett und trägt ihn zur Tür. »Wir sehen uns später«, hieß also heute noch. Es hieß jetzt gleich. Sie sind wieder da, stehen vor der Tür. Natürlich haben sie ihn nicht verlassen. Das würden sie niemals tun.

Noch ein Klopfen, drängend, ungeduldig.

Jason reißt die Tür auf. Ein Mann, den er kennt, jedoch nicht einordnen kann, steht auf dem Hotelflur, den Daumen in eine Gürtelschlaufe geschoben, ein großspuriges Grinsen auf dem Gesicht. Wer ist dieser Mann? Warum kommt er ihm so bekannt vor? Er trägt eine Kappe mit der Aufschrift »Sandy Excavation«.

»Hi, Kumpel«, sagt der Mann und späht an Jason vorbei ins Zimmer. »Wo ist Lori?«

Als sie Hurricane erreichen, schläft Boyd tief und fest. Alles, was Loretta sieht, trägt zu ihrer wachsenden inneren Unruhe bei – die abendliche Dunkelheit, die Winterlandschaft aus roten Hügeln, Kiefern und vereinzelten Schneebändern, die vertraute Anordnung der

Lichter und dann die Stadt selbst, während sie hineinfährt, mit jedem Kilometer näher an zu Hause, näher an Short Creek. Hurricane ist die Stadt, in der sie ihre Vorräte aufgestockt haben. Und es ist die Stadt, in die sie mit Tonaya gekommen ist, um zu feiern und Jungen hinterherzujagen. Sie steuert den LeBaron langsam die Main Street entlang, mit fünfunddreißig Stundenkilometern. Die hell erleuchtete Texaco-Tankstelle taucht auf, an der sie Bradshaw kennengelernt hat. Vor dem Safeway-Supermarkt sieht sie einen Chevrolet-Kleinbus stehen, vermutlich der Wagen, in dem Bruder Gardner seine zwei Frauen und acht Kinder durch die Stadt kutschiert.

Dann lassen sie Hurricane hinter sich und sind wieder auf dem Highway. Fast am Ziel. In weniger als einer Stunde wird Loretta an ihrem Elternhaus vorbeifahren, dem Haus, in dem sie aufgewachsen ist. Ihre Mutter sitzt wahrscheinlich irgendwo herum und flickt Kleider oder hat ein Buch auf dem Schoß, und ihr Vater steht bestimmt in der beleuchteten Garage und schnitzt neben einem mobilen Heizofen an einem Stück Holz herum. Loretta hat das Gefühl, ihre Eltern kaum zu kennen, sie kaum als eigenständige Personen wahrzunehmen. Ihr fällt ein, was Jason und Boyd auf der Fahrt nach Elko über ihre Eltern erzählt haben – für sie sind sie Individuen mit klar definierten Eigenschaften. Boyds Mom ist witzig und verantwortungslos, tolerant und gelegentlich auch grausam – sie hat Boyds Hund einschläfern lassen, weil er ein Häufchen auf den Teppich gemacht hat. Jasons Dad ist ernst und pünktlich, unnachgiebig und langweilig. Er nutzt jede Gelegenheit, seinen Mitmenschen Lektionen zu erteilen oder sie vor drohenden Gefahren zu warnen, ob es sich dabei nun um moralische Katastrophen oder Bindehautentzündung bei Rindern handelt. Seine Mutter, so hat Jason es zumindest beschrieben, ist im Grunde genauso, nur dass sie Freude empfindet, wo er den Untergang nahen sieht, dass sie optimistisch ist, wo er sich das Leben in düsteren Farben ausmalt. Loretta weiß noch, dass sie gedacht hat: Wie wunderbar die beiden sich anhören.

Die weit verstreuten Lichter von Short Creek tauchen aus der Dunkelheit auf. Bei zwei Dritteln der Lichter kennt sie den Nachnamen der Bewohner. Eine kleine Ansammlung von Behausungen, eine kleine Gemeinde, die nur um sich selbst kreist. Deans Haus könnte sie mit geschlossenen Augen finden. Sie erinnert sich, wie sie damals eingezogen ist. Wie groß der Kummer in ihrem Herzen war. Wie Dean sie am Abend nach der Eheschließung besucht hat. Wie seine Hand auf ihrem Knie ruhte. Um ihr ihren Platz zuzuweisen.

»Ihr habt euch wohl für wahnsinnig schlau gehalten«, sagt Baker.

Jason will ihm nicht antworten. Er will sich übergeben, sein tiefstes Inneres erbrechen.

»Wahn-sin-nig schlau«, wiederholt Baker. Er wirkt sehr zufrieden, fast schon aufgekratzt. Im Auto riecht es nach Schnaps. Baker klopft mit einem Ring aufs Lenkrad, kaut auf seinem Kaugummi herum, als wollte er ihn umbringen. Die Front seines Chevrolet Nova flattert, bringt das Steuer zum Vibrieren, aber Baker drückt das Gaspedal weiter voll durch. Die Tachonadel nähert sich hundertfünfzig Stundenkilometern.

»Mut hast du«, sagt Baker. »Das muss ich dir lassen.«

Hin und wieder überholen sie einen Sattelschlepper, ansonsten liegt die Schnellstraße verlassen da. Hinter ihnen sinkt die Sonne immer tiefer, eine verschwommene weiße Scheibe mit goldenem Hof, und vor ihnen hängt ein Gewitter am Horizont, ein verschmierter dunkelgrauer Streifen. Sie kommen an Wells vorbei, und auf dem nächsten Schild steht: WENDOVER 95, SALT LAKE CITY 288.

In Elko hat Baker sofort damit angefangen, Fragen zu stellen und das ganze Hotelzimmer auf den Kopf zu stellen. Jason hat ihm erschöpft und benommen dabei zugesehen. Es hat eine Weile gedauert, bis er sich wieder daran erinnert hat, wer Baker war. Ich weiß es nicht, ich weiß es nicht, wiederholte er immer wieder, und Baker stellte seine Fragen erneut, legte den Kopf schräg und sah Jason aus zusammengekniffenen Augen an. *Wo ist Lori? Wo ist dein indianischer Freund? Natürlich weißt du es. Ich bin nicht so dämlich, wie du vielleicht glaubst, Kumpel. Warum sind sie weggefahren? Was ist passiert? Habt ihr euch gestritten? Hat sich eure kleine Fahrgemeinschaft aufgelöst? Antworte mir. Keine Angst, so schlimm bin ich nicht, solange du mir antwortest. Nein? Na gut.* Er nahm Jasons Ohr zwischen Daumen und Zeigefinger und drehte so fest daran, dass Jason befürchtete, er würde es abreißen. *Hilft das deinem Gedächtnis auf die Sprünge? Nicht? Okay, dann versuch ich es so: Wo wolltet ihr hin, bevor eure Spaßgesellschaft auseinandergegangen ist? Wohin wart ihr kleinen Gauner unterwegs? Nirgendwohin? Ihr seid also einfach so ins Blaue gefahren?* Er zerrte wieder an Jasons Ohr, zog seine Haut wie Toffee in die Länge, und Jason heulte auf. Es war die völlige Kapitulation. Ich weiß es nicht, ich weiß es nicht, sagte er immer wieder, was die Wahrheit war, aber er machte sich auch bereit, notfalls etwas anderes zu sagen. Dazu war nicht viel nötig. Jason lag seitlich auf dem Bett und versuchte, sich Baker zu entwinden, während dieser über ihm kniete und mit seiner Schnapsfahne Übelkeit in ihm auslöste. Baker zerrte erneut an seinem Ohr. *Hör auf zu jaulen, Jason. Also, wolltet ihr alle zusammen runter nach Hildale?* Jason schüttelte den Kopf. Er sagte: Ich weiß es nicht, ich weiß es wirklich nicht, sie haben mich hier zurückgelassen. *Runter nach Nephi?* Er schüttelte den Kopf. *Runter nach Short Creek?* Jason hat keine Ahnung, wie sich sein Gesicht in diesem Moment veränderte. Jedenfalls ließ Baker ihn los, klatschte energisch in die Hände und sagte: *The Crick. Na gut.* Er ging zur Tür, hielt mit der Hand am Türknauf inne und blickte zu Jason zurück, der zusammengerollt auf dem Bett lag. Überlegte fünfzehn Sekunden, wiegte seinen Kopf hin und her wie ein Uhrpendel, machte ein verärgertes Gesicht, zuckte mit den Schultern und sagte schließlich: *Pack deinen Scheiß zusammen.* Und dann saßen sie in seinem Chevy Nova und fuhren los.

»So schlau wart ihr dann allerdings doch nicht«, erklärt Baker jetzt und wedelt mit dem Zeigefinger hin und her, als wollte er damit die Scheibe wischen. »Euer Plan hatte nämlich eine Schwachstelle. Kannst du mir sagen, welche?«

»Nein.«

»Rate.«

»Ich weiß es nicht«, sagt Jason und hält sich zusammengeknülltes Toilettenpapier aus dem Stockmen's ans Ohr.

»Mein Gott, bist du ein Baby.« Baker sagt es so, wie er bis jetzt alles gesagt hat: als könnte nichts seine fröhliche Laune trüben. »Ich hätte dich für ein bisschen härter im Nehmen gehalten.«

Durch den Schlitz der Autotür pfeift ein kalter Luftzug herein. Der Rückspiegel reflektiert gleißend die Sonne, und der Schatten des Nova rast ihnen auf dem ausgeblichenen Asphalt voraus, geädert von schwarzem Teer. Jason weiß, dass sie ungefähr sieben Stunden brauchen werden bis Short Creek.

»Der verhängnisvolle Fehler«, erklärt Baker, »waren die Schecks.«

»Die Schecks?«

»Die Schecks.«

»Was meinst du?«

Baker lacht laut los.

»Verarschst du mich jetzt?« Wieder schraubt sich sein Blick in Jason hinein, als könnte er die Wahrheit aus ihm herausbohren. Dann entspannt sich sein Gesicht, und er lacht, ein tief empfundenes, aufrichtiges Lachen. »Lori, Lori.«

»Was?«

»Ich verrate dir jetzt etwas über unsere liebe Loretta«, sagt Baker. Er legt den Kopf schief und starrt nachdenklich auf die Straße hinaus. Nach einem Lächeln fängt er an zu sprechen, hält inne, grinst wieder und kratzt sich den Kiefer. »Ach. Egal.«

»Was denn?«

»Nichts. Die haben dich also wirklich stehen gelassen und sind einfach abgehauen?«

Jason antwortet nicht.

»Tut mir leid für dich. Echt Scheiße.«

Baker grinst immer noch. Zappelt herum, schnippt mit den Fingern. Dann zieht er einen silbernen Flachmann aus seiner Hemdtasche, schraubt ihn auf und trinkt daraus.

»Die süße kleine Loretta ist leider nicht ganz so zuverlässig, was Versprechen angeht«, sagt er. »Insofern: Ja, echt Scheiße, was dir passiert ist, aber eure Abmachung wäre früher oder später sowieso geplatzt.«

Jason denkt über die Schecks nach. Deans Schecks? Er versucht, die Puzzleteile zusammenzusetzen.

»Du bist also wegen Dean hier?«, fragt er.

»Teilweise wegen ihm, teilweise wegen mir.«

Sie fahren weiter, kommen an West Wendover vorbei, einem kleinen Ort kurz vor der Grenze zu Utah. Vor ihnen erstreckt sich eine weiße flache Ebene, eine rissige Mondlandschaft, die so weit reicht und so platt ist, dass Jason sich einbildet, die Erdkrümmung erkennen zu können. Vielleicht sind sie im Fegefeuer gelandet, und Baker ist sein Reiseführer. Vielleicht ist Jason tot und auf dem Weg in die Hölle.

Auf einem Schild steht: BONNEVILLE SALT FLATS – BESUCHERZENTRUM I.

»Ich liebe diesen Ort«, sagt Baker. »Hier haben die von George Donner angeführten Siedler damals auf die harte Tour dazugelernt. Weil sie nicht genug Wasser dabeihatten, ist ihr Vieh draufgegangen. Sie selbst sind auch schwach und krank geworden. Und weil sie zu lange gebraucht haben, um die Salzwüste zu durchqueren, wurden sie später in den Bergen vom Winter überrascht.«

Er lacht. Als sie um eine Kurve biegen, tauchen die Lichter einer Ortschaft auf, gelb leuchtend in der Abenddämmerung.

»Merk dir das für dein nächstes großes Abenteuer, Kleiner«, sagt Baker. »Es geht nie erst am Ende schief. Da wird es nur unübersehbar, aber davor durchquert man eine Salzwüste mit zu wenig Wasser, und dann sterben einem die Ochsen weg und die Kinder kriegen Skorbut.«

Wieder bricht er in Gelächter aus. »Und ehe man sich versieht, hat man alle seine Pferde aufgegessen und steckt im Schneesturm fest.«

Die zartlila schimmernde Salzwüste wird immer dunkler, Körnchen für Körnchen. Die Welt kommt Jason viel zu riesig vor, viel zu leer, um einfach ein paar Stunden zu fahren und Boyd und Loretta einzuholen. Die Geschwindigkeit, mit der sie unterwegs sind, und Bakers Entschlossenheit überzeugen ihn dennoch davon, dass sie die beiden finden werden und dass es schlimm enden wird für Loretta, vielleicht sogar sehr schlimm. Es wird auch für Boyd schlimm enden, und für ihn selbst. Und das ist ganz allein seine Schuld.

»Hast du Hunger?«, fragt Baker. »Ich könnte den Arsch einer Kuh verspeisen.«

In der Raststätte, in der sie haltmachen, stopft Baker riesige Bissen von seinem Hamburger in sich hinein und zermalmt das Essen mit regelmäßigen ausladenden Bewegungen. Von Zeit zu Zeit gähnt er. Die Luft ist erfüllt von Besteckgeklapper und den Gesprächen von Fernfahrern und Landbewohnern. Die Kellnerin schenkt Baker Kaffee nach.

»Scheinst ne lange Fahrt vor dir zu haben«, sagt sie. »Hast du ne Ladung, die du ausliefern musst?«

»Nö«, antwortet Baker und zwinkert. »Aber ein Mädchen, das ich treffen muss.«

Er blickt auf Jasons Teller und sagt: »Hey, dein Hamburger isst sich nicht von allein.«

»Was passiert, falls wir sie finden?«, fragt Jason.

»*Wenn* wir sie finden. Immer positiv denken.«

Baker greift über den Tisch und schnappt sich Jasons Burger. Beißt ein Drittel davon ab und kaut und kaut, während er Jason anstarrt. Dann beißt er noch einmal ab und sagt: »Das sehen wir, wenn es so weit ist.«

Es beginnt zu schneien, als sie am südlichen Zipfel des Great Salt Lake vorbeifahren, der sich wie eine große Leere unter der wolkigen Nacht erstreckt. Überall sonst glitzern Lichter im Tal, und eine dicker werdende Schneeschicht bedeckt die Schnellstraße. Nur die parallel verlaufenden Reifenspuren der Vorausfahrenden bleiben frei. Der Nova rutscht und schlingert, aber Baker drückt das Gaspedal weiter voll durch. Er umklammert das Lenkrad mit beiden Händen und sitzt vorgebeugt da, als könnte er den Wagen mit schierer Willenskraft in der Spur halten.

Jason wünscht sich einen Unfall. Soll er beten, dass sie mit einem anderen Fahrzeug zusammenstoßen oder von der Straße abkommen? Er ist sich nicht sicher, ob er den Unterschied zwischen Wünschen und Beten wirklich versteht. Ihm fällt auf, dass er sich selbst hier, wo der Weg der Mormonen einst sein Ende fand, wo die Pioniere ihre Handkarren stoppten und Brigham Young verkündete, dies sei der auserwählte Ort, wo Gott die Möwen aussandte, um die Ernte zu retten, und wo eine strahlende neue Stadt erbaut wurde, dass er sich selbst hier, wo die Kirche der Mormonen ein neues Zuhause fand und wuchs, wo der Tempel und das Gotteshaus entstanden, wo die Heiligen sich seither zweimal im Jahr treffen, um Gott zu verehren und sich vom Rest der Welt abzugrenzen, dass er sich selbst hier, wo seine Eltern alle paar Jahre mit ihm hinfahren, um den Temple Square zu besuchen und im Hotel Utah zu übernachten, hier, in der Hauptstadt der Mormonen, ihrem Mekka, nicht ins Gebet flüchtet, so verzweifelt und allein er sich auch fühlt. Er muss an das Ja-oder-nein-Spielchen denken, das Boyd und er früher mit großer Ernsthaftigkeit betrieben haben, und ihm geht auf, dass er zu einer Antwort gelangt ist. Es ist eigentlich eher ein Gefühl. Eine Mutmaßung. Aber auch das ist eine Form von Glauben.

Sie überholen mehrere Sattelschlepper und sehen fast

nichts vor spritzendem Schnee. Auch Kombis und Pick-ups lassen sie hinter sich. Der Nova rutscht an ihnen vorbei, bleibt jedoch in der Spur. Manchmal stößt Baker einen kurzen Schrei aus, um sich anzufeuern, manchmal gähnt er und schüttelt anschließend heftig den Kopf, um seine Müdigkeit zu vertreiben, aber die meiste Zeit ist er angespannt, konzentriert, hält das Steuer mit beiden Händen und streckt das Kinn vor. Der Flachmann bleibt in seiner Hemdtasche.

Eine Stunde südlich von Salt Lake hört es auf zu schneien, und die Schnellstraße leert sich. Baker entspannt sich nach und nach, lehnt sich zurück und hält das Lenkrad nur noch mit einer Hand. Trotzdem wirkt er immer noch erregt. Es ist schon nach zehn.

»Erzähl mal«, fordert er Jason auf. »Hast du sie gevögelt? Hat dieser andere Kerl sie gevögelt? Der Indianer? O Gott, hoffentlich nicht. Hoffen wir es für sie. Ich meine, ihr wird auch so schon genug Scheiße um die Ohren fliegen, ohne dass sie diesen dahergelaufenen Bastard bumst.«

»Nenn ihn nicht so«, protestiert Jason, woraufhin Baker ihm in die Schulter boxt, mit einer steinharten Faust, die ihn gegen die Tür wirft.

»Erklär du mir nicht, was ich zu sagen habe.«

Jason reibt sich den Arm, und sobald er die Hand wegnimmt, boxt Baker ihn schon wieder in die Schulter. Die Schmerzen rauben Jason den Atem und treiben ihm die Tränen in die Augen.

»Kapiert, verdammt noch mal?«, fragt Baker.

»Kapiert«, antwortet Jason. *»Okay.«*

»Also. Wer hat sie gevögelt? Irgendjemand hat sie bestimmt gevögelt.«

»Nein.«

»Kleiner, du musst der dämlichste Kerl sein, der auf Erden herumläuft. Dein Kumpel hat sie gebumst. Bumst sie immer noch. Ich meine, so läuft es doch: Du hast alle deine Pferde gegessen, steckst im Schneesturm fest und jemand anders bumst dein Mädchen.«

Er hämmert mit dem Handballen aufs Lenkrad. Jason bekommt es immer mehr mit der Angst zu tun. Er bemüht sich verzweifelt, die versteckte Botschaft der Geschichte zu verstehen: Wer hat die Pferde gegessen? Wofür steht der Schnee?

»Schnallst du es nicht?«, fährt Baker fort. »Du bist geliefert, so sieht es aus.«

Ein Schild taucht glänzend im Licht ihrer Scheinwerfer auf: CEDAR CITY 180. Jason weiß, dass sie in Cedar City die Schnellstraße verlassen und in die Wüste hineinfahren werden, bis sie Short Creek erreichen.

Baker gähnt, und das Gähnen ergreift gegen seinen Willen von ihm Besitz, wird immer größer und mächtiger. Er schüttelt heftig den Kopf, um es zu vertreiben. Dann schnieft er und nickt.

»Tja, ich fürchte, Lori hat deine kleine Rothaut gevögelt. Es ist schlimmer, als ich dachte. Ich meine, da lebt man sein Leben, schmiedet seine Pläne, versucht, das Richtige zu tun, und was passiert? Was passiert, Kleiner? Das frage ich dich.«

»Ich weiß es nicht.«

»Du weißt es nicht? Natürlich weißt du es, weil ich

es dir gerade gesagt habe! Es passiert Folgendes«, erklärt Baker. »Du hast alle deine Pferde gegessen, steckst im Schneesturm fest, und das Mädchen, das du liebst, bumst irgend so einen dreckigen, dunkelhäutigen Indianer, und du musst dir überlegen, was du deswegen unternimmst.«

Er pfeift und schnalzt mit der Zunge.

»Wen von den beiden du als Nächstes verspeist.«

Ihr ist mulmig zumute, als sie wieder dieses Haus betritt. Ein wenig verwirrt und wie betäubt sieht sie sich um. Auf dem Boden steht eine ausgestöpselte Lampe, deren Kabel ihr das Aussehen eines Tiers mit Schwanz verleiht. Der durch die Fenster hereinscheinende Mond malt Lichttrapeze an die nackten Wände, und auf dem Teppichboden spuken die Geister fehlender Möbelstücke herum.

»Das Haus ist ja riesig«, sagt Boyd und macht das Licht an. Loretta schaltet es wieder aus. »Muss nicht jeder wissen, dass wir hier sind«, sagt sie und stellt ihre Reisetasche ab. Das Gold darin – die Münzen in dem Leinensäckchen, das sie in einen langen Jeansrock gewickelt hat – schlägt dumpf auf den Linoleumboden des Eingangsbereichs. Sie streift ihre Schuhe ab. Macht der Gewohnheit. Eine von Ruths Regeln. Boyd hingegen schlendert mit seinen schmutzig grauen Tennisschuhen über den Teppichboden und starrt zur hohen Decke hinauf, als befände er sich in einer Kathedrale. Es ist schon nach zehn – in dieser Gegend mitten in der Nacht. Trotzdem könnte es sein, dass jemand Licht im Haus sieht und auf sie aufmerksam wird. Zum Beispiel der Vereinigte Orden. Das Gotteskommando. Vielleicht gehört das Haus inzwischen offiziell Onkel Elden oder dem Orden, wie alles hier. Aber Deans Schlüssel hat in die Haustür gepasst, und ob auch die anderen Schlüssel passen, wird Loretta in Kürze herausfinden. Sie umklammert sie so fest, dass sie ihr in die Handfläche schneiden.

Wahrscheinlich ist es an der Zeit, Boyd einzuweihen. Sie will gerade das Wort an ihn richten, als er auf sie zugeschlendert kommt und dabei versucht, einen möglichst romantischen Blick aufzusetzen. Sie nehmen einfach kein Ende, die Männer, die es auf sie abgesehen haben. Boyd ist deutlich anzumerken, wie nervös und verlegen er ist. Auf einmal vermisst sie Bradshaw und sein irres Selbstvertrauen.

»Lass das jetzt«, sagt sie, mildert die Zurückweisung jedoch mit einem Lächeln ab. »Ich muss dir etwas zeigen. Dir etwas erklären.«

Sie setzen sich mitten in dem dunklen, vom Mond beschienenen Raum auf den Boden, und Loretta erzählt ihm, dass sie Goldmünzen entwendet hat, erzählt ihm, dass es noch mehr Gold gibt und dass dieses Gold vermutlich hier in Deans Büro eingeschlossen ist. »Gold!«, wiederholt Boyd. »Scheiße, ist das geil!« Sie wickelt die Münzen aus und zeigt sie ihm, dick und schwer, mit einem satten Schimmer, der im trüben Licht fast bernsteinfarben wirkt. Er darf die Münzen in die Hand nehmen und starrt sie ehrfürchtig an. »Gold!«, murmelt er immer wieder, wie ein Gebet oder einen Fluch. Sie erklärt, dass das Gold aus Sutter Creek stamme und daher eine große Bedeutung für Dean besitze, und wie wichtig dieser Umstand wiederum für sie sei.

»Ich will es ihm wegnehmen, und er soll wissen, dass ich es war und dass ich ganz genau wusste, wie viel es ihm bedeutet«, sagt sie.

Boyd sieht sie auf einmal eigenartig an.

»Lori«, flüstert er. »Warum hat er das Gold hiergelassen? In einem leeren Haus?«

»Was?«

»Warum hat er es hier zurückgelassen? Warum hätte er das tun sollen?«

Die Erkenntnis trifft sie nicht nach und nach, sondern mit einem Schlag, ohne dass sie erst darüber nachdenken müsste. Sie fühlt sich an einen Fahrradunfall erinnert, den sie einmal hatte: Im einen Moment fuhr sie noch geradeaus und im nächsten plötzlich gar nicht mehr; der Aufprall schien nicht nur aus einer Richtung zu kommen, sondern von überall gleichzeitig. Wie ist sie je auf die Idee gekommen, das Gold sei hier? Sie weiß es nicht mehr.

»Lori?«

Sie nimmt die Münzen und wickelt sie wieder ein, bevor sie in den Raum eilt, der von der Küche abgeht und in dem sich ganz hinten in einem weißen Quader Deans Büro befindet. Vor der Tür bleibt sie stehen, steckt den Schlüssel ins Schloss und dreht ihn. Er passt. Der kleine Büroraum ist fensterlos, weshalb sie unbesorgt das Licht einschaltet. Auch hier wurde das meiste ausgeräumt, nur einige Bücher und Aktenordner sind noch da, und ein Paar Lederstiefel auf dem Boden neben dem Schreibtischstuhl. Ein Stiefel ist umgekippt und liegt auf der Seite. Loretta geht zum Aktenschrank, beugt sich zur untersten Schublade hinunter und nimmt den kleinsten Schlüssel zwischen Daumen und Zeigefinger. Der Schlüssel lässt sich im Schloss drehen, die Schublade geht auf. Sie ist leer.

»Tja, Scheiße.« Boyd ist ihr gefolgt.

Sie sinkt auf den Stuhl.

»Komm, ist doch egal«, sagt Boyd.

Ihr ist es nicht egal. Und überhaupt: Es steht ihm nicht zu, ein Urteil über die Sache zu fällen und zu entscheiden, ob sie egal ist oder nicht. Sie kickt träge gegen die Metallschublade, dann noch einmal fester. Ihre Gedanken wandern zurück: Das Sutter-Creek-Gold war nicht bei den Münzen in Deans Büro in Gooding, das glaubt sie mit Sicherheit zu wissen. Und an allen anderen Orten im Haus hat sie auch nachgesehen, zumindest an allen, die ihr eingefallen sind, bei jeder sich bietenden Gelegenheit. Was ist dann passiert? Warum ist sie zu dem Schluss gelangt, dass es hier in Short Creek ist? Weil er es ihr gesagt hat. Oder doch nicht? Die Vorstellung erscheint ihr jetzt grotesk. Sie kommt sich dumm vor. Genauso dumm wie Jason. Genauso dumm wie Boyd.

»Besser, wir verschwinden von hier«, sagt sie.

»Wir haben ja immer noch die Münzen«, entgegnet Boyd.

Sie antwortet nicht. *Wir.* Seine großen vorwurfsvollen braunen Augen. Wie hat sie nur mit ihm schlafen können? Auf einmal ist sie es, die ein Urteil trifft, und zwar über sich selbst: Hure. Boyd lässt sich mit ausgestreckten Armen aufs Sofa fallen, völlig erschöpft. Loretta geht unterdessen zur Treppe und steigt die mit Teppich ausgelegten Stufen hinauf. Sie will ihre Sachen holen, ihren Schuhkarton, und dann werden sie abhauen und es wird okay sein, es wird in Ordnung sein, es wird trotzdem noch großartig sein, dass sie das alles getan hat, dass sie Dean und ihrem bisherigen Leben entflohen ist.

»Vielleicht könnten wir einfach hierbleiben!«, ruft Boyd von unten herauf. »Uns den Brüdern anschließen!«

Wir. Sie erreicht den ersten Stock und tappt zum Ende des Flurs. Zwei kleine Rahmen hängen noch an der Wand, Stickbilder von Ruth mit Zitaten aus den Schriften: »Davids Frauen und Nebenfrauen wurden ihm von mir gegeben …«

Sie geht in ihr Zimmer. Betrachtet das durchhängende schmale Bett unter der Steppdecke aus Jeansflicken. Den Toilettentisch mit seinem schmuddeligen Spiegel, in dem sie beobachtet hat, wie Ruth ihr für die Trauung die Haare flocht. Durchs Fenster sieht sie ein paar vereinzelte Lichter, weit verstreut und zu den gezackten Wüstenbergen hin auslaufend. Loretta zieht die Schubladen auf, leer, leer, leer. Dann entdeckt sie in der untersten Schublade ihren Schuhkarton. Heiße Tränen steigen ihr in die Augen. Sie nimmt den Karton heraus und öffnet ihn. Ihre Kehle schnürt sich zusammen, und ihre Kopfhaut kribbelt. Sie setzt sich auf den gepolsterten Hocker vor dem Toilettentisch und geht den Inhalt ihres Kartons durch. Da ist der Weihnachtsschmuck ihrer Großmutter. Ihr Tagebuch. »Der Mann, den ich einmal heiraten werde.« Die Ohrringe. Die Pfeilspitzen. Ein verschwommenes Foto von ihr als Kleinkind, ihre Eltern, die sich über sie beugen. Sie hebt den Kopf und erschrickt über ihren Anblick im Spiegel: gramerfüllt, wie erschlagen. Sie fühlt sich niedergedrückt von ihrer Trauer, ihrer Trauer um alles, was vergangen ist, was unerreichbar ist, für immer verloren. Um alles, was nicht mehr zu ändern ist, weil es nun einmal geschehen ist und nicht mehr rückgängig gemacht werden kann.

Jason wacht auf, als Baker ihn anstößt. »Gleich gehts los«, teilt er ihm mit.

Der Nova rollt mit ausgeschalteten Scheinwerfern eine unbefestigte, von hohem Gras gesäumte Straße entlang. Umrisse tauchen aus der Dunkelheit auf, ein hoch aufragendes, scheunenartiges Haus mit breiten Giebeln. Sie sind irgendwo auf dem Land. Die Sterne sehen winzig aus, als würden sie sich von der Erde wegbewegen.

»Du schnarchst wie ein Mädchen«, sagt Baker.

»Wie viel Uhr ist es?«

Baker lacht in sich hinein. »Du bist echt ein komischer Kauz. Spät.«

»Wo sind wir?«

»Wir sind da, Kumpel. The Crick. Wir sind da.«

Sie halten vor dem Haus. Es ist dunkel bis auf ein schwaches Licht, das durch die Vorhänge des größten Fensters dringt. Vor ihnen, dort, wo das Gras des Vorgartens in die Wildnis übergeht, steht schräg geparkt der

LeBaron. Baker stützt sich aufs Lenkrad und reibt sein Kinn mit einem Fingerknöchel, während er zum Haus hinüberstarrt. Jason sieht jetzt, dass es ein preiswertes, einfaches Haus ist – schmutzig cremefarben gestrichene Holzverkleidung, Asphaltschindeln auf dem Dach, kleine, dunkle Giebelfenster. Ein breiter Streifen Farbe hat sich abgelöst und hängt auf die Erde hinab. Im Gras liegt ein Dreirad.

»Ich weiß nicht, was ich machen soll«, gesteht Baker. »Was denkst du, was ich machen sollte?«

»Vielleicht sollten wir einfach wieder fahren.«

»Der war gut. Okay.« Er schlägt mit beiden Handflächen aufs Lenkrad. »Dann gehen wir mal zu unseren Freunden hinein.«

Frostiges Gras knistert unter ihren Füßen. Auf der Betonstufe vor dem Haus liegt eine abgetretene Matte mit der Aufschrift WILLKOMMEN. Der untere Teil der Holztür ist zerschrammt. Baker blickt sich um, denkt nach. Er scheint sich keine Sorgen um Jason zu machen, darum, was Jason tun könnte, und Jason fragt sich, warum es so offensichtlich ist, dass er nichts unternehmen wird. Baker greift nach dem Türknauf und dreht ihn. Als die Tür aufspringt, sieht er Jason freudig überrascht an. Der Eingangsbereich ist mit Linoleum ausgelegt und geht in eine Teppichbodenhöhle von einem Wohnzimmer über. Der riesige Raum ist halb leer, und an seinem hinteren Ende schließt sich eine Küche an, in der ein einzelnes Licht brennt. Die Möbel im Wohnzimmer fehlen teilweise, und das verbliebene Mobiliar – ein kleines Sofa und ein Beistelltisch – deutet an, wo einmal die restlichen Möbel gestanden haben. Im Eingangsbereich liegen einige Gegenstände auf einem Haufen: zwei Reisetaschen, verschiedene Kleidungsstücke, ein Paar Tennisschuhe, die Jason als Lorettas identifiziert. Baker betritt das Wohnzimmer. Gähnt. Schleicht weiter in die Küche und starrt aus dem Fenster. Der Kühlschrank brummt. Baker macht kehrt und kommt zurück, und genau in diesem Moment öffnet sich eine seitlich vom Wohnzimmer abzweigende Tür, aus der Boyd erscheint, mit gesenktem Blick, weil er sich gerade die Jeans zuknöpft.

Bakers Miene hellt sich auf, er wirkt hocherfreut. Noch bevor Boyd merkt, dass irgendetwas nicht stimmt, sagt er: »Hallo, du kleiner Scheißer.« Er macht drei schnelle Schritte durch den Raum und schlägt Boyd mit solcher Wucht seitlich gegen den Kopf, dass dieser taumelt und auf dem Hintern landet. Baker setzt noch einmal nach, mit einem kräftigen Hieb aufs Ohr, und Boyd kippt zur Seite und hält sich schützend die Hände vor den Kopf. Aus dem ersten Stock ist eine Stimme zu hören: »Boyd?« Es ist Loretta.

Baker blickt zur Treppe und stößt als Antwort einen Schrei aus, ein wortloses, animalisches Brüllen, das er aus irgendeinem dunklen Ort tief unter der Erde heraufzuholen scheint.

Dann stürmt er immer zwei Stufen auf einmal nehmend die Treppe hinauf.

Bradshaw? Was? *Bradshaw?* Loretta kann sich nicht zusammenreimen, warum Bradshaw hier sein sollte, aber er ist es und kommt zur Tür hereingestürmt, während sie noch am Toilettentisch sitzt, den Karton auf dem Schoß hält. Er lächelt diabolisch und bewegt sich mit solcher Entschlossenheit auf sie zu, dass ihr Körper aus gutem Grund in Panik gerät, noch bevor ihr Verstand nachzieht – er scheint in Sekundenschnelle auszutrocknen, ist völlig verdorrt und zittert.

Bradshaw stößt ihr den Schuhkarton vom Schoß.

»Hey, Baby. Überraschung.«

Sie schüttelt den Kopf. Er steht vor ihr, und seine rasende Wut erfüllt den ganzen Raum.

»Was denn? Bist du nicht überrascht?«

»Brad«, stammelt sie.

Er beugt sich vor, schiebt sein Gesicht so dicht vor ihrs, dass seine Nase die Härchen auf ihrer Nase kitzelt, und brüllt: »HALT DEN MUND!« Seine Alkoholfahne trifft sie mit voller Wucht. Er richtet sich wieder auf und atmet energisch durch die Nasenlöcher ein, und dann sagt er beinahe versonnen, als würde er mit sich selbst reden: »Halt einfach den Mund, Lori. Ein für alle Mal. Und jetzt beweg deinen treulosen Arsch nach unten.«

Sie gehen zur Tür hinaus, den Flur entlang und die Treppe hinunter, und unten wartet die nächste Überraschung: Jason. Er steht in der Küche und sieht aus wie ein Hase, der stillhält, damit ihn der Falke nicht entdeckt.

Boyd krümmt sich auf dem Boden und hält sich den Kopf.

»Was für ein Haufen Feiglinge«, sagt Bradshaw kopfschüttelnd.

Jason erkennt Loretta nicht wieder. Sie hat die Kontrolle über ihr Gesicht verloren. Und sie nennt Baker Brad. Warum nennt sie ihn Brad, und warum tut sie es auf diese unterwürfige Weise?

»Ich dachte, ihr zwei würdet vielleicht die Chance nutzen und euch verpissen«, sagt Baker. »Aber nein. Offenbar mögt ihr mich.«

Er packt Loretta beim Arm, führt sie unsanft zu dem kleinen Sofa und schubst sie darauf.

»Und ihr zwei kommt her und setzt euch auch hierhin«, ordnet er an.

Nachdem sie alle drei aufgereiht sind – Loretta auf dem Sofa, die Jungen links und rechts vor ihr auf dem Teppich –, blickt Baker zwischen Boyd und Loretta hin und her und tut so, als müsste er gründlich nachdenken.

Schließlich sieht er Jason an, deutet mit dem Daumen auf die anderen beiden und fragt: »Was habe ich dir gesagt, du Idiot?«

Bradshaw holt tief Luft. Zieht den Flachmann aus seiner Gesäßtasche und trinkt daraus, bis er leer ist. Dann wiegt er den Kopf hin und her, als würde er einen inneren Konflikt austragen.

»Ich wollte dich gerade anrufen«, beteuert Loretta.

»Ach ja?«

Er fängt an, auf und ab zu gehen, wobei er wütend die Absätze seiner Stiefel in den Boden rammt.

»Ja«, antwortet sie, und er nickt und stapft weiter herum und fragt mit trübem Blick: »Dein Plan bestand also darin, abzuhauen, ohne mir etwas davon zu sagen, mit diesen beiden Witzfiguren hierherzufahren, dir zu holen, was du holen wolltest, und mich anschließend anzurufen?«

Loretta und Baker reden über Geheimnisse und Pläne, und Jason verspürt einen weiteren heißen Stich der Eifersucht. Wie sehr er sich doch geirrt hat, in allem.

»Ja, Brad. Ja«, sagt Loretta, und ihre Stimme bebt vor Furcht. Schon wieder Brad. Was hat es zu bedeuten, dass sie ihn so nennt? »Ja?«, fragt Baker, als wäre er aufrichtig neugierig. Er geht zu Boyd und tritt ihm so fest in die Rippen, dass er hochgeschleudert wird und anschließend stöhnend auf der Seite liegen bleibt. »Verflucht noch mal«, jammert er. Baker taxiert und tritt erneut zu. »Von dir will ich nichts mehr hören, du verdammte Rothaut«, knurrt er warnend. Boyd erbricht eine feuchte, nach Bier stinkende Masse auf den Teppich. »Ein Tritt für jedes weitere beschissene Wort«, sagt Baker, und Boyd hustet und flüstert: »Okay.« Baker verpasst ihm noch einen Tritt, und Boyd fängt stumm an zu weinen.

Bradshaw nimmt seine stampfenden Runden durchs Zimmer wieder auf. Irgendwann fragt er Lori: »Also, wo ist es?« Ohne zu wissen, warum, antwortet sie: »Ich habe es. Ich wollte dich gerade anrufen und es dir sagen.« Sie versucht, seinen Blick auf sich zu ziehen, ihm in die Augen zu sehen, den Ort zu erreichen, an dem er alles tut, was sie von ihm will.

»Ich habe es für uns geholt«, sagt sie.

»Das ist ja so was von toll«, entgegnet er.

Er gähnt, mit weit aufgerissenem Mund. Weigert sich, ihr in die Augen zu sehen.

Worüber reden die beiden da? Jason wünscht sich sehnlich, Loretta würde ihn anschauen, doch das tut sie nicht. Ihr Blick verfolgt Baker, und sie hat eindeutig große Angst, sie scheint Jason überhaupt nicht wahrzunehmen.

»Ich weiß nicht recht …«, sagt Baker. Er geht zum Sofa und zieht Loretta am Arm auf die Füße. »Ich bin zutiefst enttäuscht von dir, Lori, aber vielleicht kannst du es ja wiedergutmachen.«

Jetzt sieht sie Jason doch noch an, und dann Boyd, und ihr Gesicht zerfällt. Ihr verzweifelter Blick gibt Jason das Gefühl, einer ihrer Geiselnehmer zu sein.

»Nach oben«, befiehlt Baker.

Sie bewegt sich auf die Treppe zu. Auf Socken. Wenn sie sich doch nur ihre Schuhe schnappen könnte – sie stehen direkt dort im Hauseingang. Stattdessen geht sie folgsam die Stufen hinauf. Hinter ihr bleibt Bradshaw stehen. Er sagt: »Was ihr beiden Dreckskötер macht, ist mir eigentlich ziemlich egal.« Loretta beschleunigt ihre Schritte ein wenig. Bradshaw steht immer noch am Fuß der Treppe und sagt zu den Jungen: »Vielleicht solltet ihr einfach die Fliege machen.« Jetzt ist sie auf der obersten Stufe angekommen, und dann ist sie im Flur, und dann spurtet sie auf ihr Zimmer zu.

Einfach abhauen?, denkt Jason.

»Lori und ich kommen jetzt allein klar«, erklärt Baker grinsend und fügt hinzu, als wäre es ihm ein inneres Bedürfnis: »Falls ihr versteht, was ich meine.« Er zwinkert und schnalzt mit der Zunge, als würde er ein Pferd antreiben, und erklimmt dann den Rest der Treppe.

Sie macht die Tür hinter sich zu, schließt sie ab und rennt zum Fenster, aber es lässt sich nicht aufschieben. Der dicke Holzpflock, den Dean dort angebracht hat, blockiert es. Von außen wird wild am Türknauf gerüttelt. »Lori?«, ruft Bradshaw. Sie hebt den Hocker, der vor dem Toilettentisch steht.

Jason und Boyd rühren sich nicht. »Los, komm«, drängt Jason. »Wir sind zwei gegen einen.«

Boyd schnaubt verächtlich. »Genau, du toller Hecht. Zwei von unserer Sorte, und einer von seiner.« Oben brüllt Baker Lorettas Namen und hämmert, hämmert, hämmert gegen die Tür. Dann ist das scharfe Splittern von Glas zu hören.

Loretta stellt den Hocker wieder ab und steigt darauf. Zähe, eiskalte Luft strömt herein. Bradshaw gibt nicht auf, jetzt tritt er auch gegen die Tür. Sie hört es krachen und steigt aufs Fensterbrett. Die Glasscherben bohren sich in ihre Fußsohle, als sie mit eingezogenem Kopf durchs Fenster kriecht, sich abstößt und in den Himmel hinausspringt.

Bei der Landung spürt sie es sofort: eine Explosion in

ihrem linken Fußknöchel. Völlige Zerstörung. Sie rollt sich ab, und der Aufprall nimmt ihr die Luft. Ein Fuß blutig, einer gebrochen. Der LeBaron steht fünfzehn Meter entfernt, den Schlüssel hat sie in der Hand. Sie steht auf und fängt an zu hüpfen.

Irgendetwas rauscht am Fenster vorbei in den Vorgarten hinunter. Oben brüllt Baker: »Gottverdammte Scheiße!« Dann kommen seine Stiefel die Treppe heruntergepoltert. »Los jetzt«, sagt Jason zu Boyd.

Er steht vom Boden auf. Baker nimmt Kurs auf die Haustür, und Jason rennt los, ohne nachzudenken, ohne eine bewusste Entscheidung zu treffen. Baker dreht überrascht und irritiert den Kopf, als er ihm den Weg abschneidet und sich auf seine Beine stürzt, und stürmt einfach weiter, aber Jason klammert sich eisern fest.

Loretta hüpft auf ihrem zerschnittenen Fuß übers Gras und erwartet jeden Moment, dass hinter ihr die Tür aufgerissen wird. Sie spürt, wie sich in ihrem gebrochenen Knöchel bei jedem Hüpfer die Knochen verschieben. Der stechende Schmerz ist beinahe ein Trost, eine warme Ablenkung, eine willkommene Zuflucht. Sie erreicht den LeBaron und stützt sich mit der Hand ab, hopst an ihm entlang und greift nach der Tür.

Jason hält Bakers strampelnde Oberschenkel fest und packt mit der rechten Hand dessen linkes Handgelenk, während Baker Schläge auf seinen Rücken niederregnen lässt. »Du bist tot, du kleines Arschloch«, faucht

Baker wütend, schnappt sich Jasons Ohr und dreht wieder daran, so fest, dass der Schmerz grell an Jasons Kopfhaut entlanglodert und die Gewissheit bringt, dass es wahr ist, was Baker sagt: dass Jason sterben wird, und zwar bald. »Du bist so was von tot.« Draußen springt tuckernd der LeBaron an. Das Motorengeräusch wird erst lauter und dann immer leiser. Jason spürt, dass er Bakers Beine nicht mehr lange im Griff hat, der Spielraum wird bereits größer. Baker rammt ihm immer wieder die Knie in die Brust. Bald wird Jason erledigt sein, aber so richtig. Baker fängt an, seine Knie mit aller Kraft anzuheben, eins von ihnen knallt gegen Jasons Mund. Der Eisengeschmack von Blut auf seiner Zunge bestärkt Jason in der Überzeugung, dass Baker sich jeden Moment befreien wird. Dann wird er innerhalb von Sekunden bei seinem Auto sein und sich an Lorettas Fersen heften, und sie hat keine Chance, zu entkommen. Plötzlich spürt er einen Ruck. Boyd. Er hat ein Knie gegen Bakers Rücken und das andere gegen seinen Nacken gestemmt und drückt sein Gesicht in den Teppich. Baker hört auf, mit den Beinen um sich zu treten, und Jason kann ihn wieder besser um die Oberschenkel packen, das Gesicht gegen seine Hüfte gedrückt. »Jungs«, nuschelt Baker in den Teppich, mit zusammengequetschtem Mund, und dann noch einmal: »Jungs!« Der LeBaron ist inzwischen weit weg, ist inzwischen wer weiß wo, und Baker brüllt wie ein Tier in den Teppich hinein. So kauern sie da, zu dritt ineinander verkeilt, bis Jason nur noch eins mit Sicherheit weiß: dass sie den LeBaron nirgendwo mehr hören können. Er ist ganz und gar verschwunden.

Sie kann mit einem Fuß fahren, muss es sich nur fest genug vornehmen. So wie Ruth es tun würde. Mit ihrem blutdurchtränkten Socken drückt sie das Gaspedal durch und ignoriert die Schmerzen. Kies knirscht wütend unter ihren Reifen, und das Innere des Wagens füllt sich mit Staub. Sie atmet und atmet und atmet. Loretta erreicht die geteerte Landstraße und biegt ab. Sie kann nicht aufhören zu zittern, obwohl sie die Kälte gar nicht bewusst wahrnimmt. Die Heizung des LeBaron läuft auf Hochtouren, schon bald wird es ihr zu warm sein. Sie überschreitet knapp das Tempolimit, als sie durch Short Creek fährt, vorbei an der großen Backsteinkirche, dem Anwesen des Propheten, dem kleinen Postamt mit Gemischtwarenladen, der Lagerhalle des Vereinigten Ordens. Sie denkt an die Kinder, wünscht sich, sie könnte Benjamin noch ein letztes Mal sehen. Ihm *Das kleine Hündchen* vorlesen. Als sie an den Ortsrand kommt, drückt sie wieder aufs Gas, und das Auto beschleunigt schlingernd. Ihr gebrochener Fuß meldet sich. Er steht in einem komischen Winkel vom Bein ab und ist so dick geschwollen, dass die Haut spannt. Die zerschnittene, blutverklebte Sohle ihres anderen Fußes brennt und pocht. Inzwischen sind entlang der dunkelorangefarbenen Felswände, die von der Wüste in den Himmel ragen, die ersten rosa Anzeichen des neuen Tages zu sehen. Das Heck des LeBaron schert kurzzeitig aus und stabilisiert sich dann wieder. Loretta hält das Gaspedal durchgedrückt. Ihr linkes Fußgelenk ist ein aufgeblasener Hautsack voller Knochen, und sie weiß, dass sie irgendwann – in weiter Ferne, in der Zeit, die nach dieser Zeit kommt – etwas deswegen unternehmen muss, doch einstweilen zählt nur eins: dass sie mit einem Fuß fahren kann. Das alte Schiff ist ein Automatikfahrzeug. Sie kann ewig mit nur einem Fuß weiterfahren.

Jason ist überzeugt, dass es jede Minute vorbei sein kann. Sobald Baker frei ist, wird er Boyd und ihn umbringen. Mit bloßen Händen. Das hat er angekündigt, und Jason glaubt ihm. Teppichfasern kitzeln sein Gesicht. Er spürt, wie seine Arme und Hände schwächer werden, aber Boyd hat Baker perfekt fixiert, seine Knie klemmen ihn bäuchlings auf dem Boden fest. Jason liegt immer noch auf der Seite, die Arme um Bakers Oberschenkel geschlungen, das Gesicht an seiner Hüfte. Boyd und er reden nicht miteinander, und irgendwann kommt ihnen dieses Nicht-Reden ganz normal vor. So liegen sie da, es kommt ihm vor wie Stunden, und verströmen den Geruch von Schlamm und altem Haferbrei und ungewaschenen Socken und selbst gebackenem Brot. Bakers Wut wird mit jeder Sekunde schwächer, brandet wieder auf, schläft ein und erwacht erneut. Jason starrt auf das Kabelknäuel, das von der Decke hängt. Seine Schultern schmerzen höllisch. Er hat das Gefühl, neben sich zu stehen, sich von außerhalb zu betrachten.

»Jungs. Kommt schon«, sagt Baker. »Es ist vorbei. Lasst mich los. Ernsthaft jetzt. Macht schon.« Er bäumt sich plötzlich auf und will um sich schlagen. Boyd kippt zur Seite, fängt sich jedoch mit den Händen ab und behält das Gewicht auf Bakers Rücken und Genick. Baker erschlafft. »Okay«, sagt er. »Es reicht. Ich gebe auf. Lasst mich los.« Keine Reaktion. »Ich kriege keine Luft«, behauptet er.

»Du kriegst Luft«, antwortet Boyd.

»Aber nicht genug«, entgegnet Baker. In Jason wächst die Angst, dass er Bakers Oberschenkel nicht mehr halten kann, dass er sie loslassen muss. »Lasst mich einfach aufstehen, und dann gehen wir alle getrennte Wege«, schlägt Baker vor.

»Boyd?«, fragt Jason.

»Auf keinen Fall«, antwortet Boyd. »Meine Rippen sind völlig zerbröselt.«

»Was dann?«

»Keine Ahnung«, antwortet Boyd mit emotionsloser Stimme.

»Jungs«, murmelt Baker in den Teppich. »Jungs.«

Dann lacht er, ein langer, irrer Heiterkeitsausbruch, der nach und nach abebbt und schließlich ganz verstummt. Jason fragt sich, wo Loretta jetzt ist, und kann nicht umhin, sich zu wünschen, bei ihr zu sein. Auch Boyd gibt kleine jammernde Geräusche von sich. Jason späht aus seiner halb verdeckten Perspektive zu seinem Freund empor, seinem ältesten und einzigen Freund. Er sieht, dass Boyd geistesabwesend vor sich hin stiert. Sie haben beide das Gleiche verloren: nicht Loretta, sondern eine Vorstellung von ihr. Einen Glauben.

»Jetzt mal Spaß beiseite, Jungs«, sagt Baker.

Es ist fast sechs Uhr morgens.

»Boyd«, beginnt Jason.

»Ich weiß.«

»Wir sind zu zweit.«

»Ja.«

»Jungs, ich meine es ernst. Lasst mich los, und dann beenden wir das Ganze.«

»Sei still, du Arschloch«, blafft Boyd.

Es folgt ein langes Schweigen.

Baker fängt an, tief und gleichmäßig zu atmen.

»Na klar, Mann«, sagt Boyd.

Bakers Körper verliert an Spannung, seine Beinmuskeln erschlaffen.

»Ich weiß nicht«, flüstert Jason. »Mir kommt es echt vor.«

Einer von Bakers Füßen zuckt leicht, hebt sich in die Luft und fällt wieder auf die Zehen, eine unwillkürliche Bewegung. Baker beginnt pfeifend zu schnarchen.

»Ich glaube, es ist echt«, sagt Jason.

»Niemals.«

Baker schnarcht geräuschvoll in den Teppich hinein, und Jason lockert seine Umklammerung. Nichts passiert. Als Nächstes zieht er seinen Arm unter Bakers Beinen hervor. Er brennt, als hätten glühende Kohlen daraufgelegen. Baker gibt ein feuchtes Prusten von sich, verstummt für einen kurzen Moment und nimmt sein Schnarchen dann wieder auf. *Falls er schauspielert, macht er es verdammt gut*, denkt Jason. Dann denkt er: *Andererseits: Wie schwer ist es schon, mich hereinzulegen?* Er rollt sich zur Seite und steht langsam auf. Als er Boyds Gesicht sieht, bekommt er es mit der Angst zu tun – es ist aschfahl und benommen. Aus dem Erste-Hilfe-Kurs für Pfadfinder weiß Jason, dass Boyd vermutlich unter Schock steht. Er sieht aus, als würde er gleich in Ohnmacht fallen. Sein

Atem geht flach, und seine Augenlider hängen herunter. Jason legt seine Hand unter Boyds Ellbogen, um ihm beim Aufstehen zu helfen. Dabei beobachtet er Baker misstrauisch. Er weiß, dass sie jetzt nicht mehr zurückkönnen, ihn nie wieder auf diese Weise zu packen kriegen werden. Als Boyds Knie von Bakers Genick gleitet, hebt Baker den Kopf und dreht ihn, legt ihn wieder ab und schläft einfach weiter.

»Unglaublich«, flüstert Boyd.

Sie gehen aus dem Haus und stellen fest, dass im Zündschloss des Chevy Nova kein Schlüssel steckt. Auf keinen Fall werden sie noch einmal zurückgehen und riskieren, Baker aufzuwecken, indem sie seine Taschen durchwühlen. Weil Boyd seine Jacke im LeBaron gelassen hat, wechseln sie sich mit Jasons Jacke ab, während sie Richtung Ortsmitte laufen und sich dabei immer wieder nervös umsehen. Boyd humpelt, weil seine Rippen so wehtun. Sie reden kaum miteinander, und Jason überlegt krampfhaft, was er sagen, wie er anfangen soll.

»Was machen wir jetzt?«, fragt er schließlich.

Boyd zuckt mit den Schultern. »Weitergehen, bis wir irgendwo ankommen.«

Es ist wärmer, als es die letzten Tage war. Pick-ups fahren an ihnen vorbei, die Fahrer starren sie an. Alle Häuser sind ungewöhnlich groß und sehen aus wie aus dem gleichen Bausatz errichtet. Geschäfte scheint es nicht zu geben, auch keine Stoppschilder. Nichts, was in normalen Ortschaften selbstverständlich ist. Sie kommen an einem gewaltigen ummauerten Anwesen vorbei. Hinter den Mauern ragen die Giebeldächer zweier riesiger Häuser auf, die noch größer sind als Deans Haus. Die rote Wüste erstreckt sich flach und staubig bis zu den Bergen, deren überhängende Felswände den Ort abzuschirmen scheinen. Vorhänge werden zurückgeschoben, als sie vorbeigehen; eine Frau, die in einem langärmeligen, knöchellangen Kleid in ihrem Garten steht, dreht sich misstrauisch von ihnen weg.

»Seltsamer Ort«, murmelt Boyd.

Warum hat Jason keine Angst, dass Baker sie verfolgt? Er hat einfach keine. Irgendwann kommen sie doch noch an einen kleinen Laden mit zwei vor sich hin rostenden Zapfsäulen vor der Tür und einem *Greyhound*-Schild im Fenster. Sie betreten ihn, ohne miteinander zu sprechen. Jason hat genug Geld für zwei Busfahrkarten nach Hause und vier Packungen gefüllte Schoko-Röllchen. Nachdem er bezahlt hat, betrachtet er das Wechselgeld in seiner Hand: 2,13 Dollar. Sein Missionsgeld.

Sie stehen draußen neben einer Eistruhe und einer verbeulten Mülltonne in der hellen Morgensonne und essen, als wären sie kurz vor dem Verhungern. Boyd muss plötzlich lachen, und ein feuchtes Stück Schoko-Röllchen fliegt ihm aus dem Mund. Er verstummt, atmet tief durch und bricht dann erneut in Gelächter aus, schüttelt sich vor Lachen, bis ihm die Tränen in die Augen steigen. Jason sieht ihm kauend dabei zu. Auf einmal verspürt er große Sehnsucht nach zu Hause, danach, wieder ein Kind zu sein. Boyd hört auf zu lachen, holt Luft, wischt sich die Augen und sagt: »Er ist tatsächlich eingeschlafen!« Dann geht das Ganze von vorne los. Boyds Gesichtszüge sind völlig verzerrt, und die Heftigkeit seines Gelächters zwingt ihn regelrecht in die Knie. Schließlich bleibt Jason nichts anderes übrig, als ebenfalls einzustimmen, was im Grunde von Anfang an feststand.

Loretta biegt auf dem Highway 59 nach Norden ab, nimmt Kurs auf Cedar City. Die Strahlen der tief stehenden Morgensonne kitzeln sie von der Seite, und Loretta überlegt, ob sie darauf zufahren soll, quer durch die roten Canyons, durch den Zion National Park und den Bryce Canyon National Park bis nach Colorado. Oder vielleicht immer weiter nach Norden, bis sie Wyoming erreicht. Oder nach New Mexico im Südosten. Allmählich dämmert ihr, dass ihre Zukunft nichts mit Zeitschriftenbildern von exotischen Orten und exotischen Dingen und exotischen Menschen zu tun hat. Sie hat überhaupt nichts mit Bildern oder einem konkreten Ort zu tun. Im Gegenteil: Ihre Zukunft ist gekennzeichnet durch ein Fehlen von Bildern, durch eine große Leere, und diese Tatsache erfüllt Loretta mit Euphorie. Sie will sich verbeugen vor dieser Leere. Sie will ihr huldigen.

Alles, was sie besitzt, trägt sie am Leib: die Jeans, die sie beim Seminarunterricht mit Jason getragen hat, ein Led-Zeppelin-T-Shirt von Boyd, ein Paar Baumwollsocken, von denen einer zerrissen und blutig ist, und drei gefaltete Ein-Dollar-Scheine in der Hosentasche. Das Gold und die Schecks und ihre Kleider und ihr Geld und alles andere hat sie zurückgelassen. Die Heizung des LeBaron bläst wummernd heiße Luft ins Wageninnere. Es ist ein geräumiges, einladendes Wageninneres, eine Art von Zuhause. Das Adrenalin der vergangenen Stunden hat sich verflüchtigt, und stattdessen macht sich eine warme, zufriedene Müdigkeit in Loretta breit. Sie wird sich irgendwo ausruhen müssen, hat jedoch keinen Schlafplatz. Sie wird etwas wegen ihres Knöchels unternehmen müssen, hat jedoch keine Möglichkeit, einen Arzt zu bezahlen. Sie braucht Schuhe. Sie braucht Essen. Sie braucht Benzin. Sie hat keine Ahnung, wie sie an diese Dinge gelangen soll.

Noch nie war sie so glücklich, es ist der beste Moment in ihrem Leben. Aber nur bis jetzt.

Dank

Mein tief empfundener Dank gilt all jenen Freunden, die frühe Entwürfe dieses Romans gelesen und mir mit Rat und Anleitung zur Seite gestanden haben, vor allem Sam Ligon, der jeden Schnipsel las und mir immer wieder half, die Welt dieses Buchs größer und reicher zu machen. Mike Baccam, Stephen Knezovich und Jess Walter leisteten mir ebenfalls wertvolle Unterstützung, genau wie mein genialer Herausgeber Ed Park. Außerdem ist es ein großes Glück, dass ich Renée Zuckerbrot meine Agentin nennen darf: Erst durch ihr redaktionelles Geschick und ihre Geduld habe ich im Laufe der verschiedenen Entwürfe die zugrunde liegende Geschichte aufgespürt.

Außerdem möchte ich P.E.N. und den Nachfahren von Robert W. Bingham sowie dem Washington Artists Trust danken, deren Unterstützung es mir ermöglicht hat, Zeit in diesen Roman zu investieren, die mir sonst nicht zur Verfügung gestanden hätte.

Beim Verfassen dieses Buchs habe ich mich zum einen auf historische Quellen gestützt, mir zum anderen aber auch gewisse dramaturgische Freiheiten herausgenommen (unter anderem die, Evel-Knievels Bus-Sprung in London, der eigentlich im Mai 1975 stattfand, umzudatieren, und den Namen Short Creek für die fundamentalistische Mormonengemeinde im nördlichen Arizona beizubehalten, obwohl diese ihren Namen inzwischen in Colorado City geändert hat).

Leigh Montvilles Biografie *Evel* war mir beim Verständnis der geschichtlichen Hintergründe zum Mythos Evel Knievel von unschätzbarem Nutzen, und die History-Channel-Dokumentation *Absolute Evel* hat mir bei meinem Versuch, die Stimme dieses Mannes wiederzugeben, wertvolle Anregungen geliefert. Bei meiner Beschreibung der Short-Creek-Razzia habe ich mich an verschiedenen zeitgenössischen Berichten orientiert, doch es waren vor allem die im *Life* Magazine abgedruckten Fotos der Razzia, auf die ich wiederholt zurückgegriffen habe, um mich in die damaligen Ereignisse hineinzudenken.

Zu den Menschen, denen ich Dank schulde, gehören:

Die Mitglieder meiner »Kirche«, wie ich durchweg »Kammerdiener der Nacht«: Chris, Dan, Jess, Sam, Tony.

Das Kollegium und die Studenten der Eastern Washington University, wo ich selbst studiert habe und gelegentlich als Dozent arbeite.

Die Gang von der *Spokesman-Review*, der Zeitung, für die ich seit 1999 schreibe, ein echtes Privileg.

Das Internet, das es einem so leicht macht, an nützliche Informationen über absolut alles zu gelangen, vom Paarungsverhalten von Hasen bis zum Aufbau des Armaturenbretts eines Chrysler LeBaron Baujahr 1970.

Und am allermeisten meine Familie: meine Mutter und Geschwister, meine Frau Amy und mein Sohn Cole.